Weber · Zillmer

Analysis

Gymnasiale Oberstufe
Grundkurs · Lehrbuch

Funktionen · Zahlenfolgen · Grenzwerte
Grundfragen der Differentialrechnung
Grundfragen der Integralrechnung

andes

PAETEC
Verlag für Bildungsmedien

Herausgeber: Prof. Dr. habil. Karlheinz Weber
PD Dr. habil. Wolfgang Zillmer

Autoren: Armin Baeger
Hans-Joachim Becher
Hans-Ulrich Brandenburger
Frank Gräf
Dr. Igor Kharif
Dr. Eberhard Koch
Birgitt Riedel
Dr. Marga Schmidt
Helmut Schreiber
Dr. Eva-Maria Westerhoff
PD Dr. habil. Wolfgang Zillmer

Den Text zu Leben und Werk von Johann Bernoulli verfasste Dr. habil. Reinhard Stamm. Autor der einleitenden Bemerkungen zur Geschichte der Analysis sowie der Übersicht *Vielseitige Mathematiker* ist Dr. habil. Karl-Heinz Schlote. Die *Hinweise für die Anwendung des Grafiktaschenrechners TI-92 beim Lösen von Aufgaben aus der Analysis* wurden von Dr. Hubert Bossek entwickelt.

Bei dem vorliegenden Lehrbuch handelt es sich um einen erweiterten Nachdruck des Teils *Analysis* aus dem Titel *„Mathematik. Gymnasiale Oberstufe. Grundkurs. Lehrbuch"* (ISBN 3-89818-109-X) sowie der entsprechenden Abschnitte des zugehörigen *„Aufgabenbuchs"* (ISBN 3-89818-110-3) des PAETEC Verlags für Bildungsmedien.

Weitere Anregungen und Materialien für den Analysisunterichts in Grundkursen enthält die CD-ROM „TCP 2001 Mathematik * Gymnasiale Oberstufe * Grundkurs" des PAETEC Verlags für Bildungsmedien (ISBN 3-89818-116-2). Eine Übersicht über den Inhalt dieser CD ist im vorliegenden Band nach dem Register zu finden.

Die im Lehrbuch verwendete Abkürzung *GTA* steht für *Graphiktaschenrechner mit Computeralgebrasystem.* Die wiedergegebenen Schirmbilder wurden mit dem TI-92 angefertigt.

1. Auflage
1 5 4 3 2 1 | 2006 2005 2004 2003 2002
Alle Drucke dieser Auflage können im Unterricht nebeneinander benutzt werden.
Die letzte Zahl bezeichnet das Jahr dieses Drucks.

Internet: www.paetec.de

Redaktion: Dr. Hubert Bossek, Prof. Dr. habil. Karlheinz Weber
Umschlaggestaltung: Britta Scharffenberg
Layout und Zeichnungen: Martina Holzinger, Birgit Kintzel
Druck: Druckerei zu Altenburg GmbH

ISBN 3-89818-115-4

(1707 bis 1782). Mehrere Rufe an andere Universitäten, u.a. nach Leiden, Padua, Moskau und Berlin, lehnte Johann BERNOULLI in der Folgezeit vor allem aus familiären Gründen ab. So blieb er bis zu seinem Lebensende in Basel und verstarb dort am 1. Januar 1748 im Alter von 80 Jahren.

Die wissenschaftlichen Leistungen Johann BERNOULLIS sind eng mit denen seines Bruders Jakob verknüpft. Zu nennen sind hier vor allem die Schaffung von Grundlagen der Infinitesimalrechnung, was in enger Korrespondenz mit dem deutschen Mathematiker Gottfried Wilhelm LEIBNIZ (1646 bis 1716) erfolgte. Trotz (oder gerade wegen) der Arbeit an oft gleichen mathematischen Gegenständen war das persönliche Verhältnis der Brüder BERNOULLI sehr angespannt (was übrigens auch auf das Verhältnis von Johann zu seinem Sohn Daniel zutrifft). Insbesondere der übermäßige Ehrgeiz von Johann und seine darauf beruhende Rechthaberei führten zu (oft auch in der Öffentlichkeit ausgetragenen) Streitigkeiten.
Ungeachtet jener menschlichen Schwächen gehört Johann BERNOULLI zu den wohl bedeutendsten Mathematikern seiner Zeit. Er hatte wesentlichen Anteil an der Verbreitung neuerer Auffassungen zur Infinitesimalrechnung in Europa. Während sein Bruder Jakob im Jahre 1690 erstmals den Begriff „Integral“ verwendet hatte, schuf Johann BERNOULLI den der Integralrechnung („Calculus integralis“). Seine in den Jahren 1691/92 erschienenen „Lectiones mathematicae de methodo integralium“ (Mathematische Lektionen über die Integralmethode) gelten als erstes Werk zur Integralrechnung überhaupt. Darin sind neuere Ergebnisse Johann BERNOULLIS sowohl zu speziellen mathematischen Kurven (wie etwa zu Hüllkurven bzw. zur logarithmischen Spirale) als auch zu in der Optik auftretenden Katakaustiken (Brennlinien bzw. Brennflächen) enthalten. Darüber hinaus beschäftigte er sich mit (der Integration von) Differentialgleichungen, u.a. gab er eine Lösungsformel für die (heute nach ihm benannte) BERNOULLIsche Differentialgleichung $y' + f(x) \cdot y + g(x) \cdot y^n = 0$ an.

Zu den besonderen Verdiensten Johann BERNOULLIS gehört die Anwendung der Infinitesimalrechung auf naturwissenschaftliche und technische Probleme. Ausgehend von Untersuchungen zum Problem der geodätischen Linien schuf er wesentliche Voraussetzungen für die später von Leonhard EULER und den französischen Mathematiker Joseph Louis LAGRANGE (1736 bis 1813) entwickelte so genannte Variationsrechung, bei der aus einer Schar von Kurven mithilfe eines Integralausdrucks das Extremum zu finden ist. Die Variationsrechnung stellt noch heute ein wichtiges mathematisches Hilfsmittel der Physik dar.
Ebenso wie sein Sohn Daniel (und etwa zur gleichen Zeit wie dieser) beschäftigte sich Johann BERNOULLI mit der Untersuchung strömender Flüssigkeiten. Entsprechende Ergebnisse sind in der von ihm verfassten „Hydraulica“ enthalten. Sie bildeten die Grundlage für die Entwicklung hydrodynamischer Bewegungsgleichungen durch Leonhard EULER.
Seit 1699 war Johann BERNOULLI auswärtiges Mitglied der Pariser Akademie und ab 1701 korrespondierendes Mitglied der Berliner Akademie. In den Jahren 1730 und 1734 gewann er (allein bzw. gemeinsam mit seinem Sohn Daniel) Preise der Pariser Akademie.

Zur Gelehrtenfamilie BERNOULLI, als deren „Stammvater“ Nikolaus BERNOULLI (1623 bis 1708) gilt, gehört eine Reihe bedeutender Persönlichkeiten. Allein acht Familienmitglieder waren Professoren der Mathematik, der Physik oder anderer naturwissenschaftlicher Zweige. Insbesondere der Lehrstuhl für Mathematik an der Baseler Universität befand sich 105 Jahre lang gewissermaßen im Familienbesitz.
Andere BERNOULLIS wiederum, so u.a. ein Sohn von Jakob, wandten sich erfolgreich der Kunst bzw. den Gesellschaftswissenschaften zu.

Inhalt

Bedeutung der Randsymbole: Beispiele (Lehr-)Sätze, Regeln, Verfahren Definitionen

T... Verweis auf entsprechenden Abschnitt des Teils *„Hinweise für die Anwendung des Grafiktaschenrechners TI-92 beim Lösen von Aufgaben aus der Analysis“*

ANALYSIS

Mit *Analysis* bezeichnet man heute ein außerordentlich großes Teilgebiet der Mathematik, das zahlreiche Disziplinen mit umfangreichen Anwendungen in anderen Gebieten der Mathematik sowie in den Naturwissenschaften und der Technik umfasst. Viele Vorgänge in Natur und Technik kann man nur mithilfe der Analysis adäquat beschreiben – sei es z.B., um die Gesetze der Planetenbewegung abzuleiten, die Schwingungen einer Saite bzw. eines Pendels zu erfassen oder auch die Temperaturverteilung in einem Körper zu kennzeichnen.

Diese Sachverhalte lassen sich jedoch nicht mit diskreten Größen beschreiben, denn die Bewegungsgrößen, die Temperatur usw. ändern sich kontinuierlich. Historisch gesehen bildete die Lösung dieses Problems einen der Ausgangspunkte für die Entstehung der Analysis im 17. Jahrhundert. Die Mittel der Arithmetik und Algebra reichten dazu nicht aus, denn sie konnten den Zustand nur für einzelne konkrete Situationen, etwa für einen festen Zeitpunkt oder die durchschnittliche Entwicklung über einen gewissen Zeitraum wiedergeben, nicht aber den eigentlichen Verlauf des Prozesses. Nur in wenigen Fällen war eine adäquate Beschreibung des jeweiligen Sachverhalts mit geometrischen Mitteln möglich. Die Lösung dieses Problems markierte einen entscheidenden Wendepunkt in der Mathematik, die ihren Charakter grundlegend veränderte: Man ging von der Betrachtung diskreter Größen über zur Untersuchung variabler Größen, die ihren Wert kontinuierlich verändern. Für derartige Untersuchungen bedurfte es zugleich eines neuen Mittels, um die Abhängigkeit zwischen variablen Größen zu erfassen, um die den jeweiligen Vorgang beschreibende Gesetzmäßigkeit formulieren zu können. Dies führte zur Herausbildung des Funktionsbegriffs, der zu einem zentralen Begriff der Analysis wurde. Mit dem Studium der Eigenschaften von Funktionen erwuchs den Mathematikern ein riesiges Aufgabenfeld. Diese Forschungen bildeten dann den Gegenstand der Analysis bzw. ihrer Teilgebiete.

Es würde jedoch den historischen Werdegang unzulässig vereinfachen, wenn man die Entstehung der Analysis auf die Beschäftigung mit den wenigen genannten Problemen reduzierte. Erwähnt werden muss zunächst auch die Fülle von Mechanismen, die in jenen Jahren erfunden und durch deren Konstruktion die „Mechanici", die Ingenieure jener Zeit, vor die Aufgabe der Beherrschung von Bewegungsabläufen gestellt wurden. Zu diesen Geräten gehörten Windmühlen, Pumpwerke, Kräne, Schleifmaschinen, Schiffshebewerke, Papiermühlen, Maschinen zur Wasserhaltung in Bergwerken, Pochwerke usw. Es gab aber noch zwei weitere Problemkreise, die die Mathematiker im 17. Jahrhundert nicht minder bewegten und auf den Weg zur Analysis führten: Zum einen mechanisch-geometrische Probleme, wie sie mit der Bestimmung des Flächen- oder Volumeninhalts bzw. des Schwerpunkts eines unregelmäßig begrenzten Körpers beschrieben werden, und zum anderen geometrische Probleme im engeren Sinne, die die Untersuchung der Eigenschaften von Kurven, Flächen und Körpern zum Gegenstand hatten und die mit der Ermittlung der Tangente an eine beliebige Kurve in einem einfachen Fall umschrieben sind. Diese stärker geometrisch orientierten Fragestellungen lassen auch erahnen, wie wichtig die von R. DESCARTES (1596–1650) und P. DE FERMAT (1601–1665) entwickelten Anfänge der analytischen Geometrie für die Entstehung der Analysis waren. Durch die analytische Geometrie erhielten die Mathematiker ein Mittel, um den verschiedenen geometrischen Objekten, den grafischen Veranschaulichungen von einzelnen Vorgängen eine Formel zuzuordnen, die das geometrische Objekt völlig beschrieb.

Charakteristisch für die Lösung der genannten Probleme war das Auftreten von Grenzwertprozessen. Um beispielsweise den Anstieg der Tangente an eine beliebige Kurve im Punkt $(x_0; y_0)$ zu ermitteln, führt man folgende Überlegung durch: Man wählt in der Umgebung des Punktes $(x_0; y_0)$ einen zwei-

ten Punkt $(x_1; y_1)$ und bestimmt die Sekante durch die Punkte $(x_0; y_0)$ und $(x_1; y_1)$. Der Anstieg dieser Sekante wird den gesuchten Tangentenanstieg umso besser approximieren, je näher der Punkt $(x_1; y_1)$ am Berührungspunkt $(x_0; y_0)$ liegt. Man erhält also den Tangentenanstieg aus dem Anstieg der Sekante, wenn man anschaulich den Punkt $(x_1; y_1)$ längs der Kurve zum Punkt $(x_0; y_0)$ bewegt. Eine ähnliche Argumentation lässt sich für die Ermittlung der Momentangeschwindigkeit formulieren. Bei der Bestimmung des Inhalts einer krummlinig begrenzten Fläche F wird man in die Fläche einfach berechenbare, geradlinig begrenzte Flächen F_n, z.B. Rechtecke, einbeschreiben bzw. F in solche Flächen einschließen und dann die Summe dieser Teilflächen F_n bilden. Je kleiner man diese Rechtecke wählt, umso besser werden sie die Fläche F ausschöpfen bzw. einschließen. In beiden Fällen müssen also Grenzprozesse durchgeführt werden und die beiden Beispiele markieren auch die typischen Fälle: Im ersten Fall muss der Grenzwert eines Bruches bestimmt werden, wobei Zähler und Nenner immer kleiner (man sagt auch *infinitesimal* oder *unendlich klein*) werden. Bei naiver Betrachtungsweise ergäbe sich also am Ende ein Bruch $\frac{0}{0}$. Im zweiten Fall müssen, vereinfacht formuliert, unendlich viele Objekte summiert werden, die alle unendlich klein sind; man müsste also, wieder naiv betrachtet, „$\infty \cdot 0$" bestimmen. Für diese Fragen wird die Analysis eine überraschende Antwort präsentieren. Das erste Beispiel wird zu den Begriffen des Differentialquotienten und der Ableitung führen, das zweite zu den Begriffen der unendlichen Reihe und des Integrals.
Die Lösung der oben skizzierten umfangreichen Aufgabe war das Werk mehrerer Mathematikergenerationen. Bereits in der Antike lassen sich erste Überlegungen dazu finden, doch begann die intensive Beschäftigung mit diesen Fragen erst im 17. Jahrhundert. Der Physiker G. GALILEI (1564–1642), der Astronom J. KEPLER (1571–1630), der Philosoph R. DESCARTES sowie der Jurist und Mathematiker P. DE FERMAT waren einige der Wegbereiter bei der Herausbildung der Analysis. Die Grundlagen der Theorie wurden dann von I. NEWTON (1643–1727) und G. W. LEIBNIZ (1646–1716) gelegt. Newton fand die Grundgedanken zur Infinitesimalmathematik Mitte der 60er Jahre des 17. Jahrhunderts, eine Ausarbeitung der Theorie publizierte er aber erst viel später. LEIBNIZ entwickelte im Oktober 1675 die Grundideen seines Infinitesimalkalküls und begann 1682 mit der Publikation wichtiger Teilergebnisse. Beide Gelehrten waren sich der Bedeutung ihrer Ideen bewusst und hatten keinen Zweifel, dass sie eine neue mächtige Methode zur Behandlung zahlreicher Probleme gefunden hatten, aber sie ahnten wohl kaum, welch gewaltiges mathematisches Gebäude sie begründet hatten. Kühn schritten sie und ihre Zeitgenossen vorwärts und eröffneten mit der Differential- und Integralrechnung, der Reihenlehre, der Lösung von Differentialgleichungen und der Variationsrechnung wichtige Teilgebiete der Analysis, doch die Fundamente des Gebäudes blieben trotz großer Bemühungen vieler Mathematiker noch sehr schwach. Nachdem L. EULER (1707–1781) dem Kalkül in meisterhaften Lehrbüchern eine erste systematische Darstellung gegeben hatte, sollte diese logisch einwandfreie Begründung den Mathematikern des 19. Jahrhunderts um A. L. CAUCHY (1789–1857), P. G. L. DIRICHLET (1805–1859), B. RIEMANN (1826–1866) und K. WEIERSTRASS (1815–1897) vorbehalten bleiben, die zugleich noch mehrere grundlegende Erweiterungen vornahmen. Beispielsweise erfuhr die Analysis dadurch eine immense Bereicherung, dass man bei den variablen Größen statt der reellen Zahlen komplexe Zahlen betrachtete.
Mit dem Ausbau der Analysis, der sich auch im 20. Jahrhundert fortsetzte, waren immer wieder neue Anwendungsmöglichkeiten und die Lösung von Fragen verbunden, die sich aus der Entwicklung der Naturwissenschaften und Technik herauskristallisiert hatten. Entscheidend war die durch die exakte Definition der Grundbegriffe, wie Funktion, Grenzwert, Ableitung usw., geschaffene sichere Basis der Theorie, von der in den folgenden Kapiteln wichtige Elemente in vereinfachter Form erläutert werden sollen.

A Funktionen

In den Vorbemerkungen zum Wesen der Analysis ist deutlich geworden, dass der Funktionsbegriff ein zentraler Begriff der Mathematik, insbesondere der Analysis, ist. Auch bei der Anwendung der Mathematik in den Naturwissenschaften, in der Technik, Wirtschaft und Gesellschaft spielt der Funktionsbegriff eine wichtige Rolle. Einige Beispiele bzw. Aufgaben sollen dies illustrieren.

(1) Durch die Gezeiten (Ebbe und Flut) ist der Pegelstand des Meerwassers zum Teil beträchtlichen Schwankungen unterworfen. Im Ärmelkanal betragen diese Differenzen (Tidenhübe) bis zu $d = 11{,}5$ m. Beim Bau von Hafenanlagen, insbesondere der Kaimauern und Bootsstege, in Hafenstädten müssen aus diesen Gründen besondere Überlegungen angestellt werden. Nehmen wir einmal an, dass in einem bestimmten Hafen aus Sicherheitsgründen die Oberkante einer Kaimauer stets 1 m über dem dort bekannten höchsten Pegelstand errichtet wird, dann stellt sich beispielsweise folgende Frage: Wie lang muss ein an der Oberkante der Kaimauer befestigter beweglicher Zugangssteg mindestens sein, damit er auch bei Niedrigwasser noch gut begehbar ist? Als „gut begehbar" gilt ein Steg, wenn der Winkel α zwischen ihm und der Kaimauer nicht kleiner als 70° wird (s. Fig.). Das Bild zeigt Anlege- und Zugangsstege eines Yachthafens auf der Insel Guernsey im Ärmelkanal (s. auch Beispiel A 14).

(2) Das Verkehrsprojekt *Deutsche Einheit* sieht den Bau einer Autobahn durch den Thüringer Wald vor, die dessen Kamm von Ilmenau nach Zella Mehlis quert. Unmittelbar vor dem Rennsteigtunnel als der Hauptkammdurchquerung wird die Autobahn durch die größte Bogenbrücke Deutschlands über das Tal der Wilden Gera geführt. Die Bogenspannweite beträgt 252 m (Bauwerksgesamtlänge 552 m), wobei im Bogenbereich 6 Pfeiler im Abstand von jeweils 42 m die Fahrbahn tragen (s. Fig.). Die Brücke erhebt sich etwa 110 m über dem Talgrund, der Beginn des Bogens und der Fußpunkt der äußersten Pfeiler liege rd. 38,5 m über dem Talgrund. Die Stärke des Bogens verringert sich von 5,5 m an den Widerlagern auf 3,3 m im höchsten Punkt. Die Autobahn besitzt von Osten nach Westen eine konstante Steigung von etwa 2,6 %. Wie lässt sich mathematisch der Verlauf des äußeren und inneren Brückenbogens beschreiben (s. Beispiel A 9)?

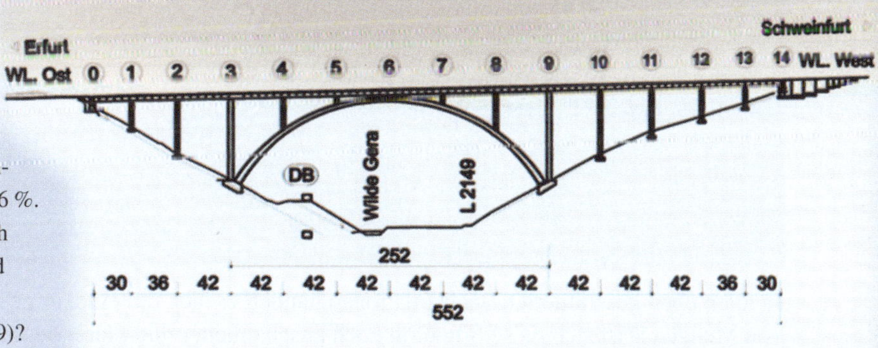

A 1 Der Begriff *Funktion*

A 1

Beispiel A 1:

Um Zusammenstöße von Fahrzeugen zu vermeiden, muss man die Zusammenhänge zwischen Fahrgeschwindigkeit, Reaktionszeit, Reaktionsweg, Bremsweg und Anhalteweg kennen. Natürlich kann man während des Fahrens keine Berechnungen über die Länge des eventuell notwendigen Anhalteweges durchführen. Faustformeln geben aber eine gewisse Hilfe: Für den Mindestanhalteweg (Bremsweg) gilt bei trockener und ebener Fahrbahn:

$$\text{Mindestanhalteweg} \approx \left(\frac{\text{Zahlenwert der Geschwindigkeit in } \frac{\text{km}}{\text{h}}}{10}\right)^2 \text{ m}$$

Damit erhält man folgende Tabelle:

Geschwindigkeit in $\frac{\text{km}}{\text{h}}$	30	40	50	60	70	80	90	100	110
Mindestanhalteweg in m	9	16	25	36	49	64	81	100	121

Noch nicht berücksichtigt sind hierbei der Reaktionsweg und weitere Faktoren, die sich auf die Länge des Bremsweges auswirken und ihn verlängern können (z.B. Beschaffenheit der Fahrbahn, Witterungseinflüsse etc.).

A 2

Beispiel A 2:

In Wetterstationen wird täglich unter anderem zu bestimmten Zeiten die Lufttemperatur gemessen und aufgezeichnet. Das Ergebnis einer solchen Messung enthält die nachfolgende Tabelle:

Uhrzeit	4	6	8	10	12	14	16	18	20	22	24
Temperatur in °C	–3	–2	0	1	4	5	3	2	0	–1	–2

Der Tabelle ist zu entnehmen: Zu jeder Uhrzeit gehört eine ganz bestimmte Temperatur.

A 3

Beispiel A 3:

In eine „Rechenmaschine" geben wir Zahlen ein. Die Maschine ist so konstruiert, dass sie zu jeder eingegebenen Zahl genau das Dreifache ausgibt: Aus 2 wird auf diese Weise 6, aus 3 wird 9, aus π wird 3π usw.

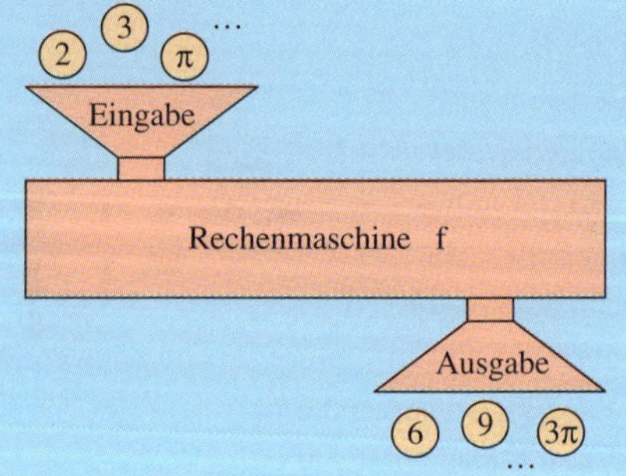

In allen oben geschilderten Sachsituationen handelt es sich um eindeutige Zuordnungen. Mithilfe von Mengen lässt sich diese Situation noch anschaulicher und klarer beschreiben:

- Jedem Element aus der Menge D der Geschwindigkeiten wird eindeutig ein Mindestanhalteweg aus der Menge W zugeordnet.
- Jedem Element aus der Menge D der Uhrzeiten wird eindeutig eine Temperaturangabe aus der Menge W zugeordnet.
- Jedem Element aus der Zahlenmenge D wird nach einer Vorschrift eindeutig eine andere Zahl aus einer Menge W zugeordnet.

Wenn zwischen den Elementen zweier Mengen eine eindeutige Zuordnung besteht, dann spricht man in der Mathematik von einer Funktion.

Definition A 1:
Unter einer **Funktion** f versteht man eine eindeutige Zuordnung der Elemente zweier Mengen. Dabei wird jedem Element x aus einer Menge D_f genau ein Element y aus einer Menge W_f zugeordnet.

A 1

Man nennt

D_f den *Definitionsbereich* oder die *Definitionsmenge* der Funktion f,
W_f den *Wertebereich* oder die *Wertemenge* der Funktion f.

In Kurzform: $f\colon x \mapsto y$ oder $f\colon x \mapsto f(x)$.

Durch die Angabe der *Zuordnungsvorschrift* und des *Definitionsbereichs* wird eine Funktion vollständig und korrekt gekennzeichnet. Hat die Zuordnungsvorschrift die Form einer Gleichung $y = f(x)$, so nennt man $y = f(x)$ die *Funktionsgleichung* und $f(x)$ den *Funktionsterm*.
In der Analysis beschäftigt man sich ausschließlich mit Funktionen, bei denen der Definitions- und Wertebereich Mengen reeller Zahlen sind. Man spricht in diesem Fall von **reellen Funktionen.**[1)]

Für die *Darstellung von Funktionen* gibt es verschiedene Möglichkeiten. Mit Bezug auf ein Beispiel sind die wichtigsten nachfolgend zusammengestellt.

a) Wortvorschrift (verbale Beschreibung) — Jeder reellen Zahl wird ihr Doppeltes zugeordnet.

b) Funktionsgleichung — $y = 2 \cdot x$ oder $f(x) = 2 \cdot x$ oder $y = f(x) = 2 \cdot x$ oder $f\colon x \mapsto 2x$, jeweils $x \in \mathbb{R}$

c) Wertetabelle

x	−0,3	−0,1	0	0,1	0,5	0,7	1	2	…
y	−0,6	−0,2	0	0,2	1	1,4	2	4	…

d) grafische Darstellung (im rechtwinkligen Koordinatensystem)/Graph der Funktion

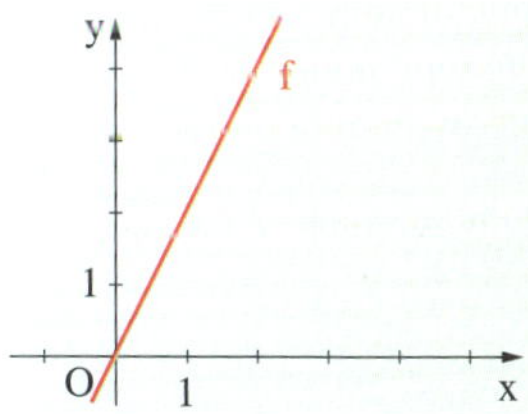

e) Pfeildarstellung bzw. Pfeildiagramm

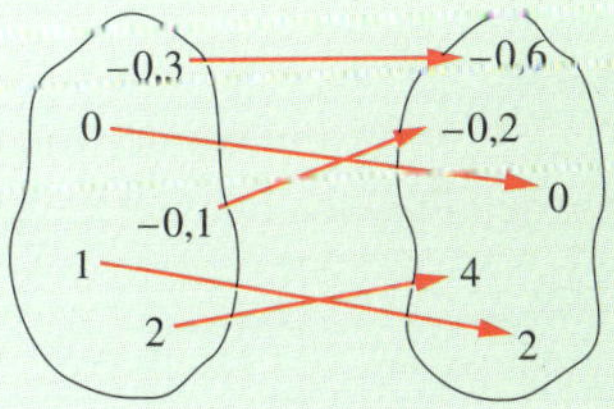

1) Treten in Anwendungsbeispielen dennoch gelegentlich Größen auf, so werden in der Regel nur die Maßzahlen dieser Größen betrachtet.

An dieser Stelle sei Folgendes vereinbart

- Die eigentlich notwendige umfangreiche Formulierung *„Die Funktion f mit der Zuordnungsvorschrift/Gleichung* $x \mapsto f(x) = \ldots$ *bzw.* $y = f(x) = \ldots$ *und dem Definitionsbereich* $D_f = \ldots$ *"* wollen wir bei Betrachtungen zu Funktionen in diesem Buch in der Regel durch die Kurzform *„Die Funktion f …"* oder *„Die Funktion* $y = f(x) = \ldots$ *"* oder *„Die Funktion* $f(x) = \ldots$ *"* ersetzen. Die Achse, in deren Richtung die Funktionswerte f(x) abgetragen sind, wird in der Regel mit y bezeichnet.

- Da vielfach der Definitionsbereich die Menge $\mathbb{R}$ der reellen Zahlen ist, erfolgt in der Regel nur dann eine gesonderte Aussage über D_f, wenn gegenüber $\mathbb{R}$ eine Einschränkung erfolgen soll bzw. muss.

Im Unterschied zur Beschreibung mittels einer *Funktionsgleichung* wird eine reelle Funktion durch die restlichen Darstellungsformen oft nur unvollständig gekennzeichnet. Die *verbale Beschreibung* oder *Wortvorschrift* findet vor allem immer dann Anwendung, wenn sich die Zuordnung nicht oder nur sehr schwer bzw. umständlich durch eine Gleichung ausdrücken lässt. Die Zuordnung der Schüler einer Klasse zu ihrem Geburtsdatum wäre ein Beispiel für den Fall, dass sich keine Zuordnungsvorschrift in Form einer Gleichung angeben lässt.

Als Beispiel für Funktionen aus verschiedenen mathematischen Bereichen seien hier angeführt:

A 4

Beispiel A 4:
f: $x \mapsto x + 1,\ x \in \mathbb{R}$
Durch diese Zuordnung wird jeder reellen Zahl x durch f die um 1 vermehrte Zahl x + 1 zugeordnet. Es handelt sich um eine Funktion mit $D_f = \mathbb{R}$ und $W_f = \mathbb{R}$.

A 5

Beispiel A 5:
Die Kanten eines Würfels werden durch senkrechte Parallelprojektion auf eine Ebene ε abgebildet (Fig. A 1). Auf diese Weise wird jedem Punkt P der Würfelkanten genau ein Punkt P′ der Ebene ε zugeordnet – die Zuordnung ist eindeutig, es handelt sich um eine Funktion. In der umgekehrten Richtung, also von der Projektion zum Original, ist die Zuordnung allerdings nicht mehr eindeutig: Dem Punkt $P_1 \in \varepsilon$ werden auf diese Weise nämlich alle Punkte der Kante $\overline{AB}$ des Würfels zugeordnet – die Zuordnung ist keine Funktion.

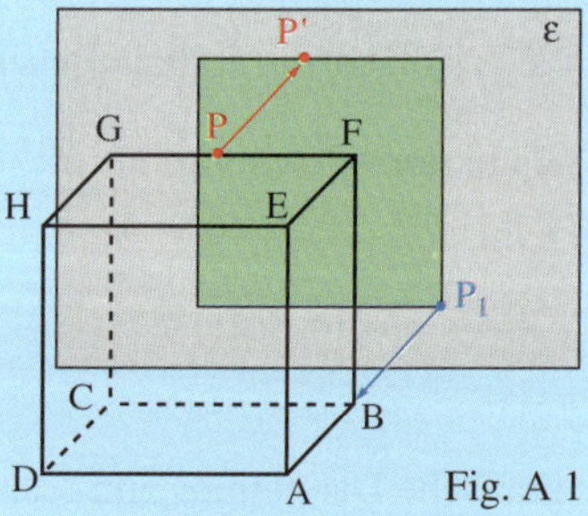

Fig. A 1

A 6

Beispiel A 6:
Durch Zentralprojektion werden die Punkte der Geraden a den Punkten der Geraden b zugeordnet (Fig. A 2).

D_f	A_1	A_2	A_3	A_4
W_f	B_1	B_2	B_3	B_4

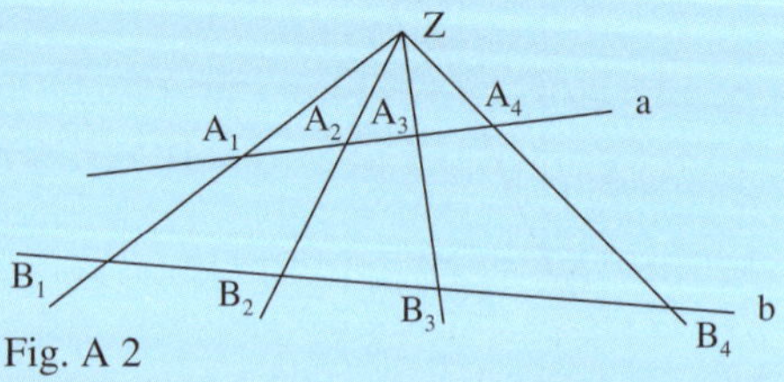

Fig. A 2

Man erkennt: Jedem Punkt der Geraden a ist eindeutig ein Punkt der Geraden b zugeordnet. Durch die Zuordnungsvorschrift „Zentralprojektion" ist also eine Funktion gegeben (im geometrischen Bereich spricht man meist von einer [eindeutigen] Abbildung).

Bei der Untersuchung von Funktionen (z. B. beim Anfertigen und Interpretieren von Funktionsgraphen) ist die Kenntnis wichtiger Funktionseigenschaften (Nullstellen, Symmetrie, Monotonie, Beschränktheit) von großem Nutzen. Rein anschauliche Vorstellungen reichen oftmals nicht aus, um mit diesen Eigenschaften in den nachfolgenden Abschnitten korrekt arbeiten zu können. Deshalb sollen sie im Folgenden durch Definitionen genau gefasst werden.

Nullstellen

Es sei S_x ein Schnittpunkt des Graphen einer Funktion mit der x-Achse. Seine Koordinaten sind dann $(x_s; 0)$.

Definition A 2: A 2

Eine Zahl $x_s \in D_f$ heißt **Nullstelle von f,** wenn gilt $f(x_s) = 0$.

Eine Figur kann genau eine (f_1), mehrere (f_2) oder keine Nullstelle (f_3) bzw. Schnittpunkte mit der x-Achse besitzen (Fig. A 3). Nullstellen lassen sich rechnerisch ermitteln, indem man den Funktionsterm gleich 0 setzt und dann die entsprechende Gleichung löst.

Betont sei: *Die Nullstelle einer Funktion und der Schnittpunkt des Graphen mit der x-Achse* dürfen nicht miteinander verwechselt werden. Die Nullstelle ist ein Element (eine reelle Zahl) aus dem Definitionsbereich der Funktion, und zwar (nur) die x-Koordinate bzw. der Abszissenwert des Schnittpunktes des Funktionsgraphen mit der x-Achse.

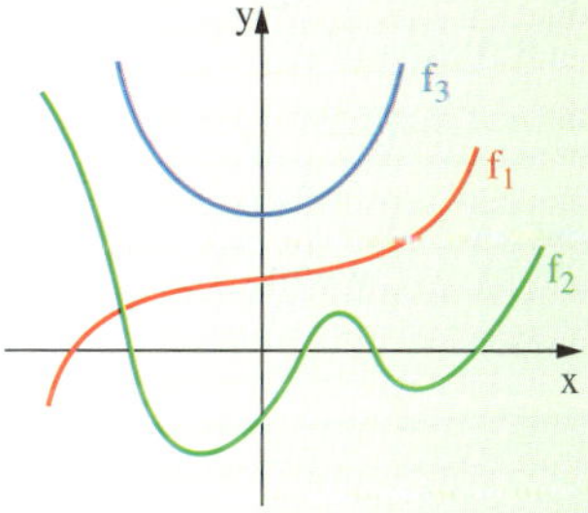

Fig. A 3

Ist S_y der Schnittpunkt des Graphen mit der y-Achse, dann sind seine Koordinaten $(0; y_s)$. Der Funktionswert y_s an der Stelle $x = 0$ hat keinen besonderen Namen.

Symmetrie, Monotonie, Beschränktheit

Definition A 3: A 3

Eine Funktion f heißt

gerade Funktion,	**ungerade Funktion,**

wenn mit der Zahl x stets auch die zu x entgegengesetzte Zahl $-x$ zum Definitionsbereich D_f von f gehört und wenn gilt.

$f(-x) = f(x)$	$f(-x) = -f(x)$

Das bedeutet:

- Unterscheiden sich die Argumente nur im Vorzeichen, so sind die Funktionswerte bei einer *geraden Funktion* gleich – die Punkte mit den Abszissen x und $-x$ haben dieselbe Ordinate. Der Graph einer geraden Funktion ist *achsensymmetrisch zur y-Achse*.

- Unterscheiden sich die Argumente nur im Vorzeichen, so sind die Funktionswerte bei einer *ungeraden Funktion* ebenfalls entgegengesetzte Zahlen – die Punkte mit den Abszissen x und –x besitzen Ordinaten, die sich nur im Vorzeichen unterscheiden. Der Graph einer geraden Funktion ist *punktsymmetrisch zum Koordinatenursprung*.

A 4

Definition A 4:

Eine Funktion f heißt in einem Intervall I ihres Definitionsbereichs D_f

monoton wachsend,	**monoton fallend,**

wenn für beliebige $x_1, x_2 \in I$ gilt:

$x_1 < x_2 \Rightarrow f(x_1) \leq f(x_2)$	$x_1 < x_2 \Rightarrow f(x_1) \geq f(x_2)$

Gilt sogar

$x_1 < x_2 \Rightarrow f(x_1) < f(x_2)$,	$x_1 < x_2 \Rightarrow f(x_1) > f(x_2)$,

so heißt f

streng monoton wachsend.	**streng monoton fallend.**

A 5

Definition A 5:

Eine Funktion f heißt

nach oben beschränkt,	**nach unten beschränkt,**
wenn es eine Zahl $s_o \in \mathbb{R}$ gibt,	wenn es eine Zahl $s_u \in \mathbb{R}$ gibt,

so dass für alle $x \in D_f$ gilt:

$f(x) \leq s_o$	$f(x) \geq s_u$

Man nennt dann

s_o **obere Schranke** von f.	s_u **untere Schranke** von f.

Fährt also beispielsweise ein Auto während einer Zeit von 0,5 Std. konstant mit einer Geschwindigkeit von 50 $\frac{km}{h}$, so ist die entsprechende Weg-Zeit-Funktion w(t) = 50 t in dem Intervall [0; 0,5] streng monoton wachsend mit der unteren Schranke $s_u = 0$ (km) und der oberen Schranke $s_o = 25$ (km)[1]. Betrachtet man hingegen die Funktion a, die den Abstand des Autos von einem 50 km entfernten Ort beschreibt, so ergibt sich a(t) = 50 – 50t. Diese Funktion ist im Intervall [0; 0,5] streng monoton fallend und sie hat dort die obere Schranke $s_o = 50$ (km) und die untere Schranke $s_u = 25$ (km).

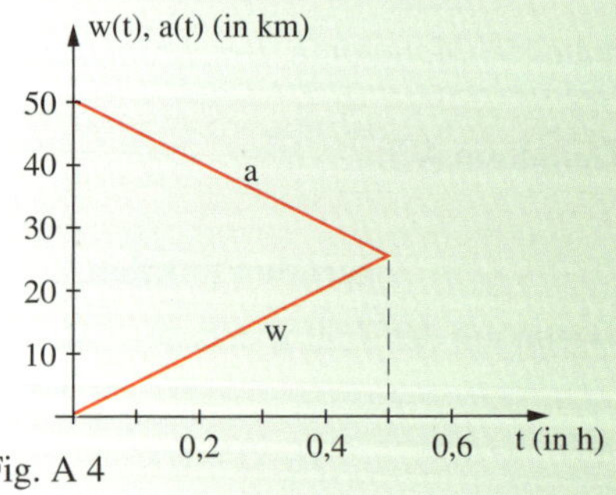

Fig. A 4

Die definierten Funktionseigenschaften werden in den folgenden Abschnitten an vielfältigen Beispielen verdeutlicht.

[1] Als obere Schranke ließen sich in diesem Fall natürlich auch alle Zahlen $s_o > 25$ (km) angeben.

Aufgaben

A 1 *(↗ Beispiele A 4 bis A 6, S. 10)*

Entscheiden Sie, ob die folgenden Zuordnungen Funktionen darstellen, und geben Sie eine kurze Begründung:

a)

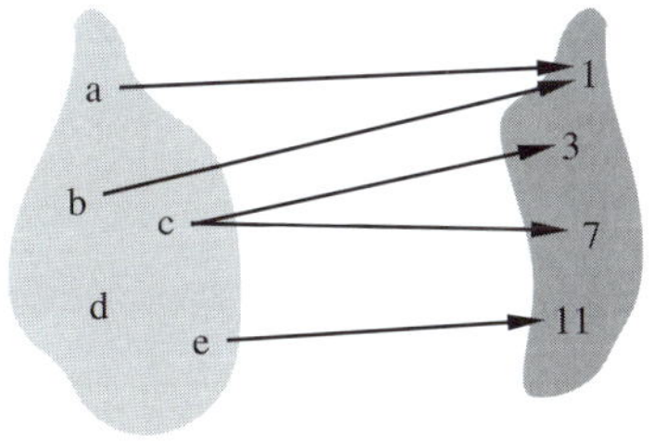

b)

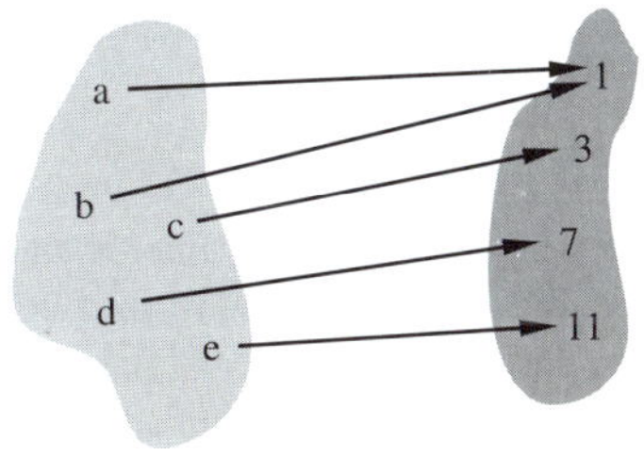

c)

u	2	2	3	4	7
v	4	6	8	9	5

d) f: $x \mapsto x - 1$, $x \in \mathbb{N}^*$
„Es sei jeder natürlichen Zahl $x \geq 1$ ihr Vorgänger zugeordnet."

A 2 Überprüfen Sie, ob folgende Wertepaare der Definition des Funktionsbegriffs genügen (für $x \mapsto y$):

a)

x	−3	5	7	8	9
y	0	8	11	11	12

b)

x	$\frac{1}{2}$	$\frac{1}{3}$	$\frac{1}{4}$	1	0,5
y	$\frac{2}{3}$	1	$\frac{3}{4}$	3	2

c)

x	x_1	x_2	x_3	x_4	x_5
y	y_2	y_1	y_4	y_3	y_4

d)

x	x_1	x_2	x_3	x_4	x_5
y	y_1	y_2	y_3	y_4	y_5

e)

x	x_1	x_2	x_3	x_4	x_5
y	y_2	y_3	y_2	y_2	y_2

f)

x	x_1	x_2	x_1	x_4	x_2
y	y_1	y_2	y_3	y_4	y_3

A 3 Handelt es sich bei den Zuordnungen um eine Funktion? Begründen Sie Ihre Antwort!

a) Person → Telefonnummer (Telefonnummer → Person)
b) Name → Personalausweisnummer
c) Umfang eines Quadrats → Flächeninhalt des Quadrats
d) natürliche Zahl → Anzahl ihrer Teiler

A 4 Sind die folgenden grafischen Darstellungen Graphen von Funktionen f mit $x \mapsto f(x)$? Begründen Sie Ihre Antwort!

a)

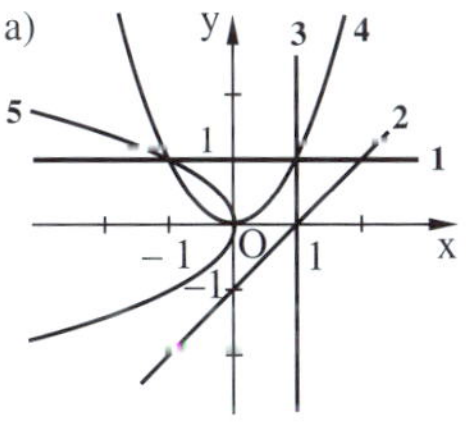

b)

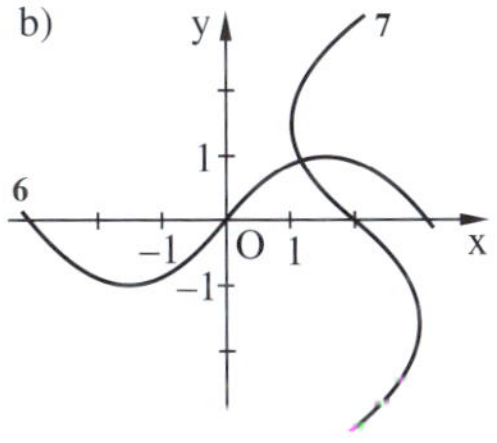

c)

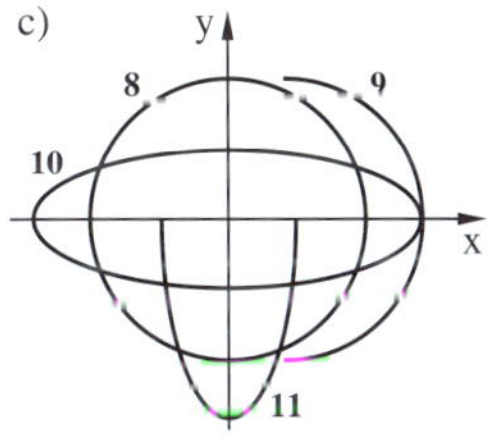

A 5 Warum kann ein Funktionsgraph die x-Achse mehrfach schneiden, die y-Achse aber höchstens einmal?

A 6 Prüfen Sie, ob die folgenden Zuordnungen Beispiele für Funktionen sind!
Geben Sie, wenn möglich, eine Zuordnungsvorschrift in Form einer Gleichung an!

a)

t	1	2	3	4	4,5
s	3	6	9	12	13,5

b)

t	0,5	1	2,5	7	11,5
s	0,15	0,6	3,75	29,4	79,35

c)

u	1	0	1,5	1	0
v	−2	1	4	5	−2

A 7 Welche Aussage ist richtig?

a) Eine Parallele zur x-Achse kann Graph einer Funktion sein.
b) Jede Parallele zur y-Achse ist Graph einer Funktion.
c) Jede Parallele zur x-Achse schneidet den Graphen einer Funktion stets nur an genau einer Stelle.
d) Jede Parallele zur y-Achse schneidet den Graphen einer Funktion stets nur an genau einer Stelle.

A 8

Die Grafik zeigt die Ergebnisse einer Klassenarbeit. Handelt es sich bei der Zuordnung um eine Funktion? Begründen Sie Ihre Entscheidung! Geben Sie zu dem Sachverhalt ein Mengendiagramm an!

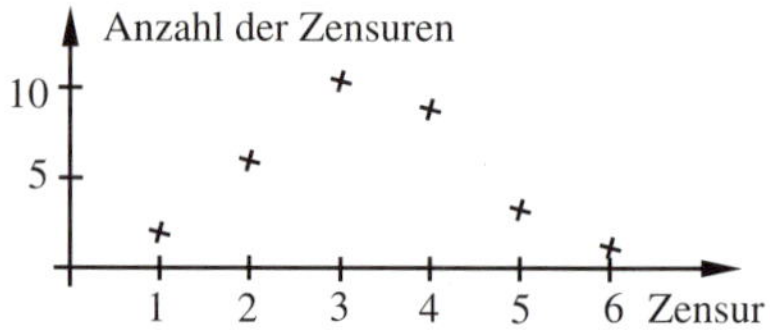

A 9 Prüfen Sie mithilfe von Definition A1, ob es sich bei folgenden Zuordnungen um Funktionen handelt!

a) $x \mapsto x^2 + 1$
b) $x \mapsto \frac{1}{x}$; $x \neq 0$
c) $x \mapsto \frac{7}{x^3}$; $x \neq 0$
d) $y^2 = \dfrac{1 - \frac{x^2}{a^2}}{b^2}$ für a = 2 und b = 1
e) $y^2 = \frac{1}{4}x^2 - 1$
f) $y^2 = 6x$

A 10 Gegeben ist der rechts dargestellte Graph. Handelt es sich um den Graphen einer Funktion? Begründen Sie Ihre Entscheidung!

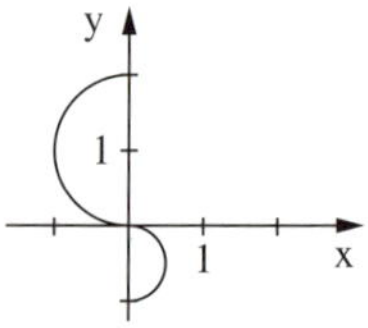

A 11 Die Grundfläche einer geraden quadratischen Pyramide liege parallel zur Ebene E. Alle Punkte der Pyramidenoberfläche werden durch senkrechte Parallelprojektion auf Punkte in E abgebildet. Welche Abbildung ist eine Funktion? (Überprüfen Sie mithilfe einer Skizze und eines Mengendiagramms!)

a) Originalpunkte $\mapsto$ Bildpunkte
b) Bildpunkte $\mapsto$ Originalpunkte

A 12 Ändern Sie in den folgenden Figuren den Verlauf der Pfeile so, dass sich jeweils die Darstellung einer Funktion ergibt:

a)

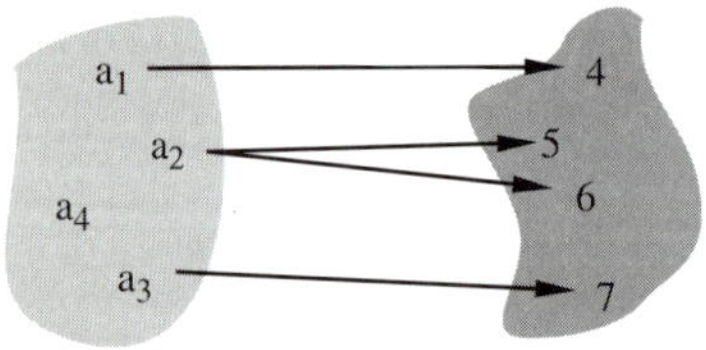

b)

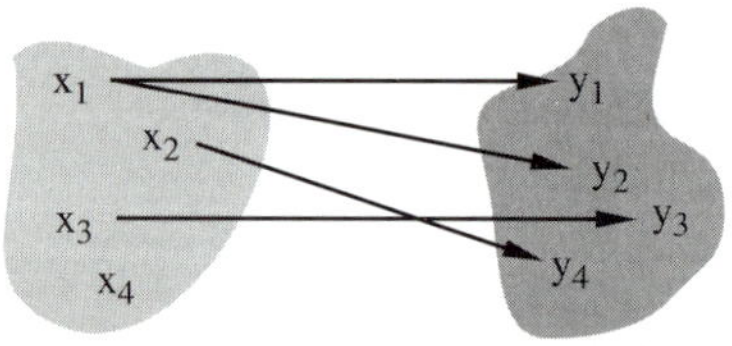

A 13 Stellen Sie fest, ob die folgenden Erklärungen zur Definition A1 gleichwertig sind:

a) Ist einer Zahl x aus einer Menge X genau eine Zahl y aus einer Menge Y zugeordnet, so spricht man von einer Funktion.
b) Eine Funktion ist eine Menge geordneter Paare (x; y) mit $x \in X$ und $y \in Y$, in der jedes Element x aus X höchstens in einem Paar vorkommt.
c) Eine Funktion ist eine Menge geordneter Paare (x; y), wobei x Element einer Menge X und y Element einer Menge Y ist.

A 14 Beantworten Sie folgende Fragen und begründen Sie Ihre Entscheidung:

a) Ein Dreieck wird in senkrechter Eintafelprojektion abgebildet.
Unter welcher Bedingung ist diese Abbildung eine Funktion?

b) Ein Dreieck ABC werde durch eine zentrische Streckung (Bewegung; ...) auf ein Dreieck A'B'C' abgebildet. Ist diese Zuordnung der Punkte eine Funktion?

c) Eine Zuordnungsvorschrift ist wie folgt erklärt:
Jeder der Zahlen –3, –2, –1, 0, 1, 2, 3 wird ihr absoluter Betrag zugeordnet.
Ist die Zuordnung eine Funktion?

A 15 f sei eine Funktion, die jeder natürlichen Zahl n die Anzahl der Primzahlen zuordnet, die kleiner oder gleich n sind.

a) Erstellen Sie für $1 \leq n \leq 15$ eine Wertetabelle! b) Zeichnen Sie den Graphen!

A 16 Stellen Sie für die folgenden Zuordnungen jeweils eine Wertetabelle auf. Entscheiden Sie, welche der Zuordnungen Funktionen sind:

a) Jeder natürlichen Zahl wird ihre Quadratzahl zugeordnet.
b) Jeder natürlichen Zahl wird ihr Nachfolger zugeordnet.
c) Bei einer Spiegelung wird jedem Punkt der Ebene sein Spiegelpunkt zugeordnet.
d) Jedem Schüler der Klasse 11a wird sein Geburtsmonat zugeordnet.

A 17 Das hier gezeigte Gefäß (Angaben in cm) wird mit 20 $\frac{cm^3}{s}$ befüllt.

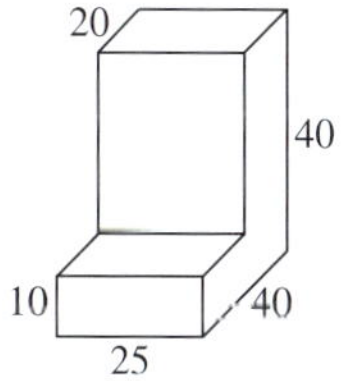

a) Zeichnen Sie den Füllgraphen in ein geeignetes Koordinatensystem!
b) Drücken Sie den funktionalen Zusammenhang zwischen Füllhöhe und Füllzeit durch eine Gleichung aus!

A 18 Suchen Sie für jedes Gefäß den zugehörigen Füllgraphen, der bei konstanter Flüssigkeitszufuhr die Füllhöhe beschreibt:

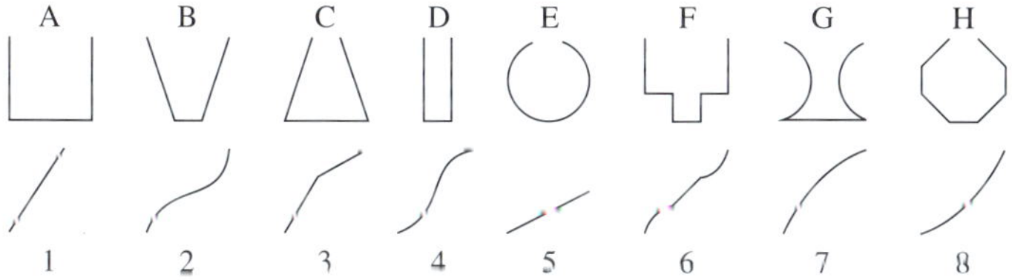

A 19 Insbesondere im Winter besteht oft ein großer Unterschied zwischen der tatsächlich gemessenen **GTA**
Temperatur und der subjektiv empfundenen Temperatur. Diese so genannte Windchill-Temperatur lässt sich mit der Windchill-Formel $T_W = 33 + (0{,}478 + 0{,}237\sqrt{v} - 0{,}0124v)(t - 33)$ berechnen, wobei v die Windgeschwindigkeit in $\frac{km}{h}$ und t in Grad Celsius die gemessene Temperatur ist. Diese Formel gilt unter Fachleuten als äußerst umstritten (warum wohl?).

a) Berechnen Sie für 0 °C gemessene Temperatur die gefühlte Temperatur für Windgeschwindigkeiten bis 90 $\frac{km}{h}$ und stellen Sie die zugehörige Windchill-Funktion grafisch dar!
b) Führen Sie die Berechnung für eine gemessene Temperatur von –15 °C durch!

A 20 Bekanntlich ist die Länge des Bremsweges eines Autos von der gefahrenen Geschwindigkeit abhängig. In einer Testreihe wurden für einen PKW folgende Werte gemessen:

Geschwindigkeit v in $km \cdot h^{-1}$	10	30	50	70	90	130	170
Länge des Bremsweges s in m	1	8	22	44	73	152	260

Stellen Sie die Messwerte grafisch dar und drücken Sie den funktionalen Zusammenhang zwischen v und s durch eine Gleichung aus!

A 21 Das Parkhaus eines großen Kaufhauses bietet Kunden und Nichtkunden verschiedene Tarife an.

Zeit	Kunden	Nichtkunden
1. Stunde	0,50 €	1 €
2. Stunde	0,50 €	1,50 €
je weitere angefangene Stunde	1 €	3 €

a) Bestimmen Sie die Parkgebühren bei einer Parkzeit von 30 min; 1 h 30 min; 2 h 5 min; 4 h 45 min!

b) Zeichnen Sie die Graphen der Zuordnung Parkzeit → Parkgebühr in ein Schaubild!

A 22 Ermitteln Sie für das laufende Jahr in wöchentlichen Abständen die Zeitpunkte für Sonnenaufgang und Sonnenuntergang und berechnen Sie daraus die Tageslängen! Nutzen Sie dazu nach Möglichkeit ein Tabellenkalkulationsprogramm (z. B. EXCEL)! Stellen Sie alle Werte grafisch dar! Nehmen Sie zu den Graphen Stellung!

A 2 Elementare Funktionen und ihre Eigenschaften

Je nachdem, ob bei der Verknüpfung der Funktionsvariablen im Funktionsterm nur *rationale* Rechenoperationen (also die Grundrechenarten) oder darüber hinaus noch weitere Rechenoperationen vorkommen, unterscheidet man **rationale Funktionen** und **nichtrationale Funktionen.** Die rationalen Funktionen werden noch einmal unterteilt in **ganzrationale Funktionen** und **gebrochenrationale Funktionen.** Als *ganzrationale Funktionen n-ten Grades* (Polynom) bezeichnet man eine Funktion f, die durch eine Gleichung der Form

$$f(x) = a_n x^n + a_{n-1} x^{n-1} + \ldots + a_1 x + a_0$$

dargestellt werden kann. Die Koeffizienten $a_n, a_{n-1}, \ldots, a_1, a_0$ sind hierin reelle Zahlen mit $a_n \neq 0$ und $n \in \mathbb{N}$. Der Definitionsbereich ganzrationaler Funktionen ist die Menge der reellen Zahlen $\mathbb{R}$, falls nicht ausdrücklich eine Einschränkung vorgenommen wurde. Spezielle ganzrationale Funktionen wurden bereits im früheren Unterricht betrachtet. Erinnert sei an

- lineare Funktionen mit der Gleichung $f(x) = a_1 x + a_0$ (ganzrationale Funktionen 1. Grades),
- quadratische Funktionen mit der Gleichung $f(x) = a_2 x^2 + a_1 x + a_0$ (ganzrationale Funktion 2. Grades),
- Potenzfunktionen $f(x) = a_n x^n$ (spezielle ganzrationale Funktionen n-ten Grades),

auf die in den nachfolgenden Abschnitten in Form einer Wiederholung des Wesentlichen eingegangen werden soll.

Lässt sich eine Funktion als Quotient zweier ganzrationaler Funktionen darstellen, so wird sie als *gebrochenrationale Funktion* bezeichnet. Die Gleichung einer gebrochenrationalen Funktion f hat demzufolge die Form

$$f(x) = \frac{u(x)}{v(x)} = \frac{a_n x^n + a_{n-1} x^{n-1} + \ldots + a_1 x^1 + a_0}{b_k x^k + b_{k-1} x^{k-1} + \ldots + b_1 x^1 + b_0}$$

und ist nur für solche reellen Zahlen x definiert, für die $v(x) \neq 0$ ist.

ganzrationale Funktionen	gebrochenrationale Funktionen	nichtrationale Funktionen
$f(x) = 3x - 4$	$f(x) = \frac{1}{x-1}$	$f(x) = 2^x$
$f(x) = 4x^2 + x - \frac{3}{2}$	$f(x) = \frac{x-1}{x^2+1}$	$f(x) = \log_{10} x$
$f(x) = x^3 - 6x^2 + 12x - 9$	$f(x) = \frac{x^5 - 9x^3}{x^3 - 7x - 6}$	$f(x) = \sqrt{x+1} - \sqrt{2x}$
$f(x) = x^4 - 3x^2 - 4$		$f(x) = (\ln(x))^2 - 0{,}0001$
		$f(x) = e^{0,5x} - 4\cos x$

Die reellen Funktionen lassen sich also folgendermaßen einteilen:

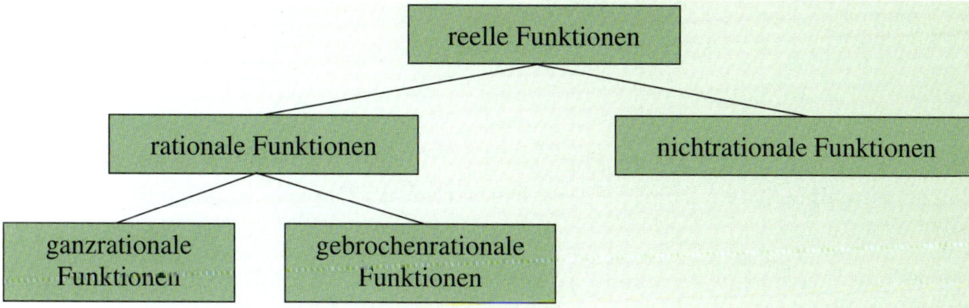

Fig. A 5

A 2.1 Lineare Funktionen

Definition A 6: A 6

Funktionen mit einer Gleichung der Form $f(x) = m \cdot x + n$ mit $m, n \in \mathbb{R}$ heißen **lineare Funktionen**.

Die einfachsten linearen Funktionen sind diejenigen mit der Gleichung $f(x) = m \cdot x$. Sie kommen besonders oft bei Anwendungen innerhalb der Mathematik oder im Bereich der Physik vor, nämlich immer dann, wenn *proportionale Zusammenhänge* auftreten.

Wir wissen bereits: Die Graphen linearer Funktionen sind Geraden. Diese werden durch zwei zur Funktion gehörende Zahlenpaare eindeutig bestimmt.

Satz A 1: **Anstieg einer linearen Funktion** A 1

Für eine lineare Funktion mit der Gleichung $f(x) = mx + n$

gilt $\frac{f(x_1) - f(x_2)}{x_1 - x_2} = m = \tan\alpha \quad (x_1 \neq x_2)$:

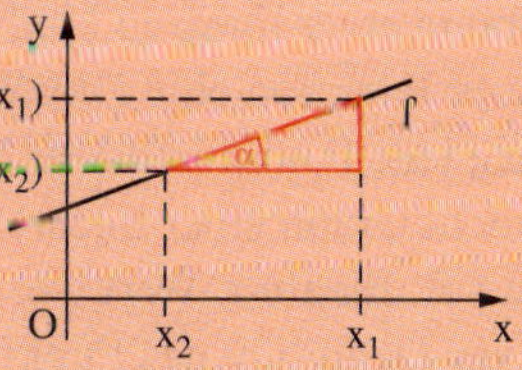

Fig. A 6

m heißt der *Anstieg*, α der *Steigungswinkel* des Graphen, hier also der Geraden. Der Anstieg m bestimmt den Verlauf der Geraden im Koordinatensystem. Für $m > 0$ verläuft die Gerade aufsteigend, wachsend, also „von links unten" nach „rechts oben", für $m < 0$ fallend, also von „links oben" nach „rechts unten". Rationelle Möglichkeiten für das Zeichnen des Graphen einer linearen Funktion sind:

a) Man bestimmt zwei Punkte (z. B. die Schnittpunkte mit den Achsen), die zum Graphen der Funktion gehören.

b) Man liest aus der Gleichung m und n ab. S(0; n) ist dann der Schnittpunkt der Geraden mit der y-Achse. Mithilfe von m (Steigungsdreieck) wird die Richtung der Geraden festgelegt.

Durch beide Vorgehensweisen ist der Verlauf der Geraden eindeutig bestimmt.

A 7

Beispiel A 7:
Wir betrachten die Funktion $f(x) = 2x + 3$. Definitions- und Wertebereich von f ist ohne Einschränkungen die Menge $\mathbb{R}$ der reellen Zahlen, d. h., f ist weder nach oben noch nach unten beschränkt.
Zur Berechnung möglicher Nullstellen setzen wir $f(x_0) = 0$. Es ergibt sich die lineare Gleichung $0 = 2x_0 + 3$ und damit $x_0 = -1{,}5$.[1)]

Das bedeutet: f hat an der Stelle $x_0 = -1{,}5$ eine Nullstelle bzw. der Graph der Funktion schneidet die Abszissenachse im Punkt $S_x(-1{,}5;\ 0)$.
Die Ordinate des Schnittpunktes mit der Ordinatenachse können wir unmittelbar aus der Gleichung ablesen und erhalten damit $S_y(0;\ 3)$. Der Verlauf der Geraden ist durch S_x und S_y bestimmt (Fig. A 7).

Der Vergleich von $f(x) = 2x + 3$ mit $f(-x) = -2x + 3$
bzw. von $f(-x) = -2x + 3$ mit $-f(x) = -2x - 3$
ergibt, dass f *weder gerade noch ungerade* ist (vgl. Definition A 3).
Dieser Sachverhalt lässt sich auch durch Symmetriebetrachtungen am Graphen der Funktion anschaulich erklären.
Die Funktion f ist *streng monoton wachsend*, denn für $x_1 < x_2$ gilt stets $f(x_1) < f(x_2)$.

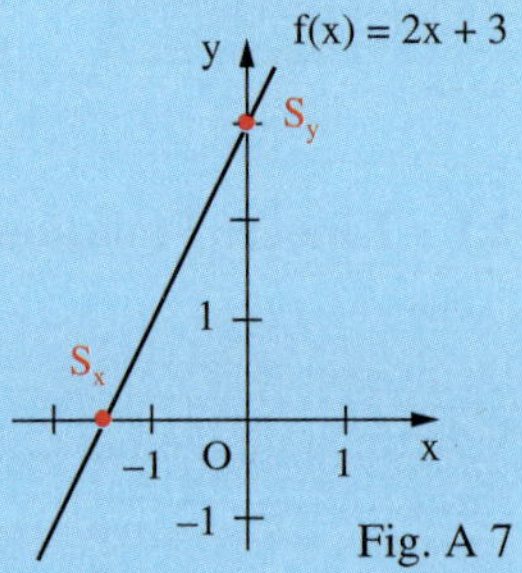

Fig. A 7

Begründung:
Aus $x_1 < x_2$ folgt $x_1 + h = x_2$ (mit $h \in \mathbb{R}$, $h > 0$).
Bezogen auf die Funktion $f(x) = 2x + 3$ ist
$f(x_1) = 2x_1 + 3$ und $f(x_2) = 2x_2 + 3$,
wegen $x_2 = x_1 + h$ also
$f(x_2) = 2(x_1 + h) + 3 = 2x_1 + 2 \cdot h + 3 = 2x_1 + 3 + 2h$.
Da aber $2x_1 + 3 < 2x_1 + 3 + 2h$, gilt stets $f(x_1) < f(x_2)$.

Hat die Gleichung einer linearen Funktion die Gestalt $f(x) = n$ für alle $x \in \mathbb{R}$, ist also $m = 0$, dann ist der Graph dieser Funktion eine *Parallele zur x-Achse*. Wegen der Gleichheit aller Funktionswerte bezeichnet man jede Funktion dieses Typs als eine *konstante Funktion*. Dagegen ist eine Parallele zur y-Achse nicht Graph einer linearen Funktion. Die Gleichung einer solchen Parallelen hat die Form $x = a$, $a \in \mathbb{R}$. Einem x-Wert werden so unendlich viele y-Werte zugeordnet. Das steht im Widerspruch zur Definition des Funktionsbegriffs (s. Definition A 1).

1) Wir verzichten im Folgenden der Einfachheit halber i. Allg. darauf, den Übergang von der Funktionsgleichung $y = f(x)$ zu der Bestimmungsgleichung $f(x) = 0$ für eine Nullstelle zusätzlich durch Anhängen eines Index an die Variable x kenntlich zu machen.

Aufgaben

A 23 *(↗ Beispiel A 7, S. 18)*

Gegeben sind zwei lineare Funktionen $f(x) = x + 2$ und $g(x) = -\frac{1}{2}x - 3$.
Bestimmen Sie Definitions- und Wertebereich der Funktionen!
Ermitteln Sie die Nullstellen von f bzw. g und die Schnittpunkte beider Graphen mit den Koordinatenachsen!
Zeichnen Sie die Graphen beider Funktionen und äußern Sie sich zu weiteren Eigenschaften (Beschränktheit, Monotonie, Symmetrie)!

A 24 Gegeben sind drei lineare Funktionen $f(x) = 3x - 9$, $g(x) = -3x$, $h(x) = \frac{1}{3}x + 27$.

Bestimmen Sie Definitions- und Wertebereich der Funktionen! Ermitteln Sie die Nullstellen von f, g, h und die Schnittpunkte aller drei Graphen mit den Koordinatenachsen! Zeichnen Sie die Graphen von f, g, h und äußern Sie sich zu weiteren Eigenschaften (Symmetrie, Monotonie, Beschränktheit)!

A 25 Eine lineare Funktion sei durch folgende Wertetabelle gegeben:

x	3	8	11	21
y	7	10	11,8	17,8

Geben Sie die zugehörige Funktionsgleichung an! Welche Werte wären den Argumenten 0, 1 und 6 zugeordnet, wenn für diese dieselbe Funktionsgleichung gelten würde?

A 26 Beschreiben die folgenden Wertetabellen lineare Funktionen? Bestimmen Sie gegebenenfalls die Funktionsgleichung!

a)

x	1	4	7	9
y	1,5	3	4	5,5

b)

x	0,5	1,7	3,6	7,1
y	–0,5	1,9	5,7	12,7

c)

x	–2	0	1	1,5
y	5	3	2	1,5

d)

x	–1,5	–1	1	3
y	3,5	2	1	–5

A 27 Zeichnen Sie die Graphen folgender Funktionen in ein Koordinatensystem:

a) $f_1(x) = x - 1$ b) $f_2(x) = \frac{1}{2}x + 1$ c) $f_3(x) = -2x + 1$
d) $f_4(x) = -\frac{1}{3}x + 2$ e) $f_5(x) = 4x - 1$ f) $f_6(x) = -4x + 1$

A 28 Geben Sie die Gleichungen für die dargestellten Funktionen an:

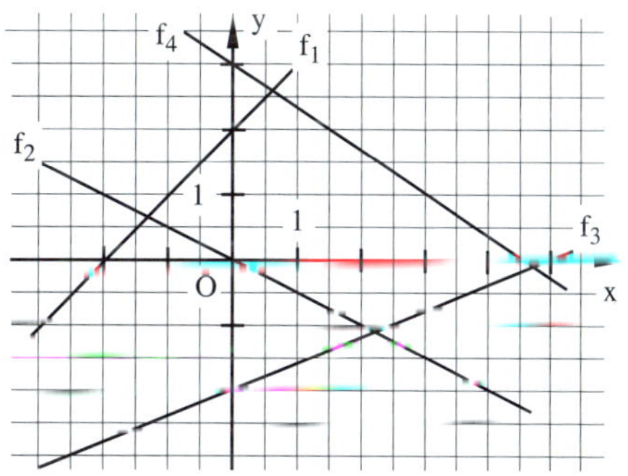

A 29 Ermitteln Sie die Nullstellen der folgenden linearen Funktionen:

a) $f_1(x) = \frac{1}{3}x - 1$ b) $f_2(x) = 7x + 1,5$ c) $f_3(x) = -x + 3$
d) $f_4(x) = -\sqrt{2}\,x - 7$ e) $f_5(x) = 0,5x$ f) $f_6(x) = 1,5$

A 30 Begründen Sie, warum eine Parallele zur y-Achse in einem bestimmten Abstand a mit $a \in \mathbb{R}$ nicht der Graph einer Funktion sein kann! Geben Sie die Funktionsgleichung der x-Achse an!

A 31 Der Graph einer linearen Funktion geht durch die Punkte P_1 und P_2. Stellen Sie die Funktionsgleichung auf!

a) $P_1(1; 2); P_2(2; 4)$ b) $P_1(-3; 1); P_2(4; -6)$ c) $P_1(0; 2{,}5); P_2(5; 0)$ d) $P_1(1; 2); P_2(\sqrt{3}; \sqrt{10})$

A 32 Jedes Argument x einer Funktion f heißt Fixwert der Funktion f, wenn ihm der Funktionswert x zugeordnet ist (d.h. $f(x) = x$). Jeder Punkt $(f(x); x)$ des Graphen von f heißt Fixpunkt.
Bestimmen Sie die Gleichung jener linearen Funktion, deren Graph den Punkt P(4; 5) enthält und die den Fixwert x = 3 besitzt!

A 33 Wie lautet die Funktionsgleichung der Parallelen zu $y = \frac{7}{3}x - \frac{12}{5}$ durch den Punkt P(18; 23)?

A 34 Liegen die Punkte A(–6; –4), B(4; –2) und $C(-7; \frac{57}{12})$ auf einer Geraden? Untersuchen Sie rechnerisch!

A 35 Eine lineare Funktion f habe die Steigung m. Geben Sie eine Formel für den Steigungswinkel α der Geraden an.

A 36 Eine lineare Funktion f ist gegeben durch zwei Punkte $P(x_1; y_1)$ und $Q(x_2; y_2)$. Berechnen Sie den Steigungswinkel α!

A 37 Der Graph einer linearen Funktion verläuft durch den Punkt P_i und hat den Anstieg m_i. Stellen Sie die Funktionsgleichung auf!

a) $P_1(2; 2);\ m_1 = \frac{3}{2}$ b) $P_2(1; 9);\ m_2 = 5$ c) $P_3(-6; 0);\ m_3 = \frac{1}{3}$ d) $P_4(1; \sqrt{3});\ m_4 = \sqrt{3}$

A 38 Geben Sie jeweils die Gleichung der Funktion an, deren Graph parallel zur x-Achse durch den Punkt P_i verläuft:

a) $P_1(1; 5)$ b) $P_2(0; -\sqrt{7})$

A 39 Es seien die linearen Funktionen $f_1(x) = 2x - 4;\ f_2(x) = \frac{1}{2}x + 1;\ f_3(x) = -2x + \frac{1}{3}$ und $f_4(x) = -x - 2$ gegeben.

a) Berechnen Sie die Schnittpunkte der Graphen dieser Funktionen mit den Koordinatenachsen!
b) Berechnen Sie die Steigungswinkel!
c) Geben Sie lineare Funktionen an, deren Graphen parallel zu den Graphen von f_1, f_2, f_3 bzw. f_4 verlaufen!

A 40 Die Punkte A(2; 0), B(8; 0) und C(5; 4) bilden ein Dreieck.

a) Bestimmen Sie die Gleichungen der Seitenhalbierenden, Mittelsenkrechten und Höhengeraden!
b) Zeigen Sie, dass die Geraden einander jeweils in einem Punkt schneiden!

A 41 Ein Radfahrer versucht bei einer Bergstrecke mit einer durchschnittlichen Steigung von 12 % gleichmäßig schnell zu fahren. Er legt in einer Sekunde 2,8 m zurück. Er beginnt seine Bergfahrt bei einer Höhe von $h_0 = 270$ m.

a) Bestimmen Sie seine Höhe h in Abhängigkeit von der Fahrzeit t!
b) Sein Ziel liegt in 1390 m Höhe. Nach welcher Fahrzeit erreicht er das Ziel?
c) Welche Höhe hat er nach 15 Minuten Radfahrt erreicht?

A 42 Die Spannung U in einem Stromkreis stellt eine lineare Funktion der Zeit dar und falle gleichmäßig. Am Anfang des Versuches betrug die Spannung 12 V; am Ende des Versuches, der 8 Sekunden dauerte, ist die Spannung auf 6,4 V gefallen.
Ermitteln Sie die Abhängigkeit der Spannung von der Zeit und zeichnen Sie den Graphen dieser Funktion!

A 43 Zwei Billardkugeln K_1 und K_2 liegen auf einem Tisch.

a) An welcher Stelle muss K_1 die Bande AB treffen, um K_2 zu treffen?

b) Wie groß ist der Aufprallwinkel α?

Hinweis: Fügen Sie zuerst ein geeignetes Koordinatensystem ein und lesen Sie die Koordinaten von K_1 und K_2 ab!

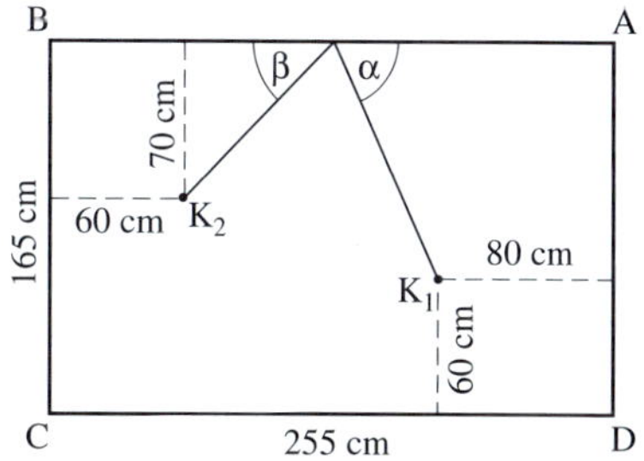

A 44 Eine häufig genutzte Möglichkeit, Regenwasser zur Gartenbewässerung aufzufangen, besteht darin, eine Zisterne anzulegen. Zumeist verwendet man hierfür zylindrische Betongefäße, die frostsicher in die Erde eingelassen sind. Der Behälter habe einen Durchmesser von 1,5 m. In einer Höhe von 1,7 m befinde sich ein Überlauf, der an das Kanalsystem angeschlossen ist. Es werden bei einem mittelstarken Regen 400 *l* Wasser pro Stunde aufgefangen. Zu Beginn des Regens stehe das Wasser in der Zisterne bereits 35 cm hoch.

a) Geben Sie den zu der Funktion *Zeit nach Regenbeginn* → *Wasserhöhe in der Zisterne* gehörenden Funktionsterm an!

b) Wie hoch steht das Wasser in dem Behälter, nachdem es 8 h ununterbrochen geregnet hat?

c) Nach welcher Zeit beginnt das Wasser in die Kanalisation zu laufen?

d) Geben Sie die Zuordnungsvorschrift für die Funktion *Wasserhöhe* → *Zeit nach Regenbeginn* an!

A 2.2 Quadratische Funktionen

A 7

> Definition A 7:
> Funktionen mit einer Gleichung der Form $f(x) = ax^2 + bx + c$ mit $a, b, c \in \mathbb{R}$ und $a \neq 0$ heißen **quadratische Funktionen**.

Der Graph einer quadratischen Funktion ist eine *Parabel* (quadratische Parabel). Die Symmetrieachse der Parabel verläuft parallel zur y-Achse und schneidet den Graphen der Funktion im Scheitelpunkt (Scheitel) der Parabel. Für $a > 0$ ist die Parabel nach oben geöffnet und für $a < 0$ nach unten geöffnet (Fig. A 8).

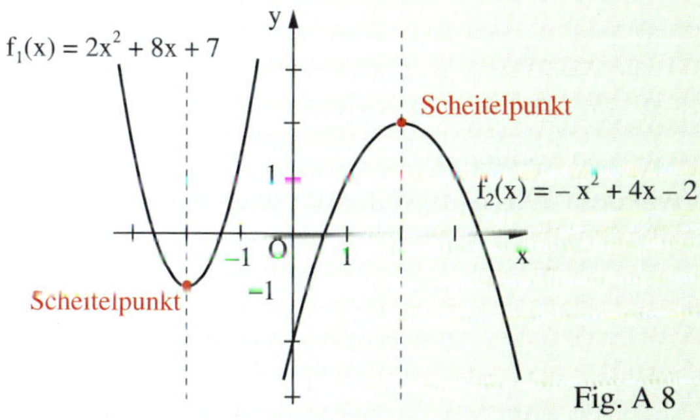

Fig. A 8

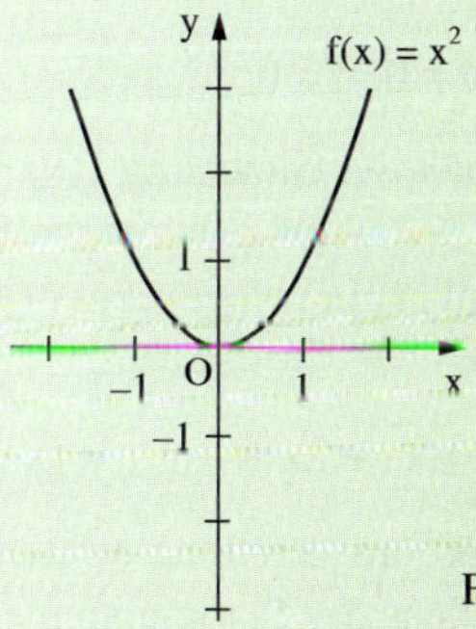

Fig. A 9

Von besonderem Interesse sind quadratische Funktionen mit $a = 1$. Man erhält

$f(x) = x^2 + bx + c$ bzw. durch Umbenennung $f(x) = x^2 + px + q$, $p, q \in \mathbb{R}$.

Um den Zusammenhang zwischen den reellen Zahlen p, q und den Graphen der entsprechenden quadratischen Funktionen zu erkennen, ist es zweckmäßig, eine Fallunterscheidung durchzuführen.

Fall 1: $p = 0, q = 0$

Man erhält die quadratische Funktion $f(x) = x^2$ (Fig. A 9). Ihr Definitionsbereich ist die Menge der reellen Zahlen, ihr Wertebereich die Menge aller nichtnegativen reellen Zahlen. Die Funktion hat genau eine Nullstelle ($x_0 = 0$). Der Graph dieser Funktion wird **Normalparabel** genannt. Ihre Symmetrieachse ist die y-Achse; der Scheitel hat die Koordinaten (0; 0). Aufgrund der im Funktionsterm auszuführenden Operation (Quadrieren) ist die Funktion $f(x) = x^2$ für alle $x \leq 0$ streng monoton fallend und für alle $x \geq 0$ streng monoton wachsend sowie nach unten beschränkt.

Fall 2: $p = 0; q \neq 0$

Es ergibt sich die Gleichung $f(x) = x^2 + q$, $q \in \mathbb{R}$, z. B. also

$$f_1(x) = x^2 + 1 \quad \text{oder} \quad f_2(x) = x^2 - 4.$$

Im Vergleich zum zuvor betrachteten Fall erhält man die Funktionswerte der jeweiligen Funktion, indem man zum entsprechenden Funktionswert von $f(x) = x^2$ die Zahl 1 addiert bzw. von diesem 4 subtrahiert (allgemein: q addiert). Das heißt geometrisch: Der Graph der Funktionen $f(x) = x^2 + q$ ist eine um $|q|$ Einheiten in Richtung der positiven bzw. negativen y-Achse verschobene Normalparabel mit der y-Achse als Symmetrieachse und dem Scheitel (0; q) (Fig. A 10).
Man erkennt: Ist $q > 0$, so existiert kein Schnittpunkt mit der x-Achse und demzufolge keine Nullstelle; für $q < 0$ dagegen gibt es zwei Abszissen-Schnittpunkte und folglich zwei Nullstellen. Bei der rechnerischen Nullstellenbestimmung geht man in folgenden Schritten vor:

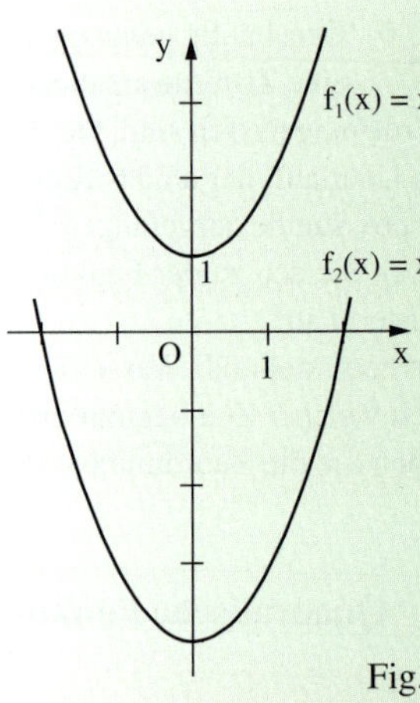

Fig. A 10

Allgemeiner Fall:	*Beispiel:*
$f(x) = x^2 + q$	$g(x) = x^2 - 4$
$0 = x^2 + q \quad \Rightarrow \quad x^2 = -q,$	$0 = x^2 - 4 \quad \Rightarrow \quad x^2 = 4,$
also $\lvert x \rvert = \sqrt{-q}$ und damit $x_1 = +\sqrt{-q}$, $x_2 = -\sqrt{-q}$.	$\lvert x \rvert = \sqrt{4}$ und damit $x_1 = 2$, $x_2 = -2$.

Fall 3: $p \neq 0, q = 0$

Man erhält die Gleichung $f(x) = x^2 + px$, $p \in \mathbb{R}$, zum Beispiel also $f(x) = x^2 + 2x$.
Um mit den vorangegangenen Fällen vergleichen zu können, liegt es nahe, die Summe im Funktionsterm in ein *vollständiges Quadrat* umzuwandeln. Das ist mithilfe der *quadratischen Ergänzung* möglich.

$$f(x) = x^2 + 2x + 1 - 1 = (x + 1)^2 - 1$$

Die Funktionsgleichung erreicht damit die Gestalt $f(x) = (x + d)^2 + e$.
Der Einfluss des Summanden e auf den Graphen der Funktion ist bekannt (s. *Fall 2*).
Anhand der Funktionsgleichungen $h(x) = x^2$ und $f(x) = (x + d)^2$ erkennt man außerdem:
Der Funktionswert, den die Funktion $h(x) = x^2$ an einer beliebigen Stelle x annimmt, ist gleich dem Funktionswert von $f(x) = (x + d)^2$ an der Stelle $x - d$, denn

$$f(x - d) = [(x - d) + d]^2 = x^2 = h(x).$$

Also: Der Graph der Funktion $f(x) = (x + d)^2$ ist die um $|d|$ Einheiten in Richtung der positiven (falls $d < 0$) oder der negativen x-Achse (falls $d > 0$) verschobene Normalparabel.
In Bezug auf das betrachtete Beispiel $f(x) = x^2 + 2x$ bzw. $f(x) = (x + 1)^2 - 1$ bedeutet das: Der Graph der Funktion ist die um je 1 Einheit in Richtung der negativen x- und y-Achse verschobene Normalparabel; der Scheitelpunkt ist $S(-1; -1)$ (Fig. A 11).

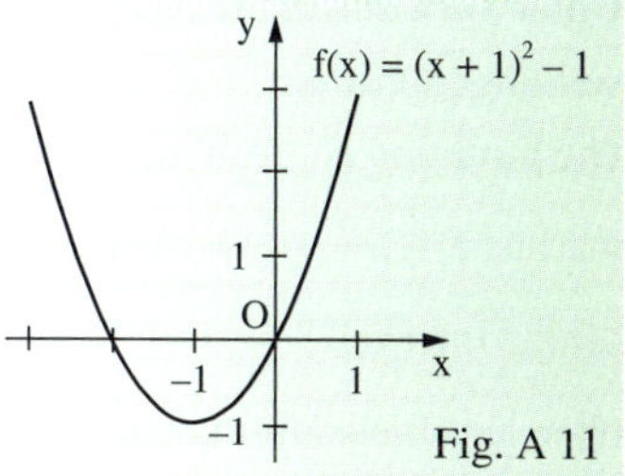

Fig. A 11

Fall 4: $p \neq 0$; $q \neq 0$
Man erhält die Gleichung $f(x) = x^2 + px + q$, $p, q \in \mathbb{R}$. Mithilfe der quadratischen Ergänzung kann die Gleichung wieder in die Struktur $f(x) = (x + d)^2 + e$ überführt werden, aus der sich die Koordinaten des Scheitelpunktes $S(-d; e)$ unmittelbar ablesen lassen (s. *Fall 3*). Man spricht deshalb auch von der *Scheitelpunktform* der Gleichung einer quadratischen Funktion. Bei der Umformung geht man in folgenden Schritten vor:

Beispiel:
$$g(x) = x^2 + 5x + 7$$
$$= x^2 + 5x + (\tfrac{5}{2})^2 - (\tfrac{5}{2})^2 + 7$$
$$= (x + \tfrac{5}{2})^2 + \tfrac{3}{4},$$
also $d = \frac{5}{2}$; $e = \frac{3}{4}$ und damit $S(-\frac{5}{2}; \frac{3}{4})$.

Allgemeiner Fall:
$$f(x) = x^2 + px + q$$
$$= x^2 + px + (\tfrac{p}{2})^2 - (\tfrac{p}{2})^2 + q$$
$$= (x + \tfrac{p}{2})^2 + [-(\tfrac{p}{2})^2 + q],$$
also $d = \frac{p}{2}$; $e = -(\frac{p}{2})^2 + q$ und damit $S(-\frac{p}{2}; -(\frac{p}{2})^2 + q)$.

Das heißt: Die Koordinaten des Scheitelpunktes kann man unmittelbar aus p und q erhalten, ohne die Scheitelpunktform zu erzeugen.
Führt man für $(\frac{p}{2})^2 - q = \frac{p^2}{4} - q$ die Abkürzung D ein, so erhält man für die Koordinaten des Scheitelpunktes $S(-\frac{p}{2}; -D)$ bzw. $S(-\frac{p}{2}; -(\frac{p^2}{4} - q))$. D nennt man **Diskriminante** der quadratischen Funktion. Kennt man D, dann kann man Aussagen über die Anzahl der Nullstellen einer quadratischen Funktion machen. Es gilt:

$D = \frac{p^2}{4} - q$	$D > 0$	$D = 0$	$D < 0$
Anzahl der Nullstellen	2	1	0

A 8

Beispiel A 8:
Gegeben sei die quadratische Funktion $f(x) = x^2 - 3x - 1{,}75$ mit $D_f = \mathbb{R}$.
Aus $p = -3$ und $q = -1{,}75$ folgt für die Diskriminante $D = \frac{9}{4} + 1{,}75 = 4 > 0$.
Das heißt: Die Funktion f besitzt zwei Nullstellen.

T3; T8

Mithilfe der Lösungsformel für quadratische Gleichungen erhält man $x_1 = \frac{7}{2}$ und $x_2 = -\frac{1}{2}$. Für eine grafische Lösung ist der Einsatz eines GTA angebracht: Bei Wahl einer entsprechenden ZOOM-Box sowie der TRACE-Funktion ergibt sich auch hier unmittelbar
$x_1 = 3{,}5$ und $x_2 = -0{,}5$.

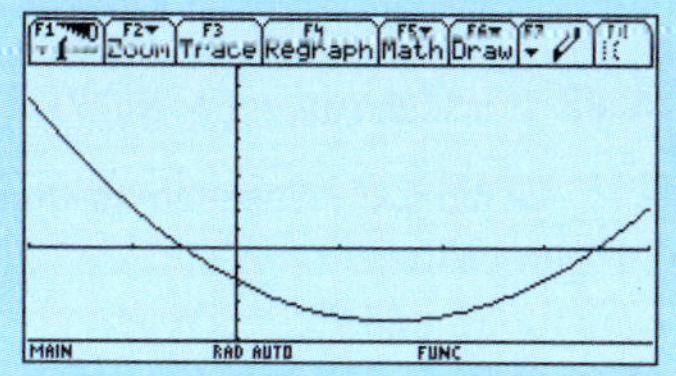

Fig. A 12

Unter Verwendung des GTA-Bildes lassen sich weitere Feststellungen treffen:
Die Funktion ist nach unten beschränkt, kleinster Funktionswert ist $f(\frac{3}{2}) = -4$. Der Wertebereich ist demzufolge das halboffene Intervall $[-4; +\infty[$. Der Graph der Funktion ist eine nach oben geöffnete Normalparabel mit dem Scheitelpunkt $(\frac{3}{2}; -4)$.
Für alle $x \leq \frac{3}{2}$ ist die Funktion streng monoton fallend, für alle $x \geq \frac{3}{2}$ ist die Funktion streng monoton wachsend. Die Gerade $x = \frac{3}{2}$ ist Symmetrieachse des Graphen von f (Fig. A 13).

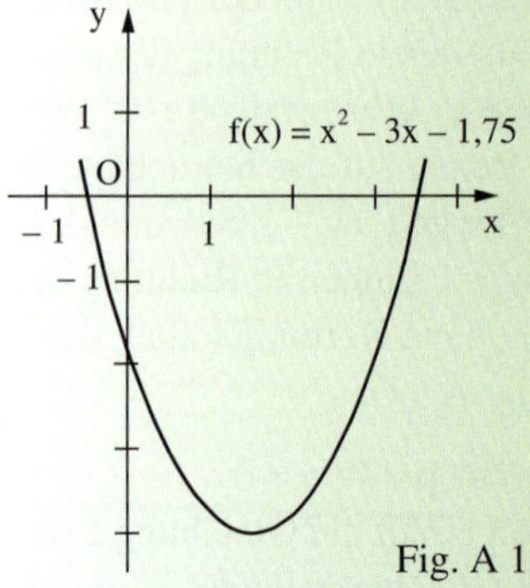

Fig. A 13

A 9

Beispiel A 9:
In Beispiel (2) der Einleitungsseite (S. 7) war nach der mathematischen Beschreibung des Verlaufs des äußeren und des inneren Brückenbogens gefragt. Zur Lösung dieser Aufgabe nehmen wir an, dass die Brückenbogen durch Graphen einer quadratischen Funktion angenähert werden können.

Wir legen das Koordinatensystem (Fig. A 14) so, dass die äußere Parabel p_A den Scheitelpunkt (0; 0) besitzt und durch die Punkte $P_{1/2}(\mp 128{,}75; -71{,}5)$ verläuft. Die nach unten geöffnete Parabel hat unter Beachtung des Scheitelpunktes und der Achsensymmetrie eine Gleichung der Form $y = f(x) = ax^2$. Mithilfe der Koordinaten von P_1 bzw. P_2 lässt sich der Koeffizient $a = a_A$ berechnen.

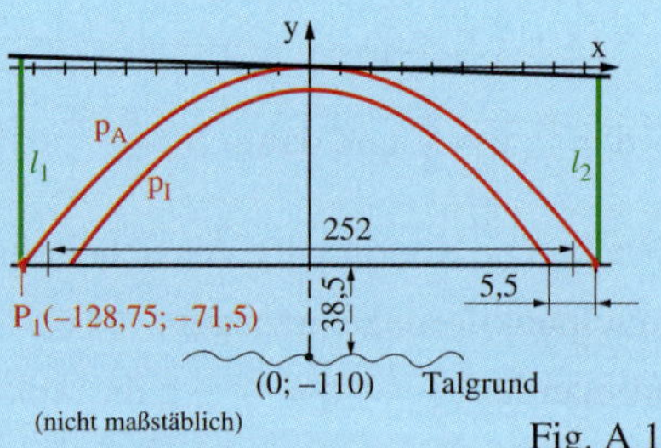

Fig. A 14

Es gilt z. B. $a_A = \frac{f_A(x_1)}{x_1^2} = \frac{-71{,}5}{128{,}75^2} \approx -0{,}00431$.
Demzufolge kann man den äußeren Brückenbogen mathematisch durch eine quadratische Funktion mit der Gleichung $y = f_A(x) = -0{,}00431x^2$ beschreiben.
Bei Verwendung desselben Koordinatensystems würde der innere Brückenbogen durch eine Gleichung der Form $y = f(x) = ax^2 + c$ beschrieben. Nach dem Text von S. 7 gilt $c = -3{,}3$. Da der innere Bogen durch die Punkte $P_{3/4}(\mp 123{,}25; -71{,}5)$ verläuft, folgt dann:

$$a_I = \frac{f_I(x_3) - c}{x_3^2} = \frac{-71{,}5 + 3{,}3}{123{,}25^2} \approx -0{,}00449$$

Also gilt: $y = f_I(x) = -0{,}00449x^2 - 3{,}3$

Aufgaben

A 45 *(↗ Beispiel A 8, S. 23)*

Stellen Sie die nachstehenden quadratischen Funktionen grafisch dar und kennzeichnen Sie jeweils die folgenden Eigenschaften:
- Definitions- und Wertebereich
- Monotonie- und Symmetrieverhalten
- kleinster bzw. größter Funktionswert

- Nullstellen
- Schnittpunkte des Graphen mit den Koordinatenachsen

a) $f(x) = x^2 - 8x + 7$ b) $g(x) = -(x - 4)^2 - 4$ c) $h(x) = 4x^2 - 4$

A 46 Stellen Sie die nachstehenden quadratischen Funktionen grafisch dar und kennzeichnen Sie jeweils die folgenden Eigenschaften:

- Definitionsbereich und Wertebereich
- Monotonie- und Symmetrieverhalten
- kleinster Funktionswert
- Nullstellen
- Schnittpunkte des Graphen mit den Koordinatenachsen

a) $f(x) = x^2 - 2x + 3$ b) $g(x) = (x + 2)^2 - 3$

A 47 Zeichnen Sie den Graphen der Funktion $f(x) = x^2 + 6x + 9$ im Intervall $[-5; -1]$

a) mithilfe einer Wertetabelle,
b) unter Verwendung der Scheitelpunktform der Funktionsgleichung!

A 48 Geben Sie für folgende Funktionen jeweils die Koordinaten des Scheitelpunktes an und zeichnen Sie die Graphen der Funktionen (Hinweis: Schablone für Normalparabel benutzen):

a) $f_1(x) = x^2 - 1{,}5$ b) $f_2(x) = x^2 + \frac{3}{4}$ c) $f_3(x) = (x + 1)^2$
d) $f_4(x) = (x - 1{,}5)^2$ e) $f_5(x) = (x - 1{,}5)^2 + 2$ f) $f_6(x) = (x + \frac{1}{2})^2 - 1{,}5$
g) $f_7(x) = x^2 - 8x + 16$ h) $f_8(x) = x^2 + 3x + 2{,}25$ i) $f_9(x) = x^2 - 3x - 2{,}25$

A 49 Die Graphen in der folgenden Abbildung sind verschobene Normalparabeln. Lesen Sie die Scheitelpunktkoordinaten ab und geben Sie die Gleichungen für die entsprechenden Funktionen an!

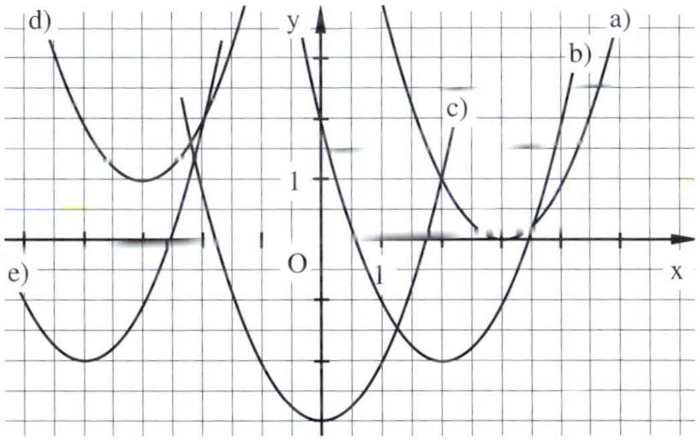

A 50 Bestimmen Sie die Nullstellen folgender quadratischer Funktionen:

a) $f_1(x) = x^2 - 2$ b) $f_2(x) = x^2 - 2x - 3$ c) $f_3(x) = (x + 1)^2 - 3$
d) $f_4(x) = x^2 + \frac{3}{2}x - \frac{9}{16}$ e) $f_5(x) = x^2 + 1{,}5x + 0{,}5625$ f) $f_6(x) = x^2 - 3x + \frac{9}{2}$

A 51 Untersuchen Sie die folgenden quadratischen Funktionen bezüglich der Anzahl ihrer Nullstellen! Begründen Sie Ihre Aussagen!

a) $f_1(x) = x^2 + 2x - 1{,}5$ b) $f_2(x) = -x^2 - 4x - 3$ c) $f_3(x) = x^2 + x + 2$
d) $f_4(x) = x^2 - \sqrt{12}\,x + 3$ e) $f_5(x) = x^2 - 1$ f) $f_6(x) = x^2 + 0{,}6$
g) $f_7(x) = -x^2 + 1{,}7$ h) $f_8(x) = -x^2$ i) $f_9(x) = -x^2 - \sqrt{2}$

A 52 Ermitteln Sie die Nullstellen folgender Funktionen:

a) $f_1(x) = -3x^2 + 6x + 18$ b) $f_2(x) = 7x^2 - 28x$

c) $f_3(x) = \frac{1}{4}x^2 - \frac{3}{2}x + \frac{5}{4}$ d) $f_4(x) = -20x^2 + 7x + 3$

A 53 Für welche x-Werte ist die Funktion $v(x) = x^2 - 6x - 7$ monoton wachsend?

A 54 Skizzieren Sie die Graphen folgender Funktionen und äußern Sie sich zu Definitions- und Wertebereich, kleinstem bzw. größtem Funktionswert, Nullstellen, Monotonieverhalten, Symmetrieverhalten:

a) $f_1(x) = x^2 - 2{,}5$ b) $f_2(x) = (x + 1{,}6)^2$ c) $f_3(x) = (x + 1)^2 - 1{,}5$

A 55 Welchen Einfluss hat der Koeffizient a auf die Graphen der Funktionen $f(x) = ax^2$? Verdeutlichen Sie sich die Zusammenhänge am Beispiel der folgenden Funktionen:

$f_1(x) = 2x^2$; $f_2(x) = -2x^2$; $f_3(x) = \frac{1}{2}x^2$; $f_4(x) = -\frac{1}{2}x^2$

Vergleichen Sie die Graphen dieser Funktionen mit dem Graphen der Funktion $f(x) = x^2$ (Normalparabel)!

Hinweis: Zeichnen Sie die Graphen der oben genannten Funktionen mithilfe einer Wertetabelle in ein und dasselbe Koordinatensystem!

A 56 Bestimmen Sie die Vorzeichen der Zahlen m und n für die Funktion $f(x) = mx^2 + nx$, wenn ihr Graph folgendermaßen aussieht:

a)

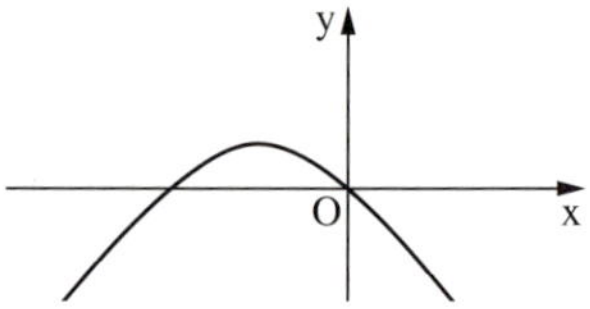

b)

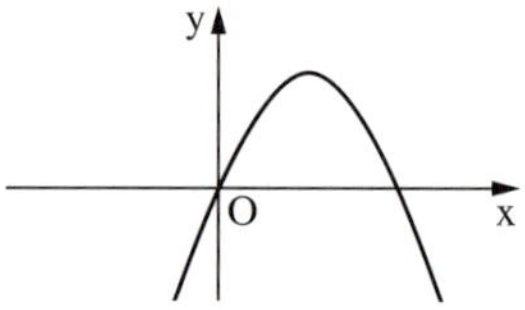

c)

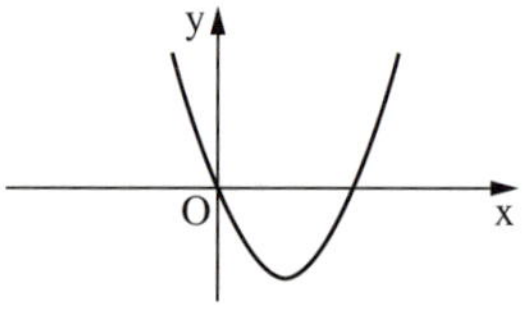

A 57 Bestimmen Sie die Vorzeichen der Zahlen a, b, c für die Funktion $\varphi(x) = ax^2 + bx + c$, wenn ihr Graph folgendermaßen aussieht:

a)

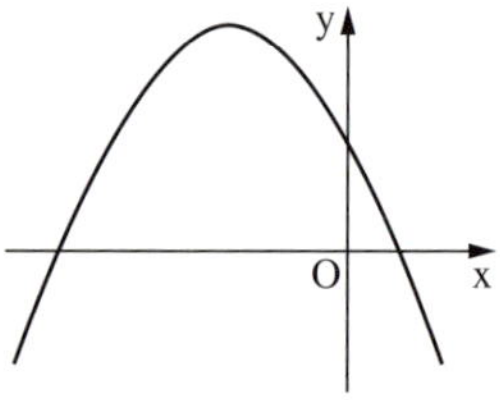

b)

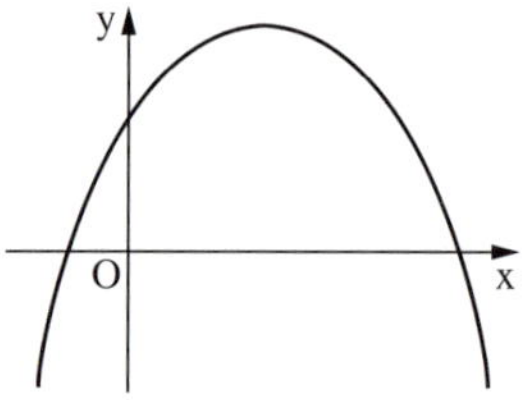

c)

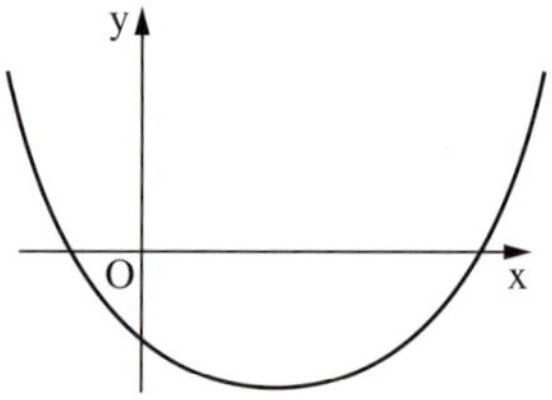

A 58 Wählen Sie a, b, c so, dass die Funktion $y = ax^2 + bx + c$

a) gerade b) ungerade ist.

A 59 Für welche Werte von c verläuft der Graph der Funktion $y = 5x^2 - cx + 4$ durch den Punkt K(–2; 14)?

A 60 Der Graph einer quadratischen Funktion $f(x) = x^2 + px + q$ $(p, q \in \mathbb{R})$ gehe durch die Punkte R(1; 25) und S(–5; 1).

Bestimmen Sie die Koeffizienten p und q und geben Sie die Gleichung der Funktion an!

A 61 Gegeben ist eine quadratische Funktion mit den beiden Nullstellen $x_1 = 1$ und $x_2 = 3$. Ihr Graph schneidet die y-Achse im Punkt $S_y(0; 7)$.

Bestimmen Sie die Funktionsgleichung!

A 62 Eine Parabel 2. Ordnung hat den Scheitelpunkt S(–1; 1) und verläuft durch den Punkt P(–2; 4). Wie lautet ihre Gleichung?

A 63 Von dem Polynom f mit $f(x) = x^2 + ax + b$ $(a, b \in \mathbb{R})$ ist bekannt, dass es die Nullstellen $x_1 = -10$ und $x_2 = 2$ besitzt. Welche der folgenden Aussagen sind richtig?

a) $f(-3) = 40$ b) $f(-3) = -33$ c) $f(-3) = -35$
d) $f(3) = -40$ e) $f(3) = 13$ f) $f(3) = 10$

A 64 Berechnen Sie die Lösungen der Gleichungen, die sich auf quadratische Gleichungen zurückführen lassen! Kontrollieren Sie sich mit dem GTA!

a) $x^4 - 256 = 0$
b) $x^4 - 11x^2 + 18 = 0$
c) $5x^4 - 9x^2 + 2 = 0$
d) $(3x^2 - 4)^2 = (2x - 1)^2 + 4(x + 3)$
e) $(x^2 + 4)^2 - 25(x^2 + 4) + 100 = 0$
f) $\sqrt{z + 1} + z + 1 = 20$
g) $k^6 - 8k^3 = 0$

A 65 Bestimmen Sie jeweils die Schnittpunkte der die folgenden Funktionspaare gegebenen beiden Parabeln! Kontrollieren Sie sich mit dem GTA!

a) $f(x) = 2x^2 - 2;\ g(x) = x^2 + 4$
b) $f(x) = 4x^2 - 2x + 3;\ h(x) = 5x^2 + 3x - 4$
c) $f(z) = -\frac{1}{2} z^2 - \frac{5}{2}\sqrt{2}\,z - \sqrt{2};\ g(z) = \frac{1}{2} z^2 - \sqrt{2z} + 1 - \sqrt{2}$

A 66 Geben Sie die Nullstellen folgender Funktionen an:

a) $f(x) = (x - 2)(x + 3)$
b) $f(t) = (\frac{1}{3} t + 3)(3 - \frac{1}{4} t)$
c) $f(z) = (0{,}6z - 7)(5 + 0{,}2z)$
d) $f(u) = (3u + a)(b - 2u)$

A 67 Bestimmen Sie die Nullstellen der Funktion $f(t) = k(x + t)(x - t),\ k \neq 0$!
Begründen Sie: Der Graph von f ist symmetrisch zur y-Achse.

A 68 *(↗ Beispiel A 9, S. 24)*

Bestimmen Sie für die Bogenbrücke über das Tal der Wilden Gera in Thüringen (s. Aufgabe 2 der Einstiegsseite zu Kapitel A, S. 7) eine Gleichung für den inneren Brückenbogen!

A 69 Die Angebotsfunktion f_A und die Nachfragefunktion f_N seien gegeben durch $f_A(x) = \frac{100}{20 - x}$ für $1 \le x \le 18$ und $f_N(x) = 35 - \frac{x^2}{15}$ für $1 \le x \le 18$.

Zeichnen Sie die Graphen von f_A und f_N in ein gemeinsames Koordinatensystem und berechnen Sie den Marktpreis des Artikels!
Hinweis: Für den Marktpreis p_g gilt: $f_A(x_g) = f_N(x_g) = p_g$.

A 2.3 Potenzfunktionen

Definition A 8:
Funktionen mit einer Gleichung der Form $f(x) = x^n$, $n \in \mathbb{Q}$, heißen **Potenzfunktionen**. A 8

Für den Exponenten n (auch Grad der Potenzfunktion genannt) lassen sich folgende Fälle unterscheiden:

Fall 1: $n \in \mathbb{N} \setminus \{0\} = \mathbb{N}^*$

Der Definitionsbereich dieser Potenzfunktionen ist die Menge der reellen Zahlen; ihre Graphen sind Parabeln. Ist n gerade, so liegt der Graph symmetrisch zur y-Achse – es handelt sich also um eine gerade Funktion (s. Definition A 3). Für ungerade n ist der Graph punktsymmetrisch zum Koordinatenursprung – es liegt eine ungerade Funktion vor (Fig. A 15). Alle Funktionen $f(x) = x^n$ mit $n \in \mathbb{N}^*$ besitzen die Nullstelle $x_0 = 0$. Im Intervall $[0; \infty[$ ist jede dieser Funktionen streng monoton wachsend. Im Intervall $]-\infty; 0]$ sind die Funktionen für gerade n streng monoton fallend und für ungerade n streng monoton wachsend.

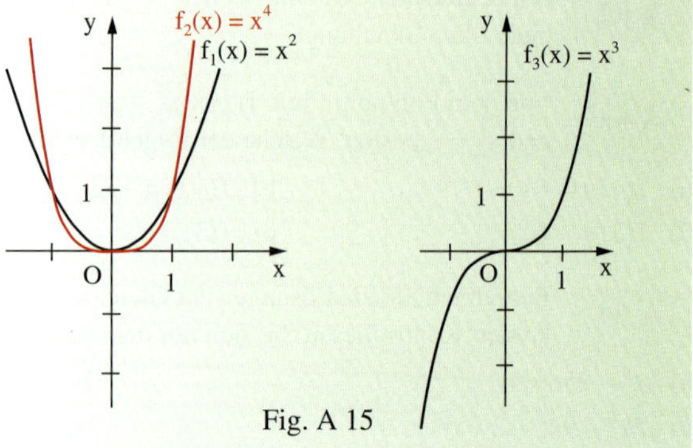

Fig. A 15

Fall 2: $n \in \mathbb{Z}$ und $n \leq -1$

Der Definitionsbereich dieser Potenzfunktionen ist $\mathbb{R} \setminus \{0\}$. Ihre Graphen sind Hyperbeln (Fig. A 16).

In diesem Fall existieren keine Nullstellen. Die Funktionen sind für gerades n nach oben sowie für ungerades n nach oben und unten unbeschränkt. Sie zeigen unterschiedliches Monotonieverhalten.

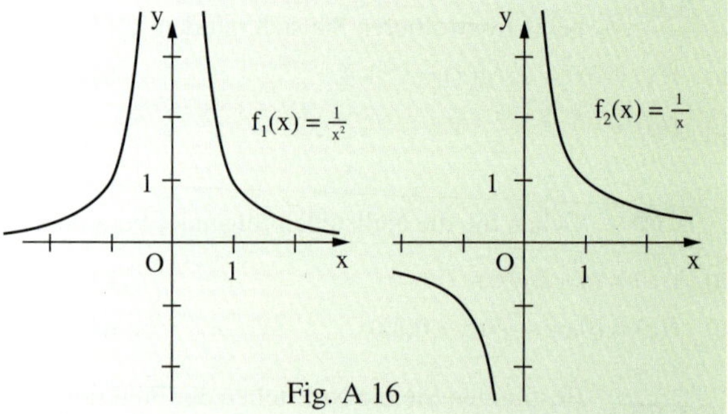

Fig. A 16

Fall 3: Der Exponent lässt sich als gebrochene Zahl in der Form $\frac{1}{n}$ mit $n \in \mathbb{N}$, $n \geq 2$ darstellen.

Die Potenzfunktionen $f(x) = x^{\frac{1}{n}}$ mit $D_f = [0; +\infty[$, $n \in \mathbb{N}$ und $n \geq 2$ werden auch **Wurzelfunktionen** genannt. Wegen $x^{\frac{1}{n}} = \sqrt[n]{x}$ (für $n \in \mathbb{N}^*$) lassen sie sich in der Form $f(x) = \sqrt[n]{x}$ schreiben.

Beispiele: $f_1(x) = x^{\frac{1}{3}} = \sqrt[3]{x}$ bzw. $f_2(x) = x^{\frac{1}{2}} = \sqrt{x}$

Fig. A 17 zeigt die Graphen dieser beiden Wurzelfunktionen. Sie sind Teile einer Parabel, besitzen bei $x_0 = 0$ eine Nullstelle, sind nach unten beschränkt (kleinster Funktionswert ist $f(0) = 0$) und streng monoton wachsend.

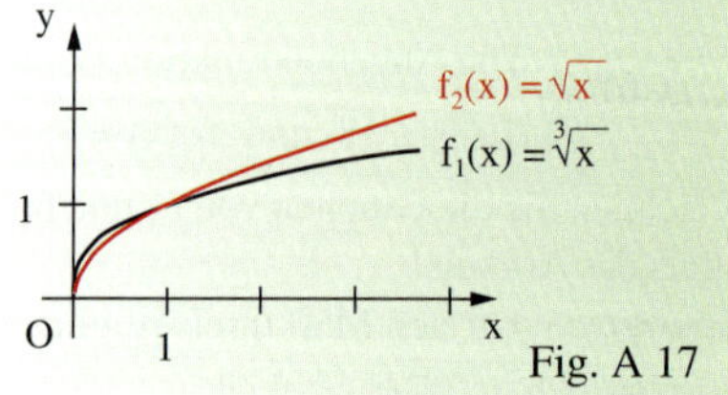

Fig. A 17

Da die Wurzeln stets nichtnegativ sind, ist der Wertebereich von Wurzelfunktionen die Menge der nichtnegativen reellen Zahlen: $W_f = [0, +\infty[$.

Im weiten Sinne spricht man auch von Wurzelfunktionen, wenn man zum Funktionsterm einer Wurzelfunktion eine reelle Zahl addiert, ihn mit einer von 0 verschiedenen Zahl multipliziert oder die Variable x durch andere Terme ersetzt (s. Abschnitt A 3 *Verketten von Funktionen*).

Die rechnerische Bestimmung der Nullstellen derartiger Wurzelfunktionen führt auf das Lösen von **Wurzelgleichungen**. Wurzelgleichungen lassen sich in einfachen Fällen durch Quadrieren in lineare oder quadratische Gleichungen umformen und dann mit den o. g. Methoden lösen.

A 10

Beispiel A 10:

Zu ermitteln sind die Nullstellen folgender Wurzelfunktionen:

a) $f_1(x) = -\frac{1}{2}\sqrt{x}$; $D_{f_1} = [0; +\infty[$, $W_{f_1} =]-\infty; 0]$

Nullstellenermittlung: $0 = -\frac{1}{2}\sqrt{x} \Rightarrow 0 = \frac{1}{4}x$, also $x = 0$

Probe: $-\frac{1}{2}\sqrt{0} = 0$ und damit $0 = 0$

b) $f_2(x) = \sqrt{x} - 1$; $D_{f_2} = [0; +\infty[$, $W_{f_2} = [-1; +\infty[$

Nullstellenermittlung: $0 = \sqrt{x} - 1 \Rightarrow \sqrt{x} = 1$, also $x = 1$

Probe: $\sqrt{1} - 1 = 0$ und damit $0 = 0$

c) $f_3(x) = \sqrt{x+2} + x$; $D_{f_3} = [-2; +\infty[$, $W_{f_3} = [-2; +\infty[$

TI-92 T8

Nullstellenermittlung:

$0 = \sqrt{x+2} + x \Rightarrow -x = \sqrt{x+2}$,

also $x^2 = x + 2$ (da $x + 2 \geq 0$).

Damit erhalten wir:

$x^2 - x - 2 = 0$ mit den Lösungen $x_{1/2} = \frac{1}{2} \pm \sqrt{\frac{1}{4} + \frac{8}{4}}$

$x_1 = 2$, $x_2 = -1$.

Probe für $x_1 = 2$: $\sqrt{2+2} + 2 = 4 \neq 0$

Probe für $x_2 = -1$: $\sqrt{-1+2} - 1 = 0$

Also ist nur $x_2 = -1$ eine Nullstelle von f_3.

Fig. A 18 zeigt die Graphen der Funktionen.

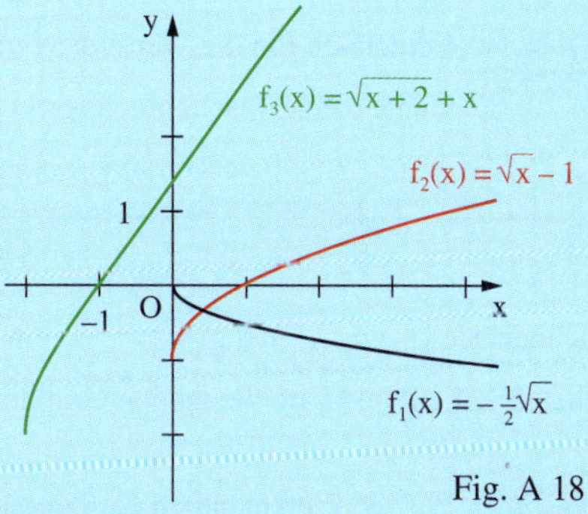

Fig. A 18

Das Beispiel der Funktion $f_3(x) = \sqrt{x+2} + x$ zeigt, dass nicht jede Lösung der sich durch die Umformung ergebenden quadratischen Gleichung die Wurzelgleichung erfüllt. Das liegt daran, dass das Quadrieren eine so genannte „Gewinnumformung" darstellt: Es werden scheinbar Lösungen dazugewonnen – Ausgangsgleichung und die durch Quadrieren erhaltene Gleichung sind zueinander nicht äquivalent. Deshalb ist beim Lösen von Wurzelgleichungen in jedem Fall eine Probe durchzuführen.

Aufgaben

A 70

Zeichnen Sie die Graphen der folgenden Funktionen im Intervall $[-2; 2]$ in ein und dasselbe Koordinatensystem und machen Sie Aussagen zu

- Definitions- und Wertebereich,
- Nullstellen,
- Symmetrie- und Monotonieverhalten:

a) $f_1(x) = x^{-1}$ b) $f_2(x) = x^{-2}$ c) $f_3(x) = x^{-3}$ d) $f_4(x) = x^{-4}$

A 71

Wenden Sie auf folgende Terme geeignete Potenzgesetze an:

a) $a^3 \cdot b^{-2} \cdot a^{-5} \cdot b^4$ b) $\left(\frac{2x^2}{3y^4}\right)^5$ c) $\frac{20^3}{5^3}$

d) $\frac{(6t^3)^2}{2t^2}$ e) $\left(\frac{r-s}{4r^2}\right)^2$ f) $\frac{v^{-8} \cdot w}{v^{-9} \cdot w^2}$

A 72 Welche der folgenden Funktionen ($x \in \mathbb{R}$) sind Potenzfunktionen (*↗ Definition A 8*)? Geben Sie für jede Funktion den Wertebereich an!

a) $f_1(x) = x^4$ b) $f_2(x) = x$ c) $f_3(x) = |x|$ d) $f_4(x) = x^{-3};\ x \neq 0$

e) $f_5(x) = x^{\frac{1}{3}};\quad x \geq 0$ f) $f_6(x) = 3x^2$ g) $f_7(x) = x^{-\frac{1}{2}};\quad x > 0$ h) $f_8(x) = a^x;\ a > 0$

A 73 Geben Sie das größtmögliche Intervall von $\mathbb{R}$ an, das Definitionsbereich einer Potenzfunktion folgender Gleichung sein kann:

a) $f_1(x) = x^6$ b) $f_2(x) = x^{-3}$ c) $f_3(x) = x^{\frac{1}{3}}$ d) $f_4(x) = x^0$

A 74 Auf welche Menge reeller Zahlen bildet die Funktion $f(x) = x^4$ die folgenden Intervalle ab?

a) $-1 \leq x \leq 3$ b) $-3 \leq x \leq 0$ c) $1 \leq x \leq 4$ d) $0 \leq x \leq 5$

A 75 Berechnen Sie die Werte der Funktion $f(x) = \frac{1}{x^2}$ für die in der Wertetabelle vorgegebenen Argumente (ohne Taschenrechner)! Geben Sie die Werte als ganze oder als gebrochene Zahlen an!

x	-2	-1	$-\frac{1}{2}$	$\frac{1}{2}$	1	2	$\frac{5}{2}$	3
f(x)								

Zeichnen Sie $f(x) = \frac{1}{x^2}$ und $g(x) = x^2$ in ein und dasselbe Koordinatensystem!
Geben Sie die Punkte an, die zu den Graphen beider Funktionen gehören!

A 76 Welche Punkte haben die Graphen aller (ungeraden, geraden) Potenzfunktionen gemeinsam?

A 77 Bestimmen Sie n so, dass der Graph der Funktion $f(x) = x^n$ durch die nachstehenden Punkte P, Q bzw. R verläuft:

a) P(4; 16) b) $Q(\frac{1}{2}; \frac{1}{16})$ c) R(– 1,5; – 3,375)

A 78 Wie verändert sich der Oberflächeninhalt einer Kugel, wenn der Radius verdoppelt (ver-k-facht) wird? Welchen Einfluss hat die Veränderung auf das Volumen der Kugel?

A 79 (*↗ Beispiel A 10, S. 29*)

Es sind die Nullstellen der Funktion $f(x) = 9 - 3\sqrt{2x + 4}$ zu berechnen.

A 80 Berechnen Sie die Nullstellen folgender Wurzelfunktionen:

a) $u(x) = x - \sqrt{x + 42}$ b) $v(x) = \sqrt[3]{2x - 3} - 2$ c) $w(x) = \sqrt[4]{5 - x} + 2$

A 81 Lösen Sie folgende Wurzelgleichungen:

a) $\sqrt{x} = 3$ b) $\sqrt[3]{x} = 5$ c) $10 - \sqrt{x - 2} = 3$ d) $\sqrt[3]{7x - 6} + 6 = 10$

e) $3 - x + 2\sqrt{x} = 0$ f) $\sqrt{2 - 2x} + 3x = 3$ g) $x - \sqrt{4 - 4x} = 3$

A 82 Lösen Sie folgende Wurzelgleichungen:

a) $\sqrt{x} = 5$ b) $\sqrt[3]{x - 1} = 2$ c) $\sqrt{-x} = 4$ d) $\sqrt{|x|} = 4$

e) $\sqrt[3]{x^2 - 1} = 2$ f) $\sqrt{7 - 3x} - x - 7 = 0$ g) $\sqrt{2x + 12} \cdot (\sqrt{x - 1} - 4) = 0$

A 83 Eine Funktion sei gegeben durch $f(x) = \sqrt{x}$.

a) Bestimmen Sie den Definitionsbereich und den Wertebereich dieser Funktion!
b) Beschreiben Sie die Funktion durch eine Wortvorschrift!
c) Skizzieren Sie den Graphen der Funktion!

A 84 Eine Funktion sei gegeben durch ihre Funktionsgleichung $f(x) = \sqrt{x-1}$.

a) Bestimmen Sie D_f und W_f dieser Funktion!
b) Geben Sie eine Wortvorschrift für f an!
c) Skizzieren Sie den Graphen dieser Funktion im Intervall $1 \leq x \leq 6$!

A 85 Bestimmen Sie Stellen (sofern möglich), an denen die Funktionen φ_i den Funktionswert 3 haben:

a) $\varphi_1(x) = \sqrt{x+3}$ b) $\varphi_2(x) = \frac{1}{\sqrt{x-3}}$ c) $\varphi_3(x) = \sqrt[3]{x} - 1$ d) $\varphi_4(x) = 1 - \frac{1}{\sqrt[4]{x}}$

A 86 Bestimmen Sie den Definitionsbereich der folgenden Funktion und zeichnen Sie ihren Graphen:

a) $f(x) = \sqrt{x} + 2$ b) $g(x) = \frac{x-2}{\sqrt{x-2}}$ c) $h(x) = 3\sqrt{x+3}$

A 87 Gegeben sind die Funktionen $f(x) = x^{-3}$ und $\varphi(x) = x^3$.
Ordnen Sie die Funktionswerte nach der Größe; beginnen Sie mit dem kleinsten Funktionswert!

a) $f(-2)$; $f(-1)$; $f(1)$ b) $\varphi(\frac{1}{4})$; $\varphi(\frac{1}{3})$; $\varphi(\frac{1}{2})$

A 2.4 Kurvenscharen

Ausgangspunkt sei die quadratische Funktion $f(x) = x^2$. Wir betrachten nun die Funktionen f_a und f_b mit den veränderten Funktionstermen $f_a(x) = x^2 + a$ und $f_b(x) = (x + b)^2$.
Diese Funktionsterme enthalten zusätzlich zur Variablen x noch die Parameter a bzw. b in additiver Verknüpfung. Setzt man beispielsweise a = 2 und b = –1, so entstehen die Funktionen $f_2(x) = x^2 + 2$ bzw. $f_{-1} = (x-1)^2$. Zu jedem reellen Wert von a und b gehört demzufolge eine eindeutig bestimmte Funktion. Das bedeutet:
Durch die Funktionsterme $f_a(x) = x^2 + a$ mit $a \in \mathbb{R}$ und $f_b(x) = (x + b)^2$ mit $b \in \mathbb{R}$ ist jeweils eine *Menge* von Funktionen gegeben.
Eine solche Menge von Funktionen nennt man auch eine **Funktionenschar.** Die zugehörigen Graphen bilden eine **Kurvenschar.** Die Parameter a bzw. b (in diesem Fall Summanden) werden **Scharparameter** genannt.

Beispiel A 11: A 11
Man zeichne die Graphen der Funktionen
- $f_a(x) = x^2 + a$ für a = –1 (2; –2),
- $g_b(x) = (x + b)^2$ für b = –1 (2, –4) sowie
- $f(x) = x^2$

in ein und dasselbe Koordinatensystem.
Es ist zu untersuchen, welchen Einfluss die Summanden a bzw. b auf den Verlauf der Funktionsgraphen nehmen.

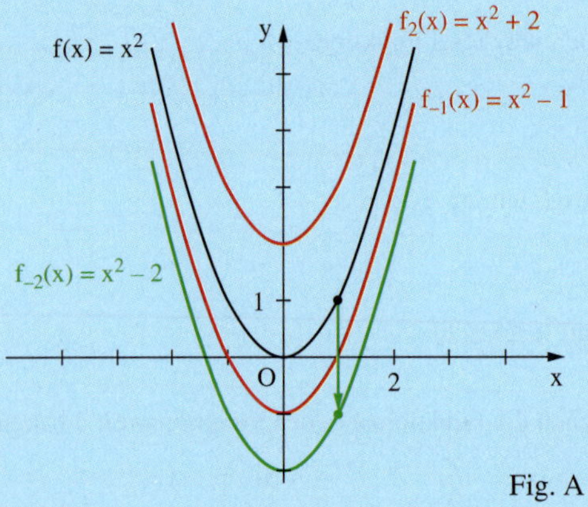

Fig. A 19

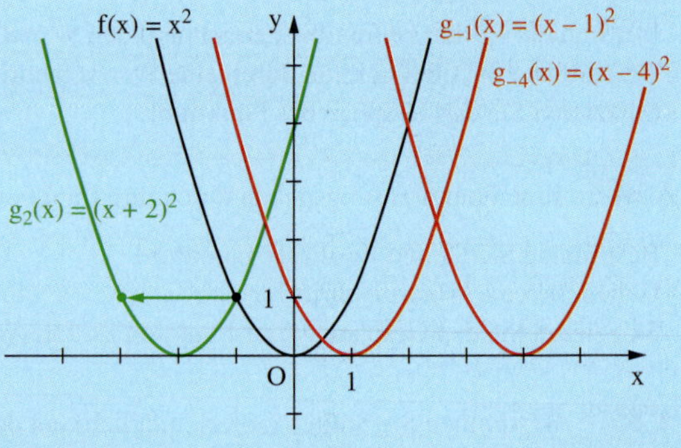

Fig. A 20

Derartige Graphenscharen lassen sich auch bequem unter Verwendung eines GTA zeichnen. Die Werte für den Scharparameter werden dabei im Y-Editor (◆ W *(Y=)*) nach der Funktionsgleichung und 2nd K in der Form a = {…, …, …} eingegeben.

Die Fig. A 21 und A 22 zeigen dies für das Beispiel $f_a(x) = x^2 + a$ mit a = –1, 2, –2.

T3; T4

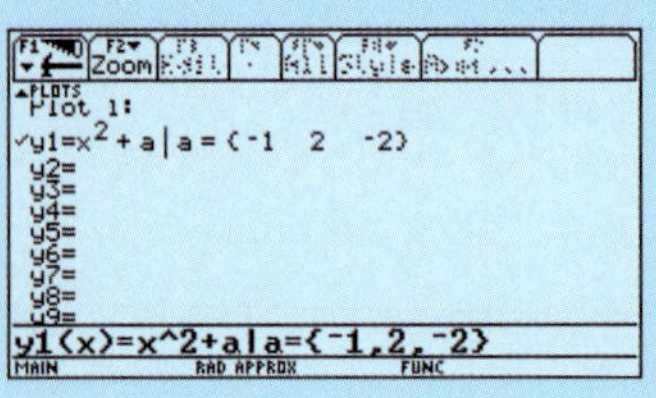

Fig. A 21

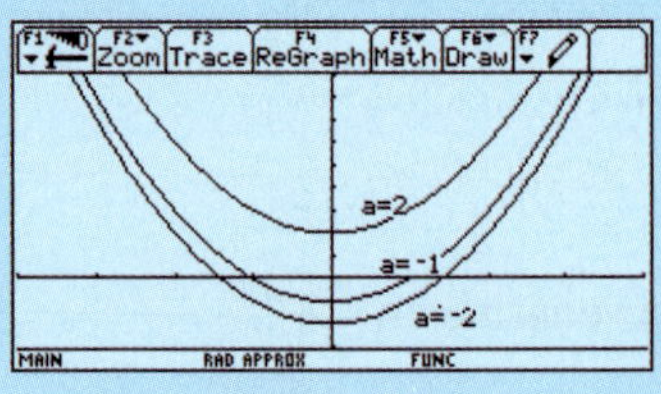

Fig. A 22

Ausgehend von obigem Beispiel lässt sich feststellen: Wird zum Funktionswert f(x) einer Funktion f eine Zahl $a \in \mathbb{R}$ addiert, so erhalten wir die Graphen dieser Funktionen durch Verschiebung des Graphen der Funktion f in Richtung der y-Achse um $|a|$ Einheiten, und zwar für $a > 0$ in Richtung des positiven Teils, für $a < 0$ in Richtung des negativen Teils der y-Achse. Addiert man zu jedem Argument x einer Funktion f eine Zahl $b \in \mathbb{R}$, so ergeben sich die Graphen dieser Funktionen aus dem Graphen der ursprünglichen Funktion f durch Verschiebung in Richtung der x-Achse um $|b|$ Einheiten, und zwar für $b > 0$ in Richtung des negativen Teils, für $b < 0$ in Richtung des positiven Teils der x-Achse.

A 12

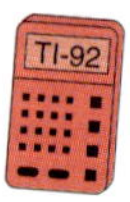

T3; T4

Beispiel A 12:

Gegeben ist eine Kurvenschar durch $f_a(x) = x^2 + a$ mit $a \in \mathbb{R}$. Es ist zu ermitteln,

a) welche Parabel der Schar durch den Punkt (2; 9) geht;
b) welche Parabel der Schar die Gerade mit der Gleichung $g(x) = 2x + 1$ berührt und wie die Koordinaten des Berührungspunktes lauten.

Zu a):

Einsetzen der Koordinaten des gegebenen Punktes P in die Funktionsgleichung $f_a(x) = x^2 + a$ ergibt $9 = 4 + a$ und damit $a = 5$. Das heißt, die Parabel mit der Gleichung $f_5(x) = x^2 + 5$ geht durch den Punkt (2; 9).

Zu b)

Zeichnet man die Graphen von $f_0(x) = x^2$ und $g(x) = 2x + 1$ in ein und dasselbe Koordinatensystem (Fig. A 23), so lässt sich erkennen, dass nur eine Parabel $f_a(x) = x^2 + a$ mit $a > 0$ den Graph von g berühren kann. Wenn die Graphen von f_a und g einander berühren, also genau einen Punkt gemeinsam haben sollen, dann muss die durch Gleichsetzen der beiden zugehörigen Funktionsterme entstehende Gleichung *genau eine* Lösung besitzen.

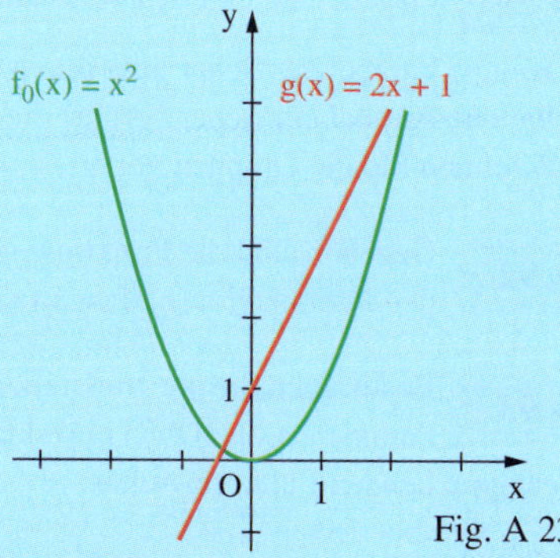

Fig. A 23

Aus $x^2 + a = 2x + 1$ erhält man $x^2 - 2x + a - 1 = 0$ und damit $x_{1;2} = 1 \pm \sqrt{2-a}$.

Genau eine Lösung ergibt sich für $2 - a = 0$, woraus $a = 2$ folgt. Die gesuchte Parabel besitzt also die Gleichung $f_2(x) = x^2 + 2$. Demnach ist die x-Koordinate des Berührungspunktes $x = 1$, die zugehörige y-Koordinate berechnet man durch Einsetzen in eine der beiden Funktionsgleichungen und erhält $y = 3$.

Die obige Aufgabe b) könnte man auch durch systematisches Probieren unter Verwendung eines GTA als Hilfsmittel (Fig. A 24) und anschließendes rechnerisches Überprüfen lösen (was insbesondere bei komplizierteren Funktionsgleichungen eine Vereinfachung bewirkt).

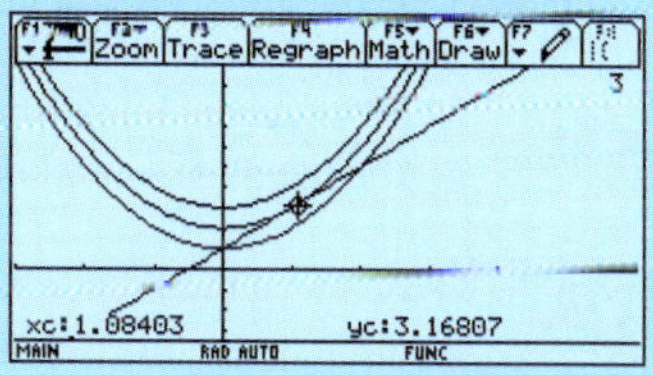

Fig. A 24

Aufgaben

A 88 *(↗Beispiel A 11, S. 31)*

Zeichnen Sie die Graphen der Funktionenscharen

$f_a(x) = ax^2$ mit $a \in \{-2; -\frac{1}{2}, \frac{1}{2}, 2\}$ und

$f_b(x) = (bx)^2$ mit $b \in \{-2; -\frac{1}{2}, \frac{1}{2}, 2\}$

jeweils in ein Koordinatensystem!

A 89 *(↗Beispiel A 12, S. 32)*

Gegeben ist eine Kurvenschar durch $f_b(x) = x^2 + b$, $b \in \mathbb{R}$.

a) Welche Parabel der Schar geht durch den Punkt (3; 7)?

b) Welche Parabel der Schar berührt die Gerade mit der Gleichung $y = 4x - 3$?

A 90 Gegeben ist eine Funktionenschar durch $f_w(x) = \sqrt{x - w}$, $w \in \mathbb{R}$.

a) Zeichnen Sie die Graphen für $w \in \{-2; -1; 0; 1; 2; 3\}$!

b) Welcher Graph der Schar geht durch den Punkt (5; 3)?

A 91 Gegeben ist eine Kurvenschar durch $g_t(x) = (x + t)^2$ mit $t \in \mathbb{R}$.

a) Welche Parabel der Schar geht durch den Punkt (1; 0)?
b) Welche Parabel der Schar berührt die Gerade mit der Gleichung $y = x + 2$?
c) Zeichnen Sie die Graphen von g_1, g_{-1}, g_0, g_3 in ein und dasselbe Koordinatensystem!

A 92 Gegeben sind die Funktionenschar $f_a(x) = x^2 + a$ und die Funktion $g(x) = 2x + 1$. Bestimmen Sie den Parameter a so, dass $f_a(x)$ und $g(x)$ genau einen Punkt (zwei Punkte) gemeinsam haben!

A 93 Bestimmen Sie die Nullstellen folgender Funktionenscharen in Abhängigkeit von den auftretenden Parametern ($a, b \in \mathbb{R}$) und skizzieren Sie für jeweils drei ausgewählte Parameterwerte die Graphen der entsprechenden Funktionsschar:

a) $f_{a,b}(x) = a + 2bx$
b) $f_b(x) = (x + b)^2$
c) $f_a(x) = (a + x)(a - x)(a^2 - x^2)$
d) $f_{a,b}(x) = \frac{b}{a}\sqrt{a^2 - x^2}$

A 94 Gegeben ist eine Kurvenschar durch $w_k(x) = \sqrt{x} + k$ $(x \in \mathbb{R}, x \geq 0, k \in \mathbb{R})$.

a) Welche Kurve dieser Schar schneidet die x-Achse im Punkt (4; 0)?
b) Welche Kurve dieser Schar berührt die Gerade mit der Gleichung $y = x + 1$?
c) Zeichnen Sie die Graphen von w_1, w_{-1}, w_0, w_{-3}!

A 95 Gegeben ist die Funktionenschar $f_a(x) = x(x - a)^2$ mit $a \in \mathbb{R}$. Bestimmen Sie die Nullstellen von f_a in Abhängigkeit von a! Welche Nullstellen ergeben sich für a = 16 (bzw. 5; –4)?

A 96 Gegeben ist die Funktionenschar $f_a(x) = ax^2 + x - \frac{1}{a}$, $a \in \mathbb{R}\setminus\{0\}$.
Bestimmen Sie die Schnittpunkte der Funktionenschar mit den Koordinatenachsen!

A 97 Eine Funktionenschar sei durch $f_a(x) = x^2 + ax - a$ gegeben.

a) Zeichnen Sie die Graphen von f_0, f_1, f_{-1} und f_{-2} in ein und dasselbe Koordinatensystem!
b) Berechnen Sie die Schnittpunkte der Graphen aus Aufgabe a) mit der x-Achse!
c) Weisen Sie nach, dass alle diese Kurven durch den Punkt P(1; 1) gehen!

A 98 Gegeben ist eine Schar von Geraden durch $f_a(x) = a(x + 2) - 3$, $a \in \mathbb{R}$.

a) Setzen Sie –3, –2, –1, 0, 1, 2, 3 für a ein und zeichnen Sie die Geraden in einem Koordinatensystem. Was fällt auf?
b) Welche Gerade der Schar geht durch den Punkt P(4; 5) [Q(–3; 2)]?

A 99 Gegeben sei eine Parabelschar durch $f_b(x) = x^2 + x + b$, $b \in \mathbb{R}$.
Welche Parabel geht durch den Punkt P(5; 12) [Q(2; 5)]?

A 100 Gegeben ist die Funktionenschar $f_c(x) = x^2 + cx + c$ $(c \in \mathbb{R})$. Zeichnen Sie die Graphen für c = 0, c = 1, c = 2 mittels einer Schablone, lesen Sie die Nullstellen ab und bestimmen Sie den Term für alle Nullstellen der Schar!

A 101 Gegeben ist die Funktionenschar $f_b(x) = bx^2 + x$ $(b \in \mathbb{R})$. Für welchen Parameter b geht der Graph durch P(–2; –1) (durch Q(–2; –3))?

A 102 Gegeben sei die Funktionenschar f_a mit $f_a(x) = ax(x - 3)^2$, $a \in \mathbb{R}$. Zeichnen Sie die Graphen von f_3, f_1, und f_{-2} in ein Koordinatensystem! Beschreiben Sie den Kurvenverlauf! Gibt es Parameter a so, dass die Graphen symmetrisch zur y-Achse liegen?

A 2.5 Trigonometrische Funktionen

Die Aufeinanderfolge der Jahreszeiten, der Wechsel der Helligkeit an einem Tag, der Pulsschlag des Menschen, die Bewegung des Uhrpendels sind Beispiele für periodische Vorgänge, die man in vielfältiger Weise in der Natur, Technik und Gesellschaft beobachten kann. Erzeugt man durch Bewegung einer Spule in einem Magnetfeld eine Wechselspannung, dann macht das aufgezeichnete Spannungs-Zeit-Diagramm deutlich, dass es sich dabei auch um einen periodischen Verlauf handelt (Fig. A 25).

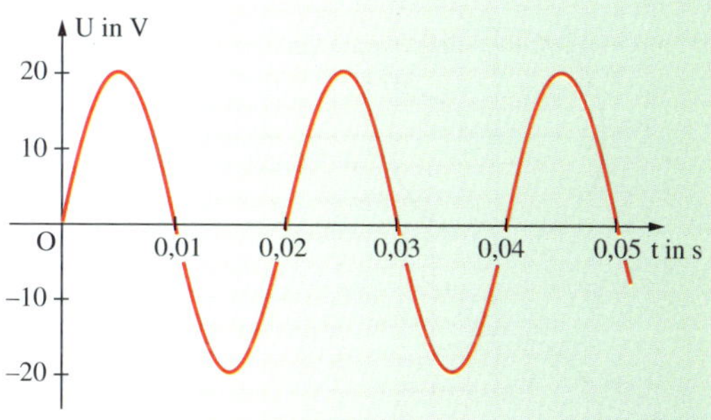

Fig. A 25

Die mathematische Beschreibung solcher und anderer periodischen Vorgänge gelingt mithilfe der trigonometrischen Funktionen (Winkelfunktionen).

- *Sinus, Kosinus und Tangens beliebiger Winkel am Einheitskreis*

Am *Einheitskreis* (einem Kreis mit dem Radius r = 1 LE um den Ursprung des Koordinatensystems als Mittelpunkt) werden Winkelfunktionen in folgender Weise definiert:

A 9

Definition A 9:
Die Ordinate v des zum Winkel α gehörenden Punktes P(u; v) auf dem Einheitskreis heißt **Sinus** des Winkels α:

$$\sin\alpha = \frac{\overline{|PQ|}}{\overline{|OP|}} = \frac{v}{1} = v \qquad (\alpha \in W^{1)})$$

Die Abszisse u des zum Winkel α gehörenden Punktes P auf dem Einheitskreis heißt **Kosinus** des Winkels α:

$$\cos\alpha = \frac{\overline{|OQ|}}{\overline{|OP|}} = \frac{u}{1} = u \qquad (\alpha \in W)$$

Die eindeutige Zuordnung $\alpha \mapsto \sin\alpha$ nennt man **Sinusfunktion,** die eindeutige Zuordnung $\alpha \mapsto \cos\alpha$ entsprechend **Kosinusfunktion** (vgl. Fig. A 26).

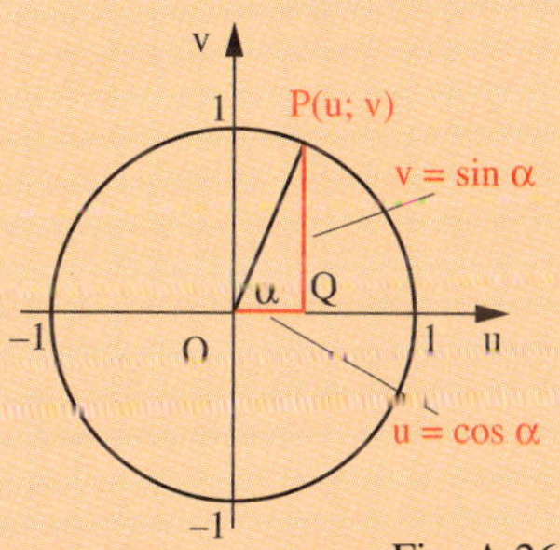

Fig. A 26

Für beliebige Winkel α, $\alpha \in W$ mit $\alpha \neq 90° + k \cdot 180°$ $(k \in \mathbb{Z})$ gilt:
Der Quotient aus dem Sinus und dem Kosinus eines Winkels α heißt **Tangens** des Winkels α (Fig. A 27).
Die eindeutige Zuordnung $\alpha \mapsto \tan\alpha$ nennt man **Tangensfunktion.**

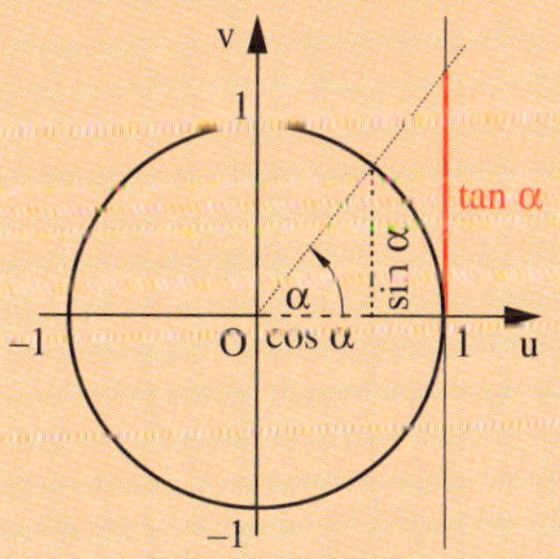

Fig. A 27

[1] W ist die Menge der Größen aller Winkel der Ebene.

Ausgehend von obigen Definitionen lassen sich die Graphen von Winkelfunktionen erzeugen:

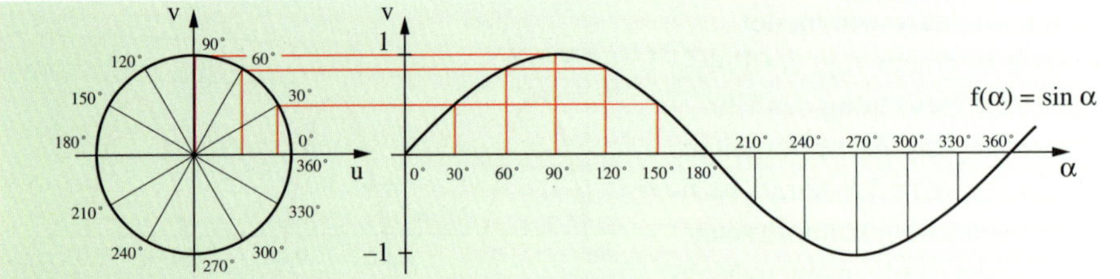

Fig. A 28

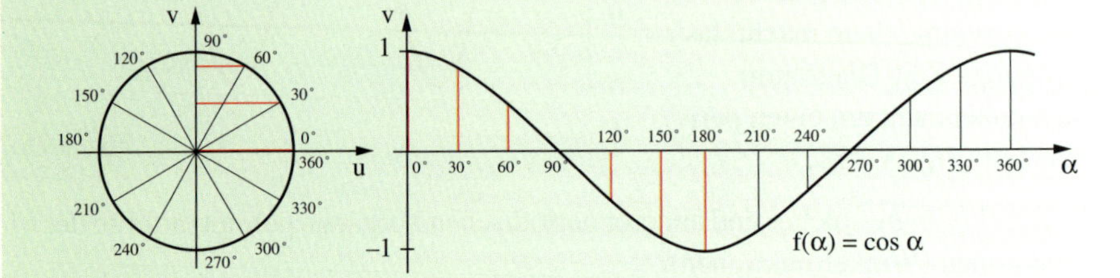

Fig. A 29

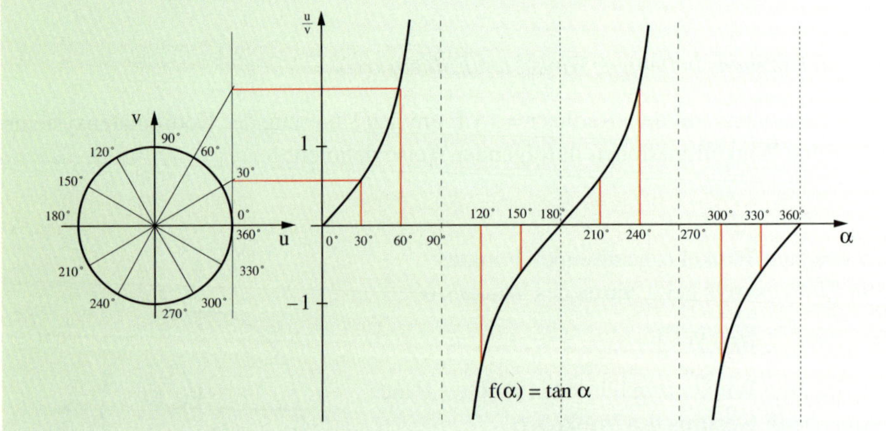

Fig. A 30

Um auch die trigonometrischen Funktionen als reelle Funktionen (Zahl-Zahl-Funktionen) auffassen zu können, benötigt man ein weiteres Winkelmaß, das **Bogenmaß** des Winkels α. Das Bogenmaß ist das Verhältnis aus der zum Winkel α gehörenden Kreisbogenlänge b und dem Radius r eines Kreises. Es wird mit arc α (lies: arkus[1]) alpha) oder $\widehat{\alpha}$ bezeichnet.

Es gilt allgemein: $\widehat{\alpha} = \operatorname{arc}\alpha = \frac{\alpha \cdot \pi}{180°}$ [2])

Am Einheitskreis gilt wegen r = 1 LE die Beziehung $\widehat{\alpha} = \operatorname{arc}\alpha = b$. Als Einheit des Bogenmaßes verwendet man *1 Radiant (1 rad)*, kurz rad, und legt fest: 1 rad ist die Größe des Winkels α, für den am Einheitskreis arc α = 1 gilt (Fig. A 31). Aus $\operatorname{arc}\alpha = \frac{\alpha \cdot \pi}{180°}$ folgt in diesem Falle $\alpha = 1 \cdot \frac{180°}{\pi} \approx 57{,}29578°$. Mit anderen Worten: Der Winkel 57,29578° im Gradmaß hat das Bogenmaß 1 rad.

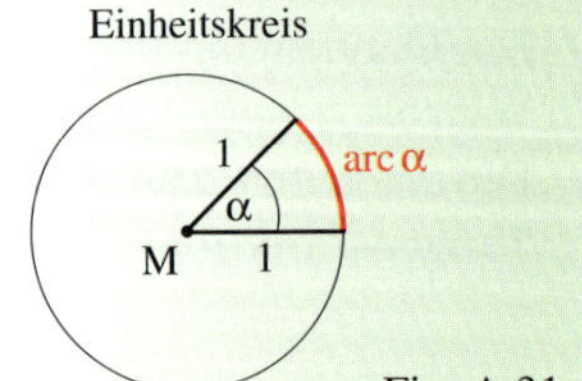

Fig. A 31

1) arcus (lat.) Bogen

2) Man könnte in dieser Formel statt α auch α° schreiben, um deutlich zu machen, dass hier der Winkelangabe in Gradmaß gemeint ist. Das ist jedoch i. Allg. nicht üblich.

Eine Zusammenstellung häufig benutzter Werte enthält die nachfolgende Tabelle.

Gradmaß	0°	30°	45°	60°	90°	180°	270°	360°
Bogenmaß	0	$\frac{\pi}{6}$	$\frac{\pi}{4}$	$\frac{\pi}{3}$	$\frac{\pi}{2}$	π	$\frac{3}{2}\pi$	2π

Unter Verwendung des Bogenmaßes für Winkel (also reeller Zahlen) können wir nun die *trigonometrischen Funktionen* auch als *reelle Funktionen* (s. Abschnitt A 1) mit der Menge der reellen Zahlen $\mathbb{R}$ bzw. einer Teilmenge von $\mathbb{R}$ als Definitionsbereich auffassen.

Im Folgenden werden die betrachteten Winkelfunktionen in der Regel als Zahl-Zahl-Funktionen aufgefasst, die Argumente also in Bogenmaß angegeben. Deshalb ist auch bei der Darstellung von Winkelfunktionen mittels GTA zu beachten, dass im MODE-Menü die Winkeleinstellung „RADIAN" lautet (Fig. A 32).
Die Figuren A 33 bis A 35 zeigen die mittels GTA erzeugten Graphen der Sinus-, der Kosinus- bzw. der Tangensfunktion.

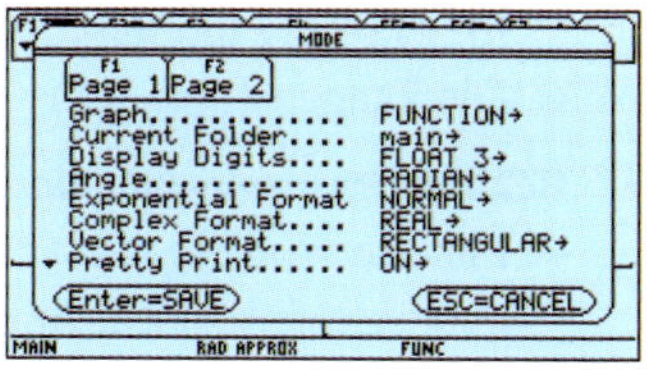

Fig. A 32

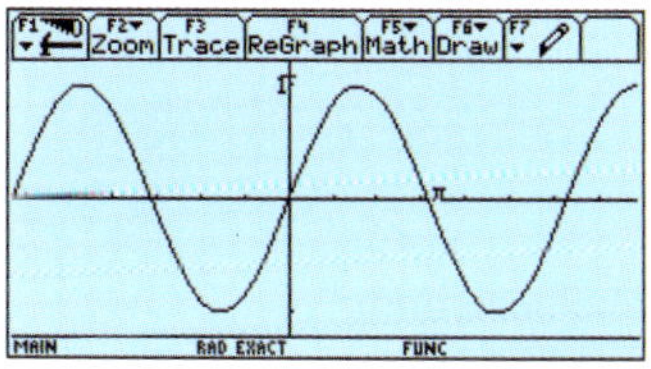

Fig. A 33

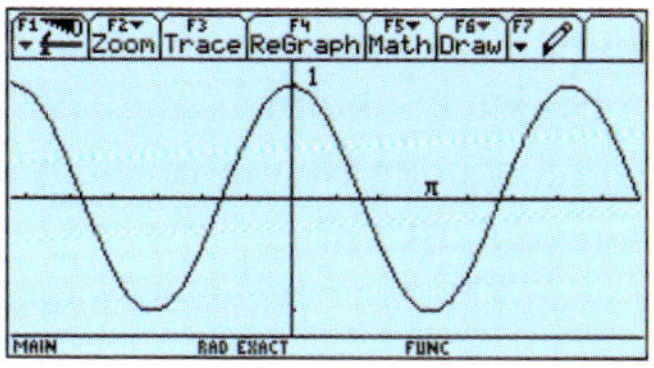

Fig. A 34

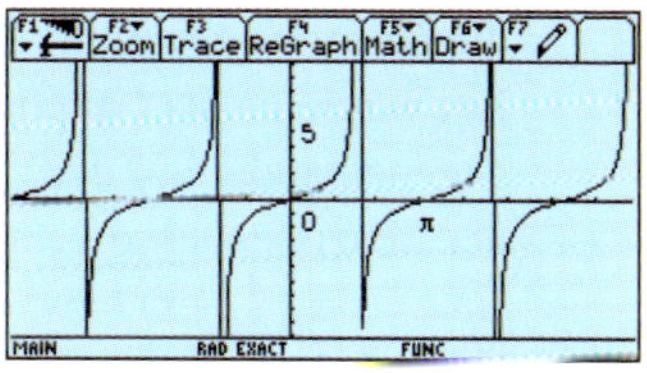

Fig. A 35

TI-92
T3

- *Eigenschaften der trigonometrischen Funktionen*

Aus den Graphen trigonometrischer Funktionen lassen sich in Verbindung mit ihrer Definition eine Reihe von Eigenschaften erkennen:

- Eine im Vergleich zu den bisher betrachteten Funktionen neue Eigenschaft ist die **Periodizität** der trigonometrischen Funktionen. Aufgrund der Definition besitzen Winkel, die sich um Vielfache von 2π bzw. 360° unterscheiden, dieselben Sinusfunktionswerte. Dasselbe gilt auch für die Kosinusfunktion. Anders ausgedrückt: Die Sinusfunktion bzw. die Kosinusfunktion haben an einer beliebigen Stelle $x \in \mathbb{R}$ und an jeder anderen Stelle, die man durch Addition eines ganzzahligen Vielfachen von 2π zu x erhält, denselben Funktionswert. Es gilt also:
  $\sin x = \sin(x + k \cdot 2\pi),\ k \in \mathbb{Z};\ \cos x = \cos(x + k \cdot 2\pi),\ k \in \mathbb{Z}$
  Der kleinste Abstand zwischen den Stellen der Wiederholung von Funktionswerten wird als **Periodenlänge** bezeichnet. Sinus- und Kosinusfunktion haben demnach die Periodenlänge 2π. Die Werte der Tangensfunktion wiederholen sich bereits im Abstand π. Ihre Periodenlänge ist also π und es gilt: $\tan x = \tan(x + k \cdot \pi),\ k \subset \mathbb{Z}$
- Im Unterschied zur Tangensfunktion sind Sinus- und Kosinusfunktion nach oben und unten beschränkt. Kleinste obere Schranke ist +1 und größte untere Schranke ist –1.
- Für alle $x \in \mathbb{R}$ gilt $\sin(-x) = -\sin x;\ \cos(-x) = \cos x$. Die Funktion $f(x) = \sin x$ ist daher eine ungerade Funktion (ihr Graph ist punktsymmetrisch zum Koordinatenursprung) und $f(x) = \cos x$ ist eine gerade Funktion (ihr Graph ist achsensymmetrisch zur y-Achse). Die Tangensfunktion ist weder gerade noch ungerade.

- Nullstellen der betrachteten trigonometrischen Funktionen sind:
  * $f(x) = \sin x$: Alle Stellen x_0 mit $x_0 = k \cdot \pi$, $k \in \mathbb{Z}$ (vgl. Fig. A 33)
  * $f(x) = \cos x$: Alle Stellen x_0 mit $x_0 = (2k+1)\frac{\pi}{2}$, $k \in \mathbb{Z}$ (vgl. Fig. A 34)
  * $f(x) = \tan x$: Alle Stellen x_0 mit $x_0 = k \cdot \pi$, $k \in \mathbb{Z}$ (vgl. Fig. A 35)
- Monotonieverhalten
  * Die Sinusfunktion ist z. B. im Intervall $[-\frac{\pi}{2}, +\frac{\pi}{2}]$ streng monoton steigend, im Intervall $[\frac{\pi}{2}; \frac{3\pi}{2}]$ streng monoton fallend.
  * Die Kosinusfunktion ist z. B. im Intervall $[\pi; 2\pi]$ streng monoton steigend und im Intervall $[0; \pi]$ streng monoton fallend.
  * Die Tangensfunktion ist für alle $x \in](2k+1)\frac{\pi}{2}; (2k+3)\frac{\pi}{2}[$, $k \in \mathbb{Z}$, streng monoton steigend.
- Beziehungen zwischen der Sinus- und der Kosinusfunktion
  * Für alle Winkel x gilt $\sin^2 x + \cos^2 x = 1$. Veranschaulichen kann man sich diesen Zusammenhang durch Betrachtungen für den speziellen Fall, dass x ein Winkel im I. Quadranten eines Einheitskreises ist. Dann gilt nach dem Lehrsatz des PYTHAGORAS die eingangs genannte Beziehung.

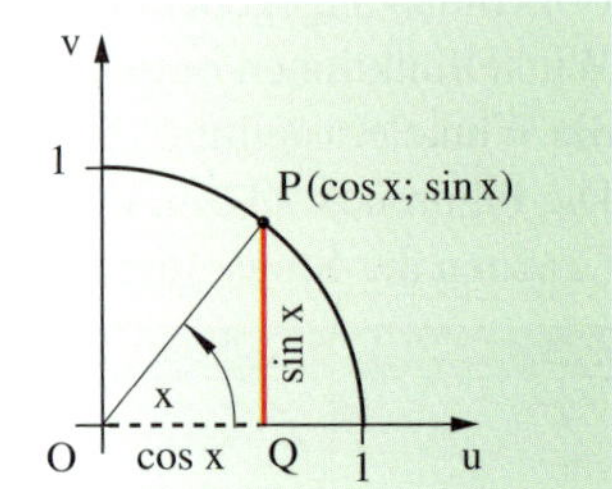

Fig. A 36

  * Ein Vergleich der Graphen der beiden Funktionen zeigt, dass sie gegeneinander um den $\frac{\pi}{2}$ entsprechenden Betrag in Richtung der Abszissenachse verschoben sind. Es gilt:
    $\sin x = \cos(\frac{\pi}{2} - x)$ bzw. $\cos x = \sin(\frac{\pi}{2} - x)$ (Komplementärwinkelbeziehung)
- Zwischen den Werten einer Winkelfunktion für Argumente aus dem I. und aus dem II. bis IV. Quadranten bestehen folgende Beziehungen („Quadrantenbeziehungen"), wie man sich anhand der Fig. A 37 überzeugen kann:

$\sin(180° - \alpha) = \sin\alpha$	$\sin(180° + \alpha) = -\sin\alpha$	$\sin(360° - \alpha) = -\sin\alpha$
$\cos(180° - \alpha) = -\cos\alpha$	$\cos(180° + \alpha) = -\cos\alpha$	$\cos(360° - \alpha) = \cos\alpha$
$\tan(180° - \alpha) = -\tan\alpha$	$\tan(180° + \alpha) = \tan\alpha$	$\tan(360° - \alpha) = -\tan\alpha$

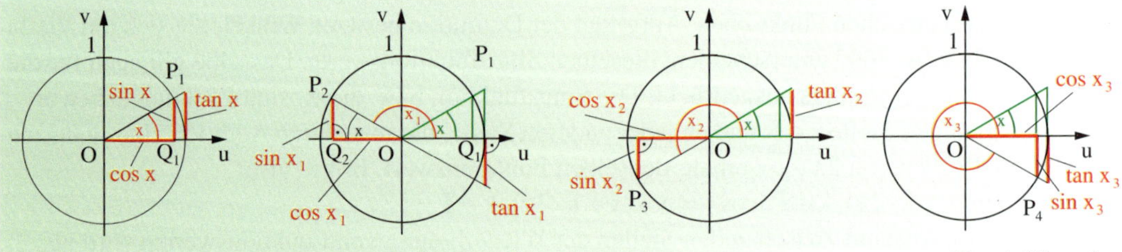

Fig. A 37a – d

- *Die allgemeine Sinusfunktion $f(x) = a \cdot \sin(bx + c) + d$*

Für praktische Anwendungen, speziell die Beschreibung periodischer Vorgänge in Natur und Technik, sind insbesondere Sinusfunktionen mit Gleichungen des Typs $f(x) = a \cdot \sin(bx + c) + d$ bedeutsam. Nachfolgend soll daher an Beispielen untersucht werden, wie sich die Koeffizienten a, b, c, d auf die Eigenschaften und speziell die Graphen solcher Funktionen auswirken. Mittels eines GTA stellen wir hierfür die Graphen der Funktionen f_1 bis f_6 dar und vergleichen dann jeweils mit dem Graphen von $f(x) = \sin x$.

(1) $f_1(x) = 2\sin x$
$f_2(x) = \frac{1}{2}\sin x$

(2) $f_3(x) = \sin 2x$
$f_4(x) = \sin \frac{1}{2} x$

(3) $f_5(x) = \sin(x - \frac{\pi}{4})$
$f_6(x) = \sin x + 1$

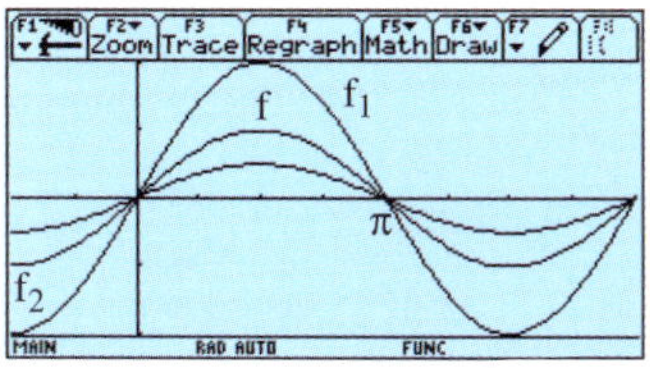

Fig. A 38

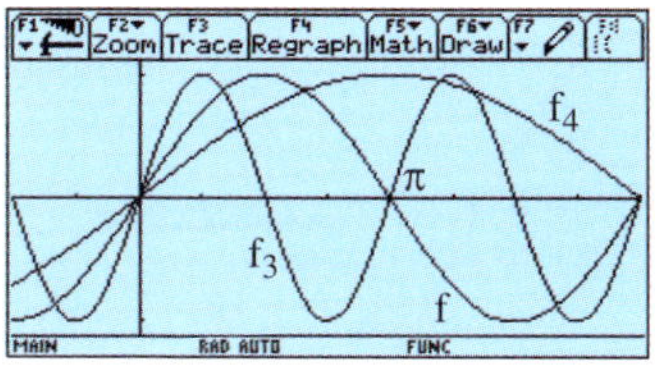

Fig. A 39

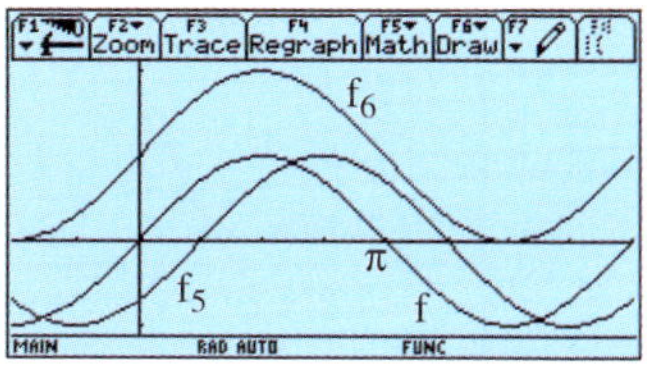

Fig. A 40

TI-92
T3

Der Vergleich zeigt:

Zu (1):
Die Funktionswerte $f_1(x)$ und $f_2(x)$ erhält man durch Verdoppeln bzw. Halbieren der bekannten Funktionswerte von $f(x) = \sin x$. Nullstellen, Periodizität und Monotonie bleiben unverändert. Beeinflusst wird aber der Wertebereich: $W_{f_1} = [-2, 2]$ bzw. $W_{f_2} = [-\frac{1}{2}, \frac{1}{2}]$.

Zu (2):
Der Faktor 2 bzw. $\frac{1}{2}$ im Argument lässt den für $f(x) = \sin x$ bestimmten Wertebereich unverändert. Beeinflusst werden hingegen Nullstellen, Periodenlänge und Monotonieverhalten. Insbesondere gilt: Durch den Faktor 2 im Argument der Funktion $f_3(x)$ wird die Periodenlänge von f_3 im Vergleich zu der von f verkleinert (halbiert) und von $f_4(x)$ durch den Faktor $\frac{1}{2}$ vergrößert (verdoppelt). Im Unterschied zu $f(x) = \sin x$ (Periode 2π) hat $f_3(x) = \sin 2x$ die Periode π und $f_4(x) = \sin\frac{1}{2}x$ die Periode 4π.

Zu (3):
Der Subtrahend $\frac{\pi}{4}$ im Funktionsterm von f_5 ruft eine Verschiebung des Graphen von $f(x) = \sin x$ um $\frac{\pi}{4}$ nach rechts in Richtung der x-Achse hervor. Der Summand 1 im Funktionsterm von f_6 bewirkt hingegen eine Vergrößerung der Funktionswerte von $f(x) = \sin x$ um 1 Einheit, d. h., der Graph der Funktion $f(x) = \sin x$ wird um 1 nach oben (in Richtung der y-Achse) verschoben.

Verallgemeinert lässt sich feststellen:
Der Graph der Funktionen $f(x) = a \cdot \sin(bx + c) + d$ geht aus dem von $f(x) = \sin x$ hervor

- durch Strecken/Stauchen in Richtung der y-Achse (bei $f_{1/2}(x) = a \cdot \sin x$ mit dem Faktor a),
- durch Strecken/Stauchen in Richtung der x-Achse (bei $f_{3/4}(x) = \sin bx$ mit dem Faktor $\frac{1}{b}$),
- durch Verschieben in Richtung der x-Achse (bei $f_5(x) = \sin(x + c)$ um den Wert c),
- durch Verschieben in Richtung der y-Achse (bei $f_6(x) = \sin x + d$ um den Wert d).

Beispiel A 13: A 13
Wir wollen noch einmal das im ersten Beispiel der Kapiteleingangsseite betrachtete Naturphänomen der Gezeiten aufgreifen. Unter dem Einfluss von Sonne und Mond kehren Ebbe und Flut in periodischen Abständen wieder. An der Nordsee beträgt der Unterschied zwischen Ebbe und Flut, der so genannte *Tidenhub*, im Mittel 3 m. In Fig. A 41 ist dieser periodische Vorgang auf der Grundlage von langjährig erfassten Messdaten grafisch dargestellt, wobei der Nullpunkt der Abszissenachse für den Beginn der Messung um 19.00 Uhr steht.

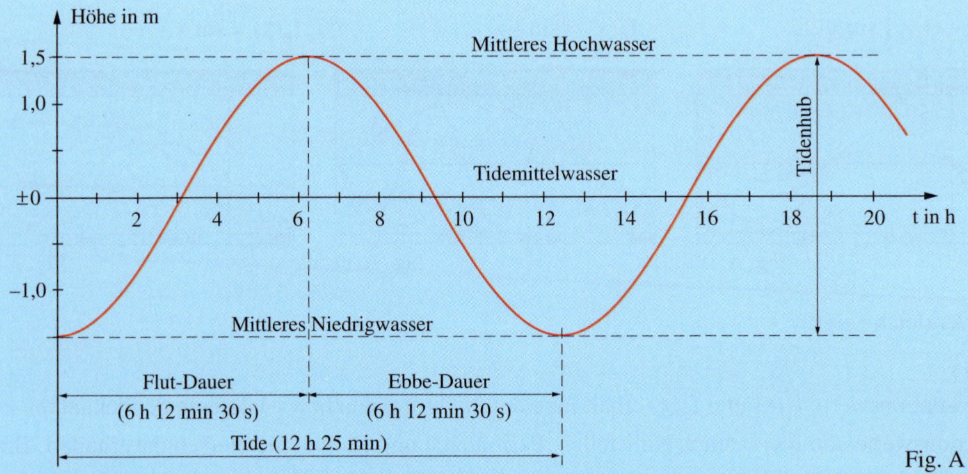

Fig. A 41

Diese *Tidenkurve* kann mithilfe einer allgemeinen Sinusfunktion näherungsweise beschrieben werden. Die Parameter lassen sich zum Teil unmittelbar aus der Zeichnung entnehmen. Es gilt $a = 1{,}5$ und $d = 0$. Die Periodenlänge beträgt 12,42 (h). Somit ist $b = \frac{2\pi}{12{,}42}$. Da eine Sinuskurve mit $f(x) = \sin(bx + c)$ um $\frac{c}{b}$ Einheiten in x-Richtung verschoben wird, folgt aus $\frac{c}{b} = \frac{6{,}21}{2}$: $c = \frac{6{,}21}{2} \cdot b = \frac{6{,}21}{2} \cdot \frac{2\pi}{12{,}42} = \frac{\pi}{2}$. Unter Beachtung der Verschiebung in positiver Richtung der Abszissenachse erhält man mit der Variablen t für die Zeit: $f(t) = 1{,}5\sin(\frac{2\pi}{12{,}42}t - \frac{\pi}{2})$.

A 14

Beispiel A 14:

Im engen Zusammenhang mit dem eben bearbeiteten Problemen des Tidenhubs steht die auf der Einstiegsseite zu Kapitel A gestellte Frage (1): Welche Mindestlänge muss ein an der Oberkante der Kaimauer befestigter und am anderen Ende auf einer Rolle gelagerter Zugangssteg haben, wenn dieser auch bei Niedrigwasser noch gut begehbar sein soll (s. S. 7)?

Es wird vorausgesetzt, dass in den Häfen aus Sicherheitsgründen die Oberkante einer Kaimauer stets 1 m über den höchsten bekannten Pegelstand errichtet wird. Wenn h den maximalen Tidenhub angibt, so lässt sich die minimale Länge *l* des Steges durch folgende Funktion beschreiben:

$f(h) = \frac{1 + h}{\cos 70°}$

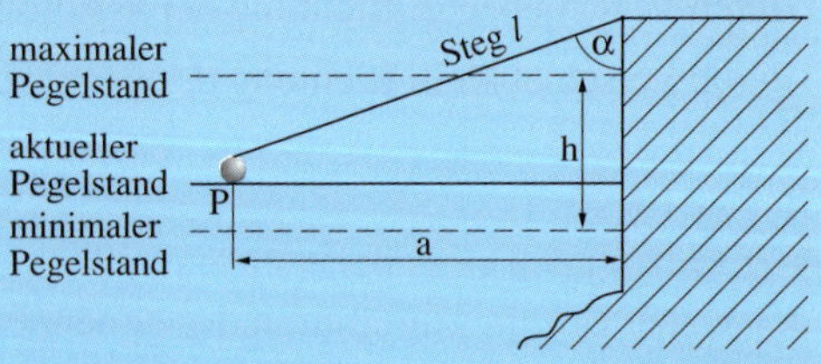

Fig. A 42

Da es im Ärmelkanal zu Tidenhüben von h = 11,5 m kommen kann, ergäbe sich daraus der (theoretische) Wert $l_{max} \approx 36{,}55$ m, der allerdings in Abhängigkeit von den konkreten örtlichen Bedingungen schwankt. Nimmt man diesen Wert als Ausgangspunkt, so lässt sich daraus die notwendige Länge der Auflageschiene berechnen, auf welcher der unteren Endpunkt des Steges auf dem horizontalen (schwimmenden) Bootssteg abrollt: Für den (horizontalen) Abstand a dieses Punktes von der Kaimauer gilt $a = 36{,}55 \sin\alpha$ (m). Wenn wir (vereinfachend) voraussetzen, dass sich der Bootssteg immer 1 m über der Wasseroberfläche befindet, so würde α zwischen den beiden Extremwerten 70° und 90° und damit a zwischen 34,35 m und 36,55 m schwanken. Die Auflageschiene müsste also eine Länge von mindestens 2,20 m haben.

Aufgaben

A 103 Für welche Winkelgrößen α, $0° \leq \alpha \leq 360°$, gilt:

a) $\sin\alpha > 0$
b) $\sin\alpha = 0$
c) $\sin\alpha < 0$
d) $\cos\alpha > 0$
e) $\cos\alpha = 0$
f) $\cos\alpha < 0$
g) $\tan\alpha > 0$
h) $\tan\alpha = 0$
i) $\tan\alpha < 0$
j) $\sin\alpha > 0$ und $\cos\alpha < 0$
k) $\tan\alpha < 0$ und $\cos\alpha < 0$
l) $\tan\alpha = 0$ und $\cos\alpha = 0$

A 104 Zeigen Sie am Einheitskreis die Gültigkeit folgender Gleichungen (vgl. S. 38 f.):

a) $\sin(180° + \alpha) = -\sin\alpha$, $\cos(180° + \alpha) = -\cos\alpha$ $\quad 0° \leq \alpha \leq 90°$

b) $\sin(180° - \alpha) = \sin\alpha$, $\cos(180° - \alpha) = -\cos\alpha$ $\quad 0° \leq \alpha \leq 180°$

c) $\sin(360° - \alpha) = -\sin\alpha$, $\cos(360° - \alpha) = \cos\alpha$ $\quad 0° \leq \alpha \leq 360°$

d) $\cos(-\alpha) = \cos\alpha$, $\sin(-\alpha) = -\sin\alpha$ $\quad 0° \leq \alpha \leq 180°$

A 105 Drücken Sie den angegebenen Sinuswert bzw. Kosinuswert mithilfe eines Winkels aus dem Bereich $0° \leq \alpha \leq 360°$ aus!

a) $\sin 383°$, $\cos 415°$, $\sin(-17°)$, $\cos(-25°)$

b) $\sin(-138°)$, $\sin(-155°)$, $\cos(-99°)$, $\cos(-123°)$

c) $\sin(-339°)$, $\cos(-330°)$, $\sin(-430°)$, $\cos(-395°)$

A 106 Beweisen Sie unter Verwendung von Fig. A 36 (S. 38) die Gültigkeit folgender Formeln:

a) $\sin\alpha = \cos(90° - \alpha)$
b) $\sin^2\alpha + \cos^2\alpha = 1$
c) $\sin(180° \pm \alpha) = \mp\alpha$

A 107 Ergänzen Sie die folgende Tabelle! Verwenden Sie zur Berechnung der einzelnen Werte gleichseitige bzw. gleichschenklig-rechtwinklige Dreiecke!

Funktion \ α	0°	30°	45°	60°	90°
$\sin\alpha$					
$\cos\alpha$					
$\tan\alpha$					

A 108 Mithilfe der Komplementwinkelbeziehung sind folgende Terme

a) durch einen entsprechenden Kosinuswert auszudrücken:
$\sin 45°$; $\sin 125°$; $\sin(-20°)$; $\sin(-130°)$; $\sin 215°$;

b) durch einen entsprechenden Sinuswert auszudrücken:
$\cos 40°$; $\cos 120°$; $\cos(-25°)$; $\cos(-130°)$; $\cos 315°$.

A 109 *(↗ Definition A 9, S. 35)*

Bestimmen Sie die Lösungsmenge der folgenden Gleichungen über dem Grundbereich $\{\alpha \in W;\ 0° \leq \alpha \leq 360°\}$ und über dem Grundbereich $\{\alpha \in W\}$:

a) $\sin\alpha = 1$ b) $\sin\alpha = 0$ c) $\sin\alpha = -1$

d) $\cos\alpha = 1$ e) $\cos\alpha = 0$ f) $\cos\alpha = -1$

g) $\cos\alpha = \frac{1}{2}\sqrt{2}$ h) $\sin\alpha = -\sqrt{1}$ i) $\sin\alpha = -\frac{1}{2}\sqrt{2}$

j) $\cos\alpha = \frac{1}{2}\sqrt{3}$ k) $\cos\alpha = -\frac{1}{2}\sqrt{3}$ l) $\sin\alpha = -\frac{1}{2}\sqrt{3}$

A 110 Ergänzen Sie die folgende Tabelle! (Runden Sie ggf. auf zwei Dezimalstellen!)

α	15°			55°	190°		235°	
$\widehat{\alpha}$		$\frac{3}{4}\pi$	0,35			2		−3

A 111 *(ohne Taschenrechner!)*

Welche der folgenden Zahlen gehören zum Definitionsbereich der Funktion $g(x) = \sqrt{\sin x}$?

a) $\frac{11\pi}{2}$ b) $\frac{7\pi}{6}$ c) $-\frac{\pi}{2}$ d) $-\frac{7\pi}{6}$ e) $\frac{5\pi}{4}$

A 112 *(ohne Taschenrechner!)*

Welche der folgenden Zahlen gehören zum Definitionsbereich der Funktion $h(x) = \sqrt{\cos x}$?

a) $\frac{3\pi}{4}$ b) 4 c) 3 d) $\frac{9\pi}{4}$ e) 2

A 113 *(ohne Taschenrechner!)*

Welche der folgenden Zahlen gehören nicht zum Definitionsbereich der Funktion $t(x) = \sqrt{\tan x}$?

a) 1 b) 4 c) 3 d) 1,5 e) 3,5

A 114 Setzen Sie die fehlenden Zahlen ein!

a) $\sin 120° = \sin(180° - \square) = \sin\square$ b) $\sin 243° = \sin(180° + \bigcirc) = -\sin\bigcirc$

c) $\sin 1{,}7\pi = \sin(1{,}5\pi + \triangle) = -\cos\triangle$ d) $\cos 0{,}75\pi = \cos(\pi - \diamond) = -\cos\diamond$

e) $\tan 2{,}25\pi = \tan\square$

A 115 Im $\triangle ABC$ gilt $\cos\alpha = \frac{2}{3}$, $\cos\beta = \frac{1}{3}$. Berechnen Sie $\cos\gamma$!

A 116 Berechnen Sie $\sin x \cdot \cos x$, falls $\sin x - \cos x = \sqrt{2}$!

A 117 Berechnen Sie $\sin^2\alpha \cdot \cos^2\alpha$ für:

a) $\alpha = 53{,}5°$ *(mit TR!)* b) $\sin\alpha = \frac{3}{5}$ *(ohne TR!)* c) $\sin\alpha + \cos\alpha = \frac{1}{2}$ *(ohne TR!)*

A 118 Zeigen Sie, dass folgende Identitäten gelten:

a) $\frac{\sin\alpha}{1+\cos\alpha} + \frac{1+\cos\alpha}{\sin\alpha} = \frac{2}{\sin\alpha}$ b) $\frac{\tan^2\alpha - \sin^2\alpha}{\tan^2\alpha \cdot \sin^2\alpha} = 1$

c) $\frac{\sin^3 15° + \cos^3 15°}{\sin 15° + \cos 15°} = \frac{3}{4}$ *(ohne TR!)* d) $(\tan^2\alpha + \frac{1}{\tan^2\alpha})^2 - (\tan^2\alpha - \frac{1}{\tan^2\alpha})^2 = 4$

A 119 Ergänzen Sie die folgende Tabelle für $0 \le x \le 2\pi$! (Verwenden Sie Ihren Taschenrechner!)

x	1		3		–0,51	$\frac{\pi}{12}$	$\frac{5\pi}{7}$	
sin x		0,91		–0,7				–0,11

A 120 Ergänzen Sie folgende Tabelle! ($0 \le x \le 2\pi$):

sin x	cos x	tan x	x
(> 0)		(< 0)	
$0 \le \sin x \le \frac{1}{2}\sqrt{2}$			
		$-1 \le \tan x \le 0$	

A 121 Ergänzen Sie folgende Tabelle ($-2\pi \le x \le 2\pi$):

x	cos x	tan x
$-\frac{2\pi}{3}$		
$\frac{3\pi}{5}$		
3,5		
–3		

A 122 Gegeben ist die Funktion $y = \cos(x + \frac{\pi}{6})$.

a) Zeichnen Sie ihren Graphen!
b) Bestimmen Sie Definitionsbereich, Wertebereich und Periode!
c) Ermitteln Sie alle x-Werte, für die der Graph der gegebenen Funktion die Gerade $y = -\frac{\sqrt{3}}{2}$ schneidet!
d) Für welche x-Werte sind die Funktionswerte größer als $-\frac{\sqrt{3}}{2}$?

A 123 Gegeben ist die Funktion $g(x) = \tan 3x$.

a) Zeichnen Sie ihren Graphen!
b) Bestimmen Sie Definitionsbereich, Wertebereich und Periode!
c) Ermitteln Sie alle x-Werte, für die der Graph von g die Gerade $y = 1$ schneidet!
d) Für welche x-Werte sind die Funktionswerte größer als 1?

A 124 Wie lang muss eine Leiter sein, damit man mit ihr bei einem Neigungswinkel von 68° eine Höhe von 4,50 m ereichen kann?

A 125 Im Beispiel A 14 (S. 40f.) wurde die minimale Länge l eines Bootssteges in einem Yachthafen am Ärmelkanal bestimmt.

a) Berechnen Sie f(h) für die Ostsee (h = 30 cm), deutsche Nordsee (h = 3,8 m), englische Nordsee – The Wash (h = 6,5 m) und Ostkanada – Bay of Fundy (h = 21 m)!

b) Leiten Sie eine Berechnungsformel her, wenn der Abstand d zwischen der Oberkante der Kaimauer und dem dort höchsten bekannten Pegelstand beliebig gewählt werden kann!

c) Führen Sie die entsprechenden Berechnungen wie in der Teilaufgabe a) auch für d = 0,5 m durch!

A 126 An einer Hauswand lehnt eine Leiter von 8 m Länge. Wir nehmen an, dass aus sicherheitstechnischen Gründen ihr Neigungswinkel gegenüber dem Erdboden nicht größer als 70° und nicht kleiner als 60° sein darf.

a) Welche Höhe kann maximal und minimal erreicht werden?

b) Wie weit steht die Leiter dann jeweils am Fußende von der Hauswand entfernt?

A 127 Ein Sendemast wird durch vier Seile von jeweils 50 m Länge im Lot gehalten. Der Neigungswinkel der Seile beträgt $\alpha = 50°$. In welcher Höhe sind die Seile befestigt?

A 128 Die Höhe der Sonne wird mit 47° angegeben. Ein Baum wirft auf einer waagerechten Fläche einen Schatten von 12 m. Bestimmen Sie die Höhe des Baumes!

A 129 Um die Höhe h eines Berges zu bestimmen, wird eine Standlinie $\overline{AB}$ abgesteckt und von ihren Endpunkten A und B aus der jeweilige Erhebungswinkel γ bzw. δ gemessen. Außerdem bestimmt man in der Horizontalebene die Winkel α und β. Berechnen Sie die Höhe h des Berges für $s = |\overline{AB}| = 850$ m; $\alpha = 52{,}4°$; $\beta = 80{,}5°$; $\gamma = 21{,}2°$ und $\delta = 25{,}7°$!

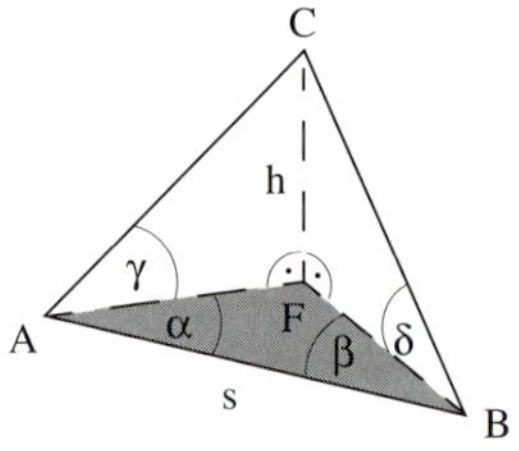

A 130 Um die Höhe des Kölner Doms zu ermitteln, wurde am Boden eine Strecke s festgelegt und von deren Endpunkten aus durch Peilung Winkel bestimmt.
Berechnen Sie für die folgenden Messwerte die Höhe!

$s = 450$ m
$\alpha_1 = 13°20'$
$\alpha_2 = 15°36'$
$\beta = 57°$
$\gamma = 81°40'$

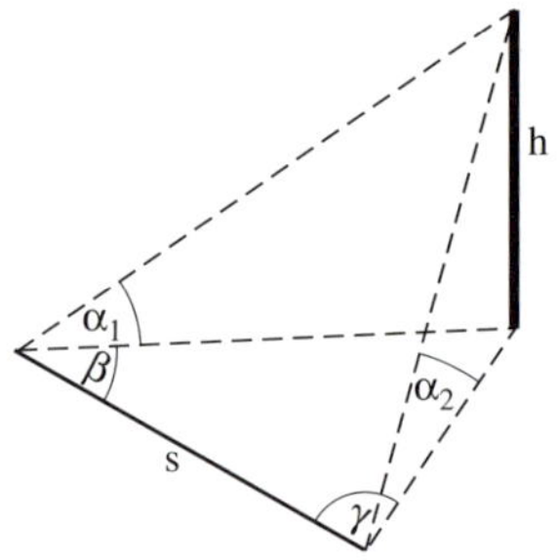

A 131 Die Höhe eines Fernsehturmes soll bestimmt werden. Dazu legt man eine 40 m lange Standlinie $\overline{RS}$ fest, die auf den Turm zuläuft. Von R und S aus wird die Spitze T angepeilt. Die Höhenwinkel betragen $\alpha = 23°$ und $\beta = 58{,}2°$. Bestimmen Sie die Turmhöhe!

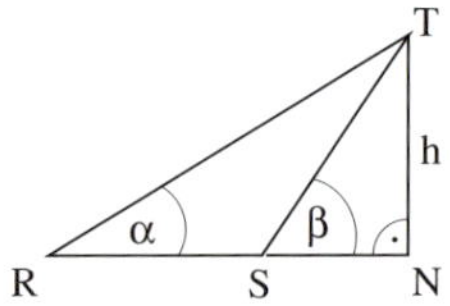

A 132 Die Horizontalparallaxe des Mondes beträgt 57'. Wie groß ist die Entfernung Mond – Erde ($r_{Erde} = 6370$ km)?
Anmerkung: Unter der Horizontalparallaxe eines Gestirns versteht man den Winkel α (s. Abbildung), unter welchem der Erdradius $|\overline{MB}| = r$ einem Beobachter im Mittelpunkt O des Gestirns erscheinen würde.

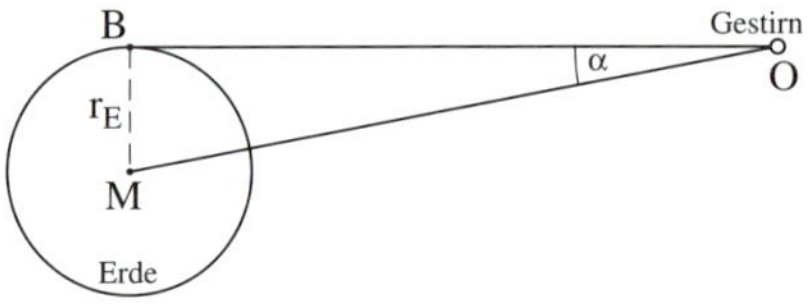

A 133 Die Entfernung Erde – Sonne beträgt $149{,}5 \cdot 10^6$ km. Wie groß ist die Horizontalparallaxe der Sonne? (s. ***A 132***)

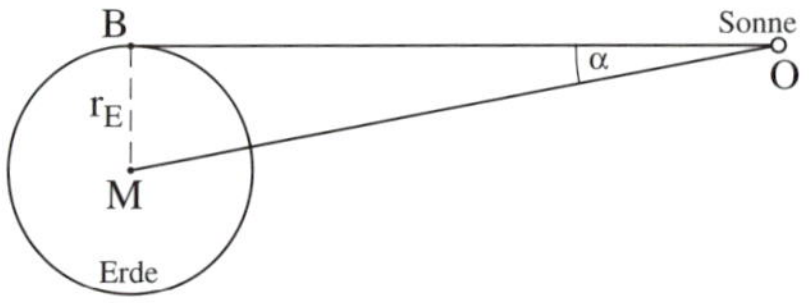

A 134 Ermitteln Sie,

a) mit welchem Steigungswinkel man bei dem Warnschild rechnen muss,
b) welche Angabe auf dem Warnschild bei einer Steigung nach nebenstehender Abbildung stehen müsste!

a) 

b) 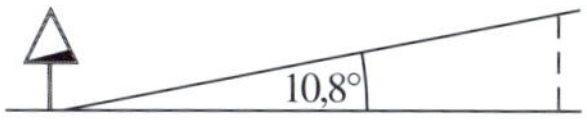

A 135 Vom Erdgeschoss zum Obergeschoss führt eine Treppe mit 12 Stufen. Jede Stufe ist 17 cm hoch und 25 cm breit.

a) Berechnen Sie Geschosshöhe h und Ausladung l!
b) Wie groß ist der Steigungswinkel β?
c) Berechnen Sie die Länge der Treppenwange!

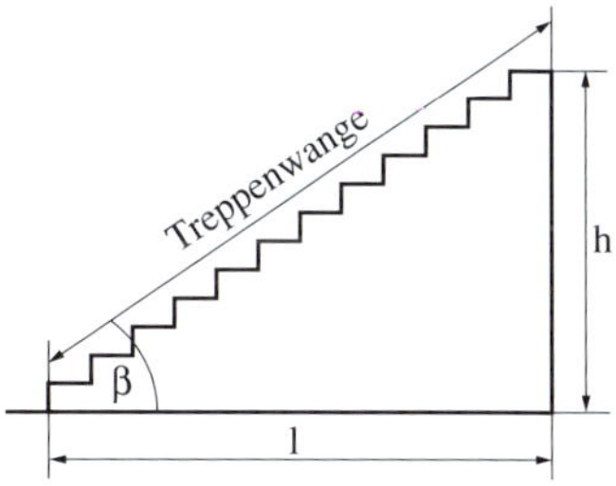

A 136 Der Verlauf der technischen Wechselspannung wird beschrieben durch die Gleichung $U(t) = 220\sqrt{2} \cdot \sin(\frac{2\pi t}{0{,}02})$.
Berechnen Sie die Spannung U(t) für:

a) $t = \frac{1}{50}$ s b) $t = 0{,}01$ s c) $t = 0{,}035$ s d) $t = 0{,}025$ s

A 137 Die Wiesbadener Nerobergbahn (erbaut 1888) ist eine von wenigen noch betriebenen Zahnrad-Seilbahnen. Welche Fahrstrecke legt die Bahn zurück, wenn sie bei einer durchschnittlichen Steigung von 19,5 % zwischen Tal- und Bergstation einen Höhenunterschied von 84 m überwindet?

A 138 *(↗ S. 38f.)*

Gegeben sind die Funktionen $g(x) = 3\sin x$ und $k(x) = \frac{1}{3}\sin x$. Zeichnen Sie die Graphen der Funktionen in ein und dasselbe Koordinatensystem! Welchen Einfluss haben die Faktoren 3 bzw. $\frac{1}{3}$ auf den Wertebereich, die Nullstellen, die Periodizität und das Monotonieverhalten der Funktionen im Vergleich zu $f(x) = \sin x$?

A 139 Skizzieren Sie den Graphen der Funktion $f(x) = \sin 3x$ im Intervall $0 \le x \le 2\pi$! Bestimmen Sie die Nullstellen sowie die kleinste Periode p!

A 140 Ermitteln Sie zu den dargestellten Graphen der Funktionen vom Typ $f(x) = a \cdot \sin x$ bzw. $g(x) = \sin(b \cdot x)$ die entsprechenden Funktionsgleichungen!

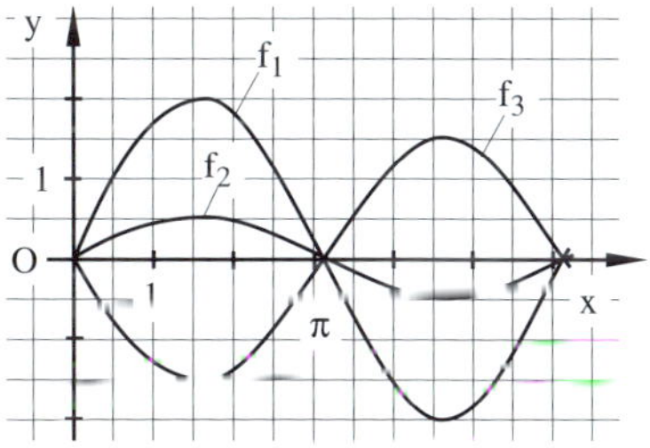

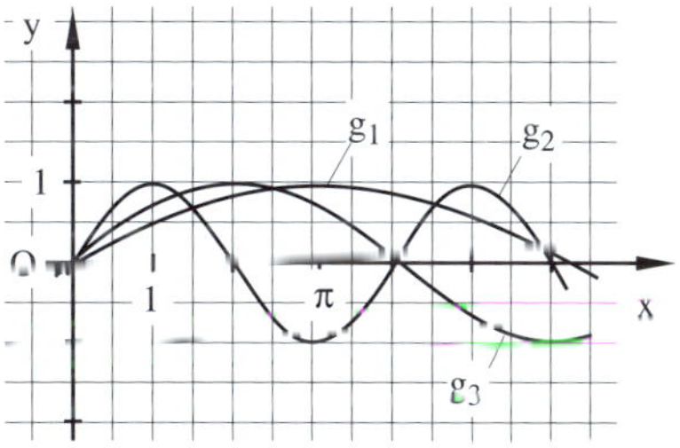

A 141 Ermitteln Sie den Wertebereich, die kleinste Periode und die Nullstellen der folgenden Funktionen:

a) $f(x) = 3\sin 2x$ b) $g(x) = 2\sin 3x$

A 142 Vergleichen Sie die Graphen der folgenden Funktionen mit dem der Sinus-Funktion: GTA

a) $f(x) = \sin 3x$ b) $g(x) = \sin(3(x - \frac{\pi}{2}))$ c) $h(x) = 2\sin\frac{1}{2}x$

GTA **A 143** Zeichnen Sie die Graphen der folgenden Funktionen:

a) $f(x) = 3\cos(\frac{1}{3}\pi + \frac{\pi}{2}) - 1$ b) $f(x) = \frac{1}{2}\sin(\frac{2}{3}(x - \frac{\pi}{2})) + 2$

GTA **A 144** Die Tabelle gibt die mittleren Temperaturen für Neustadt a. d. Weinstraße wieder.

Monat	J	F	M	A	M	J	J	A	S	O	N	D
Temp. [°C]	1	2	6	10	14	18	19	19	15	10	6	2

a) Tragen Sie die Messwerte in ein Koordinatensystem ein!
b) Bestimmen Sie eine allgemeine Sinusfunktion, die die mittlere Temperatur möglichst gut beschreibt!

GTA **A 145** Skizzieren Sie die Graphen der Funktionen im Intervall $[0; 6\pi]$:

a) $f(x) = 3\cos x + \sin 3x$ b) $g(x) = \sin 3x + 3\sin x$
c) $h(x) = \sin 3x + \cos 3x$ d) $k(x) = 3\cos x + 3\cos 3x$

A 2.6 Exponential- und Logarithmusfunktionen

Zu den nichtrationalen Funktionen gehören neben den bisher betrachteten Wurzelfunktionen und trigonometrischen Funktionen weiterhin die **Exponential-** und **Logarithmusfunktionen.**

- *Exponentialfunktionen*

Zur Förderung von Gärungsprozessen (z.B. bei der Weinherstellung) werden Hefen eingesetzt. Die Hefezellen entwickeln sich in Nährlösungen. Aus Versuchen sei bekannt, dass sich die Anzahl bestimmter Hefezellen stündlich verdreifacht. Aus 1,5 g Hefe hätte sich dann nach t Stunden folgende Hefemasse gebildet:

		+1		+1		+1		+1		+1	
Zeit *t* in h	0		1		2		3		4		5
Masse *m* in g	1,5		4,5		13,5		40,5		121,5		364,5
		·3		·3		·3		·3		·3	

Die durch diese Tabelle gegebene Funktion lässt sich durch die Gleichung $m(t) = 1{,}5 \cdot 3^t$, $t \in \mathbb{N}$, beschreiben. Im Unterschied zu den bekannten Potenzfunktionen erscheint hier die unabhängige Variable t im Exponenten des Funktionsterms. Derartige Funktionen werden als *Exponentialfunktionen* bezeichnet.

A 10

> Definition A 10:
> Funktionen mit einer Gleichung der Form $f(x) = a^x$ ($a \in \mathbb{R}$, $a > 0$ und $a \neq 1$) heißen **Exponentialfunktionen**. Ihr Definitionsbereich ist die Menge der reellen Zahlen.

Der Fall $a = 1$ wird in obiger Definition deshalb ausgeschlossen, weil sich wegen $1^x = 1$ für alle $x \in \mathbb{R}$ die bereits bekannte konstante Funktion $f(x) = 1$ für alle $x \in \mathbb{R}$ ergeben würde. Da ferner $a > 0$ sein muss, sind die Funktionswerte einer Exponentialfunktion alle positiv – Exponentialfunktionen besitzen also keine Nullstellen.

Um einen Überblick über einige elementare Eigenschaften dieser Funktionen zu erhalten, zeichnen wir unter Verwendung von Wertetabellen (Werte z.T. gerundet) die Graphen der Exponentialfunktionen

$f(x) = 2^x$, $g(x) = 3^x$, $h(x) = 0{,}5^x$ und $k(x) = 10^x$ (Fig. A 43).

x	−3	−2	−1	0	1	2	3
2^x	0,125	0,25	0,5	1	2	4	8
3^x	$0{,}\overline{037}$	$0{,}\overline{1}$	$0{,}\overline{3}$	1	3	9	27
$0{,}5^x$	8	4	2	1	0,5	0,25	0,125
10^x	0,001	0,01	0,1	1	10	100	1000

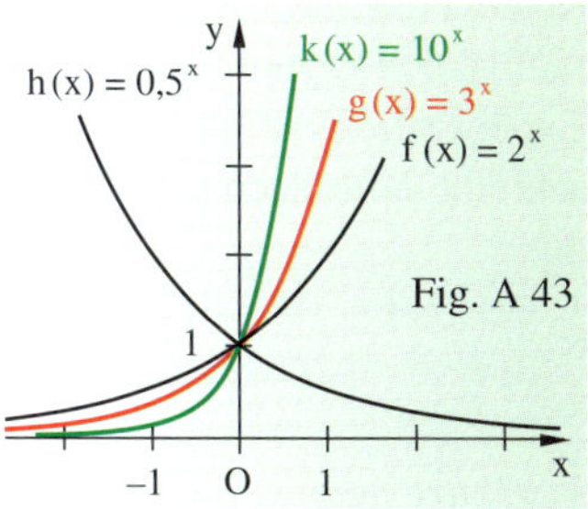

Fig. A 43

Der Wertetabelle und der Anschauung entnehmen wir folgende Eigenschaften der Exponentialfunktionen von Typ $f(x) = a^x$:

x	x	x + w
f(x)	a^x	a^{x+w}

(+ w; $\cdot a^w$)

- Vergrößert man x um dieselbe Schrittweite w, so muss man den zugehörigen Funktionswert $f(x) = a^x$ mit demselben Faktor a^w multiplizieren.
- Wegen $a^0 = 1$ (für $a \neq 0$) verlaufen die Graphen aller Exponentialfunktionen durch den Punkt (0; 1). Mit wachsendem bzw. fallendem x nähern sich die Graphen immer mehr der x-Achse. Die x-Achse ist Asymptote der Graphen von $f(x) = a^x$.
- Jede Exponentialfunktion $f(x) = a^x$ ist eineindeutig, d. h., für $x_1 \neq x_2$ gilt stets auch $f(x_1) \neq f(x_2)$.
- Falls $a > 1$, so folgt aus $x_1 < x_2$ auch $f(x_1) < f(x_2)$ (f ist streng monoton steigend); falls $a < 1$ und $x_1 < x_2$, so ist $f(x_1) > f(x_2)$ (f ist streng monoton fallend).
- Die Graphen von $f(x) = a^x$ und $h(x) = (\frac{1}{a})^x$ liegen symmetrisch zur y-Achse.

Der Beweis für die zuletzt genannte Eigenschaft kann sofort in allgemeiner Form erfolgen: Wenn $h(x) = (\frac{1}{a})^x = a^{-x}$ und $f(x) = a^x$, dann ergeben sich die Funktionswerte von h(x) aus denen von f(x) durch Ersetzen von x durch (–x). Das bedeutet aber gerade, dass die Graphen der beiden Funktionen die genannte Symmetriebeziehung bezüglich der y-Achse besitzen.

Nun sollen auch Exponentialfunktionen der Form $f(x) = c \cdot a^x$ (mit $c \neq 1$ und $c > 0$) untersucht werden. Wir zeichnen dazu unter Verwendung von Wertetabellen (Werte z.T. gerundet) die Graphen der Funktionen

$f(x) = 3 \cdot 0{,}2^x$, $g(x) = 0{,}5 \cdot 2^x$ und $h(x) = 2 \cdot 1{,}5^x$ (Fig. A 44).

x	−3	−2	−1	0	1	2	3
$3 \cdot 0{,}2^x$	375	75	15	3	0,6	0,12	0,024
$0{,}5 \cdot 2^x$	0,0625	0,125	0,25	0,5	1	2	4
$2 \cdot 1{,}5^x$	0,593	0,889	1,33	2	3	4,5	6,75

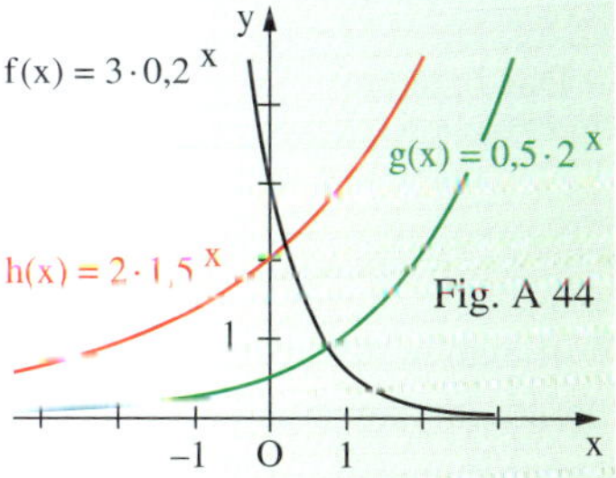

Fig. A 44

Die Exponentialfunktionen $f(x) = c \cdot a^x$ besitzen dieselben Eigenschaften wie die Funktionen $f(x) = a^x$ mit Ausnahme des Schnittpunktes ihrer Graphen mit der y-Achse, der für $f(x) = c \cdot a^x$ der Punkt (0; c) ist. Der Graph der Funktion $g(x) = 0{,}5 \cdot 2^x$ ergibt sich aus dem Graphen der Funktion $f(x) = 2^x$ durch Stauchung in Richtung der y-Achse auf das „0,5fache" – der Graph von $f(x) = c \cdot a^x$ aus dem von $f(x) = a^x$ entsprechend durch Streckung oder Stauchung in Richtung der y-Achse mit dem Faktor c.

Mithilfe von Exponentialfunktionen lassen sich insbesondere Wachstums- oder Abnahme-(Zerfall-) prozesse in der Natur, Wissenschaft und Technik beschreiben (z.B. Bevölkerungszuwachs in einer Region, das Wachstum von Bakterienkulturen, der Kapitalzuwachs bei langjähriger Verzinsung, der radioaktive Zerfall bestimmter chemischer Elemente u.Ä.). Von besonderer Bedeutung ist dabei die Exponentialfunktion, in der die **EULERsche Zahl e** als Basis auftritt (e = 2,718281828459…). Man schreibt dafür auch $\exp(x) = e^x$ und spricht kurz von der e-Funktion.

A 15

Beispiel A 15:
In einer historischen Aufgabe wird folgendes berichtet:
Kung-Fu hatte in seinen Teich mitten in der Nacht (0 Uhr) zum 1. April eine wundersame Lotuspflanze gesetzt, die jeweils während 24 Stunden auf die doppelte Fläche anwuchs. Genau 30 Tage nach dem Setzen bedeckte sie um Mitternacht den Teich vollständig.
Einfach lässt sich ermitteln, wann die Pflanze den Teich zur Hälfte bedeckte: Dies trifft offenbar nach dem 29. Tag zu.
Schwieriger zu beantworten ist die 2. Frage: Welcher Teil des Teiches war am 30. April um 12 Uhr mittags bedeckt?

TI-92

T1

Zur Beantwortung dieser Frage benutzen wir eine Wachstumsfunktion der Form $f(t) = c \cdot e^{k \cdot t}$. Dabei sei t die Zeit in Tagen und k eine Wachstumskonstante. f(t) ist der von der Pflanze zum Zeitpunkt t bedeckte Teil des Teiches. Damit kennen wir $f(0) = c$ (der vom Setzling bedeckte Teil) und $f(30) = 1$ sowie $f(29) = \frac{1}{2}$. Daraus lassen sich c und k bestimmen.

(1) $c \cdot e^{29k} = \frac{1}{2}$ (2) $c \cdot e^{30k} = 1$

Division von (2) durch (1) ergibt

$e^k = 2$ bzw. $k = \ln 2$

Wegen $e^k = e^{\ln 2} = 2$ folgt aus (2)

$c \cdot 2^{30} = 1$ bzw. $c = 2^{-30}$ (≈ 1 Milliardstel des Teiches).

Demzufolge lautet die Wachstumsfunktion: $f(t) = 2^{-30} \cdot e^{\ln 2 \cdot t}$

Das Ergebnis macht deutlich, dass es in diesem Beispiel noch günstiger gewesen wäre, die Basis 2 zu verwenden:

Die Wachstumsfunktion hätte dann die Form $f(t) = 2^{-30} \cdot 2^t$ bzw. $f(t) = 2^{t-30}$

Für $t = 29{,}5$ erhält man somit $f(29{,}5) = 2^{29{,}5-30}$

$= 2^{-0{,}5} = \frac{1}{\sqrt{2}} \approx 0{,}707\ldots$

Das bedeutet: Nach 29,5 Tagen sind etwa 70,7 % der Teichfläche bedeckt.

- *Logarithmusfunktionen*

Will man in der Potenz $a^c = b$ (mit $a, b, c \in \mathbb{R}$) die Basis a bestimmen, so muss man bekanntlich radizieren. Ist dagegen der Exponent c zu ermitteln, so führt dies zu einer neuen Rechenoperation, dem Logarithmieren. Man schreibt $c = \log_a b$ und versteht unter dem *„Logarithmus von b zur Basis a"* diejenige Hochzahl (Exponent) c, mit der man a potenzieren muss, um b zu erhalten. Radizieren und Logarithmieren sind *Umkehroperationen* des Potenzierens.
Um wichtige Eigenschaften der Logarithmusfunktionen finden zu können, sollen wiederum die Graphen einiger Logarithmusfunktionen gezeichnet werden:

$f(x) = \log_2 x$; $g(x) = \log_e x = \ln x$; $h(x) = \log_{10} x = \lg x$ (Fig. A 45)

A 11

Definition A 11:
Funktionen mit einer Gleichung der Form $f(x) = \log_a x$ $(a \in \mathbb{R},\ a > 0$ und $a \neq 1)$ heißen **Logarithmusfunktionen.** Ihr Definitionsbereich ist die Menge $\mathbb{R}^+$ der positiven reellen Zahlen.

Wertetabelle:

x	0,5	1	2	3	4	6	8
$\log_2 x$	–1	0	1	1,58	2	2,58	3
ln x	–0,69	0	0,69	1,10	1,39	1,79	2,08
lg x	–0,30	0	0,30	0,48	0,60	0,78	0,90

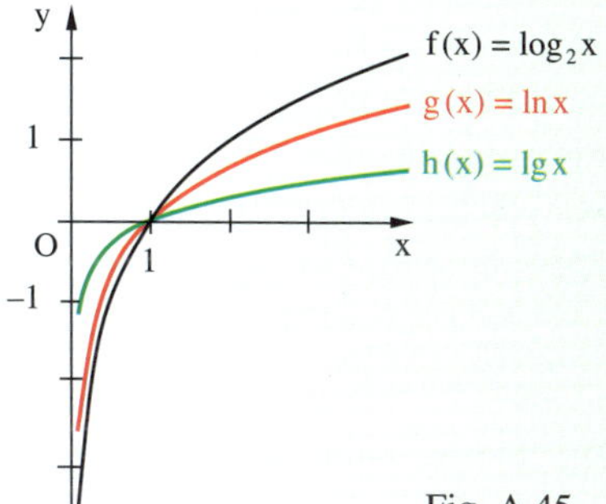

Fig. A 45

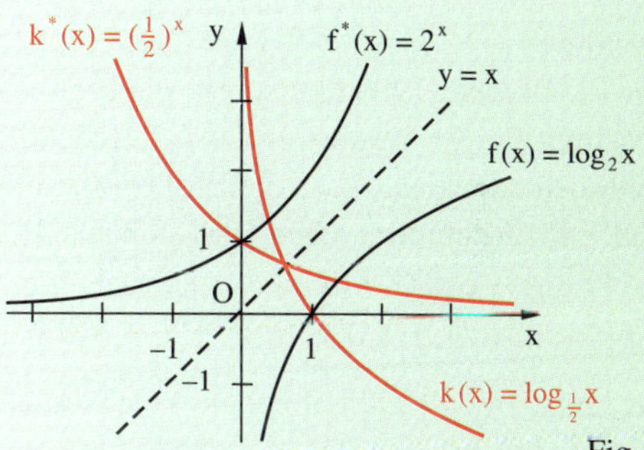

Fig. A 46

Einfacher erhält man die Graphen der Logarithmusfunktionen durch Spiegelung der Graphen der zugehörigen Exponentialfunktionen an der Geraden $y = x$ (s. hierzu Abschnitt A 3).
Mit Bezug auf die obigen Figuren A 45 und A 46 lassen sich folgende Aussagen über Eigenschaften der Logarithmusfunktionen treffen:

- Wegen $\log_a 1 = 0$ besitzen alle diese Funktionen die Nullstelle $x_0 = 1$ (und nur diese). Ihre Graphen verlaufen demzufolge durch den Punkt (1; 0).
- Jede Logarithmusfunktion $f(x) = \log_a x$ ist eineindeutig, d. h., für $x_1 \neq x_2$ gilt stets auch $f(x_1) \neq f(x_2)$.
- Für $a > 1$ folgt aus $x_1 < x_2$ auch $f(x_1) < f(x_2)$ (f ist streng monoton wachsend); für $0 < a < 1$ und $x_1 < x_2$ ist $f(x_1) > f(x_2)$ (f ist streng monoton fallend).
- Die y-Achse ist Asymptote der Graphen von $f(x) = \log_a x$.
- Der Wertebereich der Logarithmusfunktionen ist $\mathbb{R}$.

Logarithmusfunktionen finden ebenso wie Exponentialfunktionen in den Naturwissenschaften, der Technik und der Wirtschaft Anwendung. Von besonderer Bedeutung sind dabei die Logarithmusfunktionen mit den Basen e und 10, weshalb diese auch spezielle Bezeichnungen tragen:

$f(x) = \log_e x = \ln x$ natürliche Logarithmusfunktion (ln x: natürlicher Logarithmus von x);
$f(x) = \log_{10} x = \lg x$ dekadische Logarithmusfunktion (lg x: dekadischer Logarithmus von x).

Bei Wachstums- und Zufallsprozessen stellt man sich oft die Frage, wie lange es dauert, bis die anwachsende oder zerfallende Größe einen bestimmten Wert erreicht hat. Zur Ermittlung der Zeit muss man die den Prozess beschreibende Exponentialfunktion beidseitig logarithmieren. Hierfür benötigt man eine Reihe von Regeln und Gesetzmäßigkeiten für das Rechnen mit Logarithmen, die aus den Zusammenhängen zwischen Potenzieren und Logarithmieren sowie aus den Potenzgesetzen für Potenzen mit reellen Exponenten resultieren. Für $x, y \in \mathbb{R}^+$, $a \in \mathbb{R}^+ \setminus \{1\}$ gilt:

(1) $\log_a(a^x) = x$ (2) $a^{\log_a y} = y$ (3) $\log_a(x \cdot y) = \log_a x + \log_a y$

(4) $\log_a(\frac{x}{y}) = \log_a x - \log_a y$ (5) $\log_a x^k = k \cdot \log_a x, \quad k \in \mathbb{R}$

A 16

Beispiel A 16:

a) $\lg(6{,}3 \cdot 0{,}5) = \lg 6{,}3 + \lg 0{,}5 = 0{,}4983$ b) $\lg 4 + \lg 7 - \lg 14 = \lg \frac{4 \cdot 7}{14} = \lg 2 = 0{,}3010$

c) $\lg 16 + \lg 625 = \lg 2^4 + \lg 5^4 = 4\lg 2 + 4\lg 5 = 4(\lg 2 + \lg 5) = 4\lg(2 \cdot 5) = 4\lg 10 = 4$

d) $\ln \frac{1}{3 \cdot \sqrt{e^3}} = \ln 1 - (\ln 3 + \frac{3}{2} \ln e) = 0 - \ln 3 - \frac{3}{2} \approx -2{,}599.$

A 17

Beispiel A 17:

Am 12. Oktober 1999 überschritt die Weltbevölkerung die 6-Milliarden-Grenze (s. auch Abschnitt B 3.2). Wann werden voraussichtlich 7 Milliarden Menschen auf der Erde leben? Geht man davon aus, dass die Erdbevölkerung exponentiell wächst und weltweit jährlich um rund 1,45 % zunimmt, dann lässt sich aus $f(t) = 6{,}0 \cdot 1{,}0145^t$ die Zeit t für $f(t) = 7$ berechnen.

T1

$$7 = 6 \cdot 1{,}0145^t$$

$$\ln 7 = \ln(6 \cdot 1{,}0145)^t = \ln 6 + t \cdot \ln 1{,}0145, \text{ also } \quad t = \frac{\ln 7 - \ln 6}{\ln 1{,}0145} \approx 10{,}7$$

Das heißt: Bei gleichbleibendem Wachstumstempo wird in etwa 11 Jahren die 7-Milliarden-Grenze erreicht sein.

Aufgaben

A 146 *(↗ Definition A 10, S. 46)*

Welche der folgenden Funktionen ist eine Exponentialfunktion?

a) $y = \sqrt[x]{2}$ b) $y = x^2$ c) $y = (1 - \sqrt{3})^x$ d) $y = 1^x$ e) $y = (\sqrt{2})^x$

A 147 Welche der folgenden Funktionen ist keine Exponentialfunktion?

a) $y = (\sqrt{3})^x$ b) $y = 5^{-x}$ c) $y = (\sqrt{2} - 1)^x$ d) $y = \frac{1}{2^x}$ e) $y = \frac{1}{\sqrt[3]{x^2}}$

A 148 *(ohne TR)*

Ordnen Sie die Zahlen a, b, c der Größe nach; beginnen Sie bei der kleinsten!

a) $a = (\frac{1}{3})^3$; $b = (\frac{1}{3})^\pi$; $c = 3^{-4}$ b) $a = (\frac{1}{5})^{42}$; $b = 5^{1,5}$; $c = (0{,}2)^{1,4}$

A 149 Welche der folgenden Gleichungen haben eine nichtleere Lösungsmenge?

a) $3^x = 0$ b) $3^x + 1 = 0$ c) $3^x + \frac{1}{9} = 0$ d) $3^x = \frac{1}{2}$ e) $3^x + 3\sin\frac{\pi}{6} = 0$

A 150 Bestimmen Sie die größte ganzzahlige Lösung x der Ungleichung:

a) $0{,}5^x > 4$ b) $0{,}25^{3-2x} \le 16$ c) $(0{,}25)^{x+2} > 8$

A 151 *(↗ Abschnitt A 2.6, S. 46)*

Zeichnen Sie mithilfe einer Wertetabelle die Graphen der Funktionen $f(x) = 2^x$; $f_1(x) = 2 \cdot 2^x$; $f_2(x) = (-2) \cdot 2^x$ und $f_3(x) = \frac{1}{2} \cdot 2^x$ im Intervall $-2 \le x \le 3$!
Treffen Sie Aussagen zu Definitions- und Wertebereich, zum Monotonieverhalten, zu Nullstellen, zu charakteristischen Punkten der Funktionen f_i bzw. ihrer Graphen sowie zum Einfluss der Faktoren 2; – 2 bzw. $\frac{1}{2}$ in den Funktionsgleichungen auf den Verlauf der Graphen im Vergleich zum Graphen $f(x) = 2^x$!

A 152 Zeichnen Sie die Graphen der folgenden Funktionen im Intervall $-3 \le x \le 3$! Äußern Sie sich zu den Eigenschaften der Funktionen (vgl. Aufgabe A 151)!

a) $f_1(x) = 1{,}5^x$ b) $f_2(x) = 0{,}5^{-x}$ c) $f_3(x) = 2^{-x}$ d) $f_4(x) = (\frac{2}{3})^x$

A 153 Zeichnen Sie den Graphen der Funktion $f(x) = 3^x$ für $-4 \le x \le 4$ und bestimmen Sie daraus näherungsweise die Funktionswerte zu den Argumenten 1; 1,5; $-\frac{3}{2}$; – 3,5; $\frac{6}{5}$; – 2; 2 !

A 154 Ermitteln Sie mithilfe des Graphen von $f(x) = 3^x$ (Aufgabe A 153) die Lösungen der folgenden Gleichungen:

a) $3^x = 1{,}5$ b) $3^x = 0{,}5$ c) $3^x = 4$ d) $3^x = 0{,}1$ e) $3^x = -2$

A 155 Zeichnen Sie zum Graphen $\varphi(x) = e^x$ im nebenstehenden Koordinatensystem zusätzlich die Graphen folgender Funktionen:

a) $f(x) = e^{-x}$
b) $g(x) = -e^{x-1}$
c) $h(x) = e^{-x+1}$

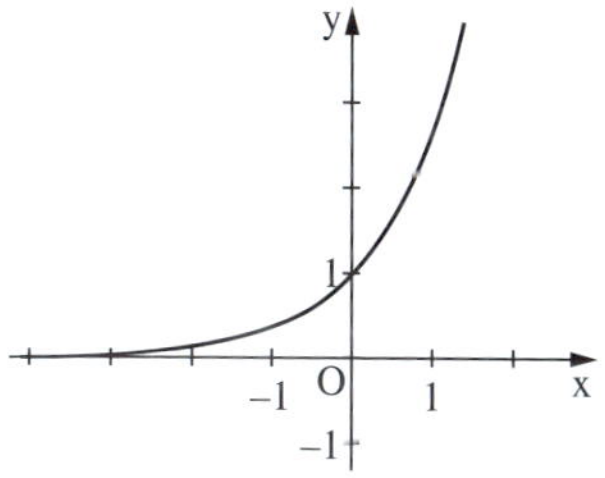

A 156 Fassen Sie zusammen:

a) $(e^x \cdot e^{3x}) : (-e^{4x})$ b) $e^{5x} : (-e^{-5x})$
c) $e^{1-x} : e^{-x} + e : e^{-x}$ d) $(e - e^{1+x}) : (1 - e^x)$

A 157 An welcher Stelle schneidet die Gerade $y = 2$ den Graphen der Funktion $f(x) = e^{2x-1}$?

A 158 In welchem Punkt schneiden die Graphen der Funktionen f und g einander?

a) $f(x) = e^{1{,}5x}$ und $g(x) = e^{-1{,}5x+2}$ b) $f(x) = 0{,}5e^{2x} - 1$ und $g(x) = 2e^{-0{,}5x} - 1$

A 159 In nebenstehender Figur ist der Graph der Funktion f mit $f(x) = 3e^{x-1} - 5$ abgebildet.
Berechnen Sie die Koordinaten der Punkte A, B und C!

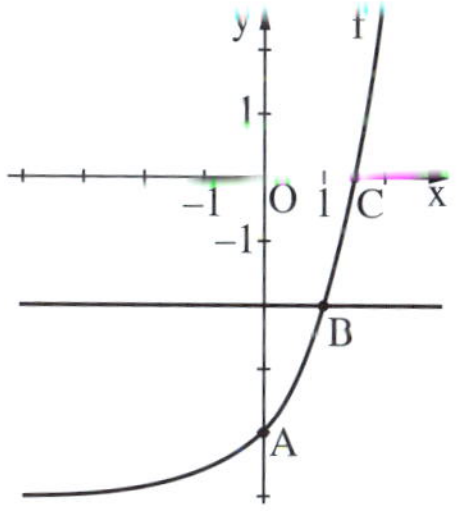

A 160 Bestimmen Sie

a) den kleinsten Funktionswert für die Funktion $f(x) = (\frac{\sqrt{2}}{2})^{\cos x - 1}$;
b) den größten Funktionswert für die Funktion $g(x) = (\frac{5}{4})^{\sin x - 1}$!

A 161 Bestimmen Sie den Definitionsbereich der folgenden Funktionen:

a) $h(x) = \sqrt{2^x - 1}$ b) $u(x) = \sqrt{2^{x-1}}$ c) $v(x) = \sqrt{0{,}5^x - 1}$

A 162 Gegeben ist die Funktion $f(x) = 3^{x-2}$.

a) Geben Sie Definitionsbereich und Wertebereich an und zeichnen Sie den Graphen der Funktion!

b) Berechnen Sie $f(x_0)$ mit $x_0 = \sqrt[4]{81} + 1$!

c) Bestimmen Sie x-Werte, für die $f(x) = \sqrt[3]{3}$ $(f(x) < \sqrt[3]{3})$ gilt!

A 163 Zeichnen Sie im Intervall $0{,}5 \leq x \leq 5$ die Graphen folgender Funktionen durch Spiegelung der entsprechenden Exponentialfunktionen an der Geraden zu $f(x) = x$:

a) $g(x) = \log_{1,5}x$ b) $h(x) = \log_{0,5}x$

A 164 Skizzieren Sie die Graphen der folgenden Funktionen und geben Sie jeweils Definitions- und Wertebereich an. Äußern Sie sich zum Monotonieverhalten und zum Einfluss der Faktoren bzw. der additiven Konstanten auf den Verlauf des Graphen im Vergleich zum Graphen der Funktion $f(x) = \log_{10}x$! (vgl. S. 38)

a) $f_1(x) = \log_{10}x$ b) $f_2(x) = \log_{10}(x + 2)$ c) $f_3(x) = 0{,}5 \cdot \log_{10}x$

d) $f_4(x) = 2 \cdot \log_{10}x$ e) $f_5(x) = \log_{10}(x - 1)$ f) $f_6(x) = \log_{10}x - 1$

A 165 Bestimmen bzw. berechnen Sie auf der Grundlage der Definitionsgleichung $y = a^x \Leftrightarrow x = \log_a y$:

a) $\log_2 16$; $\log_3 9$; $\log_5 25$; $\log_{10} 10000$; $\log_2 \frac{1}{64}$; $\log_2 \sqrt{32}$; $\log_5 \sqrt[3]{125}$; $\log_{10} 0{,}0001$

b) $\log_2 y = 3$; $\log_{10} y = 5$; $\log_4 y = 6$; $\log_2 y = \frac{1}{3}$; $\log_3 y = 3$; $\log_4 y = -\frac{1}{2}$

c) $\log_a 4 = 2$; $\log_a \frac{1}{9} = -2$; $\log_a 27 = 3$; $\log_a \sqrt{8} = \frac{1}{2}$; $\log_a 7 = 1$; $\log_a \sqrt[4]{8} = \frac{3}{4}$

d) $\log_4 256$; $\log_4 4^4$; $\log_5 5^8$; $\log_4 0{,}0625$; $\log_3 3^6$; $\log_4 4^{-2}$

A 166 *(ohne Taschenrechner!)*

Berechnen Sie:

a) $\log_{2,5} 15\frac{5}{8}$ b) $-\log_8 \log_4 \log_2 16$ c) $\lg 38{,}04 - \lg 0{,}3804$

d) $\ln\sqrt{2} + \ln\sin\frac{\pi}{4}$ e) $\log_3(3\tan\frac{\pi}{3})$

A 167 Lösen Sie die folgenden Gleichungen nach x auf:

a) $\log_2(\log_2 x) = -1$ b) $|3 - \log_2 x| = 5$

A 168 Lösen Sie nach t auf:

a) $3 \cdot 9^t + 5 \cdot 3^t - 2 = 0$ b) $\log_{2-t}(6 - 9t - 2t^2) = 2$ c) $2^{t^2} \cdot (\frac{1}{2})^{-t} = \sqrt[3]{8}$

d) $\log_{t+4}(7t + 18) = 2$ e) $3^t \cdot 4^t = 5^t$

A 169 *(ohne Taschenrechner!)*

Ordnen Sie die Zahlen a, b, c der Größe nach; beginnen Sie bei der kleinsten!

a) $a = \lg 3$; $b = \lg\frac{1}{3}$; $c = \lg 30$ b) $a = \lg 3$; $b = \ln 3$; $c = \log_{0,1} 3$ c) $a = \log_{0,5} 5$; $b = \lg 5$; $c = \ln 5$

A 170 Bestimmen Sie den Definitionsbereich der folgenden Funktionen:

a) $f(x) = \sqrt{\log_3 x}$ b) $g(x) = \sqrt{\log_{\frac{1}{3}} x}$

A 171 Zeichnen Sie die Graphen der folgenden Funktionen:

a) $f(x) = \log_2 x - 1$ b) $g(x) = \log_{\frac{1}{2}} x + 1$ c) $h(x) = \log_2(-x)$

A 172 An welcher Stelle schneiden die Graphen der folgenden Funktionen einander:

a) $y = \log_{\frac{1}{3}}(2x + 1)$ und $y = -2$ b) $y = \log_2(4x - \frac{7}{8})$ und $y = -3$

A 173 *(↗ Beispiel A 17, S. 50)*

Radioaktives Iod 131 zerfällt nach der Funktionsgleichung $m(x) = m_0 \cdot (\sqrt[8]{\frac{1}{2}})^x$. Dabei bedeutet m_0 die Ausgangsmasse und m die vorhandene Masse nach x Tagen.

a) Legen Sie eine Wertetabelle für den Zerfall von 5 g Iod 131 an und zeichnen Sie den Graphen der Funktion!
b) Bestimmen Sie aus dem Graphen der Funktion, welche Menge Iod 131 nach einem Tag noch vorhanden ist und nach wie viel Tagen sich die Ausgangsmenge halbiert hat!

A 174 Die Bevölkerung eines Landes wird sich bei gleichmäßigem proportionalem Wachstum nach einer Prognose A in 27 Jahren und nach einer Prognose B in 34 Jahren verdoppeln.
Geben Sie die jährlichen prozentualen Wachstumsraten der Bevölkerung für beide Prognosen an!

A 175 In Medizin und Technik werden Röntgenstrahlen durch Bleiplatten entsprechender Dicke abgeschirmt. Als grober Richtwert gilt: 1 mm Dicke ≙ 5 % Strahlungsabnahme. Berechnen Sie die notwendige Dicke der Bleiabschirmung, wenn die Strahlung auf $\frac{1}{10}$ $(\frac{1}{100})$ der ursprünglichen Stärke reduziert werden soll!

A 176 Die Abkühlung einer Tasse Kaffee verläuft nach dem Gesetz $T(t) = T_0\, e^{-ct}$. Dabei ist t die Zeit in Minuten, T die Temperatur in °C. Zur Zeit t = 2 min wird T = 64 °C, für t = 10 min wird T = 33,5 °C gemessen.

a) Bestimmen Sie die Werte T_0 und c! b) Stellen Sie die Funktion grafisch dar!

A 177 In einer Kleinstadt von 20 000 Einwohnern verbreitet sich ein Gerücht in einer Zeit, die durch die Formel $T(n) = \dfrac{-2\ln\left(\dfrac{20000 - n}{19999n}\right)}{5}$ darstellbar ist. Dabei ist T(n) die in Tagen gemessene Zeit, in der n Einwohner von dem Gerücht erfahren. Nachbarin Luise hat gesehen, dass der Bürgermeister in Abwesenheit seiner Ehefrau eine unbekannte Frau zu sich ins Haus gebracht hat. Sie erzählt ihrer besten Freundin, dass der Bürgermeister seine Frau betrogen hat.

a) Wie lange dauert es, bis die Hälfte der Einwohner informiert ist?
b) Wie viele Einwohner wurden in 5 Tagen informiert?
c) Wann hat der Bürgermeister, der als letzter von der Neuigkeit erfuhr, festgestellt, was die merkwürdigen Blicke der Bürger bedeuten?
d) Zeichnen Sie den Graphen der Funktion, die darstellt, wie schnell sich die Neuigkeit in der Stadt verbreitet!

A 178 Durch Einleitung von Chemikalien in einen See wurde das Wasser so verunreinigt, dass darin nicht mehr gebadet werden kann. Bei Messungen werden 140 ppm (pars per million – Teilchen pro Million Wasserteilchen) gemessen. Diese Verunreinigung würde durch den natürlichen Klärungsprozess exponentiell um 10 % pro Woche abnehmen, sofern keine weitere Zuleitung von Chemikalien erfolgt.

a) Fertigen Sie eine Tabelle für diesen Klärungsprozess an!
b) Nach wie viel Wochen ist die Verunreinigung auf ein Viertel des Ausgangswertes zurückgegangen?
c) Der festgesetzte Grenzwert beträgt 25 ppm. Nach wie viel Wochen ist das Baden wieder möglich?

A 179 Die Abhängigkeit des Luftdrucks p von der Höhe (gemessen in Meter) kann nach der Barometrischen Höhenformel berechnet werden. Für den Normdruck $p_0 \approx 101\,325$ Pa und die Luftdichte $\rho_0 \approx 1{,}29\ \mathrm{kg \cdot m^{-3}}$ (bei 0 °C) ergibt sich die Näherungsformel $p_h = p_0 \cdot e^{-0{,}000125 \cdot h}$.
Bei welcher Höhe sinkt der Luftdruck auf 10 % (25 %) des Drucks p_0 am Erdboden?

A 180 Für die Geschwindigkeit des Eintauchens eines Körpers in einer Flüssigkeit gilt:
$v(t) = 2{,}45 \cdot (1 - e^{-1{,}5t})$ (in $\frac{m}{s}$)

a) Berechnen Sie die Geschwindigkeit des Körpers 2 s nach Beginn des Eintauchens!
b) Nach wie viel Sekunden beträgt die Geschwindigkeit 2,3 $\frac{m}{s}$?

A 181 Die Bewegung eines Körpers wird durch die Widerstandkräfte seines Umfeldes (z. B. Reibung, Luftwiderstand) verlangsamt. Dabei gelte folgende Beziehung:
$x(t) = \frac{100}{3} \cdot \ln(0{,}12t + 1)$ (x – zurückgelegter Weg in m; t – Zeit in s)

a) Bestimmen Sie die Länge der zurückgelegten Strecke für $t = 20$ s!
b) Nach wie viel Sekunden hat der Körper 0,12 km zurückgelegt?

A 182 Bezeichnet man die Hörschwelle mit I_0 und die Intensität eines Tones mit I, so nennt man $L = 10 \cdot \lg \frac{I}{I_0}$ die Lautstärke des Tons (gemessen in Dezibel).
Wie groß ist dann die Lautstärke

a) eines Lastwagens mit $I = 10^9 \cdot I_0$,
b) eines Flugzeugs mit $I = 10^{12} \cdot I_0$,
c) einer Unterhaltung mit $I = 5 \cdot 10^5 \cdot I_0$,
d) der Geräusche in einem Lesesaal einer Bibliothek mit $I = 2 \cdot 10^3 \cdot I_0$?

A 3 Verknüpfen, Verketten und Umkehren von Funktionen

Aus bekannten Funktionen können auf unterschiedliche Art und Weise neue Funktionen gebildet werden, welche sich häufig erheblich von ihren Ausgangsfunktionen unterscheiden. Eine erste Möglichkeit ist das *Verknüpfen* der entsprechenden Funktionsgleichungen (kurz: der Funktionen) mithilfe der Grundrechenoperationen Addition, Subtraktion, Multiplikation und Division. So lassen sich etwa die Funktionen $f(x) = 3x + 2$ und $g(x) = -2x - 3$ dadurch verknüpfen, dass man ihre Funktionsterme addiert. Man erhält auf diese Weise die Funktion $s(x) = x - 1$ (Fig. A 47).

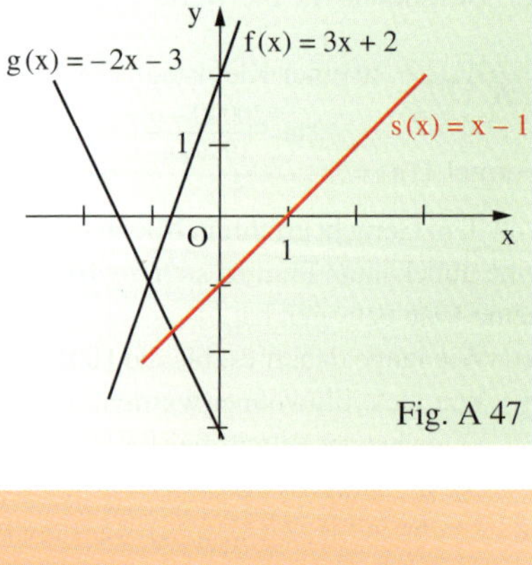

Fig. A 47

A 12

Definition A 12:
Sind zwei Funktionen f und g mit den Gleichungen $y = f(x)$ bzw. $y = g(x)$ auf den Definitionsmengen D_f bzw. D_g erklärt, so heißt die **Verknüpfung**

$s = f + g$ mit $s(x) = f(x) + g(x)$, $D_s = D_f \cap D_g$ **Summe**,
$d = f - g$ mit $d(x) = f(x) - g(x)$, $D_d = D_f \cap D_g$ **Differenz**,
$p = f \cdot g$ mit $p(x) = f(x) \cdot g(x)$, $D_p = D_f \cap D_g$ **Produkt** und
$q = \frac{f}{g}$ mit $q(x) = \frac{f(x)}{g(x)}$, $D_q = D_f \cap D_g \setminus \{x \mid g(x) = 0\}$ **Quotient** der Funktionen f und g.

A 18

Beispiel A 18:
Wir betrachten die Funktionen $f(x) = x^2$ und $g(x) = x - 1$ mit $D_f = D_g = \mathbb{R}$.
Das Produkt $f \cdot g$ ergibt $p(x) = x^2 \cdot (x - 1)$, $x \in \mathbb{R}$.
Als Quotient $\frac{f}{g}$ erhält man $q(x) = \frac{x^2}{x - 1}$, $x \in \mathbb{R}\setminus\{1\}$ (Fig. A 48).

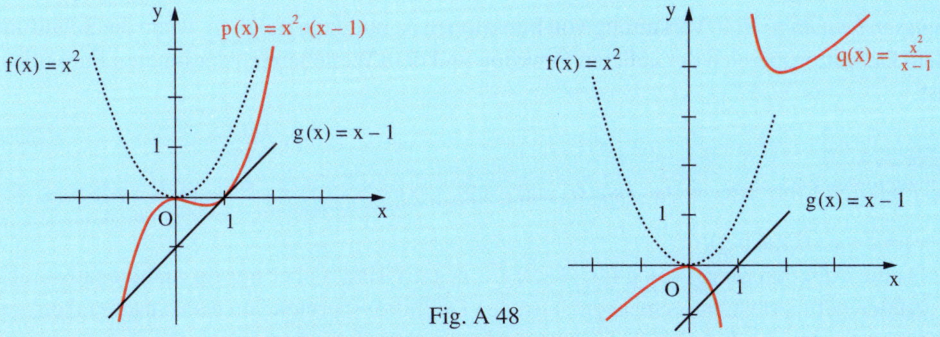

Fig. A 48

Eine weitere Möglichkeit, aus gegebenen Funktionen neue Funktionen zu bilden, stellt das *Nacheinanderausführen* bzw. *Verketten* zweier Zuordnungsvorschriften dar.

Betrachtet werden dazu die Funktionen $f(x) = \sin x$ und $g(x) = 2x$. Wir wenden in einem ersten Schritt auf einen Wert x aus dem Definitionsbereich von g die Zuordnungsvorschrift der Funktion g an und erhalten so den Funktionswert $g(x)$. Anschließend wird in einem zweiten Schritt auf den Wert $g(x)$ die Zuordnungsvorschrift der Funktion f angewendet. Also:

Erster Schritt
Zuordnungsvorschrift g („Verdopple!"): Anwendung von g auf x ergibt $g(x) = 2x$.

Zweiter Schritt
Zuordnungsvorschrift f
(„Sinuswert bilden!"): Anwendung von f auf $g(x) = 2x$ ergibt $f(2x) = \sin 2x$.

Entstanden ist also die neue Funktion v mit $v(x) = \sin 2x$.

A 13

Definition A 13:
Die Funktion v mit $v(x) = f(g(x))$ heißt **Verkettung** von f und g. Man schreibt $v = f \circ g$. Die Funktion f nennt man **äußere Funktion**, die Funktion g **innere Funktion** der verketteten Funktion v. Die Verkettung v ist definiert für alle x, für welche die Funktionswerte von g (also $g(x)$) zum Definitionsbereich von f gehören.

Den Inhalt der Definition A 13 veranschaulicht Fig. A 49

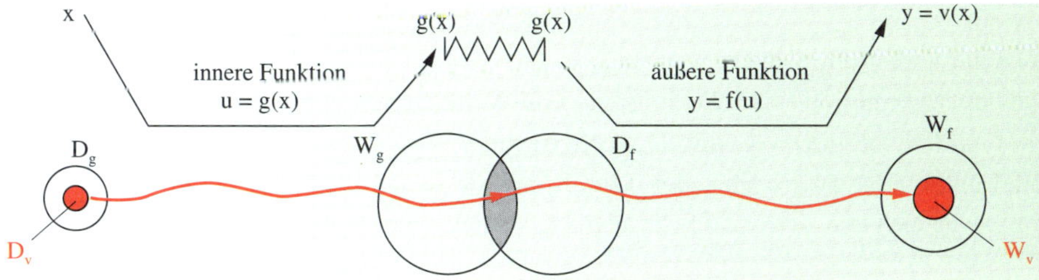

Fig. A 49

Eine Verkettung der äußeren Funktion f mit der inneren Funktion g zur Funktion $v = f \circ g$ bedeutet demnach, dass man Funktionswerte g(x) der inneren Funktion g zu Argumenten der äußeren Funktion f macht. Der Wertebereich der inneren Funktion g muss daher ganz oder teilweise zum Definitionsbereich der äußeren Funktion f gehören. Für den Definitionsbereich der durch Verkettung von f und g entstandenen Funktion $v = f \circ g$ (gesprochen *„f nach g"*) gilt also:

$$D_v = \{x \mid x \in D_g \text{ und } g(x) \in D_f\}$$

Wir müssen beachten: Eine Verkettung von Funktionen ist nur dann möglich, wenn die Schnittmenge aus dem Definitionsbereich der äußeren Funktion und dem Wertebereich der inneren Funktion nicht leer ist.

A 19

Beispiel A 19:
Die Funktion f mit $f(x) = \sqrt{x}$ $(x \geq 0)$ und g mit $g(x) = x^2 - 1$ $(x \in \mathbb{R})$ sind zu verketten.

a) $v_1 = f \circ g$ (f nach g).
Da die Funktionswerte von g für $-1 < x < 1$ negativ sind, f aber nur für nichtnegative reelle Zahlen definiert ist, muss man zunächst den Definitionsbereich von g so einschränken, dass $g(x) \geq 0$ gilt. Nur dann ist die Verkettung $f \circ g$ möglich. Es muss also gelten:
$x^2 - 1 \geq 0$ bzw. $x^2 \geq 1$ und damit $|x| \geq 1$, d. h.
$x \leq -1$ oder $x \geq 1$.
Mit der äußeren Funktion $f(x) = \sqrt{x}$ $(x \geq 0)$ und der inneren Funktion $g(x) = x^2 - 1$ $(x \leq -1$ oder $x \geq 1)$ ergibt sich die Verkettung $v_1 = f \circ g$ als
$v_1(x) = f(g(x)) = \sqrt{g(x)} = \sqrt{x^2 - 1}$.
Der Definitionsbereich von v_1 ist
$D_{v_1} = \{x \mid x \leq -1 \text{ oder } x \geq 1\}$ und der Wertebereich $W_{v_1} = \{y \mid y \geq 0\}$ (Fig. A 50).

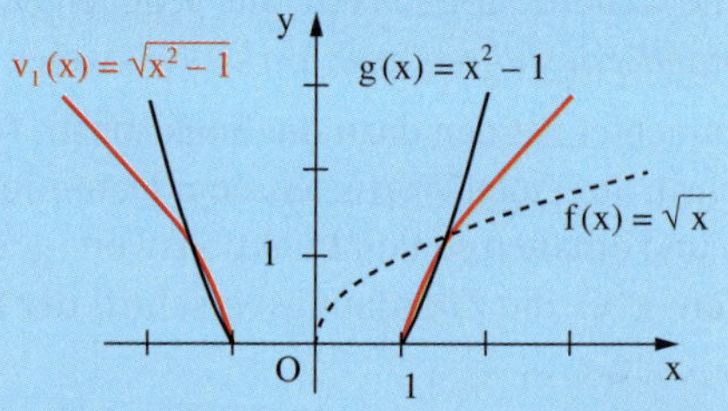

Fig. A 50

Aus den Funktionen f und g lässt sich aber auch die Verkettung $g \circ f$ bilden:

b) $v_2 = g \circ f$ (g nach f)
Mit der äußeren Funktion $g(x) = x^2 - 1$ und der inneren Funktion $f(x) = \sqrt{x}$ $(x \geq 0)$ ergibt sich die Verkettung $v_2 = g \circ f$ als
$v_2(x) = (\sqrt{x})^2 - 1 = x - 1$.
Der Definitionsbereich von v_2 ist $D_{v_2} = \{x \mid x \geq 0\}$ und der Wertebereich $W_{v_2} = \{y \mid y \geq -1\}$ (Fig. A 51).

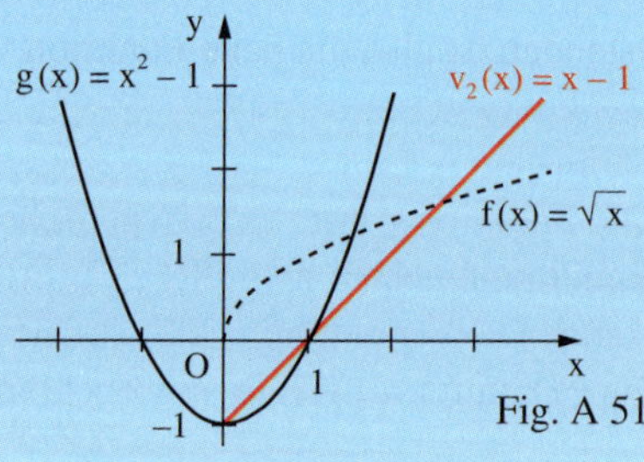

Fig. A 51

A 20

Beispiel A 20:
Gegeben ist die Verkettung v mit $v(x) = \sin \frac{1}{x}$.
Innere und äußere Funktion sowie Definitions- und Wertebereich von v sind zu bestimmen.
Die innere Funktion ist $g(x) = \frac{1}{x}$ mit $D_g = \mathbb{R} \setminus \{0\}$ und $W_g = \mathbb{R} \setminus \{0\}$.
Die äußere Funktion ist $f(x) = \sin x$ mit $D_f = \mathbb{R}$ und $W_f = [-1; 1]$.
Der Definitionsbereich von $v(x) = f \circ g$ ist also $D_v = \mathbb{R} \setminus \{0\}$ und der Wertebereich $W_v = [-1; 1]$.

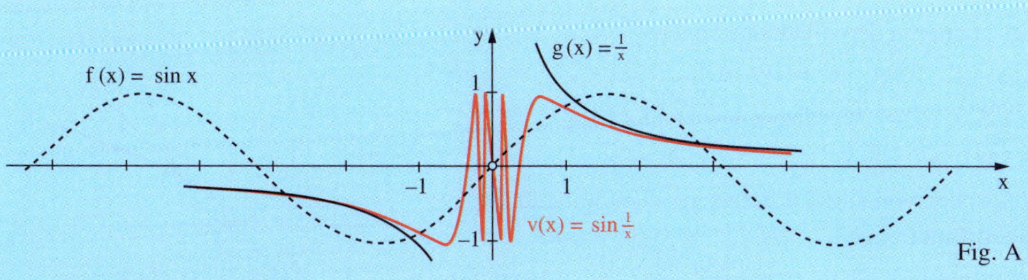

Fig. A 52

Eine dritte Möglichkeit für das Gewinnen neuer Funktionen besteht darin, die gegebene Zuordnungsvorschrift *umzukehren*, wobei zu fragen ist, ob diese Umkehrung wieder eine Funktion darstellt.

Beispielsweise wird durch eine Funktion f mit $f(x) = 2x - 1$ nicht nur jedem $x \in D_f$ eindeutig ein $y \in W_f$ zugeordnet, sondern auch umgekehrt jedem $y \in W_f$ eindeutig ein $x \in D_f$. Falls diese letztgenannte eindeutige Zuordnung existiert, bezeichnet man sie als *Umkehrfunktion* der Ausgangsfunktion.

A 14

Definition A 14:
Eine Funktion $y = f(x)$ heißt umkehrbar, wenn die durch sie vermittelte Zuordnung f **umkehrbar eindeutig** ist. Die **Umkehrfunktion** (auch *inverse Funktion* von f genannt) wird mit f^{-1} bezeichnet. Es ist stets $D_{f^{-1}} = W_f$ und $W_{f^{-1}} = D_f$.

Die Funktionsgleichung der Umkehrfunktion gewinnt man, indem man die Gleichung $y = f(x)$ nach x (falls dies möglich ist) auflöst und die Bezeichnungen y und x vertauscht, damit die Umkehrfunktion in dem für die Ausgangsfunktion üblichen x-y-Koordinatensystem dargestellt werden kann.
Wir kehren zu obigem Beispiel zurück und ermitteln die Gleichung der Umkehrfunktion:
f: $y = 2x - 1$, also $x = \frac{1}{2}y + \frac{1}{2}$ und nach Vertauschen f^{-1}: $y = \frac{1}{2}x + \frac{1}{2}$.
$y = f^{-1}(x) = \frac{1}{2}x + \frac{1}{2}$ ist die Gleichung der Umkehrfunktion zur Funktion $f(x) = 2x - 1$ (Fig. A 53).

Zeichnet man den Graphen der Funktion f und den Graphen ihrer Umkehrfunktion f^{-1} in ein und dasselbe rechtwinklige Koordinatensystem, so stellt man fest: Der Graph der Umkehrfunktion f^{-1} ist das Spiegelbild des Graphen von f an der Winkelhalbierenden des I. und III. Quadranten. Auf grafischem Wege kann man also die Umkehrfunktion f^{-1} ermitteln, indem man den Graphen der Ausgangsfunktion f an der Geraden $y = x$ spiegelt.

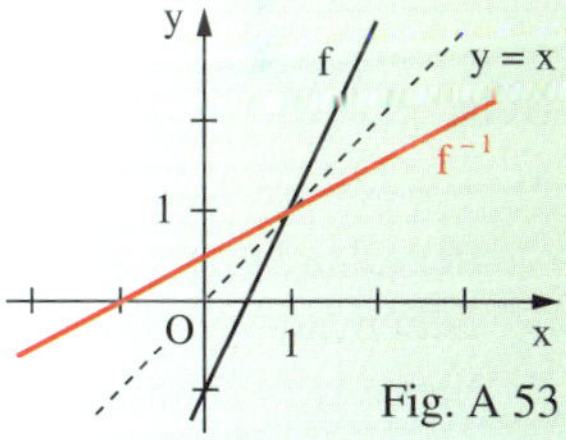

Fig. A 53

A 21

Beispiel A 21:
Es soll die Umkehrung der Funktion f mit $f(x) = x^2$ ermittelt werden.
Bereits die Wertetabelle zeigt, dass es sich bei der Funktion $f(x) = x^2$ nicht um eine umkehrbar eindeutige (eineindeutige) Zuordnung handelt: Jedem y-Wert (mit Ausnahme der 0) sind zwei x-Werte zugeordnet.

x	−3	−2	−1	0	1	2	3
y	9	4	1	0	1	4	9

Zerlegt man jedoch f in
f_1: $y = x^2$ $D_{f_1} = \{x \mid x \in \mathbb{R} \text{ und } x \leq 0\}, W_{f_1} = \{y \mid y \in \mathbb{R} \text{ und } y \geq 0\}$ und
f_2: $y = x^2$ $D_{f_2} = \{x \mid x \in \mathbb{R} \text{ und } x \geq 0\}, W_{f_2} = \{y \mid y \in \mathbb{R} \text{ und } y \geq 0\}$,

dann existieren deren Umkehrungen.
Aus $y = x^2$ folgt $|x| = \sqrt{y}$, d. h.
für $x \leq 0$: $-x = \sqrt{y}$, also $x = -\sqrt{y}$, und
für $x \geq 0$: $x = \sqrt{y}$.
Vertauschen von x und y liefert die Gleichungen der Umkehrfunktionen
f_1^{-1}: $y = -\sqrt{x}$, also $y \leq 0$; f_2^{-1}: $y = \sqrt{x}$, also $y \geq 0$.
Fig. A 54 zeigt die Graphen aller vier Funktionen.

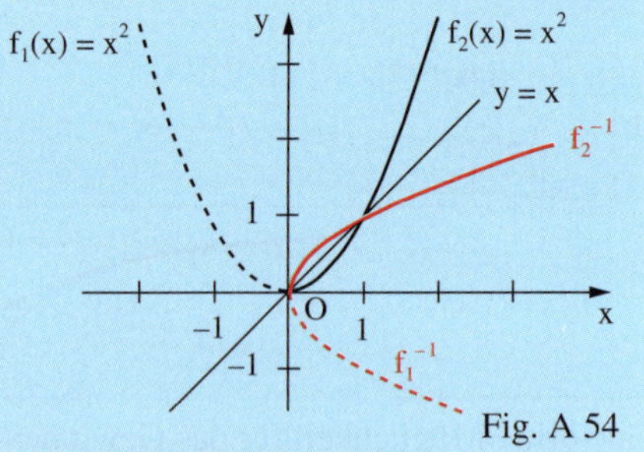

Fig. A 54

Alle betrachteten Beispiele machen deutlich: Durch Verknüpfen, Verketten und Umkehren von Funktionen entstehen wieder Funktionen mit zum Teil völlig neuen Eigenschaften.

Im Beispiel A 18 sind wir von einer linearen und quadratischen Funktion ausgegangen. Beide Funktionen lassen sich in einem Zug „durchzeichnen“, ohne dass man den Stift absetzen muss: Man sagt, diese Funktionen sind **stetig.** Durch Verknüpfung beider Funktionen hatten wir beispielsweise die Funktion $g(x) = \frac{x^2}{x-1}$ erzeugt, die man aber an der Stelle $x = 1$ nicht ohne abzusetzen zeichnen kann. Diese Funktion ist an der Stelle $x = 1$ nicht definiert. Man sagt: „Die Funktion besitzt an der Stelle $x = 1$ eine **Definitionslücke.**“

Dabei sind zwei Fälle zu unterscheiden:

Fall (1): Die Nennerfunktion ist an einer bestimmten Stelle gleich 0, die Zählerfunktion ungleich 0.

A 22

Beispiel A 22:
Bei der Funktion $f(x) = \frac{x-1}{x-2}$ ist für $x_0 = 2$ die Nennerfunktion gleich 0 – die Funktion f besitzt hier eine Definitionslücke. Die Zählerfunktion an der Stelle $x_0 = 2$ ist jedoch ungleich 0. Eine solche Stelle nennt man **Polstelle** der Funktion f.

A 23

Beispiel A 23:
a) Die Funktion $f(x) = \frac{2}{x-2}$ besitzt an der Stelle $x_0 = 2$ einen Pol (Fig. A 55). Die Gerade mit der Gleichung $x = 2$ ist die so genannte **Polgerade**. Die beiden „Äste“ des Graphen von f liegen auf verschiedenen Seiten der Abszissenachse. Man sagt: Die Funktion hat an der Stelle $x_0 = 2$ einen *Pol mit Vorzeichenwechsel.*
b) Die Funktion $g(x) = \frac{1}{(x-2)^2}$ hat an der Stelle $x_0 = 2$ ebenfalls eine Polstelle (Fig. A 56). Auch hier ist $x = 2$ eine Polgerade, die beiden „Äste“ des Graphen von f liegen aber auf derselben Seite der Abszissenachse. Man sagt: Die Funktion hat an der Stelle $x_0 = 2$ einen *Pol ohne Vorzeichenwechsel.*

TI-92
T7

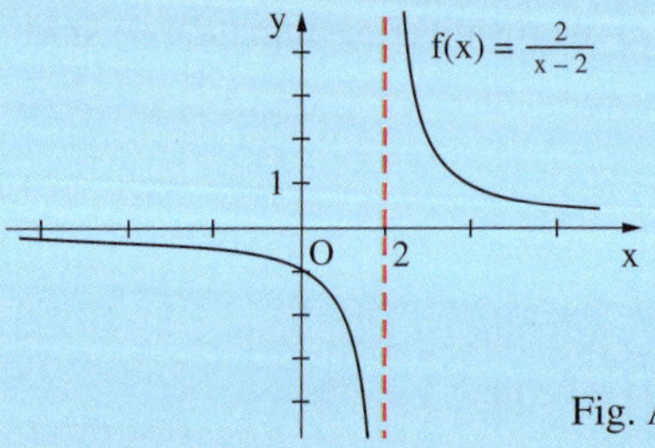

Fig. A 55

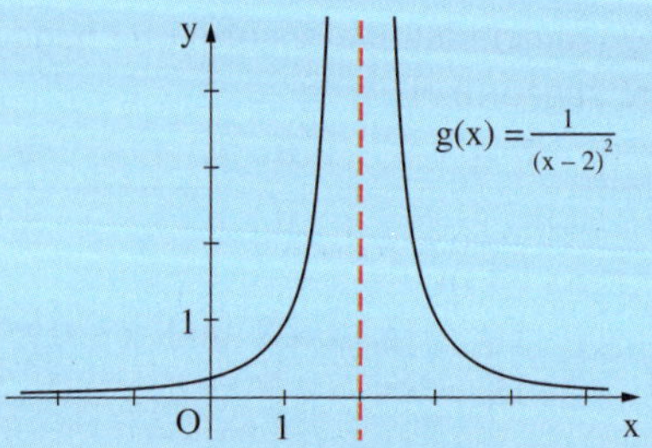

Fig. A 56

Fall (2): Sowohl Nennerfunktion als auch Zählerfunktion sind an einer bestimmten Stelle gleich 0.

A 24

Beispiel A 24:
Die Funktion $f(x) = \frac{x^2 - 1}{x + 1}$ hat an der Stelle $x_0 = -1$ eine Definitionslücke (Fig. A 57), die keine Polstelle ist. Der Funktionsgraph mündet von links und von rechts in das „Loch" beim Punkt P(–1; –2).
Kürzt man im Funktionsterm den Linearfaktor (x + 1) heraus, so ergibt sich eine neue Funktion g(x) = x – 1 mit $D_g = \mathbb{R}$. Man sagt:
Die Stelle $x_0 = -1$ ist eine **hebbare Definitionslücke** von f.

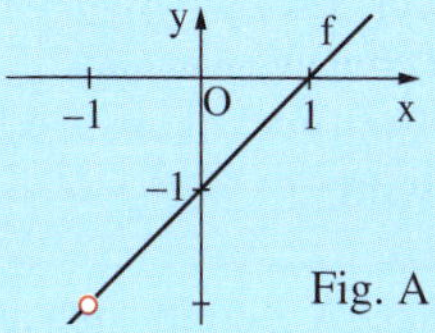

Fig. A 57

T7

Wird der Graph einer solchen Funktion auf dem Bildschirm eines GTA dargestellt, so erhält man in Abhängigkeit von der aktuellen Window-Einstellung u. U. unterschiedliche Bilder. Fig. A 58 lässt das „Loch" im Graphen von f erkennen; beim „Abfahren" mit *TRACE* wird außerdem für xc = –1 kein y-Wert angegeben.
(Hier wurde xmin = –3, xmax = 2,95, ymin = –3 und ymax = 2,1 – ausgehend von ZoomDec des Zoom-Menüs – gewählt. Andere Window-Einstellungen zeigen u. U. das „Loch" im Graphen nicht.)

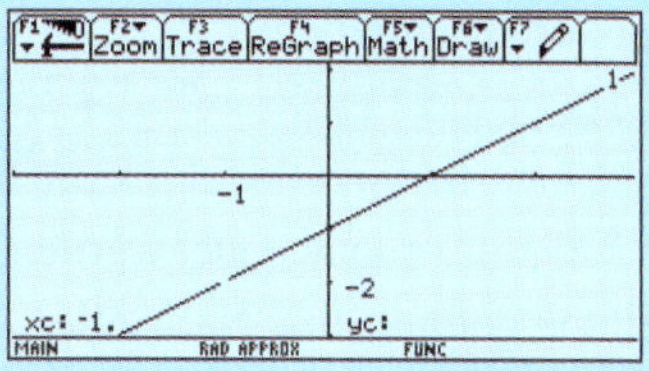

Fig. A 58

Um möglichst schnell einen Überblick über den Verlauf des Graphen einer neu „geschaffenen" Funktion zu bekommen, ist es zweckmäßig

- einzelne **Funktionswerte zu berechnen** (ggf. mittels GTA);
- sich zu überlegen, in welchen **Intervallen** die Funktionswerte positiv bzw. negativ sind, und vor allem
- eventuelle **Nullstellen der Funktion zu bestimmen.**

Wir wissen bereits: Um eine Nullstelle einer Funktion f mit y = f(x) zu finden, muss die Gleichung f(x) = 0 gelöst werden. Vielfach reichen hierzu aber die Kenntnisse über das Lösen linearer und quadratischer Gleichungen nicht aus. In solchen Fällen benötigt man **besondere numerische Verfahren** oder begnügt sich mit Näherungslösungen, die man z. B. mit einem GTA sehr schnell erhält:

A 25

Beispiel A 25:
Man untersuche auf grafischem Wege, ob die Funktion $f(x) = x^3 - 6x + 1$ Nullstellen besitzt und bestimme diese dann näherungsweise.
Aus der Darstellung in Fig. A 59 kann man entnehmen, dass die Funktion f offenbar drei Nullstellen besitzt. Durch Wahl einer geeigneten ZOOM-Box lässt sich unter Verwendung von TRACE als erste Nullstelle (Fig. A 60): $x_1 \approx 0{,}1667$ (mit $f(x_1) \approx 0{,}0047$) ablesen.
Analoge erhält man z. B.: $x_2 \approx -2{,}5291$ (mit $f(x_2) \approx -0{,}00279$); $x_3 \approx 2{,}3621$ (mit $f(x_3) \approx 0{,}0070$)

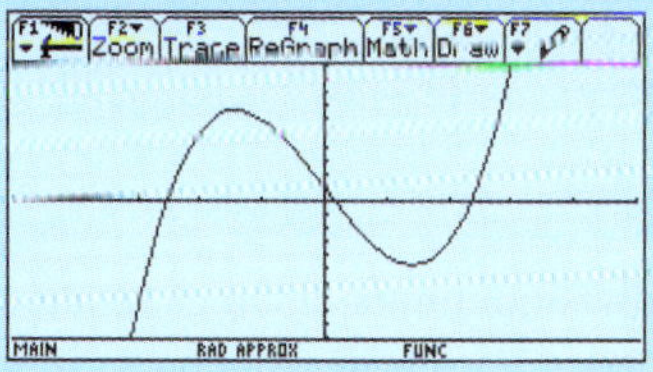

Fig. A 59

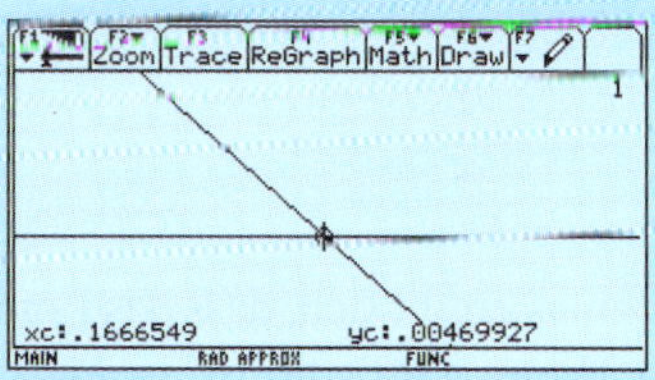

Fig. A 60

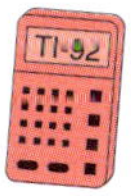

T7; T8

Ein besonderes numerisches Verfahren ist die **Zerlegung der Ausgangsgleichung in ein Produkt aus Linearfaktoren** (Linearfaktorzerlegung).
Grundlage dieses Verfahrens ist folgender Zusammenhang, der hier ohne Beweis mitgeteilt sei:

A 2

Satz A 2: Abspalten von Linearfaktoren

Ist x_0 eine Nullstelle einer ganzrationalen Funktion
$f(x) = a_n x^n + a_{n-1} x^{n-1} + \ldots + a_1 x + a_0$ mit $n \in \mathbb{N}$, $n \geq 1$, $a_0, a_1, \ldots, a_n \in \mathbb{R}$ und $a_n \neq 0$,
so kann $f(x)$ in ein Produkt $f(x) = (x - x_0) \cdot f_R(x)$ aus dem Linearfaktor $(x - x_0)$ und der Restfunktion f_R zerlegt werden, wobei f_R eine ganzrationale Funktion vom Grade $(n - 1)$ ist.

Aus Satz A 2 ergibt sich als wichtige Folgerung: Eine ganzrationale Funktion n-ten Grades kann im Bereich der reellen Zahlen **höchstens n Nullstellen** besitzen. Für den Fall, dass eine solche Funktion **genau n reelle Nullstellen** $x_1, x_2, \ldots, x_n$ besitzt, lässt sie sich ausschließlich als Produkt von Linearfaktoren schreiben:

$$f(x) = a_n x^n + a_{n-1} x^{n-1} + \ldots + a_1 x + a_0 = a_n \cdot (x - x_1) \cdot (x - x_2) \cdot \ldots \cdot (x - x_n)$$

Die Linearfaktorzerlegung kann bei der Nullstellenbestimmung ganzrationaler Funktionen höheren als 2. Grades angewendet werden. Wenn es nämlich durch Probieren[1)] oder durch eine grafische Darstellung gelingt, eine Nullstelle x_0 zu ermitteln, so kann nach Satz A 2 die Restfunktion f_R bestimmt werden: $f_R(x) = f(x) : (x - x_0)$ Da der Grad von f_R gegenüber dem der Ausgangsfunktion um eins niedriger ist, lässt sich $f_R(x)$ oft einfacher bearbeiten.

Zur Berechnung von f_R ist eine **Polynomdivision** erforderlich, die analog zum schriftlichen Dividieren bei ganzen Zahlen durchgeführt wird. Dabei wird vorausgesetzt, dass sowohl Dividend als auch Divisor nach fallenden Potenzen der Variablen – in unserem Falle x – geordnet sind. Die Division erfolgt nach folgendem Algorithmus:

(1) Der erste Summand des aktuellen Dividenden (beim ersten Durchlauf der Schrittfolge ist das der Term $f(x)$) wird durch den ersten Summanden des Divisors dividiert.
(2) Das dabei entstehende Ergebnis wird zum bestehenden Ergebnis (beim ersten Durchlauf der Schrittfolge ist das 0) addiert.
(3) Der soeben zum Ergebnis addierte Summand wird mit dem Divisor multipliziert, das Produkt vom aktuellen Dividenden subtrahiert.
(4) Ist der Grad der jetzt erhaltenen Differenz größer oder gleich dem Grad des Divisors, so ist die Differenz der neue aktuelle Dividend und man setzt beim ersten Schritt fort.
(5) Ist der Grad der im Schritt (3) erhaltenen Differenz kleiner als der Grad des Divisors, so ist die Aufgabe beendet. Ist die Differenz gleich null, so ist der Dividend durch den Divisor teilbar, das Ergebnis ist der Quotient. Anderenfalls ist die Differenz der Rest bei der Division.

A 26

Beispiel A 26:

a)
$$\begin{array}{l}
(x^3 - 6x^2 + 12x - 9) : (x - 3) = x^2 - 3x + 3 \\
\underline{-(x^3 - 3x^2 \quad)} \\
\quad -3x^2 + 12x - 9 \\
\quad \underline{-(-3x^2 + 9x \quad)} \\
\qquad 3x - 9 \\
\qquad \underline{-(3x - 9)} \\
\qquad\quad 0
\end{array}$$

b)
$$\begin{array}{l}
(x^3 + 2x^2 + 2x + 7) : (x^2 + 1) = x + 2 + \frac{x+5}{x^2+1} \\
\underline{-(x^3 \quad + x \quad)} \\
\quad 2x^2 + x + 7 \\
\quad \underline{-(2x^2 \quad + 2)} \\
\qquad x + 5 \\
\qquad \text{Rest: } x + 5
\end{array}$$

Aus dem Algorithmus ergibt sich, dass das Ergebnis einer Polynomdivision immer einen ganzrationalen Anteil besitzt. Dieser wird schrittweise entsprechend der angegebenen Vorschrift aufgebaut. Schritt

[1)] Ist f eine ganzrationale Funktion und sind alle Koeffizienten ganzzahlig, sollte beim Probieren mit den Teilern des Absolutgliedes begonnen werden.

(4) sichert, dass der Aufbau des ganzzahligen Anteils so lange fortgesetzt wird, wie der Grad des momentanen Rests (aktueller Dividend) größer als der Grad des Divisors oder diesem gleich ist.
Ein am Ende des Algorithmus verbleibender Rest muss also einen kleineren Grad als der Divisor haben.
Setzt man einen GTA für die obige Polynomdivision ein, so erhält man das Resultat in der Form von Fig. A 61.

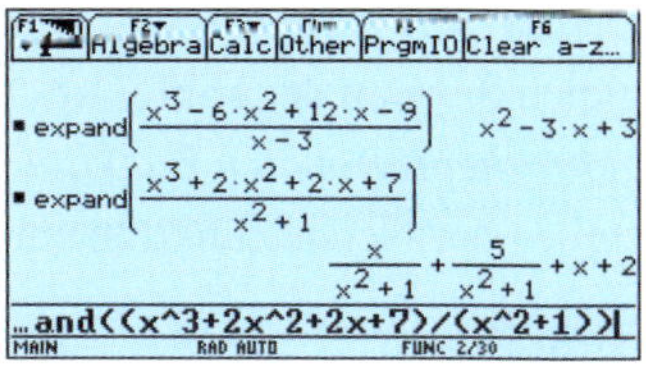

Fig. A 61

A 27

T1

Beispiel A 27:
Es sind die Nullstellen der Funktion f mit $f(x) = x^3 - 6x^2 + 12x - 9$ zu bestimmen.
Die zu lösende Gleichung $x^3 - 6x^2 + 12x - 9 = 0$ besitzt den Grad 3. Eine Lösungsformel für Gleichungen 3. sowie 4. Grades existiert zwar, kann aber hier nicht behandelt werden. Wenn es jedoch gelingt, eine Nullstelle zu ermitteln, so ist es möglich, nach Satz A 2 die Restfunktion f_R zu bestimmen. f_R ist eine Funktion 2. Grades, deren Nullstellen sich somit nach der Lösungsformel berechnen lassen.

Da die Gleichung $x^3 - 6x^2 + 12x - 9 = 0$ nur ganzzahlige Koeffizienten besitzt, sollte beim Lösen durch Probieren mit den Teilern des Absolutgliedes begonnen werden. Man ermittelt auf diese Weise $x_0 = 3$ als eine Nullstelle von f.
Nach Satz A 2 gilt deshalb: $x^3 - 6x^2 + 12x - 9 = (x - 3) \cdot f_R$.
f_R kann ermittelt werden, wenn man das Polynom $x^3 - 6x^2 + 12x - 9$ durch das Polynom $f_D = x - 3$ dividiert. Man erhält $f_R = x^2 - 3x + 3$ (vgl. Beispiel A 62).
Damit gilt: $f(x) = x^3 - 6x^2 + 12x - 9 = (x - 3) \cdot (x^2 - 3x + 3)$
Weitere Nullstellen der Funktion f können also nur durch den Faktor $x^2 - 3x + 3$ zustande kommen. Da aber $x^2 - 3x + 3 = 0$ keine Lösungen besitzt, ist $x_0 = 3$ die einzige Nullstelle der Funktion f (Fig. A 62).

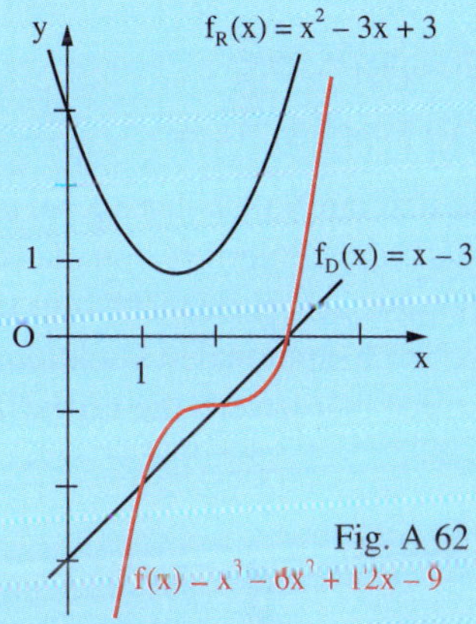

Fig. A 62

Bei Einsatz eines GTA verringert sich der Aufwand beträchtlich. Der Bildschirmanzeige kann man mittels *Trace* sofort entnehmen, dass $x_0 = 3$ die einzige Nullstelle ist. Neben diesem Weg unter Verwendung von *Trace*, der für die Bestimmung von Punktkoordinaten stets einsetzbar ist, kann man im *GRAPH*-Menü auch den speziellen Befehl *Zero* zur Nullstellenbestimmung nutzen. Hierbei ist eine untere und eine obere Grenze (*Lower Bound* bzw. *Upper Bound*) einzugeben (Fig. A 63a–c).

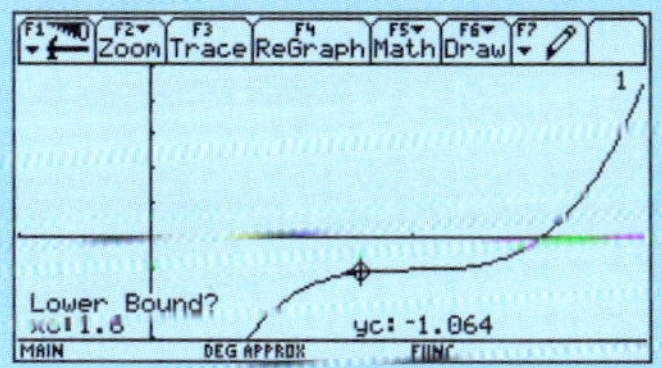

Fig. A 63a

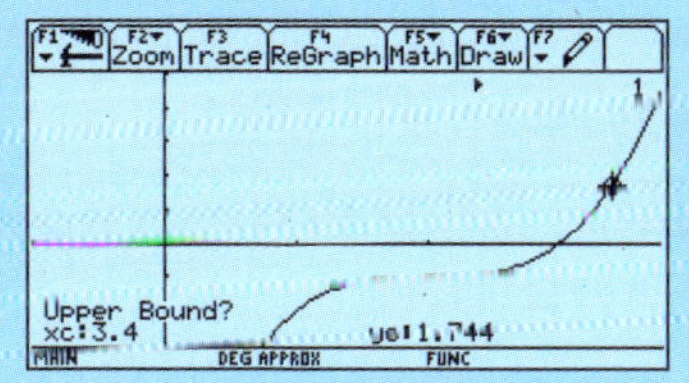

Fig. A 63b

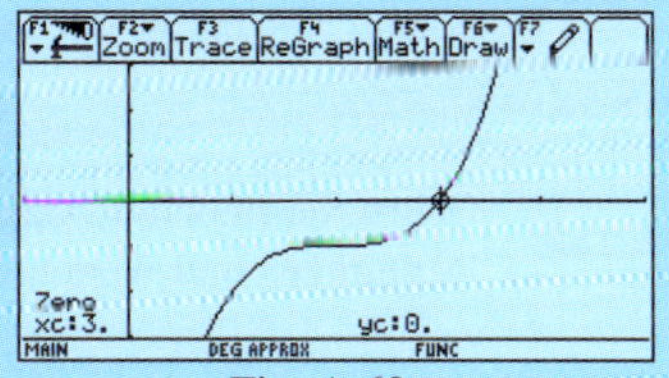

Fig. A 63c

T8

Die Nullstellenbestimmung bei **gebrochenrationalen Funktionen** wird auf die Nullstellenbestimmung ganzrationaler Funktionen zurückgeführt.
$f(x) = \frac{u(x)}{v(x)}$ (mit $v(x) \neq 0$) lässt sich in zwei Faktoren zerlegen: $f(x) = u(x) \cdot \frac{1}{v(x)}$. Zur Nullstellenbestimmung ist also die Gleichung $u(x) \cdot \frac{1}{v(x)} = 0$ zu lösen.

Der zweite Faktor kann für endliche Werte v(x) nicht 0 werden. Demzufolge ist das Produkt nur dann gleich 0, wenn der Faktor u(x), also die Zählerfunktion, den Wert 0 annimmt. *Nullstellen einer gebrochenrationalen Funktion* sind deshalb alle *Nullstellen der Zählerfunktion*, die *nicht* auch Nullstellen der Nennerfunktion sind. Also:

x_0 ist eine Nullstelle der Funktion $f(x) = \frac{u(x)}{v(x)}$, wenn $u(x_0) = 0$ und $v(x_0) \neq 0$.

A 28

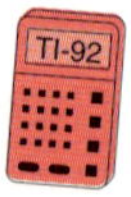

T1; T8

Beispiel A 28:
Man ermittle die Nullstellen der Funktion $f(x) = \frac{(x-1)}{(x^2-2x-3)}$ und überprüfe die rechnerisch erhaltenen Resultate anhand der Darstellung des Graphen von f.
Die Zählerfunktion $u(x) = x - 1$ besitzt die Nullstelle $x_1 = 1$, die Nennerfunktion $v(x) = x^2 - 2x - 3$ hat die Nullstellen $x_2 = -1$ und $x_2 = 3$. Da $v(1) \neq 0$, ist $x_1 = 1$ auch Nullstelle von f. Fig. A 64 bestätigt die Rechnung.

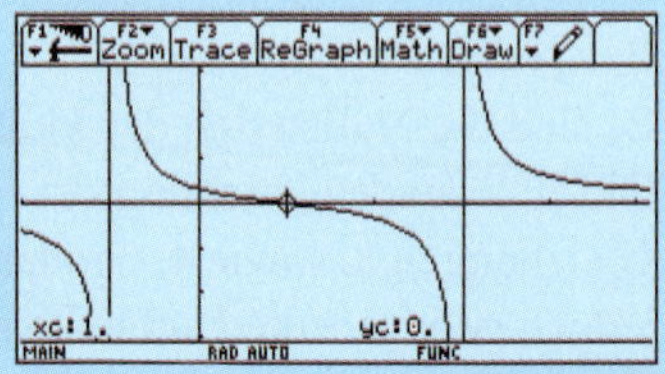

Fig. A 64

A 29

T1; T8

Beispiel A 29:
Die Funktion $f(x) = \frac{x^5 - 9x^3}{x^3 - 7x - 6} = \frac{x^3 \cdot (x-3) \cdot (x+3)}{(x-3) \cdot (x+1) \cdot (x+2)}$
besitzt die Nullstellen $x_1 = 0$ und $x_2 = -3$. Die Zahl 3 ist zwar Nullstelle der Zählerfunktion, da sie aber auch Nullstelle der Nennerfunktion ist, gehört sie nicht zum Definitionsbereich der betrachteten gebrochenrationalen Funktion. Für die Zähler- und Nennerfunktion wurde hier jeweils die Linearfaktorzerlegung verwendet.

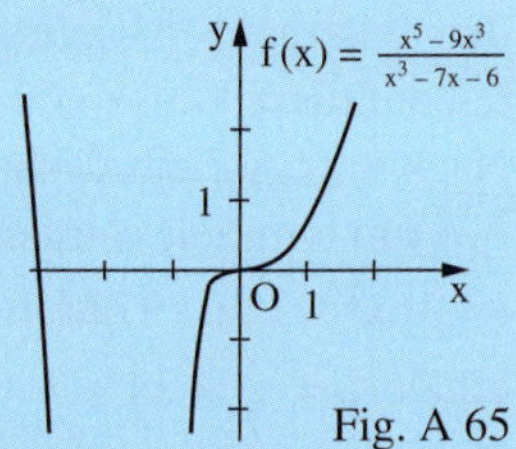

Fig. A 65

Aufgaben

A 183 *(↗ Beispiel A 18, S. 55)*

Bilden Sie aus den Funktionen $f(x) = x^2$ und $g(x) = 2$ die Funktionen $s(x) = f(x) + g(x)$, $d(x) = f(x) - g(x)$, $p(x) = f(x) \cdot g(x)$ sowie $q_1(x) = f(x) : g(x)$ und $q_2(x) = g(x) : f(x)$!
Zeichnen Sie die Graphen von s(x), d(x), p(x), $q_1(x)$ und $q_2(x)$ im Intervall [– 2; 2] (Wertetabelle)!

A 184 Zeichnen Sie mithilfe der Graphen von $f(x) = x^2$ und $g(x) = \frac{5}{4}x$ die Graphen der folgenden Funktionen! Nutzen Sie dazu das Verfahren der Ordinatenaddition (Superposition)!

a) $s_1(x) = x^2 + \frac{5}{4}x$ b) $s_2(x) = x^2 + \frac{5}{4}x - 1$ c) $s_3(x) = x^2 + \frac{5}{4}x + 1{,}5$

A 185 Geben Sie zu den in Aufgaben ***A 183*** und ***A 184*** durch Verknüpfen gebildeten Funktionen jeweils Definitions- und Wertebereich an!

A 186 Schreiben Sie die nachfolgenden Funktionen als Produkt von zwei Funktionen u(x) und v(x) auf:

a) $f_1(x) = x^2 + 2x$ b) $f_2(x) = x^2 - 4x + 3$ c) $f_3(x) = x^2 + 4x + 4$ d) $f_4(x) = \frac{x^2 + 1}{x}$

A 187 Bestimmen Sie jeweils den größtmöglichen Definitionsbereich folgender zusammengesetzter Funktionen:

a) $f_1(x) = \frac{x}{x^3 - 1}$ b) $f_2(x) = \frac{x^3 - 2x + 1}{x^2 - 4x}$ c) $f_3(x) = \frac{x^2 - 1}{x + 1}$ d) $f_4(x) = \frac{5x^2 - 1}{1 - x}$

A 188 Gegeben sind zwei Funktionen $f(x)$ und $h(x)$. Durch Verknüpfen entstehen die Funktionen $s(x) = f(x) + h(x)$ und $p(x) = f(x) \cdot h(x)$.
Was lässt sich über die Monotonie der Funktionen $s(x)$ und $p(x)$ aussagen, wenn
a) $f(x)$ und $h(x)$ streng monoton wachsend sind;
b) $f(x)$ und $h(x)$ streng monoton fallend sind;
c) $f(x)$ streng monoton wachsend und $h(x)$ streng monoton fallend ist?

A 189 Gegeben sind die Funktionen $g(x) = x^3$ und $h(x) = x - 1$.
Bilden Sie die Summe $s(x) = g(x) + h(x)$, die Differenz $d(x) = g(x) - h(x)$, das Produkt $p(x) = g(x) \cdot h(x)$ und den Quotienten $q(x) = \frac{g(x)}{h(x)}$! Skizzieren Sie die Graphen der Funktionen s, d, p, q! Machen Sie Aussagen zu den Kurvenverläufen (Nullstellen usw.)!

A 190 *(↗ Beispiele A 19/20, S. 56 f.)*
Gegeben sind die Funktionen $u(x) = \frac{1}{x}$ $(x \neq 0)$ und $v(x) = x - 3$. Bilden Sie die Verkettungen $u \circ v$ und $v \circ u$! Geben Sie den Definitionsbereich und Wertebereich der verketteten Funktionen an!

A 191 Gegeben sind die Funktionen f mit $f(x) = \sin x$ und g mit $g(x) = 2x$. Bilden Sie die Verkettungen $v_1 = f \circ g$ und $v_2 = g \circ f$! Geben Sie Definitionsbereich und Wertebereich der verketteten Funktionen an!

A 192 Bilden Sie für folgende Funktionen f und g jeweils die Verkettungen $v_1(x) = f \circ g = f(g(x))$ und $v_2(x) = g \circ f = g(f(x))$:

a) $f(x) = 2 + x$ b) $f(x) = 1 + 5x$ c) $f(x) = 2 \cdot 3^x$ d) $f(x) = \frac{2}{x}$
$g(x) = 2x + 4$ $g(x) = 2 - 3x$ $g(x) = x + 1$ $g(x) = \frac{1}{2}x^3$

A 193 Die Funktion $v(x)$ soll jeweils eine Verkettung $f \circ g$ sein.
Geben Sie geeignete Funktionen f und g an!

a) $v(x) = (x + 2)^2$ b) $v(x) = \sqrt{x^2 - 2}$ c) $v(x) = \cos^2 x$
d) $v(x) = \sin(2x - 1)$ e) $v(x) = 10^{x-1}$ f) $v(x) = \frac{1}{(x^2 + 3)^4}$

A 194 Die Funktion f kann als Verkettung $u \circ v$ aufgefasst werden.
Geben Sie mögliche Funktionen u und v an!

a) $f(x) = (3 - x)^5$ b) $f(x) = \frac{1}{x^2 + 2x + 1}$ c) $f(x) = \sqrt{x^2 + 3}$
d) $f(x) = \sin(x - \frac{1}{2}\pi)$ e) $f(x) = e^{\sqrt{2x+1}}$ f) $f(x) = \frac{1}{\ln(x)}$

A 195 Bestimmen Sie eine Funktion u so, dass $f = u \circ v$ ist!

a) $f(x) = (3x - 3)^3$; $v(x) = x - 1$ b) $f(x) = (4x - 8)^2$; $v(x) = 2x - 4$
c) $f(x) = \frac{5}{\sin^2(x)}$; $v(x) = \sin(x)$ d) $f(x) = \frac{5}{\sin^2(x)}$; $v(x) = \sin^2(x)$

A 196 Bilden Sie jeweils $f(g(x))$:

a) $f(x) = \frac{x-2}{x+3}$; $g(x) = x^2$ b) $f(x) = 2x + 1$; $g(x) = \sqrt{1 - x}$
b) $f(x) = x^2$; $g(x) = \sqrt{x - 1}$ d) $f(x) = 1 - x^2$; $g(x) = \sqrt{x}$

A 197 Es sei $f(x) = \sqrt{x}$ und $g(x) = x^4 - 4$.
Welche der folgenden Zahlen –2; –1; 0; 1 gehören zum Definitionsbereich der Funktion

a) $k = f(f(x))$ b) $h = g(g(x))$ c) $i = f(g(x))$ d) $l = g(f(x))$?

Bestimmen Sie ggf. die entsprechenden Funktionswerte von k, h, i, l!

A 198 Bilden Sie

a) $f^3(x^2)$, wenn $f(x) = (x^2 + 1)^3$; b) $f^2(x^3)$, wenn $f(x) = (x^3 + 1)^2$!

A 199 Gegeben sind die Funktionen $u(x) = x^2$, $v(x) = \cos(x)$ und $w(x) = 3x - 2$.
Geben Sie die Gleichungen folgenden Funktionen f an!

a) $f(x) = \frac{w}{v(u(x))}$ b) $f(x) = w(u(v(x)))$ c) $f(x) = v(u(w(x)))$ d) $f(x) = u(v(w(x)))$

A 200 Bilden Sie die Verkettung $f \circ g$ bzw. $f \circ g \circ h$ der nachfolgenden Funktionen:

a) $f(x) = x^2$, $g(x) = \sin x$ b) $f(x) = e^x$, $g(x) = x^2$, $h(x) = \sin x$
c) $f(x) = e^x$, $g(x) = \cos x$, $h(x) = 2x - \pi$ d) $f(x) = x^2$, $g(x) = \sin x$, $h(x) = \frac{x}{3} - \frac{\pi}{2}$

A 201 Zerlegen Sie die nachfolgend gegebenen verketteten Funktionen in innere und äußere Funktionen:

a) $v_1(x) = f \circ g = \cos(2x - \pi)$ b) $v_2(x) = f \circ g = \sin x^2$ c) $v_3(x) = f \circ g = e^{\tan x}$
d) $v_4(x) = f \circ g = \cos^2 x$ e) $v_5(x) = f \circ g \circ h = \tan^2(\pi - x)$ f) $v_6(x) = f \circ g \circ h = e^{\sin(3x - 2)}$
g) $v_7(x) = f \circ g \circ h = \cos^2(\frac{x}{2} + \frac{\pi}{4})$ h) $v_8(x) = f \circ g \circ h = e^{\sin x^2}$

A 202 Gegeben sind die ganzrationalen Funktionen 4. bzw. 2. Grades f und g. Geben Sie den Grad folgender Verknüpfungsfunktionen an:

a) $h_1 = f \circ g$ b) $h_2 = g \circ f$ c) $h_3 = f \circ f$ d) $h_4 = g \circ (f \circ g)$

A 203 *(↗ Beispiel A 21, S. 57)*

Von der Funktion $y = f(x) = \frac{1}{2}x - 1$ ist die Umkehrfunktion f^{-1} zu bilden. Zeichnen Sie die Graphen von f und f^{-1} in ein und dasselbe Koordinatensystem!

A 204 Bilden Sie zu den folgenden Funktionen die jeweiligen Umkehrfunktionen und skizzieren Sie die Graphen der Funktionen f_i und f_i^{-1}:

a) $f_1(x) = 3x + 2$ b) $f_2(x) = x^3$ c) $f_3(x) = \frac{x}{x+1}$; $x \neq -1$ d) $f_4(x) = \sqrt{x+1}$; $x \geq -1$

A 205 Bilden Sie zu folgenden Funktionen die Umkehrfunktionen und treffen Sie Aussagen zu deren Existenzbedingungen:

a) $f_1(x) = -\frac{3}{2}x + 1$ b) $f_2(x) = x^2 + 2$ c) $f_3(x) = \frac{1}{2}x^2 + 2$ d) $f_4(x) = x \cdot \sqrt{x}$ e) $f_5(x) = \sqrt{x^2 - 3}$

A 206 Die folgenden Funktionen sind nicht über ihrem gesamten Definitionsbereich umkehrbar. Begründen Sie, warum das so ist, und bilden Sie geeignete Einschränkungen, die umkehrbar sind:

a) $f_1(x) = \frac{1}{2}x^2$ b) $f_2(x) = \frac{1}{2} \cdot (x - 3)^2$ c) $f_3(x) = x^4 - 5$ d) $f_4(x) = \sin x$

A 207 Untersuchen Sie die Umkehrfunktion von $f(x) = \frac{1}{x}$; $x \neq 0$! Welche Besonderheit stellen Sie fest? Zeichnen Sie die Funktionsgraphen in ein und dasselbe Koordinatensystem!

A 208 Verketten Sie die Funktion $f(x) = 2x + 3$ mit ihrer Umkehrfunktion f^{-1} zu folgenden Funktionen v_i:

a) $v_1(x) = f \circ f^{-1}$, b) $v_2(x) = f^{-1} \circ f$

A 209 Bestimmen Sie zu den folgenden Exponentialfunktionen jeweils die Umkehrfunktionen:

a) $f_1(x) = 2^x$ b) $f_2(x) = 10^x$ c) $f_3(x) = (\frac{4}{5})^x$ d) $f_4(x) = 0{,}5^{-x}$

A 210 Bestimmen Sie jeweils Funktionen, mit denen man die folgenden Einheiten ineinander umrechnen kann!

a) Kilometer und Seemeilen b) Kubikmeter und Registertonnen c) PS und Kilowatt
d) Kilogramm und Unzen e) Liter und Barrel

A 211 Gegeben seien rationale Funktionen

$f(x) = \frac{2x^3 + 5x^2 - 2x + 1}{5}$; $g(x) = \frac{2x^3 + 5x - 2}{4x^2 + 1}$; $h(x) = \frac{x^4 - x^2}{x^2 - x - 2}$; $i(x) = \frac{x^4 - x^2}{x^2 - 1}$

a) Welche dieser Funktionen sind ganzrational, welche gebrochenrational? Begründen Sie!
b) Geben Sie jeweils zwei weitere Beispiele für beide Funktionstypen an!

A 212 Geben Sie die Gleichung der Volumenfunktion eines Körpers an, der

a) aus einem Zylinder mit dem Radius r und der Höhe h = 2r besteht, auf dessen Grundfläche eine Halbkugel mit dem Radius r und auf dessen Deckfläche ein Kreiskegel mit dem Radius r und der Höhe 3 (LE) aufgesetzt sind;
b) aus einem Hohlzylinder mit auf beiden Seiten aufgesetzten Halbkugeln gleichen (Außen-)Radius r besteht, wenn die Wandstärke 0,1r beträgt und der Gesamtkörper die Höhe 6r besitzt!

A 213 Geben Sie je eine Funktion an, die das Verhältnis

a) der Volumina b) der Oberflächen

eines Zylinders und einer dem Zylinder einbeschriebenen Kugel beschreibt, wenn
(1) die Zylinderhöhe gleich dem Kugeldurchmesser ist;
(2) die Zylinderhöhe n-mal so groß wie der Kugeldurchmesser ist!

A 214 *(↗ Beispiel A 22, S. 58)*

Bestimmen Sie die Polstellen folgender Funktionen, untersuchen Sie das Verhalten der Funktionen an den Polstellen und geben Sie gegebenenfalls die Gleichung der Polgeraden an:

a) $f_1(x) = \frac{2}{x-3}$ b) $f_2(x) = \frac{2x}{x-1}$ c) $f_3(x) = \frac{t^2}{t-1}$
d) $f_4(x) = \frac{x^2}{x-1}$ e) $f_5(x) = \frac{x^2}{x^2-1}$ f) $f_6(x) = \frac{x^3}{x^2-2}$

A 215 Bestimmen Sie die Polstellen folgender Funktionen bzw. Funktionenscharen, untersuchen Sie das Verhalten der Funktionen an den Polstellen und geben Sie ggt. die Gleichung der Polgeraden an:

a) $f_1(x) = \frac{2}{2x-4}$ b) $f_2(x) = \frac{x^2}{1-3x}$ c) $f_3(x) = \frac{x^2}{x^2+x-2}$ d) $f_4(x) = \frac{ax^2 + x^3}{(x-b)^2}$

A 216 *(↗ Beispiel A 24, S. 59)*

Untersuchen Sie, ob die Definitionslücke folgender Funktionen hebbar ist. Geben Sie an, durch welche Festlegung diese Lücke geschlossen werden kann:

a) $f_1(x) = \frac{-x^2 + 9}{x - x^2}$ b) $f_2(x) = \frac{x^4 + 2x^3 + x^2}{x^4 + x^3}$ c) $f_3(x) = \frac{x^2 + x + 2}{x^2 + 5x + 6}$ d) $f_4(x) = \frac{x^3 + 4x^2 - 5x}{x^3 + 7x^2 + 10x}$

A 217 Untersuchen Sie, ob es sich bei den Polstellen folgender Funktionen um solche mit oder ohne Vorzeichenwechsel handelt:

a) $f_1(x) = \frac{x-2}{x+2}$ b) $f_2(x) = \frac{1}{x^2-4}$ c) $f_3(x) = \frac{2}{x^2+3x}$ d) $f_4(x) = \frac{1}{(3-x)^2}$

A 218 Peter meint: „x_0 heißt Definitionslücke, wenn $v(x_0) = 0$ und $u(x_0) = 0$ ist.“ Was sagen Sie dazu?

A 219 Entscheiden Sie, welche der folgenden Funktionen f gerade bzw. ungerade sind:

a) $f(x) = x^4$ b) $f(x) = 3x^3 + x$ c) $f(x) = 2x^2 + 2x + 2$
d) $f(x) = \sin x$ e) $f(x) = \cos x$ f) $f(x) = \sqrt{x}$

A 220 *(↗Beispiel A 26, S. 60)*

Führen Sie die folgenden Polynomdivisionen aus:

a) $(x^3 - 2x^2 - 5x + 6) : (x - 1)$ b) $(x^3 - 3x^2 - 10x + 24) : (x - 2)$
c) $(x^3 + 6x^2 + 3x - 10) : (x + 2)$ d) $(x^3 + 3x^2 + 4x + 12) : (x + 3)$

A 221 Überprüfen Sie, ob die folgenden Polynomdivisionen ohne Rest ausführbar sind:

a) $(x^4 + x^3 - 7x^2 + 19x - 4) : (x + 4)$ b) $(x^3 - 1) : (x - 1)$
c) $(15x^3 + x^2 + x - 5) : (3x - 1)$ d) $(4x^4 - 6x^3 + 3x - 4) : (2x + 3)$

A 222 Wo steckt der Fehler? Lösen Sie die Aufgabe korrekt!

$$\begin{array}{l} (2x^3 + 6x^2 + 4x) : (x - 2) = 2x^2 + 2x \\ \underline{-(2x^3 - 4x^2)} \\ \qquad 2x^2 + 4x \\ \qquad \underline{-(2x^2 + 4x)} \\ \qquad\qquad 0 \end{array}$$

A 223 *(↗Beispiele A 27, S. 61)*

Bestimmen Sie alle Nullstellen der Funktion $f(x) = x^3 - 6x^2 + 3x + 10$!

A 224 Bestimmen Sie alle Nullstellen der Funktion $f(x) = x^4 + 2x^3 - 10x^2 - 6x + 45$!

A 225 Bestimmen Sie die Nullstellen der Funktion $f(x) = 4x^3 - 19x^2 - 36x + 36$!
Hinweis: Ermitteln Sie *eine* Nullstelle durch Probieren!

GTA **A 226** Bestimmen Sie alle Nullstellen der Funktion $f(x) = x^3 - x^2 - \frac{x}{100} + \frac{1}{100}$!

Hinweis: Ermitteln Sie *eine* Nullstelle durch Probieren oder aus einer geeigneten grafischen Darstellung der Funktion! Stellen Sie die Funktion im Intervall [–0,2; 1,2] dar! Vergleichen Sie mit dem Verlauf des Graphen der Funktion $g(x) = x^3 - x^2$!

A 227 Bestimmen Sie alle Nullstellen der Funktion $f(x) = x^5 + x^4 + 4x^3 + 4x^2 - 5x - 5$! Vergleichen Sie das Verhalten der Funktion an der einfachen und an der doppelten Nullstelle!

A 228 Bestimmen Sie alle Nullstellen der nachstehenden Funktionen:

a) $f_1(x) = x^5 - 2x^3$ b) $f_2(x) = -x^4 - 7x^3 + 36x$

A 229 Bestimmen Sie näherungsweise die Nullstellen der Funktion f_i! Verwenden Sie z.B. die TRACE-Funktion! **GTA**

a) $f_1(x) = -0{,}4x^3 + 2x + 1{,}8$ b) $f_2(x) = \frac{1}{3}x^5 - 0{,}2x^3 + 0{,}35$ c) $f_3(x) = 10x^5 - 6x^4 - 6x^3 - 9x^2 - 7x - 12$

A 230 Untersuchen Sie, ob x_{i1} eine Nullstelle nachfolgender Funktionen f_i ist, und berechnen Sie weitere Nullstellen nach Polynomdivision:

a) $f_1(x) = x^3 + 10x^2 + 7x - 18$ $x_{11} = 1$ b) $f_2(x) = x^3 - 3x^2 - 6x + 18$ $x_{21} = 3$

c) $f_3(x) = x^3 + 5x^2 - 22x - 56$ $x_{31} = 4$ d) $f_4(x) = 2x^3 + 4{,}8x^2 + 1{,}5x - \frac{1}{5}$ $x_{41} = -2$

A 231 Diskutieren Sie die Funktion $f(x) = x^4 - 4x^2 + a$ hinsichtlich der Anzahl ihrer Nullstellen in Abhängigkeit von a $(a \in \mathbb{R})$!

A 232 Geben Sie in Abhängigkeit von a $(a \in \mathbb{R},\ a \neq 0)$ alle Nullstellen folgender Funktionenscharen an:

$f_1(x) = x^n + a \cdot x^{n-1};\ n \in \mathbb{N};\ n > 1;$ $f_2(x) = x^n + a \cdot x^{n-2};\ n \in \mathbb{N};\ n > 2;$ $f_3(x) = x^n + a \cdot x^{n-3};\ n \in \mathbb{N};\ n > 3$

Wie lauten die Ergebnisse, wenn jeweils $n \in \mathbb{R}$ gilt?

A 233 Eine Firma startet mit folgenden Betriebsergebnissen:

0. Jahr (Firmengründung):	–150 000 €;	1. Jahr	–80 000 €;
2. Jahr	–36 000 €;	3. Jahr	–12 000 €.

In welchem Jahr erreicht die Firma ein neutrales Ergebnis (Betriebsergebnis gleich 0)?

Hinweis: Für die zeitliche Entwicklung des Betriebsergebnisses lege man eine ganzrationale Funktion 3. Grades mit der unabhängigen Variablen t (t in Jahren) zugrunde. Durch Einsetzen der Jahre und Betriebsergebnisse und Lösen des Gleichungssystems erhält man die Parameter der gesuchten Funktion, deren Nullstellen zu bestimmen sind.

A 234 Für einen senkrechten Wurf mit der Anfangshöhe h_0 und der Anfangsgeschwindigkeit v_0 gilt folgendes Weg-Zeit-Gesetz: $h = h(t) = -\frac{g}{2}t^2 + v_0 \cdot t + h_0$.

Ermitteln Sie die Nullstelle der Funktion $h(t)$ mit $t > 0$! Welche physikalische Bedeutung hat diese Nullstelle?

A 235 Wie lautet der Funktionsterm für (die begrenzende Kurve) dieses „Gespenst"? Achten Sie auf Nullstellen! **GTA**

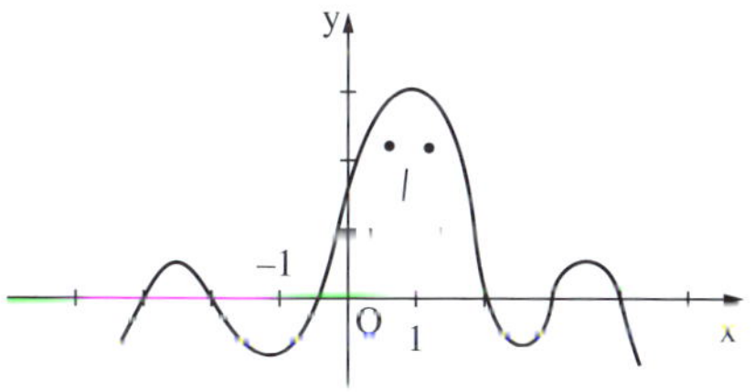

A 236 *(↗ Beispiel A 28, S. 62)*

Bestimmen Sie die Polstellen und Nullstellen der Funktion $f(x) = \dfrac{x^3 - 3x^2 + 4}{(x-2) \cdot (2x-1) \cdot (x^2+1)}$!

A 237 Untersuchen Sie entsprechend Aufgabe ***A 236*** die folgenden Funktionen:

a) $f_1(x) = \dfrac{x^4 - 4x^2 + 3}{x^3 - x^2 - x + 1}$; $I = [-5; 4]$ b) $f_2(x) = \dfrac{x^4 - 5x^3 + 2x^2 - 10x}{x^4 + \frac{5}{12}x^2 - \frac{1}{6}}$; $I = [-8; 10]$

A 238 Bestimmen Sie Nullstellen und Polstellen folgender gebrochenrationaler Funktionen:

a) $f_1(x) = \frac{x^4 - 4x^2 + 3}{x^3 - x^2 - x + 1}$; $I = [-5; 4]$

b) $f_2(x) = \frac{x^4 - 5x^3 + 2x^2 - 10x}{x^4 + \frac{5}{12}x^2 - \frac{1}{6}}$; $I = [-8; 10]$

c) $f_3(x) = \frac{x^2 - 2x + 1}{x^2 + 1}$

d) $f_4(x) = \frac{1}{1 + x}$

e) $f_5(x) = \frac{1 - x^3}{1 + x^3}$

f) $f_6(x) = \frac{2x^2 - 1}{x^2 - 2}$

A 239 Geben Sie eine Gleichung einer gebrochenrationalen Funktion f mit folgenden Eigenschaften an:

a) $x = 1$ ist Nullstelle von f und $x = 2$ ist eine Polstelle von f.
b) Die Funktion f hat Definitionslücken bei $x = -3$ und $x = 3$. Der Graph von f ist achsensymmetrisch zur y-Achse.
c) Die Funktion f hat bei $x = -1$ eine hebbare Definitionslücke und ist sonst auf ganz $\mathbb{R}$ definiert.

A 240 Finden Sie jeweils eine gebrochenrationale Funktion mit

a) einer Nullstelle bei $x = 2$,
b) Polstelle mit VZW bei $x = 3$,
c) Nullstellen bei $x = 1$ und $x = 4$, Polstelle ohne VZW bei $x = 2$,
d) Nullstellen bei $x = 1$ und $x = -2$, Polstelle mit VZW bei $x = 1$ und Polstelle ohne VZW bei $x = 5$,
e) einer hebbaren Definitionslücke bei $x = 2$, Nullstelle bei $x = -3$.

A 4 Weitere reelle Funktionen

Bei der Deutschen Post AG gilt für die Beförderung von Briefen eine Gebührenordnung. In Abhängigkeit von der Masse des Briefes wird eine bestimmte Beförderungsgebühr (Porto) erhoben (s. nebenstehende Tabelle, Stand 01.07.2001).

	Briefmasse	Porto
Standardbrief	bis 20 g	0,56 €
Kompaktbrief	bis 50 g	1,12 €
Großbrief	bis 500 g	1,53 €
Maxibrief	bis 1000 g	2,25 €

Die Zuordnung „Briefmasse → Beförderungsgebühr“ stellt eine Funktion dar; bestimmten Masse*intervallen* wird genau eine Beförderungsgebühr zugeordnet (Fig. A 66)[1).
Man nennt eine Funktion dieser Art **abschnittsweise definierte Funktion.** Für solche Funktionen ist charakteristisch, dass sie für verschiedene Abschnitte ihres Definitionsbereiches durch unterschiedliche Funktionsterme definiert sind.

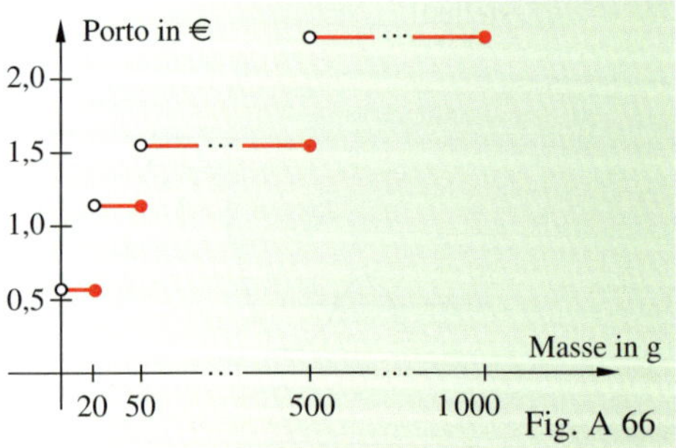

Fig. A 66

Bezeichnet man die Beförderungsgebühr (Porto) mit p (in €) und die Briefmasse mit m (in g), so lässt sich der funktionale Zusammenhang folgendermaßen beschreiben:

$$p(m) = \begin{cases} 0{,}56 & \text{für } 0 < m \leq 20; \\ 1{,}12 & \text{für } 20 < m \leq 50; \\ 1{,}53 & \text{für } 50 < m \leq 500; \\ 2{,}25 & \text{für } 500 < m \leq 1000. \end{cases}$$

1) „●“ bedeutet: Der Punkt gehört zum Graphen der Funktion.
„○“ bedeutet: Der Punkt gehört nicht zum Graphen der Funktion.

Für abschnittsweise definierte Funktionen ist charakteristisch, dass ihr Definitionsbereich aus speziellen Teilmengen, aus einem **Intervall** oder aus *Abschnitten* von $\mathbb{R}$ gebildet wird. Für die genauere Kennzeichnung von Intervallen verwenden wir folgende Begriffe bzw. Symbole:

Sind a und b jeweils die Intervallenden ($a, b \in \mathbb{R}$) und ist $a < b$, so heißt

- $[a; b] = \{x \mid x \in \mathbb{R} \text{ und } a \le x \le b\}$ abgeschlossenes Intervall von a bis b;
- $]a; b[= \{x \mid x \in \mathbb{R} \text{ und } a < x < b\}$ offenes Intervall von a bis b;
- $]a; b] = \{x \mid x \in \mathbb{R} \text{ und } a < x \le b\}$
- $[a; b[= \{x \mid x \in \mathbb{R} \text{ und } a \le x < b\}$ halboffenes Intervall von a bis b.

- *Die Betragsfunktion*

Die Funktion f, die jedem $x \in R$ den Betrag von x zuordnet, heißt **Betragsfunktion,** kurz: $f(x) = |x|$, $x \in R$.
Ihr Wertebereich ist die Menge aller positiven reellen Zahlen einschließlich der 0. Mithilfe der Definition des absoluten Betrages einer reellen Zahl x: $|x| = \begin{cases} x & \text{für } x \ge 0; \\ -x & \text{für } x < 0 \end{cases}$

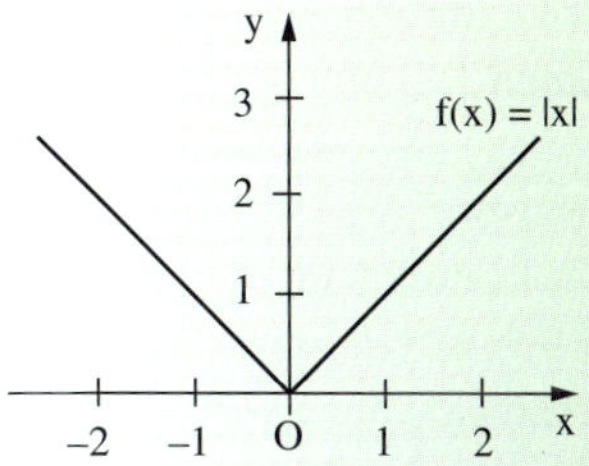

Fig. A 67

kann die Funktionsgleichung der Betragsfunktion in die Form

$$f(x) = \begin{cases} x & \text{für } x \ge 0; \\ x & \text{für } x < 0 \end{cases}$$

gebracht werden. Man sagt: Die Betragsfunktion wurde abschnittsweise definiert.

Der Graph der Betragsfunktion besteht dementsprechend aus zwei Strahlen, die im Koordinatenursprungspunkt (0; 0) ihren Anfangspunkt haben (Fig. A 67). Allgemein bezeichnet man jede Funktion als Betragsfunktion, in deren Funktionsgleichung die unabhängige Variable in Betragszeichen steht.

A 30

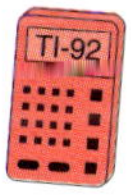

T5

Beispiel A 30:
Wir betrachten die Betragsfunktionen $f_1(x) = |x + 3|$ und $f_2(x) = |x - 2|$. Beide Funktionen sind über der Menge aller reellen Zahlen definiert und besitzen als Wertebereich die Menge aller positiven reellen Zahlen einschließlich der 0.
Das Auflösen der Betragszeichen führt zu

$$f_1(x) = \begin{cases} x + 3 & \text{für } x \ge -3; \\ -x - 3 & \text{für } x < -3 \end{cases}$$

und

$$f_2(x) = \begin{cases} x - 2 & \text{für } x \ge 2; \\ -x + 2 & \text{für } x < 2. \end{cases}$$

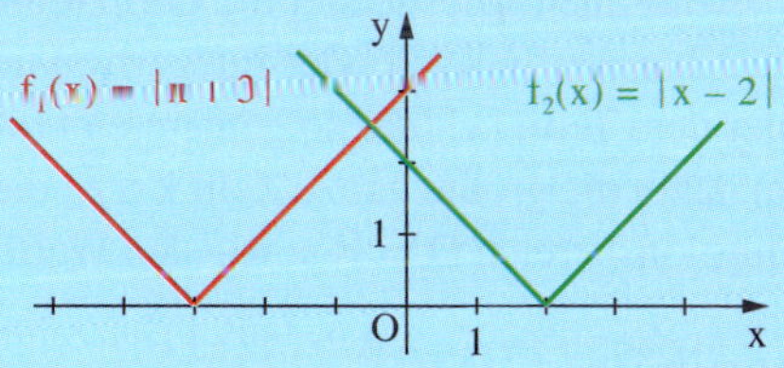

Fig. A 68

Aufgrund der „Wirkungsweise" des Betrages (es werden stets nichtnegative Zahlen erzeugt) ist auch leicht verständlich, dass man bei den betrachteten Betragsfunktionen die zugehörigen Graphen aus den entsprechenden Graphen der linearen Funktionen $f_1^*(x) = x + 3$ bzw. $f_2^*(x) = x - 2$ erhält, indem man jeweils den unterhalb der x-Achse liegenden Teil der Geraden an der x-Achse spiegelt (Fig. A 69).
Ausgehend vom Beispiel A 30 lässt sich feststellen: Man erhält den Graphen einer beliebigen Betragsfunktion

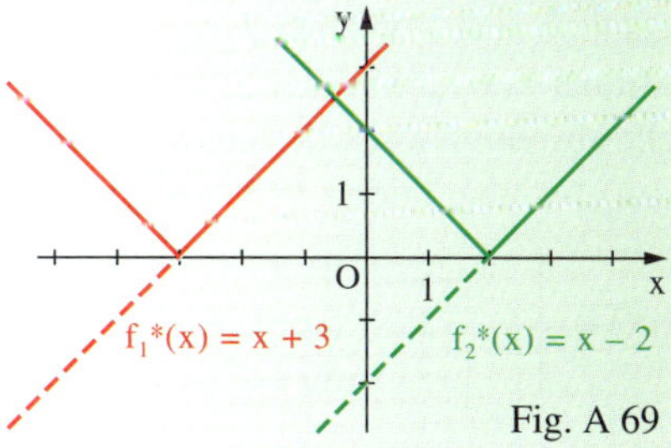

Fig. A 69

$f(x) = |x - a|$ mit $a \in \mathbb{R}$, indem man den Graphen der Betragsfunktion $f^*(x) = |x|$ um $|a|$ Längeneinheiten nach rechts ($a < 0$) bzw. links ($a > 0$) verschiebt.

- *Die Vorzeichenfunktion (Signumfunktion)*

Die Funktion f, die jeder positiven reellen Zahl die Zahl 1, der Zahl 0 wiederum die Zahl 0 und jeder negativen reellen Zahl die Zahl –1 zuordnet, heißt **Vorzeichenfunktion** (Signumfunktion). Sie lässt sich durch folgende Funktionsgleichungen abschnittsweise beschreiben (Fig. A 70):

$$f(x) = \operatorname{sgn} x = \begin{cases} 1 & \text{für } x > 0, \\ 0 & \text{für } x = 0, \\ -1 & \text{für } x < 0. \end{cases}$$

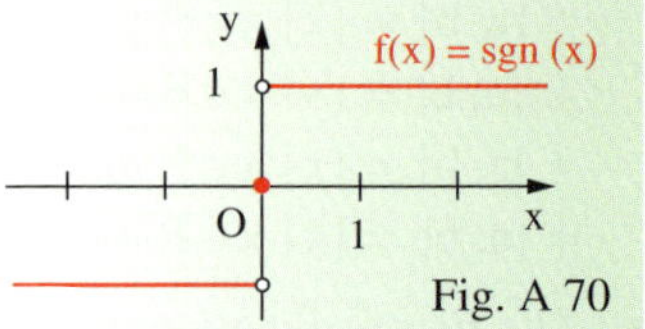

Fig. A 70

Der Definitionsbereich der Vorzeichenfunktion ist $D_f = \mathbb{R}$; ihr Wertebereich besteht nur aus den Elementen 1, 0 und –1. Diese Funktion ordnet gewissermaßen jeder reellen Zahl ihr Vorzeichen zu.

A 31

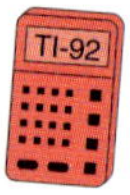

T5

Beispiel A 31:
Wir betrachten die Funktion $f(x) = (x^2 + 1) \cdot \operatorname{sgn} x$. Die Funktion ist für alle $x \in \mathbb{R}$ definiert. Mithilfe der Definition der Vorzeichenfunktion erhält man eine abschnittsweise Beschreibung dieser Funktion.
Demnach gilt

$$f(x) = \begin{cases} x^2 + 1, & \text{für } x > 0; \\ 0, & \text{für } x = 0; \\ -x^2 - 1, & \text{für } x < 0. \end{cases}$$

Fig. A 71 zeigt den Graphen von f.

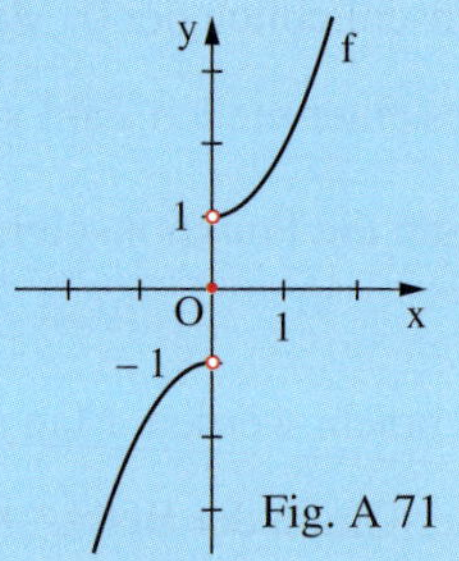

Fig. A 71

- *Die Ganzteilfunktion (GAUSSsche Klammerfunktion)*

Im Rahmen von Computerprogrammen oder auch in anderen mathematischen Anwendungen ist es oft notwendig, in Form von Dezimalbrüchen gegebenen reellen Zahlen bestimmte ganze Zahlen zuzuordnen. Dies leistet die **Ganzteilfunktion** (auch GAUSSsche Klammerfunktion oder Integerfunktion genannt) $f(x) = [x]$. Unter dem Term $[x]$ (der so genannten GAUSS-Klammer) versteht man dabei die größte ganze Zahl $k \in \mathbb{Z}$, die kleiner oder gleich x ist. Die Ganzteilfunktion hat den Definitionsbereich $D_f = \mathbb{R}$ sowie den Wertebereich $W_f = \mathbb{Z}$ und wird häufig in der Form geschrieben:

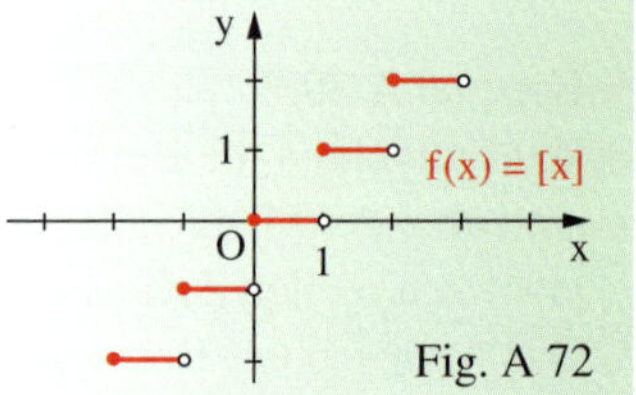

Fig. A 72

$$f(x) = \mathrm{INT}(x) = [x] = \begin{cases} x, \text{ falls x ganzzahlig ist;} \\ \text{die zu x nächstkleinere ganze Zahl, falls x nicht ganzzahlig ist.} \end{cases}$$

Den Graph von f zeigt die Fig. A 72. Aufgrund der Ähnlichkeit mit einer Treppe spricht man gelegentlich auch von einer *Treppenfunktion*.

Mit der Betragsfunktion, der Vorzeichenfunktion und der Ganzteilfunktion haben wir einige spezielle abschnittsweise definierte Funktionen kennen gelernt. Derartige Funktionen kann man aber auch ganz beliebig bilden. Wir betrachten etwa die Funktion f mit der Gleichung

$$f(x) = \begin{cases} x + 2, & \text{für } x < 0; \\ 2, & \text{für } 0 \le x < 2; \\ \frac{1}{4} x^2, & \text{für } x \ge 2. \end{cases} \quad \text{(Fig. A 73)}$$

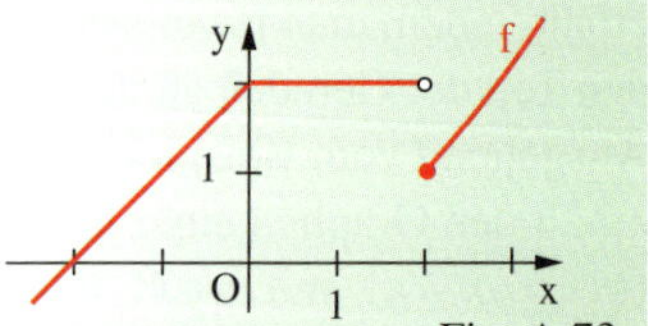

Fig. A 73

Die Graphen abschnittsweise definierter Funktionen kann man in den einzelnen Abschnitten als geschlossenen Kurvenzug zeichnen.

Aufgaben

A 241 Beschreiben Sie folgende Funktionsgraphen jeweils durch Gleichungen bzw. durch Wortvorschriften:

a)

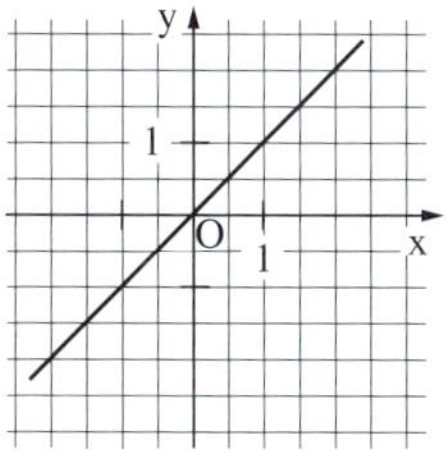

b)

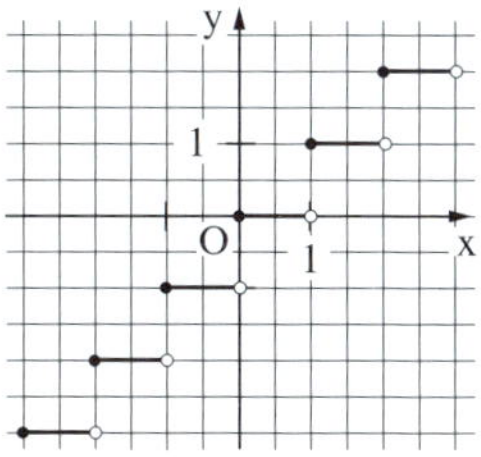

c)

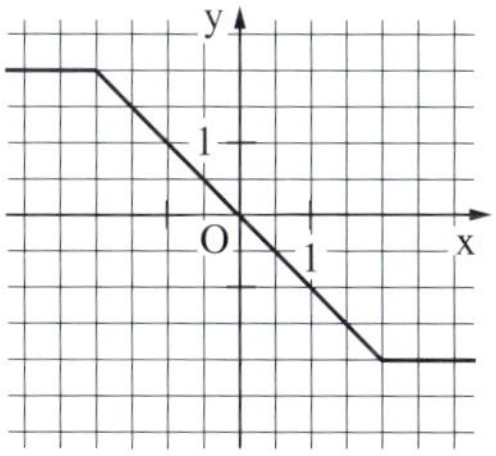

d)

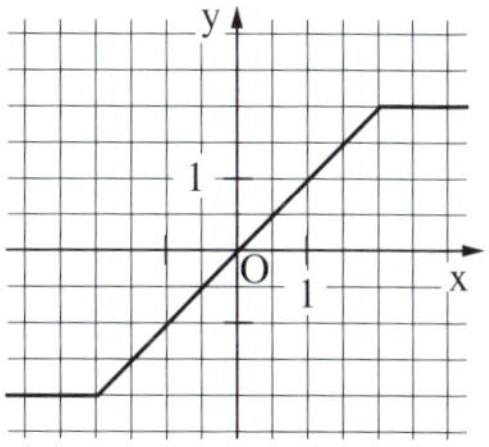

A 242 Welche der folgenden Gleichungen bzw. Ungleichungen sind für alle reellen Zahlen a gültig:

a) $a^2 > 0$ b) $|a| = a$ c) $|a| = |-a|$ d) $2a > a$ e) $-|a| < 0$

A 243 Welche der folgenden Gleichungen sind nicht für alle reellen Zahlen gültig:

a) $|a^2 + 4| = a^2 + 4$ b) $|a - b| - |b - a| = 0$ c) $|x - y| = |y - x|$ d) $|a + 5| = a + 5$

A 244 *(↗ S. 69)*

Kennzeichnen Sie folgende Teilmengen von ℝ mithilfe der Intervallschreibweise! Stellen Sie die Intervalle auf einer Zahlengeraden dar!

a) $M = \{x \mid x \in \mathbb{R} \text{ und } -3 \leq x \leq 3\}$ b) $N = \{x \mid x \in \mathbb{R} \text{ und } 2{,}5 \leq x\}$ c) $O = \{x \mid x \in \mathbb{R} \text{ und } x > \sqrt{2}\}$

A 245 Geben Sie die dargestellten Intervalle in der Mengen- und in der Intervallschreibweise an!

a)

b)

c)

d)

A 246 Eine Funktion sei gegeben durch $f(x) = \sqrt{x}$.

a) Bestimmen Sie den Definitionsbereich und den Wertebereich dieser Funktion!
b) Beschreiben Sie die Funktion durch eine Wortvorschrift!
c) Skizzieren Sie den Graphen der Funktion!

A 247 Vergleichen Sie die Funktionen $f(x) = \operatorname{sgn} x$ und $g(x) = \frac{|x|}{x}$! Skizzieren Sie die Graphen der beiden Funktionen!

A 248 *(↗ Beispiel A 30, S. 69)*

Stellen Sie folgende Funktionen grafisch dar und bestimmen Sie deren Nullstellen:

a) $f_1(x) = x^2 - 4$ b) $f_2(x) = |x^2 - 4|$ c) $f_3(x) = -|x^2 - 4|$

A 249 Zeichnen Sie die Graphen folgender Funktionen:

a) $f_1(x) = 2 - |x|$; $[-3; 3]$ b) $f_2(x) = |x + 1|$; $[-3; 1]$ c) $f_3(x) = 2|x| + 3$; $[-2; 2]$

d) $f_4(x) = |x^3| - 1$; $[-2; 2]$ e) $f_5(x) = |\sin x|$; $[0; 3\pi]$

A 250 Geben Sie die Funktionsgleichungen zu den dargestellten Funktionsgraphen an!

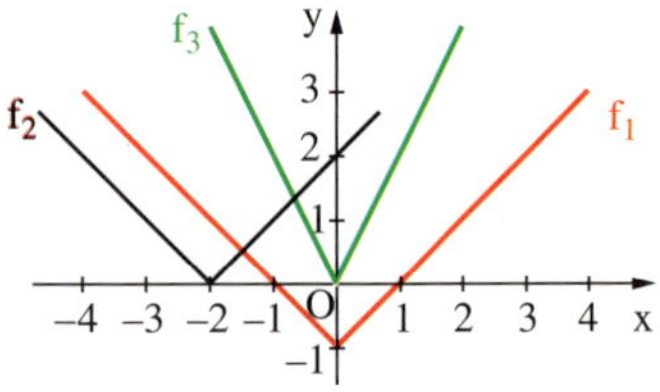

GTA **A 251** Zeichnen Sie (ggf. mit dem GTA) die Graphen der folgenden Funktionen:

a) $f(x) = \begin{cases} 0{,}5 - x & \text{für } x < 0 \\ 3^{-x} & \text{für } x \geq 0 \end{cases}$ b) $g(x) = \begin{cases} -x + 5 & \text{für } x \leq 5 \\ 2 & \text{für } 5 < x < 7 \\ x & \text{für } x \geq 7 \end{cases}$

GTA **A 252** Zeichnen Sie folgende abschnittsweise definierten Funktionen:

a) $f(x) = \begin{cases} -x^2 + 8 & \text{für } x \leq 2 \\ x^2 + x - 2 & \text{für } x > 2 \end{cases}$ b) $f(x) = \begin{cases} \cos(\frac{1}{x}) & \text{für } x \neq 0 \\ 0 & \text{für } x = 0 \end{cases}$ c) $f(x) = \begin{cases} 2x + 1 & \text{für } x < -1 \\ -x^2 & \text{für } x \geq -1 \end{cases}$

A 253 Immer mehr Anbieter treten beim Paketversand miteinander in Konkurrenz.

Bei einem Anbieter A gilt folgende Tarifstruktur:

0– 4 kg	5,62 €
4– 8 kg	6,39 €
8–12 kg	7,16 €
12–20 kg	8,69 €

Anbieter B verlangt folgende Preise:

0–1 kg	3,53 €	5– 8 kg	5,63 €
1–2 kg	4,19 €	8–10 kg	5,80 €
2–3 kg	4,71 €	10–15 kg	7,06 €
3–5 kg	5,22 €	15–20 kg	8,70 €

Stellen Sie beide Tarife in einem Koordinatensystem dar und sprechen Sie Kunden aufgrund der Tarife eine Empfehlung aus!

A 254 Manche Telefongesellschaften werben damit, dass sie sekundengenau abrechnen, andere berechnen ihre Gebühren für Ferngespräche im Minutentakt. So berechnen die Firmen TELE und PHONE jeweils 6 ct pro Gesprächsminute, wobei aber nur TELE im Sekundentakt abrechnet. Welchen Tarif würden Sie empfehlen? Begründen Sie genau!

a) Berechnen Sie dazu für 50 Gespräche mit gleichmäßig verteilter Länge mit Gesprächsdauern von 1, 2, 3, 4 und 5 min die entstehenden Kosten!
b) Stellen Sie die Tarife grafisch dar!
c) Vergleichen Sie die angebotenen Tarife und formulieren Sie eine Empfehlung!
d) Neu auf dem Markt ist die Firma ECOPHON, die ihre Kunden mit einem Tarif von 4 ct pro Minute lockt, wobei sie im Minutentakt abrechnet. Lohnt ein Wechsel zu dieser Telefongesellschaft?

A 255 „Eilige“ Menschen benutzen in Kaufhäusern Rolltreppen und steigen auf ihnen noch zusätzlich die einzelnen Stufen hoch. Eine Rolltreppe bewältigt in 25 s 10 m Höhenunterschied und bei normalen Treppensteigen benötigt man 20 s für 10 m Höhenunterschied.
Stellen Sie für den eingangs erwähnten Vorgang eine Funktionsgleichung auf und berechnen Sie die Zeit, die „eilige“ Menschen zum Überwinden von 10 m Höhenunterschied benötigen!

A 256 Für die Fahrt zwischen zwei Haltepunkten wurde für einen S-Bahnzug der zurückgelegte Weg f(t) als Funktion der Zeit (Weg in m, Zeit in s) untersucht. Dabei ergab sich folgender Zusammenhang:

$$f(t) = \begin{cases} 0{,}5t^2 & \text{für} \quad 0 \le t \le 12 \\ 0{,}2(t+18)^2 - 108 & \text{für} \quad 12 < t \le 35 \\ 21{,}2(t-35) + 453{,}8 & \text{für} \quad 35 < t \le 38 \\ -0{,}48(t-60)^2 + 749{,}72 & \text{für} \quad 38 < t \le 60 \end{cases}$$

Zeichnen Sie den Graphen G_f im Bereich [0; 60] und beschreiben Sie die Bewegung des S-Bahnwagens!

A 257 Ein Kondensator möge in 3 s eine Ladung von 2 C (Coulomb) aufnehmen und sich durch eine geeignete Schaltung dann (praktisch „schlagartig") entladen, wonach der gleiche Prozess wieder beginnt. Man stelle diesen Sachverhalt grafisch dar und beschreibe ihn durch eine geeignete Gleichung!

Aufgaben zur Selbstkontrolle

A 258 Für welche Argumente x sind die folgenden Funktionen definiert?

a) $f(x) = x - \frac{x^2}{2} + \frac{x^3}{3} - \frac{x^4}{4}$ b) $f(x) = \frac{x^4 - 1}{x^2 - 1}$ c) $f(x) = (a + bx)(a - bx)$ d) $f(x) = \frac{a - bx^2}{b - ax^2}$

A 259 Gibt es Funktionen, die im gleichen Intervall sowohl monoton wachsend als auch monoton fallend sind?

A 260

a) Ist jede gerade Funktion ein Polynom, in dem nur gerade Exponenten vorkommen?
b) Ist jede ungerade Funktion ein Polynom, in dem nur ungerade Potenzen vorkommen?
c) Gibt es Funktionen, die sowohl gerade als auch ungerade Funktionen sind?

A 261 Welche der folgenden Funktionen sind gerade, ungerade bzw. weder gerade noch ungerade?

a) $f_1(x) = \frac{4x^5 - 3x^3 + 2x}{x + x^7}$ b) $f_2(x) = x^3$ c) $f_3(x) = |x|$ d) $f_4(x) = x + 1$

e) $f_5(x) = e^x$ f) $f_6(x) = \ln x$ g) $f_7(x) = \tan x$

A 262 Erläutern Sie prinzipielle Unterschiede zwischen den Graphen von ganzrationalen und gebrochenrationalen Funktionen!

A 263 Gegeben ist die Funktion $f(x) = \frac{1}{3}x^3 - x^2 - \frac{1}{3}x + 1$.

Bestimmen Sie die Nullstellen von f und zerlegen Sie f(x) in Linearfaktoren!

A 264 Gegeben ist die Funktion $f(x) = \frac{x^2 - 1}{x^2 - 4x + 4}$.

a) Bestimmen Sie die Nullstellen und Polstellen von f!
b) Geben Sie die Gleichungen der Asymptoten an!
c) Fertigen sie eine Skizze vom Graphen der Funktion an!

A 265 Berechnen Sie die Nullstellen von

a) $f(x) = e^{2x} - 1$, b) $f(x) = e^{-x} + e^x$.

A 266

a) Bilden Sie die Umkehrfunktion der Funktion $f(x) = 2x - 4$!

b) Entscheiden Sie ohne Rechnung, ob die Umkehrfunktion von $f(x) = 2x - 4$ ihrerseits eine Umkehrfunktion besitzt und wie diese gegebenenfalls lautet!

A 267 Begründen Sie bzw. geben Sie ein Gegenbeispiel an:

a) Ist der Graph einer Funktion symmetrisch zur y-Achse, dann ist f nicht umkehrbar.

b) Ist der Graph einer Funktion punktsymmetrisch zum Ursprung, dann ist f umkehrbar.

c) Hat der Graph der Funktion eine waagerechte Tangente, dann ist f nicht umkehrbar.

A 268 Begründen Sie, dass die Verkettung zweier linearer Funktionen stets wieder eine lineare Funktion ergibt!

A 269 Begründen Sie, ob folgende Aussagen für Funktionen f und g wahr sind:

a) Ist x_0 eine Nullstelle der Funktion g, dann ist x_0 auch eine Nullstelle der Funktion $f \circ g$.

b) Wenn die Funktion f eine Nullstelle hat, dann hat auch die Funktion $f \circ g$ eine Nullstelle.

A 270 Wie würden Sie den Ausdruck „g ist die Umkehrung von f“ bei der Umkehrung der Funktion $f(x) = e^x$ aussprechen?

A 271 Die beiden Funktionen f und g sind so definiert, dass

$$f(x) = \begin{cases} 2x - 1, & -\infty < x \leq 1 \\ 6 - 5x, & 1 \leq x < \infty \end{cases}$$

$$g(x) = 3x + 2$$

gilt. Für welche Abszissenwerte sind die durch f und g zugeordneten Funktionswerte gleich?

GTA **A 272** Gegeben sind Kurvenscharen mit folgenden Gleichungen:

$f_a(x) = \sin ax$ $\quad f_b(x) = b \cdot \sin x$ $\quad f_c(x) = \sin(x + c)$ $\quad f_d(x) = |d \cdot \cos x|$

a) Zeichnen Sie je drei Elemente der entsprechenden Graphenscharen in ein gemeinsames Koordinatensystem!

b) Untersuchen Sie, ob die Scharelemente gemeinsame Punkte besitzen!

c) Geben Sie die Funktionen f_a, f_b, f_c und f_d als Verkettung elementarer Funktionen an!

B Zahlenfolgen

Im Jahre 1202 erschien mit dem „*Liber abaci*“ ein Buch, dessen Hauptziel es war, die Überlegenheit des arabischen Zahlensystems gegenüber dem römischen aufzuzeigen. Autor war LEONARDO VON PISA, besser bekannt unter dem Namen FIBONACCI (d.h. Sohn des BONACCI), der 1175 in Pisa geboren wurde und dort ca. 1240 starb. In dem Buch findet sich folgende Problemstellung, welche als „Kaninchenaufgabe“ bekannt wurde:

Jemand sperrt ein Kaninchenpaar in ein ringsherum verschlossenes Gehege, um zu ermitteln, wie viele Nachkommen dieses Paar innerhalb eines Jahres haben wird. Dabei wird vorausgesetzt, dass die Kaninchen in jedem Monat ein weiteres Paar erzeugen, dass die Jungen wiederum nach zwei Monaten selbst Nachkommen hervorbringen und dass alle Tiere am Leben bleiben.

LEONARDO beschreibt ausführlich, wie sich die Anzahl der Kaninchenpaare Monat für Monat berechnen lässt und bemerkt abschließend, dass man so bis zu einer unendlichen Anzahl von Monaten weiterrechnen kann.

Wir betrachten hier die Entwicklung der Kaninchenpopulation für die ersten sechs Monate:

Anzahl der vergangenen Monate:	Anzahl der vorhandenen Kaninchenpaare:	
1	1,	nämlich nur das Ausgangspaar, das 1. Paar (A)
2	1,	nämlich immer noch nur das Paar (A)
3	2,	nämlich das Paar (A) und dessen erstes Nachkommenpaar (B)
4	3,	nämlich das Paar A sowie dessen erstes (B) und zweites Nachkommenpaar (C)
5	5,	nämlich das Paar (A), dessen erstes, zweites und drittes Nachkommenpaar (B, C, D) sowie die ersten Nachkommen (E) von Paar (B)
6	8,	nämlich das Paar (A), dessen erstes bis viertes Nachkommenpaar (B, C, D, F), weiter die ersten und zweiten Nachkommen (E, G) von Paar (B) und die ersten Nachkommen von Paar C

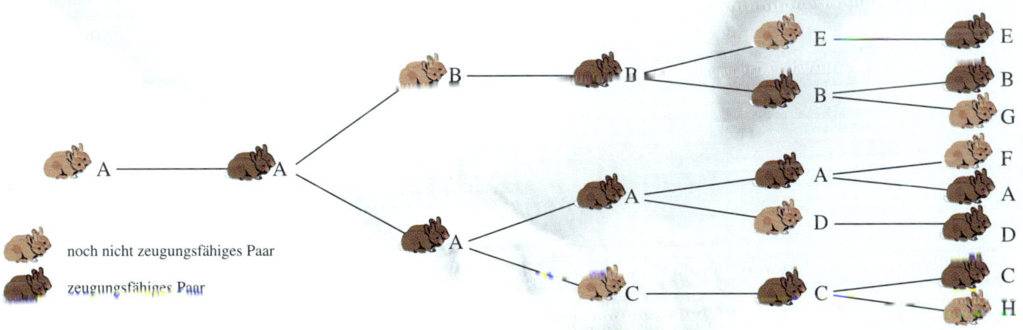

Diese Überlegung ließe sich fortsetzen und man würde erhalten:

Anzahl der vergangenen Monate	7	8	9	10	11	12
Anzahl der vorhandenen Kaninchenpaare	13	21	34	55	89	144

LEONARDO zu Ehren heißen die in der zweiten Zeile obiger Tabelle auftretenden Zahlen auch FIBONACCI-Zahlen oder FIBONACCI-Folge.

Es ist nun ein Formelausdruck gesucht, der die Bildungsgesetzmäßigkeit der genannten FIBONACCI-Folge beschreibt (s. Beispiel B 9).

B 1 Zahlenfolgen

B 1.1 Der Begriff *Zahlenfolge*

Mathematisch gesehen handelt es sich bei dem Einstiegsproblem um eine *Funktion:* Jedem Monat wird genau eine Anzahl von Kaninchenpaaren zugeordnet.

Monate	1	2	3	4	5	6	7	8	9	10	11	12
Kaninchenpaare	1	1	2	3	5	8	13	21	34	55	89	144

Auch die folgenden Beispiele enthalten einen funktionalen Zusammenhang:

B 1

Beispiel B 1:
Eine Mobilfunkfirma bietet ihren Kunden u. a. folgenden Tarif an: Neben einem Minutenpreis von 0,20 € ist eine Grundgebühr von 12,75 € zu zahlen. Für den Gesamtpreis G(n) bei n Minuten Verbindungsdauer ($0 \le n \le 10$) gilt also:

n	0	1	2	3	4	5	6	7	8	9	10
G(n)	12,75	12,95	13,15	13,35	13,55	13,75	13,95	14,15	14,35	14,55	14,75

B 2

Beispiel B 2:
Man notiert zu jeder natürlichen Zahl n die Anzahl T(n) ihrer Teiler:

n	1	2	3	4	5	6	7	8	9	…
T(n)	1	2	2	3	2	4	2	4	3	…

B 3

Beispiel B 3:
Man drückt die sin-Taste eines (einfachen, auf Bogenmaß eingestellten) Taschenrechners und gibt die Zahl 1 ein. Anschließend notiert man das Ergebnis, drückt erneut die sin-Taste usw. Die Variable n gibt an, wie oft die sin-Taste gedrückt wurde.

n	1	2	3	4	5	6	7	…
F(n)	0,8415	0,7456	0,6784	0,6276	0,5872	0,5540	0,5261	…

Anmerkung:
Bei Verwendung eines TI-92 muss der erhaltene Sinuswert jeweils mit [2nd] [(-)] *[ANS]* „zurückgeholt" werden.

B 4

Beispiel B 4:
Welche Höhe hat ein zu Jahresbeginn in einen Aktienfond eingezahltes Guthaben F(n) von 5000 € bei einer Rendite von 7,5 % nach Ablauf von n Jahren ($1 \le n \le 8$), wenn die Zinsen jeweils am Jahresende dem Guthaben zugerechnet werden?

n	1	2	3	4	5	6	7	8
F(n)	5375	5778,13	6211,49	6677,35	7178,15	7716,51	8295,25	8917,39

B 5

Beispiel B 5:
Ein Arzt verordnet einem Patienten ein Arzneimittel, mit dem er täglich 8 mg eines bestimmten Wirkstoffes in Tablettenform einnimmt. Im Laufe eines Tages werden 60 % davon vom Körper abgebaut und ausgeschieden. Die Wirkstoffkonzentration K(n) im Körper kann als Funktion in Abhängigkeit von der Zahl n der Medikamenteneinnahmen betrachtet werden.

n	1	2	3	4	5	6	7
K(n)	8	11,2	12,5	13	13,2	13,3	13,3

B 6

Beispiel B 6:
Die Zahl 0,25 werde fortlaufend verdoppelt. Man ermittle die sich ergebenden Werte D(n) nach n Verdoppelungen.

n	1	2	3	4	5	6	7	8	9	…
D(n)	0,25	0,5	1	2	4	8	16	32	64	…

Bei allen Beispielen kann man erkennen, dass es sich letztlich um eindeutige Zuordnungen von natürlichen Zahlen zu reellen Zahlen ℝ handelt. Wir haben es also mit speziellen Funktionen zu tun, deren Definitionsbereich ℕ* (oder eine Teilmenge davon) und deren Wertebereich eine Teilmenge von ℝ ist. Wir nennen solche Funktionen daher **reelle Zahlenfolgen** oder kurz **Folgen.**

B 1

Definition B 1:
Eine Funktion, deren Definitionsbereich die Menge ℕ der natürlichen Zahlen (oder eine Teilmenge der natürlichen Zahlen) ist und die eine Teilmenge der reellen Zahlen als Wertebereich besitzt, heißt **reelle Zahlenfolge.**

Man schreibt für die Zahlenfolge mit den Gliedern a_1, a_2, a_3, a_4, … abgekürzt (a_n) und spricht „Folge a_n". Dabei bedeutet

- n die allgemeine Platznummer (den Index) des Gliedes a_n
- a_i das i-te Glied der Zahlenfolge.

B 1.2 Darstellungsmöglichkeiten von Zahlenfolgen

Da wir Zahlenfolgen als spezielle Funktionen definiert haben, lassen sich die von Funktionen bekannten Darstellungsformen auf Folgen übertragen.
So können wir eine Wertetabelle aufstellen, wie dies in den Beispielen geschehen ist, oder einen Graph zeichnen, der dann jedoch im Unterschied zu Funktionen mit der Menge der reellen Zahlen als Definitionsbereich nur aus einzelnen Punkten besteht. Diese Graphen geben einen schnellen Aufschluss über das Wachstum der Folgenglieder. Die Fig. B 1 und B 2 zeigen die Graphen der Zahlenfolgen aus den Beispielen B 1 und B 5.

Bei der Verwendung eines GTA zur Darstellung einer Zahlenfolge ist darauf zu achten, dass das Plotten des Graphen im Folgenmodus geschieht. Beim TI-92 muss hierzu nach Betätigen der MODE-Taste der Graph-Mode von *Function* auf *Sequence* umgestellt und die neue Einstellung durch Drücken der ENTER-Taste gespeichert werden. Zur Eingabe der Funktion ist dann in das Funktionsfenster zu wechseln (♦ W *[Y =]*) und das Bildungsgesetz sowie das Anfangsglied der Folge einzugeben. In (◆ W *[WINDOW]*) sind nun die notwendigen Einstellungen für den Zeichenbereich vorzunehmen. Danach kann die Folge mit ◆ R *[GRAPH]* gezeichnet werden.

T6

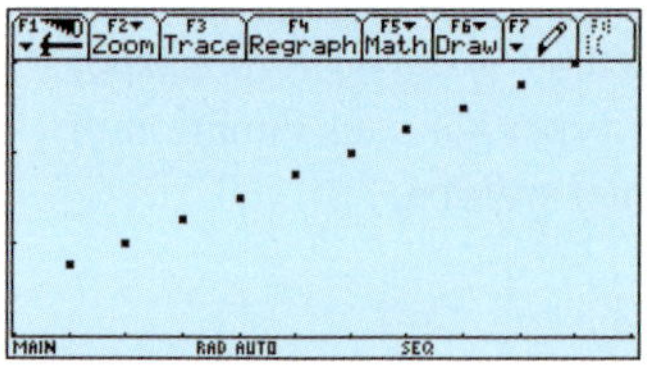

Fig. B 1

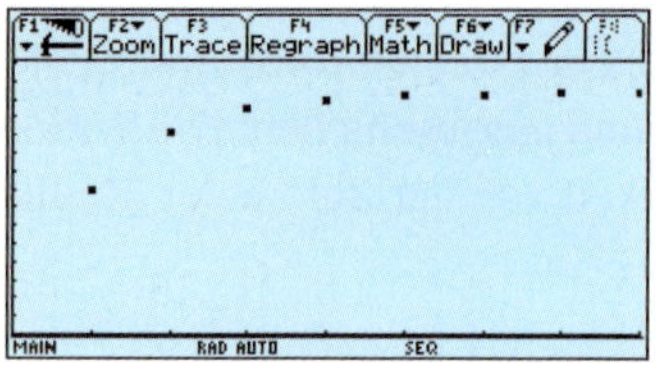

Fig. B 2

Aus Fig. B 1 lässt sich ein linearer Anstieg der Telefonkosten erkennen. Bei der Medikamenteneinnahme (Fig. B 2) tritt dagegen offenbar eine Sättigung ein: Nach etwa 6 Tagen sind jeweils praktisch gleich bleibend 13,3 mg des Wirkstoffes im Körper des Patienten enthalten.

Von besonderer Bedeutung für die Untersuchung von Zahlenfolgen auf bestimmte Eigenschaften ist deren Darstellung durch

- eine **explizite Bildungsvorschrift**[1] oder
- eine **rekursive Bildungsvorschrift**[2].

Die *explizite Bildungsvorschrift* ist praktisch eine Funktionsgleichung. Sie ist dadurch gekennzeichnet, dass das allgemeine Glied a_n der Zahlenfolge allein von n abhängig ist und daher jedes Glied der Folge durch Einsetzen der entsprechenden Platznummer unmittelbar berechnet werden kann. Im Unterschied dazu gibt die *rekursive Bildungsvorschrift* an, wie man ein beliebiges Glied a_{n+1} der Folge aus seinem Vorgänger a_n $(n > 1)$ erhält und wie das Anfangsglied a_1 lautet. Rekursive Bildungsvorschriften können sich auch auf zwei oder mehr Vorgänger beziehen.
Bezogen auf einige der bereits behandelten Beispiele verdeutlichen wir den Unterschied der beiden Darstellungsformen für Zahlenfolgen:

Beispiel	explizite Bildungsvorschrift ($n \in \mathbb{N}^*$)	rekursive Bildungsvorschrift ($n \in \mathbb{N}^*$, $n > 1$)
B 1	$a_n = 12{,}75 + 0{,}2 \cdot n$	$a_{n+1} = a_n + 0{,}2;\quad a_1 = 12{,}75$
B 4	$a_n = 5000 \cdot (1 + 0{,}075)^n$	$a_{n+1} = a_n + 0{,}075a_n;\quad a_1 = 5000$
B 6	$a_n = 0{,}25 \cdot 2^{n-1}$	$a_{n+1} = 2a_n;\quad a_1 = 0{,}25$

Beispiel B 2 zeigt, dass Zahlenfolgen existieren, für die wir keine Bildungsvorschrift angeben können. Für Beispiel B 3 lässt sich eine explizite Bildungsvorschrift nur sehr mühsam finden, während eine rekursive sofort angegeben werden kann: $a_{n+1} = \sin(a_n)$; $a_1 = 1$.

B 7

Beispiel B 7:
Das allgemeine Glied $a_n = \frac{2+n}{n^2}$ stellt eine explizite Bildungsvorschrift für die Zahlenfolge

$(a_n) = (\frac{2+n}{n^2}) = (1; 3); (2; 1); (3; \frac{5}{9}); (4; \frac{3}{8}); (5; \frac{7}{25}); \ldots$ dar.

Abgekürzt schreiben wir in der Regel

$(a_n) = 3; 2; 1; \frac{5}{9}; \frac{3}{8}; \frac{7}{25}; \ldots$

1) explicare (lat.) – beschreiben, entwickeln
2) recurrere (lat.) – zurücklaufen

In Abhängigkeit davon, ob der Definitionsbereich endlich viele oder unendlich viele natürliche Zahlen enthält, spricht man von **endlichen Zahlenfolgen** (Beispiel B 1) oder **unendlichen Zahlenfolgen** (Beispiele B 2 und B 6/B 7). Sind alle Glieder einer Zahlenfolge untereinander gleich, so handelt es sich um eine **konstante Zahlenfolge.**

B 8

Beispiel B 8:
$(a_n) = \left(\frac{2}{1^n}\right) = 2; 2; 2; 2; \ldots$ ist eine konstante Zahlenfolge

B 9

Beispiel B 9:
Wir kommen noch einmal auf das „Kaninchenbeispiel" (S. 75) zurück: Auch hierbei handelt es sich um eine Zahlenfolge, deren Bildungsvorschrift jedoch etwas komplizierter ist. Im ersten Monat und im zweiten Monat ist das Kaninchenpaar allein ($a_1 = 1$ und $a_2 = 1$), im dritten Monat bekommt es Nachwuchs – es leben nun zwei Kaninchenpaare im Gehege ($a_3 = 2$). Im vierten Monat kommt erneut ein Paar hinzu ($a_4 = 3$), während im fünften Monat auch das erste Nachwuchspaar bereits wieder Junge bekommt ($a_5 = 5$). Im sechsten Monat leben drei gebärfähige Paare im Gehege; es kommen also drei Kaninchenpaare hinzu ($a_6 = 8$).
Die entstehende Zahlenfolge (FIBONACCI-Folge genannt) lässt sich durch die rekursive Bildungsvorschrift $a_1 = 1$, $a_2 = 1$, $a_n = a_{n-1} + a_{n-2}$ schreiben. Diese Rekursionsgleichung erlaubt es nun, mittels GTA Folgenglieder mit höherer Platznummer schnell zu berechnen. Dazu wird die Bildungsvorschrift zunächst im Funktionsmenü definiert. Nach Einstellung des Tabellen-Setups erfolgt die Ausgabe dann in der Tabellendarstellung des GTA (Fig. B 3 bis B 5).

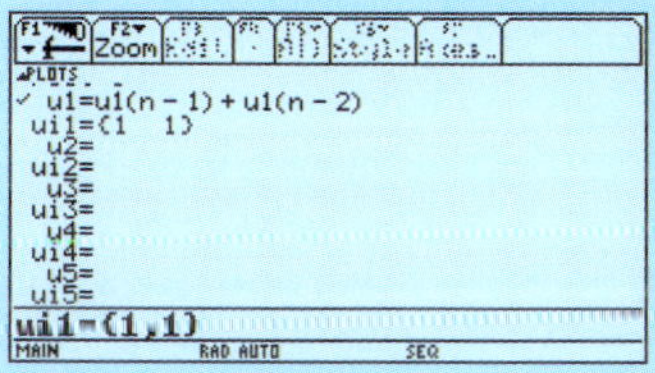

Fig. B 3

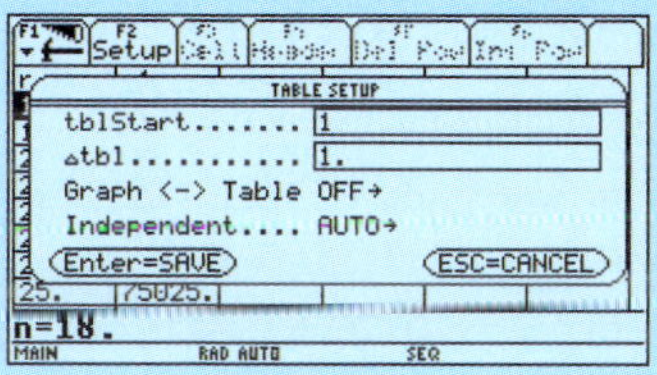

Fig. B 4

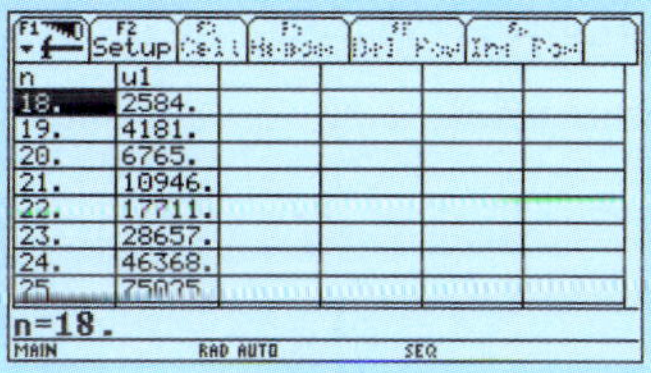

Fig. B 5

TI-92
T6

Aufgaben

B 1 Geben Sie zu den Funktionen f und den Zahlenfolgen (a_n) Definitionsbereich, Wertebereich, Wertetabelle und Graph an:1)

a) $f(x) = 2x + 3$; $(a_n) = (2n + 3)$
b) $f(x) = 2x^2 - 5x + 2$; $(a_n) = (2n^2 - 5n + 2)$
c) $f(x) = -\frac{2}{x}$; $(a_n) = \left(-\frac{2}{n}\right)$

B 2 (↗ *Beispiel B 7, S. 78*)

Bestimmen Sie für die nachstehenden Zahlenfolgen, die durch ihr allgemeines Glied gegeben sind, die ersten fünf Glieder sowie a_{50} und a_{100}:

a) $a_n = 2n - 1$
b) $a_n = (n - 1)^2$
c) $a_n = \frac{n + 1}{n - 1}$
d) $a_n = \sqrt{n^2 + 2n + 1}$
e) $a_n = (-2)^n(n - 2)$
f) $a_n = n^n$

1) Wenn nicht ausdrücklich anders festgelegt, sei bei allen Aufgaben zu Zahlenfolgen $n \in \mathbb{N}^* = \{1; 2; 3; \ldots\}$.

B 3 Notieren Sie die ersten fünf Glieder der Zahlenfolge,

a) die aus geraden natürlichen Zahlen besteht;
b) die aus ungeraden natürlichen Zahlen besteht;
c) die aus durch 5 teilbaren natürlichen Zahlen besteht;
d) die aus den natürlichen Zahlen besteht, die bei der Division durch 4 den Rest 3 liefern!

B 4 Bestimmen Sie die ersten 5 Glieder und das allgemeine Glied a_n der durch folgende Wortvorschriften gegebenen Zahlenfolgen (Verwenden Sie die Form $(a_n) = a_1; a_2; a_3; a_4; a_5; \ldots; a_n$):

a) Jeder natürlichen Zahl $n > 0$ wird ihre um 2 verminderte Quadratzahl zugeordnet.
b) Jeder natürlichen Zahl wird der Quotient aus ihrem um 5 vermehrten Dreifachen und aus ihrem Doppelten zugeordnet.
c) Jeder natürlichen Zahl $n \in \mathbb{N}$, $n \geq 2$, wird das Reziproke aus dem Produkt von ihr und ihrem unmittelbaren Vorgänger zugeordnet.
d) Jeder natürlichen Zahl $n \in \mathbb{N}^*$ wird die Zahl zugeordnet, die auf folgende Weise entsteht:
Die Summe aus der Zahl 1 und dem Reziproken der natürlichen Zahl n wird mit der um 1 vermehrten natürlichen Zahl n potenziert.

B 5 Setzen Sie die nachstehenden Zahlenfolgen um vier weitere Glieder fort und geben Sie jeweils eine Bildungsvorschrift an:

a) $(a_n) = 7; 9; 11; 13; \ldots$
b) $(b_n) = 3; 9; 27; 81; \ldots$
c) $(c_n) = \frac{1}{2}; \frac{1}{4}; \frac{1}{8}; \frac{1}{16}; \ldots$
d) $(d_n) = \frac{3}{2}; 3; \frac{9}{2}; 6; \ldots$
e) $(e_n) = +4; -1; -2; +5; -8; \ldots$
f) $(f_n) = \frac{7}{2}; -3; \frac{5}{2}; -2; \ldots$

B 6 *(↗ S. 78)*

Bestimmen Sie eine explizite Bildungsvorschrift nachstehender Zahlenfolgen:

$(a_n) = 1; \frac{1}{3^2}; \frac{1}{5^2}; \frac{1}{7^2}; \ldots$

$(b_n) = 1; \frac{1}{1 \cdot 2}; \frac{1}{1 \cdot 2 \cdot 3}; \frac{1}{1 \cdot 2 \cdot 3 \cdot 4}; \ldots$

$(c_n) = 1; 2\frac{1}{4}; 2\frac{7}{9}; 3\frac{1}{16}; 3\frac{6}{25}; \ldots$

$(d_n) = 2; 10; 26; 82; 242; 730; \ldots$

$(e_n) = -1; 1; -1; 1; -1; 1; \ldots$

B 7 Untersuchen Sie, welche der angegebenen Zahlen Glieder der jeweiligen Zahlenfolge sind!

a) $(a_n) = (8 - 5n)$: -117 und -3225
b) $(b_n) = (7n - n^2)$: -450 und -30
c) $(c_n) = \left(\frac{12 + 3n}{6n^2}\right)$: 10 und $\frac{1}{18}$
d) $(d_n) = ((-1)^n \cdot 2^{-n})$: -2 und $\frac{1}{64}$
e) $(e_n) = \left(\frac{3^n}{(\frac{1}{2})^n}\right)$: 1296 und 279936

B 8 Berechnen Sie fünf Folgenglieder! Geben sie jeweils eine explizite Bildungsvorschrift an, sofern dies möglich ist!

a) $a_1 = 7$; $a_{n+1} = a_n - 3$
b) $a_1 = 1$; $a_{n+1} = 3a_n + 1$
c) $a_1 = -4$; $a_n = a_{n-1} + 5$
d) $a_1 = 1$; $a_{n+1} = a_n + n$
e) $a_1 = 1; a_2 = 1$; $a_{n+2} = a_n + a_{n+1}$

B 9 Geben Sie zu den nachstehenden Folgen jeweils das explizite und das rekursive Bildungsgesetz an:

a) $(a_n) = 2; 4; 6; 8; 10; \ldots$
b) $(b_n) = 1; 4; 9; 16; 25; \ldots$
c) $(c_n) = 2; 4; 8; 16; 32; \ldots$
d) $(d_n) = 1; 0{,}1; 0{,}01; 0{,}001; 0{,}0001; \ldots$
e) $(e_n) = 1; -1; 1; -1; 1; \ldots$

B 10 In einem Einstellungstest wird dem Kandidaten die Aufgabe gestellt, die Zahlenfolge 3; 6, 11; 18; 27 in sinnvoller Weise um weitere vier Zahlen fortzusetzen. Lösen Sie diese Aufgabe und geben Sie eine passende Bildungsvorschrift an! Kommentieren Sie den Lösungsvorschlag: 3; 6; 11; 18; 27; 1; 1; 1; 1!

B 11 Die DIN-A-Papierformate wurden bereits 1922 einheitlich festgelegt. Höhe h und Breite b stehen jeweils im Verhältnis $\sqrt{2}$: 1 und die Höhe h des einen Blattes ergibt die Breite b des nächstgrößeren Blattes.

a) Berechnen Sie aus $h_4 = 29{,}7302$ cm für DIN-A4-Schreibmaschinenpapier seine Breite b_4!
b) Berechnen Sie die Maße eines DIN-A0-Bogens als größtes Format sowie seine Fläche!
c) Ermitteln Sie das Flächenverhältnis benachbarter Größen und stellen Sie die zugehörige Folge bis DIN A6 (Postkarte) in Form einer Wertetabelle grafisch dar!

B 12 GTA

a) Betrachten Sie die Zahlenfolge $a_{n+1} = \sin a_n$ mit beliebigem Startwert $0 < a_0 < 1$! Stellen Sie die Zahlen grafisch dar!
b) Ändern Sie den Startwert! Vergleichen Sie die grafischen Darstellungen!
c) Experimentieren Sie auch mit den Funktionen cos und tan!
d) Gehen Sie mit der Folge $a_{n+1} = a_n^2$ genauso vor!

B 13 Berechnen Sie die ersten 10 Glieder der Folge (a_n) mit $a_n = \frac{1}{\sqrt{5}}\left(\left(\frac{1+\sqrt{5}}{2}\right)^{n+1} - \left(\frac{1-\sqrt{5}}{2}\right)^{n+1}\right)$! GTA

B 14

a) Auf wie viele Arten kann man eine Treppe mit 1, 2, 3, 4, 5, 6 Stufen hochsteigen, wenn man eine oder zwei Stufen mit einem Schritt gehen kann?
b) Geben Sie das Bildungsgesetz dieser Folge an!
c) Bestimmen Sie, auf wie viele Weisen man die 34-stufige Treppe in den zweiten Stock eines Hauses emporsteigen kann! (Dazwischen liegende Treppenabsätze werden nicht berücksichtigt.)

B 2 Eigenschaften von Zahlenfolgen

B 2.1 Monotonie und Beschränktheit

Da Folgen spezielle Funktionen sind, liegt es nahe, wichtige Eigenschaften von Funktionen auf Zahlenfolgen zu übertragen. Für die Beispiele B 2, B 3 und B 6 liefert der GTA die nachfolgenden grafischen Darstellungen der Zahlenfolgen (Fig. B 6 bis Fig. B 8).

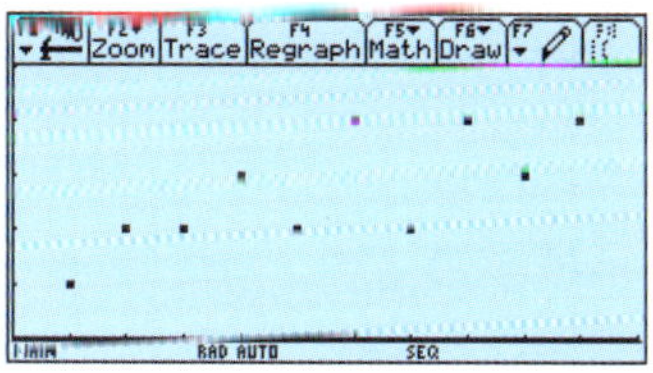

Fig. B 6

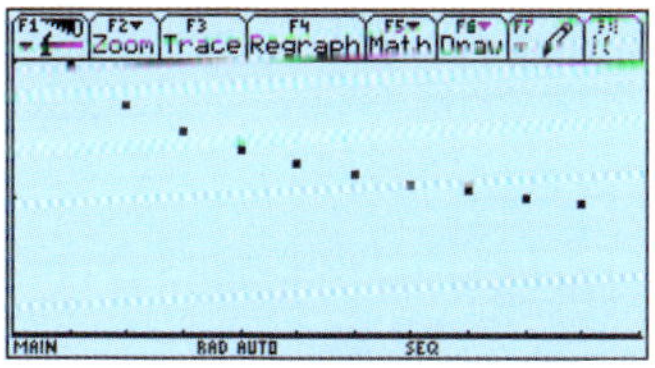

Fig. B 7

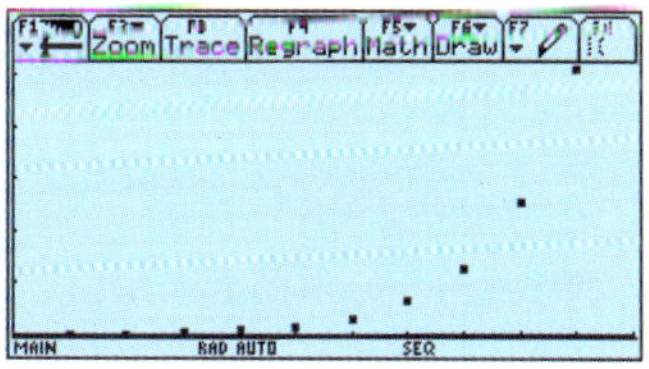

Fig. B 8

T6

In Beispiel B 2 (Fig. B 6) weisen die Folgeglieder keinerlei Regelmäßigkeit auf, in Beispiel B 3 (Fig. B 7) ist jedes Folgeglied kleiner als sein Vorgänger, ohne aber einen bestimmten Wert zu unterschreiten, und in Beispiel B 6 (Fig. B 8) scheinen die Folgeglieder über alle Grenzen zu wachsen.

Das Verhalten der Zahlenfolgen in den Beispielen B 3 und B 6 wird wie bei Funktionen (vgl. Definition A 4) als *monoton fallend* bzw. *monoton wachsend* bezeichnet.

B 2

Definition B 2:

Eine Zahlenfolge (a_n) heißt genau dann

monoton wachsend,	**monoton fallend,**
wenn für alle $n \in \mathbb{N}^*$ gilt	
$a_{n+1} \geq a_n$.	$a_{n+1} \leq a_n$.

Bei monoton wachsenden oder fallenden Folgen können aufeinander folgende Folgenglieder gleich sein. Wenn jedes Folgenglied echt größer (kleiner) als sein Vorgänger ist, so sprechen wir von **streng** monoton wachsenden (fallenden) Folgen.

Konstante Zahlenfolgen (s. etwa Beispiel B 8) sind sowohl monoton wachsend als auch monoton fallend, denn mit $a_n = a_{n+1}$ gilt auch $a_n \geq a_{n+1}$ und $a_n \leq a_{n+1}$.

Monotoniebetrachtungen von Zahlenfolgen lassen sich einfacher durchführen, wenn man die Ungleichungen aus der Definition B 2 in Differenzen umformt.
Gilt nämlich für alle $n \in \mathbb{N}^*$

$a_{n+1} - a_n \geq 0$, so ist (a_n) monoton wachsend;
$a_{n+1} - a_n > 0$, so ist (a_n) streng monoton wachsend;
$a_{n+1} - a_n \leq 0$, so ist (a_n) monoton fallend;
$a_{n+1} - a_n < 0$, so ist (a_n) streng monoton fallend.

Sind alle $a_n > 0$, so können auch die Quotienten aufeinander folgender Glieder der Zahlenfolge (a_n) betrachtet werden. Es ergibt sich dann:

Gilt für alle $n \in \mathbb{N}^*$

$\frac{a_{n+1}}{a_n} \geq 1$, so ist (a_n) monoton wachsend;	$\frac{a_{n+1}}{a_n} \leq 1$, so ist (a_n) monoton fallend.

Im Falle strenger Monotonie sind die Quotienten echt größer bzw. kleiner als 1.

B 10

Beispiel B 10:
Fig. B 8 mit der grafischen Darstellung der Zahlenfolge $(a_n) = 0{,}25 \cdot 2^{n-1}$ aus Beispiel B 6 legt die Vermutung nahe, dass diese Zahlenfolge streng monoton wachsend ist. Um diese Vermutung zu belegen, ist für alle $n \geq 1$ zu zeigen, dass die Ungleichung $a_{n+1} - a_n > 0$ gilt:

$a_{n+1} - a_n = 0{,}25 \cdot 2^n - 0{,}25 \cdot 2^{n-1} = 0{,}25\,(2^n - 2^{n-1}) > 0$, da $2^n = 2 \cdot 2^{n-1} > 2^{n-1}$ für alle $n \geq 1$.

Somit ist gezeigt, dass die Zahlenfolge $(a_n) = 0{,}25 \cdot 2^{n-1}$ streng monoton wachsend ist.

B 11

Beispiel B 11:
Wir untersuchen das Monotonieverhalten der Zahlenfolge $(a_n) = \left(\frac{n+3}{3n+1}\right)$ schrittweise.

(1) Zunächst bestimmen wir die ersten Glieder der Zahlenfolge:
$\left(\frac{n+3}{3n+1}\right) = 1; \frac{5}{7}; \frac{3}{5}; \frac{7}{13}; \frac{1}{2}; \frac{9}{19}; \ldots$

(2) Aus diesen Anfangsgliedern lässt sich vermuten, dass die Zahlenfolge streng monoton fallend ist.

(3) Um diese Vermutung zu bestätigen ist für alle $n \geq 1$ zu zeigen, dass die Ungleichung $a_{n+1} - a_n < 0$ gilt.

$a_{n+1} - a_n = \frac{n+4}{3n+4} - \frac{n+3}{3n+1}$. Die Brüche werden nennergleich gemacht, um dann die Differenz bilden zu können:

$$a_{n+1} - a_n = \frac{(n+4)(3n+1) - (n+3)(3n+4)}{(3n+1)(3n+4)} = \frac{3n^2 + 13n + 4 - (3n^2 + 13n + 12)}{(3n+1)(3n+4)} = \frac{-8}{(3n+1)(3n+4)}$$

(4) Wir schätzen den Bruch ab: Der Zähler ist negativ, der Nenner als Produkt positiver Zahlen positiv. Also ist der Bruch unabhängig von n negativ.

(5) Das heißt: Die Folge $(a_n) = (\frac{n+3}{3n+1})$ ist **streng monoton fallend.**

B 12

Beispiel B 12:

Wir untersuchen das Monotonieverhalten der Zahlenfolge $(a_n) = (n^2 - 25n)$.

Die ersten fünf Folgenglieder lauten –24, – 46, – 66, – 84, –100. Hieraus ist zu vermuten, dass die Folge streng monoton fallend ist. Wir haben also zu zeigen, dass für alle $n \geq 1$ die Ungleichung $a_{n+1} - a_n < 0$ gilt.

$a_{n+1} - a_n = (n+1)^2 - 25(n+1) - (n^2 - 25n) = n^2 + 2n + 1 - 25n - 25 - n^2 + 25n = 2n - 24.$

$2n - 24 < 0$ trifft nur für $n < 12$ zu, für größere n ist $2n - 24 > 0$.

Das bedeutet: Die Zahlenfolge (a_n) ist nicht monoton.

Das Beispiel zeigt deutlich: Ein aus den ersten Folgegliedern bzw. aus einem Teil der Folge gewonnener Schluss kann falsch sein.

B 13

Beispiel B 13:

Die Zahlenfolge $(a_n) = ((-1)^n \cdot n)$ ist auf Monotonie zu untersuchen.

Die Anfangsglieder der Folge lauten: $(a_n) = -1; 2; -3; 4; -5; 6; \ldots$

Es ist festzustellen, dass $a_1 < a_2$, aber $a_2 > a_3$ ist. Schon die ersten Folgeglieder lassen somit erkennen, dass (a_n) nicht monoton sein kann, da ein solches Verhalten allein schon durch die wechselnden Vorzeichen ausgeschlossen ist.

Folgen dieser Art nennen wir **alternierende Zahlenfolgen.**

Die Zahlenfolge $(a_n) = (\frac{n+3}{3n+1})$ aus Beispiel B 11 ist eine streng monoton fallende Folge, deren Glieder aber den Wert 0 nicht unterschreiten. Wir führen für diese Eigenschaft folgenden Begriff ein:

B 3

Definition B 3:

Eine Zahlenfolge (a_n) heißt genau dann

nach oben beschränkt,	**nach unten beschränkt,**

wenn es eine Zahl $s \in \mathbb{R}$ gibt, so dass für alle Folgenglieder a_n gilt:

$a_n \leq s$	$a_n \geq s$

Man nennt die reelle Zahl s dann

eine **obere Schranke**	eine **untere Schranke**

der Zahlenfolge (a_n).

(Einfach von einer „Schranke“ spricht man, wenn $|a_n| \leq s$, also wenn alle a_n in dem Intervall $[-s; s]$ liegen.)

B 4

> Definition B 4:
> Eine Zahlenfolge (a_n) heißt genau dann **beschränkt,** wenn sie eine obere **und** eine untere Schranke besitzt.

Man spricht also von einer beschränkten Zahlenfolge, wenn die Werte aller Folgenglieder nicht „unterhalb“ einer bestimmten Zahl s_1 und nicht „oberhalb“ einer bestimmten Zahl s_2 liegen.

Auch die Beschränktheit kann an den grafischen Darstellungen der Zahlenfolgen untersucht werden. In den Fig. B 9 bis B 12 sind die Anfangsglieder einiger Zahlenfolgen dargestellt.

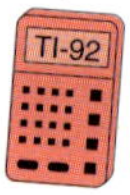

T6

$(a_n) = n^2$

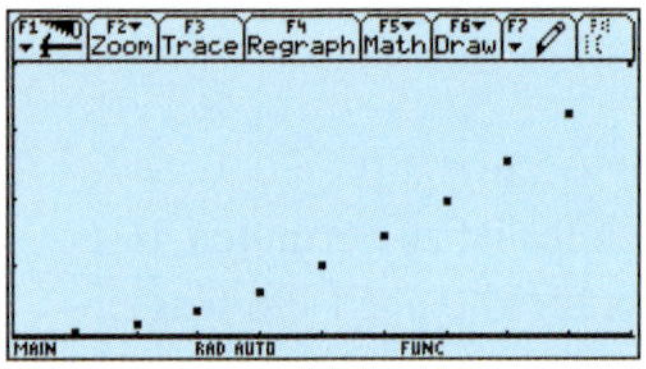

Fig. B 9

$(a_n) = (\frac{n+3}{3n+1})$

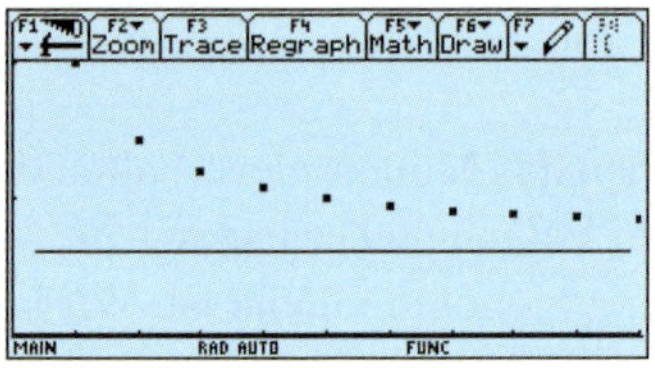

Fig. B 10

$(a_n) = (-\frac{1}{2})^n$

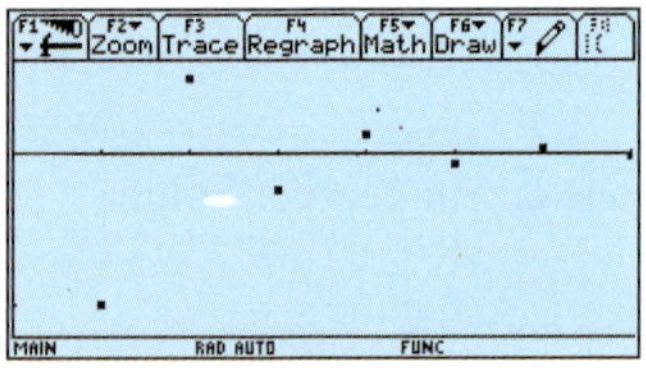

Fig. B 11

$(a_n) = (-1)^n \cdot n$

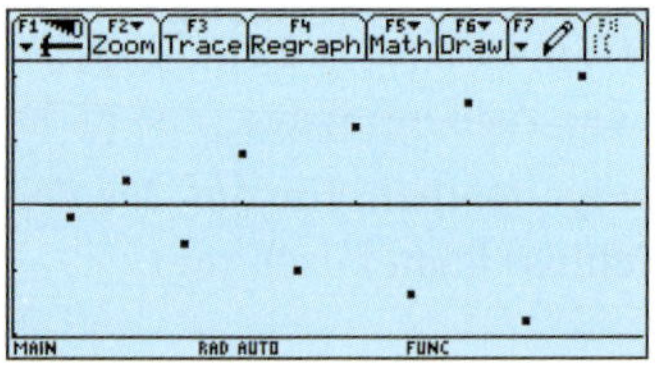

Fig. B 12

Aus den Graphen lassen sich folgende Vermutungen ablesen:

Zahlenfolge (a_n)	obere Schranke	untere Schranke	ist beschränkt
$(a_n) = (n^2)$	–	0	nein
$(a_n) = (\frac{n+3}{3n+1})$	1	0	ja
$(a_n) = ((-\frac{1}{2})^n)$	1	–1	ja
$(a_n) = ((-1)^n \cdot n)$	–	–	nein

Um die Beschränktheit einer Zahlenfolge wirklich nachzuweisen, reicht allerdings die Analyse ihres Graphen nicht aus. Es muss vielmehr nachgewiesen werden, dass tatsächlich eine reelle Zahl s existiert, die der Forderung in Definition B 3 genügt.

B 14

> Beispiel B 14:
> Es soll gezeigt werden, dass die Zahlenfolge $(a_n) = (\frac{n+3}{3n+1})$ eine obere Schranke 1 sowie eine untere Schranke 0 besitzt und demzufolge beschränkt ist.
>
> (1) Um nachweisen, dass 1 eine obere Schranke von (a_n) ist, zeigen wir die Gültigkeit der Ungleichung $\frac{n+3}{3n+1} \leq 1$ bzw. $0 \leq 1 - \frac{n+3}{3n+1}$ für alle $n \geq 1$. Umformen der Ungleichung ergibt $0 \leq 1 - \frac{3n+1-n-3}{3n+1} = \frac{2n-2}{3n+1}$. Da dieser Bruch für positive n nicht negativ werden kann, ist 1 eine obere Schranke.

(2) Damit 0 eine untere Schranke von (a_n) ist, muss $\frac{n+3}{3n+1} > 0$ für alle $n \geq 1$ sein.
Da für den Zähler $n + 3 \geq 4$ und für den Nenner $3n + 1 \geq 4$ gilt, ist der Quotient folglich positiv und die angegebene Ungleichung damit erfüllt.
Die Folge $(a_n) = (\frac{n+3}{3n+1})$ besitzt also eine obere sowie eine untere Schranke und ist deshalb beschränkt.

B 2.2 Partialsummen und Partialsummenfolgen

Um den Erfolg seiner Mobilfunkfirma beurteilen zu können, notiert der Unternehmer jeweils zum Monatsende den erzielten Umsatz (in 10 000 €):

Monat	1	2	3	4	5	6	7	8	9	10	11	12
Umsatz	5,43	4,25	4,98	5,31	6,97	6,41	6,58	5,71	7,16	6,78	8,59	9,37

Um Informationen über die Geschäftsentwicklung, etwa im Vergleich zum Vorjahr oder zum Vergleich verschiedener Quartale zu erhalten, werden ausgehend von diesen Daten nun kumulative Umsatzzahlen gebildet, d.h., es wird jeweils der Umsatz (in 10 000 €) von Jahresbeginn bis zum jeweiligen Monat ermittelt:

Monat	1	2	3	4	5	6	7	8	9	10	11	12
summierter Umsatz	5,43	9,68	14,66	19,97	26,94	33,35	39,93	45,64	52,80	59,58	68,17	77,54

Durch diese Summation ist aus der Zahlenfolge der Monatsumsatzzahlen eine neue Zahlenfolge entstanden. In der Mathematik bezeichnet man die Summenbildung über mehrere Folgenglieder als **Partialsumme** (Teilsumme).

Definition B 5: B 5

Sei (a_n) eine reelle Zahlenfolge $a_1, a_2, a_3; \ldots$ Dann bezeichnet man $s_1 = a_1$, $s_2 = a_1 + a_2, \ldots,$ $s_n = a_1 + a_2 + \ldots + a_n$ als **erste, zweite, …, n-te Partialsumme von (a_n).**
Die Folge $(s_n) = s_1; s_2; s_3; \ldots$ wird **Partialsummenfolge von (a_n)** genannt.

Für das Arbeiten mit Summen, die aus vielen Summanden bestehen, verwendet man zweckmäßigerweise die abgekürzte Schreibweise mit dem Summenzeichen Σ[1]. Für die n-te Partialsumme $s_n = a_1 + a_2 + \ldots + a_n$ schreibt man kurz $\sum_{i=1}^{n} a_i$, gelesen: „Summe aller a_i von i = 1 bis n".

Für das Rechnen mit Summen ist zu beachten:

- Der Buchstabe für den Laufindex kann man beliebig wählen. Es ist $\sum_{i=1}^{n} a_i = \sum_{m=1}^{n} a_m = \sum_{p=1}^{n} a_p$.
- Bei manchen Berechnungen kann es zweckmäßig sein, den Laufindex zu verschieben. So beschreiben beispielsweise $\sum_{i=1}^{n} a_i$; $\sum_{i=-5}^{n-6} a_{i+6}$; $\sum_{i=10}^{n+9} a_{i-9}$ die gleiche Partialsumme.

1) Das Zeichen Σ ist der griechische Buchstabe Sigma und entspricht dem lateinische Buchstaben S. Das Sigma wurde von Leonhard EULER (1707-1783) zur abgekürzten Schreibweise für Summen eingeführt.

- Ist $k \in \mathbb{R}$ eine konstante Zahl, so gilt $\sum_{i=1}^{n} k = n \cdot k$ und $\sum_{i=1}^{n} k \cdot a_i = k \cdot \sum_{i=1}^{n} a_i$.
- $\sum_{i=1}^{n} (a_i \pm b_i) = \sum_{i=1}^{n} a_i \pm \sum_{i=1}^{n} b_i$

B 15

T13

Beispiel B 15:
Durch Einsetzen erhält man

a) $\sum_{i=1}^{6} (i+1) = 2+3+4+5+6+7 = 27$

b) $\sum_{k=1}^{5} (k^2-3) = -2+1+6+11+22 = 38$

c) $\sum_{n=0}^{3} (-1)^n \cdot (\frac{2}{3})^n = 1 - \frac{2}{3} + \frac{4}{9} - \frac{8}{27} = \frac{13}{27}$

Aufgaben

B 15 *(↗ Beispiele B 10/B 11, S. 82)*

Im Folgenden sind Zahlenfolgen (a_n) durch ihr allgemeines Glied a_n vorgegeben. Geben Sie jeweils die ersten sechs Folgenglieder an und beurteilen Sie das Monotonieverhalten von (a_n)!

a) $a_n = 2n$ b) $a_n = 3n - 7$ c) $a_n = 10 - n$

d) $a_n = (n-3)^2$ e) $a_n = (n+3)^2$ f) $a_n = (n - \frac{3}{2})^2$

g) $a_n = \frac{2}{n^2+n}$ h) $a_n = (-\frac{1}{n})^n$ i) $a_n = (-2)^n$

j) $a_n = (-\frac{1}{2})^{n+1}$ k) $a_n = 1$ l) $a_n = n + n \bmod 2$ *(n modulo m)*

m) $a_n = \frac{n}{2n-1}$ n) $a_n = \frac{3n-1}{n+\frac{1}{2}}$ o) $a_n = \frac{n^2-10n+26}{n^2+4n+4}$

B 16 Untersuchen Sie nachstehende Zahlenfolgen auf Monotonie durch alleinige Auswertung der jeweiligen Differenz $a_{n+1} - a_n$, $b_{n+1} - b_n$ usw.:

a) $(a_n) = (2n^2 - 2)$ b) $(b_n) = (\frac{1}{4n-3})$ c) $(c_n) = (\frac{n}{2n^2-n})$

d) $(d_n) = ((5n-3)^2)$ e) $(e_n) = ((n-6)^2 + 5)$ f) $(f_n) = (\frac{3n-3}{n+2})$

B 17 Untersuchen Sie, welche der nachstehend durch ihre Zuordnungsvorschriften gegebenen Zahlenfolgen monoton wachsend, monoton fallend bzw. nicht monoton sind:

a) $a_n = \frac{1}{n+1}$ b) $b_n = \frac{(-1)^n}{n^2}$ c) $c_n = \frac{n+2}{n+3}$

d) $d_n = \lg(1+n)$ e) $e_n = 2^n$ f) $f_n = 3^{-n}$

g) $g_n = n^2 - 5n + 4$ h) $h_n = \sin\frac{1}{n^2}$

B 18 Vom wievielten Glied a_n an ist die Folge monoton?

a) $(a_n) = (16 - 2^n)$ b) $(a_n) = (12n - n^2)$ c) $(a_n) = (n^3 \cdot 3^{-n})$

B 19 Geben Sie je zwei monoton wachsende, zwei monoton fallende und zwei nicht monotone Folgen an!

B 20 Untersuchen Sie nachstehende Zahlenfolgen auf Monotonie unter Auswertung des Quotienten $\frac{a_{n+1}}{a_n}$:

a) $(a_n) = \left(\frac{n+4}{n}\right)$ b) $(a_n) = (\sqrt{n-1})$ c) $(a_n) = \left(\frac{3^{n+1}}{4^n}\right)$

B 21 Gegeben ist die Zahlenfolge $(a_n) = (\frac{3n-2}{n})$.

a) Berechnen Sie die Folgenglieder a_1 bis a_8 und veranschaulichen Sie diese in einem Koordinatensystem!
b) Geben Sie drei Zahlen an, die kleiner oder gleich dem kleinsten Folgenglied sind!
Wie nennt man solche Zahlen?
c) Geben Sie drei Zahlen an, die größer oder gleich dem größten Folgenglied sind!
Wie nennt man solche Zahlen?
d) Vervollständigen Sie nachstehenden Satz zu einer wahren Aussage:
Die Zahlenfolge (a_n) ist nach oben …, weil sie … besitzt, und sie ist …, weil … .

B 22 *(↗ Beispiel B 14, S. 84)*

Im Folgenden sind Zahlenfolgen (a_n) durch ihr allgemeines Glied a_n vorgegeben. Geben Sie jeweils die ersten sechs Folgenglieder an und machen Sie Angaben zur Beschränktheit der Zahlenfolgen!

a) $a_n = 4n$ b) $a_n = 3 - 5n$ c) $a_n = (-3)^n$ d) $a_n = 1 + (-1)^n$
e) $a_n = \frac{12}{n}$ f) $a_n = \frac{n^2}{n^2+1}$ g) $a_n = (\frac{n-4}{n+3})^2$ h) $a_n = 2 + \frac{n-2}{n+2}$

B 23 Geben Sie die kleinste obere Schranke an für

a) die Folge der Primzahlen unter 1000;
b) die Folge der Zahlen der Form $x^2 - 10x$ mit $|x| \leq 10$ $(x \in \mathbb{R})$;
c) die Zahlenfolge (g_k) mit $g_k = 2 \sin \frac{k\pi}{6}$, $k = 1; 2; 3; \ldots; 12$;
d) die Zahlenfolge (a_k) mit $a_k = 1 - \frac{1}{k}$, $k = 1, 2, 3; \ldots$

B 24 Untersuchen Sie nachstehende Aussagen auf ihre Allgemeingültigkeit und begründen Sie knapp Ihre Entscheidung:

a) Jede monoton wachsende Zahlenfolge ist nach unten beschränkt.
b) Eine nach oben beschränkte Zahlenfolge ist monoton fallend.
c) Nicht monotone Zahlenfolgen sind nach oben und unten unbeschränkt.
d) Alternierende Zahlenfolgen sind stets beschränkt.
e) Jede monoton fallende Zahlenfolge ist nach oben beschränkt.

B 25 Geben Sie je ein Beispiel für eine Zahlenfolge an, für die gilt:

a) Die Zahlenfolge ist monoton wachsend sowie nach oben und nach unten beschränkt.
b) Die Zahlenfolge ist monoton fallend und nach unten unbeschränkt.
c) Die Zahlenfolge ist monoton fallend und nach unten beschränkt.
d) Die Zahlenfolge ist alternierend sowie nach oben und nach unten beschränkt.

B 26 Welche Eigenschaften haben die Folgen (a_n) mit:

a) $a_n = \left(\frac{2}{3}\right)^n$ b) $a_n = 1 - \left(\frac{2}{3}\right)^n$

GTA **B 27** Welche Eigenschaften haben die nachstehend rekursiv definierten Folgen:

a) $a_1 = 0{,}8;\ a_{n+1} = 2a_n(1 - a_n)$
b) $a_1 = 0{,}8;\ a_{n+1} = 3a_n(1 - a_n)$
c) $a_1 = 0{,}8;\ a_{n+1} = 4a_n(1 - a_n)$
d) Variiere den Startwert. Was geschieht z.B. bei $a_1 = 0{,}5$?

B 28 Ist 5 eine obere Schranke der Folge $(a_n) = (\frac{5n}{n+1})$?

B 29

a) Eine Folge (a_n) ist gegeben durch $a_n = \frac{4n}{2n+3}$, $n \in \mathbb{N}$, $n \geq 1$. Berechnen Sie die Glieder $a_1, \ldots, a_5$ und stellen Sie diese grafisch dar! Beweisen Sie, dass die Folge (a_n) monoton wächst!

b) Gegeben ist eine Folge (b_n) durch $b_n = \frac{n^2}{n+1}$, $n \in \mathbb{N}$, $n \geq 1$. Stellen Sie die Folge für $n \leq 5$ grafisch dar! Zeigen Sie, dass (b_n) monoton wächst! Von welchem n an ist b_n größer als 36?

B 3 Spezielle Zahlenfolgen

B 3.1 Arithmetische Zahlenfolgen

B 16

Beispiel B 16:
Ein Veranstalter von Klassenreisen macht einer Schulklasse für eine Italienreise von mindestens 5 Tagen und höchstens 12 Tagen Dauer folgendes Angebot:

Preis für Hin- und Rückfahrt (je Schüler) 117,00 €
Preis für Unterkunft und Verpflegung (je Schüler und Tag) 25,00 €

Es ist zu untersuchen, wie sich die Kosten in Abhängigkeit von der Zahl der Reisetage verändern.

Anzahl der Tage	5	6	7	8	9	10	11	12
Kosten (in €)	242	267	292	317	342	367	392	417

Für die Kosten K_n (in €) für n Reisetage $(n \geq 5)$ gilt also: $K_n = 117\ € + 25\ € \cdot n$

B 17

Beispiel B 17:
Eine Schnecke kriecht an einer 5 m hohen Hauswand empor. Am Tag möge sie 70 cm nach oben kriechen, nachts wieder 40 cm nach unten rutschen. Am wievielten Tag erreicht sie das Dach?

Tage n	erreichte Höhe h_n am Ende des n-ten Tages
1	70 cm
2	70 cm + 1 · 30 cm
3	70 cm + 2 · 30 cm
4	70 cm + 3 · 30 cm
…	…
n	70 cm + (n – 1) · 30 cm

Für die am n-ten Tag erreichte Höhe gilt demnach $h_n = 70\text{ cm} + (n - 1) \cdot 30\text{ cm}$. Soll die Schnecke am n-ten Tag das Dach erreichen, so muss gelten: $h_n \geq 500\text{ cm}$.

Daraus folgt: $70\text{ cm} + (n-1)\cdot 30\text{ cm} \geq 500\text{ cm}$
und damit $(n-1)\cdot 30\text{ cm} \geq 430\text{ cm}$, also $(n-1) \geq 14\frac{2}{3}$ (Tage) bzw. $n \geq 15\frac{2}{3}$ (Tage).
Die Schnecke erreicht nach $15\frac{2}{3}$ Tagen, also am 16. Tag das Dach.

Die in den Beispielen B 16 und B 17 betrachteten Folgen weisen die besondere Regelmäßigkeit auf, dass die Differenz d aufeinander folgender Glieder eine konstante Zahl ergibt: In B 16 erhält man $d = 25$ und in B 17 den Wert $d = 30$. Folgen mit einer derartigen Eigenschaft werden *arithmetische Folgen* genannt.

B 6

Definition B 6:
Eine Zahlenfolge (a_n) heißt genau dann **arithmetische Zahlenfolge,** wenn für jede natürliche Zahl $n \geq 1$ die Differenz zweier aufeinander folgender Glieder stets dieselbe reelle Zahl d ergibt:
$a_{n+1} - a_n = d$ für alle $n \in \mathbb{N}$

Aus dieser Festlegung folgt, dass jede arithmetische Folge durch den Anfangswert a_1 und die Differenz d eindeutig bestimmt ist. Jedes Glied einer arithmetischen Folge erhalten wir durch Addition von d zum Vorgängerglied: $a_{n+1} = a_n + d$.

Ist a_1 bekannt, so haben wir damit eine *rekursive Bildungsvorschrift* für arithmetische Zahlenfolgen gefunden. Es gilt nämlich

$$\begin{aligned} a_2 &= a_1 + d \\ a_3 &= a_2 + d = a_1 + 2d \\ a_4 &= a_3 + d = a_1 + 3d \\ &\vdots \\ a_n &= a_{n-1} + d = a_1 + (n-1)d \end{aligned}$$

Diese Verallgemeinerung stellt eine *explizite Bildungsvorschrift* für arithmetische Folgen dar.

B 1

Satz B 1. Bildungsvorschrift einer arithmetischen Zahlenfolge
Ist (a_n) eine arithmetische Zahlenfolge, so gilt für alle natürlichen Zahlen $n \geq 1$ und $d \in \mathbb{R}$
$a_n = a_1 + (n-1)\cdot d$ (explizite Bildungsvorschrift).

Aus der rekursiven Darstellung arithmetischer Zahlenfolgen $a_{n+1} = a_n + d$ lässt sich folgern:
Eine arithmetische Zahlenfolge mit
- $d > 0$ ist eine streng monoton wachsende Folge,
- $d < 0$ ist eine streng monoton fallende Folge,
- $d = 0$ (als Spezialfall) ergibt die konstante Folge $a_1; a_1; a_1; \ldots$

Wir wollen nun die Partialsummen arithmetischer Folgen berechnen und betrachten dafür zunächst ein Beispiel.

B 18

Beispiel B 18:
Von der Folge $(a_n) = (3n - 4)$ sollen die Partialsummen $s_1, s_2, s_3, \ldots s_n$ bestimmt werden.
Da für die Differenz d zweier Glieder dieser Folge gilt
$$a_{n+1} - a_n = (3(n+1) - 4) - (3n - 4) = 3n + 3 - 4 - 3n + 4 = 3,$$
handelt es sich um eine arithmetische Zahlenfolge.

Wir bilden die Partialsummen:

$s_1 \qquad = -1$

$s_2 = -1 + (-1 + 3) \qquad = -1 + 2 = 1$

$s_3 = -1 + (-1 + 3) + (-1 + 2 \cdot 3) \qquad = -1 + 2 + 5 = 6$

$\vdots \qquad \vdots$

$s_n = -1 + (-1 + 1 \cdot 3) + (-1 + 2 \cdot 3) + \ldots + (-1 + (n-1) \cdot 3) \qquad = -1 + 2 + 5 + \ldots + (3n - 4)$

In der Praxis verwenden wir zur Berechnung der n-ten Partialsumme einer arithmetischen Folge eine Formel:

B 2

Satz B 2: **Partialsumme einer arithmetischen Zahlenfolge**

Ist $(a_n) = a_1; a_2; a_3; \ldots$ eine arithmetische Zahlenfolge mit der Differenz d, so gilt für deren n-te Partialsumme $s_n = \sum_{k=1}^{n} (a_1 + (k-1)\,d) = na_1 + \frac{n(n-1)d}{2}$.

Dieser Satz kann bewiesen werden, wenn man beispielsweise die „Strategie" anwendet, mit welcher der deutsche Mathematiker Carl Friedrich GAUSS (1777–1855) schon als neunjähriger Schüler die Summe der natürlichen Zahlen von 1 bis 100 ermittelt haben soll. Der Lehrer hatte gehofft, seine Schüler mit diesem Problem eine Weile beschäftigt zu haben. Der junge GAUSS erledigte die Aufgabe jedoch innerhalb kurzer Zeit, indem er wie folgt rechnete:

$$s_{100} = 1 + 2 + 3 + \ldots + 98 + 99 + 100 = \underbrace{(1 + 100) + (2 + 99) + (3 + 98) + \ldots}_{50 \text{ Summanden}} = 50 \cdot 101 = 5050$$

Für die allgemeine arithmetische Zahlenfolge

$(a_n) = a_1; a_2; a_3; \ldots; a_{n-2} + a_{n-1} + a_n$

$= a_1; [a_1 + d]; [a_1 + 2d]; \ldots; [a_1 + (n-3) \cdot d]; [a_1 + (n-2) \cdot d]; [a_1 + (n-1) \cdot d]$

lässt sich diese Idee analog verwenden. Hier gilt dann

$s_n = a_1 + [a_1 + d] + [a_1 + 2d] + \ldots + [a_1 + (n-3) \cdot d] + [a_1 + (n-2) \cdot d] + [a_1 + (n-1) \cdot d]$

bzw. nach Umordnung:

$$s_n = \underbrace{\{a_1 + [a_1 + (n-1) \cdot d]\} + \{[a_1 + d] + [a_1 + (n-2) \cdot d]\} + \{[a_1 + 2d] + [a_1 + (n-3) \cdot d]\} + \ldots}_{\frac{n}{2} \text{ Summanden}}$$

Jeder der Terme in geschweiften Klammern lässt sich zu $2a_1 + (n-1) \cdot d$ zusammenfassen. Damit erhält man:

$s_n = \frac{n}{2}(2a_1 + (n-1) \cdot d) = na_1 + \frac{n(n-1)d}{2}$, also die in Satz B 2 angegebene Formel.

B 19

Beispiel B 19:

Man berechne für die durch $a_1 = 7$, $d = 1{,}5$ und $a_n = 29{,}5$ gegebene arithmetische Zahlenfolge

a) n,

b) die Bildungsvorschrift,

c) die ersten 6 Glieder,

d) die Summe s_n der ersten 100 Glieder.

[1] Ist n eine ungerade Zahl, so wird das in der Mitte stehende Folgenglied bei der Partialsummenbildung doppelt genommen.

Lösung:

a) Durch Einsetzen in die explizite Bildungsvorschrift $a_n = a_1 + (n-1) \cdot d$ erhalten wir:
$29{,}5 = 7 + (n-1) \cdot 1{,}5$ bzw. $29{,}5 = 5{,}5 + 1{,}5\,n$. Daraus folgt $1{,}5n = 24$, also $n = 16$.

b) Aus $a_1 = 7$ und $d = 1{,}5$ ergibt sich sofort das Bildungsgesetz $a_n = 5{,}5 + 1{,}5n$.

c) $(a_n) = 7; 8{,}5; 9; 10{,}5; 12; 13{,}5; \ldots$

d) $S_{100} = \sum_{i=1}^{100} (5{,}5 + 1{,}5i) = 100 \cdot (-1) + \frac{100 \cdot 99 \cdot 1{,}5}{2} = 7\,375$

TI-92 T13

B 20

Beispiel B 20:
Von einer arithmetischen Zahlenfolge ist bekannt: $a_{20} = 79$ und $a_{45} = 179$. Gesucht ist die Partialsumme s_{45}.
Um den Satz B 2 anwenden zu können, müssen wir zunächst a_1 und d bestimmen. Es gilt:

(I) $79 = a_1 + 19 \cdot d$

(II) $179 = a_1 + 44 \cdot d$

Die Lösung dieses linearen Gleichungssystems ist $a_1 = 3$ und $d = 4$. Das Bildungsgesetz der Folge lautet also $a_n = 3 + (n-1) \cdot 4 = 4n - 1$. Damit ergibt sich:

$S_{45} = \sum_{i=1}^{45} (4i - 1) = 45 \cdot 3 + \frac{45 \cdot 44 \cdot 4}{2} = 135 + 3\,960 = 4\,095$

TI-92 T13

B 3.2 Geometrische Zahlenfolgen

Eine weitere Art spezieller Folgen findet sich in einer kurzen Szene der „Feuerzangenbowle", einem bekannten Roman von Heinrich SPOERL. Es wird dort von einem jungen Mann erzählt, der in einem Straßencafé sitzend auf seine Freundin wartet und dabei Eis löffelt. Um sich die Wartezeit zu verkürzen, überlegt er, dass es sinnvoll sei, das Eis nach folgender Strategie zu essen: Zuerst isst er genau die Hälfte, dann von der verbleibenden Hälfte wieder genau die Hälfte usw. Auf diese Weise könne er jede beliebige Wartezeit überbrücken.

Reduziert man die geschilderte Situation auf die darin enthaltenen Zahlenangaben, so ergibt sich die Zahlenfolge $(a_n) = \frac{1}{2}; \frac{1}{4}; \frac{1}{8}; \frac{1}{16}; \frac{1}{32}; \ldots$ mit dem allgemeinen Glied $a_n = \frac{1}{2^n}$. Die Besonderheit dieser Zahlenfolge liegt darin, dass der Quotient benachbarter Folgenglieder immer $\frac{1}{2}$ beträgt, also eine konstante Zahl ist. Folgen mit dieser Eigenschaft nennen wir *geometrische Zahlenfolgen*.

B 7

Definition B 7:
Eine Zahlenfolge (a_n) heißt genau dann **geometrische Zahlenfolge**, wenn der Quotient von jeweils zwei aufeinander folgenden Glieder stets gleich derselben reellen Zahl $q \neq 0$ ist:
$\frac{a_{n+1}}{a_n} = q \quad (n \in \mathbb{N}^*, a_n \neq 0)$.

Im Alltagsleben treten geometrische Zahlenfolgen vor allem bei Wachstumsproblemen (z. B. Bakterienkulturen, radioaktiver Zerfall, Anwachsen von Sparguthaben durch Verzinsung, also bei so genannten dynamischen Prozessen) auf. Die Glieder einer geometrischen Zahlenfolge entstehen aus dem Anfangsglied a_1 durch fortlaufende Multiplikation mit dem Quotienten *q*. Unter der Voraussetzung, dass a_1 bekannt ist, erhält man als *rekursive Darstellung* für geometrische Zahlenfolgen:

$a_{n+1} = a_n \cdot q$

Das heißt: Jede geometrische Folge ist durch ihren Anfangswert a_1 und den Quotienten q eindeutig bestimmt.

Wir betrachten noch einmal die Folge aus der „Feuerzangenbowle“ mit $a_1 = \frac{1}{2}$ und $q = \frac{1}{2}$. Hier gilt

a_1	$a_1 = \frac{1}{2}$
$a_2 = a_1 \cdot q$	$a_2 = \frac{1}{2} \cdot \frac{1}{2} = \frac{1}{4}$
$a_3 = a_2 \cdot q = a_1 \cdot q^2$	$a_3 = \frac{1}{4} \cdot \frac{1}{2} = \frac{1}{2} \cdot (\frac{1}{2})^2 = \frac{1}{8}$
$a_4 = a_3 \cdot q = a_1 \cdot q^3$	$a_4 = \frac{1}{8} \cdot \frac{1}{2} = \frac{1}{2} \cdot (\frac{1}{2})^3 = \frac{1}{16}$
usw.	

Man erhält das n-te Folgeglied, indem man das Anfangsglied a_1 ($a_1 \neq 0$) $(n - 1)$-mal mit q multipliziert. Auf diese Weise haben wir eine einfache *explizite Bildungsvorschrift* für die Folge (a_n) gefunden.

B 3

Satz B 3: **Bildungsvorschrift einer geometrischen Zahlenfolge**
Ist (a_n) eine geometrische Folge, so gilt für alle natürlichen Zahlen $n \geq 1$:
$a_n = a_1 \cdot q^{n-1}$ $(q \in \mathbb{R}, q \neq 0)$ (explizite Bildungsvorschrift)

Damit gilt:
Jede geometrische Zahlenfolge (a_n) ist genau dann
- streng monoton wachsend, wenn $a_1 > 0$ und $q > 1$ oder $a_1 < 0$ und $0 < q < 1$;
- streng monoton fallend, wenn $a_1 > 0$ und $0 < q < 1$ oder $a_1 < 0$ und $q > 1$;
- alternierend, wenn $q < 0$.

B 21

Beispiel B 21:
Für die geometrischen Folgen
a) $(a_n) = 5; 15; 45; 135; 675; \ldots$ b) $(a_n) = 27; 9; 3; 1; \frac{1}{3}; \ldots$
ist jeweils eine rekursive und eine explizite Bildungsvorschrift anzugeben.

Lösung:
a) Wegen $a_1 = 5$ und $q = 3$ lautet
- die rekursive Bildungsvorschrift $a_n = 3 \cdot a_{n-1}$, $a_1 = 5$,
- die explizite Bildungsvorschrift $a_n = 5 \cdot 3^{n-1}$.

b) Wegen $a_1 = 27$ und $q = \frac{1}{3}$ lautet
- die rekursive Bildungsvorschrift $a_n = \frac{1}{3} \cdot a_{n-1}$, $a_1 = 27$,
- die explizite Bildungsvorschrift $a_n = 27 \cdot \left(\frac{1}{3}\right)^{n-1}$.

B 22

Beispiel B 22:
Gegeben seien Zahlenfolgen mit
a) $a_1 = 3$, $a_2 = -2$, $a_3 = \frac{4}{3}$ b) $a_3 = 4$, $a_4 = 6$, $a_7 = 20$

Kann es sich dabei um Glieder einer geometrischen Zahlenfolge handeln? Wie würde die explizite Bildungsvorschrift lauten?

Lösung:

a) $\frac{a_2}{a_1} = -\frac{2}{3}$; $\frac{a_3}{a_2} = -\frac{2}{3}$ Es handelt sich um eine geometrische Zahlenfolge mit $a_n = 3 \cdot (-\frac{2}{3})^{n-1}$.

b) $q = \frac{a_4}{a_3} = \frac{3}{2}$; $a_7 = a_4 \cdot q^3 = 6 \cdot (\frac{3}{2})^3 = \frac{81}{4} \neq 20$ – keine geometrische Zahlenfolge

B 23

Beispiel B 23:
Es sei (a_n) eine geometrische Folge.

a) Man bestimme das 10. Glied der Folge (a_n) mit $a_1 = 14$ und $q = -3$.
b) Die Folge $(a_n) = -12; 8; -\frac{16}{3}; \ldots$ ist um drei Glieder fortzusetzen.
c) Man bestimme die explizite Bildungsvorschrift von (a_n) mit $a_3 = 0{,}32$ und $a_6 = 0{,}02048$.

Lösung:

a) Nach Satz B 3 gilt $a_{10} = a_1 \cdot q^9$. Daraus folgt $a_{10} = 14 \cdot (-3)^9 = -275\,562$.
b) Die Division benachbarter Folgenglieder ergibt $q = -\frac{2}{3}$. Daraus erhält man die gesuchten Folgenglieder
$a_4 = \frac{32}{9}$; $a_5 = -\frac{64}{27}$ und $a_6 = \frac{128}{81}$.
c) Aus $a_6 = a_3 \cdot q^3$ folgt $q^3 = \frac{0{,}02048}{0{,}32} = 0{,}064$ und damit $q = 0{,}4$. Aus $a_3 = a_1 \cdot q^2$ ergibt sich $a_1 = \frac{a_3}{q^2}$, also $a_1 = \frac{0{,}32}{0{,}4^2} = 2$. Das explizite Bildungsgesetz lautet demzufolge $a_n = 2 \cdot 0{,}4^{n-1}$.

Auch bei geometrischen Folgen können wir Partialsummen bilden. Dazu betrachten wir nochmals das Beispiel des eislöffelnden jungen Mannes bei Heinrich Spoerl und fragen nach der jeweiligen Gesamtmenge des nach vier „Warteeinheiten" verspeisten Eises. Für die geometrische Zahlenfolge $(a_n) = \frac{1}{2}; \frac{1}{4}; \frac{1}{8}; \frac{1}{16}; \frac{1}{32}; \ldots$ erhält man folgende Partialsummen:

$$s_1 = \frac{1}{2}$$
$$s_2 = \frac{1}{2} + \frac{1}{4} = \frac{1}{2} + (\frac{1}{2})^2 = \frac{3}{4}$$
$$s_3 = \frac{1}{2} + \frac{1}{4} + \frac{1}{8} = \frac{1}{2} + (\frac{1}{2})^2 + (\frac{1}{2})^3 = \frac{7}{8}$$
$$s_4 = \frac{1}{2} + \frac{1}{4} + \frac{1}{8} + \frac{1}{16} = \frac{1}{2} + (\frac{1}{2})^2 + (\frac{1}{2})^3 + (\frac{1}{2})^4 = \frac{15}{16}$$

Zu einer Formel für die n-te Partialsumme einer (allgemeinen) geometrischen Zahlenfolge (a_n) mit $a_n = a_1 \cdot q^{n-1}$ führt folgende Überlegung. Es gilt:

$$\begin{aligned}
s_1 &= a_1 && = a_1 \\
s_2 &= a_1 + a_2 && = a_1 + a_1q \\
s_3 &= a_1 + a_2 + a_3 && = a_1 + a_1q + a_1q^2 \\
s_4 &= a_1 + a_2 + a_3 + a_4 && = a_1 + a_1q + a_1q^2 + a_1q^3 \\
&\vdots \\
s_n &= a_1 + a_2 + a_3 + \ldots + a_n && = a_1 + a_1q + a_1q^2 + a_1q^3 + a_1q^4 + \ldots + a_1q^{n-2} + a_1q^{n-1}
\end{aligned}$$

Wir multiplizieren diese n-te Partialsumme s_n mit q und subtrahieren das Produkt $q \cdot s_n$ von s_n. Also:

$$\begin{aligned}
s_n &= a_1 + a_1q + a_1q^2 + a_1q^3 + a_1q^4 + \ldots + a_1q^{n-2} + a_1q^{n-1} \\
q \cdot s_n &= \qquad a_1q + a_1q^2 + a_1q^3 + a_1q^4 + \ldots + a_1q^{n-2} + a_1q^{n-1} + a_1q^n \\
\hline
s_n - q \cdot s_n &= a_1 - a_1q^n = a_1(1 - q^n)
\end{aligned}$$

Bei Division beider Seiten der Gleichung durch $(1 - q)$ (mit $q \neq 1$) folgt daraus

$$s_n = a_1 \cdot \frac{1 - q^n}{1 - q} \quad \text{bzw. bei Erweiterung mit } (-1) \quad s_n = a_1 \cdot \frac{q^n - 1}{q - 1}.$$

B 4 Satz B 4: **Partialsumme einer geometrischen Zahlenfolge**

Ist $(a_n) = a_1; a_2; a_3; a_4; \ldots$ eine geometrische Zahlenfolge, so gilt für deren n-te Partialsumme

$$s_n = \sum_{k=1}^{n} a_1 q^{k-1} = a_1 \cdot \frac{q^n - 1}{q - 1} \qquad (q \neq 1).$$

B 24 Beispiel B 24:

Zu bestimmen ist die Summe der ersten n ($n \in \mathbb{N}^*$) Potenzen von 2.

Lösung: $a_1 = 2; q = 2 \Rightarrow s_n = 2 \cdot (2^n - 1) = 2^{n+1} - 2$

B 25 Beispiel B 25:

Man ermittle für die geometrische Zahlenfolge (a_n) mit $a_1 = -1$ und $q = 1{,}5$

a) die explizite Bildungsvorschrift,

b) das Folgeglied a_5,

c) die Partialsumme s_5.

Lösung:

a) Nach Satz B 3 ergibt sich $a_n = -1 \cdot (1{,}5)^{n-1}$

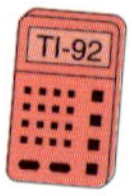

T13

b) Für n = 5 folgt somit $a_5 = -1 \cdot (1{,}5)^4 = -5{,}0625$.

c) Für s_5 gilt nach Satz B 4: $s_5 = \sum_{k=1}^{5} (-1) \cdot (1{,}5)^{k-1} = (-1) \cdot \frac{(1{,}5)^5 - 1}{1{,}5 - 1} = -13{,}1875$

Die Erkenntnisse über geometrische Zahlenfolgen lassen sich für die Bearbeitung vielfältiger Probleme des Alltags nutzen.

Der 12. Oktober 1999 wurde von den Vereinten Nationen (UNO) zum „Tag der 6 Milliarden" erklärt. Am 10. April 2001 lebten laut UNO-Angaben rund 6,132 Milliarden Menschen auf der Erde[1]. Dies entspricht einer Zunahme von 1,45 % pro Jahr weltweit.

Es soll nun untersucht werden, wie viele Menschen im April 2006 auf der Erde leben, wenn man eine konstante jährliche Zunahme von 1,45 % annimmt.

Anfangswert 2001:	$W_0 = 6{,}132$ Mrd.
nach 1 Jahr:	$W_1 = 6{,}132 \text{ Mrd.} + \frac{6{,}132 \cdot 1{,}45}{100} \text{ Mrd.} \approx 6{,}221 \text{ Mrd.}$
nach 2 Jahren:	$W_2 = 6{,}221 \text{ Mrd.} + \frac{6{,}221 \cdot 1{,}45}{100} \text{ Mrd.} \approx 6{,}311 \text{ Mrd.}$
nach 3 Jahren:	$W_3 = 6{,}311 \text{ Mrd.} + \frac{6{,}331 \cdot 1{,}45}{100} \text{ Mrd.} \approx 6{,}403 \text{ Mrd.}$
nach 4 Jahren:	$W_4 = 6{,}403 \text{ Mrd.} + \frac{6{,}403 \cdot 1{,}45}{100} \text{ Mrd.} \approx 6{,}496 \text{ Mrd.}$
nach 5 Jahren	$W_5 = 6{,}496 \text{ Mrd.} + \frac{6{,}496 \cdot 1{,}45}{100} \text{ Mrd.} \approx 6{,}590 \text{ Mrd.}$

Für das Jahr 2006 ist also mit einer Weltbevölkerungszahl von 6,590 Milliarden Menschen zu rechnen.

1) Die aktuelle Zahl kann im Internet unter *www.dsw- online.de/cgi-bin/count.pl* abgefragt werden. Hier findet sich die so genannte „Weltbevölkerungsuhr".

Um auf diese Art und Weise Voraussagen für einen längeren Zeitraum (z. B. 50 Jahre) machen zu können, ist ein hoher Rechenaufwand erforderlich. Zu einem eleganteren Lösungsweg kommt man, wenn man die Folge der Bevölkerungszahlen $(a_n) = 6{,}132; 6{,}221; 6{,}311; 6{,}403; 6{,}496; 6{,}590; \ldots$ näher betrachtet: Es lässt sich vermuten, dass es sich hierbei wegen $\frac{a_{n+1}}{a_n} = q \approx 1{,}0145$ um eine geometrische Zahlenfolge handelt.

Folgende allgemeine Überlegungen führen zu einer einfachen Formel zur Berechnung der Bevölkerungszahl:

Bevölkerung

nach einem Jahr: $W_1 = W_0 + \frac{W_0 + p}{100} = W_0 \cdot (1 + \frac{p}{100}) = W_0 \cdot q \quad (\text{mit } q = 1 + \frac{p}{100})$

nach zwei Jahren: $W_2 = W_1 + \frac{W_1 + p}{100} = W_1 \cdot (1 + \frac{p}{100}) = W_1 \cdot q = W_0 \cdot q^2$

nach drei Jahren: $W_3 = W_2 + \frac{W_2 + p}{100} = W_2 \cdot (1 + \frac{p}{100}) = W_2 \cdot q = W_0 \cdot q^3$

$\vdots$

nach n Jahren: $W_n = W_{n-1} + \frac{W_{n-1} + p}{100} = W_{n-1} \cdot (1 + \frac{p}{100}) = W_{n-1} \cdot q = W_0 \cdot q^n$

Es entsteht also tatsächlich eine geometrische Folge mit dem Anfangsglied $a_1 = W_0$ und dem Quotienten $q = 1 + \frac{p}{100}$. Zur Berechnung der Weltbevölkerungszahl können wir die Wachstumsformel $W_n = W_0 \cdot (1 + \frac{p}{100})^n$ verwenden.

B 26

Beispiel B 26:

a) Man berechne auf der Grundlage der Annahme einer unveränderten Wachstumsrate die Bevölkerungszahl für das Jahr 2050.

b) Wann muss mit 10 Milliarden Menschen auf der Erde gerechnet werden?

c) Auf welche Wachstumsrate müsste sich die UNO orientieren, wenn im Jahr 2050 die Bevölkerungszahl nicht über 8 Milliarden liegen soll?

Lösung:

a) Unter Zuhilfenahme der Wachstumsformel $W_n = W_0 \cdot (1 + \frac{p}{100})^n$ erhalten wir für das Jahr 2050:

$W_{49} = 6{,}132 \cdot (1 + \frac{1{,}45}{100})^{49} \approx 12{,}415$ Mrd. Menschen.

b) Die Gleichung $10 = 6{,}132 \cdot (1 + 0{,}0145)^n$ ist nach n aufzulösen. Mittels der Formel

$n = \frac{\ln(W_n) - \ln(W_0)}{\ln\left(1 + \frac{p}{100}\right)}$ erhält man $\frac{\ln(10) - \ln(6{,}132)}{\ln(1{,}0145)} \approx 33{,}97$.

T1

Demnach würde die 10 Milliarden-Grenze nach 34 Jahren, also 2035 überschritten.

c) Zu lösen ist die Gleichung $8 = 6{,}132 \cdot x^{49}$. Wir erhalten also $x = \sqrt[49]{\frac{8}{6{,}132}} \approx 1{,}0054$.

Dies entspricht einer jährlichen Wachstumsrate von 0,54 %.

Neben Wachstumsprozessen lassen sich auch Zerfallsprozesse mithilfe von Folgen beschreiben.

B 27

Beispiel B 27:
Durch eine Virusinfektion sterben jeden Tag 5 % eines Wildtierbestandes, der vor Auftreten der Krankheit auf 40000 Tiere geschätzt wird.

a) Wie viele Tiere sind zu Beginn des ersten, zweiten, dritten, vierten und fünften Tages noch am Leben?
b) Die Populationsentwicklung kann durch eine geometrische Folge beschrieben werden. Es ist eine rekursive und eine explizite Darstellung dieser Zahlenfolge anzugeben.
c) Nach wie vielen Tagen muss mit einem Rückgang des Bestandes auf ein Viertel des Anfangsbestandes gerechnet werden, wenn kein Impfstoff eingesetzt wird?
d) Nach 14 Tagen gelingt es den Tiermedizinern, großflächig Köder mit Impfstoffen gegen das Virus im Verbreitungsgebiet zu verteilen. Welcher Bruchteil des Anfangsbestandes kann damit gerettet werden?

Lösung:

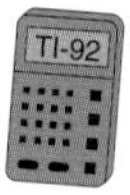

T1

a) Die Zahl der noch lebenden Tiere an den ersten fünf Tagen beträgt
$a_1 = 40\,000$; $a_2 = 40000 \cdot (1 - \frac{5}{100}) = 38\,000$; $a_3 = 38\,000 \cdot (1 - \frac{5}{100}) = 36\,100$;
$a_4 = 36\,100 \cdot (1 - \frac{5}{100}) = 34\,295$; $a_5 = 34\,295 \cdot (1 - \frac{5}{100}) = 32580$.
b) Mit $a_1 = 40\,000$ und $q = 0{,}95$ erhält man die rekursive Darstellung: $a_{n+1} = 0{,}95\, a_n$ und die explizite Darstellung: $a_n = 40\,000 \cdot 0{,}95^{n-1}$.
c) Mithilfe der aus $10\,000 = 40\,000 \cdot 0{,}95^{n-1}$ bzw. $\frac{1}{4} = 0{,}95^{n-1}$ gewonnen Formel
$n - 1 = \frac{\ln\frac{1}{4}}{\ln 0{,}95}$ ergibt sich $n \approx 28$.
Ohne Impfstoff ist der Bestand am Beginn des 28. Tages auf 25 % zurückgegangen.
d) Zu bestimmen ist die Zahl der am 15. Tag noch lebenden Tiere:
$a_{15} = 40\,000 \cdot 0{,}95^{15-1} = 19\,507$.

B 28

Beispiel B 28:
Ein Gummiball fällt aus einer Höhe von 2 Metern auf eine Betonplatte. Nach jedem Aufprall erreicht er noch 85 % seiner vorherigen Höhe.

Man berechne
a) die ersten 5 Glieder der durch die Sprunghöhe des Balles bestimmten Folge;
b) den bis zum 10. Aufprall zurückgelegten Weg des Balles.

Lösung:
a) Die Weglängen bilden eine geometrische Folge mit $a_1 = 2$ m und $q = 0{,}85$. $a_2 = 1{,}7$ m, $a_3 = 1{,}45$ m; $a_4 = 1{,}23$ m; $a_5 = 1{,}05$ m; allgemein $a_n = a_1 \cdot q^{n-1} = 2 \cdot 0{,}85^{n-1}$.
b) Es ist $s_1 = a_1 = 2$ m; $s_2 = a_1 + 2 \cdot a_2 = 5{,}4$ m; $s_3 = a_1 + 2a_2 + 2a_3 = 8{,}3$ m. Um den Rechenaufwand abzukürzen, verwenden wir die Formel aus Satz B 4. Dabei ist zu berücksichtigen, dass jeder Weg außer dem ersten zweimal zurückgelegt wird.
$s_{10} = 2 \cdot 2 \cdot \frac{1 - 0{,}85^{10}}{1 - 0{,}85} - 2 = 19{,}4$ m

Aufgaben

B 30 Gegeben ist die Zahlenfolge $(a_n) = 3; 4{,}5; 6; 7{,}5; 9; \ldots$

a) Bestimmen Sie jeweils die Differenz benachbarter Folgenglieder!
b) Welche Eigenschaften besitzt die Folge (a_n)?
c) Stellen Sie für die Folge (a_n) eine rekursive Bildungsvorschrift auf und bestimmen Sie damit die Folgenglieder a_6 bis a_{10}!
d) Stellen Sie für die Zahlenfolge (a_n) eine explizite Bildungsvorschrift auf! Bestimmen Sie mit dieser a_{15}, a_{23}, a_{38} und a_{50}!

B 31 *(↗ Beispiel B 19, S. 90)*

Von einer arithmetischen Zahlenfolge $a_1; a_2; \ldots; a_n; \ldots$ sind $a_5 = 2$ und $a_9 = 8$ bekannt.
Berechnen Sie a_1 und a_{10}!

B 32 Untersuchen Sie die nachstehenden Zahlenfolgen wie in Aufgabe ***B 30***:

a) $(a_n) = 7; 4; 1; -2; -5; \ldots$
b) $(b_n) = \frac{11}{3}; 4\frac{1}{6}; 4\frac{2}{3}; \frac{31}{6}; 5\frac{4}{6}; \ldots$
c) $(c_n) = -4; -9; -14; -19; -24; \ldots$
d) $(d_n) = -\sqrt{2}; \sqrt{2}; 3\sqrt{2}; 5\sqrt{2}; 7\sqrt{2}; \ldots$
e) $(e_n) = \frac{1}{5}; \frac{7}{10}; \frac{31}{30}; \frac{77}{60}; \frac{89}{60}; \ldots$

B 33 Man ermittle für eine arithmetische Zahlenfolge mit $a_1 = 4$ und $d = 3$ die Bildungsvorschrift, die ersten 5 Glieder und das 41. Glied.

B 34 Geben Sie die Folgenglieder a_{10} und a_{20} der nachstehend gekennzeichneten arithmetischen Zahlenfolgen an! Wie lautet die explizite Bildungsvorschrift?

a) $a_2 = 6$; $d = -2$
b) $a_7 = 0$; $d = 12$
c) $a_4 = -23$; $d = -12$
d) $a_6 = 19$; $a_9 = 14{,}5$
e) $a_{13} = -6$; $a_{22} = -9$
f) $a_{13} = 5$; $a_{19} = 9$

B 35 Vervollständigen Sie nachstehende Tabelle arithmetischer Zahlenfolgen:

	a_1	a_2	a_3	a_4	a_{10}	a_{17}	a_{25}	d	a_n
a)	1	5	9						
b)		-5	-7	-9					
c)	$2\frac{1}{10}$		$\frac{53}{10}$		$16\frac{1}{2}$				
d)				-8				$-\frac{1}{3}$	
e)						36	68		
f)					$-\frac{1}{3}$			$\frac{2}{5}$	
g)									$\frac{4n^2-7n}{3n}$

B 36 Begründen Sie folgende Aussagen und geben Sie jeweils drei Beispiele in Form ihrer expliziten Bildungsvorschrift an:

a) Eine arithmetische Zahlenfolge ist streng monoton wachsend, wenn $d > 0$ ist.
b) Eine arithmetische Zahlenfolge ist streng monoton fallend, wenn $d < 0$ ist.

B 37 *(↗Beispiel B 18, S. 89)*

Die Partialsummenfolge (s_n) einer arithmetischen Zahlenfolge (a_n) sei gegeben durch $(s_n) = (2n^2 - 5n)$. Berechnen Sie s_1 bis s_5! Bestimmen Sie a_1 bis a_5 und das allgemeine Folgenglied a_n der zugehörigen Folge (a_n)!

B 38 Schreiben Sie entsprechend Beispiel B 15 folgende Summen ausführlich:

a) $\sum\limits_{n=1}^{4} \frac{1}{n}$ b) $\sum\limits_{k=3}^{6} (-k + k^2)$ c) $\sum\limits_{m=0}^{4} a^2 m$

d) $\sum\limits_{n=1}^{4} (-1)^n \cdot \frac{n}{n+1}$ e) $\sum\limits_{r=0}^{3} cr^2 \cdot c^r$ f) $\sum\limits_{k=0}^{5} \frac{1}{k+1}$

B 39 Geben Sie eine verkürzte Schreibweise für folgende Summen unter Verwendung des Summenzeichens an:

a) $1 + 4 + 9 + \ldots + (k-1)^2$ b) $1 - 4 + 9 - 16 + 25$

c) $1 + \frac{1}{4} + \frac{1}{9} + \frac{1}{16} + \ldots + \frac{1}{1024}$ d) $-3 + \frac{3}{10} - \frac{3}{100} + \frac{3}{1000} - \frac{3}{10000}$

e) $0 + \frac{1}{2} + \frac{1}{2}\sqrt{3} + 1 + \frac{1}{2}\sqrt{3} + \frac{1}{2} + 0$ f) $\frac{3}{2} + \frac{5}{2} + \frac{9}{2} + \frac{17}{2} + \frac{33}{2}$

B 40 Wie viele Glockenschläge macht eine Turmuhr in der Zeit von 2 Uhr nachts bis 12 Uhr mittags, wenn die Uhr die halben Stunden durch einen Glockenschlag anzeigt und jede volle Stunde durch 2 Glockenschläge einleitet?

B 41 Gegeben ist eine arithmetische Folge $a_1; a_2; a_3; \ldots$ Berechnen Sie die Summe s ihrer Glieder von a_1 bis a_k $(s = a_1 + a_2 + \ldots + a_k)$:

a) $98{,}3 + 94{,}7 + 91{,}1 + \ldots + 22{,}7$ b) $-10{,}25 - 10{,}05 - 9{,}85 - \ldots - 5{,}25$

c) $\frac{1}{5} + \frac{8}{15} + \frac{13}{15} + \ldots + \frac{31}{15}$ d) $-\frac{9}{4} - \frac{31}{12} - \frac{35}{12} - \ldots - \frac{45}{4}$

B 42 *(↗Beispiel B 19, S. 90)*

Gegeben ist die arithmetische Zahlenfolge $(a_n) = (3n - 2)$.

a) Berechnen Sie a_1, a_2, a_3, a_4, a_5!
b) Berechnen Sie die Partialsummen $s_1 = a_1$, $s_2 = a_1 + a_2$, $s_3 = a_1 + a_2 + a_3$, $s_4 = \sum\limits_{i=1}^{4} a_i$, $s_5 = \sum\limits_{i=1}^{5} a_i$, s_{12}!
c) Bestimmen Sie das allgemeine Glied s_n der berechneten Partialsummenfolge!

B 43 Lösen Sie die folgenden Gleichungen nach x auf:

a) $2 + 5 + 8 + 11 + \ldots + x = 155 \quad (x \in \mathbb{N}^*)$ b) $\frac{x-1}{x} + \frac{x-2}{x} + \frac{x-3}{x} + \ldots + \frac{1}{x} = 3 \quad (x \in \mathbb{N}^*)$

B 44 Ein Angestellter erhält im ersten Jahr seiner Einstellung monatlich 1400,00 €. Es wird angenommen, dass sich sein Gehalt in jedem Jahr um 75,00 € erhöht. Welches Einkommen hätte er im 10. Jahr? Wie viele Jahre müsste er tätig sein, um auf 2450,00 € monatlich zu kommen?

B 45 Eine Anpflanzung von Obstbäumen umfasst 30 Reihen Bäume. In der ersten Reihe befinden sich 12 Bäume, in jeder folgenden Reihe dann jeweils 6 Bäume mehr als in der vorhergehenden.

a) Wie viele Bäume hat die letzte Reihe?

b) Wie viele Bäume stehen in den ersten 4 Reihen?

B 46 Ein Geldbetrag von 3 300,00 € soll unter 5 Personen so aufgeteilt werden, dass jede folgende Person einen bestimmten Betrag weniger erhält als die vorhergehende Person. Die erste Person erhält 1 020,00 €. Wie viel Euro empfängt die letzte Person?

B 47 Zwischen einem Gläubiger und einem Schuldner wird ein Vertrag mit folgendem Inhalt abgeschlossen: Der Schuldner zahlt seine Schuld von 16 000,00 € in Monatsraten ab. Die erste Rate beträgt 1 125,00 €. Jede folgende Rate sei um 250,00 € höher als die vorhergehende.
Wie viel Ratenzahlungen sind zu tätigen, bis die Schuld getilgt ist?
Wie groß ist die letzte Rate?

B 48 *(↗ Beispiel B 23, S. 93)*

Bestimmen Sie die Folgenglieder a_5 und a_{15} der nachstehend gekennzeichneten geometrischen Zahlenfolgen und geben Sie eine explizite Bildungsvorschrift an:

a) $a_1 = 0{,}7;\ q = 2$

b) $a_2 = 5;\ a_4 = 45\ (q > 0)$

c) $a_3 = 2;\ q = -1$

d) $a_3 = -1;\ a_4 = \frac{1}{4}$

B 49 Setzen Sie die nachstehenden geometrischen Zahlenfolgen um 3 Folgenglieder fort und geben Sie die explizite Bildungsvorschrift an:

a) $(a_n) = 1; 3; 9; 27; \dots$

b) $(b_n) = -2; -1, -\frac{1}{2}; -\frac{1}{4}; \dots$

c) $(c_n) = 2; -1; \frac{1}{2}; -\frac{1}{4}; \dots$

B 50 Von einer geometrischen Zahlenfolge $b_1; b_2; \dots; b_n; \dots$ ist bekannt: $b_3 = 4;\ b_5 = 8$.
Berechnen Sie b_1 und b_6!

B 51 Vervollständigen Sie nachstehende Tabelle geometrischer Zahlenfolgen:

	a_1	a_2	a_3	a_5	a_8	a_{11}	q	a_n
a)	6	3	1,5					
b)		$\frac{9}{4}$	$-\frac{3}{4}$	$-\frac{1}{12}$				
c)			4	12			$\dots > 0$	
d)					-800		2,5	
e)				$\frac{3}{80}$		$\frac{5}{12}$	$\dots > 0$	
f)								$2^{n-1} \cdot 5^{2-n}$

B 52 *(↗ Beispiel B 25, S. 94)*

Berechnen Sie von nachstehenden geometrischen Zahlenfolgen die Folgenglieder a_1 bis a_5 sowie die Partialsummen s_1 bis s_5 und geben Sie das allgemeine Glied s_n der Partialsummenfolge (s_n) an:

a) $(a_n) = \left(\left(\frac{1}{2}\right)^{n-1}\right)$

b) $(b_n) = \left(\frac{3}{8} \cdot 4^n\right)$

c) $(c_n) = \left(\left(2\sqrt{2}\right)^{n+1}\right)$

d) $(d_n) = \left(\frac{1}{2^n}\right)$

B 53 Gegeben sei ein gleichseitiges Dreieck mit einer Seitenlänge von 24 cm. Durch Verbinden der Seitenmitten wird ein zweites gleichseitiges Dreieck hergestellt. Diese Konstruktion werde n-mal fortgesetzt. Man bestimme die ersten 5 Glieder der Folge

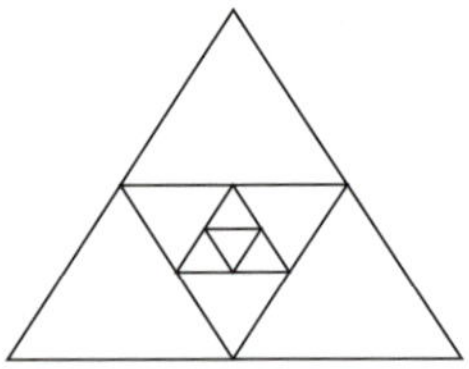

a) der Seitenlängen,
b) der Umfänge und
c) der Flächeninhalte dieser Dreiecke.
d) Überprüfen Sie, ob es sich um geometrische Folgen handelt!

B 54 In der Abbildung sind Halbkreise aneinander gereiht, bei denen der Radius des Nachfolgehalbkreises jeweils halb so groß wie der des unmittelbaren Vorgängers ist.
Der erste Halbkreis habe den Radius $r_1 = 2$ cm.

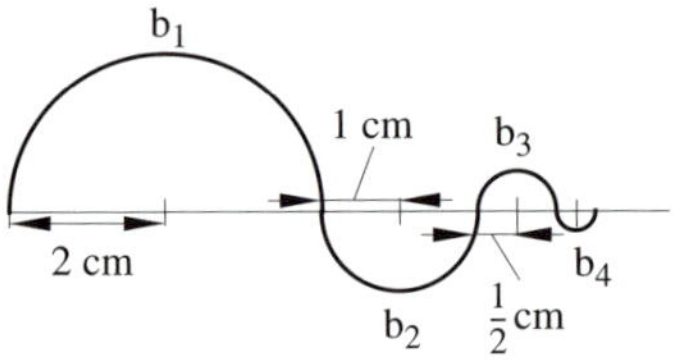

a) Berechne Sie die Längen der Halbkreisbögen b_1 bis b_4!
b) Die Maßzahlen der Längen der Halbkreisbögen bilden eine Zahlenfolge (b_n). Geben Sie eine explizite Zuordnungsvorschrift für (b_n) an!
c) Weisen Sie nach, dass die Folge (b_n) eine geometrische Zahlenfolge ist!
d) Berechnen Sie die Summe $\sum_{n=1}^{6} b_n$ der Folgenglieder b_1 bis b_6 und geben Sie eine explizite Zuordnungsvorschrift für die zugehörige Partialsummenfolge s_n an!

B 55

a) Drei Zahlen, deren Summe 39 ist, seien die ersten 3 Glieder a_1, a_2 und a_3 einer geometrischen Zahlenfolge. Vermindert man die größte der 3 Zahlen um 9, so entstehen die ersten 3 Glieder einer arithmetischen Zahlenfolge.
Ermitteln Sie die ersten 3 Glieder dieser geometrischen und der arithmetischen Zahlenfolge! Wie heißen die beiden Bildungsgesetze?
b) Drei Zahlen, deren Summe 81 ist, seien die ersten 3 Glieder a_1, a_2 und a_3 einer arithmetischen Zahlenfolge. Vermehrt man die größte der 3 Zahlen um 36, so entstehen die ersten 3 Glieder einer geometrischen Zahlenfolge.
Ermitteln Sie die ersten 3 Glieder dieser arithmetischen und der geometrischen Zahlenfolge! Wie heißen die beiden Bildungsgesetze?

B 56 Bei den nachfolgenden Teilaufgaben wird der Zins jährlich dem Kapital zugeschlagen (Zinseszins).

a) Welches Endkapital ergibt sich, wenn 5000 € über 10 Jahre mit 7 % verzinst werden?
b) Nach wie viel Jahren verdoppelt sich ein Kapital bei einem Zinssatz von 5 %?
c) Ein Aktienkapital hat sich durch den Wertzuwachs der Papiere in 5 Jahren von 20000 € auf 30000 € erhöht.
Welchem Zinssatz entspricht das?

B 57 Berechnen Sie unter Verwendung der Zinseszinsformel jeweils die fehlende Größe:

a) $K_o = 125000$ €, $p = 7$ %, $n = 5$ Jahre
b) $K_n = 500000$ €, $p = 6$ %, $n = 25$ Jahre
c) $K_o = 200000$ €, $K_n = 300000$ €, $n = 15$ Jahre
d) $K_o = 1000000$ €, $K_n = 2158925$ €, $p = 8$ %

B 58 Bei folgenden Zinseszinsaufgaben wird jährliche Verzinsung angenommen:

a) Welches Kapital ergibt sich, wenn 4000 € genau 10 Jahre mit 5 % verzinst werden?
b) Zu wie viel Prozent Zinsen war ein Kapital von 80000 € ausgeliehen, das nach genau 3 Jahren ein Endkapital von 91293,29 € aufwies?
c) Nach wie viel Jahren hat sich ein Kapital K_0 verdoppelt, für das durchgehend ein Jahreszins von 8,75 % gewährt wird?
d) Wie hoch muss ein Kapital sein, damit es bei einer festen Verzinsung von 6 % nach genau 10 Jahren die Höhe von 12000 € erreicht hat?

B 59 Ein Vater eröffnet seinem Sohn zu dessen 1. Geburtstag ein Konto auf einer Bank und zahlt 5 € ein. An jedem weiteren Geburtstag will er das Konto um jeweils den doppelten Betrag der im Vorjahr eingezahlten Summe aufstocken.

a) Welche Gesamtsumme hat der Vater bis zum 10. Geburtstag seines Sohnes eingezahlt? (Zinsen bleiben unberücksichtigt.)
b) Bis zu welchem Geburtstag hat der Vater eine Gesamtsumme von 163835 € eingezahlt?

B 60 Ein Papierblatt von 0,1 mm Stärke wird einmal gefaltet. Die entstehende Doppellage wird wieder gefaltet usw.

a) Wie stark ist die Lage nach 10 derartigen Faltungen?
b) Wie oft wurde gefaltet, wenn die Lage 104,8576 m stark ist?

B 61 Aufgrund geologischer Untersuchungen weiß man, dass die Temperatur des Gesteins zum Erdinnern hin um etwa 3 Grad je 100 m Tiefe zunimmt. In Mitteleuropa herrscht in 25 m Tiefe eine Temperatur von etwa 10 °C.

a) Welche Temperatur herrscht in 10 km Tiefe?
b) In welcher Tiefe würde Wasser sieden?
c) Aus welcher Tiefe kommt das Wasser einer 45 °C warmen Thermalquelle?

(Luftdruckänderungen sollen unberücksichtigt bleiben.)

B 62 In einer Nährlösung befinden sich ungefähr 1000 Einzeller einer Art, bei der es im Durchschnitt alle 30 Minuten zu einer Teilung kommt.

a) Geben Sie eine Folge an, die das explosive Wachstum dieser Art beschreibt!
b) Berechnen Sie, wie viele Einzeller nach 24 Stunden entstanden sind!
   Welche Länge ergäbe sich, wenn man diese Einzeller aneinander legt (Länge eines Einzellers betrage $\frac{1}{1000}$ mm)?
c) Nach welcher Zeit sind etwa 10 Millionen Einzeller vorhanden?
d) Welche Faktoren begrenzen das Wachstum?

B 63 Die Formel für die n-te Partialsumme einer geometrischen Folge $s_n = a_1 \cdot \frac{q^n - 1}{q - 1}$ gilt nicht für q = 1. Diskutieren Sie den Spezialfall q = 1!

B 64 Eine Bakterienkultur verdoppelt ihren Bestand in 30 Stunden.
Um wie viel Prozent p wächst der Bestand in einer Stunde?
(*Hinweis*: Es handelt sich um eine geom. Folge mit $q = 1 + \frac{p}{100}$!)

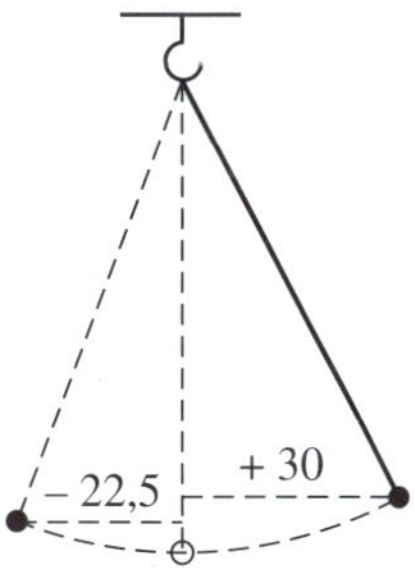

B 65 Ein Pendel werde 30 cm nach rechts aus seiner Ruhelage bewegt und dann losgelassen. Der Betrag einer Amplitude (max. Ausschlag) sei 75 % des Betrages der vorhergehenden Amplitude.
Es ist eine explizite Bildungsvorschrift für die durch die Ausschläge bestimmte geometrische Folge anzugeben und es sind die ersten 5 Glieder zu berechnen.

B 66 Die Flüssigkeit in einem verbundenen Gefäß (U-Rohr) wird um 40 cm aus dem Gleichgewicht gebracht. Die Flüssigkeit führt danach Schwingungen aus, deren Amplituden eine geometrische Folge bilden. Es ist eine explizite Bildungsvorschrift für diese Folge anzugeben und es sind die ersten 5 Ausschläge betragsmäßig unter der Annahme zu bestimmen, dass der Betrag einer Amplitude annähernd $\frac{2}{3}$ so groß wie die des vorhergehenden Ausschlags ist.

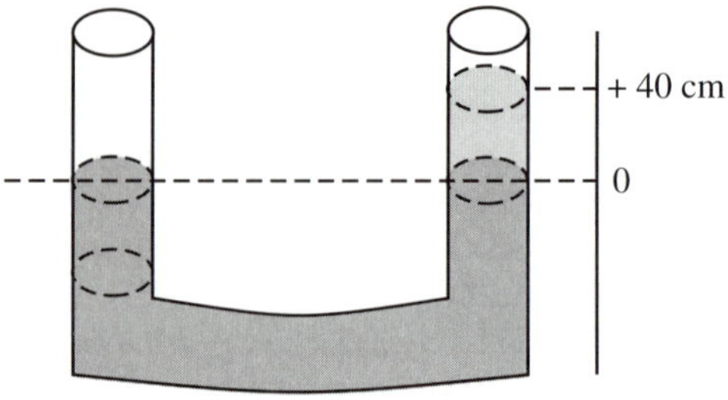

B 67

a) Ein Bestand (z. B. Geld, Bakterien o. Ä.) wachse in einem bestimmten Zeittakt (z. B. stündlich, täglich, monatlich) um p %. Mit b_n sei der Bestand zu Beginn des n-ten Zeittaktes beschrieben. Es ist zu zeigen, dass (b_n) eine geometrische Folge mit $q = 1 + \frac{p}{100}$ ist.

b) Ein Bestand (z. B. radioaktive Substanz, Medikament o. Ä.) verringere sich in einem bestimmten Zeitabschnitt um p %. Mit b_n sei der Bestand zu Beginn des n-ten Zeitabschnitts beschrieben. Es ist zu zeigen, dass (b_n) eine geometrische Folge mit $q = 1 - \frac{p}{100}$ ist.

B 68 Ein Roulette-Spieler setzt immer nur auf „Schwarz“ und verdoppelt nach jedem verlorenen Spiel seinen Einsatz. Er beginnt mit 5 € Einsatz.
Zeigen Sie, dass er mit seinem ersten Erfolg insgesamt 5 € gewonnen hat, gleichgültig, wie lang die Pechsträhne ist!

B 69 Das Wasser in einem Aquarium enthält am Anfang 8 *l* Sauerstoff. Von Woche zu Woche reduziert sich der Sauerstoffgehalt auf die Hälfte der vor einer Woche vorhandenen Menge. Um diese Abnahme teilweise auszugleichen, werden am Ende einer jeden Woche 2 *l* Sauerstoff von außen zugeführt.

a) Modellieren Sie den Prozess mit einer rekursiven Folge (x_n)!

b) Bestimmen Sie grafisch den Wert, dem sich die Folge (x_n) annähert!

c) Stellen Sie das explizite Bildungsgesetz auf!

B 70 Die Erdbevölkerung betrug zur Zeit Christi Geburt ca. 160 Millionen Menschen. Wie groß wäre die Erdbevölkerung im Jahr 2000 gewesen, wenn die Bevölkerung konstant mit 0,5 % jährlich zugenommen hätte?

B 71 Bei konstanter Umgebungstemperatur (z. B. 20 °C Zimmertemperatur) kühlt eine Tasse Tee ungefähr nach dem Gesetz $\theta(t) = 20 + 70 \cdot 2^{-0{,}061t}$ ab. Dabei ist $\theta(t)$ die nach t Minuten erreichte Temperatur.

a) Berechnen Sie die Temperatur nach 0, 2, 5, 10, 20, 40 und 60 min!

b) Was lässt sich über die Temperatur voraussagen, wenn man sie über einen längeren Zeitraum beobachtet?

B 72 In einem Fischteich werden Forellen gezüchtet. Man setzt 5000 Fische aus und rechnet damit, dass der Bestand innerhalb eines Jahres um 50 % zunimmt. 35 % des Bestandes werden am Jahresende gefangen.

a) Wie viele Fische sind nach 2, 5, 10 Jahren im Teich?

b) Wie entwickelt sich die Population?

B 73 Ein Bogen Papier der Größe DIN A 0 hat einen Flächeninhalt von 1 m^2, seine Seiten sind $a_0 = 1{,}189$ m und $b_0 = \frac{a_0}{\sqrt{2}}$ lang. Durch fortgesetztes Falten erhält man die Formate DIN A 1, DIN A 2 usw.

a) Berechnen Sie Seitenlängen und Flächeninhalte einer DIN-A4-Heftseite!
b) Geben Sie die Folge der Flächeninhalte bis DIN A 7 an!
c) Angenommen, ein Blatt Papier ist 0,25mm dick.
Welche Dicke ergibt sich, wenn man das Blatt 10-mal faltet?
Wie oft müsste man (theoretisch) falten, damit der Stapel bis zum Mond (384 000 km) reicht?

B 74 Stellen Sie einen Zusammenhang zwischen arithmetischen Folgen und linearen Funktionen her!

B 75 Jeder Taucher weiß, dass es im Wasser mit zunehmender Tiefe immer dunkler wird. Dies liegt an der Absorption der Lichtes durch das Wasser. In sauberem Meereswasser verringert sich die Lichtintensität mit jedem Meter Wassertiefe um 75 %.

a) Bestimmen Sie die Lichtintensität in 1 m, 2 m, 3 m, 4 m, 5 m und 10 m Tiefe!
b) Geben Sie ein Bildungsgesetz für diese Folge in expliziter bzw. rekursiver Form an!
c) In welcher Wassertiefe beträgt die Lichtintensität nur noch 0,1% des Ausgangswertes?

B 76 Im Jahre 1994 fand sich in der Zeitung die Nachricht, dass sich die tropische Killeralge „Caulerpa taxifolia" massiv ausbreitet und das Mittelmeer erstickt. Französische Wissenschaftler hätten herausgefunden, dass der „grüne Teppich" seit 1984 jährlich seine Fläche versechsfacht. 1994 seien bereits 400 Hektar bedeckt.

a) Beschreiben Sie den Vorgang als geometrische Folge!
b) Bestimmen Sie die ersten fünf Folgenglieder!
c) Die Fläche des Mittelmeeres beträgt rund 3,02 Millionen Quadratkilometer. Nehmen Sie die Situation von 1992 als Ausganglage. In welchem Jahr würde die Killeralge bei fortgesetzter jährlicher Versechsfachung der Fläche das gesamte Mittelmeer bedecken?

B 77 Eine Stahlkugel fällt aus einer Höhe von 2 m auf eine Stahlplatte. Danach prallt sie auf eine Höhe von 1,8 m zurück. Auch bei jedem weiteren Aufprall verringert sich die wieder erreichte Höhe um 10 %. Nach dem wievielten Aufprall wird erstmals die Höhe von 20 cm nicht mehr erreicht?

Aufgaben zur Selbstkontrolle

B 78 Erklären sie den Begriff „Zahlenfolge"!

B 79 Gegeben seien die Folgen

a) (a_n) mit $a_n = 3 + \frac{(-1)^n}{n}$ b) (b_n) mit $b_n = 7 \quad (\frac{1}{2})^n$

Berechnen Sie jeweils die ersten zehn Glieder der Zahlenfolgen und stellen Sie diese auf einer Zahlengeraden dar! Welche Beobachtung kann man machen?

B 80

a) Was bedeutet $\sum_{r=4}^{20} r^2 x^r$?
b) Wie kann man $1 + 2^2 + 3^2 + \ldots + 10^2$ kürzer schreiben?

B 81 Werten Sie folgende Aussagen:

a) Jede monoton wachsende Folge ist nach unten beschränkt.
b) Jede nach oben beschränkte Folge ist monoton fallend.
c) Es gibt eine Folge, die zugleich streng monoton wachsend und fallend ist.
d) Eine streng monoton wachsende Folge kann nicht nach oben beschränkt sein.
e) Eine beschränkte Folge ist entweder streng monoton wachsend oder streng monoton fallend.
f) Eine arithmetische Folge ist eindeutig bestimmt durch die Angabe
   - von a_1 und d,
   - von a_k und d,
   - von zwei beliebigen Folgengliedern a_k und a_m.
g) Eine geometrische Folge ist eindeutig bestimmt durch die Angabe
   - von a_1 und q,
   - von a_k und q,
   - von zwei beliebigen Folgengliedern a_k und a_m.

B 82 Beantworten Sie die folgenden Fragen bzw. lösen Sie die Aufgaben:

a) Geben Sie eine Folge an, die
   - keine obere • keine untere • weder eine obere noch eine untere

   Schranke hat!
b) Geben Sie eine Folge an, die
   - eine obere • eine untere • sowohl eine obere als auch eine untere

   Schranke besitzt!
c) Setzen Sie nachstehende Folgen um drei Glieder fort, so dass arithmetische Folgen entstehen, und bestimmen Sie d:
   - 2; 3,5; … • 0,4; 0,7; …
d) Geben Sie explizite Darstellungen für die Folgen von Aufgabe c an!
e) Welcher Zusammenhang besteht zwischen arithmetischen Folgen und linearen Funktionen?
f) Nennen Sie Sachverhalte, die durch geometrische Folgen beschrieben werden können!
g) Setzen Sie die Folgen um drei Glieder fort, so dass geometrische Folgen entstehen, und bestimmen Sie q:
   - 16; 8; 4; … • 5; 7; 9,8; …
h) Geben Sie explizite Darstellungen für die Folgen von Aufgabe g an!

C Grenzwerte von Zahlenfolgen und Funktionen

Zusammenhänge aus verschiedensten Praxisbereichen lassen sich mithilfe von Funktionen beschreiben und dadurch bezüglich bestimmter Eigenschaften untersuchen. Neben den bereits früher betrachteten Eigenschaften kann dabei auch das Grenzverhalten von Funktionen, also die Veränderung ihrer Werte für unbegrenzt wachsende bzw. fallende Argumente bedeutsam sein. Ein einfaches Problem soll dies verdeutlichen:

Mehrere Schafzüchter vereinigen einen Teil ihrer Bestände zu einer gemeinsamen Herde. Der Anteil jedes Züchters an dem durch Verkauf von Milch, Fleisch und Wolle erzielten Erlös möge nach der von ihm eingebrachten Tieranzahl berechnet werden.
Zu einem bestimmten Zeitpunkt umfasst die Herde 500 Tiere. Züchter Adams hat dazu nur 50 Schafe aus seinem sehr großem Bestand beigesteuert. Mit dem ihm am Jahresende korrekt berechneten und ausgezahlten Ertragsanteil ist er nicht recht zufrieden und überlegt, wie sich dieser erhöhen ließe: Verdopple ich meinen Anteil, so verdoppelt sich auch mein Gewinn …

Wir diskutieren diese Überlegung unter der Voraussetzung, dass einer Herdenvergrößerung aufgrund der zur Verfügung stehenden Weidefläche nichts im Wege stehe und

a) dass jeder der beteiligten Züchter sich wie Züchter Adams entscheidet,
b) dass nur Züchter Adams wie beschrieben vorgeht,
c) dass allein Züchter Adams seinen Beitrag um x Tiere erhöht.

Entscheidet sich jeder der beteiligten Züchter wie Adams und verdoppelt seinen Anteil (Fall a)), dann würde die Herde 1 000 Tiere umfassen, wobei 100 davon Züchter Adams gehören. Sein Ertragsanteil wie der der restlichen Züchter wäre dann unverändert $\frac{100}{1000} = \frac{1}{10}$ bzw. $\frac{900}{1000} = \frac{9}{10}$. Verdoppelt nur Züchter Adams die Anzahl der in die Herde eingebrachten Tiere (Fall b)), dann wäre sein Ertragsanteil $\frac{100}{550} = \frac{2}{11}$. Sein Anteil würde sich also um $\frac{2}{11} - \frac{1}{10} = \frac{9}{110}$ erhöhen. Da aber $\frac{9}{110} < \frac{1}{10}$, führt die Verdopplung der Anzahl der Tiere nicht zu einer Verdopplung des Gewinns. Erhöht nun Adams seinen Beitrag um x Tiere (Fall c)), so beträgt sein Ertragsanteil $\frac{50+x}{500+x}$ bzw. die Ertragssteigerung $\frac{50+x}{500+x} - \frac{50}{500}$. Die Steigerung lässt sich demnach als eine Funktion f mit der Anzahl x der zusätzlich eingebrachten Tiere als unabhängige Variable auffassen: $f(x) = \frac{9x}{10(500+x)}$ $(x \in \mathbb{N})$.

Wie würde sich nun aber der Ertragsanteil von Züchter Adams (theoretisch!) entwickeln, wenn eine beliebige Vergrößerung der Herdengröße möglich wäre und er allein noch Tiere zusätzlich einbringt? (s. Beispiel C 11)

C 1 Konvergenz und Grenzwerte von Zahlenfolgen

Für die Folgen (a_n), (b_n) und (c_n) mit $a_n = \frac{2 \cdot n + 3}{n}$, $b_n = \frac{n-1}{n}$ und $c_n = (-1)^n \cdot \frac{1}{n}$ $(n \in \mathbb{N}^*)$ soll untersucht werden, wie sich die Folgenglieder bei wachsendem n verhalten. Einen ersten Überblick vermittelt die grafische Darstellung dieser Zahlenfolgen (Fig. C 1a, b, c)[1].

a) $(a_n) = (\frac{2 \cdot n + 3}{n})$ b) $(b_n) = (\frac{n-1}{n})$ c) $(c_n) = ((-1)^n \cdot \frac{1}{n})$

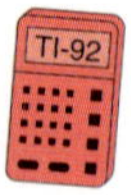
TI-92
T6

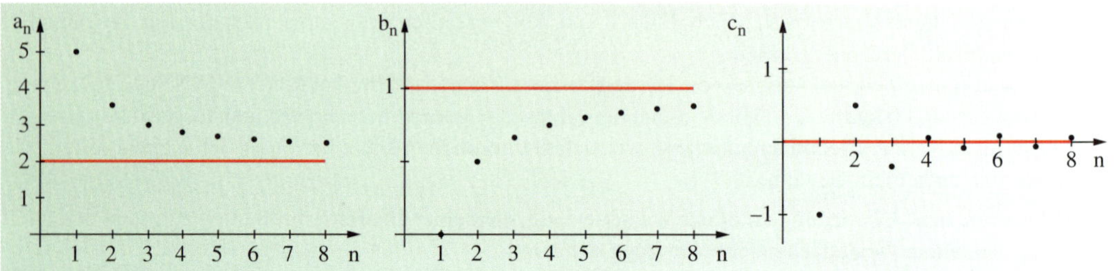

Fig. C 1a Fig. C 1b Fig. C 1c

Wie erkennbar ist, nähern sich die Glieder der drei Zahlenfolgen für wachsendes n offenbar jeweils einer bestimmten Zahl – und zwar (a_n) der Zahl 2, (b_n) der Zahl 1 und (c_n) der Zahl 0 (wovon man sich durch Berechnen weiterer Folgenglieder überzeugen kann). Man sagt: Die Folge (a_n) strebt mit wachsendem n gegen den *Grenzwert* $g = 2$. Um diesen Grenzwertbegriff mathematisch exakt fassen zu können, vor allem aber, um die Möglichkeit zu erhalten, den Grenzwert einer Zahlenfolge zu berechnen, muss man die der Anschauung entnommene Formulierung, dass die Glieder einer Zahlenfolge *einer bestimmten Zahl beliebig nahe kommen*, präzisieren.

Wir betrachten dazu noch einmal die Folge $(b_n) = (\frac{n-1}{n})$:

n	1	2	3	4	5	6	7	8	9	10	11
b_n	0	$\frac{1}{2}$	$\frac{2}{3}$	$\frac{3}{4}$	$\frac{4}{5}$	$\frac{5}{6}$	$\frac{6}{7}$	$\frac{7}{8}$	$\frac{8}{9}$	$\frac{9}{10}$	$\frac{10}{11}$

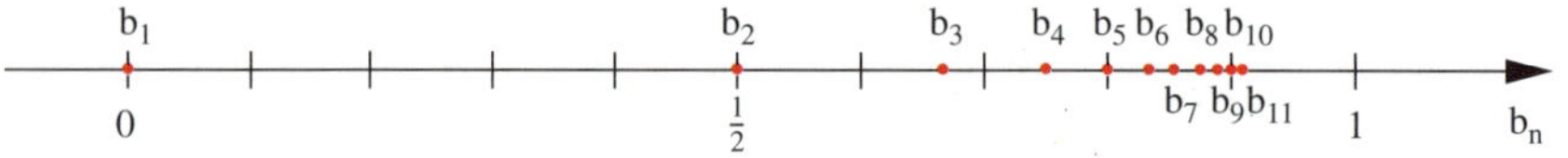

Fig. C 2

Die „Nähe“ eines Zahlenfolgengliedes b_n zum vermutlichen Grenzwert $g = 1$ wird dabei durch den Abstand $|b_n - g|$ bestimmt. Der Darstellung ist zu entnehmen, dass ab $n > 10$ dieser Abstand kleiner als $\frac{1}{10}$ ist. Nur die ersten zehn Zahlenfolgenglieder haben einen Abstand von $g = 1$, der größer oder gleich $\frac{1}{10}$ ist. Für das n-te Zahlenfolgenglied ist der Abstand von $g = 1$

$$|b_n - g| = \left|\frac{n-1}{n} - 1\right| = \left|\frac{n-1-n}{n}\right| = \left|-\frac{1}{n}\right| = \frac{1}{n}.$$

Damit lässt sich nun bestimmen, welche und wie viele Zahlenfolgenglieder von (b_n) einen Abstand kleiner als $\frac{1}{100}$ von $g = 1$ haben. Wir sehen: $|b_n - g| = \frac{1}{n} < \frac{1}{100}$ ist für alle $n > 100$ erfüllt. Man sagt: Alle Folgenglieder ab $n = 101$ liegen in einer $\frac{1}{100}$*-Umgebung* von 1. Nur die ersten 100 Folgenglieder liegen außerhalb dieser Umgebung.

[1] Für Zahlenfolgen mit einem komplizierteren Bildungsgesetz kann es u. U. zeitsparend sein, sich einen ersten Überblick durch deren Darstellung auf dem GTA-Bildschirm zu verschaffen.

Wie klein man nun eine positive Zahl ε (z. B. $\frac{1}{1000}$, $\frac{1}{10000}$ $\frac{1}{100000}$, …) auch wählt, stets gibt es *unendlich viele* Zahlenfolgenglieder, deren Abstand von g kleiner als das vorgegebene ε ist. Nur endlich viele Zahlenfolgenglieder haben von g einen größeren Abstand. In der Mathematik verwendet man dafür den Begriff „ε-Umgebung" und die Sprechweise: „*In jeder (noch so kleinen) ε-Umgebung von g liegen fast alle Glieder*[1] *der Zahlenfolge.*"

Definition C 1: **C 1**
Ist g eine beliebige reelle Zahl und ε eine beliebige (kleine) positive reelle Zahl, so nennt man das offene Intervall $U_\varepsilon(g) =]g - \varepsilon; g + \varepsilon[$ die **ε-Umgebung** der Zahl g.

Die Fig. C 3a, b veranschaulichen diesen Sachverhalt noch einmal:

a) Auf der Zahlengeraden:

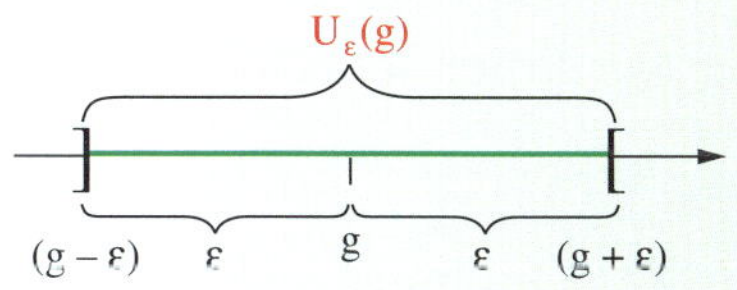

Fig. C 3a

b) Im rechtwinkligen Koordinatensystem:

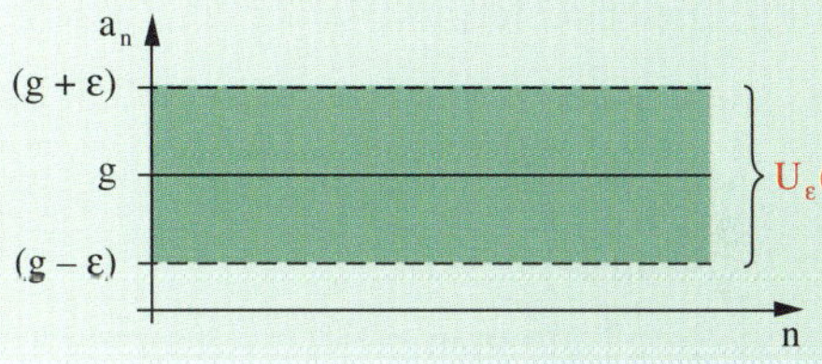

Fig. C 3b

Auf dieser Grundlage kann nun der Grenzwertbegriff exakt definiert werden:

Definition C 2: **C 2**
Die Zahl g heißt **Grenzwert der Zahlenfolge (a_n)**, wenn für jede (noch so kleine) positive Zahl ε fast alle Zahlenfolgenglieder a_n in der ε-Umgebung von g liegen, wenn also die Ungleichung $|a_n - g| < \varepsilon$ ab einem bestimmten n erfüllt ist.

Den Inhalt der Definition C 2 veranschaulicht Fig. C 4. Ab einem gewissen n liegen die Punkte, welche die Folgenglieder darstellen, in einem Streifen der Breite 2 ε, dessen Mittellinie parallel zur n-Achse durch g verläuft.

Oder anders ausgedrückt: Hat eine Zahlenfolge (a_n) den Grenzwert g, so ist ab einem bestimmten Glied a_{n_0} der Zahlenfolge der Abstand aller Folgenglieder von g kleiner als ε.

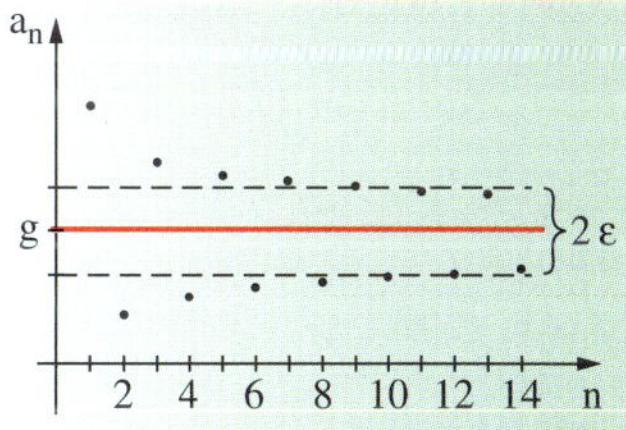

Fig. C 4

Folgen, die einen Grenzwert besitzen, bezeichnet man als **konvergent.** Folgen ohne Grenzwert heißen **divergent.** Um auszudrücken, dass „*die Folge (a_n) den Grenzwert g hat*", verwendet man die Kurzschreibweise

$\lim\limits_{n \to \infty} a_n = g$ (gelesen: *Limes*[2] *von (a_n) für n gegen unendlich gleich g*).

[1] Die Formulierung „fast alle Elemente" (einer unendlichen Menge) bedeutet: „Alle Elemente bis auf endlich viele Ausnahmen."

[2] limes (lat.) – Grenze

C 1

Beispiel C 1:

Die Zahlenfolge $(\frac{n+1}{n})$ $(n \in \mathbb{N}^*)$ ist auf Konvergenz zu untersuchen. Die ersten Glieder dieser Folge sind $\frac{2}{1}, \frac{3}{2}, \frac{4}{3}, \frac{5}{4}, \frac{6}{5}, \frac{7}{6}, \frac{8}{7}, \frac{9}{8}, \frac{10}{9}, \frac{11}{10}$. Das legt die Vermutung nahe, dass diese Folge gegen 1 konvergiert. Um die Konvergenz nachzuweisen, muss nach Definition C 2 gezeigt werden, dass für jede (noch so kleine) positive Zahl ε und für fast alle n die Ungleichung $\left|\frac{n+1}{n} - 1\right| < \varepsilon$ gilt. Dazu gehen wir folgendermaßen vor:

(1) Durch Anwenden äquivalenter Umformungen wird zunächst die Ungleichung vereinfacht: $\left|\frac{n+1}{n} - 1\right| = \left|1 + \frac{1}{n} - 1\right| = \left|\frac{1}{n}\right| = \frac{1}{n} < \varepsilon$

(2) Wählt man $\varepsilon = \frac{1}{10}$ (oder $\frac{1}{20}, \frac{1}{50}, \frac{1}{100}$), dann gilt die Ungleichung also für $n > 10$ (bzw. 20, 50, 100). Das bedeutet, 10 Glieder der Zahlenfolge $(\frac{n+1}{n})$ liegen außerhalb der Umgebung $U_{\frac{1}{10}}(1)$, alle anderen aber innerhalb. Mit anderen Worten: Nur die ersten 10 Glieder haben von 1 einen Abstand, der größer oder höchstens gleich $\frac{1}{10}$ ist. Alle anderen Folgeglieder liegen näher an 1.

(3) Offensichtlich kann man zu jedem beliebig kleinen ε stets eine natürliche Zahl n_0 finden, so dass $\frac{1}{n_0} < \varepsilon$. Für alle $n > n_0$ gilt dann erst recht $\frac{1}{n} < \varepsilon$. Das bedeutet aber, dass die Folge $(\frac{n+1}{n})$ konvergent ist und den Grenzwert 1 besitzt.

C 2

Beispiel C 2:

Es ist zu untersuchen, ob die Folge $(\frac{2n+1}{4n})$ den Grenzwert 1 hat.

Wir gehen analog zu Beispiel C 1 vor:

(1) Wenn die Folge den Grenzwert 1 besitzt, so muss $\left|\frac{2n+1}{4n} - 1\right| < \varepsilon$ sein. Umformen der linken Seite der Ungleichung ergibt $\left|\frac{2n+1-4n}{4n}\right| = \left|\frac{-2n+1}{4n}\right| = \left|-\frac{1}{2} + \frac{1}{4n}\right|$. Da $-\frac{1}{2} + \frac{1}{4n} < 0$ für alle $n > 0$, gilt $\left|-\frac{1}{2} + \frac{1}{4n}\right| = -(-\frac{1}{2} + \frac{1}{4n}) = \frac{1}{2} - \frac{1}{4n}$.

(2) Jetzt ist zu prüfen, ob sich zu jedem noch so kleinen positiven ε stets eine natürliche Zahl n_0 angeben lässt, so dass $\frac{1}{2} - \frac{1}{4n} < \varepsilon$.
Da die Differenz $\frac{1}{2} - \frac{1}{4n}$ für $n > 0$ nie kleiner als $\frac{1}{2} - \frac{1}{4} = \frac{1}{4}$ ist, lässt sich folgern: Sobald man ε kleiner als $\frac{1}{4}$ wählt, ist die Ungleichung $\frac{1}{2} - \frac{1}{4n} < \varepsilon$ für gar kein n erfüllt.

Damit ist aber lediglich nachgewiesen, dass 1 nicht als Grenzwert der Zahlenfolge $(\frac{2n+1}{4n})$ infrage kommt und nicht, dass die Folge keinen Grenzwert besitzt und demzufolge divergent ist. Veranschaulicht man die Folge beispielsweise mit einem GTA, so zeigt sich, dass eine andere Zahl (in diesem Fall $\frac{1}{2}$) durchaus Grenzwert der Zahlenfolge sein könnte (s. Fig. C 5 bis C 7).

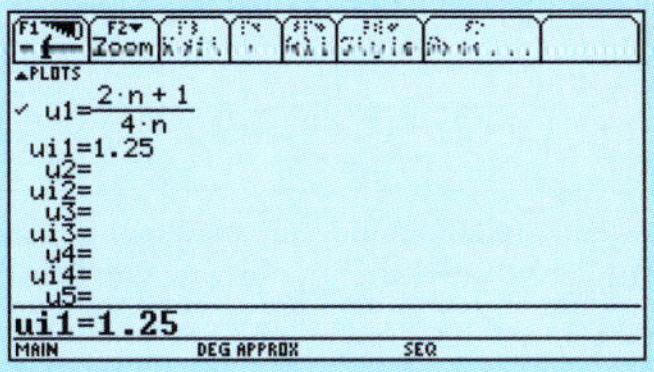

Fig. C 5

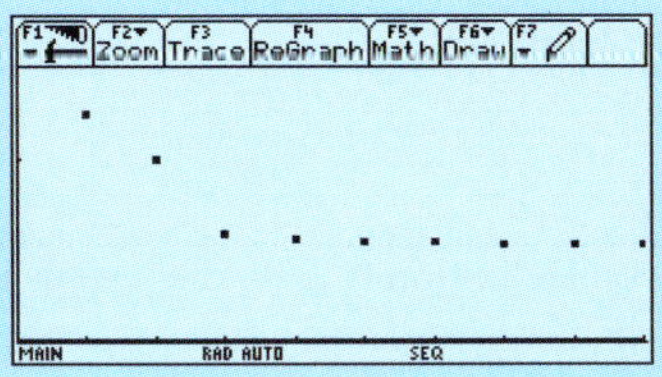

Fig. C 6

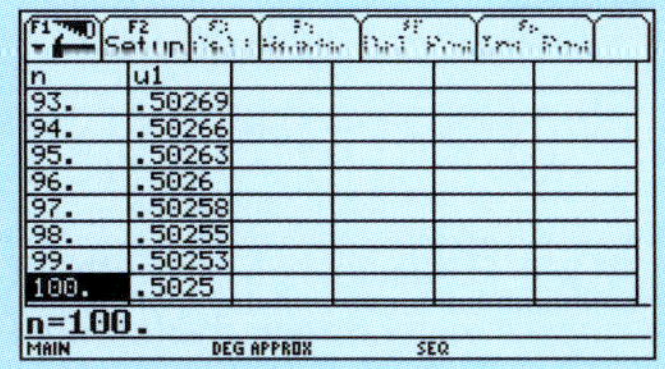

Fig. C 7

TI-92
T6

Für die Untersuchung von Zahlenfolgen auf Konvergenz ist wichtig: Falls eine Folge einen Grenzwert besitzt, so ist dieser eindeutig bestimmt. Mit anderen Worten: Eine Zahlenfolge hat höchstens einen Grenzwert.

Zahlenfolgen, deren Glieder bei wachsendem n alle Schranken übertreffen (z. B. $(\frac{n^2}{2})$ oder $(4n^2 + 5n + 7)$), und Zahlenfolgen, deren Glieder bei wachsendem n unter alle Schranken sinken (z. B. $(10 - n^2)$), nennt man **bestimmt divergent.** In solchen Fällen schreibt man $\lim\limits_{n \to \infty} a_n = +\infty$ bzw. $\lim\limits_{n \to \infty} a_n = -\infty$ und spricht dann von **uneigentlichen Grenzwerten.** Das ist natürlich nur eine symbolische Bezeichnung und bedeutet nicht, dass eine solche Zahlenfolge tatsächlich einen Grenzwert hat, also gegen eine Zahl konvergiert.

Aufgaben

C 1 *(↗ S. 106)*

Es ist zu untersuchen, welche und wie viele Glieder der Folge (a_n) mit $a_n = -\frac{n+1}{n}$ von $g = -1$ einen Abstand haben, der

a) kleiner als $\frac{1}{10}$, b) kleiner als $\frac{1}{100}$, c) kleiner als $\frac{1}{1000}$ ist.

C 2 *(↗ Beispiel C 1/2, S. 108 f.)*

Gegeben ist die Zahlenfolge $(a_n) = (2 + \frac{1}{n})$.

a) Berechnen Sie die Folgenglieder a_1 bis a_{10} und veranschaulichen Sie diese in einem Koordinatensystem!

b) Welcher Zahl nähern sich die Folgenglieder a_n, wenn man n weiter vergrößert?

c) Tragen Sie in das Koordinatensystem die ε-Umgebung dieser Zahl für $\varepsilon = \frac{1}{4}$ $(\varepsilon = \frac{1}{10})$ ein und bestimmen Sie die Anzahl der Folgenglieder außerhalb dieser ε-Umgebung!

d) Wie viele Folgenglieder liegen außerhalb der ε-Umgebung dieser Zahl für $\varepsilon = \frac{1}{10000}$?

e) Ab welchem n liegen die Folgenglieder in der $\frac{1}{10^6}$-Umgebung dieser Zahl?

f) Zeigen Sie: Die Zahl 2 ist Grenzwert der Zahlenfolge (a_n), d. h., es gilt: $\lim\limits_{n \to \infty}\left(2 + \frac{1}{n}\right) = 2$.

C 3 Untersuchen Sie nachstehende Zahlenfolgen wie in Aufgabe ***C 2***:

a) $(a_n) = (\frac{2n-1}{2n})$ b) $(b_n) = ((-1)^n \cdot \frac{2}{n})$ c) $(c_n) = (\frac{4n-3}{3n})$ d) $(d_n) = (\frac{4-n}{2n})$

C 4 Zeigen Sie auf indirektem Weg, dass eine Zahlenfolge höchstens *einen* Grenzwert haben kann!

C 5 Vermuten Sie einen Grenzwert für nachfolgende Zahlenfolgen:

a) $(\frac{1}{3^n})$ b) $(\frac{3}{n})$ c) $(\frac{1}{2n})$ d) $(\frac{3-4n}{2n})$ e) $(4 + \frac{1}{n})$ f) $(\sqrt{5} - \frac{2}{n})$

C 6 Stellen Sie Vermutungen über den Grenzwert der nachstehenden Folgen auf und überprüfen Sie diese mittels der Grenzwertdefinition:

a) $\left(\frac{3n-1}{n}\right)$ b) $\left(\frac{2n+2}{6n}\right)$ c) $\left(\frac{n^2-2}{3n^2}\right)$ d) $\left(\frac{(-1)^n+n}{n}\right)$

C 7 Untersuchen Sie mithilfe von Definition C 2, ob die jeweils angegebene Zahl g_i Grenzwert der zugehörigen Zahlenfolge ist:

a) $(a_n) = \left(\frac{5n+3}{2n}\right)$; $g_1 = 2{,}5$

b) $(a_n) = \left(\frac{7}{3} - \frac{4}{3n}\right)$; $g_2 = \frac{7}{3}$

c) $(a_n) = \left(\frac{4-3n}{5n}\right)$; $g_3 = \frac{3}{5}$

d) $(a_n) = \left(\frac{10+n}{n^2}\right)$; $g_4 = 0$

e) $(a_n) = \left(\frac{9n+7}{8n}\right)$; $g_5 = 1$

f) $(a_n) = \left(\frac{n}{10^7}\right)$; $g_6 = 1$

g) Geben Sie in den Fällen, in denen die angegebene Zahl g nicht Grenzwert der Folge (a_n) ist, eine eigene Vermutung für den Grenzwert an und beweisen Sie deren Richtigkeit!

C 8 Bestätigen Sie durch Anwendung der Grenzwertdefinition *(↗ Definition C 2, S. 107)*, dass die Folgen (a_n) bis (d_n) den angegebenen Grenzwert haben:

$(a_n) = \left(\frac{2n+1}{n}\right)$ $g = 2$ $(b_n) = \left(\frac{2n^2-18}{3n^2}\right)$ $g = \frac{2}{3}$ $(c_n) = \left(\frac{n^2+n+1}{5n^2+n}\right)$ $g = 0{,}2$ $(d_n) = \left(\frac{12n^2+3}{(2n+1)^2}\right)$ $g = 3$

C 9 Geben Sie eine monoton wachsende und eine monoton fallende Folge an, die den Grenzwert 3 (bzw. –2; 5; –1) hat!

C 10 Es seien $a_n = 2^n$, $b_n = -2^n$, $c_n = (-2)^n$, $d_n = 2^{-n}$, $e_n = -2^{-n}$, $f_n = (-2)^{-n}$ die allgemeinen Glieder von Zahlenfolgen.

a) Berechnen Sie die entsprechenden Folgeglieder für n = 1, 2, 3, 4, 5, 6, 7, … und füllen Sie die Tabelle aus:

b) Bestimmen Sie, wie sich jede der Zahlenfolgen verändert!

c) Welche der Zahlenfolgen konvergieren, welche divergieren?

n	1	2	3	4	5	6	…
a_n							
b_n							
c_n							
d_n							
e_n							
f_n							

C 11 Äußern Sie sich über Konvergenz oder Divergenz nachfolgender Folgen und geben Sie gegebenenfalls den Grenzwert an:

$(a_n) = (2 - n)$ $(b_n) = \left(\frac{1}{2-2n}\right)$ $(c_n) = \left(\frac{n^4}{n^2+1}\right)$

$(d_n) = \left(\frac{(1-n)^2}{1+n^2}\right)$ $(e_n) = (2^{n+1} - 2^n)$ $(f_n) = \left(\frac{1+(-1)^n}{n}\right)$

C 12 Konvergieren die Folgen

a) $\frac{1}{2}, \frac{3}{2}, \frac{5}{2}, \ldots, \frac{2n-1}{2}, \ldots$ b) $\frac{3}{2}, \frac{9}{4}, \frac{27}{8}, \ldots, \left(\frac{3}{2}\right)^n, \ldots$ c) $-1, 1, -1, 1, \ldots, (-1)^n, \ldots$?

Wenn ja, dann bestimmen Sie den Grenzwert!

C 13 Eine Schnecke kriecht an einer 5 m hohen Wand am Tag 2 m hoch und rutscht aus bestimmten Gründen nachts auf die Hälfte der erreichten Höhe wieder zurück. So geht es immer weiter. Wird sie die gesamte Wand jemals erklimmen?

C 14 Die FIBONACCI-Folge wird folgendermaßen definiert: $a_1 = 1$; $a_2 = 1$; $a_n = a_{n-1} + a_{n-2}$; $n \geq 3, n \in \mathbb{N}$.

a) Berechnen Sie die ersten 10 Glieder der FIBONACCI-Folge!

b) Bilden Sie die Quotienten zweier aufeinander folgender FIBONACCI-Zahlen $\frac{a_{n-1}}{a_n}$ bzw. $\frac{a_n}{a_{n+1}}$!

c) Zu welcher Vermutung gelangt man? (Begründen Sie Ihre Vermutung!)

C 2 Grenzwertsätze für Zahlenfolgen

Um das Bestimmen von Grenzwerten zu erleichtern, versucht man, gegebene Zahlenfolgen auf einfachere Zahlenfolgen mit bekannten Grenzwerten zurückzuführen. Dabei spielen Zahlenfolgen, die den Grenzwert 0 besitzen, eine besondere Rolle.

Definition C 3: C 3
Eine Zahlenfolge, die den Grenzwert g = 0 besitzt, heißt **Nullfolge.**

Nullfolgen sind also Zahlenfolgen, die gegen 0 konvergieren, z.B. $(\frac{1}{n})$; $(\frac{3}{n^2})$; $(\frac{4}{\sqrt{n}})$; $(\left(\frac{1}{2}\right)^n)$ $(\frac{3}{2n})$.
Es besteht folgender Zusammenhang, den wir ohne Beweis mitteilen:

Satz C 1: **Grenzwertkriterium für Zahlenfolgen** C 1
Eine Zahlenfolge (a_n) hat genau dann den Grenzwert g, wenn die Zahlenfolge $(a_n - g)$ eine Nullfolge ist.

$$\lim_{n \to \infty} a_n = g \quad \Leftrightarrow \quad \lim_{n \to \infty} (a_n - g) = 0$$

Beispiel C 3: C 3
Wir greifen das Beispiel C 2 noch einmal auf und zeigen jetzt mithilfe von Satz C 1, dass die Zahlenfolge $(\frac{2n+1}{4n})$ gegen $\frac{1}{2}$ konvergiert. Dazu reicht der Nachweis, dass die Folge $(\frac{2n+1}{4n} - \frac{1}{2})$ eine Nullfolge ist. Dies trifft zu, denn es gilt:

$$\lim_{n \to \infty} (\frac{2n+1}{4n} - \frac{1}{2}) = \lim_{n \to \infty} \frac{2n+1-2n}{4n} = \lim_{n \to \infty} \frac{1}{4n} = 0$$

TI-92 T9

Aus den Zahlenfolgen $(a_n) = (\frac{2n+3}{n})$ bzw. $(a_n) = 5; \frac{7}{2}; 3; \frac{11}{4}; \frac{13}{5}; \ldots; \frac{2n+3}{n}; \ldots$ und $(b_n) = (\frac{n-1}{n})$ bzw. $(b_n) = 0; \frac{1}{2}; \frac{2}{3}; \frac{3}{4}; \frac{4}{5}; \ldots; \frac{n-1}{n}; \ldots$ erhält man durch gliedweise Addition die Folge $(a_n + b_n) = 5; 4; \frac{11}{3}; \frac{7}{2}; \frac{17}{5}; \ldots; \frac{3n+2}{n}; \ldots$ Die Folgen (a_n) und (b_n) sind konvergent. Für ihre Grenzwerte gilt $g_1 = \lim_{n \to \infty} \frac{2n+3}{n} = 2$ und $g_2 = \lim_{n \to \infty} \frac{n-1}{n} = 1$. Daher liegt die Vermutung nahe, dass sich der Grenzwert g von $(a_n + b_n)$ aus der Addition von g_1 und g_2 ergibt, dass also $g = \lim_{n \to \infty} \frac{3n+2}{n} = 3$ gilt. Analog kann man aus (a_n) und (b_n) durch gliedweise Subtraktion, Multiplikation und Division bei Beachtung der notwendigen Einschränkungen neue Folgen bilden und dieselben Betrachtungen durchführen. Über das Konvergenzverhalten von zusammengesetzten Zahlenfolgen lassen sich folgende Aussagen treffen, auf deren Beweis wir an dieser Stelle verzichten:

C 2

Satz C 2: **Grenzwertsätze für Zahlenfolgen**

Die Zahlenfolge (a_n) konvergiere gegen g_1, die Zahlenfolge (b_n) gegen g_2
(d. h. $\lim\limits_{n \to \infty} a_n = g_1$, $\lim\limits_{n \to \infty} b_n = g_2$).

Dann gilt:

$$\lim_{n \to \infty} (a_n \pm b_n) = \lim_{n \to \infty} a_n \pm \lim_{n \to \infty} b_n = g_1 \pm g_2, \qquad \lim_{n \to \infty} (a_n \cdot b_n) = \lim_{n \to \infty} a_n \cdot \lim_{n \to \infty} b_n = g_1 \cdot g_2,$$

$$\lim_{n \to \infty} \frac{a_n}{b_n} = \frac{\lim\limits_{n \to \infty} a_n}{\lim\limits_{n \to \infty} b_n} = \frac{g_1}{g_2} \quad \text{(sofern } b_n \neq 0 \text{ und } g_2 \neq 0\text{).}$$

Wichtig für die Anwendung dieser Sätze sind folgende Bedingungen:

- Die Grenzwertsätze sind nur anwendbar, wenn die einzelnen Grenzwerte existieren.
- Die Umkehrungen dieser Sätze sind nicht allgemeingültig. So kann zum Beispiel eine Zahlenfolge $(\frac{a_n}{b_n})$ konvergieren, ohne dass beide Folgen konvergieren (wie Beispiel C 5 zeigen wird).

C 4

TI-92

T9

Beispiel C 4:

Gegeben seien die Zahlenfolgen $(2 + \frac{1}{n})$ und $(3 - \frac{5}{n})$. Zu untersuchen ist, ob die Zahlenfolge $((2 + \frac{1}{n}) \cdot (3 - \frac{5}{n}))$ konvergiert.

(1) Wir untersuchen, ob die Grenzwerte der Zahlenfolgen $(2 + \frac{1}{n})$ und $(3 - \frac{5}{n})$ existieren:

- $\lim\limits_{n \to \infty} (2 + \frac{1}{n}) = \lim\limits_{n \to \infty} 2 + \lim\limits_{n \to \infty} \frac{1}{n} = 2 + 0 = 2$. Der Grenzwert existiert, da der Grenzwertsatz für Summenfolgen angewendet werden kann.
- $\lim\limits_{n \to \infty} (3 - \frac{5}{n}) = \lim\limits_{n \to \infty} 3 - \lim\limits_{n \to \infty} \frac{5}{n} = 3 - 0 = 3$. Der Grenzwert existiert, da der Grenzwertsatz für Differenzenfolgen angewendet werden kann.

(2) Da die Grenzwerte der beiden Zahlenfolgen $(2 + \frac{1}{n})$ und $(3 - \frac{5}{n})$ existieren, kann auf die Folge $((2 + \frac{1}{n}) \cdot (3 - \frac{5}{n}))$ der Grenzwertsatz für Produktfolgen angewendet werden.

- $\lim\limits_{n \to \infty} [(2 + \frac{1}{n}) \cdot (3 - \frac{5}{n})] = \lim\limits_{n \to \infty} (2 + \frac{1}{n}) \cdot \lim\limits_{n \to \infty} (3 - \frac{5}{n}) = 2 \cdot 3 = 6$

Die Zahlenfolge $((2 + \frac{1}{n}) \cdot (3 - \frac{5}{n}))$ ist also konvergent und besitzt den Grenzwert 6.

C 5

Beispiel C 5:

Es ist der Grenzwert der Zahlenfolge $(\frac{4n^2 + 5n + 7}{5n^2 - n + 3})$ zu ermitteln.

Die Folgen $(4\,n^2 + 5\,n + 7)$ und $(5\,n^2 - n + 3)$ divergieren – sie wachsen monoton, ohne beschränkt zu sein. Die Einzelgrenzwerte $\lim\limits_{n \to \infty} (4\,n^2 + 5\,n + 7)$ und $\lim\limits_{n \to \infty} (5n^2 - n + 3)$ existieren also nicht. Daher ist die Anwendung des Grenzwertsatzes für Quotientenfolgen auf die Folge $(\frac{4n^2 + 5n + 7}{5n^2 - n + 3})$ in der vorliegenden Form nicht möglich. In einem solchen Fall kann man vorerst keine Konvergenzaussage treffen. Es darf allerdings auch nicht voreilig geschlussfolgert werden, dass dann die Zahlenfolge $(\frac{4n^2 + 5n + 7}{5n^2 - n + 3})$ divergent sei.

Sinnvoll ist, zu versuchen, den Term $\frac{4n^2 + 5n + 7}{5n^2 - n + 3}$ so umzuformen, dass im Nenner nur noch konstante Folgen oder Nullfolgen auftreten. Das gelingt meist, indem man im Zähler und Nenner die höchste im Nenner auftretende Potenz von n ausklammert und dann kürzt. Für jede natürliche Zahl n > 0 gilt so im vorliegenden Fall:

$$\frac{4n^2+5n+7}{5n^2-n+3} = \frac{n^2\left(4+\frac{5}{n}+\frac{7}{n^2}\right)}{n^2\left(5-\frac{1}{n}+\frac{3}{n^2}\right)} = \frac{4+\frac{5}{n}+\frac{7}{n^2}}{5-\frac{1}{n}+\frac{3}{n^2}}$$

Auf diesen umgeformten Quotienten sind die Grenzwertsätze anwendbar. Es gilt:

$$\lim_{n\to\infty}\frac{4n^2+5n+7}{5n^2-n+3} = \lim_{n\to\infty}\frac{4+\frac{5}{n}+\frac{7}{n^2}}{5-\frac{1}{n}+\frac{3}{n^2}} = \frac{\lim\limits_{n\to\infty}4+\lim\limits_{n\to\infty}\frac{5}{n}+\lim\limits_{n\to\infty}\frac{7}{n^2}}{\lim\limits_{n\to\infty}5-\lim\limits_{n\to\infty}\frac{1}{n}+\lim\limits_{n\to\infty}\frac{3}{n^2}} = \frac{4+0+0}{5-0+0} = \frac{4}{5}$$

TI-92

T9

Damit haben wir nachgewiesen, dass die Zahlenfolge $\left(\frac{4n^2+5n+7}{5n^2-n+3}\right)$ konvergent ist und den Grenzwert $\frac{4}{5}$ besitzt.

Aufgaben

C 15 Zeigen Sie, dass die nachstehenden Folgen (a_n), (b_n) und (c_n) Nullfolgen sind:

$(a_n) = \left(\frac{1}{3^n}\right)$ $\quad$ $(b_n) = \left(\frac{1}{n^2}\right)$ $\quad$ $(c_n) = \left(\frac{-n}{2n^2+2}\right)$

C 16 Für welche Zahlen $r \in \mathbb{R}$; $r > 0$ ist die durch $b_n = \left(\frac{r^2+1}{8+6r}\right)^n$ gegebene Folge eine Nullfolge?
(Beachte: $(a_n) = (a \cdot q^n)$ ist für $a \in \mathbb{R}$, $q \in \mathbb{R}$, $|q| < 1$ eine Nullfolge.)

C 17 *(↗ Beispiel C 3, S. 111)*

Zeigen Sie mithilfe von Satz C 1, dass die Folge (a_n) mit $a_n = 1 + \frac{1}{n}$ den Grenzwert g = 1 besitzt!

C 18 *(↗ Beispiel C 4, S. 112)*

Gegeben seien die Folgen (a_n) und (b_n) mit $a_n = 4 - \frac{1}{n^2}$ und $b_n = 2 + \frac{1}{n}$.

a) Bestimmen Sie die Grenzwerte von (a_n) und (b_n)!
b) Bestimmen Sie die Grenzwerte der Summen-, Differenz-, Produkt- und Quotientenfolge!

C 19 Ermitteln Sie durch Anwendung der Grenzwertsätze *(↗ Beispiel C 4, S. 112)* die Grenzwerte nachstehender Folgen:

a) $\left(\frac{6n-7}{n+1}\right)$ $\quad$ b) $\left(\frac{2-n^2}{1+n^2}\right)$ $\quad$ c) $\left(\frac{3\sqrt{n}-1}{4\sqrt{n}+4}\right)$

d) $\left(\frac{3-\sqrt{n}}{\sqrt{n}+2}\right)$ $\quad$ e) $\left(\frac{5-n^2}{n^2}\right)$ $\quad$ f) $\left(\frac{n^2+(-1)^n}{3n^2}\right)$

g) $\left(\frac{2^n-2}{2^{n+1}}\right)$ $\quad$ h) $\left(\frac{2-2^n}{3\cdot 2^n}\right)$ $\quad$ i) $\left(\frac{4-4n}{1+n}\right)$

C 20 *(↗ Beispiel C 5, S. 112)*

Bestimmen Sie folgende Grenzwerte:

a) $\lim\limits_{n\to\infty}\frac{2-n}{3+n}$ $\quad$ b) $\lim\limits_{n\to\infty}\frac{3n^2+4n+7}{9n^2+7n}$ $\quad$ c) $\lim\limits_{n\to\infty}\frac{(4n+1)(2n+3)}{7n^2+4n+2}$

C 21 Ermitteln Sie unter Nutzung der Grenzwertsätze den Grenzwert der nachstehenden Zahlenfolgen:

a) $\lim\limits_{n\to\infty} \frac{2n+3}{n}$ b) $\lim\limits_{n\to\infty} \frac{8}{4n}$ c) $\lim\limits_{n\to\infty} \frac{2-3n}{n}$

d) $\lim\limits_{n\to\infty} \frac{6n-1}{3n+3}$ e) $\lim\limits_{n\to\infty} \frac{n^2+n+1}{n^2}$ f) $\lim\limits_{n\to\infty} \frac{5n^2+3n+1}{4n^2}$

g) $\lim\limits_{n\to\infty} \frac{4n^2-3n-2}{2n^2}$ h) $\lim\limits_{n\to\infty} \frac{(2n-3)^2}{(n+2)^2}$ i) $\lim\limits_{n\to\infty} \frac{(n+3)(n-1)}{3n^2}$

j) $\lim\limits_{n\to\infty} \frac{7n^3+3n^2-5}{2n^4+4n^2-2}$ k) $\lim\limits_{n\to\infty} \frac{n^2-n}{n^2+n}$ l) $\lim\limits_{n\to\infty} \frac{8-n^3+3n^5}{5+3n^2-4n^5}$

m) $\lim\limits_{n\to\infty} \frac{7}{3n^2+4}$ n) $\lim\limits_{n\to\infty} \frac{(3n+1)^2-(n-1)^2}{(3n-1)^2+(n+1)^2}$ o) $\lim\limits_{n\to\infty} \left(\frac{\sqrt{2}\cdot 10^n-1}{10^n}\right)^2$

C 22 Bestimmen Sie durch Anwenden der Grenzwertsätze die Grenzwerte nachstehender Folgen:

a) $(a_n) = ((2+\frac{1}{n})\cdot(2-\frac{1}{n}))$ b) $(b_n) = (\frac{3n^2+4n+7}{9n^2+7n})$

C 23 Untersuchen Sie unter Verwendung der Grenzwertsätze nachstehende Zahlenfolgen auf Konvergenz:

a) $\left(\frac{n^2-3n+1}{2+n-n^2}\right)$ b) $\left(\frac{3n+4}{n-1}\right)$ c) $\left(\frac{1}{2^n}\right)$

d) $\left(\frac{n^2-1}{n+1}\right)$ e) $\left(\frac{(n^2+3)^2}{(2-2n)^2}\right)$ f) $\left(\frac{(n-3)\cdot(n^2+1)}{(n+2)\cdot(n-4)}\right)$

g) $\left(\frac{8n^5-3n^3+n}{2n^5+n^4-3n}\right)$ h) $\left(\frac{n^2\cdot(2-n)}{n^3\cdot(n-1)}\right)$ i) $\left(\frac{3n}{3^n}\right)$

j) $\left(\frac{1+2+3+\ldots+n}{n^2}\right)$ k) $\left(\frac{1+4+9+\ldots+n^2}{n^3}\right)$

C 24 Berechnen Sie folgende Grenzwerte:

a) $\lim\limits_{n\to\infty} \frac{5n+1}{7-9n}$ b) $\lim\limits_{n\to\infty} \frac{2n-1}{n^2+1}$ c) $\lim\limits_{n\to\infty} \frac{3n^2+2n-3}{2n^2-n+4}$

d) $\lim\limits_{n\to\infty} (\sqrt{n+1}-\sqrt{n})$ e) $\lim\limits_{n\to\infty} \frac{1+2+4+8+\ldots+2^n}{1+5+25+125+\ldots+5^n}$

Hinweis zu e): Verwenden Sie die Summenformel für eine geometrische Zahlenfolge!

C 25 Bestimmen Sie die Grenzwerte nachstehender Zahlenfolgen $(a_n)_i$ mithilfe der Grenzwertsätze:

a) (a_n) mit $a_n = \frac{2}{n} + \frac{1}{n^2}$ b) (a_n) mit $a_n = \frac{3n+1}{n+2}$ c) (a_n) mit $a_n = \frac{8n+2}{n^2+n}$

d) (a_n) mit $a_n = \frac{n^2+n+4}{n(n+2)}$ e) (a_n) mit $a_n = (4-\frac{1}{n^2})\cdot(\frac{n+1}{n})$ f) (a_n) mit $a_n = \frac{n-\frac{1}{n}}{n^2-\frac{1}{n^2}}$

C 26 Bestimmen Sie die Grenzwerte nachstehender Folgen mithilfe der Grenzwertsätze:

a) $(a_n) = (\frac{2n+3}{3n-1})$ b) $(b_n) = (\frac{6n-2}{2n^2-n+1})$ c) $(c_n) = (\frac{2n\cdot(n+1)}{(1-n^2)\cdot 10^n})$

C 27 Bestimmen Sie zunächst die Grenzwerte der nachstehenden, durch ihr allgemeines Glied beschriebenen Folgen (a_n) und (b_n) und berechnen Sie dann (soweit möglich) den Grenzwert der Summen-, Differenz-, Produkt- und Quotientenfolge:

a) $a_n = 3 - \frac{2}{n^2}$ $\quad b_n = 1 - \frac{2}{n}$ b) $a_n = 2 + \frac{1}{n} - \frac{3}{n^2}$ $\quad b_n = 1 - \frac{1}{n}$

c) $a_n = 5$ $\quad b_n = 2 + \frac{3}{n}$ d) $a_n = 2 - \frac{(-1)^n}{n}$ $\quad b_n = \frac{1}{n}$

C 28 Bestimmen Sie zunächst jeweils die Grenzwerte der nachstehenden Folgen (a_n) und (b_n), der Differenzfolge $(a_n - b_n)$, der Produktfolge $(a_n \cdot b_n)$ und der Quotientenfolge $(\frac{a_n}{b_n})$, sofern dies möglich ist:

a) $(a_n) = (2 - \frac{3}{n})$; $\quad (b_n) = (1 - \frac{3}{n})$ b) $(a_n) = (3 + \frac{1}{n})$; $\quad (b_n) = (2 - \frac{1}{n})$

c) $(a_n) = (3)$; $\quad (b_n) = (4 + \frac{2}{n})$ d) $(a_n) = (1 - \frac{(-1)^n}{n})$; $\quad (b_n) = (\frac{1}{n})$

C 29 Bestimmen Sie die Grenzwerte der nachstehenden Folgen (a_n) mithilfe der Grenzwertsätze:

a) $a_n = \frac{1}{n} + \frac{1}{n^2}$ b) $a_n = \frac{2n+1}{n+3}$ c) $a_n = \frac{6n+2}{n^2+n}$ d) $a_n = \frac{2n^2+n+3}{n(n+1)}$

e) $a_n = \frac{n+2}{(n+1) \cdot 2^n}$ f) $a_n = \frac{n + \frac{2}{n}}{n^2 - \frac{3}{n^2}}$ g) $a_n = (4 - \frac{1}{n^2}) \cdot (\frac{n+3}{2n})$ h) $a_n = \frac{\frac{2}{n}}{\frac{4}{n^2} - \frac{2}{n}}$

C 30 Warum gilt der Grenzwertsatz für Quotientenfolgen in den folgenden Beispielen nicht?

a) (a_n) mit $a_n = \frac{3}{n}$; $\quad (b_n)$ mit $b_n = \frac{5}{n}$ b) (a_n) mit $a_n = 3 + \frac{1}{n}$; $\quad (b_n)$ mit $b_n = \frac{2}{n}$

c) (a_n) mit $a_n = 2$; $\quad (b_n)$ mit $b_n = 1 + (-1)^n$

C 31 Ermitteln Sie, welche der nachstehenden Folgen konvergent sind. Geben Sie ggf. den Grenzwert an: **GTA**

a) $a_n = \frac{1}{10^{n-1}} + 3$ b) $a_n = \frac{16}{2^{n+1}}$ c) $a_n = -3n^2 + 12n - 18$

d) $a_n = \frac{n\sqrt[n]{n} - 4}{n\sqrt[n]{n} + 3}$ e) $a_n = n \cdot \sin n$ f) $a_n = \frac{1 + \frac{1}{n^2}}{5 - \frac{1}{n}}$

g) $a_1 = \sqrt{2}$; $a_n = \sqrt{2a_{n-1} + 1}$ h) $a_1 = 1$; $a_n = 0{,}5(a_{n-1} + \frac{2}{a_{n-1}})$

C 32 Ermitteln Sie jeweils, wie viele Folgenglieder außerhalb der ε-Umgebung des Grenzwertes der nachstehenden Zahlenfolge liegen:

a) $(a_n) = (\frac{2n^2+3}{n^2-1})$; $\quad \varepsilon = \frac{1}{1000}$ b) $(b_n) = (\frac{5}{3n^2})$; $\quad \varepsilon = 10^{-6}$

c) $(c_n) = (\frac{n-1}{n+1})$; $\quad \varepsilon = 1$ d) $(d_n) = (\frac{2n+1}{3n+2})$; $\quad \varepsilon = \frac{2}{300}$

C 33 Welches Folgenglied ist das erste innerhalb der ε-Umgebung des Grenzwertes der nachstehenden Zahlenfolge?

a) $(a_n) = (\frac{5n-3}{2n})$; $\quad \varepsilon = 10^{-4}$ b) $(b_n) = (\frac{2-3n}{n-1})$; $\quad \varepsilon = \frac{2}{100}$

c) $(c_n) = (\frac{7}{n^3})$; $\quad \varepsilon = \frac{2}{300}$ d) $(d_n) = (\frac{3n^2-4n}{2-4n^2})$; $\quad \varepsilon = 3{,}2 \cdot 10^{-4}$

C 34 Ermitteln Sie die ersten acht Glieder nachstehender Folgen und bestimmen Sie eine ε-Umgebung derart, dass diese ersten acht Glieder als einzige außerhalb dieser Umgebung liegen:

a) $(a_n) = (\frac{3}{n^2})$; $\quad (n > 0)$ b) $(b_n) = (\frac{n+1}{n-1})$; $\quad (n > 1)$ c) $(c_n) = (\frac{n-1}{2n-3})$; $\quad (n > 1)$

C 35 In einem Halbkreis mit dem Radius r werden in einem ersten Schritt über dem Durchmesser nebeneinander zwei Halbkreise mit dem Radius $\frac{r}{2}$ gezeichnet. In diese zeichnet man erneut jeweils zwei Halbkreise ein usw.

a) Wie groß ist die Summe der Längen aller Halbkreisbögen nach dem n-ten Schritt?
b) Besitzt diese Summe für $n \to \infty$ einen Grenzwert, wenn man sich das geschilderte Vorgehen beliebig oft fortgesetzt denkt?

C 36 Der griechische Philosoph ZENON VON ELEA (ca. 495 bis ca. 430 v. Chr.) hielt von der Mathematik nicht viel und bekämpfte deshalb die Schule der Pythagoreer, wo er konnte. Er war Sophist[1)] und suchte seinen Anhängern die Unzulänglichkeit mathematischer Untersuchungen durch folgende Überlegung zu beweisen: ACHILLES, der sagenhafte beste Läufer des Altertums, läuft 12-mal so schnell wie die Schildkröte, kann sie aber nicht einholen, wenn sie zu Beginn des Wettlaufs vor ihm einen Vorsprung von 1 Stadion (1 Stadion = 192,27 m) hat. Hat ACHILLES nämlich diesen Vorsprung zurückgelegt, so ist ihm die Schildkröte bereits wieder um $\frac{1}{12}$ Stadion voraus. Durchläuft ACHILLES diesen Vorsprung, so ist die Schildkröte ihm $\frac{1}{144}$ Stadion voraus usw. Er kann sie also niemals einholen. Beurteilen Sie diesen Schluss!

GTA **C 37** Ein Patient nimmt täglich 12 mg eines Medikaments ein. Im Laufe des Tages baut der Körper 40 % des Wirkstoffes ab und scheidet es aus. Man kann in einer Zahlenfolge die Konzentration des Wirkstoffes unmittelbar nach der Einnahme am 1., 2., 3., … Tag im Körper des Patienten berechnen.

a) Erstellen Sie eine Tabelle für die ersten 20 Tage!
b) Geben Sie die so entstandene Zahlenfolge durch eine rekursive Darstellung an!
c) Zeichnen Sie den Graphen dieser Folge!
d) Ist die Folge konvergent? Wenn ja, geben Sie den Grenzwert an!

C 38 Beim Brand des Kernreaktors in Tschernobyl im April 1986 wurde unter anderem radioaktives Jod-131 in die Luft geschleudert und vom Wind in geringen Mengen über ganz Europa verstreut. Auf einem Areal in Deutschland seien 2000 mg niedergegangen. Wegen seiner Radioaktivität zerfällt Jod-131 von einem auf den anderen Tag auf 95,5 % seiner Vortagsmenge.

a) Erstellen Sie eine Tabelle der vorhandenen Jod-131-Menge für die ersten 15 Tage!
b) Geben Sie eine rekursive und eine explizite Termdarstellung an!
c) Zeichnen Sie den Graphen für die ersten 20 Tage!
d) Bestimmen Sie die Halbwertzeit von Jod-131!

C 39 Auf einem Feld werden zur Unkrautvernichtung wöchentlich 30 kg eines Herbizides gesprüht. Innerhalb einer Woche baut sich ca. 30% davon ab. Beschreiben Sie den Bestand des Mittels unmittelbar nach dem Ausbringen als Zahlenfolge!

a) Geben Sie die Folge in Form einer rekursiven Darstellung an!
b) Wie viel Kilogramm des Unkrautvernichters sind nach 8 Wochen auf dem Feld?
c) Wie lange muss der Acker geschont werden, damit die Konzentration vor der Ernte auf 1 kg zurückgeht?
d) Welche Konzentration würde sich ergeben, wenn man über eine unbegrenzte Zeit das Mittel in der angegebenen Menge ausbringen würde?

C 40 Eine Strecke $\overline{AB}$ mit $|\overline{AB}| = b$ wird so auf der x-Achse abgetragen, dass der Punkt A auf dem Nullpunkt liegt (s. S. 117). Nun wird $\overline{AB}$ um die Hälfte verlängert, die Verlängerung $\overline{BC}$ wird wieder um die Hälfte verlängert usw. Über allen so erhaltenen Strecken werden abwechselnd jeweils nach unterschiedlichen Seiten Halbkreise gezeichnet.

1) Eine philosophische Richtung, deren Vertreter als Lehrer der Weisheit, der Redekunst und der Kunst des Beweisens auftraten. Sie entartete zum Teil zu einer „Diskussionskunst", auch unter Verdrehung der Tatsachen und Missbrauch der Begriffe Recht zu behalten.

a) Welche Länge hat der n-te Halbkreis?
b) Welche Gesamtlänge haben die n ersten Halbkreise?
c) Welche Länge hat die gesamte Schlangenlinie?
d) Welchem Punkt nähert sich die Schlangenlinie?

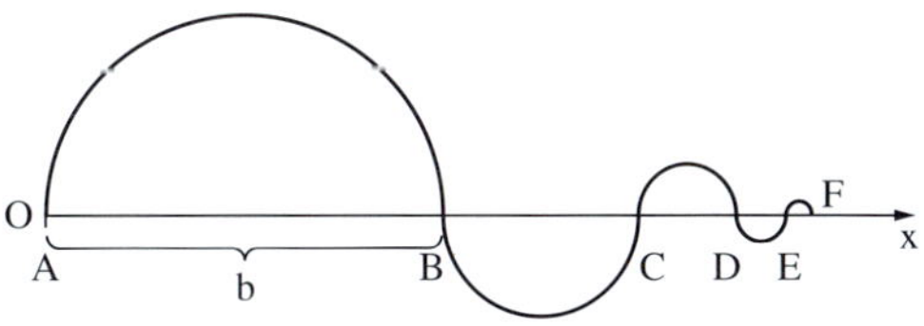

C 41 Einem Quadrat mit der Seitenlänge a und dem Flächeninhalt A_1 ist ein zweites so einbeschrieben, dass dessen Ecken in der Mitte der Seiten des ersten Quadrats liegen. Dieser Prozess wird fortgesetzt.
Berechnen Sie den Grenzwert der Partialsummenfolge A_1; $A_1 + A_2$; …!

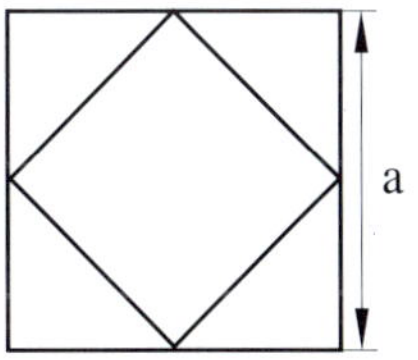

C 42 Einem Quadrat mit der Seitenlänge a ist ein Kreis, diesem wieder ein Quadrat usw. einbeschrieben. Ermitteln Sie die Grenzwerte der entstehenden Partialsummenfolgen für

a) die Umfänge der Quadrate,
b) die Kreisumfänge,
c) die Quadratflächeninhalte und
d) die Kreisflächeninhalte!

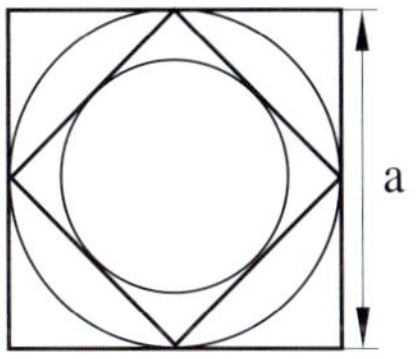

C 43 Ist es möglich, dass

a) die Zahlenfolgen (a_n) und (b_n) unbeschränkt sind, aber die Zahlenfolge $(a_n + b_n)$ beschränkt ist;
b) die Zahlenfolgen (a_n) und (b_n) unbeschränkt sind, aber die Zahlenfolge $(a_n \cdot b_n)$ beschränkt ist;
c) die Zahlenfolge (a_n) beschränkt ist, die Zahlenfolge (b_n) unbeschränkt ist und die Zahlenfolge $(a_n \cdot b_n)$ auch beschränkt ist;
d) die Zahlenfolgen (a_n) und (b_n) nicht monoton sind, aber die Zahlenfolge $(a_n + b_n)$ monoton ist;
e) die Zahlenfolgen (a_n) und (b_n) nicht monoton sind, aber die Zahlenfolge $(a_n \cdot b_n)$ monoton ist;
f) die Zahlenfolgen (a_n) und (b_n) divergent sind, aber die Zahlenfolge $(a_n + b_n)$ konvergent ist;
g) die Zahlenfolgen (a_n) und (b_n) divergent sind, aber die Zahlenfolge $(a_n \cdot b_n)$ konvergent ist?

C 44 Bestimmen Sie folgende Grenzwerte:

a) $\lim\limits_{n \to \infty} \frac{1}{2^{n-1}}$
b) $\lim\limits_{n \to \infty} \frac{2n-1}{2}$
c) $\lim\limits_{n \to \infty} (\frac{2}{3})^n$
d) $\lim\limits_{n \to \infty} \frac{4n+3}{2n-1}$
e) $\lim\limits_{n \to \infty} \frac{1}{1 \cdot 2 \cdot 3 \cdot \ldots \cdot n}$
f) $\lim\limits_{n \to \infty} \frac{n}{n+1}$
g) $\lim\limits_{n \to \infty} \frac{n+1}{n}$
h) $\lim\limits_{n \to \infty} \frac{n+2}{n}$
i) $\lim\limits_{n \to \infty} \frac{2n-4}{n}$
j) $\lim\limits_{n \to \infty} (\frac{1}{3})^n$
k) $\lim\limits_{n \to \infty} \frac{n}{2n+1}$
l) $\lim\limits_{n \to \infty} \frac{n}{n+2}$

C 45 Es sei $\lim\limits_{n \to \infty} x_n = 2$ und $\lim\limits_{n \to \infty} y_n = 0{,}3$. Bestimmen Sie:

a) $\lim\limits_{n \to \infty} (x_n + y_n)$
b) $\lim\limits_{n \to \infty} (x_n - y_n)$
c) $\lim\limits_{n \to \infty} (x_n \cdot y_n)$
d) $\lim\limits_{n \to \infty} \frac{x_n}{y_n}$
e) $\lim\limits_{n \to \infty} (5x_n + \frac{y_n}{4})$
f) $\lim\limits_{n \to \infty} (\frac{6x_n - 5y_n}{x_n + y_n} + x_n)$
g) $\lim\limits_{n \to \infty} \frac{x_n^3 - 5y_n + 7}{x_n + 5}$
h) $\lim\limits_{n \to \infty} \frac{10 + x_n^2 + y_n^2}{2x_n + 4y_n}$
i) $\lim\limits_{n \to \infty} \frac{x_n^2 - 4x_n + y_n^2}{x_n + 5}$
j) $\lim\limits_{n \to \infty} \frac{x_n + y_n^2 + 2}{y_n + 4}$

C 3 Grenzwerte von Funktionen

Da Zahlenfolgen spezielle Funktionen sind, liegt es nahe, die Betrachtungen zu Grenzwerten von Folgen auf Funktionen zu übertragen. Im Kern geht es dabei um die Frage, wie sich die Werte f(x) einer Funktion f verhalten, wenn deren Argumente x ein bestimmtes Verhalten zeigen. Dabei sind zwei Fälle zu unterscheiden:

(1) Gegeben sei eine Funktion f, die zwar in einer gewissen Umgebung von x_0, aber nicht an dieser Stelle selbst definiert ist. Man möchte wissen, wie sich die Funktionswerte von f bei Annäherung an die Stelle x_0 verhalten.

(2) Gegeben sei eine Funktion f, deren Definitionsbereich nach oben oder/und nach unten nicht beschränkt ist. Es interessiert nun, wie sich die Funktionswerte von f verhalten, wenn die Argumente beliebig wachsen ($x \to \infty$) bzw. beliebig klein werden ($x \to -\infty$).

Wir beginnen mit *Fall (1)* und veranschaulichen den Sachverhalt zunächst an einem Beispiel.

Gegeben sei die Funktion f mit $f(x) = \frac{x+1}{x-2}$ und $D_f = \mathbb{R} \setminus \{2\}$

Diese Funktion hat an der Stelle $x_0 = 2$ eine Definitionslücke, d. h., in unmittelbarer Umgebung von $x_0 = 2$ ist f definiert, an der Stelle $x_0 = 2$ selbst jedoch nicht: Wählt man für x Werte, die sich der Definitionslücke $x_0 = 2$ immer mehr von links nähern (1,9; 1,99; 1,999; ...), so werden die zugehörigen Funktionswerte f(x) immer kleiner (–29; –299; –2999; ...) und streben für x gegen 2 offensichtlich gegen $-\infty$. Nähert man sich der Definitionslücke von rechts (2,1; 2,01; 2,001; ...), so wachsen die zugehörigen Funktionswerte f(x) immer mehr (31; 301; 3001; ...) und streben für x gegen 2 offensichtlich gegen $+\infty$. Wenn umgekehrt x beliebig große oder beliebig kleine Werte annimmt, also gegen $+\infty$ bzw. $-\infty$ geht, so scheinen sich die Funktionswerte f(x) immer mehr dem Wert 1 zu nähern (Fig. C 8).

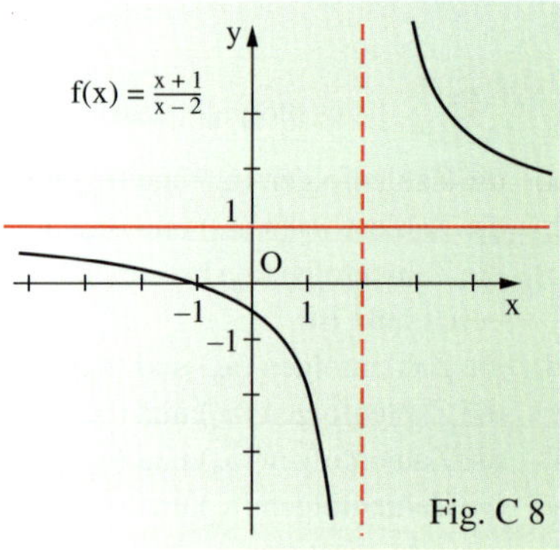

Fig. C 8

Zunächst bleiben wir jedoch dabei, das Verhalten von Funktionen an vorhandenen Definitionslücken genauer zu untersuchen. Unter Ausnutzung der Kenntnisse über Zahlenfolgen bietet sich hierfür folgendes Vorgehen an: Man betrachtet eine Folge (x_n) von Zahlen aus dem Definitionsbereich von f mit dem Grenzwert x_0. Zu jeder Zahl x_n einer solchen Folge gibt es genau eine Zahl y_n aus dem Wertebereich von f. Demnach ist jeder Folge (x_n) von Argumenten ($x_n \in D_f$; $x_n \neq x_0$) eine Folge $(y_n) = (f(x_n))$ von Funktionswerten zugeordnet. Durchläuft also x die Folge (x_n), so durchläuft f(x) die Folge $(f(x_n))$. Mithilfe solcher Folgen $(f(x_n))$ lässt sich nun das Verhalten der Funktion f in einer Umgebung von x_0 untersuchen und näher bestimmen.

Gegeben sei die Funktion f mit der Gleichung $f(x) = \frac{x^2-1}{x-1}$. f ist an der Stelle $x_0 = 1$ nicht definiert. Um das Verhalten der Funktion bei Annäherung an die Stelle $x_0 = 1$ zu ermitteln, betrachten wir die Folgen $(x_n) = (1 - \frac{1}{n})$ und $(x_n') = (1 + \frac{1}{n})$.

Die Glieder dieser Folgen nähern sich mit wachsendem $n \in \mathbb{N}$ von links an $x_0 = 1$ und von rechts ebenfalls an $x_0 = 1$, denn es gilt $\lim\limits_{n \to \infty} (1 - \frac{1}{n}) = 1$ bzw. $\lim\limits_{n \to \infty} (1 + \frac{1}{n}) = 1$.

Für die Folgen $(f(x_n))$ der zugehörigen Funktionswerte ergibt sich dann:

$$f(x_n) = \frac{x_n^2 - 1}{x_n - 1} = \frac{\left(1 - \frac{1}{n}\right)^2 - 1}{1 - \frac{1}{n} - 1} = \frac{1 - \frac{2}{n} + \frac{1}{n^2} - 1}{-\frac{1}{n}} = \frac{-\frac{2}{n} + \frac{1}{n^2}}{-\frac{1}{n}} = 2 - \frac{1}{n}$$

$$f(x_n') = \frac{(x_n')^2 - 1}{x_n' - 1} = \frac{\left(1 + \frac{1}{n}\right)^2 - 1}{1 + \frac{1}{n} - 1} = \frac{1 + \frac{2}{n} + \frac{1}{n^2} - 1}{\frac{1}{n}} = \frac{\frac{2}{n} + \frac{1}{n^2}}{\frac{1}{n}} = 2 + \frac{1}{n}$$

Beide Folgen von Funktionswerten sind konvergent, denn

$$\lim_{n \to \infty} f(x_n) = \lim_{n \to \infty} \left(2 - \frac{1}{n}\right) = 2 \quad \text{bzw.} \quad \lim_{n \to \infty} f(x_n') = \lim_{n \to \infty} \left(2 + \frac{1}{n}\right) = 2.$$

Die Grenzwerte stimmen also überein. Ist das aber auch so, wenn man eine ganz beliebige gegen 1 konvergierende Folge (x_n) von Zahlen aus dem Definitionsbereich wählt? Die durch eine solche Folge (x_n) eindeutig bestimmte Folge der Funktionswerte wäre dann die Folge $(f(x_n))$ mit

$$f(x_n) = \frac{x_n^2 - 1}{x_n - 1} = \frac{(x_n + 1)(x_n - 1)}{(x_n - 1)}.$$

Wegen $x_n \neq 1$ kann man mit $(x_n - 1)$ kürzen und erhält $f(x_n) = x_n + 1$. Da $\lim\limits_{n \to \infty} x_n = 1$, folgt

$$\lim_{n \to \infty} f(x_n) = \lim_{n \to \infty} (x_n + 1) = \lim_{n \to \infty} x_n + \lim_{n \to \infty} 1 = 1 + 1 = 2.$$

Das heißt: Wenn man mit x_n nahe genug an 1 herankommt, nähern sich die zugehörigen $f(x_n)$ beliebig dicht der 2 an. Präziser formuliert: Für jede gegen 1 konvergierende Folge (x_n), deren Glieder dem Definitionsbereich von f angehören, konvergiert die Folge der zugehörigen Funktionswerte $(f(x_n))$ gegen 2. Diese Übereinstimmung ist Anlass zu folgender Begriffsbildung:

Definition C 4: C 4

Es sei f eine in einer Umgebung von x_0 (eventuell mit Ausnahme von x_0 selbst) definierte Funktion. Die Zahl g heißt **Grenzwert der Funktion f an der Stelle x_0,** wenn für jede Folge (x_n) mit $x_n \in D_f$ und $x_n \neq x_0$, die den Grenzwert x_0 hat, die Folge der zugehörigen Funktionswerte $(f(x_n))$ gegen den Wert g konvergiert.

Man schreibt $\lim\limits_{x \to x_0} f(x) = g$, wobei wegen $\lim\limits_{n \to \infty} x_n = x_0$ die Formulierung $\lim\limits_{n \to \infty} f(x_n) = g$ dasselbe aussagt.

Bemerkungen:

a) Hat die Funktion $f(x)$ an der Stelle x_0 den Grenzwert g (oder: Ist f an der Stelle x_0 konvergent zum Grenzwert g …), so bedeutet das anschaulich, dass der Graph von f sowohl von links als auch von rechts in den Punkt $(x_0; g)$ „einmündet", ganz unabhängig davon, ob f an der Stelle x_0 definiert ist oder nicht. Der Wert g kann auch der uneigentliche Grenzwert $+\infty$ oder $-\infty$ sein.

b) Ist bekannt, dass für eine Funktion f an einer Stelle x_0 ein Grenzwert existiert, und lässt sich eine bestimmte Zahl g als Grenzwert vermuten, dann kann man diese Vermutung bestätigen, indem man zeigt, dass die Folge $(f(x_n) - g)$ eine Nullfolge ist.

Beispiel C 6: C 6

Gegeben sei die Funktion $f(x) = \frac{x^2 - 4x + 4}{x - 2}$ mit $x \neq 2$. Bestimmt werden soll der Grenzwert von f an der Stelle $x_0 = 2$, falls er existiert.

TI-92
T9

Wir betrachten eine beliebige Folge (x_n) mit $x_n \neq 2$, die gegen 2 konvergiert. Dann gilt für die Folge der zugehörigen Funktionswerte

$$f(x_n) = \frac{x_n^2 - 4x_n + 4}{x_n - 2} = \frac{(x_n - 2)^2}{x_n - 2}.$$

Wegen $x_n \neq 2$ kann man kürzen und erhält $f(x_n) = x_n - 2$. Damit ist

$$\lim_{n \to \infty} f(x_n) = \lim_{n \to \infty} (x_n - 2) = \lim_{n \to \infty} (x_n) - \lim_{n \to \infty} 2 = 2 - 2 = 0.$$

Also: Die Stelle $x_0 = 2$ gehört zwar nicht zum Definitionsbereich der Funktion f, doch der Grenzwert $\lim\limits_{x \to 2} f(x)$ existiert und ist gleich 0.

C 7

TI-92

T9

Beispiel C 7:

Die Funktion $f(x) = 2^{\frac{1}{x-1}}$ ist an der Stelle $x_0 = 1$ nicht definiert. Es ist zu untersuchen, ob f an der Stelle $x_0 = 1$ einen Grenzwert besitzt.

a) Wir wählen die spezielle Folge $(x_n) = (1 - \frac{1}{n})$ ($x_n \neq 1$ für alle n), die für $n \to \infty$ gegen 1 konvergiert. Für die Folge der zugehörigen Funktionswerte gilt dann

$$f(x_n) = 2^{\frac{1}{x_n - 1}} = 2^{\frac{1}{1 - \frac{1}{n} - 1}} = 2^{\frac{1}{-\frac{1}{n}}} = 2^{-n} = \frac{1}{2^n} \text{ und damit } \lim_{n \to \infty} f(x_n) = \lim_{n \to \infty} \frac{1}{2^n} = 0.$$

b) Wählt man die Folge $(x_n') = (1 + \frac{1}{n})$ ($x_n' \neq 1$ für alle n), die ebenfalls gegen 1 konvergiert, so erhält man für die Folge der zugehörigen Funktionswerte

$$f(x_n') = 2^{\frac{1}{x_n' - 1}} = 2^{\frac{1}{1 + \frac{1}{n} - 1}} = 2^{\frac{1}{\frac{1}{n}}} = 2^n \text{ und in diesem Falle damit } \lim_{n \to \infty} f(x_n') = \lim_{n \to \infty} 2^n = +\infty.$$

Das heißt: Die beiden Folgen von Funktionswerten haben unterschiedliche Grenzwerte – folglich existiert der Grenzwert von f an der Stelle $x_0 = 1$ *nicht.*

C 8

TI-92

T5

Beispiel C 8:

Zu untersuchen ist das Verhalten der Funktion f mit $f(x) = \begin{cases} x^2; & x \leq 0 \\ 1 + x; & x > 0 \end{cases}$ an der Stelle $x_0 = 0$.

a) Wir wählen eine beliebige Folge (x_n) mit $x_n < 0$ und $\lim\limits_{n \to \infty} x_n = 0$. Dann ergibt sich

$$\lim_{n \to \infty} f(x_n) = \lim_{n \to \infty} x_n^2 = 0.$$

b) Für beliebige Folgen (x_n) mit $x_n > 0$ und $\lim\limits_{n \to \infty} x_n = 0$ erhalten wir

$$\lim_{n \to \infty} f(x_n) = \lim_{n \to \infty} (1 + x_n) = 1.$$

Aus den beiden Ergebnissen folgt: Die Funktion f besitzt an der Stelle $x_0 = 0$ keinen Grenzwert.

Die bislang betrachteten Beispiele führen zu folgenden allgemeinen Feststellungen:

- Aus der Existenz (Berechenbarkeit) des Funktionswertes $f(x_0)$ darf nicht gefolgert werden, dass auch der Grenzwert $\lim\limits_{x \to x_0} f(x)$ existiert und mit $f(x_0)$ übereinstimmt.
- Wenn der Grenzwert einer Funktion existiert, so ist er auch eindeutig bestimmt.

Diese Betrachtungen lassen sich zugleich für die Präzisierung des in Kapitel A (S. 58) nur anschaulich gefassten Begriffs der Stetigkeit einer Funktion nutzen: Man nennt nämlich eine Funktion f in einer Stelle x_0 **stetig,** wenn der Grenzwert von f für $x \to x_0$ und der Funktionswert $f(x_0)$ an dieser Stelle x_0 existieren und übereinstimmen.

Aus den *Grenzwertsätzen für Zahlenfolgen* ergeben sich folgende Sätze zur Bestimmung des Grenzwertes von Funktionen, die wir ohne Beweis mitteilen:

C 3

Satz C 3: **Grenzwertsätze für Funktionen**

Besitzen die Funktionen f und g an der Stelle x_0 einen Grenzwert, so gilt

- $\lim\limits_{x \to x_0} (f(x) \pm g(x)) = \lim\limits_{x \to x_0} f(x) \pm \lim\limits_{x \to x_0} g(x)$,
- $\lim\limits_{x \to x_0} (f(x) \cdot g(x)) = \lim\limits_{x \to x_0} f(x) \cdot \lim\limits_{x \to x_0} g(x)$,
- $\lim\limits_{x \to x_0} \frac{f(x)}{g(x)} = \frac{\lim\limits_{x \to x_0} f(x)}{\lim\limits_{x \to x_0} g(x)}$ mit $\lim\limits_{x \to x_0} g(x) \neq 0$ und $g(x) \neq 0$.

Wichtig für die Anwendung der Grenzwertsätze ist, dass die rechts stehenden Einzelgrenzwerte existieren und endlich sind (im Nenner vorkommende Grenzwerte müssen ungleich 0 sein). Dann existiert auch jeweils der links stehende Grenzwert und kann entsprechend bestimmt werden.

C 9

TI-92

T9

Beispiel C 9:

Bestimmt werden soll der Grenzwert der Funktion

$f(x) = \frac{2x^2 - 2x - 12}{x - 3}$ $(x \neq 3)$ an der Stelle $x_0 = 3$.

Da Funktionswert und Grenzwert der Nennerfunktion an der Stelle $x_0 = 3$ den Wert 0 besitzen, lassen sich die Grenzwertsätze nicht anwenden.

Helfen kann man sich in solchen Fällen zum Beispiel dadurch, dass man die Zähler- oder/und die Nennerfunktion in ein Produkt zerlegt und anschließend kürzt:

$f(x) = \frac{(2x + 4)(x - 3)}{(x - 3)}$, $(x \neq 3)$

Wegen $x \neq 3$ kann man kürzen und erhält $f(x) = 2x + 4$. Damit gilt:

$$\lim\limits_{x \to 3} f(x) = \lim\limits_{x \to 3} (2x + 4) = \lim\limits_{x \to 3} 2x + \lim\limits_{x \to 3} 4 = 6 + 4 = 10$$

Die Funktion $f(x) = \frac{2x^2 - 2x - 12}{x - 3}$ hat demzufolge an der Stelle $x_0 = 3$ den Grenzwert 10.

Wenden wir uns nun *Fall (2)* zu:

Viele Funktionen haben als Definitionsbereich die Menge der reellen Zahlen bzw. halboffene Intervalle $]-\infty, a]$ oder $[a, +\infty[$, d.h. nach oben bzw. nach unten nicht beschränkte Teilmengen von $\mathbb{R}$. Daraus resultiert die Frage: Wie verhalten sich die Funktionswerte f(x), wenn x unbeschränkt wächst oder fällt, also x gegen $+\infty$ $(x \to +\infty)$ bzw. x gegen $-\infty$ $(x \to -\infty)$ strebt?

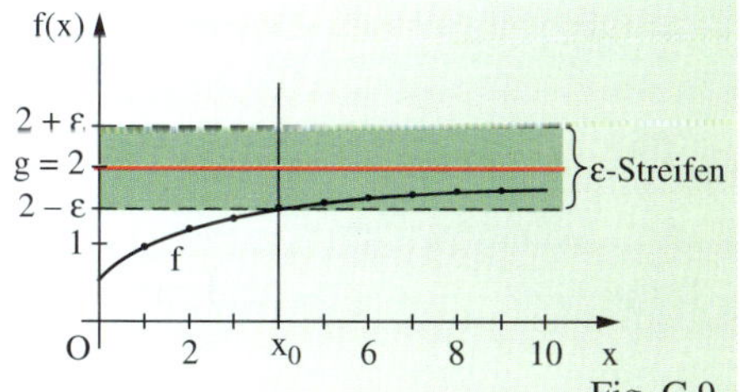

Fig. C 9

Auch dieses Problem lässt sich mit dem Wissen über Folgen lösen. Wir betrachten als Beispiel die Zahlenfolge (a_n) mit $a_n = \frac{2n + 1}{n + 2}$, die für $n \to +\infty$ gegen den Grenzwert g = 2 konvergiert. Von dieser Zahlenfolge kommen wir zur Funktion $f(x) = \frac{2x + 1}{x + 2}$, indem wir den Definitionsbereich auf die Menge $\mathbb{R}^+$ der positiven reellen Zahlen erweitern. Die Funktion f hat (wie Fig. C 9 zeigt) für ständig wachsende $x (x \to +\infty)$ sicher ebenfalls den Grenzwert $g = 2$, denn für jede (noch so kleine) positive Zahl ε liegen fast alle Funktionswerte $f(x)$ in der ε -Umgebung von g. Das heißt: Ab einem gewissen x_0 (das von der Wahl von ε abhängt) gilt die Ungleichung $|f(x) - g| < \varepsilon$.

Aufgrund dieser Überlegungen lässt sich die Definition C 4 folgendermaßen ergänzen:

C 5

Definition C 5:
Es sei f eine nach oben bzw. nach unten unbeschränkte Funktion. Eine Zahl g heißt **Grenzwert von f für unbeschränkt wachsendes oder fallendes x ($x \to +\infty$ bzw. $x \to -\infty$)**, wenn für jede Folge (x_n) mit dem Grenzwert $+\infty$ bzw. $-\infty$ die Folge der zugehörigen Funktionswerte $(f(x_n))$ gegen den Wert g konvergiert.

Man schreibt: $\lim\limits_{x \to +\infty} f(x) = g$ bzw. $\lim\limits_{x \to -\infty} f(x) = g$.

Auch zur Berechnung solcher Grenzwerte gelten die Grenzwertsätze (Satz C 3) mit den dort genannten Voraussetzungen.

Viele Funktionen besitzen für $x \to \pm\infty$ keinen Grenzwert. Hier treten im Wesentlichen zwei Fälle auf:

Fall (1):
$f(x)$ wächst mit $x \to \pm\infty$ betragsmäßig über alle Grenzen. Zu diesen Funktionen zählen die linearen Funktionen, alle ganzrationalen Funktionen und die Wurzelfunktionen. Man sagt
Die Funktion f ist für $x \to \infty$ bestimmt divergent und schreibt $\lim\limits_{x \to \pm\infty} f(x) = +\infty$ bzw. $\lim\limits_{x \to \pm\infty} f(x) = -\infty$.

Fall (2):
f verhält sich für $x \to \pm\infty$ *unbestimmt*. Ein typisches Beispiel stellt die Sinusfunktion dar. Sie ist eine periodische Funktion und nimmt mit gleichen Abständen immer wieder alle Funktionswerte von –1 bis +1 an (Fig. C 10). Die Funktion f mit $f(x) = x \sin x$ besitzt demzufolge für $x \to \pm\infty$ als Funktionswerte alle Zahlen aus dem Intervall $]-\infty, +\infty[$ (Fig. C 11).
Man nennt derartige Funktionen auch *unbestimmt divergent*.

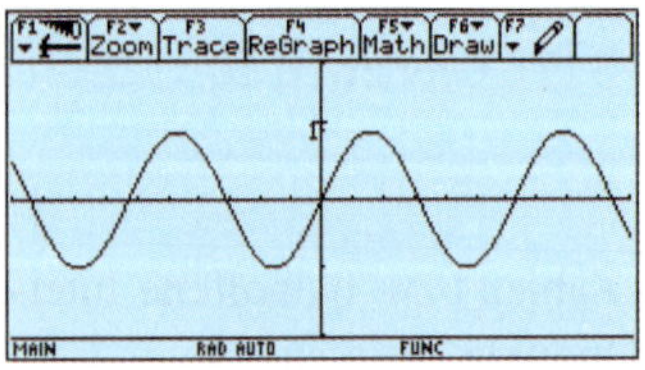

Fig. C 10

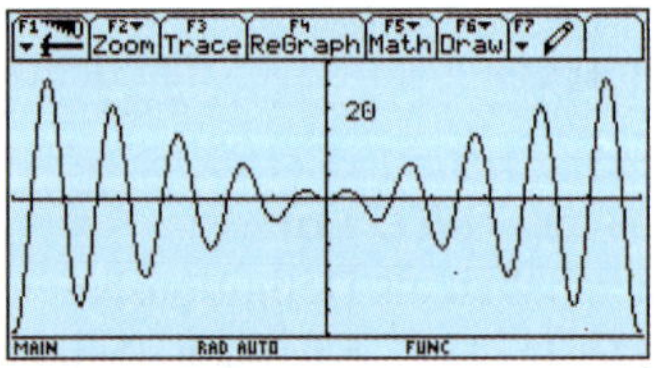

Fig. C 11

C 10

TI-92

T9

Beispiel C 10:

Zu untersuchen ist die Funktion f: $f(x) = \dfrac{x^2 - 1}{x^2 + 1}$, $x \in \mathbb{R}$, für $x \to \pm\infty$.

Aus $f(x) = \dfrac{x^2 - 1}{x^2 + 1}$ folgt durch entsprechende Umformungen

$$f(x) = \frac{x^2\left(1 - \frac{1}{x^2}\right)}{x^2\left(1 + \frac{1}{x^2}\right)} = \frac{1 - \frac{1}{x^2}}{1 + \frac{1}{x^2}}$$ und damit $$\lim_{x \to +\infty} f(x) = \lim_{x \to +\infty} \frac{1 - \frac{1}{x^2}}{1 + \frac{1}{x^2}} = 1, \quad \lim_{x \to -\infty} f(x) = \lim_{x \to -\infty} \frac{1 - \frac{1}{x^2}}{1 + \frac{1}{x^2}} = 1.$$

Nicht allein für das schnelle Darstellen des Funktionsgraphens, sondern auch für das Berechnen der Grenzwerte kann der GTA-Einsatz hilfreich sein:

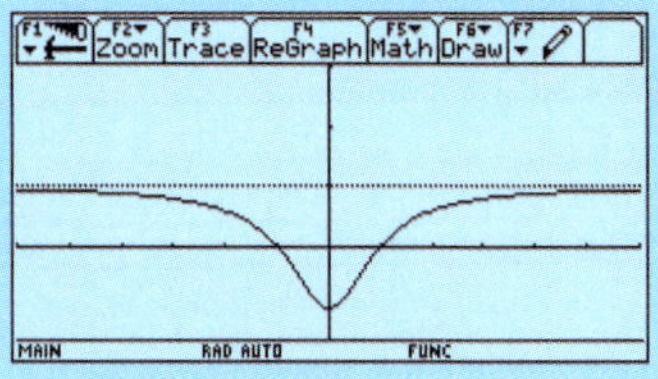

Fig. C 12

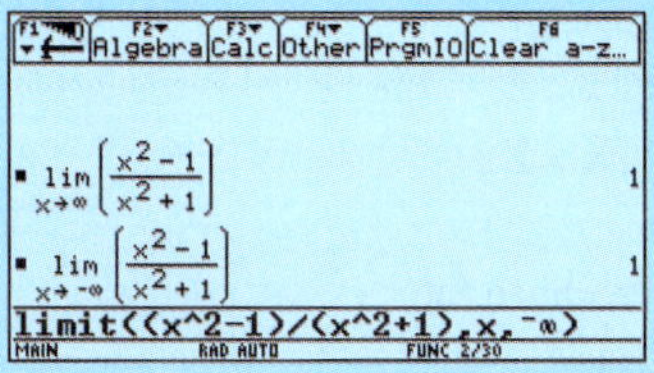

Fig. C 13

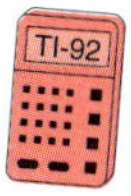

T3

C 11

Beispiel C 11:
Nunmehr sind alle Hilfsmittel vorhanden, um auch die abschließende Frage des „Schafherdenproblems" von S. 105 vollständig zu bearbeiten.
Wenn man annimmt, dass die Herde beliebig vergrößert werden kann, dann ist zur Beantwortung dieser Frage der Grenzwert der Ertragsteigerungsfunktion $f(x) = \frac{9x}{10(500 + x)}$ $(x \in \mathbb{N})$ für eine beliebig wachsende Anzahl x an (zusätzlichen) Tieren zu ermitteln:

$$\lim_{x \to \infty} \frac{9x}{10(500 + x)} = \frac{9}{10} \lim_{x \to \infty} \frac{x}{500 + x} = \frac{9}{10}$$

Das heißt: Unter den angegebenen Bedingungen könnte Adams im „theoretischen Grenzfall" seinen Ertragsanteil um $\frac{9}{10}$ *steigern*, er erhielte also den gesamten Gewinn – der Anteil der anderen Züchter fiele nicht mehr ins Gewicht.

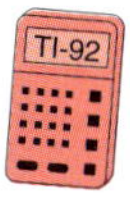

T9

Aufgaben

C 46 *(↗ Beispiel C 6, S. 119)*

Gegeben sei die Funktion f mit $f(x) = \frac{x^2 - 1}{x + 1}$; $x \neq -1$. Untersuchen Sie, ob die Funktion an der Stelle $x_0 = -1$ einen Grenzwert besitzt!

C 47 Berechnen Sie die nachstehenden Grenzwerte durch Einsetzen des allgemeinen Gliedes einer beliebigen Folge (x_n), welche gegen den angegebenen Wert x_0 konvergiert:

a) $\lim_{x \to 2} x^2 + 1$ b) $\lim_{x \to 1} |x|$ c) $\lim_{x \to -3} \frac{x^2 - 9}{x + 3}$ d) $\lim_{x \to -3} \frac{x^2 + 6x + 9}{x + 13}$

e) $\lim_{x \to 1} \frac{5x^2 - 5}{x - 1}$ f) $\lim_{x \to -2} \frac{(x + 2)^2}{x + 2}$ g) $\lim_{x \to 3} \frac{x^2 - 2x - 3}{x - 3}$ h) $\lim_{x \to -1} \frac{6x^2 + 21x + 15}{x + 1}$

C 48 *(↗ Beispiel C 7, S. 120)*

Zeigen Sie, dass die Funktion $f(x) = \frac{1}{x - 1}$ an der Stelle x_0 keinen Grenzwert besitzt! Verwenden Sie dazu Folgen (x_n), die sich von links bzw. rechts der Stelle $x_0 = 1$ nähern, z. B. $(x_n) = (1 - \frac{1}{n})$ bzw. $(x'_n) = (1 + \frac{1}{n})$!

C 49 Das Verhalten der Funktion $f(x) = \frac{x + 1}{x}$ soll an der Stelle $x_0 = 0$, an der die Funktion nicht definiert ist, untersucht werden. Als spezielle Untersuchungsfolgen wähle man $(x_n) = (\frac{1}{n})$ und $(x'_n) = (-\frac{1}{n})$.

C 50 Ermitteln Sie Unterschiede und Gemeinsamkeiten der Funktionen f und g mit $f(x) = x^2 + 1$ bzw. $g(x) = \frac{x^3 + x}{x}$ (Definitions- und Wertebereich, Graph, Grenzwert an der Stelle $x_0 = 0$)!

C 51 *(↗ Beispiel C 8, S. 120)*

Die folgende Funktion ist an der Stelle $x_0 = 2$ nicht definiert. Zeigen Sie, dass $\lim\limits_{x \to x_0} f(x)$ existiert, und berechnen Sie diesen Grenzwert!

$$f(x) = \begin{cases} 5x - 6; \; x < 2 \\ x^2 \quad ; \; x > 2 \end{cases}$$

C 52 Berechnen Sie:

a) $\lim\limits_{x \to 5} \frac{x^2 - 25}{5x + 25}$ b) $\lim\limits_{x \to 0} \frac{x^2 - 25}{5x + 25}$ c) $\lim\limits_{x \to -5} \frac{x^2 - 25}{5x + 25}$

d) $\lim\limits_{x \to 6} \frac{x^2 - x - 6}{x - 3}$ e) $\lim\limits_{x \to 0} \frac{x^2 - x - 6}{x - 3}$ f) $\lim\limits_{x \to 3} \frac{x^2 - x - 6}{x - 3}$

g) $\lim\limits_{x \to 1} \frac{x^3 - 1000}{x - 10}$ h) $\lim\limits_{x \to 0} \frac{x^3 - 1000}{x - 10}$ i) $\lim\limits_{x \to 10} \frac{x^3 - 1000}{x - 10}$

j) $\lim\limits_{x \to 8} \frac{x - 3}{\sqrt{x + 1} - 2}$ k) $\lim\limits_{x \to 0} \frac{x - 3}{\sqrt{x + 1} - 2}$ l) $\lim\limits_{x \to 3} \frac{x - 3}{\sqrt{x + 1} - 2}$

C 53 Überprüfen Sie die Richtigkeit folgender Gleichungen:

a) $\lim\limits_{x \to 2} \frac{3x^2 - 12}{x - 2} + \lim\limits_{x \to -3} \frac{x^2 + 5x + 6}{x + 3} = \lim\limits_{x \to \infty} \frac{11x^2 + 22}{x^2 + 20}$

b) $\lim\limits_{x \to 2} \frac{x - 2}{\sqrt{x} - \sqrt{2}} - 2 \lim\limits_{x \to 2} \frac{\sqrt{2} \cdot x^3 + 3}{\sqrt{20 + x^3}} = 0$

C 54 *(↗ Beispiel C 9, S. 121)*

Der Grenzwert der Funktion $f(x) = \frac{x^2 - 5x}{x^2 + 8x}$, $x \neq 0$, an der Stelle $x_0 = 0$ ist mithilfe der Grenzwertsätze für Funktionen zu berechnen.

C 55 Ermitteln Sie mithilfe der Grenzwertsätze für Funktionen die Grenzwerte folgender Funktionen an den jeweils angegebenen Stellen x_0:

a) $f_1(x) = x^2 + 1;$ $x_0 = 1$ b) $f_2(x) = x^3 - 3x^2 + 2x - 7;$ $x_0 = 2$

c) $f_3(t) = \frac{2t + t^2}{t};$ $t_0 = 0$ d) $f_4(x) = x^4;$ $x_0 = 2$

C 56 Berechnen Sie folgende Grenzwerte:

a) $\lim\limits_{x \to -2} \frac{x}{1 + x^2}$ b) $\lim\limits_{x \to -1} (4x^4 + 2x^3 - x^2 + 1)$ c) $\lim\limits_{h \to 0} \frac{(x_0 + h)^2 - x_0^2}{h}$ d) $\lim\limits_{x \to -1} (1 - x^2)$

C 57 Berechnen Sie:

a) $\lim\limits_{x \to 2} (5x^3 - 6x^2 + x - 5)$ b) $\lim\limits_{x \to -1} (x^3 + x - 5)$ c) $\lim\limits_{x \to 2} \frac{x^2 - x + 1}{x + 3}$

d) $\lim\limits_{x \to 2} (x - 2)(x + 5)(2x - 1)$ e) $\lim\limits_{x \to -1} \frac{(x + 3)(x - 5)}{x + 2}$ f) $\lim\limits_{x \to 9} \frac{\sqrt{x} - 1}{\sqrt{x} + 1}$

g) $\lim\limits_{x \to 0} \frac{3x^3 + 3x^2 - x - 3}{2x^2 + x - 6}$ h) $\lim\limits_{x \to 1} \frac{x^2 - 4}{\sin \frac{x\pi}{4}}$ i) $\lim\limits_{x \to \frac{\pi}{2}} (\sin x - \cos x)$ j) $\lim\limits_{x \to 10} \lg x$

C 58 *(↗ Beispiel C 9, S. 121)*

Bestimmen Sie mittels Termumformung die Grenzwerte $\lim\limits_{x \to x_0} f_i(x)$ folgender Funktionen:

a) $f_1(x) = \frac{x^2 - 16}{x - 4}$; $x_0 = 4$

b) $f_2(x) = \frac{4x^2 - 1}{2x + 1}$; $x_0 = -\frac{1}{2}$

c) $f_3(x) = \frac{4x^2 + 4x}{x + 1}$; $x_0 = -1$

d) $f_4(x) = \frac{2x^2 - 32}{3x - 12}$; $x_0 = 4$

C 59 Bestimmen Sie die Stellen x_0, an denen die Funktion f_i nicht definiert ist, und untersuchen Sie, ob f_i dort einen Grenzwert hat!

a) $f_1(x) = \frac{5x}{x - 2}$ b) $f_2(x) = \frac{2 - x^2}{x + 1}$ c) $f_3(x) = 3^{\frac{1}{x}}$ d) $f_4(x) = \frac{x^2 + x}{|x|}$

C 60 Man untersuche das Grenzverhalten der Funktion $f(x) = \frac{1}{x}$ $(x \neq 0)$ an der Stelle $x_0 = 0$.

C 61 Begründen Sie, dass $\lim\limits_{x \to -1} \frac{x^2 - 1}{x + 1} = -2$ ist!

C 62 Zeigen Sie, dass die Funktion $f(x) = \frac{|x - 1|}{x - 1}$ an der Stelle $x_0 = 1$ keinen Grenzwert besitzt!

C 63 Beurteilen Sie folgende Aussagen:

a) $f_1(x) = x^2$ hat an der Stelle $-\frac{1}{2}$ den Grenzwert $\frac{1}{4}$.

b) $f_2(x) = \frac{|x + 1|}{x + 1}$ hat an der Stelle $x_0 = -1$ zwei Grenzwerte.

c) $f_3(x) = \frac{1}{x^2}$ hat an der Stelle $x_0 = 0$ den Grenzwert ∞.

d) Jede an einer Stelle x_0 definierte Funktion hat dort einen Grenzwert.

e) Wenn eine Funktion an einer Stelle x_0 nicht definiert ist, hat sie dort keinen Grenzwert.

C 64 Untersuchen Sie die folgende Funktion auf einen Grenzwert an der Stelle $x_0 = 2$:

$$f(x) = \begin{cases} 1{,}5x; & \text{für } x > 2 \\ 0{,}5x + 2; & \text{für } x \leq 2 \end{cases}$$

C 65 *(↗ Beispiel C 10, S. 122)*

Berechnen Sie die Grenzwerte der nachfolgenden Funktionen f_i für ständig wachsendes x $(x \to +\infty)$:

a) $f_1(x) = \frac{x + 3}{4x - 5}$ b) $f_2(x) = \frac{3x^2 + x}{4x^2 - 2x + 1}$ c) $f_3(x) = \frac{x^2 - 1}{x^4}$

d) $f_4(x) = \frac{x^4}{5x^4 - 3}$ e) $f_5(x) = \frac{\frac{1}{2}x^3 - 2x^2 + 1}{-2x^3 + x - 1}$ f) $f_6(x) = \frac{1}{x} - 3$

C 66 Bestimmen Sie den Grenzwert folgender Funktionen f_i für $x \to \infty$:

a) $f_1(x) = \frac{10x - 2x^2}{x^2 + 5}$ b) $f_2(x) = \frac{1 - x - x^2 - x^3}{x^3}$ c) $f_3(x) = \frac{x^2 - 3x - 2}{x^2 + x - 6}$ d) $f_4(x) = \frac{5x - 10}{3x + 5}$

C 67 Untersuchen Sie das Verhalten folgender Funktionen für $x \to \pm\infty$:

a) $f_1(x) = \dfrac{x^2+3}{x+1}$ b) $f_2(x) = \sin x$ c) $f_3(x) = x \sin x$

C 68 Berechnen Sie:

a) $\lim\limits_{x \to \infty} \left(5 - \dfrac{1}{x} + \dfrac{3}{x^2}\right)$ b) $\lim\limits_{x \to \infty} \dfrac{3x^2 - x + 6}{x^2}$ c) $\lim\limits_{x \to \infty} \dfrac{(x+1)(x+2)(x+3)}{x^3}$

d) $\lim\limits_{x \to \infty} \dfrac{(2x-3)(3x+5)(4x-6)}{3x^3 + x - 1}$ e) $\lim\limits_{x \to \infty} \dfrac{1+3^x}{1-3^x}$ f) $\lim\limits_{x \to \infty} \dfrac{x+(-1)^x}{x-(-1)^x}$

C 69 Bestimmen Sie (ggf. mit GTA):

a) $\lim\limits_{x \to \infty} 5^{\frac{2x}{x+3}}$ b) $\lim\limits_{x \to 0} (2^x - 2^{-x})$ c) $\lim\limits_{x \to +0} 5^{\frac{1}{x}}$

d) $\lim\limits_{x \to -0} 5^{\frac{1}{x}}$ e) $\lim\limits_{x \to +0} \log_2 x$ f) $\lim\limits_{x \to +\infty} \log_{\frac{1}{2}} x$

g) $\lim\limits_{x \to 0} \dfrac{\sin 3x + \sin 4x}{x}$ h) $\lim\limits_{x \to 0} \dfrac{1 - \cos 2x}{2x^2}$

C 70 Gegeben sei die Funktion $f(x) = \dfrac{|x|}{x}$, $x \in \mathbb{R}\setminus\{0\}$. Ermitteln Sie $\lim\limits_{x \to 0} f(x)$ sowie $\lim\limits_{x \to \pm\infty} f(x)$ und zeichnen Sie den Graphen der Funktion!

C 71 Untersuchen Sie das Verhalten folgender Funktionen im Unendlichen ($x \to +\infty$, $x \to -\infty$):

a) $f_1(x) = \dfrac{1}{x^2-1}$ b) $f_2(x) = \dfrac{x+2}{x^2}$ c) $f_3(x) = \dfrac{x+1}{|x|}$

d) $f_4(x) = \dfrac{x^2-1}{x-1}$ e) $f_5(x) = \dfrac{1}{x^2+3}$ f) $f_6(x) = 2^x \cdot 4^{-x}$

C 72 Bestimmen Sie die Grenzwerte der nachfolgenden Funktionen für $x \to \infty$ bzw. $x \to -\infty$:

a) $f_1(x) = \dfrac{2x-3}{x}$ b) $f_2(x) = \dfrac{6x-1}{x+1}$ c) $f_3(x) = \dfrac{2^x+1}{2^x}$

C 73 Bestimmen Sie den Grenzwert von $f(x) = \cos x$ für $x \to \infty$!

C 74 Untersuchen Sie das Verhalten nachfolgender Funktionen im Unendlichen ($\lim\limits_{x \to \pm\infty} f(x)$) und skizzieren Sie die Graphen (ggf. mit GTA):

a) $f_1(x) = \dfrac{1-x^2}{1+x^2}$ b) $f_2(x) = \dfrac{x^2+1}{x}$ $(x \neq 0)$ c) $f_3(x) = \dfrac{2x^3-1}{x^3+x}$ $(x \neq 0)$

d) $f_4(x) = x^2 - x^5$ e) $f_2(x) = \dfrac{x^3-x}{x+1}$

C 75 Berechnen Sie mithilfe der Grenzwertsätze folgende Grenzwerte:

a) $\lim\limits_{x \to +\infty} \dfrac{3x-1}{1+5x}$ b) $\lim\limits_{x \to +\infty} \dfrac{4-x^2}{1+2x^2}$ c) $\lim\limits_{x \to +\infty} 4 \cdot \dfrac{1+2x}{2-x}$ d) $\lim\limits_{x \to +\infty} \dfrac{2(1+3x^2)}{5x^2-1}$

e) $\lim\limits_{x \to \infty} \frac{2x}{x^2 + 1}$ f) $\lim\limits_{x \to -\infty} \frac{4x(1 + x)}{x^3 + 1}$ g) $\lim\limits_{x \to -\infty} \frac{a}{3 + x^2}$ h) $\lim\limits_{x \to 0} (2^{-x} + x^2)$

C 76 Untersuchen Sie das Verhalten folgender Funktionen für $x \to x_0$ bzw. $x \to \pm\infty$:

a) $f_1(x) = \frac{1 + 2x}{1 - x}$; $x \to 1$ $(x \to \infty)$ b) $f_2(x) = \frac{1 + x}{1 + 2x}$; $x \to -1$ $(x \to -\frac{1}{2})$

c) $f_3(x) = \frac{\sqrt{x}}{x + \sqrt{x}}$; $x \to \infty$ $(x \to 0;\ x \to 4)$ d) $f_4(x) = \frac{-x^2 - 11x + 3}{x + 3}$; $x \to -3$ $(x \to +\infty)$

C 77 Untersuchen Sie das Verhalten der Funktionen f_i im Unendlichen! Geben Sie (wo möglich), die Gleichung der Geraden an, der sich der Graph von f_i für $x \to \pm\infty$ nähert[1)]!

a) $f_1(x) = \frac{4 - x^3}{4 + x^3}$ b) $f_2(x) = \frac{8x^2 - 3x^3}{2x^2 - x}$ c) $f_3(x) = \frac{3x + 2}{x^2 + 5x}$ d) $f_4(x) = \frac{4}{3x - 2}$

C 78 Bestimmen Sie die folgenden Grenzwerte:

a) $\lim\limits_{x \to -2} \left(\frac{x^2 - 4}{x + 2}\right)^3$ b) $\lim\limits_{x \to 2} \left(\frac{x - 2}{x^2 - 4}\right)^2$ c) $\lim\limits_{x \to -5} \left(\frac{x^2 - 25}{x + 5}\right)^2$ d) $\lim\limits_{x \to -3} \left(\frac{x^2 + x - 6}{x + 3}\right)^3$

C 79 Zeigen Sie mithilfe der Grenzwertsätze, dass $\lim\limits_{x \to 7} (x^3 - \frac{x + 5}{x - 4}) = 339$ ist!

C 80 Gegeben sind folgende Grenzwerte:

a) $\lim\limits_{x \to -\infty} (\frac{4}{x^2} - 3) = -3$ b) $\lim\limits_{x \to \infty} \frac{1}{x} = 0$

Skizzieren Sie die Graphen der entsprechenden Funktionen sowie die zugehörigen Asymptoten![1)]

C 81 Geben Sie jeweils eine Funktion f_i durch Funktionsgleichung und Darstellung des Graphen der Funktion mit folgenden Eigenschaften an:

a) f_1 hat für $x \to \pm\infty$ die Asymptote[1)] $y = 2$.

b) f_2 hat für $x \to +\infty$ die Asymptote $y = 2$ und für $x \to -\infty$ die Asymptote $y = -2$.

c) $\lim\limits_{x \to +\infty} f_3(x) = 0$ und $\lim\limits_{x \to -\infty} f_3(x) = \infty$.

d) $\lim\limits_{x \to \pm\infty} f_4(x)$ existiert nicht.

C 82 Untersuchen Sie das Verhalten der folgenden Funktionen f_i im Unendlichen. Geben Sie gegebenenfalls die Gleichung der waagerechten Asymptoten[1)] an:

a) $f_1(x) = \frac{2}{2x - 1}$ b) $f_2(x) = 3 - \frac{2}{x}$ c) $f_3(x) = \frac{1}{2}x + \frac{1}{x}$ d) $f_4(x) = 1 - \sqrt{x}$

C 83 Welche Zahl muss für k eingesetzt werden, damit gilt $\lim\limits_{x \to \infty} \frac{kx^2 + 6x}{3x^2 - 1} = 1$?

1) Wie auf S. 47 des Lehrbuchs ausgeführt, nennt man eine Gerade, an die sich der Graph einer Funktion f immer mehr anschmiegt, Asymptote des Graphen von f. Dabei kann das Anschmiegen sowohl für beliebig groß werdendes Argument als auch durch Annäherung an eine bestimmte Stelle erfolgen. Im Allgemeinen handelt es sich um waagerechte Asymptoten (Parallelen zur x-Achse) oder senkrechte Asymptoten (Parallelen zur y-Achse) (vgl. auch Abschnitt D 5.4).

C 84

GTA a) Untersuchen Sie mit einem GTA den Graphen der Funktion f mit $f(x) = \sin\frac{1}{x}$ im Intervall $[-1, 1]$! Verwenden Sie die Zoom-Funktion!

b) Besitzt die Funktion f(x) an der Stelle $x_0 = 0$ einen Grenzwert?

GTA c) Diskutieren Sie anhand des Beispiels Möglichkeiten und Grenzen des Arbeitens mit GTA!

d) Betrachten Sie $g(x) = x \cdot \sin\frac{1}{x}$ in der Umgebung von 0!

C 85 Eine heiße Flüssigkeit gibt bei niederer Umgebungstemperatur Wärme ab, d.h., ihre Temperatur sinkt. Dieser Vorgang lässt sich durch eine Funktion f der Form $f(\varphi) = 70 \cdot 0{,}75^{\varphi} + 19$ beschreiben.

a) Skizzieren Sie den Graphen der Funktion und stellen sie Vermutungen zu einem Grenzwert an!

b) Äußern Sie sich zur Bedeutung des Faktors 70 und des Summanden 19!

c) Was muss sich im Funktionsterm ändern, wenn bei gleichen Bedingungen der Abkühlvorgang einer anderen Flüssigkeit beschrieben werden soll!

C 86 Gegeben sind folgende Funktionen:

a) $f(t) = \frac{4t}{t-2}$ b) $f(s) = \frac{2-s^2}{s+1}$ c) $f(x) = \frac{x(x+1)}{|x|}$

Ermitteln Sie die Stellen, an welchen die Funktionen nicht definiert sind und untersuchen Sie die Existenz von Grenzwerten an diesen Stellen (rechtsseitig, linksseitig)!

C 87 Wie verhalten sich die folgenden Funktionen für $t \to 0$, $t \to -\infty$ und $t \to \infty$:

a) $f(t) = \frac{1}{|t|}$ b) $f(t) = \frac{1}{2^t - 1}$ c) $f(t) = \frac{1}{\sin t}$

C 88 Bestimmen Sie für folgende Funktionen die Grenzwerte an der angegebenen Stelle. (*Hinweis:* Formen Sie die Terme zunächst um!):

a) $f(r) = \frac{r^2-9}{r-3}$, $r_0 = 3$ b) $f(x) = \frac{4x^2-1}{2x+1}$, $x_0 = -\frac{1}{2}$

c) $f(x) = \frac{4x^2+4x}{x+1}$, $x_0 = -1$ d) $f(t) = \frac{4t^2+4t+1}{4t+2}$, $t_0 = -0{,}5$

C 89 Auf eine horizontale Stahlplatte fällt senkrecht eine Stahlkugel. Diese springt nach jedem Auftreffen wieder hoch, erreicht jedoch nur 90 % der Ursprungshöhe.

a) Nach wie viel Aufschlägen erreicht sie nur noch eine Höhe von max. 5 % der Ursprungshöhe?

b) Welchen Weg legt sie bis zum 6. Aufschlag zurück?

c) Welchen Grenzwert nähert sich die zurückgelegte Weglänge mit wachsender Zahl der Aufschläge?

C 90 Der Zerfall von Strontium-90 erfolgt im Prinzip so, dass die Anzahl der nichtzerfallenen Atome eine geometrische Folge mit $q = 0{,}976$ ergibt.

a) Wie viel Gramm Strontium-90 sind bei einer Ausgangsmenge von 200 g Strontium nach 10 (20; 100) Jahren noch vorhanden?

b) Wie lange dauert es, bis noch die Hälfte der Ausgangsmenge vorhanden ist?

c) Wie lange dauert es, bis noch 0,2 g Strontium-90 vorhanden sind?

C 91 Untersuchen Sie das Verhalten der gegebenen Funktionen f_i für $x \to \pm\infty$! Geben Sie jeweils die Gleichung der waagerechten Asymptote[1)] an:

a) $f_1(x) = \frac{3}{x}$ b) $f_2(x) = 1 - \frac{5}{x^2}$ c) $f_3(x) = \frac{3}{2x-1}$ d) $f_4(x) = \frac{1}{\sqrt{x+5}}$

[1)] siehe Fußnote 1), S. 127

C 92 Bestimmen Sie die folgenden Grenzwerte (r, s und t ∈ ℝ):

a) $\lim\limits_{x \to \infty} \left(\frac{r}{x}\right)$ b) $\lim\limits_{x \to \infty} \left(\frac{r}{s - x}\right)$ c) $\lim\limits_{x \to \infty} \left(\frac{x}{sx - t}\right)$ d) $\lim\limits_{x \to \infty} \left(\frac{r}{x^3}\right)$

e) $\lim\limits_{x \to \infty} \left(\frac{r}{(x + s)^2}\right)$ f) $\lim\limits_{x \to \infty} \left(r + \frac{s}{x}\right)$ g) $\lim\limits_{x \to \infty} \left(x + \frac{r}{x^2}\right)$ h) $\lim\limits_{x \to \infty} (rx^2 + sx + t)$

C 93 Welchen Grenzwert für $x \to \pm\infty$ haben die nachstehenden Funktionen vermutlich? GTA

a) $f_1(x) = \frac{x^2}{2^x}$ b) $f_2(x) = \frac{x - 2}{x^2 - 3}$ c) $f_3(x) = \frac{\cos(x)}{x^2} - 2$ d) $f_4(x) = x^{\frac{2}{x}}$

C 94 Gegeben ist die Funktion f mit $f(x) = \frac{-1}{x - 5}$.

a) Geben Sie die Definitionsmenge an!
b) Untersuchen Sie das Verhalten von f bei Annäherung an die Definitionslücke!
c) Geben Sie die Gleichung der senkrechten Asymptote[1)] an!

C 95 Gegeben ist die Funktion g mit $g(x) = \frac{1}{(1 + x)(x - 1)}$.

a) Geben Sie die maximale Definitionsmenge der Funktion f an!
b) Wie verhält sich g bei Annäherung an die Definitionslücken?
c) Bestimmen Sie $\lim\limits_{x \to \pm\infty} (g(x))$!
d) Skizzieren Sie das Schaubild von f mithilfe der Asymptoten[1)]!

C 96 Gegeben sind die Funkten f und g mit $f(x) = \frac{x^2 - 4}{(x - 2)(x + 3)}$ und $h(x) = \frac{3}{(x + 2)^2}$.

a) Bestimmen Sie den Definitionsbereich von f und g!
b) Untersuchen Sie das Verhalten von f und g bei Annäherung an die Definitionslücken!
c) Geben Sie die Gleichungen vorhandener waagerechter bzw. senkrechter Asymptoten[1)] an!
d) Zeichnen Sie die Graphen von g und h!

C 97 Geben Sie je eine Funktion an, deren Graphen die folgenden Asymptoten[1)] haben!

a) $x = -2$ und $x = 2$ b) $y = -3$ und $x = 4$ c) $x = -1$, $x = 1$ und $y = 1$

C 98 Lassen sich die Definitionslücken schließen? Geben Sie gegebenenfalls die Gleichungen der senkrechten Asymptoten[1)] an!

a) $f_1(x) = \frac{x^2 - 4}{x + 2}$ b) $f_2(x) = \frac{x^2 + x - 6}{x - 2}$ c) $f_3(x) = \frac{8 + x^3}{x + 2}$

d) $f_4(x) = \frac{x^2 + 3x + 2}{x^2 - x - 2}$ e) $f_5(x) = \frac{x^2 - 4}{x^3 - 4x^2 + x + 6}$

Aufgaben zur Selbstkontrolle

C 99 Gegeben ist die Folge (a_n) mit $a_n = \frac{12n + 8}{6n}$

a) Bestimmen Sie die ersten 10 Glieder dieser Folge!
b) Zeigen Sie mithilfe der Grenzwertdefinition für Zahlenfolgen, dass (a_n) den Grenzwert 2 hat!

1) siehe Fußnote 1), S. 127

C 100 Ist die Aussage richtig oder falsch? Begründen Sie Ihre Antwort!

a) Hat eine Folge den Grenzwert 0, so muss sie unendlich viele negative Glieder haben.
b) Eine Folge, in der die Zahl 1 unendlich oft vorkommt, kann keine Nullfolge sein.
c) Eine Folge mit nur positiven Gliedern kann keine negative Zahl als Grenzwert haben.
d) Die Folge $(-1)^n$ hat zwei Grenzwerte.
e) Eine nicht monotone Folge kann beschränkt und konvergent sein.
f) Eine Folge, in der die Zahl 0 unendlich oft auftritt, ist eine Nullfolge.

C 101 Berechnen Sie mithilfe der Grenzwertsätze für Zahlenfolgen die nachfolgenden Grenzwerte:

a) $\lim\limits_{n \to \infty} \frac{8n+7}{2n+5}$ b) $\lim\limits_{n \to \infty} \frac{\left(\frac{1}{2}\right)^n + 7}{\left(\frac{1}{4}\right)^n + 2}$

C 102 Es gelte $\lim\limits_{x \to x_0} f(x) = g$.

Welche der folgenden Aussagen sind dann im Sinne der Grenzwertdefinition richtig bzw. welche sind abzulehnen?

a) Für $x \to x_0$ strebt f(x) gegen g.
b) Für $x \to x_0$ ist f konvergent.
c) Für $x \to x_0$ zeigt f ein „bestimmtes Verhalten“.
d) Für $x \to x_0$ wird f schließlich gleich g.
e) Für $x \to x_0$ liegt Konvergenz von f vor.

C 103 Geben Sie eine Antwort zu den nachfolgenden Fragen und begründen Sie diese:

a) Kann für jede ganzrationale Funktion an jeder beliebigen Stelle der Grenzwert durch Anwendung der Grenzwertsätze ermittelt werden?
b) Kann für jede gebrochenrationale Funktion an jeder Stelle des Defintionsbereiches der Grenzwert durch Anwendung der Grenzwertsätze ermittelt werden, falls dieser existiert?

C 104 Es sind die folgenden Grenzwerte zu bestimmen:

a) $\lim\limits_{x \to 4} \frac{(x-1)^3 - 2}{x-3}$ b) $\lim\limits_{x \to -1} |x+1|$

c) $\lim\limits_{h \to 0} \frac{1}{h}\left(\frac{1}{(x+h)^2} - \frac{1}{x^2}\right)$ mit $x \neq 0$ d) $\lim\limits_{x \to -1} \frac{x+1}{x^2-1}$ mit $|x| \neq 1$

C 105 Berechnen Sie:

a) $\lim\limits_{x \to \infty} \frac{x^2+x+1}{7x^2+2}$ b) $\lim\limits_{x \to \infty} \frac{2+x}{1-x}$ c) $\lim\limits_{x \to \infty} \frac{1}{1+x^2}$ d) $\lim\limits_{x \to \infty} \left(1 + \frac{1000}{x}\right)^{1000}$

C 106 Welche der folgenden Aussagen trifft zu:

Für die Existenz von $\lim\limits_{x \to x_0} f(x)$ ist das Definiertsein von f an der Stelle x_0

a) notwendig, aber nicht hinreichend, b) hinreichend, aber nicht notwendig,
c) notwendig und hinreichend, d) weder notwendig noch hinreichend.

Wie lautet die Antwort auf die Frage, falls man „das Definiertsein von f“ durch die „Stetigkeit von f“ ersetzt?

D Grundfragen der Differentialrechnung und ihrer Anwendung

Wie bereits in den einleitenden Bemerkungen zur Entwicklung der Analysis dargestellt, spielt die Untersuchung von Funktionen und ihrer Graphen sowohl in der Entwicklung der Mathematik als Wissenschaftsdisziplin selbst wie auch bei ihrer Anwendung für das Lösen vielfältiger praktischer Probleme eine bedeutsame Rolle. Die Analyse von Grenzwertprozessen, die Untersuchung des Verhaltens einer Kurve in einer „unendlich kleinen" Umgebung eines Punktes, Übergänge von Sekanten zu Tangenten oder das Aufstellen von Tangentengleichungen gehören dabei zu den Problemkreisen, die in unterschiedlichsten Formen und Zusammenhängen zu bearbeiten sind. Folgendes Anwendungsbeispiel soll dies illustrieren:
Bei den Überlegungen zur Weiterentwicklung der Verkehrsmittel im Hinblick auf solche Aspekte wie Energieeinsparung, Geschwindigkeit, Sicherheit, Umweltbelastung u. Ä. kommt der so genannten Magnetbahntechnik große Bedeutung zu. Magnetbahnen – in der deutschen Diskussion als Transrapid bekannt geworden – besitzen eine berührungsfreie Trag-, Führ- und Antriebstechnik. Die Magnetfelder, die von den entlang der Fahrzeuge und unter dem Fahrweg angebrachten Magnetsystemen erzeugt werden, bewirken sowohl das „Schweben" der Fahrzeuge wie ihre reibungsunabhängige und verschleißfreie Fortbewegung (Näheres kann man z. B. im Internet unter *www.transrapid.de* finden). Derartige Magnetbahnen sind für den Einsatz auf Mittel- und Langstrecken geeignet. Sie erreichen Betriebsgeschwindigkeiten bis zu 500 $\frac{\text{km}}{\text{h}}$. Als besonderer Vorteil gilt die flexible Streckenführung aufgrund enger Kurvenradien und einer hohen Steigfähigkeit bis maximal 10 % – im Unterschied zur traditionellen Bahntechnik, die in der Regel höchstens 4 % Steigung erlaubt. Mit Methoden der Differentialrechnung lässt sich nun beispielsweise folgendes Problem bearbeiten:

Es ist vorgesehen, eine Magnetbahn-Trasse zu bauen, die von Turnstedt über Cecilienhain nach Putkau führt. Cecilienhain liege 105 m höher als Turnstedt. Putkau als höchster Punkt der Trasse befindet sich 250 m über Turnstedt und – horizontal gemessen – 32,00 km von dieser Stadt entfernt.
Es ist zu untersuchen,

- ob die Steigung der vorgesehenen Trasse in irgendeinem Abschnitt den für einen Transrapid möglichen Maximalwert von 10 % übersteigt, wenn man annimmt, dass die Trasse sich näherungsweise als Graph einer Funktion vom Typ $y = f(x) = ax^2 + c$ auffassen lässt;
- welche Steigung die Trasse dann in Cecilienhain hätte (s. Beispiel D 42).

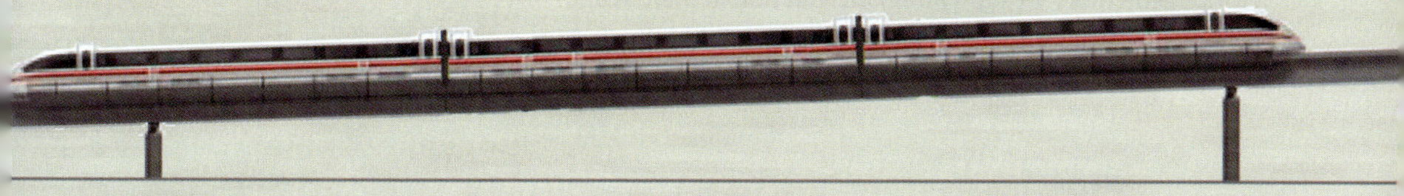

D 1 Anliegen und Grundbegriffe der Differentialrechnung

D 1.1 Der Begriff *Ableitung einer Funktion*

Fig. D 1 zeigt das Höhenprofil der 10. Etappe der Tour de France 2001 von Aix-les-Bains nach l'Alpe d'Huez.

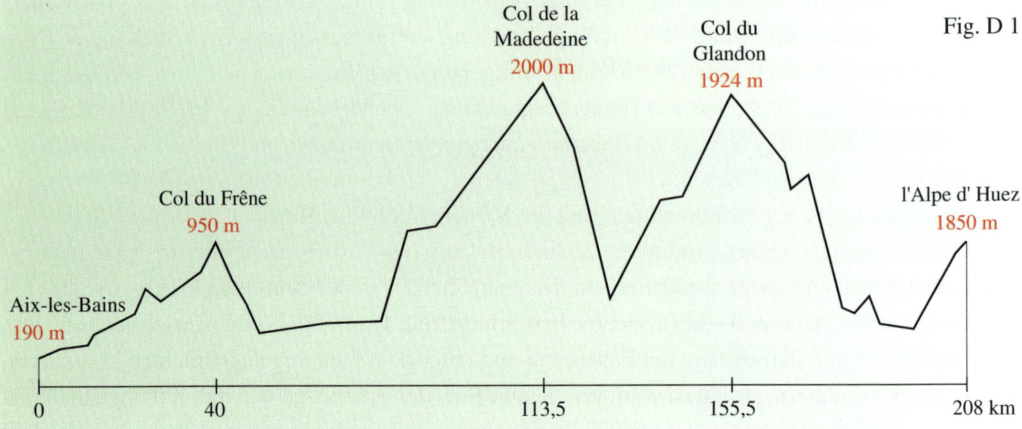

Fig. D 1

Der steilste Anstieg auf dieser Etappe befindet sich unmittelbar vor dem Col du Frêne. Hier „klettern" die Rennfahrer von Kilometer 37,9 bis zum Kilometer 40,0 von 770 m auf 950 m. Der Quotient aus der Differenz der Höhen und der Differenz der Entfernungen, der so genannte **Differenzenquotient**

$$\frac{950\text{ m} - 770\text{ m}}{40{,}0\text{ km} - 37{,}9\text{ km}} = \frac{180\text{ m}}{2100\text{ m}} \approx 0{,}086$$

ist ein Maß für die **mittlere Steigung** (durchschnittliche Steigung) der Straße. Sie beträgt in diesem Fall rund 8,6 %. Das bedeutet: Die Radrennfahrer müssen im Mittel je 100 m, die sie in horizontaler Richtung zurücklegen, 8,6 m „emporsteigen", also an Höhe gewinnen.

Allgemein bezeichnet man bei einem funktionalen Zusammenhang den Differenzenquotienten $\frac{f(x_2) - f(x_1)}{x_2 - x_1}$ als mittlere Änderungsrate der betrachteten Funktion über dem entsprechenden Intervall. Die mittlere Steigung bzw. Änderungsrate einer Funktion über einem Intervall $[x_1, x_2]$ gibt jedoch keine Auskunft über die Steigung an einer bestimmten Stelle, über die so genannte **momentane** oder **punktuelle Änderungsrate.**

Zur Klärung dieses Problems stellen wir uns folgenden Sachverhalt vor: Eine Holzkugel möge aus 80 m Höhe über einem Gewässer in die Tiefe fallen. Die Kugel fällt in der ersten Sekunde 5 m herunter, in der zweiten – aufgrund der Erdanziehung schon schneller geworden – 15 m, in der dritten 25 m und in der vierten 35 m. Damit hat die Kugel 80 m zurückgelegt und trifft auf die Wasseroberfläche auf.

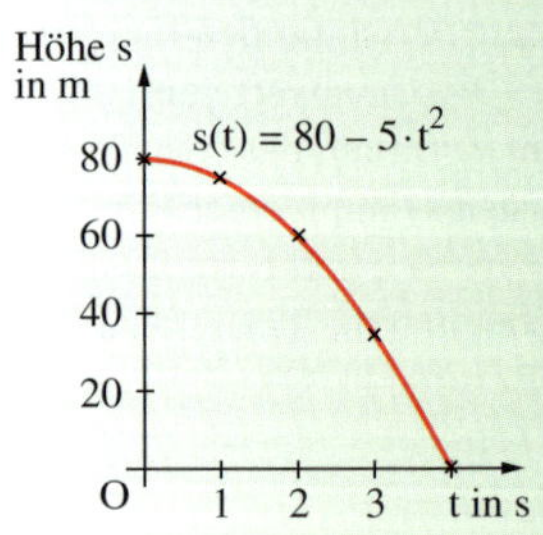

Fig. D 2

Wir betrachten die Geschwindigkeit, mit der sich die Kugel bewegt: Am Anfang ruht sie, nach einer Sekunde fällt sie mit etwa 10 Meter pro Sekunde (das sind 36 $\frac{\text{km}}{\text{h}}$), nach zwei

Sekunden mit 20 Meter pro Sekunde, nach drei Sekunden mit 30 Meter pro Sekunde und nach vier Sekunden prallt sie mit einer Geschwindigkeit von 40 Meter pro Sekunde auf der Oberfläche auf. Physikalisch gesehen erfährt die Kugel eine konstante Beschleunigung von 10 $\frac{m}{s^2}$ (der genauere Wert der Erdbeschleunigung ist 9,81 $\frac{m}{s^2}$).
Der Fall der Kugel wird demnach durch drei Größen beschrieben: die **Höhe** der Kugel über der Wasseroberfläche, die Änderungsrate dieser Höhe, also die **Geschwindigkeit,** und die Änderungsrate der Geschwindigkeit, die **Beschleunigung.** Die funktionalen Zusammenhänge in Abhängigkeit von der Zeit zeigen Fig. D 2, Fig. D 3 und Fig. D 4.

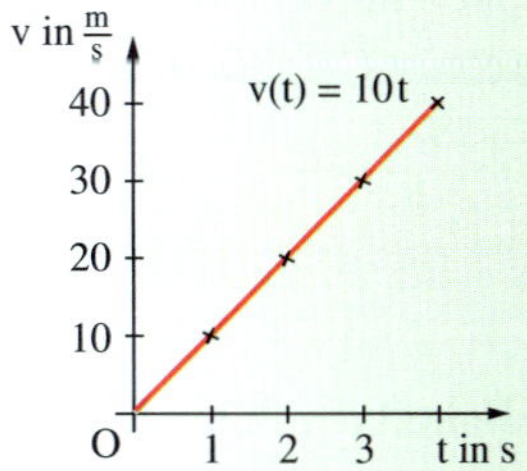

Fig. D 3

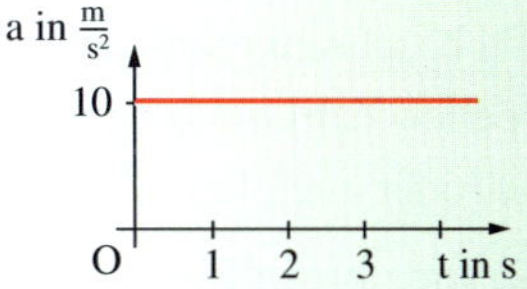

Fig. D 4

Es soll nun untersucht werden, wie man ausgehend von der mittleren Änderungsrate die punktuelle Änderungsrate bestimmen könnte.
Wäre der Graph einer bestimmten Funktion eine Gerade, dann ist die Lösung einfach: Man nimmt zwei beliebige Punkte $P_1(x_1; y_1)$ und $P_2(x_2; y_2)$ und bildet den Quotienten aus den Differenzen ihrer Ordinaten- und ihrer Abszissenwerte. Die Geschwindigkeit der fallenden Kugel lässt sich durch die Funktionsgleichung $v(t) = 10\,t$ beschreiben. Der „Differenzenquotient“ für zwei beliebige Punkte $P_1(t_1; v(t_1))$ und $P_2(t_2; v(t_2))$ ist dann stets

$$\frac{v(t_2) - v(t_1)}{t_2 - t_1} = \frac{10t_2 - 10t_1}{t_2 - t_1} = \frac{10 \cdot (t_2 - t_1)}{t_2 - t_1} = 10.$$

Bildet der Graph einer Funktion aber eine gekrümmte Kurve, dann ist der Differenzenquotient nicht unabhängig von der Wahl der Punkte. Die Höhen bzw. die Wege der Kugel werden so in obigem Beispiel durch die Funktion $s(t) = 80 - 5\,t^2$ beschrieben, deren Graph eine Parabel ist. Um die punktuelle Änderungsrate bzw. Steigung an der Stelle $t_0 = 1$ zu bestimmen, wählen wir Punkte links und rechts von t_0 und nähern uns von beiden Seiten dieser Stelle. Es ergeben sich folgende Differenzenquotienten:

Für die Zeitpunkte 1 s vor und 1 s nach $t_0 = 1$

$$\frac{s(1) - s(1-1)}{1} = -5 \qquad \frac{s(1+1) - s(1)}{1} = -15;$$

für die Zeitpunkte 0,5 s vor und 0,5 s nach $t_0 = 1$

$$\frac{s(1) - s(1-0{,}5)}{0{,}5} = -7{,}5 \qquad \frac{s(1+0{,}5) - s(1)}{1} = -12{,}5;$$

für die Zeitpunkte 0,1 s vor und 0,1 s nach $t_0 = 1$

$$\frac{s(1) - s(1-0{,}1)}{0{,}1} = -9{,}5 \qquad \frac{s(1+0{,}1) - s(1)}{0{,}1} = -10{,}5;$$

für die Zeitpunkte 0,01 s vor bzw. nach $t_0 = 1$

$$\frac{s(1) - s(1-0{,}01)}{0{,}01} = -9{,}95 \qquad \frac{s(1+0{,}01) - s(1)}{0{,}01} = -10{,}05;$$

für 0,001 s vor bzw. nach $t_0 = 1$

$$\frac{s(1) - s(1-0{,}001)}{0{,}001} = -9{,}995 \qquad \frac{s(1+0{,}001) - s(1)}{0{,}001} = -10{,}005.$$

Physikalisch gesehen stellen diese Differenzenquotienten $\frac{s(1) - s(1-h)}{h}$ bzw. $\frac{s(1+h) - s(1)}{h}$, $h > 0$ ein Maß für die Durchschnittsgeschwindigkeiten in den Intervallen $[1 - h; 1]$ bzw $[1; 1 + h]$ dar. Allgemein erhält man wegen $s(t) = 80 - 5\,t^2$:

$$\frac{s(1) - s(1-h)}{h} = \frac{80 - 5 \cdot 1^2 - (80 - 5(1-h)^2)}{h} = -10 + 5h \quad \text{und}$$

$$\frac{s(1+h) - s(1)}{h} = \frac{80 - 5(1+h)^2 - (80 - 5 \cdot 1^2)}{h} = -10 - 5h$$

Setzt man für h immer kleinere positive Zahlen ein, lässt h also die Glieder einer Nullfolge durchlaufen (s. Abschnitt C 2), dann beträgt der Differenzenquotient an der Stelle $t_0 = 1$ im Grenzfall –10:

$$\lim_{h \to 0} \frac{s(1+h) - s(1)}{h} = \lim_{h \to 0} \frac{s(1) - s(1-h)}{h} = -10$$

Diese Zahl wird als punktuelle (momentane) *Änderungsrate*, Steigung oder auch Ableitung der Funktion $s(t) = 80 - 5t^2$ *an der Stelle* $t_0 = 1$ bezeichnet. Ihr Betrag ist ein Maß für die **Momentangeschwindigkeit** der fallenden Kugel zum Zeitpunkt $t_0 = 1$ (s). Lässt man für h sowohl positive als auch negative Werte zu, so ist es ausreichend, einen der beiden Differenzenquotienten zu betrachten. In der Regel beschränkt man sich auf den Differenzenquotienten $\frac{s(1+h) - s(1)}{h}$. Diejenige Funktion, die jeder reellen Zahl $h \neq 0$ genau einen Differenzenquotienten zuordnet, wird *Differenzenquotientenfunktion* (oder auch kurz *Differenzenquotient*) von s(t) genannt.

Ausgehend von obigen Beispielen führen wir folgende Begriffe ein:

D 1

Definition D 1:
Es sei $y = f(x)$ eine auf D_f definierte Funktion[1] und $x_0,\ x_0 + h \in D_f$.[2] Die Funktion

$$d(h) = \frac{f(x_0+h) - f(x_0)}{h} \quad (\text{mit } h \neq 0) \quad \text{bzw.} \quad d(x) = \frac{f(x) - f(x_0)}{x - x_0} \quad (\text{mit } x \neq x_0)$$

heißt **Differenzenquotient** von f(x) an der Stelle x_0.

D 2

Definition D 2:
Es sei $y = f(x)$ eine auf D_f definierte Funktion und $x_0,\ x_0 + h \in D_f$. Wir nennen $y = f(x)$ an der Stelle x_0 **differenzierbar**, wenn der Grenzwert des Differenzenquotienten

$$\lim_{h \to 0} \frac{f(x_0+h) - f(x_0)}{h} \quad \text{bzw.} \quad \lim_{x \to x_0} \frac{f(x) - f(x_0)}{x - x_0}$$

in $\mathbb{R}$ existiert. Dieser Grenzwert heißt **Ableitung** oder **Differentialquotient** der Funktion f mit $y = f(x)$ an der Stelle x_0.

Man schreibt: $\lim\limits_{h \to 0} \frac{f(x_0+h) - f(x_0)}{h} = f'(x_0)$ – gesprochen *„f Strich von x_0"*.

Andere Schreib- und entsprechende Sprechweisen für die Ableitung einer Funktion f an der Stelle x_0 sind

$f'(x_0) = \left.\frac{df(x)}{dx}\right|_{x_0}$ *„df(x) nach dx an der Stelle x_0"*,

$= \left.\frac{dy}{dx}\right|_{x_0}$ *„dy nach dx an der Stelle x_0"*,

$= y'\big|_{x_0}$ *„y Strich an der Stelle x_0"*.

Bemerkungen:

- Eine wichtige Voraussetzung für die Differenzierbarkeit einer Funktion f an der Stelle x_0 besteht darin, dass f an der Stelle x_0 und in einer Umgebung von x_0 definiert ist. Das heißt also z. B. für $f(x) = \frac{1}{x}$, dass diese Funktion an der Stelle $x_0 = 0$ *nicht differenzierbar* ist, weil f nur für alle $x \neq 0$ definiert ist.

[1] Bezüglich der Sprech- und Schreibweise sei hier noch einmal auf die in Abschnitt A 1, S. 11, getroffene Vereinbarung verwiesen.

[2] Die Schreibweise „$x_0,\ x_0 + h \in D_f$" soll bedeuten, dass x_0 *und* $x_0 + h$ zu D_f gehören.

- Von entscheidender Bedeutung für die Differenzierbarkeit einer Funktion an der Stelle x_0 ist, dass der Grenzwert des Differenzenquotienten unabhängig von der Wahl der Nullfolge (h_n) existiert. Diese Voraussetzung ist in der Regel bei Funktionen, die links bzw. rechts von der betrachteten Stelle x_0 durch unterschiedliche Funktionsterme definiert sind, nicht erfüllt, z.B.

  $f\colon\ f(x) = \begin{cases} f_1(x), & x \le x_0 \\ f_2(x), & x > x_0 \end{cases}$ (Fig. D 5).

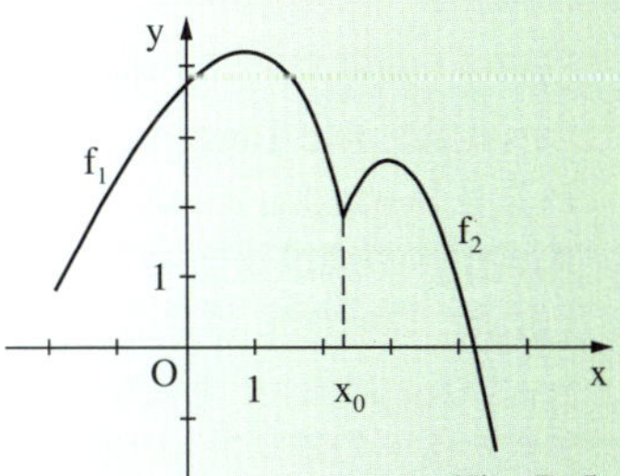

Fig. D 5

- In der historischen Entwicklung der Differentialrechnung spielte innermathematisch das so genannte „Tangentenproblem" eine große Rolle. Gemeint ist damit die Frage, ob für einen beliebigen Funktionsgraphen in einem vorgegebenen Punkt die Tangente an den Graphen existiert und wie man ihre Steigung bzw. ihre Gleichung ermitteln kann. Jetzt wissen wir: Da der Differenzenquotient $\frac{f(x) - f(x_0)}{x - x_0}$ geometrisch die Steigung der Sekante durch die Punkte $P_0(x_0; f(x_0))$ und $P(x; f(x))$ bedeutet, gibt die Ableitung $f'(x_0)$ den *Anstieg der Tangente t* an den Graphen der Funktion im Punkt $P_0(x_0; f(x_0))$ an:

  $$m_t = \tan\alpha = \lim_{h \to 0} \frac{f(x_0 + h) - f(x_0)}{h} = f'(x_0)$$

  Als Gleichung der Tangente erhält man $y = f_t(x) = f'(x_0)\cdot(x - x_0) + f(x_0)$.

  Mit dem Tangentenbegriff verbunden ist die inhaltliche Vorstellung, dass die Tangente den Graphen der Funktion im Punkt P_0 berührt bzw. sich in diesem Punkt besonders gut an die Kurve „anschmiegt". Deshalb liegt die Annahme nahe, dass die Tangentenfunktion $f_t(x)$ in einer hinreichend kleinen Umgebung von x_0 gute Näherungswerte für $f(x)$ liefert.

  In der Tat folgt aus der Definition der Ableitung

  $\lim_{x \to x_0} \frac{f(x) - f(x_0)}{x - x_0} = f'(x_0)$ und den Kenntnissen über die Grenzwertbildung, dass für Zahlen x, die hinreichend nahe bei x_0 liegen, gilt: $\frac{f(x) - f(x_0)}{x - x_0} \approx f'(x_0)$, also $f(x) \approx f'(x_0)(x - x_0) + f(x_0)$

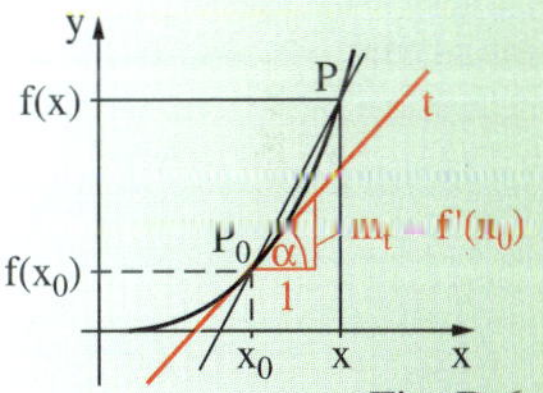

Fig. D 6

Damit ist eine lineare Näherung von Funktionswerten der Ausgangsfunktion f für x-Werte in der Nähe von x_0 möglich, wenn man $f'(x_0)$ kennt. Oder anschaulich gesprochen: Man kann den Graphen der Funktion näherungsweise durch Tangentenabschnitte ersetzen.

D 1

Beispiel D 1:
Für die Funktion $f(x) = 0{,}5x^2$ sind die Ableitung an der Stelle $x_0 = 1$ und die Gleichung der Tangente im Punkt $P_0(1; f(1))$ an den Graphen von f zu bestimmen.
Der Differenzenquotient von f an der Stelle $x_0 = 1$ ist

$$d(h) = \frac{f(x_0 + h) - f(x_0)}{h} = \frac{0{,}5(1 + h)^2 - 0{,}5 \cdot 1^2}{h} \quad (\text{mit } h \ne 0)$$

$$= \frac{0{,}5 + 0{,}5 \cdot 2 \cdot h + 0{,}5h^2 - 0{,}5}{h} = \frac{h + 0{,}5h^2}{h} = 1 + 0{,}5h.$$

Damit erhält man $f'(1) = \lim\limits_{h \to 0} (1 + 0{,}5h) = 1$.
Das heißt: Die Tangente an den Graphen von $f(x) = 0{,}5x^2$ in $P(1;\,0{,}5)$ hat den Anstieg 1 und wegen $m = \tan\alpha = 1$ den Anstiegswinkel $\alpha = 45°$ (Fig. D 7).
Für die Tangente in $P_0(1;\,0{,}5)$ erhält man wegen
$y = f'(x_0)\cdot(x - x_0) + f(x_0)$, also
$y = 1\cdot(x - 1) + 0{,}5$, somit die Gleichung $y = x - 0{,}5$.

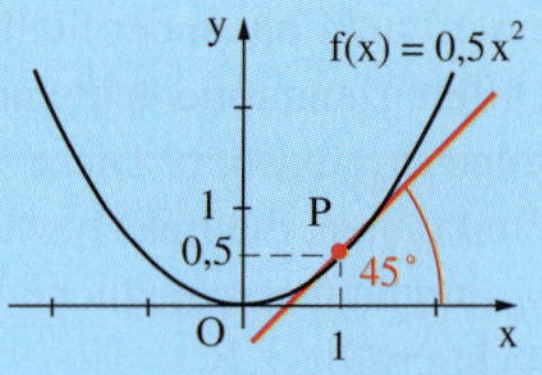

Fig. D 7

D 2

Beispiel D 2:
Es ist die Ableitung der Funktion $f(x) = x^3$ an einer beliebigen Stelle x_0 zu bilden. Der Differenzenquotient ist

$$d(h) = \frac{f(x_0 + h) - f(x_0)}{h} = \frac{(x_0 + h)^3 - x_0^3}{h} = \frac{x_0^3 + 3x_0^2\cdot h + 3x_0\cdot h^2 + h^3 - x_0^3}{h} = 3x_0^2 + 3x_0\cdot h + h^2$$

und damit $f'(x_0) = \lim\limits_{h \to 0} (3x_0^2 + 3x_0\cdot h + h^2) = 3x_0^2$.
Speziell gilt: $f'(0) = 0$; $f'(1) = 3$; $f'(2) = 12$; $f'(-1) = 3$.
An welcher Stelle x_0 hat die Tangente in $P_0(x_0;\,f(x_0))$ den Anstieg 75?
Aus $3x_0^2 = 75$ erhält man $|x_0| = \sqrt{25}$ und damit $x_{0_1} = 5$ und $x_{0_2} = -5$.

D 3

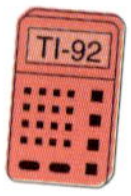

T9

Beispiel D 3:
Die Funktion $f(x) = x^3 + x^2$ ist auf Differenzierbarkeit an einer beliebigen Stelle x_0 zu untersuchen. Es gilt

$$d(h) = \frac{f(x_0 + h) - f(x_0)}{h}$$
$$= \frac{(x_0 + h)^3 + (x_0 + h)^2 - (x_0^3 + x_0^2)}{h} = \frac{x_0^3 + 3x_0^2h + 3x_0h^2 + h^3 + x_0^2 + 2x_0h + h^2 - x_0^3 - x_0^2}{h}$$
$$= \frac{3x_0^2h + 3x_0h^2 + h^3 + 2x_0h + h^2}{h} = 3x_0^2 + 3x_0h + h^2 + 2x_0 + h, \quad (h \neq 0).$$

Damit ist
$f'(x_0) = \lim\limits_{h \to 0} (3x_0^2 + 3x_0h + h^2 + 2x_0 + h) = 3x_0^2 + 2x_0$.
Das heißt: Der Grenzwert des Differenzenquotienten existiert. Da man für x_0 jede reelle Zahl einsetzen kann, ist die Funktion f *an jeder Stelle* ihres Definitionsbereiches *differenzierbar.*

D 4

T9

Beispiel D 4:
Es ist die Ableitung der Funktion $f(x) = \frac{1}{x}$ $(x \neq 0)$ an einer beliebigen Stelle x_0 $(x_0 \neq 0)$ zu bestimmen.
Wir bilden zunächst wieder den Differenzenquotienten:

$$d(h) = \frac{f(x_0 + h) - f(x_0)}{h} = \frac{\frac{1}{x_0 + h} - \frac{1}{x_0}}{h} = \frac{x_0 - (x_0 + h)}{x_0(x_0 + h)h} = \frac{-1}{x_0(x_0 + h)} \qquad (\text{für } h \neq 0;\ x_0 + h \neq 0)$$

Als Grenzwert für $h \to 0$ ergibt sich dann $\lim\limits_{h \to 0} d(h) = \lim\limits_{h \to 0} \frac{-1}{x_0(x_0 + h)} = -\frac{1}{x_0^2}$.

Das bedeutet: Die Funktion $f(x) = \frac{1}{x}$ $(x \neq 0)$ ist an jeder Stelle x_0 ihres Definitionsbereichs differenzierbar und besitzt dort die Ableitung $f'(x_0) = -\frac{1}{x_0^2}$, $x_0 \neq 0$.

Für den Anstieg der Tangente im Punkt $P_1(\frac{1}{2}; 2)$ erhält man $f'(\frac{1}{2}) = -4$ und damit die Gleichung der Tangente in P_1

$$y = f'(x_1)(x - x_1) + f(x_1)$$
$$= -4(x - \tfrac{1}{2}) + 2 = -4x + 4.$$

Der Anstiegswinkel der Tangente beträgt (wegen $\tan\alpha = -4$) $\alpha \approx 104°$ (Fig. D 8).

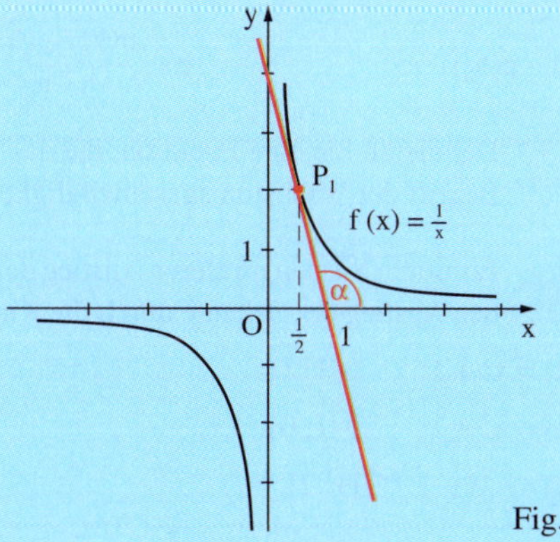

Fig. D 8

Aufgaben

D 1 Gegeben seien die Punkte

a) $P(1; 2)$ und $Q(3; 6)$ b) $P(\sqrt{2}; -2)$ und $Q(\frac{1}{2}\sqrt{2}; 1)$ c) $P(1; 4)$ und $Q(2; -1)$

Zeichnen Sie die Geraden durch P und Q und bestimmen Sie jeweils den Anstieg der Geraden! Welchen Winkel bilden die Geraden mit der positiven x-Achse?

D 2 Welchen Winkel bildet der Graph folgender Funktionen mit der positiven x-Achse?

a) $f(x) = 2x - 1$ b) $g(x) = -0{,}5x + 2$

D 3 Zeichnen Sie die Graphen der folgenden Funktionen:

a) $f(x) = 2x - 1$ b) $g(x) = -0{,}5x + 2$ c) $h(x) = \frac{1}{2}x$ d) $k(x) = -3x - 1$

D 4

a) Welchen Einfluss haben die Zahlen m und n auf den Verlauf des Graphen linearer Funktionen mit einer Gleichung der Form $f(x) = mx + n$?
b) Bestimmen Sie die Funktionsgleichungen für die nebenstehend durch ihre Graphen gegebenen linearen Funktionen!

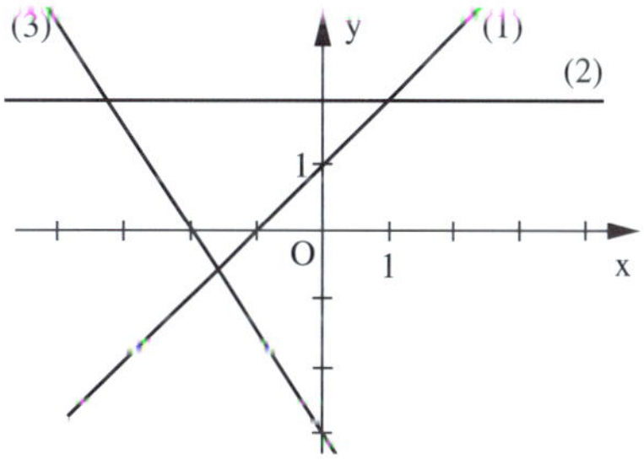

D 5 Bei der Weltmeisterschaft der Leichtathletik 2001 wurde für einen 800-Meter-Läufer nebenstehendes Weg-Zeit-Diagramm aufgenommen.
Erklären Sie, wie sich das Tempo (die Geschwindigkeit) des Läufers im Rennverlauf ändert!

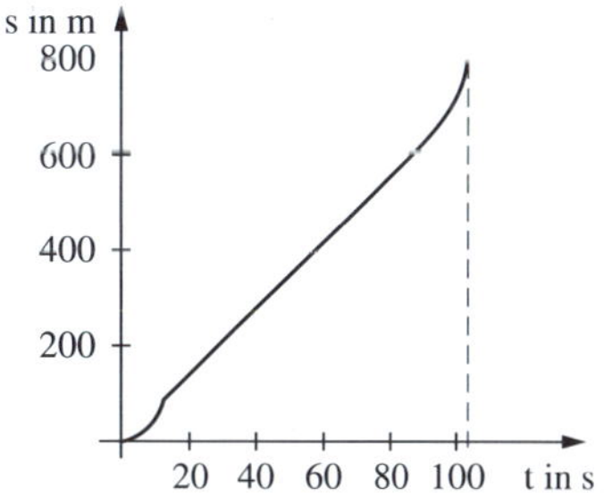

D 6 Mit zunehmender Höhe h nimmt bekanntlich der Luftdruck p(h) ab. Interpretieren Sie:

a) $p(h) - p(h_0)$ b) $\frac{p(h) - p(h_0)}{h - h_0}$ c) $\lim\limits_{h \to h_0}\left(\frac{p(h) - p(h_0)}{h - h_0}\right)$

D 7 Definieren Sie eine Funktion, die das Wachstum einer Virenkultur beschreibt! Präzisieren Sie den Begriff der Wachstumsgeschwindigkeit zum Zeitpunkt t_0!

D 8 Ermitteln Sie den mittleren Anstieg des Graphen folgender Funktionen im gegebenen Intervall, d. h. den Anstieg der Sekante durch die Kurvenpunkte in den beiden Enden dieses Intervalls:

a) $f_1(x) = x^2 + 1;$ $[-1; 1]$
b) $f_2(x) = 2 - x^2;$ $[-0{,}5; 0{,}5]$
c) $f_3(x) = x^3 + 1;$ $[-1; 0]$
d) $f_4(x) = x^{-1};$ $[-2; -1]$
e) $f_5(x) = \sqrt{x};$ $[1; 2]$
f) $f_6(x) = \frac{0{,}4x^3 - 2{,}5x}{|x - 2|};$ $[-1; 1]$

D 9 *(↗ Beispiel D 1, S. 135)*

Berechnen Sie mithilfe des Differenzenquotienten den Anstieg der Sekante durch die Punkte $P_0(0{,}5; f(0{,}5))$ und $P_h(0{,}5 + h; f(0{,}5 + h))$ des Graphen der Funktion $f(x) = x^2$ für $h = -1$ $(-0{,}1; 0{,}1; 1)$! Stellen Sie den Sachverhalt grafisch dar!

D 10 Berechnen Sie mithilfe des Differenzenquotienten den Anstieg der Sekante durch die Punkte

a) $P_0(1; 1)$ und $P_1(1 + h; f(1 + h))$
b) $P_0(-1; -1)$ und $P_1(-1 + h; f(-1 + h))$

des Graphen der Funktion $f(x) = x^3$ für $h = -1$ $(-0{,}5; 0{,}5; 1)$! Stellen Sie den Sachverhalt grafisch dar!

D 11 Bilden Sie zu folgenden Funktionen an der Stelle x_0 die Funktion d(h) und berechnen Sie den Anstieg der Sekante für $h = 1$ und $h = 0{,}01$:

a) $f_1(x) = x^2 - 4x + 20;$ $x_0 = -2$
b) $f_2(x) = -\frac{1}{4}x^2 + \frac{1}{2}x + 2;$ $x_0 = -1$
c) $f_3(x) = x^2 - 7;$ $x_0 = -1{,}5$
d) $f_4(x) = x^3 - \frac{1}{10}x^5;$ $x_0 = 2$

D 12 *(↗ Beispiel D 1, S. 135)*

Für die Funktion $f(x) = \frac{1}{6}x^3$ sind die Ableitung an der Stelle $x_0 = 2$ und die Gleichung der Tangente im Punkt $P_0(2; f(2))$ an den Graphen von f zu bestimmen.

D 13 Zeigen Sie, dass die Funktion $f(x) = x^3$ an der Stelle $x_0 = 1{,}5$ differenzierbar ist und dass für die Ableitung der Funktion an dieser Stelle gilt: $f'(1{,}5) = 6{,}75$.

D 14 Bestimmen Sie jeweils die Ableitung nachfolgender Funktionen an der Stelle x_0 mithilfe der Definition des Differentialquotienten:

a) $f_1(x) = 3x + 1$ $x_0 = 1$
b) $f_2(x) = 2x - 2$ $x_0 = -\frac{1}{2}$
c) $f_3(x) = x^2 - 2$ $x_0 = -1$
d) $f_4(x) = 4x^2$ $x_0 = -0{,}5$
e) $f_5(x) = -\frac{1}{2}x^2$ $x_0 = 2$
f) $f_6(x) = 2x^2 + 1$ $x_0 = -1$
g) $f_7(x) = 4x^3$ $x_0 = 2$
h) $f_8(x) = x^3 - 2x^2 + 1$ $x_0 = 2$
i) $f_9(x) = x^3 + 2x^2 - 1$ $x_0 = 1$
j) $f_{10}(x) = \frac{1}{2}x^3 + 2$ $x_0 = 0$

D 15 *(↗ Beispiel D 2/3, S. 136)*

Zeigen Sie, dass die folgenden Funktionen an jeder Stelle x_0 ihres Definitionsbereiches differenzierbar sind (*Hinweis:* Bilden Sie den Differenzenquotienten an einer beliebigen Stelle x_0 und bestimmen Sie $f'(x_0)$):

a) $f(x) = 2x$ b) $g(x) = \frac{1}{2}x^2$ c) $h(x) = -x^2$ d) $k(x) = x^2 + 2$

D 16 Ermitteln Sie über den Differenzenquotienten und seinen Grenzwert die Ableitungsfunktion für folgende Funktionen:

a) $f(x) = \frac{1}{3}x^2$ b) $f(s) = 2 - s^2$ c) $f(t) = \frac{1}{2}t^2 - t$

d) $f(r) = (1 - r)^2$ e) $f(b) = \frac{1}{4}b^2$ f) $f(x) = ax^2 + bx + c$

D 17 Es ist die Ableitung der Funktion $f(x) = \sqrt{x}$, $x \geq 0$, zu ermitteln.

D 18 Die Betragsfunktion $f(x) = |x|$ ist auf Differenzierbarkeit an der Stelle $x_0 = 0$ zu untersuchen.

D 19 *(↗ Beispiel D 4, S. 136 f.)*

Bestimmen Sie für $f(x) = \frac{1}{4}x^3$ die Gleichung der Tangente in P(2; f(2))!

D 20 Ermitteln Sie die Gleichungen der Tangenten in P und Q an die Graphen der Funktionen f bzw. g!

a) $f(x) = 2x^2$ P(1; 2); Q $(-\frac{1}{2}; f(-\frac{1}{2}))$ b) $g(x) = \frac{1}{x}$ P(2; g(2)); Q (–2; g(–2))

D 21 Ermitteln Sie die Gleichung der Tangente an den Graphen der Funktion $f(x) = 2 \cdot x^3$ an der Stelle $x_0 = 1$ und geben Sie den Schnittwinkel der Tangente mit der x-Achse an!

D 22 Im freien Fall fällt ein Gegenstand zu jedem Zeitpunkt t eine Fallstrecke $s(t) = 5t^2$. Bestimmen Sie die momentane Geschwindigkeit des Gegenstandes zum Zeitpunkt $t_0 = 3$ s!

D 23 Für den zurückgelegten Weg s eines bremsenden Autos gilt $s(t) = 20t - t^2$.

a) Erstellen Sie eine Wertetabelle für t = 0; 1; …; 9; 10 !

b) Bestimmen Sie die momentane Geschwindigkeit des Autos zur Zeit $t_1 = 4$ s und $t_2 = 8$ s !

D 24 Das Weg-Zeit-Gesetz für einen geradlinigen Bewegungsablauf sei $s(t) = 3t^2 + 2$ (s in Meter, t in Sekunden).

Berechnen Sie

a) die Durchschnittsgeschwindigkeit für $1 \leq t \leq 2$; $1 \leq t \leq 1{,}1$; $1 \leq t \leq 1{,}01$; $1 \leq t \leq 1{,}001$,

b) die Momentangeschwindigkeit für t = 1 s !

D 25 Ein Körper gleitet (fast) reibungsfrei auf einer schiefen Ebene. Für diese Bewegung gilt $s(t) = 0{,}5\, g \sin\alpha \cdot t^2$ mit $g = 9{,}81\ \frac{m}{s}$.

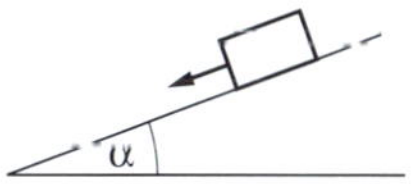

a) Geben Sie die mittlere Geschwindigkeit im Intervall $[t_0; t_1]$ an!

b) Berechnen Sie die Momentangeschwindigkeit zum Zeitpunkt t_0!

c) Zeichnen Sie den Graphen der Geschwindigkeit-Zeit-Funktion für $\alpha = 20°$!

d) Geben Sie für das Intervall $[t_0; t_1]$ die durchschnittliche Beschleunigung an!

e) Wie groß ist die Beschleunigung zum Zeitpunkt t_0?

f) Zeichnen Sie den Graphen der Beschleunigung-Zeit-Funktion für $\alpha = 20°$!

D 26 Begründen Sie: Die Ableitung des Flächeninhalts (der Flächeninhaltsfunktion) eines Kreises nach dem Radius ergibt den Umfang $2\pi r$.

D 27 Bestimmen Sie mithilfe des Differenzenquotienten die Ableitung des Kugelvolumens nach dem Radius!

D 28 Bestimmen Sie die Stellen x_i, an denen der Graph von $f(x) = x^3$ den Anstieg $m = 6$ hat, und ermitteln Sie die Gleichungen der entsprechenden Tangenten!

D 29 Betrachtet man an einem Ort auf der Erde die Temperatur in Abhängigkeit von der Höhe über dem Erdboden, so ergibt sich eine streng monoton fallende Funktion, die jeder Höhe x eine Temperatur T(x) zuordnet.

a) Wie groß ist der Temperaturunterschied zwischen den Höhen x und x + h?
b) Wie groß ist das durchschnittliche Temperaturgefälle zwischen den Höhen x und x + h?
c) Definieren Sie das punktuelle Temperaturgefälle in der Höhe x_0!

D 30 Die einleitenden Aussagen in Aufgabe ***D 29*** bezüglich der Temperatur gelten analog für den Luftdruck p(x). Interpretieren Sie $p(x) - p(x_0)$, $\frac{p(x) - p(x_0)}{x - x_0}$ und $p'(x_0)$!

D 31 Berechnen Sie diejenigen Stellen x_i, wo die Tangenten an den Graphen der Funktion $f(x) = x^3$ parallel zur Sekante durch die Punkte $P_1(-1;\ f(-1))$ und $P_2(2;\ f(2))$ verlaufen! (Fertigen Sie zuvor eine Überlegungsskizze an!)

D 32 Ermitteln Sie die Gleichungen der Tangenten vom Punkt $P(-1;\ -2)$ an den Graphen der Funktion $f(x) = \frac{1}{4}x^2$! (Fertigen Sie zunächst eine entsprechende Skizze an!)

D 33 Zeigen Sie, dass die Gerade g mit der Gleichung $g(x) = -4x - 3$ Tangente an die Funktion f mit $f(x) = \frac{1}{3}x^2 - 2x$ ist, und geben Sie die Koordinaten des Berührungspunktes an!

D 34 Bestimmen Sie die Stellen x_i, an denen die Graphen der Funktionen $f(x) = 0{,}5x^2 - x^3 + 2$ und $g(x) = x^3 - 4$ den gleichen Anstieg haben!

D 35 Bestimmen Sie die Gleichung einer Tangente an den Graphen der Funktion $f(x) = \frac{1}{2}x^2$, die parallel zur Geraden g mit $g(x) = \frac{3}{2}x - 1$ verläuft!

D 36 Die Graphen der Funktion $f(x) = 0{,}1x^2$ und $g(x) = \frac{1}{0{,}1x}$ schneiden einander im 1. Quadranten. Berechnen Sie die Koordinaten des Schnittpunktes S, die Steigung der Tangenten an den Graphen von f bzw. g in S sowie den Schnittwinkel beider Tangenten!

D 37 Gegeben ist die Funktion $f(x) = 4 - x^2$. Bestimmen Sie die Koordinaten des Punktes P(a; b) auf dem Graphen von f, für den die Normale (also eine Senkrechte zu dem Graphen von f) durch den Ursprung des Koordinatensystems geht! Ermitteln Sie die Normalengleichung!

D 38 Bestimmen Sie die Schnittpunkte der Graphen der Funktionen f und g mit $f(t) = t^2$ bzw. $g(t) = -t^2 + \frac{1}{2}$! Zeigen Sie, dass in einem Schnittpunkt die Tangente an den Graphen von f gleichzeitig Normale des Graphen von g ist und umgekehrt!

D 39 Zeigen Sie: Die Ableitung des Volumens (der Volumenformel) eines archimedischen Zylinders ($h = 2r$) nach dem Radius der Grundfläche gibt die (Formel für die) Oberfläche des Zylinders an.

D 40

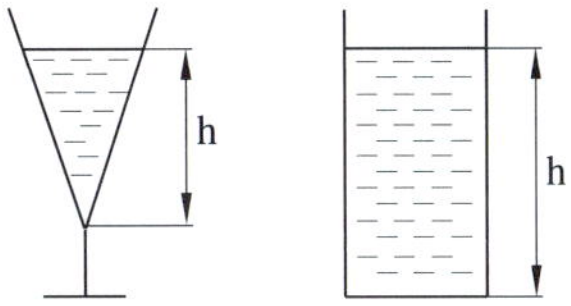

a) Es sei V das Volumen des Getränks, das bis zur Höhe h in einem Glas steht. Welche Bedeutung hat die Ableitung $V'(h)$?
b) Bestätigen Sie das Ergebnis aus a) am Beispiel eines kegelförmigen Sektkelches und eines zylindrischen Saftglases!

D 41 Die Bewegung eines Sportlers beim Sprung von einem 10 m-Turm erfolgt (so der Luftwiderstand vernachlässigt wird) nach dem Fallgesetz $h(t) = 10 - (\frac{9{,}81}{2})t^2$. Dabei gibt h die Höhe über dem Wasserspiegel (in Metern) und t die seit dem Absprung vergangene Zeit (in Sekunden) an.

a) Welche Geschwindigkeit hat der Sportler 0,5 s (1 s) nach dem Absprung?
b) Wie groß ist seine Geschwindigkeit beim Eintauchen ins Wasser?

D 42 Geben Sie die Bedeutung des Differenzenquotienten der Funktion an, die folgenden Sachverhalt beschreibt:

a) Höhe des Wasserspiegels einer sich füllenden Tonne in Abhängigkeit von der Zeit
b) Temperatur in einer Teetasse in Abhängigkeit von der Zeit
c) Anzahl der Autos, die einen Engpass passieren, in Abhängigkeit von der Zeit
d) Pegelstand eines Flusses in Abhängigkeit von der Zeit
e) Flughöhe eines Geschosses in Abhängigkeit von der Zeit

D 1.2 Differenzierbarkeit und Ableitungsfunktion

Gegeben sei eine Funktion f mit $f(x) = 2x^2$, $x \in \mathbb{R}$. Dann ist

$$
\begin{aligned}
f'(x_0) &= \lim_{h \to 0} d(h) = \lim_{h \to 0} \frac{f(x_0 + h) - f(x_0)}{h} \\
&= \lim_{h \to 0} \frac{2(x_0 + h)^2 - 2x_0^2}{h} = \lim_{h \to 0} \frac{4x_0 \cdot h + 2h^2}{h} \\
&= \lim_{h \to 0} (4x_0 + 2h) = 4x_0
\end{aligned}
$$

Damit ist f an jeder Stelle differenzierbar. Die Tabelle enthält für ausgewählte x_0 die zugeordneten Ableitungswerte $f'(x_0)$:

x_0	–4	–3	–2	–1	0	1	2	3	4
$f'(x_0)$	–16	–12	–8	4	0	4	8	12	16

Die Tabelle kann als Wertetabelle einer neuen Funktion aufgefasst werden. Diese Funktion wollen wir mit f ' bezeichnen; für sie gilt $f'(x) = 4x$. Allgemein formuliert:

Ordnet man allen Stellen x_0, an denen eine Funktion f differenzierbar ist, ihre Ableitung $f'(x_0)$ zu, so stellt diese Zuordnung selbst wieder eine Funktion dar. Sie wird mit f ' bezeichnet und heißt **Ableitungsfunktion** der Funktion f. Es gilt: $f': x \to f'(x)$ mit $D_{f'} = D_f$, wenn f überall in D_f differenzierbar ist, ansonsten ist $D_{f'} \subseteq D_f$. Im Unterschied zum Funktionsterm $f'(x)$ ist die Ableitung $f'(x_0)$ an einer beliebigen Stelle x_0 eine Zahl.

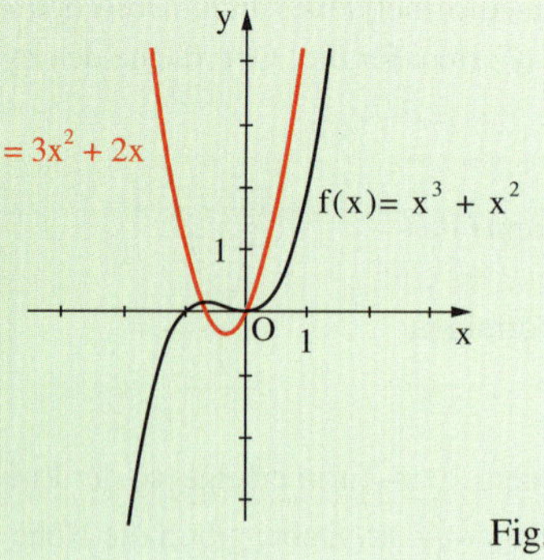

Fig. D 9a

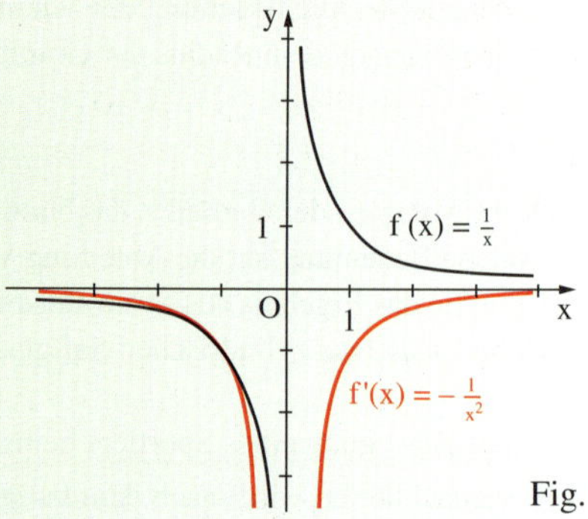

Fig. D 9b

Fig. D 9a, b zeigen die Graphen der in den Beispielen D 3 und D 4 betrachteten Funktionen und die ihrer Ableitungsfunktionen.

Das Bestimmen der Ableitungsfunktion f' einer Funktion f heißt **Differenzieren.** Sind keine Missverständnisse zu befürchten, so spricht man auch kurz von *Ableitung* anstelle von *Ableitungsfunktion*, aber man muss stets bedenken, dass begrifflich zwischen *Ableitung an einer Stelle* x_0 als einer *reellen Zahl* und der *Ableitung* als einer *neuen Funktion* zu unterscheiden ist.
Das Eingangsbeispiel mit der aus einer bestimmten Höhe fallenden Kugel lässt sich demzufolge auch so interpretieren:
Beschreibt eine Funktion f einen Bewegungsablauf, dann beschreibt ihre Ableitungsfunktion f' die momentane Geschwindigkeit zu jedem Zeitpunkt t. Bezogen auf das Autofahren würde etwa bedeuten: Der Kilometerzähler zeigt den jeweiligen Wert von f an (also den von einem bestimmten Anfangspunkt aus bis zum aktuellen Zeitpunkt t_a zurückgelegten Weg) und der Tachometer den momentanen Wert von f', also $f'(t_a)$.

D 5

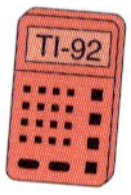

T9

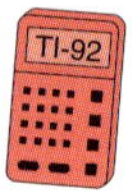

T3

Beispiel D 5:
Gegeben sei die Funktion $f(x) = x^2$. Man ermittle die Ableitungsfunktion $f'(x)$.
Wir bilden zunächst den Differenzenquotienten von f für beliebige $x_0 \in \mathbb{R}$

$$d(h) = \frac{(x_0 + h)^2 - x_0^2}{h} = \frac{x_0^2 + 2x_0 \cdot h + h^2 - x_0^2}{h}$$

$$= \frac{2x_0 \cdot h + h^2}{h} = 2x_0 + h \qquad (h \neq 0)$$

und erhalten für den Grenzwert $f'(x_0) = \lim\limits_{h \to 0} (2x_0 + h) = 2x_0$.
Da diese Überlegungen für jedes beliebige x_0 gelten, folgt für die Ableitungsfunktion f': $f'(x) = 2x$.
Fig. D 10 zeigt die Graphen beider Funktionen.

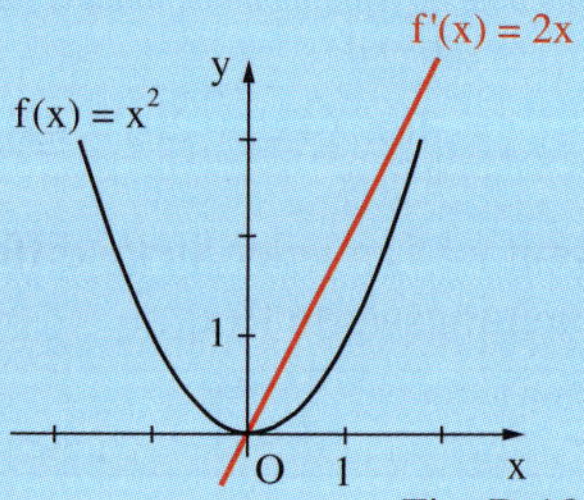

Fig. D 10

Anmerkung:
- Die in der Definition der Ableitung (s. Definition D 2) formulierte Voraussetzung, dass die Funktion f in x_0 definiert sein muss, d.h., dass auch der Funktionswert an dieser Stelle existiert, stellt eine Verbindung zum *Stetigkeitsbegriff* her (s. Abschnitt C 3). Das gibt Veranlassung, nach einem möglichen Zusammenhang zwischen Stetigkeit und Differenzierbarkeit zu fragen.
- Den Beispielen D 1 bis D 4 kann man entnehmen, dass die Stetigkeit einerseits wohl eine Voraussetzung für die Differenzierbarkeit einer Funktion an einer Stelle x_0 ist. Anschaulich macht

man sich nämlich schnell klar, dass eine in x_0 nicht stetige Funktion (die z. B. in x_0 einen endlichen Sprung aufweist) an dieser Stelle auch nicht differenzierbar ist. Aber andererseits gibt es in x_0 stetige Funktionen, die an dieser Stelle nicht differenzierbar sind. Beispielsweise ist die nebenstehend dargestellte Funktion $f(x) = |x|$ in $x_0 = 0$ wohl stetig, hat dort aber keinen eindeutig bestimmbaren Tangentenanstieg. Man sagt: Stetigkeit ist eine *notwendige*, aber *keine hinreichende* Bedingung für die Differenzierbarkeit.

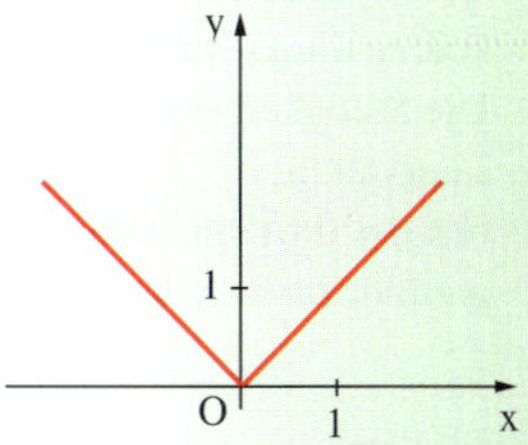

Fig. D 11

- Umgekehrt lässt sich zeigen: Aus der Differenzierbarkeit in x_0 folgt zwingend die Stetigkeit der Funktion an dieser Stelle. Differenzierbarkeit ist also *keine notwendige*, wohl aber eine *hinreichende* Bedingung für die Stetigkeit.

Aufgaben

D 43 *(↗ Beispiel D 5, S. 142)*

Bestimmen Sie die Ableitungsfunktion von $f(x) = \frac{1}{6}x^3$!

D 44 Ermitteln Sie die Ableitungsfunktion von

a) $f_1(x) = 1 - x^2$ b) $f_2(x) = -\frac{1}{4}x^2 + 4x - 7$!

D 45 Zeichnen Sie den Graphen der Funktion $f(x) = -\frac{1}{2}x^2 + x \quad (x \in \mathbb{R})$ und entwickeln Sie davon ausgehend den Graphen der Ableitungsfunktion!

D 46 Leiten Sie aus dem dargestellten Graphen der Ableitungsfunktion f' Aussagen über das Steigungs- und Krümmungsverhalten der Funktion f ab!
Welches Verhalten zeigt f an der Stelle $x_1 = -2$?

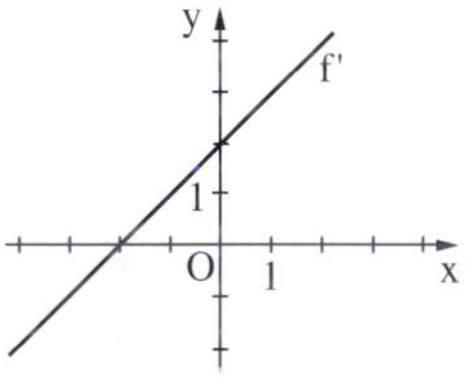

D 47

a) Der Graph der Ableitungsfunktion f' einer Funktion f mit $y = f(x)$ hat die Nullstellen $x_1 = -1$ und $x_2 = 3$. Was folgt daraus für den Verlauf des Graphen von f?
b) Welche Aussage über f lässt sich treffen, wenn $f'(x)$ in $]-1; 3[$ negativ ist?
c) Der Graph von f steigt in den Intervallen $]-\infty; -1[$ und $]3; +\infty[$. Welches Vorzeichen hat dort $f'(x)$?

D 48 Ermitteln Sie für die Funktion $f(t) = 3t - \frac{1}{2}t^2$ mithilfe des Differenzenquotienten die Ableitungsfunktion f'. Zeichnen Sie die Graphen von f und f' in ein und dasselbe Koordinatensystem und lesen Sie aus den Graphen die Steigung der Tangente an den Graphen von f für $t_0 = 0{,}5$ (4,5) ab!
Ermitteln Sie die Koordinaten des Punktes P, in welchem der Tangentenanstieg von f gleich dem Anstieg der Winkelhalbierenden des 1. und 2. Quadranten ist!

D 49 Entscheiden Sie, ob die nachfolgenden Aussagen über Funktionen f mit der Gleichung $y = f(x)$ wahr oder falsch sind, und begründen Sie Ihre Entscheidung:

a) Die Differenzierbarkeit einer Funktion f an einer Stelle x_0 ist keine notwendige Bedingung für deren Stetigkeit an dieser Stelle.
b) Die Stetigkeit einer Funktion f an einer Stelle x_0 ist eine notwendige Bedingung für deren Differenzierbarkeit an dieser Stelle.

c) Die Stetigkeit einer Funktion f an einer Stelle x_0 ist eine hinreichende Bedingung für deren Differenzierbarkeit an dieser Stelle.
d) Die Stetigkeit von f im Intervall [a; b] ist eine notwendige Bedingung für die Existenz eines Maximums im Intervall [a; b].
e) $f'(x_0) = 0$ ist eine notwendige Bedingung dafür, dass die Tangente an den Graphen von f in $P(x_0; f(x_0))$ parallel zur x-Achse verläuft.

D 2 Regeln zur Ableitung von Funktionen

Neben der Bestimmung der Steigung des Graphen einer Funktion an einer Stelle x_0 bietet die Differentialrechnung noch eine Reihe weiterer Möglichkeiten zur Charakterisierung von Funktionen (Abschnitt D 5). Dabei muss man immer wieder Ableitungen gegebener Funktionen bilden. Die bislang betrachteten Beispiele und Aufgaben haben gezeigt, dass der Aufwand für das Ermitteln der Ableitung von Funktionen über den Grenzwert des Differenzenquotienten ziemlich hoch ist und zum Teil umfangreiche Rechnungen erfordert. Da der Ableitungsbegriff mithilfe des Grenzwertbegriffs definiert wurde, liegt es nahe zu fragen, ob sich aus den Kenntnissen über das Rechnen mit Grenzwerten (Grenzwertsätze) Folgerungen hinsichtlich der Berechnung von Ableitungen zusammengesetzter Funktionen ergeben, zum Beispiel für die Summe, das Produkt und den Quotienten differenzierbarer Funktionen. Solche Differentiationsregeln würden zu wesentlichen Vereinfachungen und Erleichterungen führen.

D 2.1 Konstanten-, Faktor- und Potenzregel

Wir betrachten die konstante Funktion $f(x) = c$ für alle $x \in \mathbb{R}$. Fig. D 12 zeigt den Graphen dieser Funktion. Man erkennt: Der Graph verläuft parallel zur x-Achse – er weist offenbar überall die Steigung 0 auf. Demzufolge wäre die Ableitungsfunktion 0.
Zum Nachweis dieser Vermutung bilden wir den Differenzenquotienten für eine beliebige Stelle $x_0 \in D_f$:

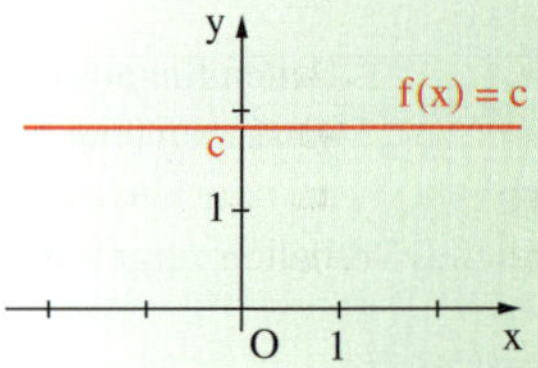

Fig. D 12

$$d(h) = \frac{f(x_0 + h) - f(x_0)}{h} = \frac{c - c}{h} = \frac{0}{h} = 0 \quad \text{(für } h \neq 0\text{)},$$

also auch $f'(x_0) = \lim\limits_{h \to 0} 0 = 0$.

Damit gilt der Satz:

D 1

Satz D 1: **Konstantenregel**
Eine konstante Funktion $f(x) = c$ ($c \in \mathbb{R}$, aber fest) besitzt für alle $x \in \mathbb{R}$ die Ableitung $f'(x) = 0$.

Für den Fall, dass eine differenzierbare Funktion mit einem konstanten Faktor multipliziert wird, kann man ebenfalls eine Regel herleiten:
Es sei g eine über ihrem Definitionsbereich differenzierbare Funktion. Multipliziert man diese Funktion mit einem konstanten Faktor k, $k \in \mathbb{R}$, so erhält man die Funktion $f(x) = k \cdot g(x)$.
Für deren Differenzenquotienten folgt

$$d(h) = \frac{k \cdot g(x_0 + h) - k \cdot g(x_0)}{h} = k \cdot \frac{g(x_0 + h) - g(x_0)}{h} \quad \text{mit } h \neq 0,\ x_0 \in D_g$$

und damit für die Ableitung $\lim\limits_{h \to 0} d(h) = \lim\limits_{h \to 0} k \cdot \frac{g(x_0 + h) - g(x_0)}{h}$.

Da der Grenzwert eines Produktes gleich dem Produkt der Grenzwerte seiner Faktoren ist (vgl. Satz C 3), folgt

$$f'(x_0) = \lim_{h \to 0} k \cdot \lim_{h \to 0} \frac{g(x_0 + h) - g(x_0)}{h} = k \cdot g'(x_0)$$ und wegen der beliebigen Wahl von x_0

$$f'(x) = k \cdot g'(x).$$

D 2

Satz D 2: **Faktorregel**
Ist g eine differenzierbare Funktion, so ist auch die Funktion f mit $f(x) = k \cdot g(x)$ $(k \in \mathbb{R})$ differenzierbar und es gilt $f'(x) = k \cdot g'(x)$.

Kurz: Ein konstanter Faktor bleibt beim Differenzieren erhalten.
Im Vorgriff auf die Differentiation einiger elementarer Funktionen (Abschnitt D 3) wollen wir bereits an dieser Stelle eine Regel zur Ableitung der Potenzfunktion $f(x) = x^n$, $n \in \mathbb{N}$, $n \geq 1$, entwickeln. Durch Aufstellen des Differenzenquotienten und anschließender Grenzwertbildung erhält man folgende Ergebnisse:

$$\begin{array}{lll} f(x) = x^1 & f'(x) = 1 & = 1 \cdot x^{1-1} \\ f(x) = x^2 & f'(x) = 2 \cdot x & = 2 \cdot x^{2-1} \\ f(x) = x^3 & f'(x) = 3 \cdot x^2 & = 3 \cdot x^{3-1} \\ f(x) = x^4 & f'(x) = 4 \cdot x^3 & = 4 \cdot x^{4-1} \end{array}$$

Für den Fall $f(x) = x^3$ haben wir die entsprechende Ableitung im Beispiel D 2 gebildet.
Damit liegt die Vermutung nahe, dass allgemein gilt:

D 3

Satz D 3: **Potenzregel**
Die Funktion $f(x) = x^n$, $n \in \mathbb{N}$, $n \geq 1$, ist differenzierbar und es gilt $f'(x) = n \cdot x^{n-1}$.

Beweis:
Schreibt man den Differenzenquotienten in der Form $d(x) = \frac{f(x) - f(x_0)}{x - x_0}$, so ergibt sich für $f(x) = x^n$

$$d(x) = \frac{x^n - x_0^n}{x - x_0}, \quad x \neq x_0.$$

Wegen $x \neq x_0$ ist die Polynomdivision ausführbar und ergibt:

$$(x^n - x_0^n) : (x - x_0) = x^{n-1} + x_0 \cdot x^{n-2} + x_0^2 \cdot x^{n-3} + \quad + x_0^{n-2} \cdot x + x_0^{n-1}$$

Daraus erhalten wir die Ableitung, indem wir den Grenzwert für $x \to x_0$ bilden:

$$\begin{aligned} f'(x) = \lim_{x \to x_0} d(x) &= \lim_{x \to x_0} (x^{n-1} + x_0 \cdot x^{n-2} + x_0^2 \cdot x^{n-3} + \ldots + x_0^{n-2} \cdot x + x_0^{n-1}) \\ &= x_0^{n-1} + x_0 \cdot x_0^{n-2} + x_0^2 \cdot x_0^{n-3} + \ldots + x_0^{n-2} \cdot x_0 + x_0^{n-1} \\ &= x_0^{n-1} + x_0^{n-1} + x_0^{n-1} + \ldots + x_0^{n-1} + x_0^{n-1} \\ &= n \cdot x_0^{n-1} \end{aligned}$$

Damit ist die obige Vermutung über die Ableitung der Potenzfunktionen $f(x) = x^n$ mit $n \in \mathbb{N}$ $(n \geq 1)$ bestätigt.

D 6

TI-92
T10

Beispiel D 6:

a) Für die Ableitung von $f(x) = x^6$ ergibt sich nach der Potenzregel: $f'(x) = 6 \cdot x^{6-1} = 6 \cdot x^5$

b) Als Ableitung von $f(x) = 8 \cdot x^5$ erhalten wir nach der Faktor- und der Potenzregel:
$f'(x) = 8 \cdot (5 \cdot x^4) = 40 \cdot x^4$

c) Es ist der Anstieg des Graphen der Funktion $f(x) = x^3$ an der Stelle $x_0 = 2$ zu bestimmen.
Die Ableitung von $f(x) = x^3$ ist $f'(x) = 3x^2$ (Potenzregel). Für $x_0 = 2$ erhält man
$f'(2) = 3 \cdot 2^2 = 12.$
Der Anstieg des Graphen der Funktion $f(x) = x^3$ im Punkt $P_0(2; 8)$ ist $m = \tan\alpha = 12$.

Aufgaben

D 50 *(↗ Beispiel D 6, S. 146)*

Bilden Sie die Ableitung von $f(x) = 3x^4$!

D 51 Bestimmen Sie die Ableitung f_i' für folgende Funktionen:

a) $f_1(x) = 2$ b) $f_2(x) = \sqrt{2}$ c) $f_3(x) = -1$
d) $f_4(x) = 2x$ e) $f_5(x) = -\sqrt{3}\,x$ f) $f_6(x) = \frac{1}{2x}$

D 52 Ermitteln Sie für die folgenden Funktionen f_i mithilfe der Faktorregel und Potenzregel die Ableitung f_i':

a) $f_1(x) = x$ b) $f_2(x) = 8x^3$ c) $f_3(x) = 4x^5$ d) $f_4(x) = \frac{1}{2}x^2$

D 53 An welcher Stelle x_0 des Graphen der Funktion f bzw. g hat die Ableitung den angegebenen Wert?

a) $f(x) = x^3$ $f'(x_0) = 27$ b) $g(x) = 5x^4$ $g'(x_0) = 20$

D 54 Bilden Sie die Ableitung der nachfolgenden Funktionen! (Alle Exponenten sind natürliche Zahlen.)

a) $f_1(x) = x^z$ b) $f_2(x) = x^{n+3}$ c) $f_3(x) = x^{t-3}$ d) $f_4(x) = x^0$ $(x \neq 0)$

D 55 Bestimmen Sie zu den folgenden Ableitungen von Potenzfunktionen jeweils eine zugehörige Ausgangsfunktion:

a) $f_1'(x) = 4x^3$ b) $f_2'(x) = 8x^7$ c) $f_3'(x) = 0$ d) $f_4'(t) = 5t^4$
e) $f_5'(z) = (n-1)z^{n-2}$ f) $f_6'(x) = 15x^4$ g) $f_7'(b) = 4ab$ h) $f_8'(m) = 2 + a$

D 56 Berechnen Sie zunächst folgende Produkte und wenden Sie danach die Potenzregel an:

a) $f(r) = (3 + r)(r^2 + 1)$ b) $g(t) = (3t^3 - 1)(0{,}5t - 1)$
c) $f(x) = (2x + 3)(1 - x)(x + 1)$ d) $f(x) = (c - 2x)(3x + 1)$
e) $g(t) = (0{,}75 + bt^2)(0{,}5b - 2t)$ f) $f(t) = (a + bt)(c + dt)$

GTA **D 57** Gegeben ist die Funktion f mit $f(x) = x^5$; t sei die Tangente an den Graphen von f im Punkt A(1; 1). Berechnen Sie den Schnittpunkt von t mit dem Graphen von f !

D 58 Berechnen Sie die Steigungen des Graphen von f in den Achsenschnittpunkten:

a) $f_1(x) = 2x - x^2$ b) $f_2(x) = x^3 - 3x - 2$ c) $f_3(x) = x^3 + 2{,}5x^2 - 2x - 1{,}5$

D 59 Bestimmen Sie $t \in \mathbb{R}$ so, dass der Graph von f_t mit $f_t(x) = t(x^2 + 3x - 4)$ in den Schnittpunkten mit der x-Achse orthogonale Tangenten hat!

D 60 Gegeben ist die Funktion $g(x) = x^5 - 4x$. Berechnen Sie die von O(0; 0) verschiedenen Schnittpunkte P und Q des Graphen von g mit seiner Normalen in O(0; 0) und zeigen Sie die Parallelität der Tangenten in den Punkte P und Q!

D 61 Mit einem Multivibrator lassen sich näherungsweise Trapezsignale erzeugen (s. Figur).

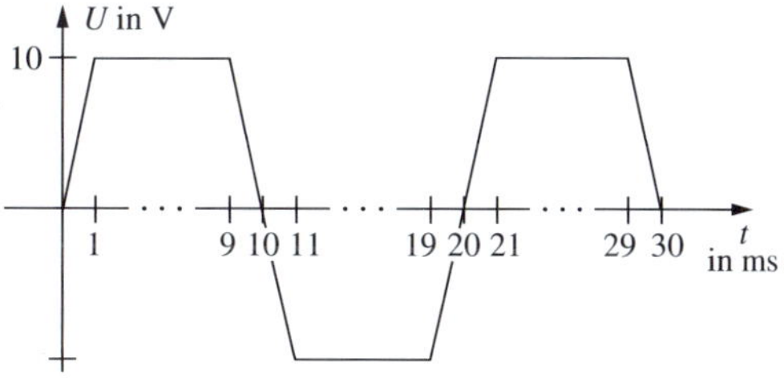

a) Differenzieren Sie die „Trapezfunktion“ auf grafischem (anschaulichem) Wege und geben Sie das neu entstandene Spannung-Zeit-Bild an!
b) Ermitteln Sie die Amplitude der Rechteckimpulse und die Frequenz der „differenzierten“ Signalfunktion!

D 62 Ein Körper fällt aus der Höhe h_0 frei (Luftwiderstand wird vernachlässigt). Das Weg-Zeit-Gesetz für die Höhe des Körpers zur Zeit t lautet $h(t) = h_0 - \frac{1}{2} g t^2$. Es sei $h_0 = 50$ m und $g \approx 10 \ \frac{\text{m}}{\text{s}^2}$.
a) In welcher Höhe befindet sich der Körper nach 1 (2; 3) s? Nach welcher Zeit trifft er auf den Erdboden auf? Skizzieren Sie das Weg-Zeit-Diagramm dieser Bewegung (gegebenenfalls mit GTA)!
b) Geben Sie das v-t-Gesetz an! Berechnen Sie die Geschwindigkeit nach 1 (2; 3) s! Mit welcher Geschwindigkeit trifft der Körper auf den Boden auf?

D 63

a) Ein Fahrzeug bewege sich nach dem Weg-Zeit-Gesetz der Form $s(t) = at^2 + bt + c$ (t in Sekunden und s in Metern). Erläutern Sie die physikalische Bedeutung der Koeffizienten a, b, c
(*Hinweis:* Bilden Sie s'(t) und davon wiederum die Ableitung!)
b) Ein Regionalzug der Deutschen Bahn AG wird mittels Elektromotoren angetrieben und erzielt eine konstante Beschleunigung von $a = 0{,}3 \ \frac{\text{m}}{\text{s}^2}$.
Wie lange dauert es, bis er seine durchschnittliche Reisegeschwindigkeit von $90 \ \frac{\text{km}}{\text{h}}$ erreicht hat?

D 2.2 Summen-, Produkt- und Quotientenregel

Nach Beispiel D 3 hat die Funktion $f(x) = x^3 + x^2$ die Ableitungsfunktion $f'(x) = 3x^2 + 2x$. Hätte man in $f(x) = x^3 + x^2$ jeden Summanden nach der Potenzregel abgeleitet, so wäre man zum gleichen Resultat gelangt. Allgemein gilt:

Satz D 4: **Summenregel** D 4
Sind zwei Funktionen u und v in x_0 differenzierbar, so ist an dieser Stelle auch die Summenfunktion s mit $s(x) = u(x) + v(x)$ differenzierbar. Es gilt:
$s'(x_0) = u'(x_0) + v'(x_0)$

Da diese Aussage für ein beliebiges x_0 aus dem Bereich gilt, in dem sowohl u als auch v differenzierbar sind, können wir vereinfacht schreiben: $s = u + v \Rightarrow s' = u' + v'$. Kurz: Eine Summenfunktion kann summandenweise differenziert werden.

Beweis:
Es seien u und v zwei in x_0 differenzierbare Funktionen und es sei s die Summe der Funktionen u und v mit $s(x) = u(x) + v(x)$ für alle $x \in \mathbb{R}$. Wir berechnen den Differenzenquotienten von s an der Stelle x_0:

$$d(x) = \frac{s(x) - s(x_0)}{x - x_0} = \frac{[u(x) + v(x)] - [u(x_0) + v(x_0)]}{x - x_0}$$

$$= \frac{u(x) - u(x_0) + v(x) - v(x_0)}{x - x_0} = \frac{u(x) - u(x_0)}{x - x_0} + \frac{v(x) - v(x_0)}{x - x_0} \quad \text{(jeweils } x \neq x_0\text{)}$$

Mithilfe der bekannten Grenzwertsätze (Satz C 3) ergibt sich

$$\lim_{x \to x_0} d(x) = \lim_{x \to x_0} \frac{u(x) - u(x_0)}{x - x_0} + \lim_{x \to x_0} \frac{v(x) - v(x_0)}{x - x_0} \quad \text{und damit}$$

$$s'(x_0) = u'(x_0) + v'(x_0).$$

w. z. b. w.

Diese Regel gilt für endlich viele Summanden, also auch für mehr als zwei Summanden.
Aus Potenz- und Summenregel ergibt sich eine wichtige Schlussfolgerung:
Jede ganzrationale Funktion $f(x) = a_n x^n + a_{n-1} x^{n-1} + \ldots + a_1 x + a_0$ ist differenzierbar und besitzt die Ableitungsfunktion $f'(x) = n \cdot a_n x^{n-1} + (n-1) a_{n-1} x^{n-2} + \ldots + a_1$.
Die Ableitungsfunktion f' ist also wieder eine ganzrationale Funktion mit einem gegenüber f um 1 niedrigeren Grad.
Differentiationsregeln für das Produkt und den Quotienten zweier Funktionen seien hier ohne Beweis angegeben:

D 5

Satz D 5: **Produktregel**
Sind zwei Funktionen u und v in x_0 differenzierbar, so ist auch die Funktion p mit $p(x) = u(x) \cdot v(x)$ an dieser Stelle differenzierbar. Es gilt:
$p'(x_0) = u'(x_0) \cdot v(x_0) + v'(x_0) \cdot u(x_0)$

Da diese Aussage für ein beliebiges x_0 aus dem Bereich gilt, in dem sowohl u als auch v differenzierbar sind, können wir wieder vereinfacht schreiben: $p = u \cdot v \Rightarrow p' = u' \cdot v + v' \cdot u$. Die Produktregel lässt sich ähnlich wie die Summenregel auf endlich viele Faktoren erweitern.

D 6

Satz D 6: **Quotientenregel**
Sind zwei Funktionen u und v in x_0 differenzierbar und ist $v(x_0) \neq 0$, dann ist auch die Funktion q mit $q(x) = \frac{u(x)}{v(x)}$ an der Stelle x_0 differenzierbar. Es gilt:

$$q'(x_0) = \frac{u'(x_0) \cdot v(x) - v'(x_0) \cdot u(x_0)}{(v(x_0))^2}$$

In Kurzform: $q = \frac{u}{v} \Rightarrow q' = \frac{u'v - v'u}{v^2}$

Bei der Anwendung der Quotientenregel muss man beachten, dass $f(x) = \frac{u(x)}{v(x)}$ nur dort differenzierbar ist, wo $v(x) \neq 0$ gilt.

D 7

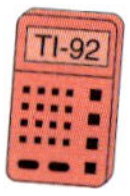

T10

Beispiel D 7:
a) Gegeben ist die Funktion $f(x) = 8x^3 + 50x^2$.
Setzt man $u(x) = 8x^3$ und $v(x) = 50x^2$, so ergibt sich
$u'(x) = 24x^2$; $v'(x) = 100x$
und damit nach der Summenregel $f'(x) = 24x^2 + 100x$.

b) An welchen Stellen verläuft die Tangente an den Graphen der Funktion
$f(x) = 0{,}2x^3 - 0{,}3x^2 - 3{,}6x + 1$
parallel zur x-Achse?
Wir ermitteln die Stellen, an denen der Anstieg der Tangente $m = \tan\alpha = 0$ ist.
Wegen $f'(x_0) = \tan\alpha$ und $f'(x) = 0{,}6x^2 - 0{,}6x - 3{,}6$ müssen wir dazu die Gleichung
$0 = 0{,}6x_0^2 - 0{,}6x_0 - 3{,}6$ bzw. $0 = x_0^2 - x_0 - 6$ lösen.
Wir erhalten
$x_{0_{1/2}} = \frac{1}{2} \pm \sqrt{\frac{1}{4} + \frac{24}{4}} = \frac{1}{2} \pm \frac{5}{2}$, also $x_{0_1} = 3$ und $x_{0_2} = -2$.
Die Tangenten an den Graphen der Funktion verlaufen an den Stellen $x_{0_1} = 3$ und $x_{0_2} = -2$ parallel zur x-Achse (Fig. D 13).

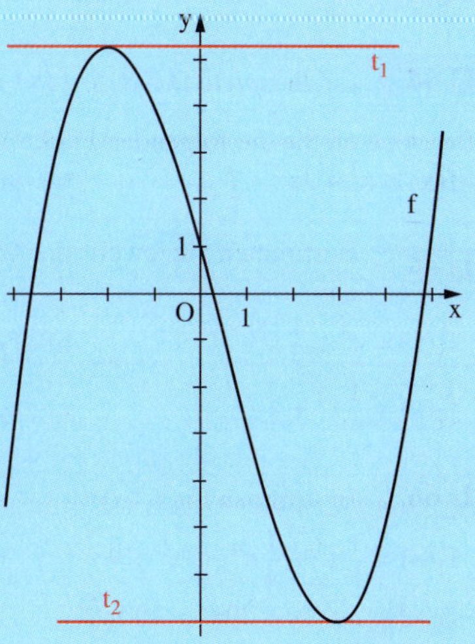

Fig. D 13

Als Folgerung aus Faktor- und Summenregel wurde bereits jede ganzrationale Funktion als differenzierbar für alle $x \in \mathbb{R}$ erkannt. Da sich aber jede rationale Funktion mittels Addition, Subtraktion, Multiplikation und Division aus Potenzfunktionen mit natürlichen Exponenten und konstanten Funktionen zusammensetzen lässt, folgt aus den nunmehr vorliegenden Differentiationsregeln sogar: Jede rationale Funktion ist an jeder Stelle ihres Definitionsbereiches differenzierbar und die Ableitung ist wieder eine rationale Funktion.

Beispiel D 8: **D 8**

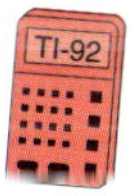

T10

a) Zu ermitteln ist die Ableitung der Funktion $f(x) = x^3 \cdot (x^2 - x + 10)$.
Wir wenden die Produktregel an (es wäre hier natürlich auch möglich, das Produkt auszumultiplizieren und dann die Summenregel zu nutzen):
$u(x) = x^3$, also $u'(x) = 3x^2$ $\quad v(x) = x^2 - x + 10$, also $v'(x) = 2x - 1$
Wir setzen in die Formel $f'(x) = u'(x) \cdot v(x) + v'(x) \cdot u(x)$ ein und erhalten:
$$f'(x) = 3x^2 \cdot (x^2 - x + 10) + (2x - 1) \cdot x^3 = 3x^4 - 3x^3 + 30x^2 + 2x^4 - x^3 = 5x^4 - 4x^3 + 30x^2$$

b) Gesucht ist die Ableitung der Funktion $f(x) = \frac{x^2 - 1}{x^2 - 2x - 3}$ $\quad (x \neq -1, x \neq 3)$.
Wir wenden die Quotientenregel an und setzen dafür
$u(x) = x^2 - 1$, also $u'(x) = 2x$,
$v(x) = x^2 - 2x - 3$, also $v'(x) = 2x - 2$.
Für $f'(x) = \frac{u'(v) \cdot v(x) - v'(x) \cdot u(x)}{(v(x))^2}$ ergibt sich damit:
$$f'(x) = \frac{2x(x^2 - 2x - 3) - (2x - 2) \cdot (x^2 - 1)}{(x^2 - 2x - 3)^2} = \frac{2x^3 - 4x^2 - 6x - (2x^3 - 2x - 2x^2 + 2)}{(x^2 - 2x - 3)^2} = \frac{-2x^2 - 4x - 2}{(x^2 - 2x - 3)^2}$$
An den Stellen $x_1 = -1$ und $x_2 = 3$ ist die Funktion f wegen $v(-1) = 0$ und $v(3) = 0$ nicht differenzierbar.

Aufgaben

D 64 *(↗ Beispiele D 7/8, S. 148 f.)*

Differenzieren Sie die folgenden Funktionen:

a) $f(x) = x^3 + 2x^2 - 7$ b) $g(x) = (x^2 - 7x)(x^3 + 5)$ c) $h(x) = \frac{2x^2 + 1}{x}, \quad x \neq 0$

D 65 Bestimmen Sie jeweils die Ableitung folgender Funktionen und geben Sie die verwendeten Regeln an:

a) $f_1(x) = x^3 + \frac{1}{2}x^2 - 4$ b) $f_2(z) = \frac{1}{3}z^3 + z^2 - \sqrt{2}$ c) $f_3(x) = x + \frac{1}{x}$

d) $f_4(x) = \frac{1}{4}x^2 + x$ e) $f_5(x) = 2x^2 + 1$ f) $f_6(t) = t(t + 1)(t - 2)$

D 66 Bestimmen Sie $f_i'(x)$:

a) $f_1(x) = \frac{1}{5}x^5 + \frac{1}{4}x^4 - 3x^2 + 9$ b) $f_2(x) = (2x^3 - 3)(3x^2 + 2)$

c) $f_3(x) = 2 + 2x + 20x^2 + 200x^{20}$

D 67 Bilden Sie $f_i'(x)$ mithilfe der Produktregel:

a) $f_1(x) = x(x + 1)$ b) $f_2(x) = x^5(x^2 + 2x)$

c) $f_3(x) = (x^2 + 1)(x^3 - 1)$ d) $f_4(x) = (\frac{1}{x} + x)(3x^2 - 2x + 1)$

D 68 Leiten Sie folgende Funktionen ab:

a) $h(s) = as^2$ b) $f(r) = c\sqrt{2}\,r^3$ c) $f(x) = 2x^3x^4$

d) $f(z) = 0{,}6z^4$ e) $r(s) = 3\sqrt{2}\,s + s^5$ f) $f(x) = ax^3 + bx^2 + cx + d$

g) $f(x) = at^3x^2 + t^2x - t^3$ h) $f(t) = -t^2 + 2t$ i) $o(r) = 2\pi r^2 + 2\pi rh$

D 69 Bestimmen Sie die Ableitung folgender Funktionen:

1. nach Ausmultiplizieren, 2. durch Anwenden der Produktregel:

a) $f(x) = (2 + x)(x^2 - 1)$ b) $g(x) = (\frac{1}{2}x + 1)(3x^3 - 1)$

c) $h(x) = x(x^2 - x - 1)$ d) $f(s) = s^2(s - 1)(2 - 0{,}5s)$

e) $g(t) = (1 - t)(t + 1)(2t + 3)$ f) $k(x) = (a - bx)(c + dx)$

D 70 Bilden Sie die Ableitung folgender Funktionen:

a) $f(x) = x^3 \cdot \sqrt{x}$ b) $f(x) = \sqrt{x} \cdot (5x - 2)$ c) $g(t) = (t^2 - 1)\sin(t)$

d) $h(x) = x \cdot \cos(x)$ e) $f(t) = (at + 1) \cdot \sqrt{t}$

D 71 Bilden Sie die Ableitung folgender Funktionen:

a) $f(x) = \frac{x + 1}{x - 1}, \quad x \neq 1$ b) $g(x) = \frac{x^2 - x - 6}{3x + 6}, \quad x \neq -2$

c) $h(x) = \frac{4}{x^2 + 1}$ d) $k(x) = \frac{x^2 + 1}{4}$

D 72 Leiten Sie folgende Funktionen ab:

a) $f_1(x) = \frac{1 - x^3}{x^2 + 1}$ b) $f_2(x) = \frac{\cos(x)}{x^3}$ c) $f_3(x) = \frac{x}{\sqrt{x}}$ d) $f_4(x) = \frac{1}{\sin x}$

D 73 Beweisen Sie die Produktregel (Satz D 5) und die Quotientenregel (Satz D 6)!

(*Hinweis:*
1. Differenzenquotienten für p bzw. q aufstellen;
2. Differenzenquotienten so umformen, dass die Differenzenquotienten von u und v genutzt werden können;
3. Grenzwert des Differenzenquotienten bilden)

D 74 Zeigen Sie, dass die Produktregel auch für drei Faktoren gilt!

(*Hinweis:* Voraussetzung: $u(x)$, $v(x)$, $w(x)$ sind in x_0 differenzierbar
Behauptung: $p(x) = u(x) \cdot v(x) \cdot w(x)$ ist in x_0 differenzierbar und es ist
$p'(x_0) = u'(x_0) \cdot v(x_0) \cdot w(x_0) + u(x_0) \cdot v'(x_0) \cdot w(x_0) + u(x_0) \cdot v(x_0) \cdot w'(x_0)$).

D 75 Bilden Sie die Ableitung folgender Funktionen:

a) $f(x) = (x+1)(x-3)(x^2-2)$ b) $g(x) = (x-3)(x^2+2x+1)(x^3+2x)$ c) $h(x) = x \cdot \sin x \cdot \cos x$

D 76 Zeigen Sie: $\frac{(f \cdot g \cdot h)'}{f \cdot g \cdot h} = \frac{f'}{f} + \frac{g'}{g} + \frac{h'}{h}$

D 77 Bestimmen Sie $f_i'(x)$:

a) $f_1(x) = \frac{3x}{1+x}$ b) $f_2(x) = \frac{x^2-1}{2x+1}$

D 78 Bilden Sie jeweils die Ableitung folgender Funktionen! (Die Exponenten sind natürliche Zahlen.)

a) $f(x) = x^{n-1}$ b) $g(x) = x^{k+1} + x^{k-1}$ c) $h(x) = x^{2n} + x^r$ d) $k(x) = \frac{x^{n+1}}{n+1}$

D 79 Berechnen Sie

a) $f'(0)$ für die Funktion $f(x) = \frac{x}{2x+1}$; b) $g'(1)$ für die Funktion $g(x) = 3x - \frac{1}{x+1}$;

c) $h'(2)$ für die Funktion $h(x) = \frac{3x^2-2}{2x^2+3}$!

D 80

a) Gegeben ist die Funktion f mit $f(x) = x^3$. Für welche x-Werte ist die Gleichung $f(x) = f'(x)$ gültig?
b) Gegeben ist die Funktion φ mit $\varphi(x) = 3x^2$. Zeigen Sie, dass für diese Funktion die Gleichung $\varphi'(a+b) = \varphi'(a) + \varphi'(b)$ gültig ist!

D 81 Bilden Sie die Ableitung folgender Funktionen und geben Sie evtl. vorhandene Stellen an, wo die Funktionen nicht differenzierbar sind:

a) $f(x) = \frac{7}{x^3+1}$ b) $g(x) = \frac{6-x}{x^2+2}$ c) $h(x) = \frac{1}{4x^3}$

d) $j(r) = \frac{4-r^2}{r^2-4}$ e) $k(x) = \frac{1}{x^7}$ f) $m(t) = \frac{1}{t^4} + \frac{1}{t^2}$

D 82 Berechnen Sie jeweils den Anstieg folgender Funktionen an der Stelle x_0:

a) $f(x) = \frac{x^4+1}{2x-1}$, $x_0 = 2$ b) $g(x) = \frac{1-x^2}{x}$, $x_0 = -1$

D 83 Bestimmen Sie jeweils die Ableitung der Funktion $f_i(x)$ an der Stelle $x_1 = -1$ und $x_2 = 2$! Geben Sie die Gleichung der Tangenten in $P(-1; f_i(-1))$ und $Q(2; f_i(2))$ an:

a) $f_1(x) = \frac{1}{x}$ b) $f_2(x) = \frac{3}{2x^2}$ c) $f_3(x) = \frac{x}{x-1}$

D 84 Gegeben sei die Funktion $f(x) = x^2 - 9$.

a) Für welches x_0 gilt $f'(x_0) = 0$?
b) Bestimmen Sie die Koordinaten der Schnittpunkte des Graphen von f mit der x-Achse!
c) Bestimmen Sie die Gleichungen der Tangenten an den Graphen von f in diesen Schnittpunkten!
d) Ermitteln Sie die Winkel, den die Tangenten mit der positiven x-Achse bilden!

D 85 Bestimmen Sie die Punkte des Graphen der Funktion $f(x) = 0{,}1x^4 + 0{,}4x^3 - 0{,}8x^2 - 5{,}8x + 8$, in denen die Tangente mit der x-Achse einen Winkel von 135° bildet!

D 86 An welchen Stellen verlaufen die Tangenten an die Graphen der folgenden Funktionen parallel zur x-Achse?

a) $f(x) = 2x^3 - 4x^2 + 2x - 5$ b) $g(x) = x^5 - x^3 + \frac{1}{4}x - 3$

D 87 Vergleichen Sie die Ableitungen von $f(x) = \frac{2x}{x-1}$ und $g(x) = \frac{x+1}{x-1}$ und begründen Sie Ihre Feststellung!

D 88 Ermitteln Sie jeweils die Gleichungen der Tangente und der Normalen (d. h. der Senkrechten zur Tangente) im Punkt Q_i an die Graphen der folgenden Funktionen:

a) $f_1(x) = -x^3 + x$; $Q_1(1; y_{Q_1})$ b) $f_2(x) = x^3 + 2 - \frac{1}{2}x$; $Q_2(-2; y_{Q_2})$

c) $f_3(t) = (1 + \frac{1}{2}t^2)(2t - 1)$; $Q_3(0; y_{Q_3})$ d) $f_4(x) = -\frac{2}{3}x^3 + 8x + 1$; $Q_4(2; y_{Q_4})$

D 89 f sei der Graph einer Funktion $f(x) = ax^2 + b$.

a) In welchen Punkten $P_1(x_1; y_1)$ bzw. $P_2(x_2; y_1)$ müssten die Tangenten an f gelegt werden, damit $\alpha = 90°$ gilt?
b) Gibt es weitere Punktepaare $(P_i; P_k)$, für welche die Tangenten einander unter 90° schneiden?

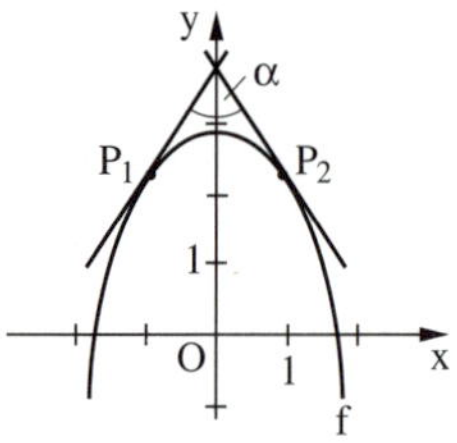

D 90

a) Für welchen x-Wert ist die Ableitung der Funktion $f(x) = (x + 3) \cdot x^2$ gleich 3?
b) Für welchen t-Wert ist die Ableitung der Funktion $\varphi(t) = \sqrt{t} + 3t$ gleich 4?

D 91 Lösen Sie folgende Gleichungen nach x bzw. nach t auf:

a) $f'(x) = 0$, wobei $f(x) = x^3(4x + 3)$ ist; b) $\varphi'(t) = 0$, wobei $\varphi(t) = (t - 3)^3 \cdot t$ ist;
c) $f'(x) - \frac{2}{x}f(x) = 0$, wobei $f(x) = x^3 \cdot \ln x$ ist; d) $1 + 5\varphi(t) + 6\varphi'(t) = 0$, wobei $\varphi(t) = \frac{1}{1-t}$, $t \neq 1$ ist.

D 92 Lösen sie die Ungleichung $f'(x) < g'(x)$ nach x auf, wobei $x \neq 0$ und $f(x) = \frac{x^3 + 1}{x}$, $g(x) = 5x + \frac{1}{x}$ sind!

D 2.3 Kettenregel

Mit den bislang betrachteten Ableitungsregeln lassen sich einige bekannte Funktionen noch nicht differenzieren. So gelingt die Ableitung von $f(x) = (2x + 1)^2$ nicht durch bloße Anwendung der Potenzregel. Es ist entweder zunächst das Quadrat zu bilden oder nach der Produktregel zu verfahren. Bei Funktionen wie $f(x) = (x^4 - x^3 + 2x^2 - 1)^{25}$ entsteht allerdings durch Ausmultiplizieren und

Anwenden der Summenregel ein sehr großer Rechenaufwand. Für die Funktion $f(x) = \sqrt{x^2 - 1}$ ließe sich mit den bisherigen Mitteln überhaupt keine Ableitung finden.[1)]

Die drei genannten Beispiele weisen jedoch eine Gemeinsamkeit auf: Es handelt sich um Funktionen, die durch Verkettung entstanden sind (s. Abschnitt A 3). Die Funktion $f(x) = (x^4 - x^3 + 2x^2 - 1)^{25}$ ist so die Verkettung f mit $f(x) = v(u(x))$ aus der inneren Funktion u mit $u(x) = x^4 - x^3 + 2x^2 - 1$ und der äußeren Funktion v mit $v(z) = z^{25}$, kurz: $f = v \circ u$ (gesprochen: *v nach u*). Da solche Funktionen häufig auftreten, ist es zweckmäßig, für sie eine entsprechende Differentiationsregel bereitzustellen. Wir betrachten dazu die Funktion f mit der Gleichung $f(x) = (x^2 - 1)^2$. Die innere Funktion von f ist u mit $u(x) = x^2 - 1$, die äußere Funktion ist v mit $v(z) = z^2$. Ihre Ableitungen sind $u'(x) = 2x$ und $v'(z) = 2 \cdot z = 2(x^2 - 1)$.

Ermittelt man nun die Ableitung von $f(x) = (x^2 - 1)^2$ nach der Produktregel, so ergibt sich

$$f'(x) = 2x \cdot (x^2 - 1) + (x^2 - 1) \cdot 2x = 2(x^2 - 1) \cdot 2x.$$

Vergleicht man dieses Ergebnis mit den Ableitungen der Funktionen v und u, so liegt die Vermutung nahe, dass man zur Ableitung der Verkettung gelangt, indem man die Ableitung der äußeren Funktion mit der Ableitung der inneren Funktion multipliziert.

In der Tat gilt folgender Satz, den wir hier ohne Beweis mitteilen:

Satz D 7: **Kettenregel** D 7

Es sei die Funktion u (Definitionsbereich D_u) an der Stelle x_0 und die Funktion v (Definitionsbereich D_v mit $W_u \subseteq D_v$) an der Stelle $u(x_0)$ differenzierbar. Dann ist auch die Funktion $f = v \circ u$ in x_0 differenzierbar und es gilt $f'(x_0) = v'(u(x_0)) \cdot u'(x_0)$.

Die Kettenregel besagt also: Die Ableitung einer verketteten (mittelbaren) Funktion ist gleich dem Produkt der Ableitungen von äußerer und innerer Funktion.

Für die Anwendung der Kettenregel ist eine auf der Schreibweise $\frac{dy}{dx}$ anstelle von $f'(x)$ beruhende Notation sehr einprägsam:

Ist $y = f(x) = v(z)$ und $z = u(x)$, dann gilt $\frac{dy}{dx} = \frac{dy}{dz} \cdot \frac{dz}{dx}$, wobei $\frac{dz}{dx} = u'(x)$ die Ableitung der inneren Funktion und $\frac{dy}{dz} = v'(z)$ die Ableitung der äußeren Funktion ist.

Beispiel D 9: D 9

Wir greifen noch einmal die eingangs genannte Funktion $y = f(x) = (x^4 - x^3 + 2x^2 - 1)^{25}$ auf und bilden die Ableitung nach der Kettenregel.

Hier ist $z = u(x) = x^4 - x^3 + 2x^2 - 1$, $v(z) = z^{25}$ und demzufolge

$u'(x) = \frac{dz}{dx} = 4x^3 - 3x^2 + 4x$ sowie $v'(z) = \frac{dy}{dz} = 25 \cdot z^{24}$.

T10

$$\begin{aligned} \text{Dann gilt } f'(x) &= \frac{dy}{dx} = \frac{dy}{dz} \cdot \frac{dz}{dx} \\ &= 25 \cdot z^{24} \cdot (4x^3 - 3x^2 + 4x) \\ &= 25(x^4 - x^3 + 2x^2 - 1)^{24} \cdot (4x^3 - 3x^2 + 4x). \end{aligned}$$

1) Das liegt auch daran, dass die Potenzregel noch auf Exponenten aus $\mathbb{N}$ eingeschränkt ist. Doch selbst mit der in D 3.1 erfolgenden Erweiterung auf beliebige reelle Exponenten kommt man an dieser Stelle nicht weiter.

Natürlich ist auch trotz dieser Ableitungsregeln das Differenzieren von Funktionen zum Teil noch mit erheblichem Rechenaufwand verbunden. Bei komplizierten Termstrukturen ist es deshalb günstiger, die erforderlichen Differentiationen unter Verwendung des CAS eines GTA durchzuführen.

D 10

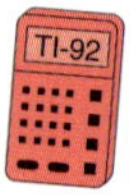

T10

Beispiel D 10:

Man bestimme die Ableitung der Funktionen

a) $f(x) = 2(3 - x^2) \cdot (2 - x) + \frac{1}{2}(4 - x) \cdot (x^2 + 2x - 7)$

b) $g(x) = \frac{x^2 - 1}{(x + 2)^2}\,(2x - 7)$

c) $h(x) = \frac{4x^3 - 5x^2 + 2x}{(x + 3)^2}$

Mit einem TI-92 geht man folgendermaßen vor:

(1) [2nd] [8] (oder [F1] [1]) zum Aufruf der Rechnerfunktion *d* (Differenziere!) wählen;

(2) Funktionsterm, danach Komma und dann die Differentiationsvariable (hier x) in die Kommandozeile eingeben; Klammer schließen;

(3) Bestätigung mit [ENTER] – auf dem Bildschirm wird der Term der Ableitungsfunktion angegeben.

Die Fig. D 14 bis D 16 zeigen die Lösungen:

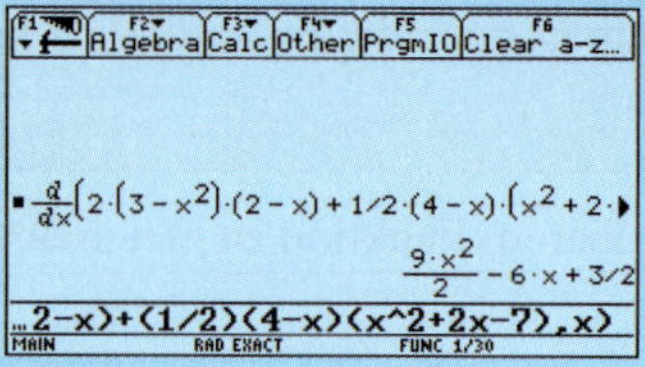

Fig. D 14 zu a)

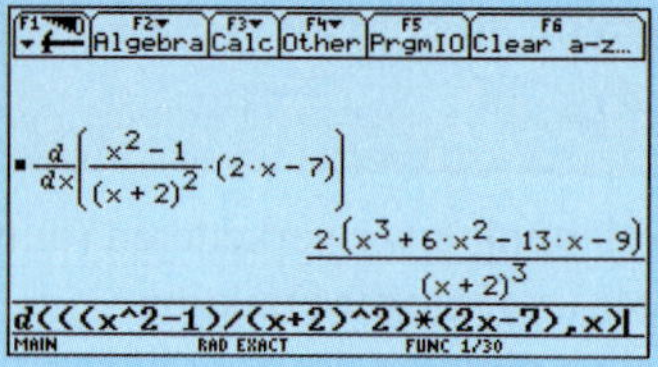

Fig. D 15 zu b)

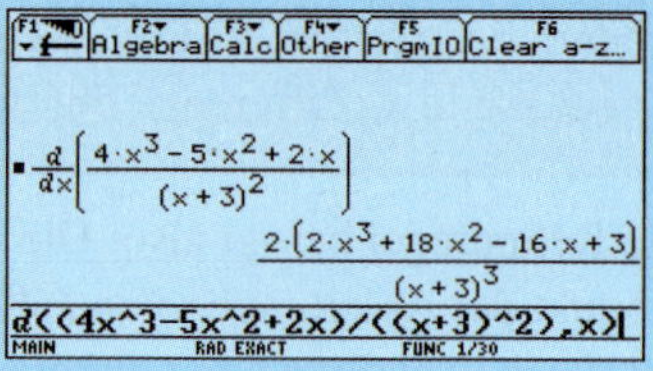

Fig. D 16 zu c)

Aufgaben

D 93 *(↗ Beispiel D 9, S. 153)*

Ermitteln Sie die Ableitung der Funktion f mit $f(x) = (5x^3 + 3x^2 - 7x + 4)^{15}$!

D 94 Bilden Sie die Ableitung folgender Funktionen unter Benutzung der Kettenregel:

a) $f_1(x) = (2 + 3x)^2$ b) $f_2(x) = (4 - x)^2$ c) $f_3(x) = (1 - x + \frac{1}{3}x^3)^2$

D 95 Bilden Sie die Ableitung folgender Funktionen:

a) $f(t) = \frac{t^2 + 1}{(t^2 + 1)^3}$ b) $g(x) = (4 + x)^3(x - 5)^4$ c) $h(r) = (\frac{2r + 5}{3r - 1})^3$ d) $k(x) = [(x^2 + 1)(x - 7)]^4$

D 96 Bestimmen Sie $\varphi'(x)$:

a) $\varphi_1(x) = (x^3 + x^2 + x + 1)^{10}$ b) $\varphi_2(x) = 10(x^{10} + \frac{1}{9}x^9 + \frac{1}{6}x^6 + 3)^5$

c) $\varphi_3(x) = \frac{2}{x^3 + x^2 + 7}$ d) $\varphi_4(x) = \frac{(x^2 + 1)^{10}}{x^2 + 10}$

D 97 Bestimmen Sie die Ableitungsfunktion:

a) $f_1(x) = (x^3 - 2x^2)^3$
b) $f_2(x) = (1 + x^5)^2$
c) $f_3(x) = ((x^2 + 3)^2)^3$
d) $f_4(x) = ((x^3 - 2x^2 + 2)^2)^{-2}$

D 98 Bilden Sie die Ableitung folgender Funktionen und vereinfachen Sie die erhaltenen Terme: **GTA**

a) $g(x) = (2 - 3x)^{-2}$
b) $f(x) = (1 - 2x^2)^{-4}$
c) $f(t) = (\frac{1}{2}t - 5t^3)^{-3}$
d) $r(s) = \frac{5}{2(1+3s^2)^4}$
e) $f(x) = \frac{\sqrt{3}}{3(x+2x^2)^3}$
f) $h(x) = \frac{b+1}{(b^2 - x + x^2)^2}$

D 99 *(↗ Beispiel D 10, S. 154)*

Bestimmen Sie die Ableitung folgender Funktionen:

a) $f_1(x) = \frac{3x}{(x^2-2)^3}$
b) $f_2(x) = \frac{x^3(x-1)}{(3x+1)^2}$
c) $f_3(x) = \frac{5+2x}{(2x+1)^3}$
d) $f_4(x) = \left(\frac{8x-2}{x-1}\right)^2$
e) $f_5(x) = \frac{ax^2 - a}{(x+1)^2}$

D 3 Ableitung elementarer Funktionen

D 3.1 Ableitung von Potenzfunktionen

Nachdem bereits eine Regel für die Ableitung von Potenzfunktionen mit natürlichen Exponenten $n \geq 1$ (Satz D 3) gefunden wurde, soll nun die Ableitung von Potenzfunktionen mit negativen ganzzahligen Exponenten ermittelt werden.
Wir betrachten also Funktionen $f(x) = x^g$ mit $g < 0,\ g \in \mathbb{Z},\ x \neq 0$.
Wegen $g < 0$ lässt sich der Funktionsterm x^g nach den Potenzgesetzen in $\frac{1}{x^{-g}} = \frac{1}{x^n}$ $(n = -g,\ n \in \mathbb{N})$ umformen. Wenden wir auf $f(x) = \frac{1}{x^n}$ die Quotientenregel (Satz D 6) an, so ergibt sich

$$f'(x) = \frac{0 \cdot x^n - n \cdot x^{n-1} \cdot 1}{(x^n)^2} = \frac{-n \cdot x^{n-1}}{x^{2n}} = -n \cdot x^{n-1} \cdot x^{-2n} = -n \cdot x^{-n-1}$$

bzw. (in der Form der Ausgangsfunktion geschrieben) $f'(x) = g \cdot x^{g-1}$. Das heißt:

D 8

Satz D 8: **Erweiterte Potenzregel**
Die Funktion $f(x) = x^g$ ist für jedes $g \in \mathbb{Z}$ sowie alle $x \in D_f$ differenzierbar und besitzt die Ableitung $f'(x) = g \cdot x^{g-1}$.

Die Potenzregel lässt sich darüber hinaus für $x > 0$ auch auf rationale Exponenten bzw. sogar auf beliebige reelle Exponenten r erweitern. Auf den Beweis dieser Aussage verzichten wir.

D 11

Beispiel D 11:
Es ist die Ableitung der Funktion $f(x) = \frac{2}{3 \cdot x^2}$ $(x \neq 0)$ zu ermitteln.
Anwendung der Potenzregel auf $f(x) = \frac{2}{3} \cdot x^{-2}$ ergibt: $f'(x) = \frac{2}{3} \cdot (-2) \cdot x^{-2-1} = -\frac{4}{3} \cdot x^{-3} = \frac{-4}{3 \cdot x^3}$

TI-92
T10

D 12

T10

Beispiel D 12:
Wir bestimmen die Ableitung der Funktion $f(x) = \sqrt{x}$, $x > 0$.
Wegen $\sqrt{x} = x^{\frac{1}{2}}$ folgt nach der Potenzregel: $f'(x) = \frac{1}{2}x^{\frac{1}{2}-1} = \frac{1}{2}x^{-\frac{1}{2}} = \frac{1}{2 \cdot \sqrt{x}}$ mit $x > 0$.
Für $x = 0$ existiert die Ableitung der Wurzelfunktion nicht.

D 13

T10

Beispiel D 13:
Es ist die Ableitung der Funktion $f(x) = \sqrt{x^2 + 5}$ zu bestimmen.
f ist eine Verkettung der Funktionen u und v mit $z = u(x) = x^2 + 5$ und $v(z) = \sqrt{z}$.
Zur Ableitung von u und v wenden wir Potenz- und Summenregel an und erhalten
$u'(x) = 2x$ bzw. $v'(z) = \frac{1}{2\sqrt{z}}$.
Die Ableitung von f ergibt sich nun nach der Kettenregel (Satz D 7):
$f'(x) = v'(z) \cdot u'(x) = \frac{1}{2\sqrt{z}} \cdot 2x = \frac{x}{\sqrt{x^2 - 5}}$

Aufgaben

D 100 *(↗ Beispiel D 11, S. 155)*

Es ist die Ableitung der Funktion $f(x) = \frac{2}{x^4}$ zu bilden.

D 101 Ermitteln Sie jeweils die Ableitung folgender Funktionen:

a) $f_1(x) = \frac{4}{3x^3}$ b) $f_2(x) = \sqrt[3]{x^2}$, $x > 0$

D 102 Bilden Sie die Ableitung folgender Funktionen und geben Sie jeweils den Definitionsbereich der Funktion und ihrer Ableitung an:

a) $f_1(x) = \frac{2}{x^4}$ b) $f_2(x) = \frac{a}{x^3}$ c) $f_3(x) = \sqrt[4]{x^7}$ d) $f_4(x) = \frac{a}{\sqrt[n]{x}}$

e) $f_5(t) = (t - \sqrt{t})^2$ f) $f_6(z) = 2 \cdot \sqrt{z} + 3\sqrt[3]{z} + 4\sqrt[4]{z}$ g) $f_7(x) = (x^2 + 1) \cdot \sqrt[3]{x}$ h) $f_8(x) = \frac{x + \sqrt{x}}{x}$

D 103 Berechnen Sie den Anstieg des Graphen der Funktion f_i $(x > 0)$ an der Stelle x_0!

a) $f_1(x) = \sqrt{x}$; $x_0 = 1; 10; 100$ b) $f_2(x) = \sqrt[3]{x^2}$; $x_0 = 1; 10; 100$

c) $f_3(x) = \sqrt{6x}$; $x_0 = \frac{1}{2}$ d) $f_5(x) = \frac{1}{b} \cdot \sqrt[3]{x^2}$; $x_0 = b^3$

D 104 Bestimmen Sie von folgenden Funktionen jeweils die Ableitungsfunktion:

a) $f(x) = (px + q)^n$; $n \in \mathbb{N}^*$ b) $g(x) = \sqrt[n]{px + q}$; $n \in \mathbb{N}^*$; $px + q > 0$

D 105 Bestimmen Sie den Anstieg des Graphen von f bzw. g an der Stelle x_0!

a) $f(x) = (x^2 - 1)^{13}$, $x_0 = 2$ b) $g(x) = \sqrt{x^2 + 1}$, $x_0 = 1{,}5$

D 106

a) Bestimmen Sie f'(x) zu $f(x) = \sqrt{25 - x^2}$ und geben Sie D_f und $D_{f'}$ an!
b) Stellen Sie die Gleichung der Tangente t im Punkt P(r; s) des Graphen von f auf!
c) Zeichnen Sie f und t für r = 3 und s = 4!

D 3.2 Ableitung von trigonometrischen Funktionen

Ausgehend von den uns bekannten Eigenschaften der Sinusfunktion und ihres Graphen im Intervall von $-\pi$ bis 2π (Fig. D 17) lassen sich folgende Feststellungen bzw. Vermutungen treffen:

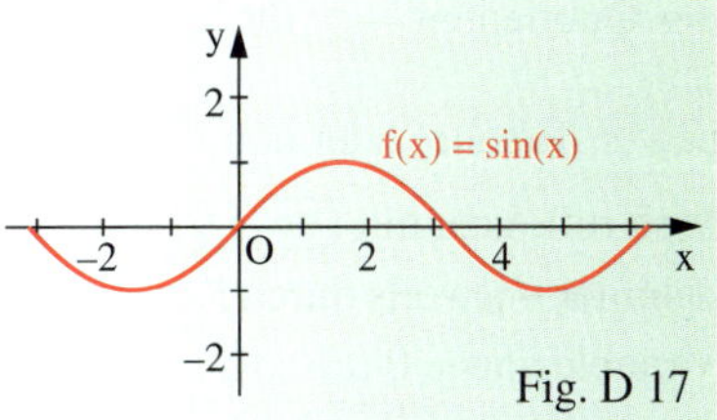

Fig. D 17

- Die Sinusfunktion ist eine stetige und periodische Funktion, die an jeder Stelle ihres Definitionsbereiches differenzierbar sein müsste.
- Entsprechend dem Anstieg der Tangente muss die Ableitung im Intervall $(-\frac{\pi}{2}, \frac{\pi}{2})$ positiv und im Intervall $(\frac{\pi}{2}, \frac{3}{2}\pi)$ negativ sein.
- An der Stelle $x_0 = 0$ ist die Ableitung vermutlich am größten (m = tan 45° = 1) und an der Stelle $x_0 = \pi$ am kleinsten (m = –1).
- An den Stellen $-\frac{\pi}{2}$ und $\frac{\pi}{2}$ muss die Ableitung den Wert 0 besitzen.

Zur Überprüfung der Vermutungen berechnen wir für die Intervalle $[x_0, x_0 + 0{,}01]$ mit $x_0 = 0; \frac{\pi}{6}; \frac{2\pi}{6}; \frac{3\pi}{2}; \ldots; \frac{12\pi}{6}$ jeweils die mittlere Änderungsrate und skizzieren damit näherungsweise die Ableitungsfunktion (Fig. D 18).

$$d(x_0, h) = \frac{\sin(x_0 + h) - \sin(x_0)}{h}, \quad [x_0, x_0 + 0{,}01]$$

x_0	$d(x_0, h)$	x_0	$d(x_0, h)$
0	0,99998 ≈ 1	$\frac{7\pi}{6}$	–0,8635 ≈ – 0,86
$\frac{\pi}{6}$	0,86351 ≈ 0,86	$\frac{8\pi}{6}$	–0,4957 ≈ – 0,50
$\frac{2\pi}{6}$	0,49566 ≈ 0,50	$\frac{9\pi}{6}$	0,005
$\frac{3\pi}{6}$	–0,005	$\frac{10\pi}{6}$	0,50432 ≈ 0,50
$\frac{4\pi}{6}$	– 0,50432 ≈ – 0,54	$\frac{11\pi}{6}$	0,80851 ≈ 0,80
$\frac{5\pi}{6}$	– 0,8685 ≈ – 0,86	$\frac{12\pi}{6}$	0,99998 ≈ 1
$\frac{6\pi}{6}$	–1		

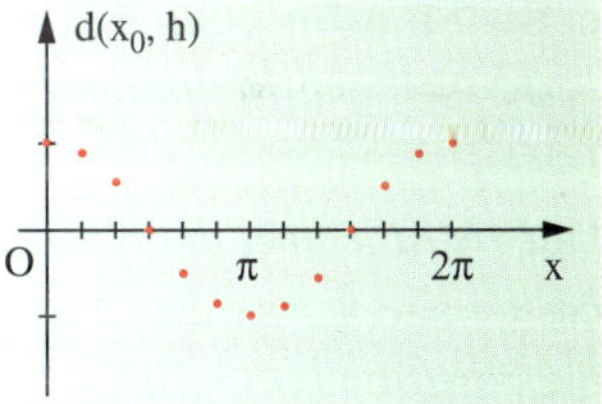

Fig. D 18

Damit liegt die Vermutung nahe, dass die *Ableitung der Sinusfunktion* die *Kosinusfunktion* sein könnte.

Um dies zu überprüfen, stellen wir den Differenzenquotienten der Sinusfunktion f(x) = sin x an einer beliebigen Stelle x_0 auf:

$$d(h) = \frac{f(x_0 + h) - f(x_0)}{h} = \frac{\sin(x_0 + h) - \sin x_0}{h}$$

Wegen $\sin\alpha - \sin\beta = 2\cos\frac{1}{2}(\alpha + \beta) \cdot \sin\frac{1}{2}(\alpha - \beta)$ (s. Formeln und Tabellen, S.35) erhält man mit $\alpha = x_0 + h$ und $\beta = x_0$

$$d(h) = \frac{2\cos\frac{2x_0 + h}{2} \cdot \sin\frac{h}{2}}{h} \quad \text{bzw.} \quad d(h) = \cos\frac{2x_0 + h}{2} \cdot \frac{\sin\frac{h}{2}}{\frac{h}{2}}.$$

Dann gilt nach den Grenzwertregeln $f'(x) = \lim\limits_{h \to 0} \cos\frac{2x_0 + h}{2} \cdot \lim\limits_{h \to 0} \frac{\sin\frac{h}{2}}{\frac{h}{2}}$.

Der erste Grenzwert hat den Wert $\cos x_0$. Für den zweiten Grenzwert können wir durch Berechnen des Quotienten $\frac{\sin\frac{h}{2}}{\frac{h}{2}}$ für konkrete und immer kleiner werdende Werte von h eine Vermutung gewinnen (s. Tabelle) oder unter Verwendung der *limit*-Funktion des GTA sofort den Grenzwert ermitteln.

T9 Man ruft dazu mit (F3) (3) die Rechnerfunktion *limit*(auf, gibt dahinter – jeweils durch Komma getrennt – den Funktionsterm, die Variable sowie 0 (als „Richtung") ein und bestätigt mit (ENTER). Fig. D 19 zeigt den Bildschirm des TI-92 für die Berechnung einiger Näherungen (MODE-Einstellung *Approx*) sowie des genauen Grenzwertes.

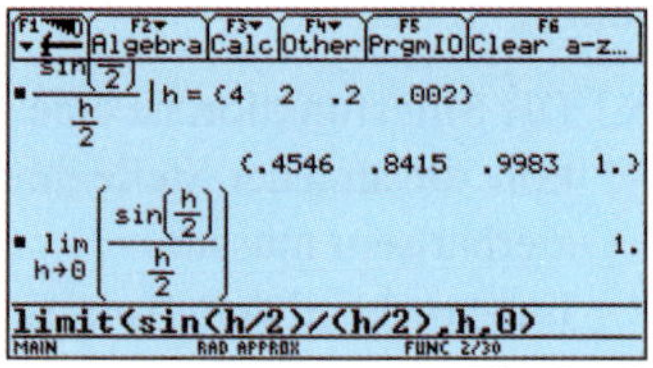

Fig. D 19

h	4	2	0,2	0,02	0,002
$\frac{\sin\frac{h}{2}}{\frac{h}{2}}$	0,4546	0,8415	0,9983	0,99998	0,9999998

Auf beiden Wegen gelangen wir zu $\lim\limits_{h \to 0} \frac{\sin\frac{h}{2}}{\frac{h}{2}} = 1$. Also gilt:

D 9

Satz D 9: **Ableitung der Sinusfunktion**
Die **Sinusfunktion $f(x) = \sin x$** ist im gesamten Definitionsbereich differenzierbar und besitzt die Ableitungsfunktion $f'(x) = \cos x$.

Um die *Ableitung der Kosinusfunktion* $f(x) = \cos x$ zu gewinnen, gehen wir von der Beziehung $\cos x = \sin(\frac{\pi}{2} - x)$ aus („Formeln und Tabellen", S. 35), d. h., wir betrachten anstelle von $f(x) = \cos x$ die Funktion $f(x) = \sin(\frac{\pi}{2} - x)$ und wenden darauf die Kettenregel an:
Wir setzen $v(z) = \sin z$ mit $z = u(x) = \frac{\pi}{2} - x$. Daraus folgt $v'(z) = \cos z$ bzw. $u'(x) = -1$ und damit
$f'(x) = \cos z \cdot (-1) = -\cos(\frac{\pi}{2} - x) = -\sin x$.

D 10

Satz D 10: **Ableitung der Kosinusfunktion**
Die **Kosinusfunktion $f(x) = \cos x$** ist im gesamten Definitionsbereich differenzierbar und besitzt die Ableitungsfunktion $f'(x) = -\sin x$.

Um die *Ableitung der Tangensfunktion* zu erhalten, greifen wir auf die Definitionsgleichung $f(x) = \tan x = \frac{\sin x}{\cos x}$ $(x \neq \frac{\pi}{2} + k\cdot\pi;\ k \in \mathbb{Z})$ zurück und wenden die Quotientenregel (Satz D 6) an:

$$f'(x) = \frac{\cos x \cdot \cos x - \sin x \cdot (-\sin x)}{\cos^2 x} = \frac{\cos^2 x + \sin^2 x}{\cos^2 x}, \quad \text{also } f'(x) = \frac{1}{\cos^2 x} \quad \text{bzw. } f'(x) = 1 + \tan^2 x.$$

Aufgaben

D 107 Zu den nachfolgenden Funktionen ist jeweils die Ableitung zu bilden:

a) $f_1(x) = x^3 - 3\sin x$ b) $f_2(x) = \cos 2x$ c) $f_3(x) = x \cdot \tan x$

D 108 Bilden Sie jeweils die Ableitung folgender Funktionen:

a) $f_1(x) = 1 + \sin x$ b) $f_2(x) = 2\cos x$ c) $f_3(x) = \frac{3}{4}\sin(1{,}2\,x)$

d) $f_4(x) = 2x^3 \cdot \cos(3x)$ e) $f_5(z) = \frac{1}{2}\sin(\pi z)$ f) $f_6(t) = k \cdot \cos\frac{t}{2}$

g) $f_7(x) = \sin(2x)$ h) $f_8(x) = \cos(\frac{\pi}{4}x)$ i) $f_9(x) = \sin(\frac{1}{2}x) + 2\cos(-x)$

D 109 Differenzieren Sie folgende Funktionen (nach x)!

a) $f_1(x) = 2\tan x$ b) $f_2(x) = x^2 \cdot \tan x$ c) $f_3(x) = \frac{x}{\tan x}$

d) $f_4(x) = \frac{2\cos x}{x^2}$ e) $f_5(x) = \sin^2 a + ax$

D 110 Bestimmen Sie den Anstieg der Funktionen $f(x) = \sin x$ und $g(x) = \cos x$ an den Stellen $x_0 = 0;\ \frac{\pi}{2};\ \pi;\ \frac{3}{2}\pi;\ 2\pi$!

D 111 Berechnen Sie den Schnittpunkt $S(x_s; y_s)$ der Graphen der Funktionen $f(x) = \sin x$ und $g(x) = \cos x$ im Intervall $[0; \frac{\pi}{2}]$ und bestimmen Sie über den Anstieg der Funktionen in x_s den Schnittwinkel beider Funktionen an dieser Stelle!

D 112 Bestimmen Sie die Stellen x_0, für die gilt:

a) $f_1'(x_0) = (\sin x)'\big|_{x_0} = 1$ b) $f_2'(x_0) = (\cos x)'\big|_{x_0} = 0{,}5$

D 113 Ermitteln Sie die Gleichung der Tangente an den Graphen der Funktion $f(x) = \sin(2x + \frac{\pi}{4})$ im Punkt $P(0; f(0))$!

D 114 Ermitteln Sie jeweils eine Gleichung der Tangente an den Graphen der Funktion f_i im Punkt $P_0(x_0; f_i(x_0))$:

a) $f_1(x) = \cos x;\quad x_0 = \frac{\pi}{2}$ b) $f_2(x) = \tan x;\quad x_0 = 0$

c) $f_3(x) = \cos(2x - \frac{\pi}{4});\quad x_0 = \frac{\pi}{8}$ d) $f_4(x) = \sin(x + \frac{\pi}{4});\quad x_0 = \frac{\pi}{4}$

D 115 Zu den nachfolgenden Funktionen sind jeweils die ersten Ableitungen zu bilden:

a) $f(x) = \sin\frac{1}{x} + \frac{1}{\sin x}$; b) $g(\varphi) = \frac{\sin\varphi + \cos\varphi}{e^{\varphi}}$; c) $r(t) = \ln(\sin t) + \sin(\ln t)$

d) $z(\alpha) = \tan(\alpha^2 + \alpha + 1)$; e) $s(t) = \sqrt{3 + \tan^2 t}$

D 116 Bestimmen Sie die Ableitungsfunktionen y' für folgende Funktionen $y = f(x)$:

a) $y = x + \sin x$; b) $y = \sin 3x$; c) $y = \sin^3 x$;

d) $y = x\sin x$; e) $y = \cos\frac{1}{x}$; f) $y = \sin 2x \cos 3x$;

g) $y = \frac{1}{3}\tan^3 x - \tan x + x$!

D 117 Berechnen Sie $f'(0)$, $f'(\frac{\pi}{4})$, $f'(\frac{\pi}{6})$ für die Funktionen

a) $f_1(x) = \tan^4 x$; b) $f_2(x) = \frac{1 + \sin 2x}{1 - \sin 2x}$!

D 118 Vergleichen Sie die Zahlen $f'(\pi)$ und $\varphi'(0)$ für die Funktionen f und φ:

a) $f(x) = \frac{\cos x}{1 + \sin x}$, $\varphi(x) = \frac{\cos x}{1 + 2x}$ b) $f(x) = x \cos x$, $\varphi(x) = \tan x + 1$

D 119 Bilden Sie die Ableitung (nach x) folgender Funktionen:

a) $f_1(x) = 3 \cdot \sin\frac{x}{3}$ b) $f_2(x) = 2\cos\frac{x}{2}$ c) $f_3(x) = \cos 2x$

d) $f_4(x) = 3\sin(x - \frac{\pi}{2}) + 1$ e) $f_5(x) = 4\cos x + 1$ f) $f_6(x) = r\cos \pi x$

g) $f_7(x) = \tan 2x;\ 0 < x < \frac{\pi}{4}$ h) $f_8(x) = \sin(\frac{2\pi}{a} \cdot (x - t));\ a \neq 0$

D 120 Zeigen Sie, dass $(\tan x)' = 1 + \tan^2 x$!

D 3.3 Ableitung von Exponential- und Logarithmusfunktionen

- *Ableitung der Funktionen $f(x) = e^x$ und $f(x) = \ln x$.*

Unter den Exponential- und Logarithmusfunktionen nehmen die Exponentialfunktion $f(x) = e^x$ und die natürliche Logarithmusfunktion $f(x) = \ln x$ eine besondere Stellung ein (s. Abschnitt A 2.3). Dies wird sich auch im Zusammenhang mit der Ermittlung ihrer Ableitungen bestätigen.

D 14

T10

Beispiel D 14:
Zu den nachfolgenden beiden Funktionen ist jeweils die Ableitung zu bestimmen.
a) $f(x) = x^2 \cdot \cos x$ $f'(x) = 2x \cdot \cos x - x^2 \cdot \sin x$ (Produktregel).
b) $g(x) = \sin 2x$
Wir bilden die Ableitung nach der Kettenregel:
$v(z) = \sin z$ $v'(z) = \cos z$ $z = u(x) = 2x$ $u'(x) = 2$
und damit $g'(x) = 2 \cdot \cos z = 2 \cdot \cos 2x$.

D 15

T10

Beispiel D 15:
Es ist der Anstieg der Tangente an die Sinuskurve an der Stelle $x_0 = \frac{\pi}{2}$ zu ermitteln.
Die Ableitung von $f(x) = \sin x$ ist $f'(x) = \cos x$. Da für den Anstieg der Tangente $m = \tan \alpha = f'(x_0)$ gilt, ist der gesuchte Anstieg $m = \tan\alpha = f'(\frac{\pi}{2}) = \cos\frac{\pi}{2} = 0$.
Das heißt: Die Tangente an die Sinuskurve an der Stelle $x_0 = \frac{\pi}{2}$ ist eine Parallele zur x-Achse – wovon man sich anhand des Graphen der Funktion schnell überzeugen kann.

Um die Ableitung der Exponentialfunktion $f(x) = e^x$ zu bestimmen, gehen wir wieder vom Differenzenquotienten von f an einer beliebigen Stelle x_0 aus:

$$d(h) = \frac{f(x_0 + h) - f(x_0)}{h} = \frac{e^{x_0 + h} - e^{x_0}}{h}$$

Wir formen den Differenzenquotienten mithilfe der Potenzgesetze um und bilden dann den Grenzwert:

$$d(h) = \frac{e^{x_0} \cdot e^h - e^{x_0}}{h} = e^{x_0} \cdot \frac{e^h - 1}{h};\ \lim_{h \to 0} d(h) = \lim_{h \to 0} e^{x_0} \cdot \frac{e^h - 1}{h} = e^{x_0} \cdot \lim_{h \to 0} \frac{e^h - 1}{h}$$

Eine Vermutung bez. des auftretenden Grenzwertes können wir z. B. durch Berechnung des Quotienten $\frac{e^h - 1}{h}$ mithilfe des GTA finden, wenn h Werte einer Nullfolge durchläuft. Es ergibt sich:

h	1	$\frac{1}{10}$	$\frac{1}{100}$	$\frac{1}{1000}$	$\frac{1}{10000}$
$\frac{e^h - 1}{h}$	1,71828	1,05171	1,00501	1,00050	1,00005

In der Tat lässt sich nachweisen, dass $\lim\limits_{h \to 0} \frac{e^h - 1}{h} = 1$ und somit $f'(x_0) = e^{x_0}$ gilt.

Der GTA könnte auch sofort für die Berechnung des Grenzwertes eingesetzt werden: Man ruft dazu mit (F3) (3) die Rechnerfunktion *limit(* auf, gibt dahinter – jeweils durch Komma getrennt – den Funktionsterm, die Variable sowie 0 (als „Richtung") ein und bestätigt mit (ENTER) (Fig. D 20).

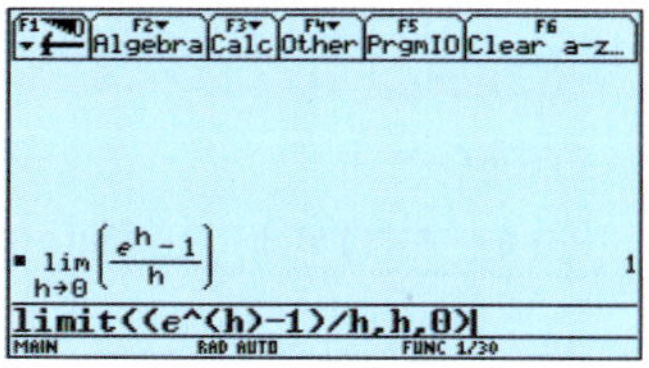

Fig. D 20

TI-92 T9

Da die Exponentialfunktion $f(x) = e^x$ über dem gesamten Definitionsbereich differenzierbar ist, gilt:

D 11

Satz D 11: **Ableitung von $f(x) = e^x$**
Die Exponentialfunktion $f(x) = e^x$ ist an jeder Stelle ihres Definitionsbereiches differenzierbar. Für ihre Ableitung gilt $f'(x) = e^x$.

Mit anderen Worten: Die e-Funktion besitzt die besondere Eigenschaft, dass für sie $f'(x) = f(x)$ gilt: Die Funktion und ihre Ableitung stimmen in diesem Falle überein.

D 16

TI-92 T10

Beispiel D 16:
Es sind die Ableitungen der Funktionen
a) $f(x) = 3x + e^x$ b) $g(x) = x \cdot e^x$ c) $h(x) = e^{-3x}$
zu bilden.

Lösung:
Zu a) $f'(x) = 3 + e^x$ (Summenregel)
zu b) $f'(x) = 1 \cdot e^x + e^x \cdot x = e^x(1 + x)$ (Produktregel)
zu c) $f'(x) = e^{-3x} \cdot (-3) = -3e^{-3x}$ (Kettenregel)

Um die Ableitung der natürlichen Logarithmusfunktion $f(x) = \ln x$ zu ermitteln, bilden wir zunächst wieder den Differenzenquotienten an einer beliebigen Stelle x_0 $(x_0 > 0)$:

$$d(h) = \frac{\ln(x_0 + h) - \ln x_0}{h} = \frac{1}{h} \cdot \ln \frac{x_0 + h}{x_0} = \frac{1}{h} \cdot \ln\left(1 + \frac{h}{x_0}\right) = \frac{1}{x_0} \cdot \frac{x_0}{h} \cdot \ln\left(1 + \frac{h}{x_0}\right) = \frac{1}{x_0} \cdot \ln\left(1 + \frac{1}{\frac{x_0}{h}}\right)^{\frac{x_0}{h}}$$

Setzt man $\frac{x_0}{h} = n$, dann benötigen wir für die Grenzwertbildung $\lim\limits_{n \to \infty} \left(1 + \frac{1}{n}\right)^n$. Es lässt sich zeigen, dass dieser Grenzwert den Wert e = 2,718281828459… hat. Damit gilt auch :

$$f'(x_0) = \lim_{h \to 0} d(h) = \lim_{h \to 0} \frac{1}{x_0} \cdot \lim_{h \to 0} \ln\left(1 + \frac{1}{\frac{x_0}{h}}\right)^{\frac{x_0}{h}} = \frac{1}{x_0} \cdot \ln e = \frac{1}{x_0} \cdot 1 = \frac{1}{x_0}$$

D 12

Satz D 12: Ableitung von f(x) = ln x
Die natürliche Logarithmusfunktion $f(x) = \ln x$ ist an jeder Stelle ihres Definitionsbereiches differenzierbar. Für ihre Ableitung gilt $f'(x) = \frac{1}{x}$.

D 17

T10

Beispiel D 17:
Es sind die Ableitungen der Funktionen

a) $f(x) = 4 + 3 \ln x$ b) $f(x) = \ln \frac{x}{4}$ c) $f(x) = x \cdot \ln x$

zu bilden.

Lösung:

Zu a) $f'(x) = 3 \cdot \frac{1}{x}$ (Summenregel) zu b) $f'(x) = \frac{1}{\frac{x}{4}} \cdot \frac{1}{4} = \frac{1}{x}$ (Kettenregel)

zu c) $f'(x) = 1 \cdot \ln x + \frac{1}{x} \cdot x = \ln x + 1$ (Produktregel)

- *Ableitung beliebiger Exponential- und Logarithmusfunktionen*

Exponentialfunktionen mit beliebiger Basis a ($a > 0$, $a \neq 1$) können wir durch Anwenden des Rückführungsprinzips ableiten:
Entsprechend der Definition des Logarithmus ist $a = e^{\ln a}$ und nach den Logarithmengesetzen gilt folglich $a^x = (e^{\ln a})^x = e^{x \cdot \ln a}$. Die allgemeine Exponentialfunktion $f(x) = a^x$ ist somit als e-Funktion darstellbar: $f(x) = e^{x \cdot \ln a}$.
Durch Anwendung der Kettenregel erhalten wir
$f'(x) = e^{x \cdot \ln a} \cdot \ln a$, woraus sich wegen $e^{x \cdot \ln a} = a^x$ schließlich $f'(x) = a^x \cdot \ln a$ ergibt.

D 13

Satz D 13: Ableitung der Exponentialfunktion
Die Exponentialfunktion $f'(x) = a^x$ ($a > 0$, $a \neq 1$) ist an jeder Stelle ihres Definitionsbereiches differenzierbar. Für ihre Ableitung gilt $f'(x) = a^x \cdot \ln a$.

D 18

T10

Beispiel D 18:
Es ist die Ableitung der Funktion $f(x) = 3^x \cdot x^4$ zu bestimmen.
Wir wenden die Produktregel an mit
$u(x) = 3^x$, also $u'(x) = 3^x \cdot \ln 3$, und $v(x) = x^4$, also $v'(x) = 4 \cdot x^3$.
Damit ergibt sich für $f(x) = u(x) \cdot v(x)$ wegen $f'(x) = u'(x) \cdot v(x) + v'(x) \cdot u(x)$
$f'(x) = 3^x \cdot \ln 3 \cdot x^4 + 3^x \cdot 4 \cdot x^3 = 3^x \cdot x^3 (x \cdot \ln 3 + 4)$.

Für die Ableitung der Logarithmusfunktion $f(x) = \log_a x$ ($a > 0$, $a \neq 1$) wenden wir unsere Kenntnisse über Logarithmengesetze an:

Es sei $\log_a x = u$ bzw. nach Definition des Logarithmus $x = a^u$.

Logarithmiert man diese Gleichung zur Basis e, so ergibt sich $\ln x = \ln a^u = u \cdot \ln a$ und damit $u = \frac{\ln x}{\ln a}$.
Also gilt (nach Einsetzen in die Ausgangsgleichung): $\log_a x = \frac{\ln x}{\ln a}$.

Die Funktion $f(x) = \log_a x = \frac{\ln x}{\ln a} = \frac{1}{\ln a} \cdot \ln x$ hat dann die Ableitung $f'(x) = \frac{1}{\ln a} \cdot \frac{1}{x} = \frac{1}{x \cdot \ln a}$.

D 14

Satz D 14: Ableitung der Logarithmusfunktion
Die Logarithmusfunktion $f(x) = \log_a x \; (a > 0, a \neq 1)$ ist an jeder Stelle ihres Definitionsbereiches differenzierbar. Für ihre Ableitung gilt $f'(x) = \frac{1}{x \cdot \ln a}$.

Die Einfachheit der gewonnenen Regeln und das bemerkenswerte Resultat, dass die Ableitung von $f(x) = e^x$ gleich der Funktion selbst ist, tragen zu der besonderen Bedeutung der Zahl e bei.

D 19

TI-92 T10

Beispiel D 19:

a) Gesucht ist die Ableitung der Funktion $f(x) = \log_{10} \sqrt{x^5}, \; (x > 0)$.

Aus der gegebenen Funktionsgleichung erhält man $f(x) = \log_{10} x^{\frac{5}{2}}$ und daraus durch Anwenden der Logarithmengesetze $f(x) = \frac{5}{2} \cdot \log_{10} x$. Die Ableitungsregel für die Logarithmusfunktion liefert schließlich

$$f'(x) = \frac{5}{2} \cdot \frac{1}{x \cdot \ln 10} = \frac{5}{2 \cdot \ln 10 \cdot x}.$$

b) Es ist die Ableitung der Funktion $f(x) = \frac{\ln x}{x} \; (x > 0)$ zu bestimmen.

Wir wenden die Quotientenregel und die Regel zur Ableitung der natürlichen Logarithmusfunktion an: $f'(x) = \frac{\frac{1}{x} \cdot x - \ln x}{x^2} = \frac{1 - \ln x}{x^2}$.

c) Für die Ableitung der Funktion $f(x) = x^4 \cdot \log_5 x^2 \; (x \in \mathbb{R} \setminus \{0\})$ nutzen wir die Produktregel sowie Satz D 14.

Mit $u(x) = x^4$ und $v(x) = \log_5 x^2$ ist $u'(x) = 4x^3$ und $v'(x) = \frac{2}{x \ln 5}$. Damit gilt:

$$f'(x) = 4x^3 \cdot \log_5 x^2 + x^4 \cdot \frac{2}{x \cdot \ln 5} = x^3(8 \cdot \log_5 x + \frac{2}{\ln 5})$$

Aufgaben

D 121 *(↗ Beispiel D 16, S. 161)*

Differenzieren Sie folgende Funktionen:

a) $f_1(x) = e^x$ b) $f_2(x) = e^{-x}$ c) $f_3(x) = x^2 \cdot e^x$ d) $f_4(x) = \frac{x^2}{e^x}$

e) $f_5(z) = \frac{e^z - 1}{e^z + 1}$ f) $f_6(x) = (e^x - 2)(2 + x^2)$ g) $f_7(x) = e^{k \cdot x}$ h) $f_8(x) = \frac{e^x}{1 + e^x}$

D 122 *(↗ Beispiel D 17, S. 162)*

Differenzieren Sie:

a) $f_1(x) = 2 \ln x$ b) $f_2(x) = x^2 \cdot \ln x$ c) $f_3(x) = \frac{\ln x}{x}$ d) $f_4(x) = \frac{1}{x^2} + 3 \ln x - \frac{\ln x}{x}$

D 123 Bestimmen Sie f_i' für die folgenden Funktionen f:

a) $f_1(x) = e^x \ln x, \; x > 0$ b) $f_2(x) = x^2 \ln x, \; x > 0$ c) $f_3(x) = x^4 \cdot 2^x$

d) $f_4(x) = a^x \cdot e^x$ e) $f_5(x) = \frac{e^x}{e^x + 2}$ f) $f_6(x) = \frac{x + e^x}{x - e^x}$

g) $f_7(x) = \ln^2 x,\ x > 0$ h) $f_8(x) = \ln x^2$ i) $f_9(x) = \frac{1}{x},\ x > 0$

j) $f_{10}(x) = \ln^2 x^2$

D 124 *(↗ Beispiele D 18/19, S. 162)*

Bilden Sie die Ableitungsfunktion von

a) $f(x) = 4^x \cdot x^4$, b) $g(x) = x^2 \cdot \lg x$.

D 125 Bilden Sie jeweils die Ableitung $f_i'(x)$:

a) $f_1(x) = 3^x$ b) $f_2(x) = \frac{1}{2} \cdot 3^x$ c) $f_3(x) = x^3 \cdot 3^x$ d) $f_4(x) = \frac{3^x}{x^2}$

D 126 Berechnen Sie f '(1), f '(–1), f'(0) für die Funktion $f(x) = \frac{e^x + 1}{e^x - 1}$!

D 127 Bilden Sie jeweils die Ableitung folgender Funktionen:

a) $f_1(x) = \lg x$ b) $f_2(x) = \lg x^3$ c) $f_3(x) = x \cdot \log_{10} x$ d) $f_4(x) = \ln x^n$

e) $f_5(x) = (\lg x)^2$ f) $f_6(x) = x \cdot \ln x$ g) $f_7(x) = \lg \sqrt{x^3}$ h) $f_8(x) = \ln(x^2 - 5)$

D 128 Ermitteln Sie mithilfe der Beziehung $\log_a x = \frac{\ln x}{\ln a}$ jeweils die Ableitung folgender Funktionen:

a) $f_1(x) = \log_3 x$ b) $f_2(x) = \log_3(x - 1)$ c) $f_3(x) = \log_2 3x$ d) $f_4(x) = \log_2 x^4$

D 129 Die Punkte R(1; 0) und S(e; 1) sind Punkte des Graphen der Funktion $f(x) = \ln x$. Bestimmen Sie die Koordinaten des Berührungspunktes P(x; y) der zu $\overline{RS}$ parallelen Tangente!

D 130 Leiten Sie die Funktion $f(x) = \frac{\ln(x)}{e^x}$ ab!

D 131 Bestimmen Sie die Ableitungsfunktion folgender Funktionen:

a) $f_1(x) = e^{3x}$ b) $f_2(x) = 3e^{\frac{x}{3}}$ c) $f_3(x) = e^{x^3}$ d) $f_4(x) = e^{2x^2 - 4}$

e) $f_5(x) = (xe^x)^2$ f) $f_6(x) = e^{-x}(x^2 + 1)$ g) $f_7(x) = x^2 e^{2x + 1}$ h) $f_8(x) = (x^2 - 2x)\,e^x$

D 132 Bilden Sie die Ableitungsfunktion folgender Funktionen:

a) $f(x) = \sqrt{e^x}$; b) $v(t) = 10^{\frac{t-1}{t+1}}$;

c) $w(t) = t^4 \cdot 4^t \cdot 4^4$; d) $g(x) = 10x^{0,1} + 100x^{0,01} + 10x^{-0,1} + 100x^{-0,01},\ x > 0$

D 133 Differenzieren Sie (nach x):

a) $y = e^{-2x}$ b) $y = e^{\sqrt{x}} + \sqrt{e^x}$ c) $y = e^{-x}(x^2 + 6x + 6)$ d) $y = (e^{3x} - 1)^3$

e) $z = \ln 3x,\ x > 0$ f) $z = \ln(x^3),\ x > 0$ g) $z = (\ln x)^3,\ x > 0$

D 134

a) Für die Funktion f mit $f(x) = \frac{x^3}{3} - x^2 + x$ sind f '(0), f '(1), f '(–1) zu berechnen.

b) Für die Funktion φ mit $\varphi(x) = x \ln x$ sind $\varphi'(1)$, $\varphi'(e)$, $\varphi'(\frac{1}{e})$, $\varphi'(\frac{1}{e^2})$ zu berechnen.

D 135 Differenzieren Sie folgende Funktionen:

a) $\varphi(x) = \lg(\ln x),\ x > 1;$ b) $g(x) = \sqrt{\lg x},\ x > 1;$

c) $h(x) = \log_2(1 + \frac{1}{x}),\ x > 0;$ d) $w(x) = 2^x + x^2 + \log_2(x^2 + 1)$

D 136 Die Funktion g ist definiert durch $g(x) = e^{ax^2 + bx + c},\ x \in \mathbb{R}$, a, b reelle Konstanten. Bestimmen Sie a und b unter den Voraussetzungen $g(1) = g(0) = g'(0)$!

D 137 Gegeben ist die Funktion h mit $h(x) = e^{ax^3 + 3x^2 + x}\ (x \in \mathbb{R})$. Bestimmen Sie alle Werte der Konstanten a $(a \in \mathbb{R})$, für die $h'(x) > 0$!

D 138 Gegeben sind die Funktionen $f(x) = 0{,}5\sqrt{x^3 + 1}$ und $g(x) = xe^{-x}$. Zeigen Sie, dass $f'(2)$ die Lösung der Gleichung $g'(x) = 0$ ist!

D 3.4 Ableitungen höherer Ordnung

Ist die Ableitungsfunktion f' mit $y' = f'(x)$ einer Funktion f wiederum differenzierbar, so sagt man, dass die Funktion f (an einer Stelle x_0 oder im gesamten Definitionsbereich) *zweimal differenzierbar* ist. Man nennt deshalb f' mit $y' = f'(x)$ auch die *1. Ableitung* der Funktion f. Die *2. Ableitung* wird $y'' = f''(x)$ (lies: *y zwei Strich gleich f zwei Strich von x*) oder $\frac{d^2y}{dx^2}$ (lies: *d zwei y nach dx Quadrat*) geschrieben. Mit $y''' = f'''(x)$ wird die *3. Ableitung* bezeichnet.

Von der *4. Ableitung* an schreibt man $y^{(4)} = f^{(4)}(x),\ y^{(5)} = f^{(5)}(x),\ \ldots,\ y^{(n)} = f^{(n)}(x)$.

Die 1. Ableitung nennt man, wie wir es bisher auch getan haben, schlechthin *Ableitung* (der jeweiligen Funktion). Die 2. Ableitung und alle weiteren Ableitungen einer Funktion werden als Ableitungen höherer Ordnung oder kurz als **höhere Ableitungen** bezeichnet.

D 20

T10

Beispiel D 20:

Es sei $f(x) = x^4 - 5x^3 + 2x^2 - \sqrt{3}\,x + 0{,}3$

Gesucht ist die 5. Ableitung der Funktion f. Wir gehen schrittweise vor:

$y' \ = f'(x) \ = 4x^3 - 15x^2 + 4x - \sqrt{3}$

$y'' \ = f''(x) \ = 12x^2 - 30x + 4$

$y''' = f'''(x) = 24x - 30$

$y^{(4)} = f^{(4)}(x) = 24$ $y^{(5)} = f^{(5)}(x) = 0$

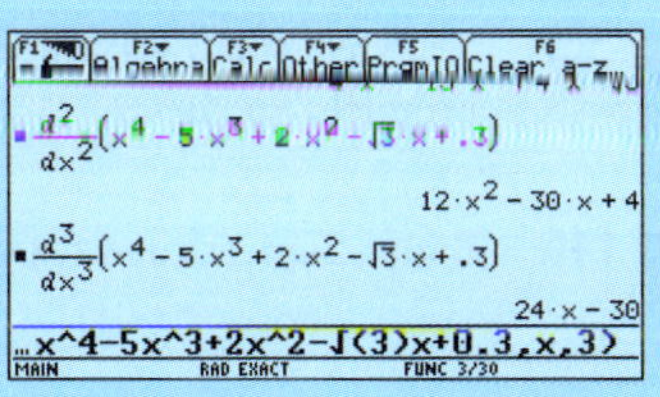

Fig. D 21

Bezogen auf das Beispiel „Fallende Kugel“ (s. S. 132) lässt sich somit formulieren:

Die 1. Ableitung der Weg-Zeit-Funktion an der Stelle t_0 führt zur Momentangeschwindigkeit.

$s(t) = 80 - 5t^2$ $s'(t) = v(t) = -10t$

Die 1. Ableitung der Geschwindigkeits-Zeit-Funktion, also die punktuelle Änderungsrate der Geschwindigkeit bezüglich der Zeit, führt zur Beschleunigung. Das ist aber gleichzeitig die 2. Ableitung des Weges nach der Zeit

$s''(t) = v'(t) = a(t) = -10.$

Das negative Vorzeichen macht deutlich, dass eine Bewegung in Richtung der negativen s-Achse beschrieben wird, dass es sich also um eine *Fall*geschwindigkeit bzw. *Fall*beschleunigung handelt.

Aufgaben

D 139 *(↗ Beispiel D 20, S. 165)*

Ermitteln Sie die 3. Ableitung der Funktion f mit $f(x) = x^4 + 3x^2 + 2x - 1$!

D 140 Bestimmen Sie $f_i'(x)$ und $f_i''(x)$:

a) $f_1(x) = x(x-3)$ b) $f_2(x) = (x^2 + 2x + 1)(x^2 - 1)$ c) $f_3(x) = (1 - x^4)(1 + x^2)$

d) $f_4(x) = (5 - 4x^3)(1 - 4x)$ e) $f_5(x) = \frac{1}{x^3 + 2}$ f) $f_6(x) = \frac{x^5 + 5}{x^2}$

D 141 Leiten Sie die nachfolgenden Funktionen jeweils zweimal ab:

a) $f_1(x) = (2 + \sqrt{x - 4x^2})^2$ b) $f_2(t) = \sqrt{36 - t^2}$

c) $f_3(x) = (\cos(3x))^2$ d) $f_4(x) = (\frac{1}{3}x + 3x^2)^{-2}$

D 142 Bestimmen Sie $f_i'(x)$ und $f_i''(x)$:

a) $f_1(x) = x e^x$ b) $f_2(x) = x e^{2x}$ c) $f_3(x) = x \ln(x)$ d) $f_4(x) = (x^2 + 1)e^x$

D 143 Eine Population entwickelt sich gemäß der Bestandsfunktion $P(t) = 100e^{0,1t - 0,005t^2}$

a) Welche Bedeutung hat die Ableitung? b) Bilden Sie die erste und zweite Ableitung!

D 144 Bilden Sie von folgenden Funktionen $f_i(x)$ die 1., 2. und 3. Ableitung:

a) $f_1(x) = x^3 - 3x^2 - 0{,}5x + 1$ b) $f_2(x) = x^7 - 3x^4 - \frac{1}{4}x^2$

c) $f_3(x) = x^2 - 0{,}5x + 1$ d) $f_4(x) = 6x^3 + 4x - 10$

D 145 Wie viele von 0 verschiedene Ableitungen hat die Funktion $f(x) = 3x^5 + 4x^4 - 3x^2 + \sqrt{2}\,x + 1$? Ermitteln Sie diese!

D 146 Bilden Sie $f_i'(x)$ und $f_i''(x)$ von

a) $f_1(x) = x^2 - 4x + 1$ b) $f_2(x) = \frac{1}{2}x^2 - 2x + 8$.

Zeichnen Sie die Graphen von $f_i(x)$, $f_i'(x)$ und $f_i''(x)$ jeweils in ein und dasselbe Koordinatensystem!

D 147 Die Funktion $f(x) = \begin{cases} 1, & 0 \le x \le 1, \\ x^2 - 2x + 2, & x > 1, \end{cases}$ ist für $x \ge 0$ differenzierbar.

Bilden Sie $f'(x)$ und machen Sie Aussagen über die Differenzierbarkeit von f' an der Stelle $x_0 = 1$!

D 148 Bilden Sie die 1., 2. und 3. Ableitung folgender Volumen-Funktionen:

a) $v_1(r) = \frac{4}{3}\pi \cdot r^3$ b) $v_2(a) = a^3$

c) $v_3(r) = \frac{1}{3}\pi \cdot r^2 \cdot h$ d) $v_4(a) = \frac{1}{3}a^2 \cdot h$

D 149 Bestimmen Sie im Intervall $[0; 2\pi]$ die Stellen x_0, für die gilt:

a) $(\sin x)'' = 0$ b) $(\cos x)'' = 1$ c) $(\sin x)''' = -1$

D 150 Bilden Sie die ersten drei Ableitungen folgender Funktionen:

a) $f_1(x) = e^{-x}$
b) $f_2(x) = e^x \cdot x^2$
c) $f_3(x) = 16\,e^{\frac{1}{2}x + 3}$
d) $f_4(x) = a \cdot e^{bx + c}$
e) $f_5(x) = 3 \sin x$
f) $f_6(x) = \cos x - \frac{1}{2} \sin 2x$
g) $f_7(x) = \ln x$
h) $f_8(x) = 3^x$

D 151 Bilden Sie die ersten vier Ableitungen der Funktion $f(x) = x \cdot e^{a \cdot x}$! Stellen Sie davon ausgehend eine Vermutung über die Bildungsvorschrift für die n-te Ableitung $f^{(n)}(x)$ auf!

D 152 Weisen Sie nach, dass für alle Funktionen $f(x) = a x^2 e^{-bx}$ $(x, a, b \in \mathbb{R})$ die Gleichung $f''(x) + 2b \cdot f'(x) + b^2 \cdot f(x) - 2a\,e^{-bx} = 0$ erfüllt ist!

D 153 Bestimmen Sie die Funktion $g_{a_1}(x)$ aus der Schar der Funktionen $g_a(x) = -\frac{6}{x}(1 - \ln ax)$ $(x \in \mathbb{R}$ und $x > 0$; $a \in \mathbb{R}$ und $a > 0)$, die an der Stelle $x_1 = 1$ den Anstieg 0 hat!

D 154 Gegeben ist das Produkt $f \cdot g$ der Funktionen f und g.

a) Bestimmen Sie mithilfe der Produktregel $(f \cdot g)'$, $(f \cdot g)''$, $(f \cdot g)'''$ und $(f \cdot g)^{(4)}$!
b) Wie lautet vermutlich $(f \cdot g)^{(n)}$?

D 155 Leiten Sie $f(x) = e^x + e^{-x}$ dreimal ab! Was fällt auf? Geben Sie $f^{(n)}(x)$ an!

D 156 Geben Sie für folgende Funktionen die Ableitung $f_i^{(n)}(x)$ $(n \in \mathbb{N})$ an:

a) $f_1(x) = \sin x$ b) $f_2(x) = \cos x$

D 157 Leiten Sie die Funktion f_i zweimal ab:

a) $f_1(x) = x + \cos x$
b) $f_2(x) = \sin x + \cos x$
c) $f_3(x) = \cos x + \tan x$
d) $f_4(x) = e^x - 0{,}5 \sin x$
e) $f_5(x) = 3 \sin 2x$
f) $f_6(x) = 3 \sin^2 x + 2 \cos^2 x + \cos^2(2x)$

D 158 Zeigen Sie:

a) $\sin x + \sin'' x = 0$ b) $\cos x + \cos'' x = 0$

D 159 Von folgenden Funktionen sind die ersten beiden Ableitungen zu bilden:

a) $f(r) = \frac{1}{2} r^4 + 3r^2 - r + \frac{1}{4}$
b) $f(x) = \frac{1}{6} x^4 - \frac{1}{2} x^2 + 0{,}5$
c) $f(t) = \frac{2}{3} t^3 - \frac{t}{3} + 1$
d) $g(s) = a_5 s^5 + a_4 s^4 + a_3 s^3 + a_1 s + a_0$
e) $f(x) = x^{3n} + x^k$ $(n, k \in \mathbb{N})$
f) $g(t) = 2t^{2 - r} + 5t^{2r - n}$ $(r, n \in \mathbb{N})$
g) $f(x) = \dfrac{x^{k-1} - x^{k-2}}{(k-1)(k-2)}$

D 4 Sätze über differenzierbare Funktionen

Die Kenntnis der Ableitung f' einer Funktion f ermöglicht oft Schlussfolgerungen über das Verhalten der Funktion f selbst. Um diese Untersuchungen in Abschnitt D 5 durchführen zu können, stellen wir nachfolgend zwei Sätze bereit, die für die Anwendung der Differentialrechnung insgesamt große Bedeutung besitzen.

D 15

Satz D 15: **Satz von ROLLE**
Ist eine Funktion f
- im abgeschlossenen Intervall [a; b] stetig,
- im offenen Intervall]a; b[differenzierbar und gilt
- $f(a) = f(b)$,

dann existiert mindestens eine Stelle c zwischen a und b (also $c \in \,]a; b[$), so dass $f'(c) = 0$ ist.

Auf den Beweis dieser Aussage, die von dem französischen Mathematiker M. ROLLE (1652–1719) formuliert wurde, soll verzichtet werden. Geometrisch besagt der Satz von ROLLE Folgendes: Wenn die Randpunkte A, B des abgeschlossenen Intervalls [a; b] gleiche y-Werte besitzen, dann gibt es zwischen A und B mindestens einen Punkt C des Graphen der Funktion f, in dem die Tangente parallel zur x-Achse verläuft (Fig. D 22).

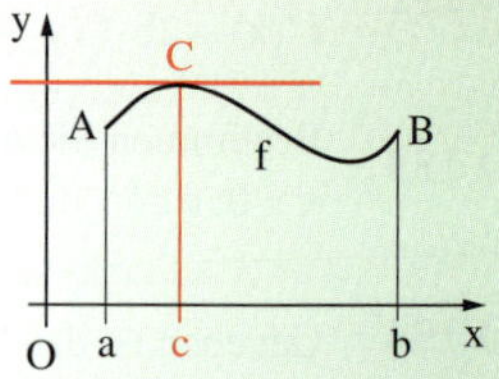

Fig. D 22

Eine Erweiterung des Satzes von ROLLE stellt der folgende Satz dar.

D 16

Satz D 16: **Mittelwertsatz der Differentialrechnung**
Ist eine Funktion f
- im abgeschlossenen Intervall [a; b] stetig und
- im offenen Intervall]a; b[differenzierbar,

dann existiert mindestens eine Stelle c zwischen a und b, so dass
$\frac{f(b) - f(a)}{b - a} = f'(c) \quad (c \in \,]a; b[)$.

Der Mittelwertsatz besagt also (s. Fig. D 23), dass es unter den angegebenen Voraussetzungen zwischen den beiden Intervallenden a und b mindestens eine solche Stelle c geben muss, dass die Tangente im Punkt C(c; f(c)) parallel zur Sekante durch die Punkte A und B verläuft.

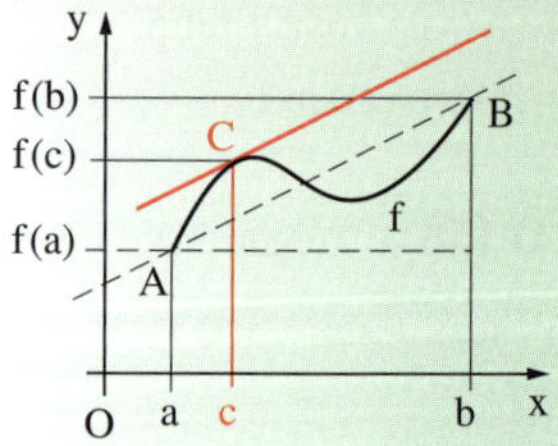

Fig. D 23

Auf den Beweis wollen wir wiederum verzichten, jedoch zwei Bemerkungen anfügen.

- Für den Fall $f(a) = f(b)$ folgt der Satz von ROLLE aus dem Mittelwertsatz. Der Satz von ROLLE ist also ein Spezialfall des Mittelwertsatzes.
- Der Mittelwertsatz und der Satz von ROLLE stellen jeweils *nur* fest, dass wenigstens eine solche Stelle c mit der angeführten Eigenschaft *existiert*. Aber bereits die Kenntnis der Existenz einer solchen Stelle allein leistet nützliche Dienste, wie wir im Weiteren sehen werden.

D 21

Beispiel D 21:
Betrachtet wird die Funktion $f(x) = \sqrt{x}$ auf dem abgeschlossenen Intervall [0; 4] (Fig. D 24).
Die Funktion $y = \sqrt{x}$ erfüllt die Voraussetzungen des Mittelwertsatzes – sie ist in [0; 4] stetig und in]0; 4[differenzierbar. Bestimmt werden soll nun eine Stelle c zwischen 0 und 4, so dass die Tangente in (c; f(c)) an den Graphen von f parallel zur Sekante durch (0; 0) und (4; 2) verläuft.
Dazu ermitteln wir zunächst den Anstieg der Sekante: $m_s = \frac{f(4) - f(0)}{4 - 0} = \frac{2 - 0}{4} = \frac{1}{2}$

Der Anstieg der Tangente an einer bestimmten Stelle $x_0 = c$ ist durch die 1. Ableitung der Funktion an dieser Stelle gegeben und dieser Anstieg soll gleich dem der o. g. Sekante sein.

Wegen $f'(x_0) = \frac{1}{2 \cdot \sqrt{x_0}}$ muss also gelten: $f'(c) = \frac{1}{2 \cdot \sqrt{c}} = \frac{1}{2}$

Daraus folgt $\sqrt{c} = 1$ und damit c = 1.

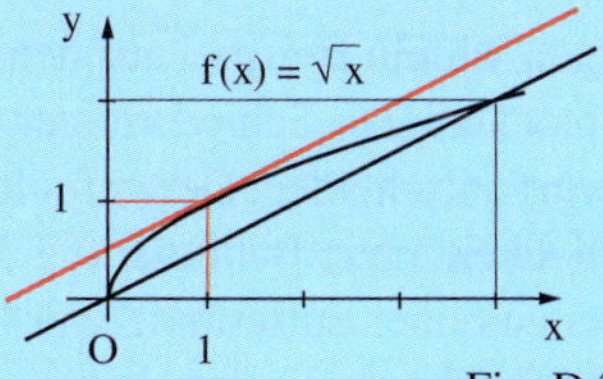

Fig. D 24

Das heißt: Im Punkt (1; 1) des Graphen der Funktion $f(x) = \sqrt{x}$ ist die Tangente parallel zur Sekante durch die Punkte (0; 0) und (4; 2).

Aufgaben

D 160 *(↗ Beispiel D 21, S. 169)*

Gegeben sei die Funktion $f(x) = 0{,}1x^3 - 0{,}2x^2 - x + 1{,}5$ auf dem Intervall [–4; 4].
Bestimmen Sie eine Stelle x_0 $(x_0 \in]-4; 4[)$ so, dass die Tangente in $P(x_0; f(x_0))$ an den Graphen der Funktion parallel zur Sekante durch Q(3; f(3)) und R(0; f(0)) verläuft! Zeichnen Sie den Graphen von f, die Sekante und die Tangente!

D 161 Gegeben sei die Funktion $f(x) = x^2 - 1$.
Bestimmen Sie x_0 so, dass die Tangente an den Graphen von f parallel zur Sekante durch die Punkte R(–1; f(–1)) und S(2; f(2)) verläuft!

D 162 Gegeben ist eine im Intervall [–2; 3] differenzierbare Funktion f, deren Graph durch die Punkte A(–1; 0) und B(2,5, 0) verläuft. Welche Zahl kommt dann mit Sicherheit im Wertebereich von f' vor?

D 163 Bestimmen Sie Intervalle, in denen Nullstellen der Ableitung f_i' liegen!

a) $f_1(x) = (x + 3)(x - 1)(2x - 5)$

b) $f_2(x) = x(x + 1)(x - 2)(x + 3)$

D 164 Wenden Sie den Mittelwertsatz (s. Satz D 16, S. 168) auf die Funktion

a) $f_1(t) = t^3$ im Intervall [1; 3]

b) $f_2(x) = \sin x$ im Intervall $[\frac{\pi}{6}; \frac{2\pi}{3}]$

c) $f_3(x) = \ln x$ im Intervall [0,5; 1,5]

an! Bestimmen Sie die Stelle c!

D 165 Eine Bewegung erfolge nach dem Weg-Zeit-Gesetz $s(t) = 0{,}4t^3 - 4t^2 + 10$. ($s$ ist der zum Zeitpunkt t zurückgelegte Weg.) Zu welchem Zeitpunkt $t_0 \in [0; 4]$ ist die Momentangeschwindigkeit $v(t_0)$ gleich der Durchschnittsgeschwindigkeit im angegebenen Zeitintervall? Zeigen Sie, dass der Mittelwertsatz die Existenz von t_0 bestätigt!

D 5 Anwenden der Differentialrechnung zur Untersuchung von Funktionseigenschaften

Gelingt es in den Natur- und Technikwissenschaften oder auch in Teilbereichen der Gesellschaftswissenschaften, bestimmte Zusammenhänge mithilfe von Funktionen zu beschreiben und auf diesem Wege mathematisch zu „modellieren", so bietet die Differentialrechnung Untersuchungsmethoden für eine schnelle, exakte und umfassende Analyse solcher Funktionen und der Eigenschaften ihrer Graphen.

Nehmen wir ein Beispiel aus dem Sport: Beim Basketballspiel kann der Schiedsrichter nach einem Foul auf Freiwurf entscheiden. Der gefoulte Spieler hat dann die Möglichkeit, ohne Behinderung durch einen Gegenspieler aus einer Entfernung von 4,20 m mit dem Ball in den 3,05 m hoch angebrachten Korb zu treffen.
Ziel eines entsprechenden Freiwurftrainings könnte es nun sein, den Ball so zu werfen, dass genau die Korbmitte getroffen wird. Zur Analyse der Wurfleistungen werden beispielsweise die Flugbahnen gefilmt und nach Übertragen in eine Koordinatensystem bestimmte Eigenschaften der entsprechenden Kurven weiter untersucht.

D 5.1 Monotonieverhalten

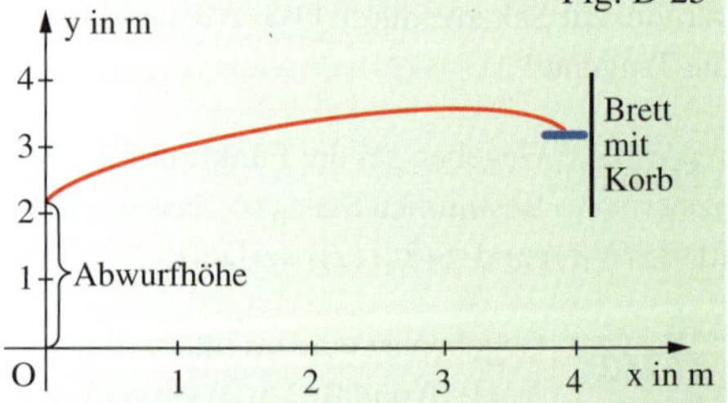

Fig. D 25

Hat man auf die einleitend genannte Weise das nebenstehende Bild der Wurfbahn erhalten, so kann es von Interesse sein, die Verhältnisse zwischen Steig- und Sinkphase des Balls genauer zu betrachten. Aus der Darstellung ist erkennbar, dass im vorliegenden Fall die Flughöhe bis zu einer Entfernung von ca. 3 m vom Abwurfpunkt ständig *wächst* und anschließend *fällt*. Eine Verallgemeinerung dieser anschaulichen Vorstellungen wurde bereits in Definition A 4 für Funktionen und in Analogie dazu in Definition B 2 für Zahlenfolgen bei der Kennzeichnung des Monotonieverhaltens vorgenommen.

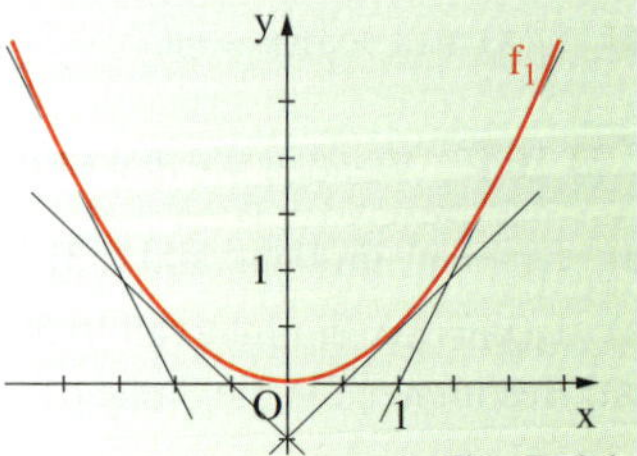

Fig. D 26

Das Wachsen und Fallen einer Funktion (und ihres Graphen) hängt offensichtlich mit Veränderungen ihres Anstiegs zusammen, der seinerseits durch die 1. Ableitung der Funktion beschrieben wird. Um den Zusammenhang zwischen Monotonieverhalten und Ableitung genauer zu untersuchen, betrachten wir die Funktion $f_1(x) = \frac{1}{2}x^2$ (Fig. D 26). Diese Funktion ist für alle $x < 0$ monoton fallend und für alle $x > 0$ monoton wachsend. Wie man aus den eingezeichneten Tangenten erkennen kann, besitzt die Funktion nun aber gerade für $x < 0$ einen negativen Anstieg und für $x > 0$ einen positiven Anstieg.
An der Stelle $x_0 = 0$ hat die Tangente (und damit die Funktion f_1) den Anstieg 0 – hier ändert sich das Monotonieverhalten von f_1 und ihres Graphen. Allgemein gilt:

D 17

Satz D 17: Zusammenhang zwischen Monotonie und 1. Ableitung

Eine im offenen Intervall I differenzierbare Funktion f ist in diesem Intervall genau dann

monoton wachsend	**monoton fallend**,
wenn für alle $x \in I$ gilt	
$f'(x) \geq 0.$	$f'(x) \leq 0.$

D 22

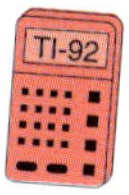
T7

Beispiel D 22:

Zu untersuchen ist das Monotonieverhalten folgender Funktionen:

a) $f_1(x) = \frac{1}{2}x^3$

Der Graph der Funktion $f_1(x) = \frac{1}{2}x^3$ (Fig. D 27) ist im gesamten Definitionsbereich monoton wachsend, denn für die Tangentenanstiege gilt $f_1'(x) = \frac{3}{2}x^2 \geq 0$ für alle $x \in D_f$.

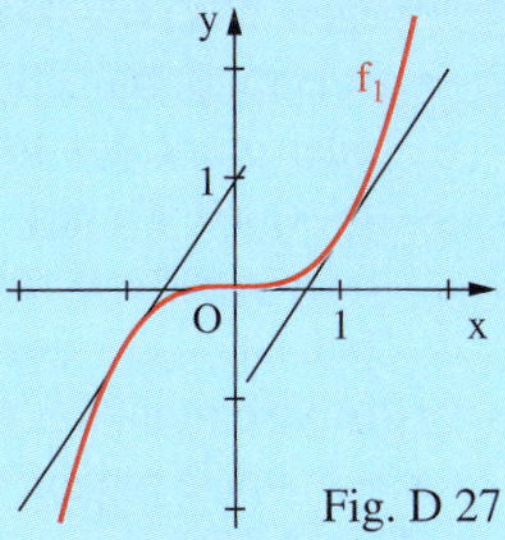

Fig. D 27

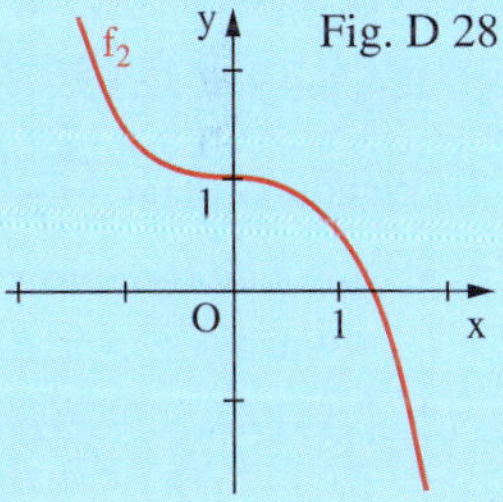

Fig. D 28

b) $f_2(x) = -\frac{1}{2}x^3 + 1$

Der Graph der Funktion $f_2(x)$ ist im gesamten Definitionsbereich monoton fallend, denn aus $f_2'(x) = -\frac{3}{2}x^2$ folgt $f_2'(x) \leq 0$ für alle $x \in D_f$.

Wie Beispiel D 22 zeigt, ist es für die Monotonie unbedeutend, ob es im Definitionsbereich Stellen x_0 mit $f'(x_0) = 0$ gibt, solange $f'(x_0) \geq 0$ bzw. $f'(x_0) \leq 0$ für alle $x_0 \in D_f$ gilt.

D 23

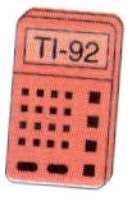
T7
T10

Beispiel D 23:

Zu untersuchen ist das Monotonieverhalten folgender Funktionen:

a) $f_1(x) = \frac{1}{x^3} \quad (x \in \mathbb{R};\ x \neq 0)$

f_1 ist an der Stelle $x_0 = 0$ nicht definiert, dort also auch nicht differenzierbar. Dies verlangt, das Monotonieverhalten abschnittweise zu untersuchen: Da für alle $x \in \mathbb{R}\setminus\{0\}$ die 1. Ableitung $f_1'(x) = -\frac{3}{x^4}$ negativ ist, gilt: Der Graph der Funktion f_1 ist sowohl im Intervall $-\infty < x < 0$ als auch im Intervall $0 < x < \infty$ monoton fallend.

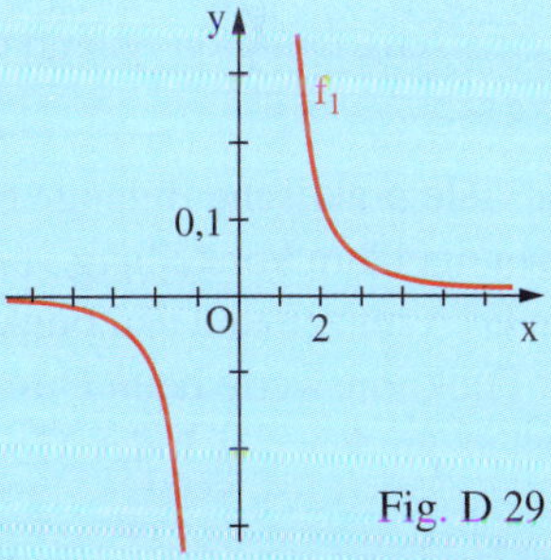

Fig. D 29

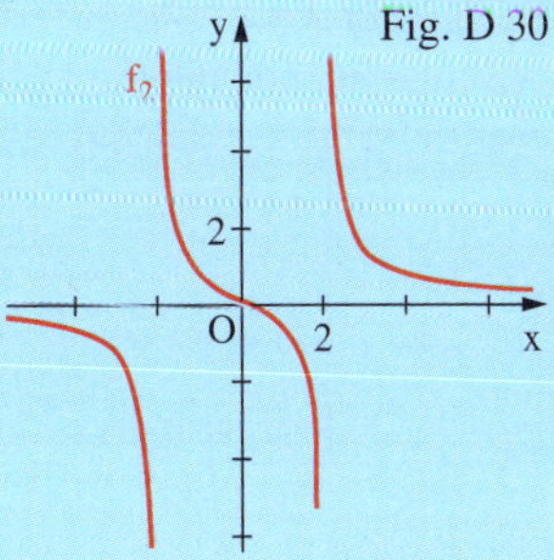

Fig. D 30

b) $f_2(x) = \frac{2x}{x^2 - 4} \quad (x \in \mathbb{R};\ x \neq \pm 2); \quad f_2'(x) = -\frac{2x^2 + 8}{(x^2 - 4)^2}$

$2x^2 + 8 > 0$ und $(x^2 - 4)^2 > 0$ für alle $x \in D_{f_2}$

Daraus folgt: $f_2'(x) < 0$ für alle $x \in D_{f_2}$, d.h.: f_2 fällt im gesamten Definitionsbereich.

Welche konkreten Schritte bei der Untersuchung des Monotonieverhaltens mithilfe der 1. Ableitung im Einzelfall notwendig sind, soll in folgenden Beispielen demonstriert werden.

D 24

TI-92

T7
T10

Beispiel D 24:

Zu untersuchen ist das Monotonieverhalten der nachfolgenden Funktionen f:

a) $f_1(x) = \frac{1}{3}x^3 - \frac{1}{2}x^2 - 2x + 1$

Wegen $f'(x) = x^2 - x - 2 = (x + 1)(x - 2)$ gilt

- $f_1'(x) > 0$ für $x + 1 > 0$ und $x - 2 > 0$, also $x > 2$, oder $x + 1 < 0$ und $x - 2 < 0$, also $x < -1$;
- $f_1'(x) < 0$ für $x + 1 > 0$ und $x - 2 < 0$, also $x \in]-1; 2[$, oder $x + 1 < 0$ und $x - 2 > 0$, was für kein $x \in \mathbb{R}$ möglich ist.

f_1 ist also monoton wachsend für $x < -1$ oder $x > 2$ sowie monoton fallend für $x \in]-1; 2[$ (Fig. D 31).

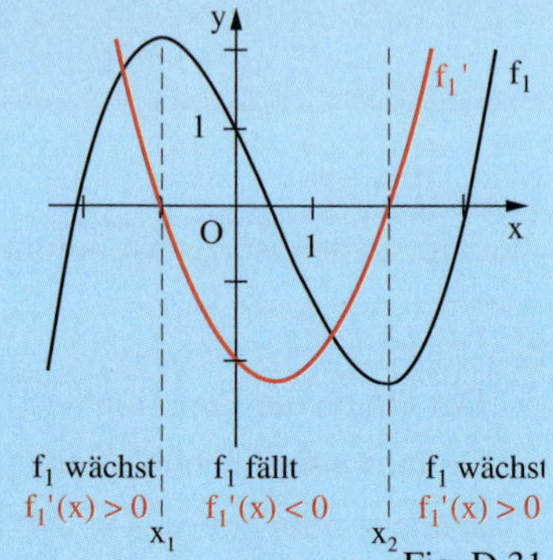

Fig. D 31

b) $f_2(x) = \frac{x^2 + 4x + 9}{x}$

Wegen $f_2'(x) = \frac{x^2 - 9}{x^2} = \frac{(x - 3) \cdot (x + 3)}{x^2}$ gilt:

- $f_2(x)$ ist monoton wachsend, wenn $f_2'(x) > 0$, d.h. für $x > 3$ oder $x < -3$
- $f_2(x)$ ist monoton fallend, wenn $f_2'(x) < 0$, d.h. für $-3 < x < 3$ (Fig. D 32)

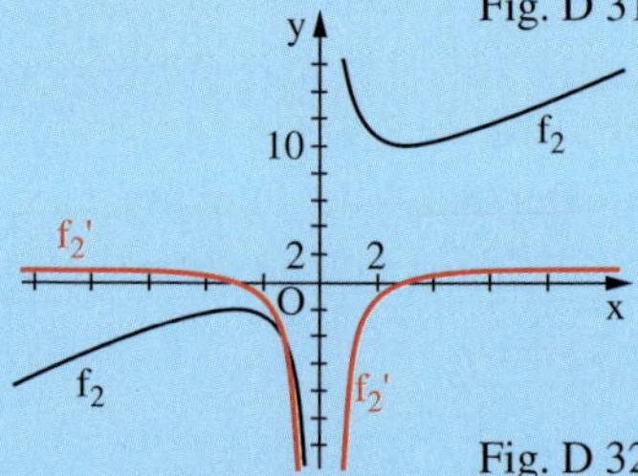

Fig. D 32

c) $f_3(x) = \ln(1 + x) - x; \quad x > -1$

$$f_3'(x) = \frac{1}{1+x} - 1 = -\frac{x}{1+x} \begin{cases} > 0 & \text{für } x \in]-1; 0[\\ < 0 & \text{für } x \in]0; \infty[\end{cases}$$

f_3 ist in $]-1; 0[$ streng monoton wachsend und in $]0; \infty[$ streng monoton fallend (Fig. D 33).

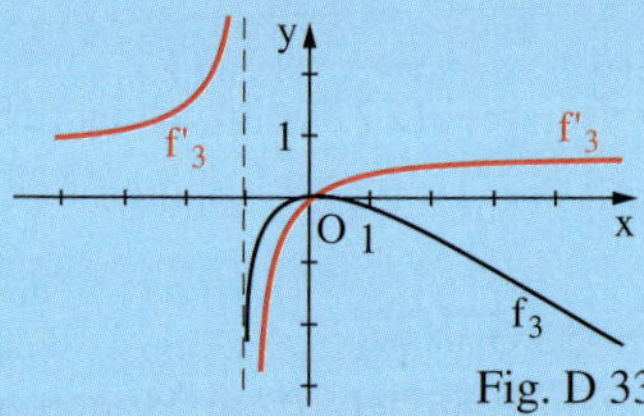

Fig. D 33

Für viele praktische Belange reicht es aus, sich ausgehend vom Graphen der jeweiligen Funktion eine ungefähre Vorstellung von den Monotonieverhalten zu verschaffen. Gegebenenfalls kann man den GTA nutzen und den Funktionsgraphen mit der *TRACE*-Funktion „abfahren“. Die Veränderung der Funktionswerte beim Durchlaufen des Graphen gibt zumindest näherungsweise Hinweise auf Stellen, an denen sich das Monotonieverhalten ändert.

D 25

TI-92

T7

Beispiel D 25:

Wir untersuchen die Funktion $f(x) = -0{,}5x^3 - 3x^2$ für $x \in [0; 6]$ auf Monotonie mithilfe des GTA.

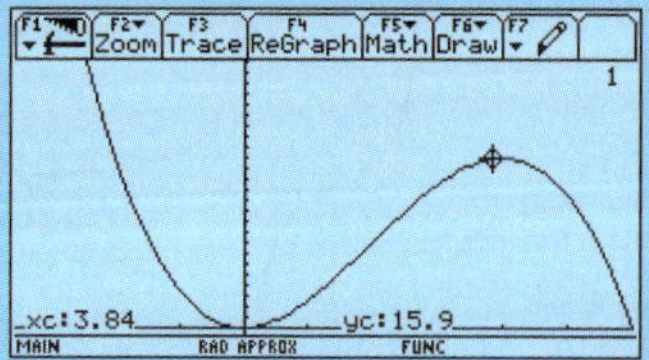

Fig. D 34

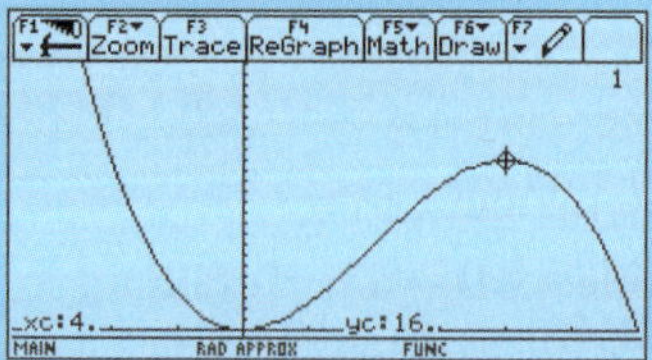

Fig. D 35

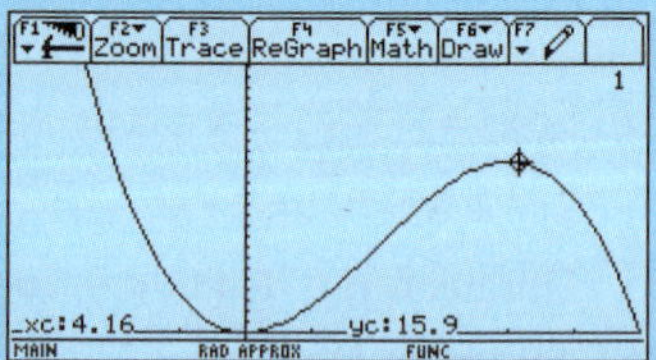

Fig. D 36

Es lässt sich feststellen:
f ist monoton wachsend für $0 < x < 4$ und monoton fallend für $4 < x < 6$.
Bemerkung: Für das Monotonieverhalten der Funktion f außerhalb des untersuchten Intervalls lässt sich zwar eine Vermutung äußern, jedoch keine eindeutige Aussage treffen.

Aufgaben

D 166 *(↗ Beispiel D 22–24, S. 171 ff.)*

Geben Sie zu folgenden Funktionen das Monotonieverhalten an! Nutzen Sie die Symmetrieeigenschaften der Funktionen und fertigen Sie eine Skizze an!

a) $f_1(x) = 4x^2$ b) $f_2(x) = 0{,}5 \cdot x^3$ c) $f_3(x) = -\frac{1}{8}x^4$

d) $f_4(x) = -\frac{1}{3}x^5$ e) $f_5(x) = \frac{1}{x}$ f) $f_6(x) = -\frac{1}{x^2}$

D 167 Zeichnen Sie die Graphen der folgenden Funktionen im angegebenen Intervall mithilfe einer Wertetabelle bei einer Schrittweite von 0,5 und geben Sie das Monotonieverhalten an:

a) $f(x) = x^4 - 2x^2 - 8 \quad (-2 \le x \le 2)$ b) $g(x) = -0{,}5x^3 + 2x \quad (-2{,}5 \le x \le 2{,}5)$

D 168 Untersuchen Sie die folgenden Funktionen mithilfe der 1. Ableitung auf Monotonie:

a) $f_1(x) = -\frac{4}{5}x^5 + 8$ b) $f_2(x) = \frac{1}{56}x^7 + \frac{1}{24}$ c) $f_3(x) = -\frac{1}{15}x^3$ d) $f_4(x) = \frac{2}{7}x^9$

e) $f_5(x) = \frac{1}{9}x^{-3}$ f) $f_6(x) = -\frac{1}{25}x^{-5}$ g) $f_7(x) = -5 \cdot \frac{1}{x}$ h) $f_8(x) = \frac{1}{2}x^{-7}$

D 169 Gegeben sind die 1. Ableitungen f_i' von Funktionen f_i. Untersuchen Sie, für welche x-Werte die Funktionen f_i monoton wachsen bzw. monoton fallen!

a) $f_1'(x) = (x-4) \cdot (x+2)$ b) $f_2'(x) = (x-6) \cdot (x-8)$ c) $f_3'(x) = (x+1) \cdot (x+10)$

d) $f_4'(x) = x \cdot (x-5)$ e) $f_5'(x) = e^x \cdot (x^2+2)$ f) $f_6'(x) = (x-2) \cdot \ln x$

D 170 Untersuchen Sie folgende Funktionen auf Monotonie, indem Sie die 1. Ableitung in geeignete Linearfaktoren $f(x) = (x - a_1) \cdot (x - a_2)$ zerlegen: **GTA**
(Mit dem GTA ist die Zerlegung mithilfe des Befehls „factor" möglich.)

a) $f_1(x) = \frac{1}{3}x^3 - \frac{3}{2}x^2 - 4x + 3$ b) $f_2(x) = \frac{1}{3}x^3 - \frac{5}{2}x^2 + 6x + 4$ c) $f_3(x) = \frac{1}{3}x^3 + \frac{9}{2}x^2 + 20x - 10$

D 171 Untersuchen Sie folgende Funktionen auf Monotonie:

a) $f_1(x) = \frac{1}{3}x^3 + x^2 - \frac{5}{4}x - 2$ b) $f_2(x) = \frac{1}{6}x^3 - 2x^2 + 6x + 1$ c) $f_3(x) = \frac{3}{4}x^4 + x^3 - 3x^2$

d) $f_4(x) = x^3 + 2x^2 - 4x$ e) $f_5(x) = \frac{3x}{x^2 - 4}$ f) $f_6(x) = \frac{-4x}{x^2 - 6}$

g) $f_7(x) = \frac{5x}{x^2 + 25}$ h) $f_8(x) = \frac{-2x}{x^2 + 9}$ i) $f_9(x) = \frac{1}{4}x^4 - 1{,}5x^3 - 9{,}5x^2 + 60x$ **GTA**

D 172 Untersuchen Sie folgende nichtrationale Funktionen auf Monotonie:

a) $f_1(x) = x \cdot (2 - \ln x)$ b) $f_2(x) = e^x(x-4)$ c) $f_3(x) = 1 - 2 \cdot \cos x;\ x \in [0;\, 2\pi]$

d) $f_4(x) = 5 \cdot \sin x;\ x \in [0;\, 4\pi]$ e) $f_5(x) = x \cdot e^x$ f) $f_6(x) = \frac{1}{2}x^2 \cdot \ln x - \frac{9}{4}x^2 \quad (x > 0)$

g) $f_7(x) = e^x(x-1)$ h) $f_8(x) = \frac{1}{2}x^2 \cdot \left(\ln x - \frac{1}{2}\right) \quad (x > 0)$ i) $f_9(x) = (2x+4) \cdot e^x$

D 173 Welche Aussagen kann man über das Monotonieverhalten der folgenden ganzrationalen Funktionen f_i treffen, wenn Folgendes gilt:

a) f_1' besitzt zwei Nullstellen.

b) Der Graph von f_2' verläuft vollständig oberhalb der x-Achse.

c) $f_3'(x) = 0$ ist nur für $x_1 = -3$ erfüllt.

d) Der Graph von f_4' berührt die x-Achse an der Stelle $x_1 = 0$ und schneidet sie nur bei $x_2 = 4$.

Veranschaulichen Sie jeweils den entsprechenden Sachverhalt in einer Skizze!

D 5.2 Extrema

Mit Bezug auf den am Anfang von Abschnitt D 5.1 beschriebenen Wurf eines Basketballs soll die Frage beantwortet werden, an welcher Stelle der Ball seine maximale Höhe erreicht. Diese Stelle nennt man in der Mathematik **Maximumstelle** und die zugehörige Höhe das **Maximum** der Funktion (Fig. D 37).

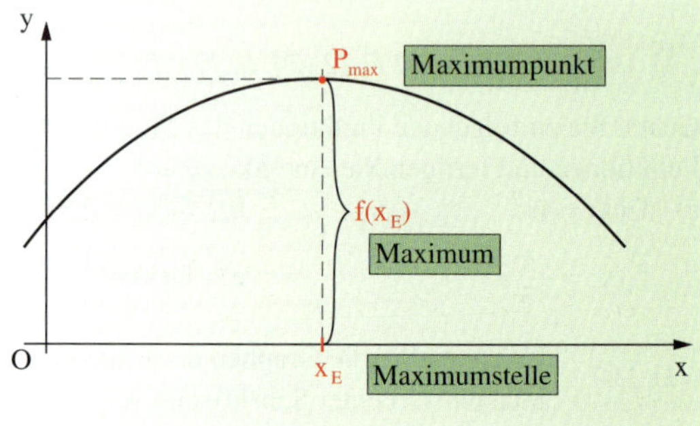

Fig. D 37

Der höchste Punkt des Funktionsgraphen heißt **Maximumpunkt** oder auch **Hochpunkt.**

Charakteristisches Merkmal eines Maximums ist die Änderung des Monotonieverhaltens von „monoton wachsend" in „monoton fallend". Ein Wechsel von „monoton fallend" zu „monoton wachsend" ist hingegen typisch für eine **Minimumstelle.** Der zugehörige Funktionswert heißt entsprechend **Minimum** und der tiefste Punkt **Minimumpunkt** oder **Tiefpunkt.**

Im Folgenden konzentrieren wir uns auf Maximum- bzw. Minimumstellen, die der Graph einer Funktion in einem hinreichend kleinen Intervall besitzt. Solche Stellen nennt man **lokale Extremstellen** von f und die zugehörigen Punkte **lokale Extrempunkte.** Will man den absolut größten (bzw. kleinsten) Funktionswert einer Funktion in deren gesamtem Definitionsbereich ermitteln, so sucht man nach den so genannten **globalen Extrema.**

Die in Fig. D 38 im Intervall [a; b] dargestellte Funktion zeigt neben den lokalen Extrempunkten auch Stellen, an denen sie absolut größte Funktionswerte des vorgegebenen Intervalls annimmt. Sie werden globale Extremwerte genannt. Im Intervall [a; b] hat f bei x_1 und x_3 lokale Maxima, die jedoch nicht global sind. Das *globale Maximum* wird am rechten Intervallrand bei b angenommen, weil f(b) der absolut größte Funktionswert in [a; b] ist. Betrachtet man den Verlauf des Graphens über die Stelle b hinaus, so wird deutlich, dass der Funktionsgraph in der unmittelbaren Umgebung von b stets monoton steigend ist, bei b also kein lokales Maximum vorliegt. An den Stellen x_2 und x_4 hat f lokale Minima, wobei in x_2 der absolut kleinste Funktionswert – das *globale Minimum* – angenommen wird. Man sieht, dass sich an jeder *lokalen* Extremstelle das Monotonieverhalten der Funktion ändert, dies jedoch nicht unbedingt für eine *globale* Extremstelle zutrifft.

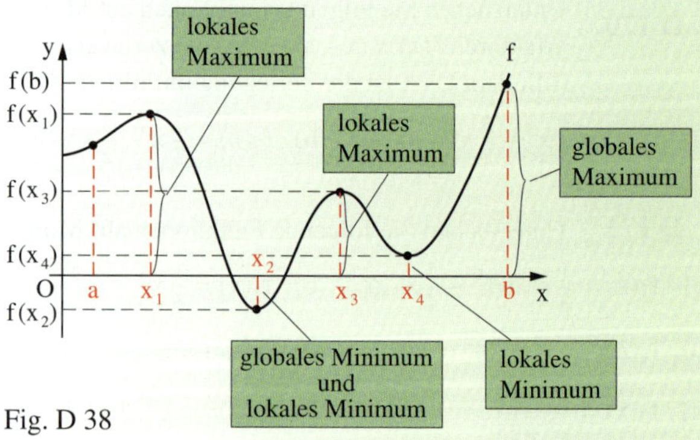

Fig. D 38

Bereits in Abschnitt D 5.1 wurde festgestellt: Ändert sich das Monotonieverhalten einer Funktion von wachsend zu fallend (oder umgekehrt), liegt also eine Extremstelle von f vor, so ist der Tangentenanstieg hier gleich 0. An Extremstellen x_E gilt demzufolge $f'(x_E) = 0$ – die Tangenten an den Graphen von f verlaufen hier parallel zur x-Achse (Fig. D 39). Diese Eigenschaft der Ableitungsfunktion f ' von f macht man sich zunutze, um die Extremstellen von f bzw. die Extrempunkte des Graphen von f rechnerisch zu ermitteln.

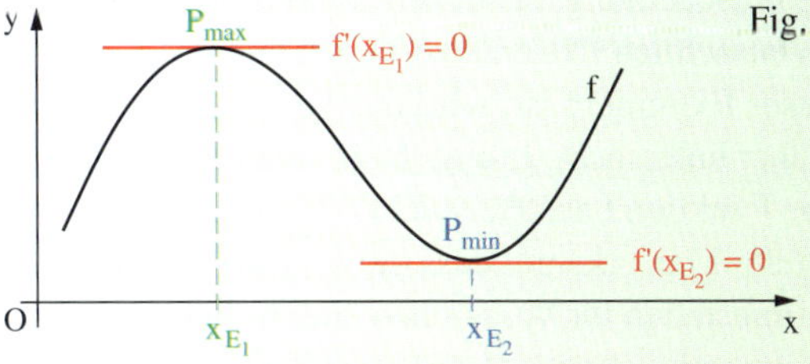

Fig. D 39

D 18

Satz D 18: Notwendige Bedingung für lokale Extremstellen
Ist die Funktion f in ihrem Definitionsbereich D_f differenzierbar und $x_E \in D_f$ eine lokale Extremstelle von f, so gilt $f'(x_E) = 0$.

Bemerkung:
Die Kennzeichnung der Bedingung $f'(x_E) = 0$[1] als *notwendig* bedeutet: Für differenzierbare Funktionen kann es *nur* an diesen Stellen x_E lokale Extrema geben. Die Bedingung ist aber *nicht hinreichend* – sie kann an einer Stelle x_E erfüllt sein, *ohne* dass dort ein Extremum vorliegt. Als Beispiel sei die Funktion $f(x) = x^3$ genannt. Für sie gilt zwar $f'(0) = 0$, die Funktion besitzt aber bekanntlich an der Stelle 0 *kein* lokales Extremum.

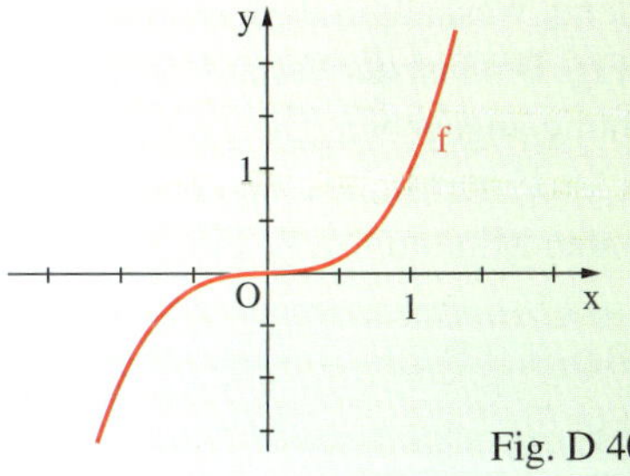

Fig. D 40

D 26

Beispiel D 26:

a) Man untersuche die Funktion $f(x) = \frac{1}{6}x^3 - \frac{1}{2}x^2 - \frac{3}{2}x + \frac{17}{6}$ auf mögliche lokale Extremstellen.

- Wir bilden die erste Ableitung $f'(x) = \frac{1}{2}x^2 - x - \frac{3}{2}$ und ermitteln die Werte von x, für die f '(x) gleich 0 ist. Also: $\frac{1}{2}x^2 - x - \frac{3}{2} = 0$ bzw. $x^2 - 2x - 3 = 0$ und damit $x_1 = 3$, $x_2 = -1$ und $f(3) = -\frac{5}{3}$, $f(-1) = \frac{11}{3}$.
- Die Punkte $P_1(3; -\frac{5}{3})$ und $P_2(-1; \frac{11}{3})$ *können* also Extrempunkte sein.

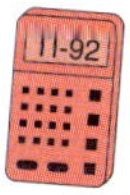

T10
T11

b) Man ermittle eine ganzrationale Funktion 3. Grades, die bei $x = -2$ und $x = 4$ Extremstellen besitzt:
Die 1. Ableitung einer ganzrationalen Funktion 3. Grades ist eine quadratische Funktion. Man muss also für die 1. Ableitung eine quadratische Funktion finden, die bei $x_1 = -2$ und $x_2 = 4$ Nullstellen besitzt. Das träfe z. B. für $f'(x) = (x + 2)(x - 4) = x^2 - 2x - 8$ zu. Eine mögliche Ausgangfunktion f hätte dann die Gleichung $f(x) = \frac{1}{3}x^3 - x^2 - 8x + c$, wobei c eine beliebige reelle Zahl sein kann (denn $f'(x) = (\frac{1}{3}x^3 - x^2 - 8x + c)' = x^2 - 2x - 8$).

[1] Wir verwenden x_E für Extremstelle, auch wenn der entsprechende Nachweis noch nicht geführt ist.

Für die Entscheidung, ob an den „extremwertverdächtigen“ Stellen tatsächlich Extrema vorliegen und wenn ja, welcher Art dieses Extremum ist, wird das Verhalten der 1. Ableitung näher untersucht. In Fig. D 41 und Fig. D 42 sind deshalb die Funktion f aus Beispiel D 26 und ihre 1. Ableitung dargestellt. Man erkennt, dass die 1. Ableitung an den lokalen Extremstellen ihr Vorzeichen ändert, beim lokalen Maximum von „+“ zu „–“ und beim lokalen Minimum von „–“ zu „+“. Diese oftmals sehr nützliche Kenntnis wird auch als **Vorzeichenwechselkriterium** bezeichnet.

Betrachtet man die Veränderung der Tangentenanstiege mit wachsenden x-Werten als einen Prozess, so wird deutlich, dass die Tangentenanstiege bei einer lokalen Minimumstelle monoton wachsend sind. Das bedeutet nach Satz D 17, dass $f''(x) \geq 0$ sein muss. Bei einer lokalen Maximumstelle sind die Tangentenanstiege hingegen monoton fallend, weshalb in diesem Falle $f''(x) \leq 0$ sein muss.
In Fig. D 43 ist der Verlauf der 2. Ableitung zur Veranschaulichung angegeben. Die zweite Ableitung hat an einer lokalen Maximumstelle einen negativen Wert und an einer lokalen Minimumstelle einen positiven Wert.

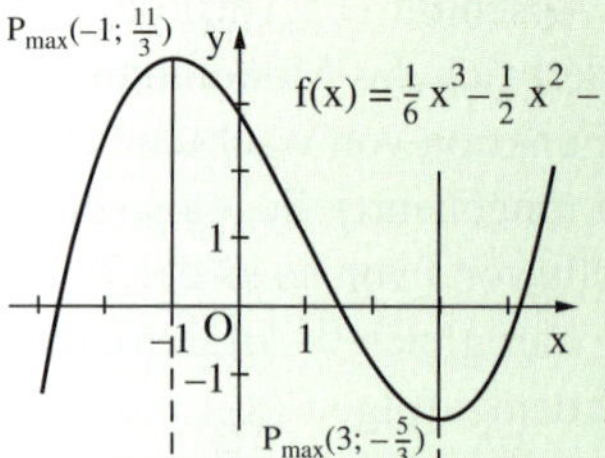

Fig. D 41

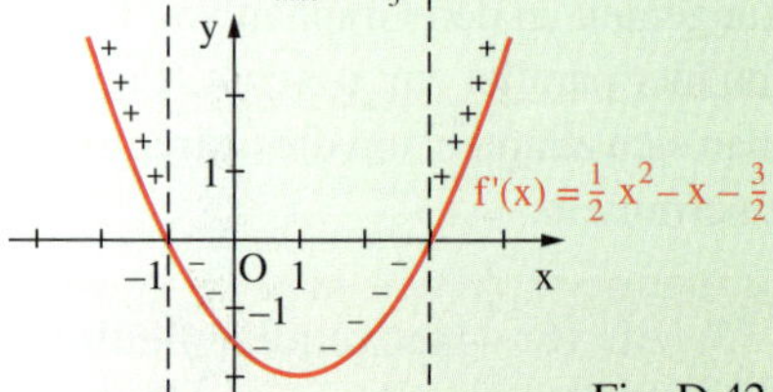

Fig. D 42

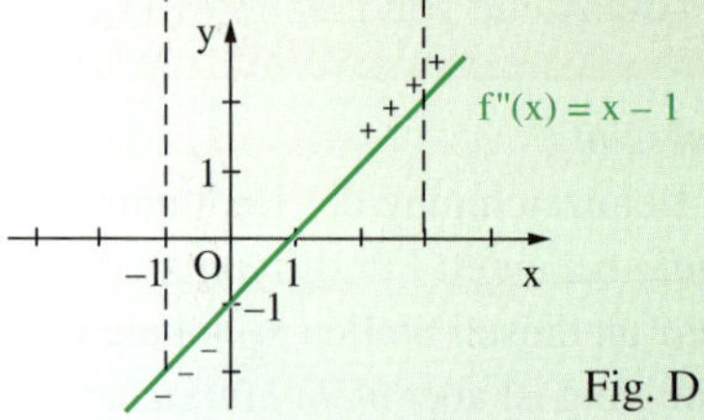

Fig. D 43

D 27

Beispiel D 27:
Für die Funktion $f(x) = \frac{1}{3}x^3 - x^2 - 3x + 2$ sollen die Graphen von f, f' und f'' in einem Koordinatensystem dargestellt werden. Davon ausgehend ist die Funktion f bezüglich lokaler Extremstellen zu diskutieren.

TI-92
T3
T7

- Das lokale Maximum von f liegt bei $x_{E_1} = -1$.
  Es gilt $f'(-1) = 0$; die 1. Ableitung ändert mit wachsendem x bei x_{E_1} ihr Vorzeichen von + nach –. Die 2. Ableitung ist an der Stelle $x_{E_1} = -1$ kleiner als 0 ($f''(-1) = -4$)
- Das lokale Minimum von f liegt bei $x_{E_2} = 3$.
  Es gilt $f'(3) = 0$; die 1. Ableitung ändert mit wachsendem x an der Stelle $x_{E_2} = 3$ ihr Vorzeichen von – nach +.
  Die 2. Ableitung ist an der Stelle $x_{E_2} = 3$ größer als 0 ($f''(3) = +4$).

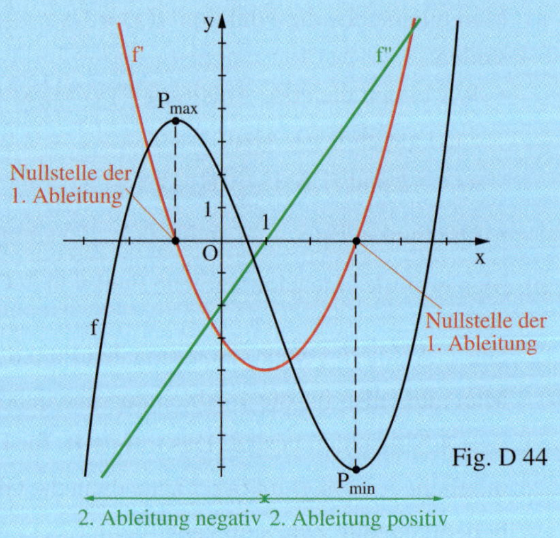

Fig. D 44

Verallgemeinert man die im Beispiel D 27 dargestellte Untersuchungsmethode auf beliebige zweimal differenzierbare Funktionen, so lässt sich formulieren:

D 19

Satz D 19: Hinreichende Bedingung für lokale Extremstellen

Die Funktion f sei in D_f zweimal differenzierbar. Gilt für $x_E \in D_f$

$f'(x_E) = 0$ und $f''(x_E) < 0$,	$f'(x_E) = 0$ und $f''(x_E) > 0$,

so hat die Funktion f an der Stelle x_E ein

lokales Maximum	lokales Minimum.

Bemerkung:

Satz D 19 liefert eine *hinreichende Bedingung* für lokale Extrema. Das heißt: Ist diese Bedingung an der Stelle x_E erfüllt, so liegt dort mit Sicherheit ein lokaler Extremwert vor. Diese Bedingung ist aber *nicht notwendig* – es kann ein Extremwert vorliegen, obwohl die zweite Ableitung an der betreffenden Stelle auch null wird. Beispielsweise besitzt die Potenzfunktion $f(x) = x^4$ an der Stelle $x_E = 0$ ein lokales Minimum, aber für sie gilt:

$f(x) = x^4 \qquad f'(x) = 4x^3;\ f'(0) = 0 \qquad f''(x) = 12x^2;\ f''(0) = 0$

Das Beispiel zeigt, dass sich mittels Satz D 19 allein die lokalen Extrema einer Funktion nicht immer ermitteln lassen, sondern mitunter zusätzliche Überlegungen (z. B. Berechnung von Funktionswerten in einer Umgebung von x_E) erforderlich sind.

D 28

Beispiel D 28:

Man untersuche die Funktion $f(x) = \frac{1}{3}x^3 + \frac{1}{2}x^2 - 2x$ auf lokale Extremstellen und ermittle die Extrempunkte ihres Graphen.

TI-92 T11

- Wir bilden die Ableitungen (f ist zweimal differenzierbar):
  $f'(x) = x^2 + x - 2 \qquad f''(x) = 2x + 1$
- Wir ermitteln die Stellen, für die $f'(x) = 0$ als *notwendige* Bedingung für die Existenz einer Extremstelle der Funktion f erfüllt ist (Satz D 18): Die sich so ergebende quadratische Gleichung $x^2 + x - 2 = 0$ hat die Lösungen $x_1 = 1$ und $x_2 = -2$. An diesen Stellen *kann* also eine Extremstelle vorliegen.
- Wir überprüfen, ob die ermittelten Stellen tatsächlich Extremstellen sind, ob dort also die *hinreichende* Bedingung für die Existenz einer Extremstelle erfüllt ist (Satz D 19). Unter Verwendung von $f''(x) = 2x + 1$ erhalten wir
  $f''(1) = 3 > 0$, d. h.: $x_1 = 1$ ist eine Minimumstelle von f;
  $f''(-2) = -3 < 0$, d. h.: $x_2 = -2$ ist eine Maximumstelle von f.

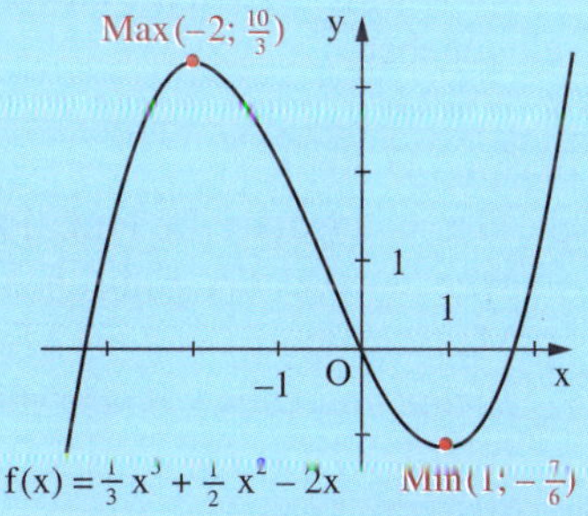

Fig. D 45

- Wir ermitteln die Funktionswerte der Extremstellen:
  $f(1) = -\frac{7}{6}$, $f(-2) = \frac{10}{3}$ Demnach gilt: Min$(1; -\frac{7}{6})$, Max$(-2; \frac{10}{3})$

D 29

Beispiel D 29:

Gegeben ist die Funktion $f(x) = \frac{6x}{x^2 + 4}$ $(x \in \mathbb{R})$. Man untersuche den Graphen von f auf lokale Extrempunkte und ermittle gegebenenfalls die Art der Extrema.

TI-92 T11

- $f'(x) = \frac{-6x^2 + 24}{(x^2 + 4)^2} \qquad f''(x) = \frac{12x^3 - 144x}{(x^2 + 4)^3}$

- Notwendige Bedingung für Extremstellen $f'(x) = 0$; d.h. $0 = -6x^2 + 24 \Rightarrow x_1 = -2;\ x_2 = 2$
  (Die Nennerfunktion ist an den Stellen x_1 und x_2 von 0 verschieden.)
- Überprüfen der hinreichenden Bedingung:
  $f''(-2) = \frac{12 \cdot (-8) - 144 \cdot (-2)}{((-2)^2 + 4)^3} = 0{,}375 > 0$, d.h., $x = -2$ ist eine Minimumstelle von f.
  $f''(2) = \frac{12 \cdot 8 - 144 \cdot 2}{(2^2 + 4)^3} = -0{,}375 < 0$, d.h., $x = 2$ ist eine Maximumstelle von f.
- Ermitteln der Extrempunkte:
  $f(-2) = -1{,}5 \quad P_{min}(-2; -1{,}5)$;
  $f(2) = 1{,}5 \quad P_{max}(2; 1{,}5)$

TI-92 T3

Graph:

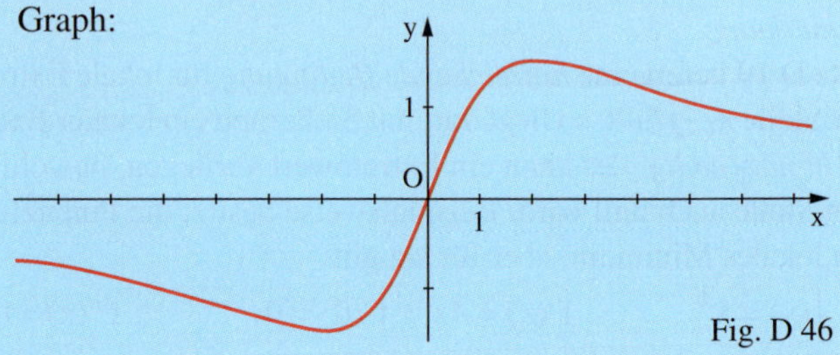

Fig. D 46

Zur Berechnung von Extremstellen bzw. Extrempunkten kann auch der GTA eingesetzt werden, was insbesondere bei komplizierten Funktionstermen die Arbeit wesentlich vereinfacht.
Mithilfe eines GTA lassen sich dabei die Ableitungen einer Funktion (vgl. Abschnitt D 2) und deren Nullstellen ermitteln, man kann den Funktionsgraphen mittels *Trace* „abfahren" oder auch auf den folgenden zwei Wegen die Extremwerte direkt bestimmen:

(1) Im Grafikmodus erhält man nach Darstellung des Funktionsgraphen mittels [F5] (*Math*) [4] (*Maximum*) bzw. [3] (*Minimum*) und Eingabe der unteren und einer oberen Grenze des Untersuchungsintervalls näherungsweise die Koordinaten des in diesem Intervall befindlichen Extrempunktes.

(2) Auf dem Ausgangsbildschirm (Home-Modus) wird [F5] (*Calc*) [6] (*fMin*) bzw. [7] (*fMax*) aufgerufen und es werden jeweils der Funktionsterm sowie ggf. hinreichend „enge" Intervallgrenzen eingegeben.

D 30

TI-92 T3 T11

Beispiel D 30:

a) Man untersuche die Funktion $f_1(x) = -0{,}5\, x^3 + 3x^2$ auf lokale Extremstellen.
Weg (1): Aus der grafischen Darstellung lässt sich vermuten, dass im Intervall [–1; 7] ein Maximumpunkt und ein Minimumpunkt liegen. Nach Eingabe geeigneter Werte für *Lower Bound* und *Upper Bound* gibt der GTA 0 und 4 als Minimum- bzw. Maximumstelle an. (Fig. D 47 / D 48)
Weg (2): Dieselben Werte erhält man bei Verwendung von *fMin* bzw. *fMax* nach Eingabe von aus der grafischen Darstellung entnehmbarer Intervallgrenzen – z. B. $-0{,}5 < x < 0{,}5$ bzw. $3 < x < 5$ (Fig. D 49)

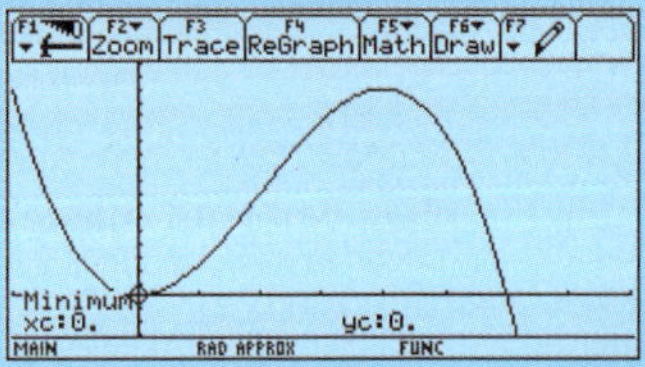

Fig. D 47

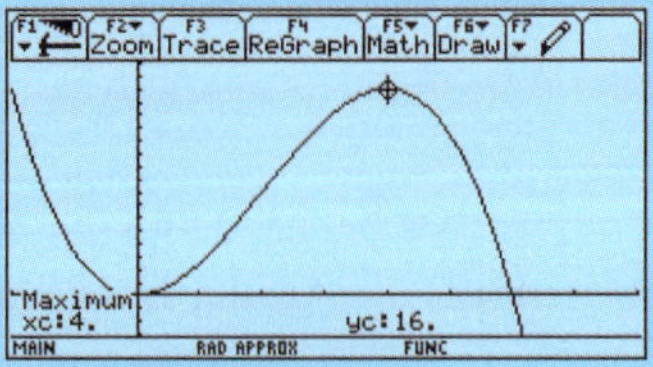

Fig. D 48

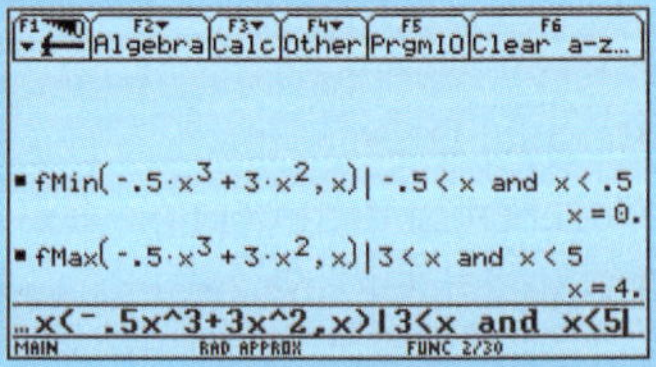

Fig. D 49

b) Man ermittle den Extrempunkt des Graphen der Funktion $f_2(x) = (2x + 4)e^x$.
Die grafische Darstellung lässt vermuten, dass sich im Intervall $-4 < x < -2$ ein Minimumpunkt des Graphen von f_2 befindet. Der GTA liefert analog zu a) als Koordinaten des Minimumpunktes näherungsweise $P_{min}(-3; -0{,}1)$.

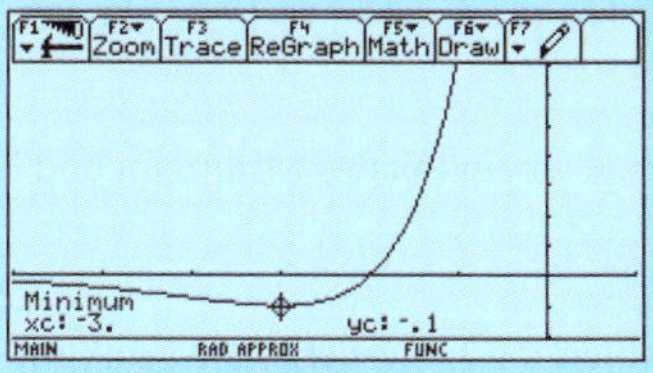

Fig. D 50

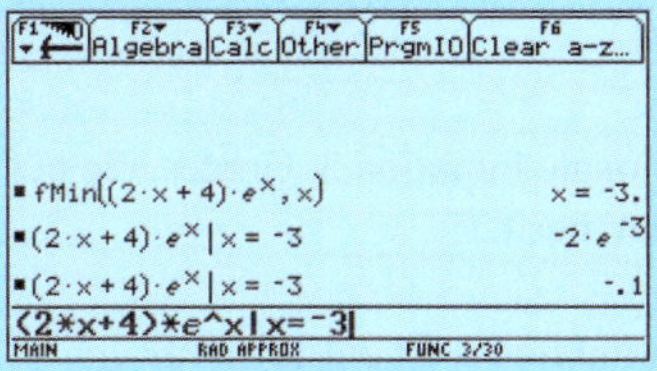

Fig. D 51

Aufgaben

D 174 *(↗ Beispiele D 28, S. 177)*

Gegeben ist die Funktion f mit der Gleichung $f(x) = x^3 - 5x^2 - 8x + 2$.
Ermitteln Sie lokale Extremstellen der Funktion f und bestimmen Sie die Art der Extrema! Geben Sie die Koordinaten der lokalen Extrempunkte an!

D 175 Ermitteln Sie die lokalen Extrempunkte der folgenden Funktionen:

a) $f_1(x) = x^3 + 6x^2 - 4$ b) $f_2(x) = x^4 - 4x^2 + 4$ c) $f_3(x) = \frac{3}{4}x^4 - 24x$

d) $f_4(x) = \frac{1}{5}x^5 - 16x + 10$ e) $A(u) = \frac{1}{2} \cdot (u^4 - 3u^2)$ f) $z(k) = k^3 - 12k^2 + 44k - 48$

g) $V(l) = 4l^3 - 40l^2 + 100l$ h) $d(a) = -a^3 + a^2 + 9a - 9$ i) $V(r) = 4\pi r^3 - 108\pi h^2 r$

D 176 Untersuchen Sie die Graphen nachfolgender Funktionen auf lokale Extrempunkte:

a) $f_1(x) = \frac{1}{3}x^3 - 2x^2 - 5x$ b) $f_2(x) = \frac{3}{4}x^4 - x^3 - 3x^2$ c) $f_3(x) = 30 - 24x + 9x^2 - x^3$

d) $f_4(x) = 2x^4 - 32x^2 - 10$ e) $f_5(x) = \frac{1}{5}(x^5 - \frac{19}{3}x^3 - 4x)$ f) $f_6(x) = x^4 - 4x^2 + 1$

g) $f_7(x) = \frac{1}{7}x^7 - \frac{9}{5}x^5 - \frac{16}{3}x^3 + 144$ h) $f_8(x) = \frac{1}{8}x^4 + \frac{3}{2}x^3 + 2x^2 + \frac{4}{5}$ **GTA**

i) $f_9(x) = 0{,}25x^4 - 3x^3 + \frac{21}{4}x^2 + \frac{49}{2}x$ j) $f_{10}(x) = -0{,}8x^5 - 2x^3 + 10x$ **GTA**

D 177 Bestimmen Sie von folgenden gebrochenrationalen Funktionen lokale Extrema und untersuchen Sie die Art der Extrema:

a) $f_1(x) = \frac{x^2 - 1}{x^2 + 1}$ b) $f_2(x) = \frac{2x^2 - 8}{x^2 + 2}$ c) $f_3(x) = \frac{x^2 - 6}{x - 3{,}5}$ d) $f_4(x) = \frac{x^2 - 3}{2x - 5}$

e) $f_5(x) = \frac{x^2 + 5x + 22}{x - 2}$ f) $f_6(x) = \frac{x^2 - 5x + 6}{x^2}$ g) $f_7(x) = \frac{x^2 - 9}{4 - x^2}$ h) $f_8(x) = \frac{3x^2 - 8}{x^2 + 2}$

i) $A(a) = 2a^2 + \frac{32}{a}$ j) $u(r) = 2r + \frac{128}{r}$ k) $z(l) = 2\pi l^2 + \frac{2}{l}$ l) $D(k) = 3k^2 + \frac{10}{3k}$ **GTA**

D 178 Untersuchen Sie folgende Funktionen auf lokale Extrempunkte und ermitteln Sie gegebenenfalls die Art der Extrema und die Koordinaten der Extrempunkte:

a) $f_1(x) = x \cdot e^x$ b) $f_2(x) = x^2 \cdot \ln x \quad (x > 0)$ c) $f_3(x) = 3 - x + 2\sqrt{x}$

d) $f_4(x) = x^2 \cdot e^x$ e) $f_5(x) = (2x + 1) \cdot e^x$ f) $f_6(x) = (\frac{1}{4}x + 2) \cdot e^{-2x}$

g) $f_7(x) = e^{-2x^2}$ h) $f_8(x) = \frac{1}{4}e^x \cdot (x^2 - 6x + 6)$ i) $f_9(x) = x \cdot (\ln x - 2)$ $(x > 0)$

j) $f_{10}(x) = (4 - x) \cdot \ln(4 - x)$ $(x < 4)$ k) $f_{11}(x) = \frac{4 + \ln x}{x}$ $(x > 0)$

l) $f_{12}(x) = \frac{5}{4}x^2 - \frac{x^2}{2}\ln x$ $(x > 0)$ m) $f_{13}(x) = \ln(x + 1) + \ln(x - 1)$ $(x > 1)$

D 179 Ermitteln Sie eine ganzrationale Funktion 3. Grades, die bei $x_1 = -4$ ein lokales Minimum und bei $x_2 = 3$ ein lokales Maximum besitzt!

D 180 Von einer ganzrationalen Funktion f_i ist ein Term für ihre 1. Ableitung f_i' gesucht. Die Funktion f_i soll folgende Bedingungen erfüllen:

a) f_1 hat lokale Extremstellen bei $x_1 = -1$, $x_2 = 3$ und $x_3 = 5$.

b) f_2 hat bei $x_1 = -2$ ein lokales Minimum und bei $x_2 = 1$ ein lokales Maximum.

D 5.3 Krümmungsverhalten und Wendestellen

Durchfährt ein Rennfahrer beispielsweise die Grand-Prix-Strecke des Eurospeedway Lausitz (Fig. D 52 zeigt einen Ausschnitt), so muss er seinen Wagen durch eine Vielzahl von Links- und Rechtskurven mit dazwischen liegenden „Wendestellen“ lenken.

Fig. D 52

Auch bei Funktionen kann man sich die Frage stellen, ob ihre Graphen in einem bestimmten Abschnitt links- oder rechtsgekrümmt sind bzw. in welchen Punkten sich ihr Krümmungsverhalten eventuell ändert.

Sieht man von den konkreten Gegebenheiten in Fig. D 52 ab, so lassen sich bezüglich des Krümmungsverhaltens monotoner Funktionen[1] offenbar die folgenden vier Fälle unterscheiden (Fig. D 53).

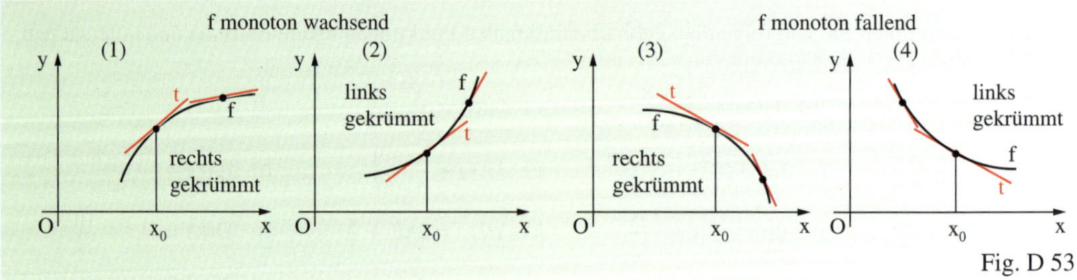

Fig. D 53

[1] Die folgenden Betrachtungen beziehen sich auf Funktionen, die mindestens zweimal differenzierbar sind.

Für die Beschreibung des Krümmungsverhaltens vereinbaren wir, dass man den Graphen wie bei der Monotoniebetrachtung immer von links nach rechts, das heißt in Richtung steigender x-Werte, gedanklich „durchfährt“. Auf diese Weise durchfährt man bei den Bildern (1) und (3) eine **Rechtskurve** und bei den Bildern (2) und (4) eine **Linkskurve.**
Als Entscheidungskriterium, welches Krümmungsverhalten bei einer Funktion vorliegt, bietet sich wieder die Analyse der Tangentenanstiege bzw. der 1. Ableitung an. Anhand der eingezeichneten Tangenten in Fig. D 53 erkennt man, dass in einer hinreichend kleinen Umgebung der zu untersuchenden Stelle x_0 alle Tangenten an das Kurvenstück

bei **rechtsgekrümmten** Graphen **oberhalb** des Graphens liegen	und	bei **linksgekrümmten** Graphen **unterhalb** des Graphens liegen.

Betrachtet man die Veränderung der Tangentenanstiege (der 1. Ableitung) mit wachsenden x- Werten als einen Prozess, so werden

bei **rechtsgekrümmten** Graphen die **Tangentenanstiege immer kleiner**	und	bei **linksgekrümmten** Graphen die **Tangentenanstiege immer größer.**

Diese Tatsache nutzt man zur Definition des Krümmungsverhaltens in einem Intervall I:

Definition D 3: **D 3**

Ist f eine im Intervall I differenzierbare Funktion und ist f' in I

streng monoton fallend,	streng monoton wachsend,

dann bezeichnet man den Graphen von f in I als

rechtsgekrümmt.	**linksgekrümmt.**

Rechtsgekrümmte Kurven nennt man auch „konkav“ und linksgekrümmte Kurven „konvex“ (analog zur Charakterisierung der Wölbung von Linsen in der Physik). Um in der Mathematik die „Wölbung“ einer Kurve zu beschreiben, hat man vereinbart, den Graphen einer Funktion immer von „unten“ (also in Richtung steigender y-Werte) zu betrachten. Eine Funktion heißt dann an einer Stelle x_0 *lokal konkav,* wenn sie nach *innen gewölbt* ist bzw. *lokal konvex,* wenn sie nach *außen gewölbt* ist.

Für die Angabe des Krümmungsverhaltens einer Funktion benötigt man nach der Definition D 3 Informationen über die Monotonie der 1. Ableitung. Für die Analyse der 1. Ableitung in einem vorgegeben Intervall I nutzt man den Satz D 17 zum Monotonieverhalten wie folgt:

- $f''(x) < 0$ ist hinreichend dafür, dass $f'(x)$ streng monoton fällt und f deshalb rechtsgekrümmt ist.
- $f''(x) > 0$ ist hinreichend dafür, dass $f'(x)$ streng monoton wächst und f deshalb linksgekrümmt ist.

In Fig. D 54, Fig. D 55 und Fig. D 56 sind der Graph einer Funktion f und die zugehörige 1. und 2. Ableitung dargestellt.

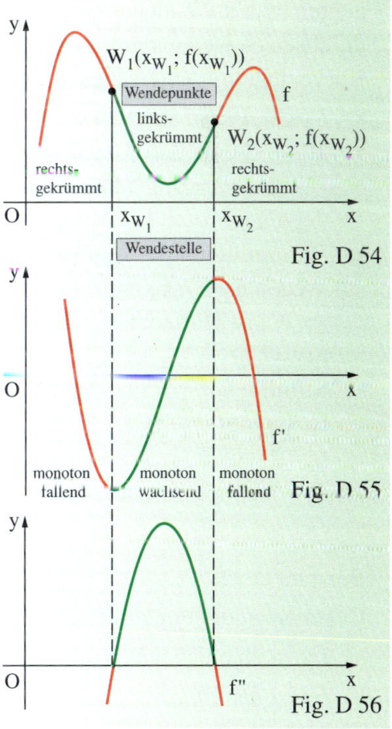

Fig. D 54
Fig. D 55
Fig. D 56

Die Stellen an denen der Graph sein Krümmungsverhalten ändert, nennt man **Wendestellen x_W** und die dazugehörigen Punkte **Wendepunkte $W(x_W; f(x_w))$.**

Man erkennt in Fig. D 55, dass die 1. Ableitung an diesen Wendestellen x_W ihr Monotonieverhalten ändert, das heißt, dass die 1. Ableitung dort ein lokales Extremum besitzt.

Für die praktische Bestimmung von Wendestellen kann man deshalb die Sätze D 18 bzw. D 19 nutzen, wobei die Ordnung der Ableitungen um eins zu erhöhen ist.

D 20

Satz D 20: **Notwendige Bedingung für eine Wendestelle**
Ist die Funktion f in ihrem Definitionsbereich D_f zweimal differenzierbar und $x_w \in D_f$ eine Wendestelle von f, so gilt $f''(x_w) = 0$.

D 21

Satz D 21: **Hinreichende Bedingung für eine Wendestelle**
Die Funktion f sei in D_f dreimal differenzierbar. Gilt für eine Stelle x_w des Definitionsbereichs D_f
$f''(x_w) = 0$ und $f'''(x_w) \neq 0$,
so hat die Funktion f an der Stelle x_w eine Wendestelle.

Es gibt Wendestellen x_W, für die außerdem $f'(x_W) = 0$ gilt, wo also die Tangente an den Graphen von f parallel zur x-Achse verläuft. Man nennt solche Wendepunkte *Sattelpunkte, Terrassenpunkte* oder *Horizontalwendepunkte*.

D 31

Beispiel D 31:
Die Funktion $f(x) = x^4 - 6x^3 + 12\,x^2 - 8x + 1$ ist auf Wendepunkte zu untersuchen. Falls Wendepunkte existieren, sind auch die Gleichungen der Tangenten in den Wendepunkten zu ermitteln. Diese **Wendetangenten** durchsetzen (schneiden) die Kurve im Wendepunkt und trennen somit die Kurventeile mit unterschiedlichem Krümmungssinn.

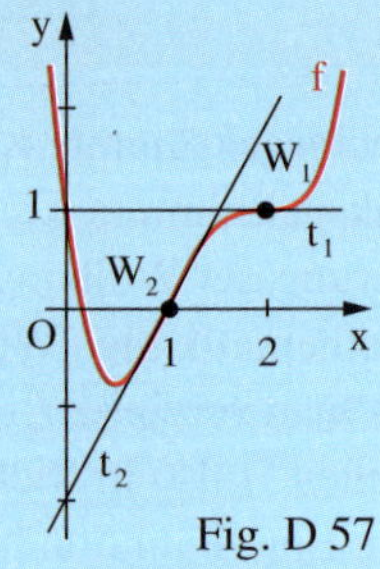

Fig. D 57

- $f'(x) = 4x^3 - 18x^2 + 24x - 8$; $f''(x) = 12x^2 - 36x + 24$; $f'''(x) = 24x - 36$.
- $12x^2 - 36x + 24 = 0$, also $x^2 - 3x + 2 = 0 \;\Rightarrow\; x_1 = 2, x_2 = 1$.
- $f'''(2) = 12 \neq 0$, $f'''(1) = -12 \neq 0 \;\Rightarrow\; W_1(2; 1)$ und $W_2(1; 0)$ sind Wendepunkte.
- Wir ermitteln nun den Anstieg der Wendetangenten t_1 und t_2 an den Wendestellen x_w.
  Wegen $m = f'(x_w)$ gilt $m_1 = f'(2) = 32 - 72 + 48 - 8 = 0$ $\Rightarrow t_1$ hat den Anstieg 0,
  $\Rightarrow W_1$ ist Horizontalwendepunkt;
  $m_2 = f'(1) = 4 - 18 + 24 - 8 = 2$ $\Rightarrow t_2$ hat den Anstieg 2.
- Mithilfe von $y = mx + n$ erhalten wir die Tangentengleichungen:
  t_1: $y = g(x) = 1$
  t_2: Nach Einsetzen der Koordinaten des Wendepunktes W_2 in $y = 2x + n$ erhält man letztlich $y = h(x) = 2x - 2$

D 32

TI-92

T10

Beispiel D 32:
Gegeben ist die Funktionsschar $f_t(x) = x^4 - t \cdot x^3$ $(x \in \mathbb{R};\, t \in \mathbb{R};\, t \neq 0)$.

a) Es ist zu untersuchen, ob Wendepunkte und ggf. Sattelpunkte vorliegen.
b) Es ist der Gleichung der Wendetangente und die Ortskurve der Wendepunkte zu ermitteln.

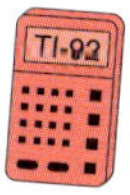

T1

zu a) – Man bildet die ersten drei Ableitungen:
$f_t'(x) = 4x^3 - 3tx^2 \qquad f_t''(x) = 12x^2 - 6tx \qquad f_t'''(x) = 24x - 6t$
– Die Nullstellen der 2. Ableitung sind die vermutlichen Wendestellen:
$0 = 12x^2 - 6tx = x \cdot (12x - 6t) \Rightarrow x_{W_1} = 0;\ x_{W_2} = \frac{1}{2}t$
– Man prüft, ob die 3. Ableitung an den Wendestellen ungleich 0 ist.
$f'''(0) = -6t \neq 0 \qquad f'''(\frac{1}{2}t) = +6t \neq 0 \qquad (\text{da } t \neq 0)$
– Prüfung auf Sattelpunkte:
$f'(0) = 0$; d.h., $P_{W_1}(0; 0)$ ist ein Sattelpunkt
$f'(\frac{1}{2}t) = -\frac{1}{4}t^3 \neq 0$; d.h., $P_{W_2}(\frac{1}{2}t; -\frac{1}{16}t^4)$ ist kein Sattelpunkt

zu b) – Gleichung der Wendetangente $y = mx + n$
Diese Gleichung ist durch den Anstieg im Wendepunkt und dessen Koordinaten eindeutig bestimmt:
- $m_{W_1} = 0;\ P_{W_1}(0; 0) \Rightarrow t_{W_1}\!: y = 0$
- $m_{W_2} = -\frac{1}{4}t^3;\ P_{W_2}(\frac{1}{2}t; -\frac{1}{16}t^4)$

Aus $n = y - mx$ ergibt sich $n = -\frac{1}{16}t^4 + \frac{1}{4}t^3 \cdot \frac{1}{2}t = \frac{1}{16}t^4$ und damit $t_{W_2}\!: y = -\frac{1}{4}t^3x + \frac{1}{16}t^4$.

– Der Wendepunkt P_{W_2} hat die x-Koordinate $x = \frac{1}{2}t$, woraus $t = 2x$ folgt. Setzt man diesen Wert in die Ausgangsgleichung für f_t ein, so ergibt sich $y = f(x) = x^4 - 2x \cdot x^3 = -x^4$ als Gleichung der Ortskurve der Wendepunkte für die Kurvenschar $f_t(x) = x^4 - tx^3$.
Auf dieser nach unten geöffneten Parabel 4. Grades liegt auch der Wendepunkt P_{W_1}.
Fig. D 58, D 59, D 60 zeigen, wie man mit dem GTA eine Kurvenschar zeichnen kann.

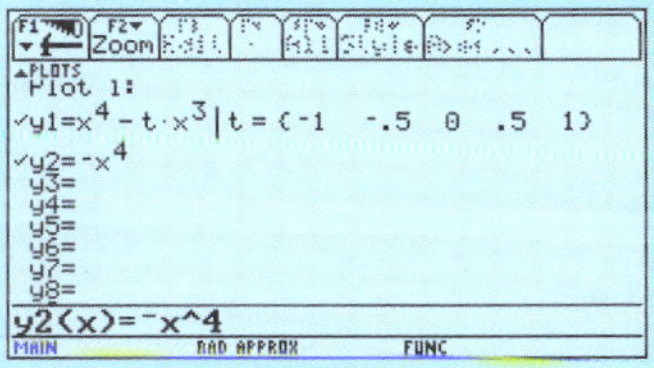

Fig. D 58

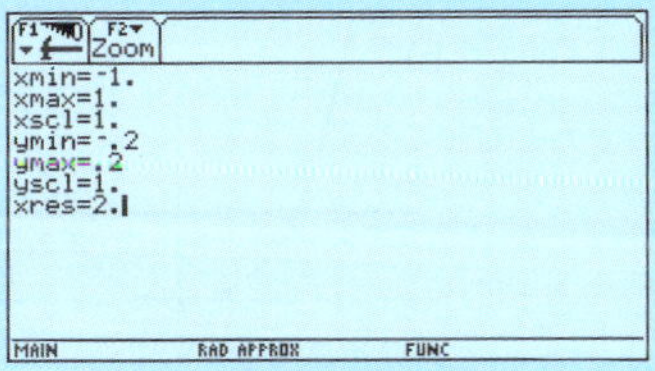

Fig. D 59

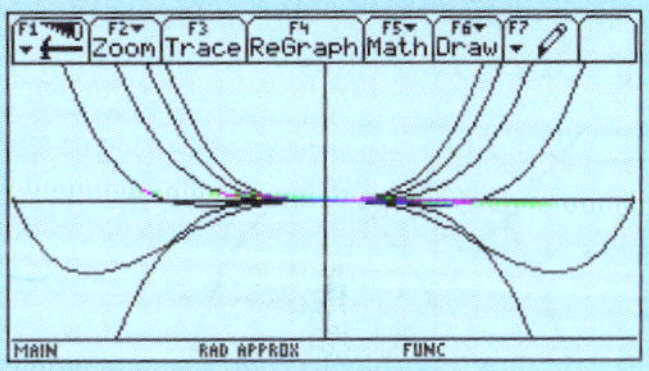

Fig. D 60

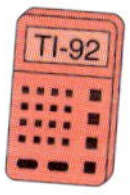

T4

Aufgaben

D 181 *(↗Beispiel D 31, S. 182)*

Gegeben ist die Funktion f mit der Gleichung $f(x) = x^3 - 5x^2 - 8x + 2$.
Untersuchen Sie f auf mögliche Wendestellen und geben Sie die Koordinaten der Wendepunkte des Graphen von f an!

D 182 Untersuchen Sie nachfolgende Funktionen auf Existenz von Wendestellen und geben Sie jeweils die Koordinaten der Wendepunkte ihrer Graphen an:

a) $f_1(x) = \frac{1}{3}x^3 - 2x^2 - 5x$ b) $f_2(x) = \frac{3}{4}x^4 - x^3 - 3x^2$ c) $f_3(x) = \frac{1}{5}(x^5 - \frac{19}{3}x^3 - 4x)$

d) $f_4(x) = x^4 - 4x^3 + 1$ e) $f_5(x) = \frac{2x^2}{(x+1)^2}\ (x \neq -1)$ f) $f_6(x) = \frac{x^3 - 4x + 6}{x^2}$

g) $f_7(x) = \frac{x^2 - 4}{x^2 + 6}$ h) $f_8(x) = \frac{-2x^2 + 4}{x^2 + 6}$ i) $f_9(x) = x^2 \cdot e^x$

j) $f_{10}(x) = e^x(x^2 - 4x)$ k) $f_{11}(x) = x^2 \cdot (2 - \ln x)$ l) $f_{12}(x) = \frac{\ln x}{x}$

D 183 Ermitteln Sie von den Graphen der folgenden Funktionen die Koordinaten der Wendepunkte und geben Sie jeweils die Gleichung der Wendetangente an:

a) $f_1(x) = \frac{1}{2}x^4 + x^3$ b) $f_2(x) = x^3 + 6x^2 + 10x$ c) $f_3(x) = \frac{1}{5}x^5 - \frac{8}{3}x^3$

d) $f_4(x) = x \cdot e^x$ e) $f_5(x) = x^2 \cdot (1 - \ln x)$ f) $f_6(x) = e^x - \frac{1}{8}x \cdot e^x$

g) $f_7(x) = \frac{8x - 6}{x^2}$ h) $f_8(x) = \frac{x^2 - 7x + 14}{x^2}$ i) $f_9(x) = \frac{4x}{x^2 + 16}$

j) $f_{10}(x) = \frac{x^3 - 6x + 10}{x^2}$ k) $f_{11}(x) = (2x + 4) \cdot e^x$ l) $f_{12}(x) = x^2 \cdot (\ln x - 2),\ x > 0$

D 184 Skizzieren Sie Graphen von Funktionen, die folgende Extrem- bzw. Wendepunkte besitzen:

a) Genau 2 Wendepunkte, einen lokalen Maximumpunkt, zwei lokale Minimumpunkte;
b) genau 2 Wendepunkte, keinen Extrempunkt;
c) genau einen lokalen Maximumpunkt, genau einen lokalen Minimumpunkt, genau 3 Wendepunkte;
d) genau einen Minimumpunkt, genau 2 Wendepunkte.

D 185 Ermitteln Sie für die Graphen der folgenden Funktionen die lokalen Extrempunkte und die Wendepunkte! Fertigen Sie eine Skizze der Graphen an!

a) $f_1(x) = x^3 + 6x^2 + 9x$ b) $f_2(x) = 4 \cdot (x^3 - x^2 - x)$ c) $f_3(x) = \frac{4x^2}{(x + 2)^2}$

d) $f_4(x) = \frac{6x + 6}{(x - 1)^3}$ e) $f_5(x) = e^x - \frac{1}{4}xe^x$ f) $f_6(x) = x^2 \cdot \ln x$

D 186 Durch die Graphen der Ableitungsfunktionen f', f'' und f''' wird eine Funktion f bezüglich ihrer Monotonie, der lokalen Extrema und der Wendestellen beschrieben.
Skizzieren Sie den möglichen Verlauf des Graphen von f!

a)
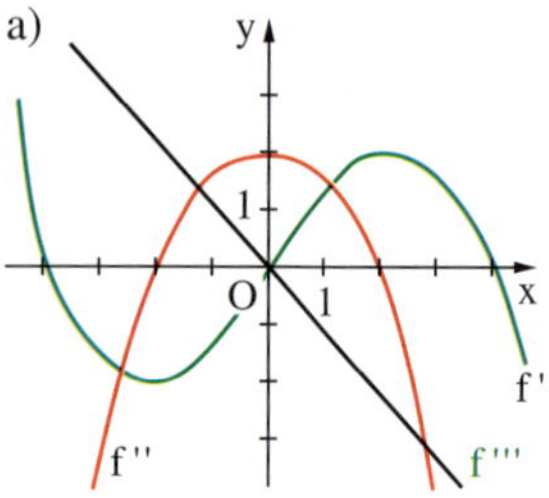

b)
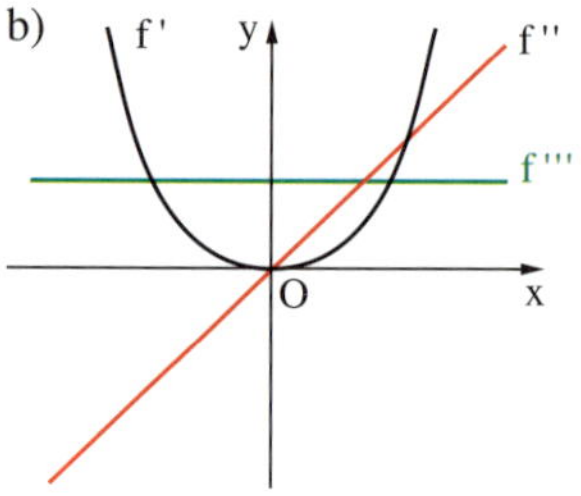

D 187 Folgende Funktionen haben genau einen Wendepunkt. Bestimmen Sie die Gleichung der Wendetangente in diesem Punkt! Untersuchen Sie, ob ein Horizontalwendepunkt vorliegt!

a) $f_1(x) = 4x^3 + 24x^2 + 30x + 15$ b) $f_2(x) = \frac{1}{2}(x^3 - 9x^2 + 4x)$ c) $f_3(x) = \frac{x^3 - 3x + 2}{x^2}$

d) $f_4(x) = \frac{6x}{x^2 - 4}$ e) $f_5(x) = (x - 6) \cdot e^x$ f) $f_6(x) = x^3(4 - \ln x)$

D 5.4 Verhalten im Unendlichen

Bei der Untersuchung des Graphen einer Funktion ist auch die Frage von Interesse, wie sich die Funktionswerte bei unbeschränkt wachsenden bzw. fallenden Argumenten verhalten, vorausgesetzt, der Definitionsbereich ist wenigstens nach einer Seite unbeschränkt. Man spricht vom Verhalten der Kurve im Unendlichen.
Für rationale Funktionen kann man das Verhalten im Unendlichen mithilfe von Grenzwertbetrachtungen ermitteln.

(1) Ganzrationale Funktionen:

Beispiel: $f(x) = 4x^3 - 2x^2 + 5x + 8$

Nach Ausklammern der höchsten Potenz von x (hier x^3) f folgt $\lim\limits_{x \to \pm\infty} x^3 \cdot (4 - \frac{2}{x} + \frac{5}{x^2} + \frac{8}{x^3}) = 4 \cdot \lim\limits_{x \to \pm\infty} x^3 = \pm\infty$, denn mit Ausnahme des ersten Gliedes besitzen alle anderen Summanden in der Klammer den Grenzwert 0 (Fig. D 61). Für das Verhalten im Unendlichen ist also der Grenzwert von $\lim\limits_{x \to \pm\infty} x^3$ (d.h. im allgemeinen der Grenzwert der höchsten Potenz von x) und das Vorzeichen der Koeffizienten vor der höchsten Potenz von x (hier die Zahl 4) entscheidend.

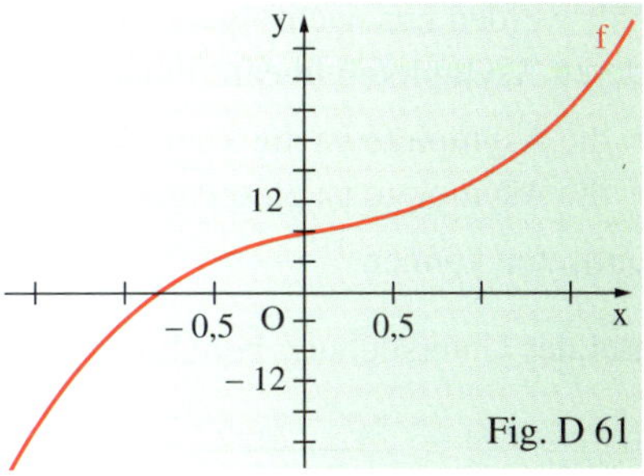

Fig. D 61

Für beliebige ganzrationale Funktionen

$f(x) = a_n \cdot x^n + a_{n-1} \cdot x^{n-1} + \ldots + a_1 \cdot x + a_0$

muss man also nur analysieren, ob der Exponent n der höchsten Potenz von x gerade oder ungerade ist und ob die Zahl a_n vor der höchsten Potenz von x^n größer oder kleiner als 0 ist.

Einen Überblick über das Verhalten im Unendlichen einer ganzrationalen Funktion in Abhängigkeit von n und a_n gibt folgende Tabelle:

$n \in \mathbb{N}$	gerade	gerade	ungerade	ungerade
$a_n \in \mathbb{R}$	$a_n > 0$	$a_n < 0$	$a_n > 0$	$a_n < 0$
$\lim\limits_{x \to -\infty} f(x)$	$+\infty$	$-\infty$	$-\infty$	$+\infty$
$\lim\limits_{x \to \infty} f(x)$	$+\infty$	$-\infty$	$+\infty$	$-\infty$
Beispiel	$f(x) = \frac{1}{2}x^2 - 2$	$g(x) = -1x^4 + 4x^2 - 2$	$h(x) = \frac{1}{2}x^3 - 1$	$k(x) = -1x^3 + 4x$

Fig. D 62

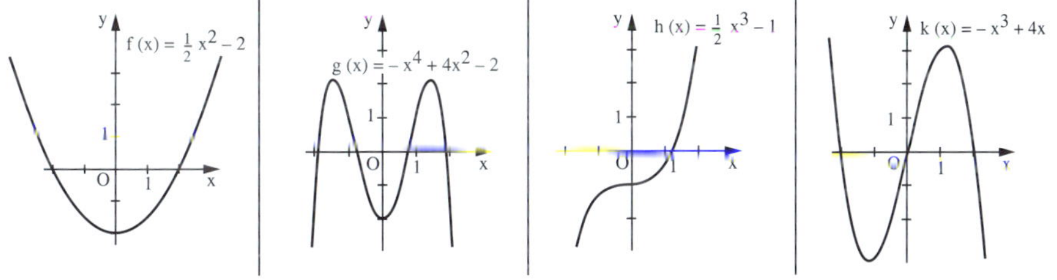

(2) Gebrochenrationale Funktionen:

Beispiel: $f(x) = \frac{x^2 + 2x + 1}{x}$

Nach Ausklammern (im allgemeinen der höchsten Potenz von x im Nenner) und anschließendem Kürzen folgt:

$$\lim_{x \to \pm\infty} \frac{x \cdot (x + \frac{2}{x} + \frac{1}{x^2})}{x} = \lim_{x \to \pm\infty} (x + \frac{2}{x} + \frac{1}{x^2}) = \pm\infty$$

Eine Darstellung obiger Funktion f zeigt, dass sich ihr Graph immer mehr der Geraden y = x + 2 annähert (vgl. Fig. D 63). Diese Gerade heißt **Asymptote,** wenn ihr Abstand zum Graphen von f mit wachsendem x immer kleiner wird.

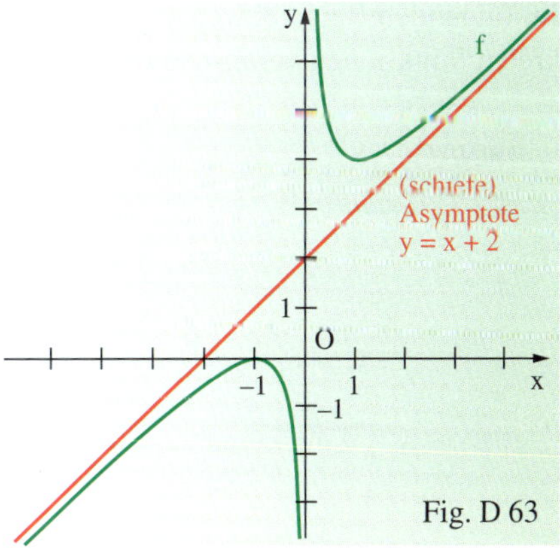

Fig. D 63

Wir werden uns nachfolgend auf die Untersuchung gebrochenrationaler Funktionen beschränken, deren Asymptoten lineare Funktionen sind, wobei die Spezialfälle

- die Asymptote ist die x-Achse selbst ($y = 0$) und
- die Asymptote ist eine Parallele zur x-Achse ($y = c$)

auftreten können.[1)]

Bei der Untersuchung beliebiger gebrochenrationaler Funktionen f der Form

$$f(x) = \frac{u(x)}{v(x)} = \frac{a_n x^n + a_{n-1} x^{n-1} + \ldots + a_1 x + a_0}{b_m x^m + b_{m-1} x^{m-1} + \ldots + b_1 x + b_0} \quad (a_n \neq 0;\ b_m \neq 0),$$

müssen folgende drei Fälle unterschieden werden:

Fall (1): Grad des Zählerpolynoms ist kleiner als der Grad des Nennerpolynoms: $n < m$

Es gilt: $\lim\limits_{x \to \pm\infty} f(x) = 0$.

Die Asymptotengleichung lautet $y = 0$, d.h., die x-Achse ist die Asymptote.
(f heißt in diesem Fall echt gebrochenrational)

Fall (2): Grad des Zählerpolynoms ist gleich dem Grad des Nennerpolynoms: $n = m$

Es gilt: $\lim\limits_{x \to \pm\infty} f(x) = \frac{a_n}{b_m}$. Die Asymptotengleichung lautet $y = \frac{a_n}{b_m}$.

(Das heißt: Die Asymptote ist eine Parallele zur x-Achse durch $y_A = \frac{a_n}{b_m}$.)

Fall (3): Grad des Zählerpolynoms ist größer als der Grad des Nennerpolynoms: $n > m$

Es gilt: $\lim\limits_{x \to \pm\infty} = \pm\infty$ oder $\mp\infty$; falls $n = m + 1$

Durch Ausführen der Division zerlegt man die Funktion in einen ganzrationalen Anteil g(x) und einen echt gebrochenrationalen Anteil e(x). Für obiges Beispiel erhält man:

$$f(x) = \frac{x^2 + 2x + 1}{x} = x + 2 + \frac{1}{x}, \text{ also } g(x) = x + 2 \text{ und } e(x) = \frac{1}{x}$$

Die Asymptotengleichung entspricht dem ganzrationalen Anteil $y = g(x)$ (im Beispiel $y = x + 2$).
(f heißt in diesem Fall unecht gebrochenrational)

Im folgenden Beispiel werden die drei möglichen Fälle noch einmal zusammengestellt und an konkreten Funktionen veranschaulicht.

D 33

T3; T9

Beispiel D 33:

Fall 1: $n < m$, z.B. $f(x) = \frac{x}{x^2 + 1}$.

$$\lim_{x \to \pm\infty} \frac{x}{x^2 + 1} = \lim_{x \to \pm\infty} \frac{x^2\left(\frac{1}{x}\right)}{x^2\left(1 + \frac{1}{x^2}\right)} = \lim_{x \to \pm\infty} \frac{\frac{1}{x}}{1 + \frac{1}{x^2}} = 0.$$

Also ist $y = 0$ die Gleichung der Asymptote (Fig. D 64).

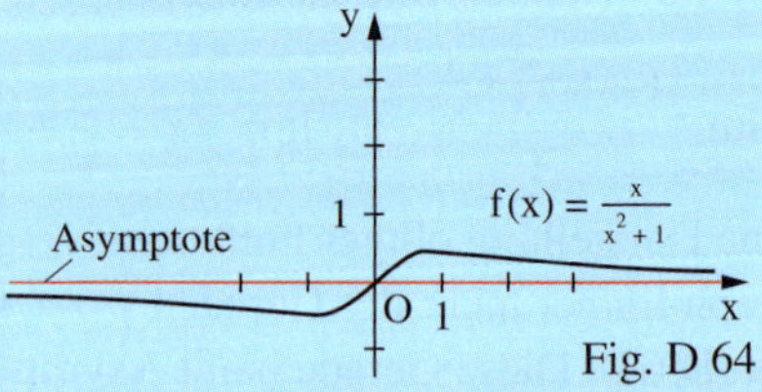

Fig. D 64

[1)] Asymptoten können im Allgemeinen beliebige Kurven, z.B. auch Parabeln sein.

Fall 2: n = m, z.B. $h(x) = \frac{2x^2+4}{x^2+1}$

$$\lim_{x \to \pm\infty} \frac{2x^2+4}{x^2+1} = \lim_{x \to \pm\infty} \frac{x^2\left(2+\frac{4}{x^2}\right)}{x^2\left(1+\frac{1}{x^2}\right)} = \lim_{x \to \pm\infty} \frac{2+\frac{4}{x^2}}{1+\frac{1}{x^2}} = 2$$

Die Gerade mit der Gleichung $y = 2$ (also eine Parallele zur x-Achse im Abstand 2) ist Asymptote des Graphen von h (Fig. D 65).

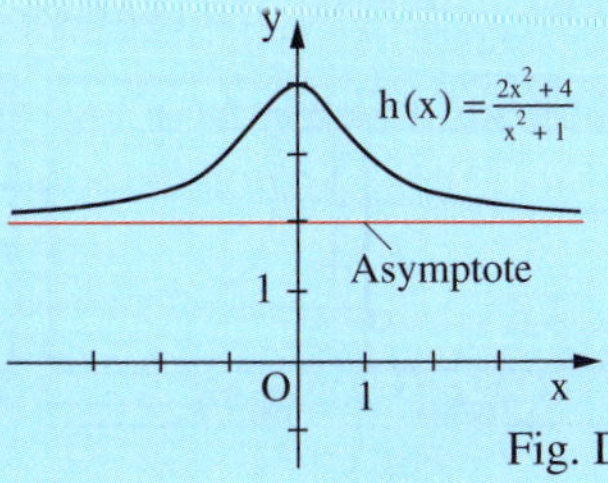

Fig. D 65

Fall 3: n > m, z.B. $k(x) = \frac{x^3+1}{x^2+1}$

$$\lim_{x \to \pm\infty} \frac{x^3+1}{x^2+1} = \lim_{x \to \pm\infty} \frac{x^2\left(x+\frac{1}{x^2}\right)}{x^2\left(1+\frac{1}{x^2}\right)} = \lim_{x \to \pm\infty} \frac{x+\frac{1}{x^2}}{1+\frac{1}{x^2}} = \pm\infty$$

Die Division $(x^3 + 1) : (x^2 + 1)$ liefert $x + \frac{1-x}{x^2+1}$, also ist die Gerade mit der Gleichung $y = x$ Asymptote des Graphen von k (Fig. D 66).

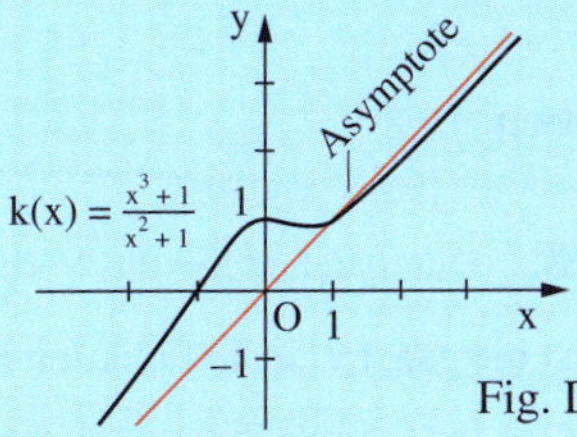

Fig. D 66

(3) Nichtrationale Funktionen

Bei nichtrationalen Funktionen kann das Verhalten im Unendlichen in vielen Fällen durch inhaltliche Überlegungen ermittelt werden, wobei der Einsatz des GTA häufig hilfreich ist.

Beispiel D 34: **D 34**

Für folgende Funktionen ist das Verhalten im Unendlichen zu ermitteln: TI-92 T3; T9

a) $f(x) = \sqrt{\frac{3x}{x-2}}$; D_f: $x \in \mathbb{R}, x > 2$

$$\lim_{x \to \infty} f(x) = \lim_{x \to \infty} \sqrt{\frac{3x}{x-2}} = \lim_{x \to \infty} \sqrt{\frac{3}{1-\frac{2}{x}}} = \sqrt{3};$$ $y = \sqrt{3}$ ist also Asymptote (Fig. D 67).

b) $f(x) = \frac{x}{e^x}$

$\lim\limits_{x \to -\infty} f(x) = \lim\limits_{x \to -\infty} x \cdot e^{-x} = -\infty$, denn e^{-x} wächst für $x \to -\infty$ über alle Grenzen; der Faktor x bewirkt das Wachsen gegen $-\infty$.

$\lim\limits_{x \to +\infty} f(x) = \lim\limits_{x \to +\infty} \frac{x}{e^x} = 0$, denn die Funktion e^x wächst für genügend große x (z.B. $x > 0$) stärker als die Potenzfunktion $y = x$ (Fig. D 68)

c) $f(x) = \frac{x^2}{e^x}$

$\lim\limits_{x \to -\infty} f(x) = \lim\limits_{x \to -\infty} x^2 \cdot e^{-x} = \infty$, denn e^{-x} wächst für $x \to -\infty$ über alle Grenzen; der Faktor x^2 bewirkt – im Unterschied zu a) – keinen Vorzeichenwechsel.

$\lim\limits_{x \to +\infty} f(x) = \lim\limits_{x \to +\infty} \frac{x^2}{e^x} = 0$, weil die Funktion e^x für genügend große x (z.B. $x > 1$) stärker wächst als die Potenzfunktion $y = x^2$.

Sehr bequem erhält man Grenzwerte und Kurvenverlauf mit dem GTA:

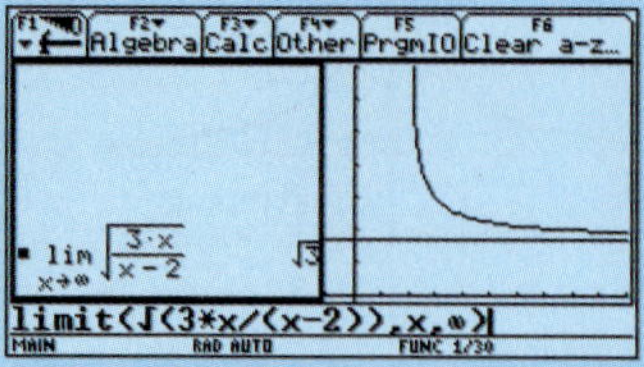

Fig. D 67

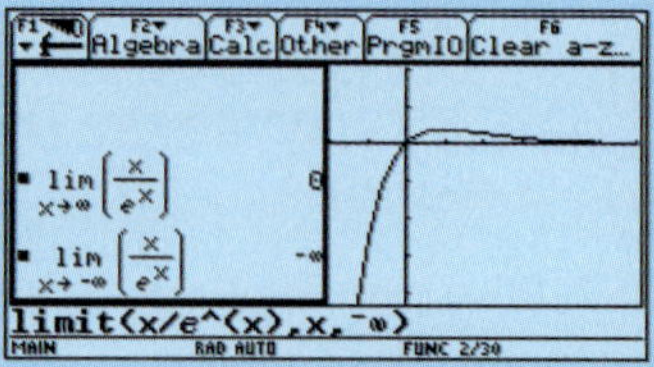

Fig. D 68

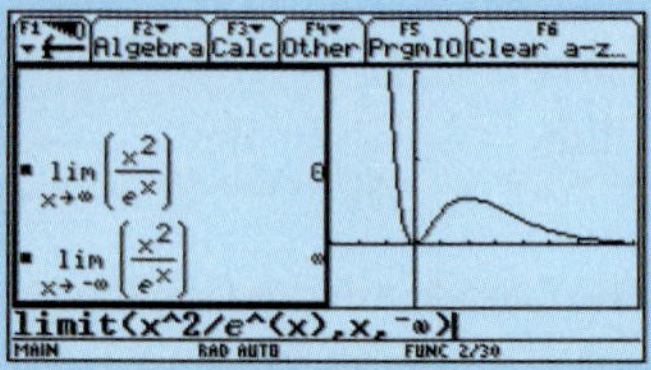

Fig. D 69

Aufgaben

D 188 Untersuchen Sie das Verhalten der Funktion f_i im Unendlichen:

a) f_1 ist die ganzrationale Funktion mit $f_1(x) = 3x^3 - 4x^2 + 7x$

b) f_2 ist die gebrochenrationale Funktion mit $f_2(x) = \frac{2x^3 + 4x^2 - 4}{4x^3 + 6x + 3}$

D 189 Untersuchen Sie das Verhalten nachfolgender Funktionen im Unendlichen:

a) $f_1(x) = \frac{1}{3}x^3 - 2x^2 - 5x$ b) $f_2(x) = \frac{3}{4}x^4 - x^3 - 3x^2$ c) $f_3(x) = \frac{1}{5}(x^5 - \frac{19}{3}x^3 - 4x)$

d) $f_4(x) = -5 \cdot x^3 + 2x^2 + 4$ e) $f_5(x) = -\frac{1}{8}x^6 + \frac{1}{9}x^3 + x$ f) $f_6(x) = \frac{1}{12} \cdot (4x - 5x^3)$

D 190 *(↗ Beispiel D 33, S. 186)*

Untersuchen Sie das Verhalten folgender Funktionen im Unendlichen! Geben Sie die Gleichungen der zugehörigen Asymptoten für $x \to \pm\infty$ an:

a) $f_1(x) = \frac{x^2 - 1}{x^2 + 1}$ b) $f_2(x) = \frac{2x^2 - 8}{x^2 + 2}$ c) $f_3(x) = \frac{x^2 + 2}{x^3 - 4}$

d) $f_4(x) = \frac{1 - x}{x^2 + 9}$ e) $f_5(x) = \frac{x^2 + 7x - 4}{x}$ f) $f_6(x) = \frac{x^2 + 4x + 9}{x + 2}$

D 5.5 Definitionslücken

Für den Verlauf einer Funktion ist es von Bedeutung, ob die Funktion im betrachteten Intervall „in einem Zug“ gezeichnet werden kann. Bei ganzrationalen Funktionen gelingt dies in jedem Fall, gebrochenrationale und nichtrationale Funktionen können hingegen Definitionslücken aufweisen. Beispielsweise ist die Funktion $f(x) = \frac{1}{x - 2}$ an der Stelle $x = 2$ nicht definiert, weil dort die Nennerfunktion $v(x) = x - 2$ den Wert 0 annimmt. Eine solche Definitionslücke nennt man Polstelle, sofern die Zählerfunktion an dieser Stelle $x = 2$ von 0 verschieden ist.
Allgemein formuliert:

D 4

Definition D 4:
x_0 heißt **Polstelle** der Funktion $f(x) = \frac{u(x)}{v(x)}$, wenn $v(x_0) = 0$ und $u(x_0) \neq 0$ ist.

Um den Graphen der Funktion f in der Umgebung einer Polstelle x_0 zeichnen zu können, ist es zweckmäßig, geeignete Werte von f aus dieser Umgebung von x_0 zu berechnen.

Für das obige Beispiel liefern so folgende Tabellen Aufschluss über das Verhalten der Funktion in der Umgebung von $x_0 = 2$[1]:

x	1,9	1,99	1,999	1,9999	… → 2
$f(x) = \frac{1}{x-2}$	$\frac{1}{-0{,}1} = -10$	$\frac{1}{-0{,}01} = -100$	$\frac{1}{-0{,}001} = -1000$	$\frac{1}{-0{,}0001} = -10000$	… → −∞

x	2,1	2,01	2,001	2,0001	… → 2
$f(x) = \frac{1}{x-2}$	$\frac{1}{0{,}1} = 10$	$\frac{1}{0{,}01} = 100$	$\frac{1}{0{,}001} = 1000$	$\frac{1}{0{,}0001} = 10\,000$	… → +∞

Nähern sich also Argumente der Polstelle $x_0 = 2$ von links, so gehen die zugehörigen Funktionswerte gegen $-\infty$, nähert sich x der Stelle $x_0 = 2$ von rechts, so wachsen die Werte von f gegen $+\infty$. Diese Feststellung ermöglicht es nun, den Graphen von $f(x) = \frac{1}{x-2}$ zu skizzieren.

Man erkennt außerdem, dass sich der Graph von f in der unmittelbaren Umgebung von x_0 mehr und mehr an die Gerade x = 2 (die Parallele zur y-Achse durch 2) „anschmiegt". Diese Gerade heißt Polasymptote oder Polgerade. Sie hat allgemein formuliert die Gleichung $x = x_0$, wenn x_0 eine Polstelle von f ist.

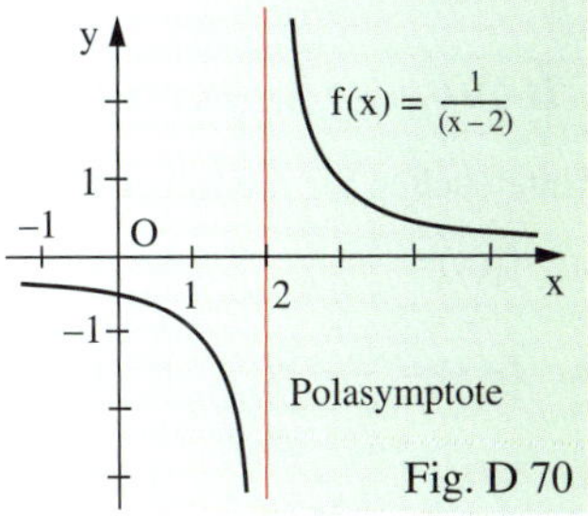

Fig. D 70

D 35

Beispiel D 35:
Man untersuche folgende Funktionen auf Polstellen und gebe die Gleichungen der Polasymptoten an:

- $f_1(x) = \frac{x^2 - 2}{1 - x^2}$
  $v_1(x) = 1 - x^2$;
  $v_1(x) = 0$ für $x_1 = 1$ und $x_2 = -1$
  x_1 und x_2 sind Polstellen, weil
  $u_1(1) = 1^2 - 2 = -1 \neq 0$ und
  $u_1(-1) = -1 \neq 0$ ist.
  Die Gleichungen der Polasymptoten lauten:
  x = 1 und x = −1. (Fig. D 71)

- $f_2(x) = \frac{0{,}5x^2}{(x+2)^2}$
  $v_2(x) = (x+2)^2$; $v_2(x) = 0$ für $x = -2$
  $x_1 = -2$ ist eine Polstelle, weil
  $u_2(-2) = 0{,}5 \cdot (-2)^2 = 2 \neq 0$.
  Die Gleichung der Polasymptote lautet:
  x = −2. (Fig. D 72)

Fig. D 71
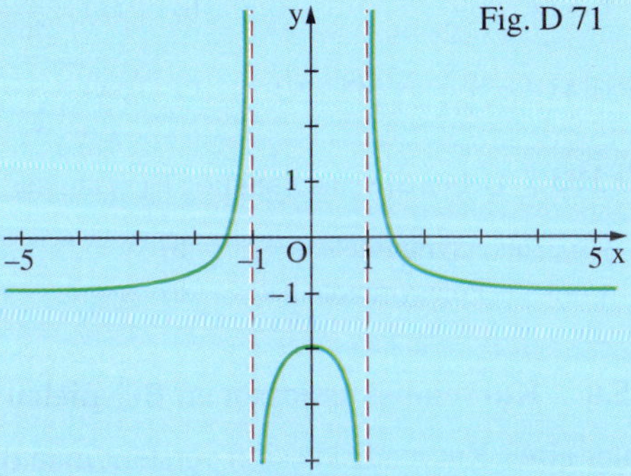

Fig. D 72
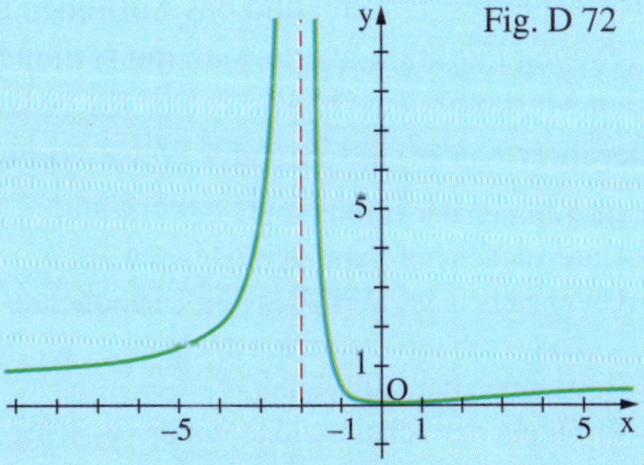

TI-92
T3

[1] Mithilfe konvergierender Folgen kann bewiesen werden, dass die angegebenen Grenzwerte der Funktionswerte zutreffen.

- $f_3(x) = \dfrac{2x}{x^2+1}$

  $v_3(x) = x^2 + 1 \neq 0$ für alle x;
  f_3 besitzt keine Polstellen.
  (Fig. D 73)

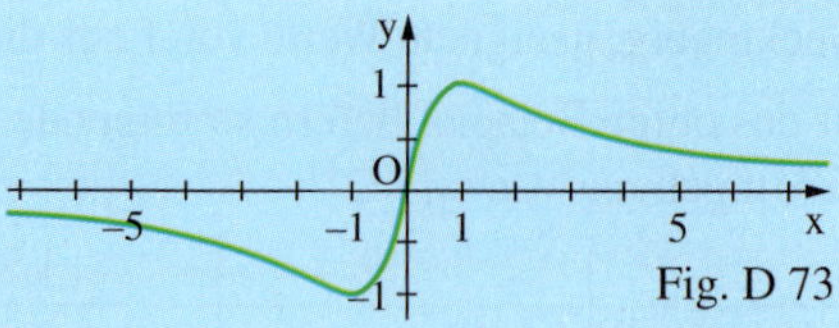

Fig. D 73

Ist sowohl die Zähler- wie die Nennerfunktion einer gebrochenrationalen Funktion an einer Stelle x_0 gleich 0, so kann der Graph von f an dieser Stelle ein „Loch“ besitzen, das sich im Allgemeinen durch zusätzliche Überlegungen mittels einer geeigneten Definition schließen lässt.

Aufgaben

D 191 *(↗ Beispiel D 35, S. 189)*

Untersuchen Sie die folgenden Funktionen auf die Existenz von Polstellen:

a) $f_1(x) = \dfrac{x-2}{x+3}$ b) $f_2(x) = \dfrac{x^2+x}{2x-4}$ c) $f_3(x) = \dfrac{x}{x^3+2x^2}$ d) $f_4(x) = \dfrac{3x+4}{x^2+2}$

e) $f_5(x) = \dfrac{2x-1}{x^2-4}$ f) $f_6(x) = \dfrac{x+2}{(x-1)\cdot(x+3)}$ g) $f_7(x) = \dfrac{x+1}{x^2}$ h) $f_8(x) = \dfrac{x^2+1}{(x-3)\cdot(x+4)}$

i) $f_9(x) = \dfrac{8x-2}{x}$ j) $f_{10}(x) = \dfrac{2x-5}{x^4-4x^3+4x^2}$ k) $f_{11}(x) = \dfrac{e^{2x}}{x^2-4}$ l) $f_{12}(x) = \dfrac{x^2+6}{x^4-1}$

D 192 Bestimmen Sie die Polstellen folgender irrationaler Funktionen:

a) $f_1(x) = \dfrac{4x}{e^x-2}$ b) $f_2(x) = \dfrac{x^2+1}{\ln x - 1}$ $(x > 0)$ c) $f_3(x) = \dfrac{e^x}{2^x-8}$

d) $f_4(x) = \dfrac{x}{4x\ln x + x}$ $(x > 0)$ e) $f_5(x) = \dfrac{2x}{e^x - \frac{1}{2}}$ f) $f_6(x) = \dfrac{x^2+1}{\ln(x^2-3)}$

D 193 Geben Sie eine Funktion $h_i(x)$ an, die

a) $y = 2$ als Asymptote hat; b) $y = 2x + 4$ als (schräge/schiefe) Asymptote hat;
c) $x = 3$ als Polasymptote hat; d) $x = 2$ als Polasymptote und $y = x - 3$ als schräge Asymptote hat.

D 5.6 Kurvendiskussionen an Beispielen

Unter einer Kurvendiskussion versteht man das Ermitteln der charakteristischen Stellen (bzw. der entsprechenden Punkte) und das Auffinden der typischen Eigenschaften einer durch eine Gleichung gegebenen Funktion, woran sich meist die Darstellung des Graphen der Funktion mithilfe der gefundenen Merkmale anschließt. In der Regel sollte die Diskussion einer Funktion bzw. ihres Graphen (oder ihrer Kurve) in folgender Weise vorgenommen werden:

(1) Bestimmen des (größtmöglichen) Definitionsbereiches,
(2) Untersuchen auf Symmetrieeigenschaften,
(3) Untersuchen des Verhaltens im Unendlichen (Ermitteln der Asymptoten),
(4) Untersuchen auf Definitionslücken,
(5) Bestimmen der Nullstellen,
(6) Ermitteln der Schnittpunkte mit der y-Achse,
(7) Berechnen der lokalen Extrempunkte,
(8) Ermitteln der Wendepunkte, ggf. auch der Wendetangenten
(9) Zeichnen des Graphen.

Ein lückenloses Abarbeiten aller 9 Kriterien ist nicht immer notwendig.

- ***Vollständige Diskussion einer ganzrationalen Funktion***

Allgemeiner Fall:	Spezielles Beispiel:
$f(x) \; = a_n x^n + a_{n-1} x^{n-1} + \ldots + a_1 x + a_0$ Ableitungen: $f'(x) = n \cdot a_n x^{n-1} + (n-1)a_{n-1} x^{n-2} + \ldots + a_1$ usw.	$f(x) \; = x^4 - 2x^2 + 1$ Ableitungen: $f'(x) \; = 4x^3 - 4x$; $f''(x) = 12x^2 - 4$; $f'''(x) = 24x$
(1) Definitionsbereich: $D_f = \mathbb{R}$	$D_f = \mathbb{R}$
(2) Symmetrieeigenschaften: Gilt $f(x) = f(-x)$ für alle $x \in D_f$, so ist f achsensymmetrisch zur y-Achse. Gilt $f(-x) = -f(x)$ für alle $x \in D_f$, so ist f punktsymmetrisch zu P(0; 0).	$f(-x) \; = (-x)^4 + 2(-x)^2 + 1$ $= x^4 + 2x^2 + 1 = f(x)$ f ist eine gerade Funktion. Der Graph von f ist symmetrisch zur y-Achse.
(3) Verhalten im Unendlichen: Wir untersuchen $\lim\limits_{x \to \pm\infty} f(x)$.	$\lim\limits_{x \to \pm\infty} (x^4 - 2x^2 + 1) = +\infty$.
(4) Definitionslücken: Ganzrationale Funktionen haben keine Definitionslücken.	
(5) Nullstellen: Wir ermitteln die Lösungen x_0 der Gleichung $f(x_0) = 0$. Die Schnittpunkte mit der x-Achse sind dann $P_x(x_0; 0)$.	$x^4 - 2x^2 + 1 = 0$ Substitution $u = x^2$ liefert $u^2 - 2u + 1 = 0$ mit der Lösung $u_{1/2} = 1$. Also: $x^2 = 1$ und damit $x_1 = 1$, $x_2 = -1$. f hat die Nullstellen $x_1 = 1$, $x_2 = -1$. Die Schnittpunkte mit der x-Achse sind $P_1(1; 0)$ und $P_2(-1; 0)$.
(6) Schnittpunkte mit der y-Achse: Wir bestimmen $y_s = f(0)$. Dann ist $P_y(0; y_s)$ der Schnittpunkt mit der y-Achse.	$f(0) = 0^4 - 2 \cdot 0^2 + 1 = 1$ Schnittpunkt mit der y-Achse: $P_3(0; 1)$.
(7) Lokale Extremstellen: a) Es ist die Gleichung $f'(x) = 0$ zu lösen. b) Ist x_E Lösung, dann berechnet man $f''(x_E)$. c) Entscheidung: $f''(x_E) < 0$: x_E ist Maximumstelle. $f''(x_E) > 0$: x_E ist Minimumstelle. $f''(x_E) = 0$: Entscheidung über VZW-Kriterium oder Monotonieverhalten von f.	a) $4x^3 - 4x = 0$, also $x \cdot (4x^2 - 4) = 0$ und damit $x_4 = 0$ sowie wegen $4x^2 - 4 = 0$ $x^2 = 1$, also $x_5 = 1$, $x_6 = -1$. b), c) $f''(0) \; = -4 < 0 \;\Rightarrow\; x_4 = 0$ ist Maximumstelle. $f''(1) \; = 8 > 0$ $\Rightarrow x_5 = 1$ ist Minimumstelle, wegen Symmetrie auch x_6. $P_3(0; 1) = P_4(0; 1)$ ist Maximumpunkt. Da P_5 und P_1 bzw. P_6 und P_2 übereinstimmen, liegen die Minimumpunkte $P_5(1; 0)$ und $P_6(-1; 0)$ auf der x-Achse.
(8) Wendepunkte: a) Es ist die Gleichung $f''(x) = 0$ zu lösen. b) Ist x_w Lösung, dann Berechnung von $f'''(x_w)$. c) Entscheidung: $f'''(x_w) \neq 0$: x_w ist Wendestelle. $f'''(x_w) = 0$: Entscheidung über VZW-Kriterium oder Monotonieverhalten von f'	a) $12x^2 - 4 \; = 0$, also $x^2 - \frac{1}{3} = 0$ und damit $x_7 = \sqrt{\frac{1}{3}} = \frac{1}{3}\sqrt{3}$, $x_8 = -\sqrt{\frac{1}{3}} = -\frac{1}{3}\sqrt{3}$. b), c) $f'''(\frac{1}{3}\sqrt{3}) \; = 8\sqrt{3} \neq 0$, d.h. $x_7 = \frac{1}{3}\sqrt{3}$ ist Wendestelle und wegen Symmetrie auch x_8. $P_7(\frac{1}{3}\sqrt{3}; \frac{4}{9})$ und $P_8(-\frac{1}{3}\sqrt{3}; \frac{4}{9})$ sind Wendepunkte.

TI-92 T9

TI-92 T8

TI-92 T11

Wendetangenten:

a) Anstieg der Wendetangente:
$m = f'(x_W)$

a) $m_7 = f'(\frac{1}{3}\sqrt{3}) = 4\cdot(\frac{1}{3}\sqrt{3})3 - 4\cdot(\frac{1}{3}\sqrt{3})$
$= -\frac{8}{9}\sqrt{3}$
$m_8 = f'(-\frac{1}{3}\sqrt{3}) = 4\cdot(-\frac{1}{3}\sqrt{3})3 - 4\cdot(-\frac{1}{3}\sqrt{3})$
$= \frac{8}{9}\sqrt{3}$

b) Gleichung der Wendetangente: $m = \frac{y - y_w}{x - x_w}$

b) t_7: $-\frac{8}{9}\sqrt{3} = \frac{y - \frac{4}{9}}{x - \frac{1}{3}\sqrt{3}}$; t_8: $\frac{8}{9}\sqrt{3} = \frac{y - \frac{4}{9}}{x + \frac{1}{3}\sqrt{3}}$

$y = -\frac{8}{9}\sqrt{3}\,x + \frac{4}{3}$ und $y = \frac{8}{9}\sqrt{3}\,x + \frac{4}{3}$
sind die Gleichungen der Wendetangenten.

Ist $m = f'(x_W) = 0$, so spricht man von einem Horizontalwendepunkt (bzw. Sattelpunkt oder Terrassenpunkt).

$m_7 \neq 0$ und $m_8 \neq 0$: Es liegen keine Horizontalwendepunkte vor.

TI-92
T3; T7

(9) Graph:

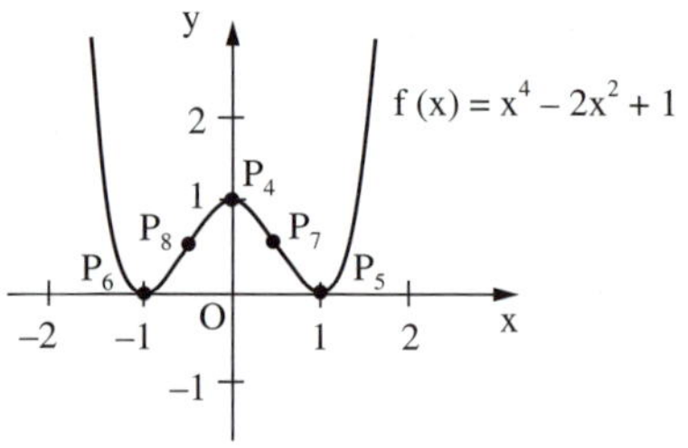

Fig. D 74

- ***Vollständige Diskussion einer gebrochenrationalen Funktion***

Allgemeiner Fall:

$f(x) = \frac{u(x)}{v(x)}$
$= \frac{a_n x^n + a_{n-1} x^{n-1} + \ldots + a_1 x + a_0}{b_m x^m + b_{m-1} x^{m-1} + \ldots + b_1 x + b_0}$

Ableitungen nach Quotientenregel (Satz D 6)

Spezielles Beispiel:

$f(x) = \frac{2x - 1}{x^2}$

Ableitungen:

$f'(x) = \frac{2 - 2x}{x^3}$; $f''(x) = \frac{4x - 6}{x^4}$; $f'''(x) = \frac{24 - 12x}{x^5}$

(1) Definitionsbereich: $D_f = \mathbb{R}\backslash\{x \mid v(x) = 0\}$

$D_f = \mathbb{R}\backslash\{0\}$

(2) Symmetrieeigenschaften:
Gilt $f(x) = f(-x)$ für alle $x \in D_f$, so ist f achsensymmetrisch zur y-Achse.
Gilt $f(-x) = -f(x)$ für alle $x \in D_f$, so ist f punktsymmetrisch zu P(0; 0).

$f(-x) = \frac{-2x - 1}{(-x)^2} = \frac{-2x - 1}{x^2} \neq f(x)$; $f(-x) \neq -f(x)$

Es liegt keine Symmetrie vor.

TI-92
T9

(3) Verhalten im Unendlichen:
Zu untersuchen ist $\lim\limits_{x \to \pm\infty} f(x)$.
Für $n < m$ ist $y = 0$ die Gleichung der Asymptote.
Für $n = m$ ist $y = \frac{a_n}{b_n}$ die Gleichung der Asymptote.
Für $n > m$ ist $f(x) = g(x) + e(x)$, und der Graph von g ist Asymptote.

$$\lim_{x \to \pm\infty} \frac{2x - 1}{x^2} = \lim_{x \to \pm\infty} \frac{x^2\left(\frac{2}{x} - \frac{1}{x^2}\right)}{x^2} = 0$$

Da $n < m$, ist $y = 0$ Asymptote.

(4) Definitionslücken: f(x) hat an der Stelle x_0 eine Polstelle, wenn $v(x_0) = 0$ und $u(x_0) \neq 0$.	$x_1 = 0$ ist einzige Polstelle, weil $v(x_1) = 0$ und $u(x_1) \neq 0$. Polasymptote: $x = 0$ (y-Achse)
(5) Nullstellen: Lösungen x_0 der Gleichung $u(x) = 0$, wenn $v(x_0) \neq 0$.	$\frac{2x-1}{x^2} = 0$, also $2x - 1 = 0$ und $x_2 = \frac{1}{2}$; x_2 ist Nullstelle, weil $v(\frac{1}{2}) = \frac{1}{4} \neq 0$. $P_2(\frac{1}{2}; 0)$ ist Schnittpunkt mit der x-Achse.
(6) Schnittpunkte mit der y-Achse: $y_s = f(0)$ Schnittpunkt mit der y-Achse: $P_y(0; y_s)$	$x = 0$ gehört nicht zum Definitionsbereich von f. Das bedeutet: Der Graph von f hat keinen Schnittpunkt mit der y-Achse.
(7) Lokale Extremstellen: a) Lösen der Gleichung $f'(x) = 0$, d.h., Zähler von f' muss 0 und Nenner von f' muss ungleich 0 sein. b) Ist x_E Lösung, dann berechnet man $f''(x_E)$. c) Entscheidung: $f''(x_E) < 0$: x_E ist Maximumstelle. $f''(x_E) > 0$: x_E ist Minimumstelle. $f''(x_E) = 0$: Entscheidung über VZW-Kriterium oder Monotonieverhalten von f.	a) $\frac{2-2x}{x^3} = 0$, also $2x = 2$ und $x_3 = 1$. b) $f''(1) = -2$ c) $f''(1) = -2 < 0$ $\Rightarrow$ $x_3 = 1$ ist Maximumstelle und $P_3(1; 1)$ Maximumpunkt.
(8) Wendepunkte: a) Lösen der Gleichung $f''(x) = 0$ (Zähler = 0, Nenner $\neq$ 0). b) Ist x_w Lösung, dann Berechnung von $f'''(x_w)$. c) Entscheidung: $f'''(x_w) \neq 0$: x_w ist Wendestelle. $f'''(x_w) = 0$: Entscheidung über VZW Kriterium oder Monotonieverhalten von f'.	a) $\frac{4x-6}{x^4} = 0$, also $4x = 6$ und $x_4 = \frac{3}{2}$. b) $f'''(\frac{3}{2}) = \frac{(24-18)}{3^5} \cdot 25 = \frac{6 \cdot 2^5}{3^5} \approx 0{,}79$ c) $f'''(\frac{3}{2}) \neq 0$ $\Rightarrow$ $x_4 = \frac{3}{2}$ ist Wendestelle und $P_4(\frac{3}{2}; \frac{8}{9})$ ist Wendepunkt.
Wendetangenten: a) Anstieg: $m = f'(x_w)$ b) Gleichung: $m = \frac{y - y_w}{x - x_w}$	a) $m = f'(\frac{3}{2}) = \frac{2 - \frac{6}{2}}{\frac{27}{8}} = \frac{-1}{\frac{27}{8}} = -\frac{8}{27}$ b) $-\frac{8}{27} = \frac{y - \frac{8}{9}}{x - \frac{3}{2}}$, also $-\frac{8}{27}x + \frac{4}{9} = y - \frac{8}{9}$. $y = -\frac{8}{27}x + \frac{4}{3}$ ist die Gleichung der Wendetangente.
(9) Graph:	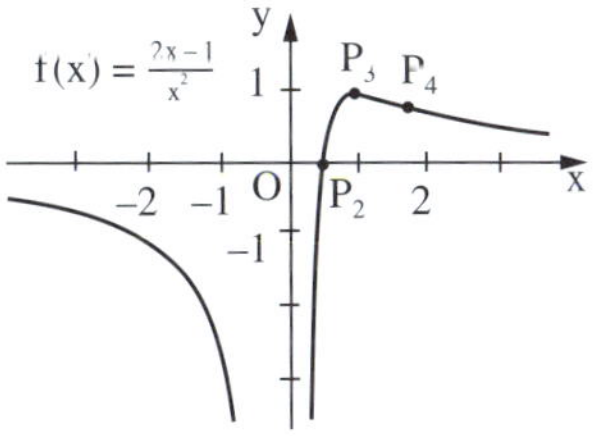

Fig. D 75

TI-92 T8

TI-92 T11

TI-92 T3; T7

- ***Diskussion einer nichtrationalen Funktion***

Bemerkung: Wir verzichten auf die Angabe eines allgemeinen Falles.

$f(x) = \frac{x-1}{e^x}$ Ableitungen: $f'(x) = \frac{2-x}{e^x}$, $f''(x) = \frac{x-3}{e^x}$, $f'''(x) = \frac{4-x}{e^x}$

(1) Definitionsbereich:
Wegen $e^x \neq 0$ für alle $x \in \mathbb{R}$ gilt: $D_f = \mathbb{R}$.

(2) Symmetrieeigenschaften:
$f(-x) = \frac{-x-1}{e^{-x}} \neq f(x)$; $f(-x) \neq -f(x)$: Es liegt keine Symmetrie vor.

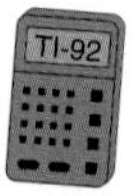

T9

(3) Verhalten im Unendlichen:
$\lim\limits_{x \to \infty} \frac{x-1}{e^x} = 0$ (für $x > 0$ wächst $v(x) = e^x$ stärker als $u(x) = x - 1$).

$\lim\limits_{x \to -\infty} \frac{x-1}{e^x} = -\infty$, denn für negative x ist $x - 1 < 0$, jedoch $e^x > 0$.

(4) Definitionslücken:
Wegen $e^x \neq 0$ gibt es keine Definitionslücken.

T8

(5) Nullstellen:
Da $e^x \neq 0$ für alle $x \in \mathbb{R}$ und $x - 1 = 0$ für $x_1 = 1$, ist x_1 eine Nullstelle von f und $P_1(1; 0)$ der Schnittpunkt mit der x-Achse.

(6) Schnittpunkte mit der y-Achse:
$f(0) = \frac{-1}{e^0} = -1$; $P_2(0; -1)$ ist Schnittpunkt mit der y-Achse.

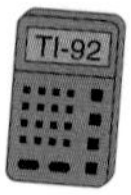

T11

(7) Lokale Extremstellen:
$\frac{2-x}{e^x} = 0$, also $x_3 = 2$; $f''(2)\ \frac{2-3}{e^2} < 0 = \frac{-1}{e^2} < 0$. $\Rightarrow$ $x_3 = 2$ ist Maximumstelle und $P_3(2; \frac{1}{e^2} \approx 0{,}14)$ Maximumpunkt.

(8) Wendepunkte:

a) $\frac{x-3}{e^x} = 0$, also $x_4 = 3$.

b) $f'''(3) = \frac{4-3}{e^3} = \frac{1}{e^3} \neq 0 \Rightarrow x_4 = 3$ ist Wendestelle und $P_4(3; \frac{2}{e^3} \approx 0{,}1)$ Wendepunkt.

Wendetangenten:

a) $f'(3) = \frac{2-3}{e^2} = \frac{-1}{e^3} \approx -0{,}05$ b) $-0{,}05 = \frac{y-0{,}1}{x-3} \Rightarrow -0{,}05x + 0{,}15 = y - 0{,}1$

$y = -0{,}05x + 0{,}25$ ist die Gleichung der Wendetangente.

T3; T7

(9) Graph: (Darstellung im Intervall $0{,}5 \leq x \leq 5$)

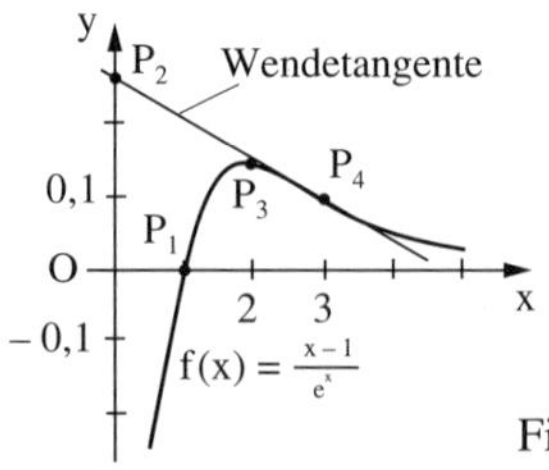

Fig. D 76

Häufig betrachtet man bei Kurvendiskussionen Funktionen, die außer der unabhängigen Variablen x noch eine weitere Variable, einen Parameter enthalten. Diskutiert werden soll dann also nicht eine ganz bestimmte Funktion, sondern eine *Funktionenschar* (Fig. D 77).
Die Aufgabenstellung wird dabei gewöhnlich erweitert, indem man z.B. fragt,

- auf welcher Kurve alle Extrempunkte bzw. Wendepunkte der Kurvenschar liegen oder
- für welchen Wert des Parameters die Graphen der Funktionen eine ganz spezielle Eigenschaft besitzen.

D 36

Beispiel D 36:
Gegeben ist die Funktionenschar f_t mit $f_t(x) = x^2 + t \cdot x + 6 \quad (t \in \mathbb{R})$.

a) Es sind die Nullstellen von f_t zu ermitteln und es ist zu untersuchen, für welche Parameter t die jeweiligen Scharelemente genau eine Nullstelle besitzen.
b) Es ist die Gleichung der Kurve zu bestimmen, auf der alle lokalen Extrempunkte der zu f_t gehörenden Kurvenschar liegen.
c) Es ist derjenige Scharparameter t zu berechnen, für den der zugehörige Graph das größte Minimum besitzt.

Lösung:

Zu a):
$x^2 + tx + 6 = 0 \Rightarrow x_{1;\,2} = -\frac{t}{2} \pm \sqrt{\frac{t^2}{4} - 6}$

TI-92 T1

Genau 1 Nullstelle ist vorhanden, wenn $\frac{t^2}{4} - 6 = 0$ gilt $\Rightarrow t^2 = 24$ bzw. $t_{1;\,2} = \pm 2\sqrt{6}$

Zu b):

TI-92 T4

$f_t'(x) = 2x + t;\; 0 = 2x + t,$ also $x_E = -\frac{t}{2}$
$f_t''(x) = 2;\; f_t''(-\frac{t}{2}) = 2 > 0$
Das heißt: Alle Graphen besitzen lokale Minima.
$f(-\frac{t}{2}) = \frac{t^2}{4} - \frac{t^2}{2} + 6 = -\frac{t^2}{4} + 6;\; P_{min}(-\frac{t}{2};\, -\frac{t^2}{4} + 6)$
(Dieses Resultat ist auch sofort mithilfe der Scheitelpunktsformel für quadratische Funktionen in Normalform ermittelbar.)

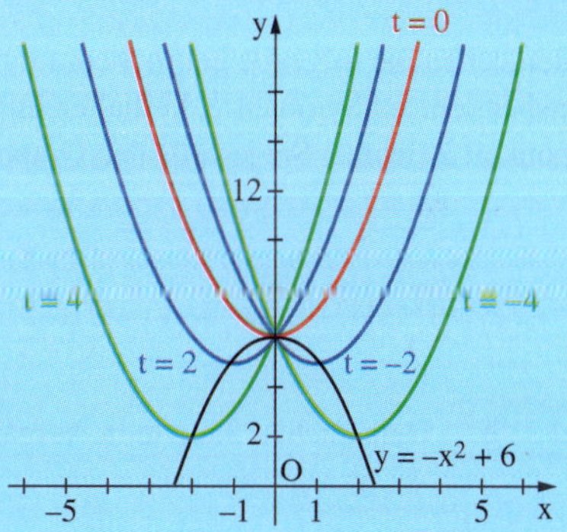

Fig. D 77

Ermittlung der Ortskurve der Extrempunkte:
1. Variante:

TI-92 T11

Aus $x = -\frac{t}{2}$ folgt: $t = -2x$, woraus sich durch Einsetzen in
$y = -\frac{t^2}{4} + 6$ als Gleichung der Ortskurve ergibt: $y = -\frac{(-2x)^2}{4} + 6 = -x^2 + 6$

2. Variante:
$x = -\frac{t}{2}$ nach t umstellen und in die Ausgangsfunktion einsetzen:
$f_t(x) = y = x^2 + (-2x) \cdot x + 6 = -x^2 + 6$

Zu c):
$y_{min} = -\frac{t^2}{4} + 6$ hat den größten Wert für $t = 0$. Es gilt dann $y_{min} = 6$.

Aufgaben

D 194 *(↗ S. 191 f.)*

Untersuchen Sie die Funktion $f(x) = x^4 - 5x^2 + 4$ bzw. ihren Graphen auf den größtmöglichen Definitionsbereich, auf Symmetrie, Verhalten im Unendlichen, Schnittpunkte mit den Koordinatenachsen, Extrem- und Wendepunkte! Zeichnen Sie den Graphen der Funktion mindestens im Intervall $-2 \leq x \leq 2$!

D 195 Untersuchen Sie wie in Aufgabe ***D 194*** folgende Funktionen und zeichnen Sie die Graphen der Funktionen in einem geeigneten Intervall:

a) $f_1(x) = x^3 + 6x^2 + 9x$ b) $f_2(x) = \frac{1}{8}x^4 - \frac{1}{2}x^3$ c) $f_3(x) = x^4 - 2x^2 - 8$

d) $f_4(x) = x^4 - 4x^2 + 1$ e) $f_5(x) = x^3 - 4x$ f) $f_6(x) = x^4 - 8x^2 - 9$

g) $f_7(x) = \frac{1}{4} \cdot (x^4 - 10x^2 + 9)$ h) $f_8(x) = x^4 - 3x^2 - 4$ i) $f_9(x) = \frac{1}{9}x^3 - 2x^2 + 9x$

j) $f_{10}(x) = \frac{1}{5}x^5 - x^3$ k) $f_{11}(x) = \frac{1}{9}x^4 - \frac{4}{9}x^3 + 3$ l) $f_{12}(x) = x^3 + x^2 - 3x + 6$

m) $f_{13}(x) = x^3 - 3x^2 - 9x$ n) $f_{14}(x) = x^4 - 4x^3$ o) $f_{15}(x) = \frac{1}{5}(x^5 - \frac{19}{3}x^3 - 4x)$

D 196 *(↗ Beispiel D 36, S. 195)*

Untersuchen Sie die Funktionenschar $f_a(x) = \frac{1}{3}x^3 - ax$ in Abhängigkeit vom Parameter a ($a \in \mathbb{R}$; $a > 0$) auf Nullstellen, Symmetrie, lokale Extrempunkte, Wendepunkte und auf das Verhalten im Unendlichen! Zeichnen Sie die Graphen für $a = 1$ und $a = 4$ in einem geeigneten Intervall!

D 197 *(↗ S. 192 f.)*

Untersuchen Sie folgende gebrochenrationale Funktionen bzw. ihren Graphen auf den größtmöglichen Definitionsbereich, auf Symmetrie, Verhalten im Unendlichen, Asymptoten, Nullstellen, Polstellen, Extrem- und Wendepunkte! Zeichnen Sie jeweils den Graphen der Funktion in einem geeigneten Intervall:

a) $f_1(x) = \frac{x^2 - 2}{3 - x^2}$ b) $f_2(x) = \frac{x^2 - 4}{x^2 - 9}$ c) $f_3(x) = \frac{3x}{x^2 - 4}$ d) $f_4(x) = \frac{2x}{x^2 - 9}$

e) $f_5(x) = \frac{(x-1)^2}{x - 2}$ f) $f_6(x) = \frac{x^2 - 4}{x^2 + 3}$ g) $f_7(x) = \frac{2x}{x^2 + 4}$ h) $f_8(x) = \frac{6x^2}{(x+1)^2}$

D 198 Untersuchen Sie wie in Aufgabe ***D 197*** folgende Funktionen:

a) $f_1(x) = \frac{9 - x^2}{x^2 + 3}$ b) $f_2(x) = \frac{x^2 + 2x + 1}{x^2 + 1}$ c) $f_3(x) = \frac{x^2 - 5}{x - 3}$

d) $f_4(x) = \frac{2x^2}{(x+1)^2}$ e) $f_5(x) = \frac{x^2 + 1}{x^2 - 1}$ f) $f_6(x) = \frac{x^3 + 4}{x^2}$

g) $f_7(x) = \frac{x}{x^2 + 1}$ h) $f_8(x) = \frac{x^2 - 4}{1 - x^2}$ i) $f_9(x) = \frac{x^2 - 1}{x^2 - 4x + 4}$

j) $f_{10}(x) = \frac{x^2 + 5x + 22}{x - 2}$ k) $f_{11}(x) = \frac{2 - x^2}{x^2 + 1}$ l) $f_{12}(x) = \frac{x^2 - 5x + 6}{x^2}$

GTA m) $f_{13}(x) = \frac{3x - 2}{x^2}$ n) $f_{14}(x) = \frac{x^2 + 6x + 8}{x - 3}$ o) $f_{15}(x) = \frac{x^2 + 5x + 6}{(x-1)^2}$

D 199 Untersuchen Sie die folgenden Funktionen auf Nullstellen, Polstellen sowie Extrem- und Wendepunkte:

a) $f_1(x) = \frac{x^2 - 1}{x^2 + 1}$ b) $f_2(x) = \frac{2x^2 - 8}{x^2 + 2}$ c) $f_3(x) = \frac{x^2 - 6}{x - 3{,}5}$

D 200 *(↗ S. 194)*

Untersuchen Sie die folgenden Funktionen auf Schnittpunkte mit den Koordinatenachsen, lokale Extrempunkte und Wendepunkte! Ermitteln Sie gegebenenfalls die Gleichung der Wendetangenten! Skizzieren Sie jeweils den Graphen der Funktion in einem geeigneten Intervall!

a) $f_1(x) = x \cdot e^x$
b) $f_2(x) = x^2 \cdot \ln x$
c) $f_3(x) = x^2 \cdot e^x$
d) $f_4(x) = x \cdot e^{-x}$
e) $f_5(x) = x^2 \cdot e^{-x}$
f) $f_6(x) = \frac{x+3}{e^x}$
g) $f_7(x) = \ln(1 + x^2)$
h) $f_8(x) = (12 - x) \cdot e^{\frac{1}{4}x}$

D 201 Bestimmen Sie von den folgenden Funktionen Nullstellen, Koordinaten lokaler Extrempunkte sowie Wendepunkte und zeichnen Sie die Graphen:

a) $f_1(x) = e^x(x^2 - 2x)$
b) $f_2(x) = x^2(\ln x - 1)$
c) $f_3(x) = e^{\frac{1}{2}x} + e^{-x}$
d) $f_4(x) = e^x(x - 4)$
e) $f_5(x) = x(2 - \ln x)$
f) $f_6(x) = (\ln x)^2$
g) $f_7(x) = x \cdot \ln x$
h) $f_8(x) = x - \ln x$
i) $f_9(x) = \frac{x^3}{e^x}$

D 202 Gegeben ist die Funktion f durch $f(x) = \frac{3x^2 - 3x - 6}{x^2}$ $(x \in \mathbb{R}, x \neq 0)$.

a) Ermitteln Sie die Schnittpunkte des Graphen mit der x-Achse, die lokalen Extrempunkte und die Wendepunkte! Untersuchen Sie das Verhalten von f im Unendlichen! Skizzieren Sie den Graphen im Intervall [–6; 5] und geben Sie den Wertebereich der Funktion an!
b) Untersuchen Sie, ob die Funktion den Funktionswert –80 annimmt!
c) Zeigen Sie, dass der Graph der Funktion f an der Stelle $x_1 = -1$ den Anstieg –9 besitzt! Bestimmen Sie die Gleichung der Tangente t an den Graphen von f an der Stelle $x_1 = -1$! Weisen Sie nach, dass es keine weiteren Stellen gibt, an denen f den Anstieg –9 hat!
d) Ermitteln Sie die Gleichung der Tangente im Punkt P(–2; f(–2)) an den Graphen von f und berechnen Sie den Schnittwinkel der Tangente mit der x-Achse!

D 203 Gegeben ist die Funktion f durch $f(x) = -0{,}5x^3 + 2x^2$ $(x \in \mathbb{R})$.

a) Untersuchen Sie den Graphen der Funktion f auf Schnittpunkte mit der x-Achse, lokale Extrempunkte und Wendepunkte!
b) Skizzieren Sie den Graphen von f mindestens im Intervall $-1 \leq x \leq 4{,}5$!
c) Ermitteln Sie die Gleichung für die Tangente t an den Graphen der Funktion f im Wendepunkt!
d) Eine Gerade g verläuft parallel zur Tangente t und schneidet den Graphen von f im Punkt P(3; f(3)). Geben Sie eine Funktionsgleichung für g an!

D 204 Gegeben ist die Funktionenschar $f_a(x) = ax^2 + x$ mit $a \in \mathbb{R}, a \neq 0$.

a) Skizzieren Sie für $|a| = 1$, $|a| = \frac{1}{2}$, $|a| = \frac{1}{4}$ die Graphen der Funktionen in ein und dasselbe Koordinatensystem!
b) Zeigen Sie, dass die lokalen Extrempunkte der Graphen der Schar auf einer Geraden liegen!
c) Weisen Sie nach, dass alle Graphen der Schar die Abszisse unter dem gleichen Winkel schneiden!
d) Für welches a verläuft der Graph durch den Punkt P(3; –15)?
e) Für welches a besitzt der Graph der Funktion eine Tangente mit der Gleichung $y = 5x - 2$?

D 205 *(↗ Beispiel D 36, S. 195)*

Gegeben ist die Funktionenschar $f_t(x) = x^2 + tx + 4$ $(t \in \mathbb{R})$.

a) Untersuchen Sie die gegebenen Funktionen auf Nullstellen und lokale Extrempunkte und zeichnen Sie die Graphen für t = –4; –2; 0; 2; 4!

b) Ermitteln Sie die Gleichung der Kurve, auf der alle Extrempunkte liegen!
c) Bestimmen Sie den Wert des Parameters t so, dass der zugehörige Funktionsgraph nur eine Nullstelle besitzt!

D 206 Gegeben ist die Funktionenschar mit der Gleichung $f_t(x) = x^3 - 3t \cdot x^2$ $(t \in \mathbb{R}; t > 0)$

a) Die Scharelemente sind auf Nullstellen, lokale Extrema und Wendepunkte zu untersuchen.
b) Es ist die Gleichung der Kurve zu ermitteln, auf der die lokalen Extrempunkte der Graphen aller Funktionen der Schar liegen.
c) Es ist die Gleichung der Kurve zu ermitteln, auf der alle Wendepunkte der Graphen aller Funktionen der Schar liegen.
d) Es ist der Wert t_i für den Scharparameter t zu ermitteln, so dass der Graph der Funktion
   - mit $t = t_1$ durch den Punkt $A(1; -5)$ verläuft;
   - mit $t = t_2$ eine Wendetangente mit der Gleichung $y = -3x + 1$ besitzt;
   - mit $t = t_3$ die positive x-Achse unter einem Winkel von 45° schneidet.

D 207 Gegeben ist die Funktionenschar $f_a(x) = \frac{x^2 + a^2}{2x}$ $(x \in \mathbb{R}, x \neq 0)$ mit dem Parameter a $(a \in \mathbb{R}, a > 0)$. Untersuchen Sie die Schar auf Nullstellen, Polstellen, lokale Extrempunkte, Symmetrie und auf das Verhalten im Unendlichen! Skizzieren Sie die Graphen für $a = 3$ und $a = 6$!

D 208 Ermitteln Sie von den folgenden Funktionenscharen jeweils den Schnittpunkt der Graphen mit der x-Achse, die Koordinaten der lokalen Extrempunkte und die Art des Extremums in Abhängigkeit von a, die Koordinaten der Wendepunkte sowie das Verhalten im Unendlichen:

a) $f_a(x) = \frac{2 - ax}{x^2}$ $(a \in \mathbb{R}; a > 0, x \in \mathbb{R}, x \neq 0)$

b) $f_a(x) = \frac{(x - a)^2}{x^2}$ $(a \in \mathbb{R}, a \neq 0, x \in \mathbb{R}, x \neq 0)$

D 209 Bestimmen Sie die lokalen Extrempunkte der folgenden Funktionenscharen in Abhängigkeit vom Parameter a bzw. k! Zeichnen Sie jeweils die Graphen für $a_1 = 0{,}5$; $a_2 = 4$ bzw. $k_1 = \frac{1}{4}$; $k_2 = \frac{1}{8}$ in ein geeignetes Koordinatensystem!

a) $f_a(x) = x \cdot e^{ax}$ $(a > 0)$

b) $f_k(x) = x^2 \cdot \ln(k \cdot x)$ $(k > 0, x > 0)$

D 210 Untersuchen Sie die Funktionenschar $f_k(x) = x \cdot e^{kx}$ $(k \in \mathbb{R}, k < 0, x \in \mathbb{R})$ auf Nullstellen, lokale Extrem- und Wendepunkte! Auf welcher Kurve liegen die lokalen Extrem- bzw. Wendepunkte der Schar? Geben Sie die entsprechenden Gleichungen an! Zeichnen Sie die Graphen für $k = -1$, $k = -\frac{1}{2}$, $k = -\frac{1}{3}$ im Intervall $[-1; 7]$!

D 211 Gegeben ist die Funktionenschar $f_{a,b}(x) = a \cdot x^3 + b \cdot x^2$ $(a, b, x \in \mathbb{R}, a \neq 0, b \neq 0)$

a) Untersuchen Sie den Graphen der Funktion f für $a = -\frac{1}{12}$ und $b = \frac{3}{4}$ auf Schnittpunkte mit den Koordinatenachsen, lokale Extrempunkte und Wendepunkte!
b) Untersuchen Sie diesen Graphen auf Symmetrie und geben Sie sein Verhalten im Unendlichen an! Skizzieren Sie den Graphen mindestens im Intervall $[-1; 10]$!
c) Weisen Sie nach, dass jede Funktion $f_{a,b}(x) = a \cdot x^3 + b \cdot x^2$ mit $a, b \in \mathbb{R}$ und $a \neq 0$, $b \neq 0$ genau zwei lokale Extremstellen hat, und geben Sie die Art der Extrema in Abhängigkeit von b an!
d) Bestimmen Sie zwei reelle Zahlen a und b derart, dass $f_{a,b}$ an der Stelle $x_1 = 0$ ein lokales Maximum und an der Stelle $x_2 = -4$ ein lokales Minimum hat!

D 6 Ermitteln der Gleichungen ganzrationaler Funktionen

In den vorangegangenen Abschnitten wurden Funktionen, die durch ihre Funktionsgleichung gegeben waren, bezüglich ihrer Eigenschaften untersucht. Nun soll die Fragestellung umgekehrt werden: Es ist die Gleichung einer ganzrationalen Funktion n-ten Grades zu bestimmen unter der Voraussetzung, dass einige charakteristische Eigenschaften der Funktion bekannt sind.

D 37

Beispiel D 37: Flugbahn einer Kugel beim Kugelstoßen

Die Flugweite eines geworfenen oder gestoßenen Gegenstandes hängt von der Anfangsgeschwindigkeit, dem Abflugwinkel und der Abflughöhe ab. Vernachlässigt man den Luftwiderstand, dann lässt sich die Flugbahn einer Kugel näherungsweise durch eine Parabel beschreiben.

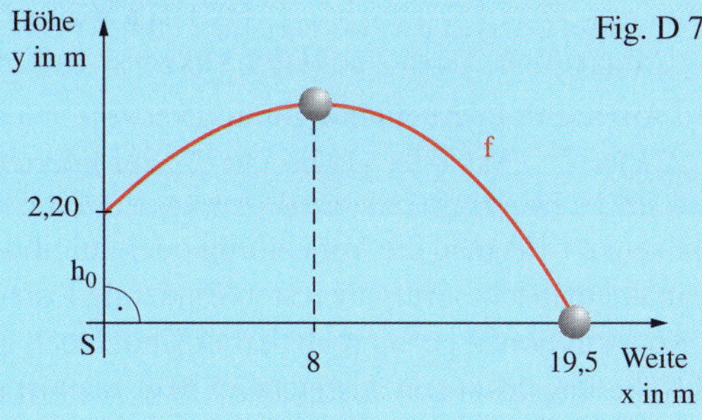

Fig. D 78

Fig. D 78 zeigt die Flugbahn einer Kugel. Bestimmt werden soll eine Funktion 2. Grades $f(x) = ax^2 + bx + c$, welche die Flugbahn näherungsweise beschreibt.

Aus den Angaben in Fig. D 78 lassen sich folgende Eigenschaften der gesuchten Funktion ablesen:

- Die Abflughöhe h_0 beträgt 2,20 m, d.h. $f(0) = 2{,}20$.
- Der höchste Punkt der Flugbahn wird nach 8 m erreicht, also ist $f'(8) = 0$.
- Die Kugel landet bei 19,5 m, d.h. $f(19{,}5) = 0$.

Daraus ergeben sich folgende Beziehungen zur Bestimmung von a, b und c in der Gleichung $f(x) = ax^2 + bx + c$:

(1) $f(0) = 2{,}20$, also $c = 2{,}20$.

(2) $f'(8) = 0$: Mit $f'(x) = 2ax + b$ folgt $0 = 16a + b$ und $b = -16a$.

(3) $f(19{,}5) = 0$, also $19{,}5^2 a + 19{,}5b + 2{,}20 = 0$. Wegen $b = -16a$ erhält man daraus die Gleichung $380{,}25\,a - 312\,a + 2{,}20 = 0$ mit der Lösung $a \approx -0{,}032$ und daraus dann $b \approx 0{,}52$.

T2

Die Flugbahn der Kugel lässt sich also durch die Funktion $f(x) = -0{,}032x^2 + 0{,}52x + 2{,}20$ (näherungsweise) beschreiben. Unter Verwendung dieser Funktionsgleichung kann man nun z.B. das Maximum von f ermitteln:

$f(8) = -0{,}032 \cdot 64 + 0{,}52 \cdot 8 + 2{,}20$; $f(8) = 4{,}278$

Auf die Ausgangssituation bezogen heißt das: Die Kugel erreicht bei ihrem Flug eine maximale Höhe von etwa 4,28 m.

D 38

Beispiel D 38:

Gesucht ist eine ganzrationale Funktion $y = f(x)$ dritten Grades, die im Punkt P(1; 0) ein lokales Maximum besitzt. Außerdem möge f an der Stelle $x = 2$ eine Wendestelle haben. Die Wendetangente an dieser Stelle habe den Anstieg $m = -3$.

- Allgemeine Gleichungen:
  Eine ganzrationale Funktion 3. Grades sowie ihre 1. und 2. Ableitung haben folgende allgemeine Gleichungen: $f(x) = ax^3 + bx^2 + cx + d$; $f'(x) = 3ax^2 + 2bx + c$; $f''(x) = 6ax + 2b$

T2

- Umsetzung der gegebenen Eigenschaften von f in Gleichungen:
  a) Wegen Max(1; 0) ist $f(1) = 0 \Rightarrow$ (I) $a + b + c + d = 0$
  und $f'(1) = 0 \Rightarrow$ (II) $3a + 2b + c = 0$
  b) Wegen W (2; y_W) ist $f''(2) = 0 \Rightarrow$ (III) $12a + 2b = 0$
  c) Wegen $m = -3$ ist $f'(2) = -3 \Rightarrow$ (IV) $12a + 4b + c = -3$
- Lösung des Gleichungssystems:
  Zum Beispiel: (IV) – (II): (V) $9a + 2b = -3$
  (III) $12a + 2b = 0$
  Daraus folgt $a = 1$ und durch sukzessives Einsetzen $b = -6$, $c = 9$ und $d = -4$.
- Angabe des gesuchten Funktionsterms:
  $f(x) = x^3 - 6x^2 + 9x - 4$ besitzt die geforderten Eigenschaften (da auch $f''(1) = -6 < 0$ ist).

Nicht selten trifft man die Vorstellung oder zumindest die Erwartung an, dass bestimmte (insbesondere mathematische) Aufgaben stets eindeutig lösbar, Ergebnisse von Berechnungen exakt angebbar und Konstruktionen genau realisierbar sind. Doch gerade bei vielen Anwendungen der Mathematik sind Näherungslösungen ausreichend bzw. man ist darauf angewiesen, möglichst gute, dem jeweiligen Verwendungszweck genügende Näherungslösungen für das zugrunde liegende mathematische Problem zu finden oder zu nutzen, da ein Verfahren zur Ermittlung „genauer" Resultate (noch) nicht zur Verfügung steht, seine Verwendung zu aufwändig wäre u. Ä. In diesem Zusammenhang ist es häufig erforderlich, auch Funktionen (insbesondere nichtrationale Funktionen) durch andere (einfachere) Funktionen (in der Regel ganzrationale Funktionen) zu ersetzen, welche die gegebenen Funktionen möglichst gut annähern (sie möglichst gut *approximieren*[1)]) und deren Graphen dann mit denen der Ausgangsfunktion möglichst gut übereinstimmen. Das ist zum Beispiel der Fall, wenn man Werte von Funktionen zumindest näherungsweise ermitteln will, die man durch bloßes Einsetzen in die gegebene Funktionsgleichung nicht berechnen kann (z.B. $f_1(x) = \sqrt[3]{x}$, $f_2(x) = 2{,}5^x$, $f_3(x) = \sin x$), oder wenn man Werte bestimmter nichtrationaler Funktionen mit einer höheren Genauigkeit benötigt, als dies die vorhandenen Tafelwerke gestatten.

Wir wissen (s. Abschnitt A 2):
Als ganzrationale Funktion n-ten Grades bezeichnet man eine Funktion f, die durch eine Gleichung der Form $f(x) = a_n x^n + a_{n-1} x^{n-1} + a_{n-2} x^{n-2} + \ldots + a_1 x + a_o$ $(n \in \mathbb{N})$ dargestellt werden kann. Die Koeffizienten $a_n, a_{n-1}, a_{n-2}, \ldots, a_1, a_0$ sind reelle Zahlen mit $a_n \neq 0$. Da ein Term der Form $a_n x^n + a_{n-1} x^{n-1} + a_{n-2} x^{n-2} + \ldots + a_1 x + a_0$ ein **Polynom n-ten Grades** genannt wird, bezeichnet man die ganzrationale Funktion $f(x) = a_n x^n + a_{n-1} x^{n-1} + a_{n-2} x^{n-2} + \ldots + a_1 x + a_0 = \sum_{i=0}^{n} a_i x^i$ auch als **Polynomfunktion vom Grade n**. Es gilt also: Lässt sich eine rationale Funktion f als Polynom darstellen, dann ist f ganzrational.

Die Darstellung einer ganzrationalen Funktion durch ein Polynom ist eindeutig, denn die Annahme, dass zwei voneinander verschiedene Polynome dieselbe ganzrationale Funktion darstellen können, führt auf einen Widerspruch. Des Weiteren lässt sich eine ganzrationale Funktionen f mit der Nullstelle x_0 in ein Produkt $f(x) = (x - x_0)\ f_R(x)$ aus dem Linearfaktor $(x - x_0)$ und der Restfunktion f_R zerlegen. f_R ist dann eine ganzrationale Funktion vom Grade $(n - 1)$.

1) approximare (lat.) – sich annähern

Daraus ergibt sich eine Vermutung, die wir hier ohne Beweis mitteilen: *Eine ganzrationale Funktion (Polynomfunktion) n-ten Grades besitzt im Bereich der reellen Zahlen höchstens n verschiedene Nullstellen.* Für die nachfolgenden Betrachtungen freilich noch bedeutsamer ist die Tatsache, dass eine ganzrationale Funktion (Polynomfunktion) n-ten Grades durch (n + 1) geordnete Paare $(x_i; f(x_i))$ eindeutig bestimmt ist.

D 39

Beispiel D 39:
Der Graph einer ganzrationalen Funktion 3. Grades verlaufe durch die Punkte $P_1(1; -17)$, $P_2(0; 3)$, $P_3(-1; 29)$ und $P_4(2; -25)$. Die Funktionsgleichung ist zu bestimmen.

Die Gleichung einer Polynomfunktion 3. Grades in allgemeiner Form lautet:
$f(x) = a_3x^3 + a_2x^2 + a_1x + a_0$
Einsetzen der gegebenen Wertepaare $(x_i; f(x_i))$ führt auf das zu lösende Gleichungssystem:

TI-92
T2

$$\begin{array}{lrcl} \text{(I)} & -17 &=& a_3 + a_2 + a_1 + a_0 \\ \text{(II)} & 3 &=& a_0 \\ \text{(III)} & 29 &=& -a_3 + a_2 - a_1 + a_0 \\ \text{(IV)} & -25 &=& 8a_3 + 4a_2 + 2a_1 + a_0 \end{array}$$

Das Gleichungssystem wird schrittweise gelöst. Unmittelbar ergibt sich $a_0 = 3$. Addition von (I) und (III) führt auf $12 = 2a_2 + 2a_0$. Damit ist $a_2 = 3$.
Durch Multiplikation von (III) mit 2 und Addition der neu entstandenen Gleichung zu (IV) erhält man:

$33 = 6a_3 + 6a_2 + 3a_0$ bzw. $33 = 6a_3 + 27$ und somit $a_3 = 1$.

Aus (I) folgt
$-17 = 1 + 3 + a_1 + 3$ bzw. $a_1 = -24$.
Damit sind die Koeffizienten a_3, a_2, a_1 und a_0 bestimmt. Die gesuchte Funktionsgleichung lautet
$f(x) = x^3 + 3x^2 - 24x + 3$.
Fig. D 79 zeigt die Lösung des Gleichungssystems mit GTA.

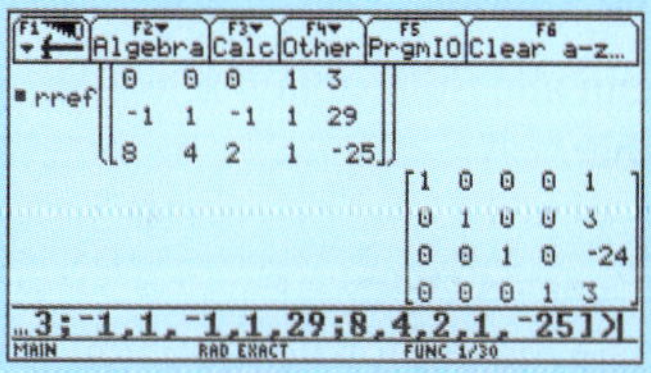

Fig. D 79

Geometrisch bedeutet das, dass durch (n + 1) Punkte mit verschiedenen Abszissen genau eine Parabel[1)] n-ter Ordnung festgelegt ist. Daraus ergibt sich eine wichtige Anwendung:

Häufig sind von einer beliebigen Funktion nur die Werte an bestimmten Stellen $x_1, x_2, \ldots x_n$, den so genannten **Stützstellen**, bekannt. Die entsprechenden Funktionswerte $f(x_1), f(x_2), \ldots, f(x_n)$ werden demzufolge **Stützwerte** genannt. Die Aufgabe besteht nun darin, für eine beliebige Stelle x, die zwischen zwei benachbarten Stützstellen liegt, den Funktionswert f(x) zu berechnen. Ist die exakte Berechnung von f(x) mit elementaren Mitteln nicht möglich oder mit einem übermäßigen Rechenaufwand verbunden, so versucht man, den Funktionswert f(x) näherungsweise zu bestimmen (ihn zu approximieren). Ein solches Verfahren wird schlechthin als **Interpolation** bezeichnet.

Allgemein geht es bei der Interpolation darum, *Näherungsfunktionen* zu finden, die an den Stützstellen x_i genau die Stützwerte $f(x_i)$ annehmen. Da Polynome einerseits die einfachsten Funktionsterme sind und andererseits sich jede stetige Funktion beliebig gut durch Polynome annähern lässt, so versucht man, die Funktion f(x) durch ein Polynom zu **approximieren.**

1) Mit *Parabel* bezeichnet man allgemein die Graphen ganzrationaler Funktionen.

Das einfachste Interpolationsverfahren ist die so genannte *lineare Interpolation*. Man benötigt dazu nur zwei Stützstellen x_1 und x_2 mit den Stützwerten $f(x_1)$ und $f(x_2)$. Bei diesem Verfahren wird die Funktion $f(x)$ durch eine lineare Funktion ersetzt, deren Graph durch die Punkte $(x_1; f(x_1))$ und $(x_2; f(x_2))$ verläuft (Fig. D 80). Die lineare Interpolation bildet die Grundlage des Ablesens von Zwischenwerten in Tafelwerken, z. B. bei Winkelfunktionen oder Logarithmen.

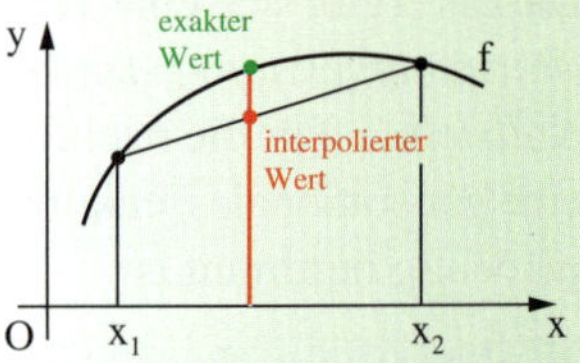

Fig. D 80

Entsprechend den obigen Ausführungen lautet die **Grundaufgabe der Interpolation** (im engeren Sinn)[1]:

Man bestimme ein möglichst einfaches Polynom, das an den Stützstellen die Stützwerte annimmt.

Dieses Interpolationspolynom wählt man als Näherungsfunktion für die Funktion f. Zu seiner Bestimmung gibt es verschiedene Methoden, die aber alle wegen der Eindeutigkeit der Polynomdarstellung zu demselben Polynom führen. Eine mögliche Methode ist der im Beispiel D 39 demonstrierte **Polynomansatz**:

Man setzt das Polynom in der allgemeinen Form $p(x) = a_n x^n + a_n x^{n-1} + \ldots + a_1 x + a_0$ mit den unbestimmten Koeffizienten $a_0, a_1, \ldots, a_n$ an und fordert, dass der zugehörige Graph durch die $(n + 1)$ Punkte mit den Koordinaten $(x_i; f(x_i))$ $(i = 0, 1, \ldots, n)$ verläuft. Damit erhält man $(n + 1)$ Gleichungen zum Bestimmen der Koeffizienten $a_0, a_1, \ldots, a_n$:

$$\begin{aligned} f(x_0) &= a_n \cdot x_0{}^n + a_{n-1} \cdot x_0{}^{n-1} + \ldots + a_1 \cdot x_0 + a_0 \\ f(x_1) &= a_n \cdot x_1{}^n + a_{n-1} \cdot x_1{}^{n-1} + \ldots + a_1 \cdot x_1 + a_0 \\ &\vdots \\ f(x_n) &= a_n \cdot x_n{}^n + a_{n-1} \cdot x_n{}^{n-1} + \ldots + a_1 x_n + a_0 \end{aligned}$$

Wenn alle Stützstellen x_i voneinander verschieden sind, dann ist das Gleichungssystem eindeutig lösbar.

D 40

T2

Beispiel D 40:

Die nichtrationale Funktion $f(x) = \sqrt{x}$, $x \geq 0$, ist durch ein Polynom 2. Grades zu approximieren, das durch die Punkte $P_1(1; 1)$, $P_2(1{,}21; 1{,}1)$ und $P_3(1{,}44; 1{,}2)$ verläuft.

Der Polynomansatz $p(x) = a_2 \cdot x^2 + a_1 x + a_0$ liefert mit den Koordinaten der gegebenen Punkte das Gleichungssystem:

$$\begin{aligned} &\text{(I)} & 1 &= a_2 + a_1 + a_0 \\ &\text{(II)} & 1{,}1 &= 1{,}4641 a_2 + 1{,}21 a_1 + a_0 \\ &\text{(III)} & 1{,}2 &= 2{,}0736 a_2 + 1{,}44 a_1 + a_0 \end{aligned}$$

Dieses Gleichungssystem besitzt (gerundet) die Lösung $a_2 = -0{,}0941$, $a_1 = 0{,}6842$ sowie $a_0 = 0{,}4099$ (Fig. D 81). Das Näherungspolynom p für $f(x) = \sqrt{x}$ hat demzufolge die Gestalt $p(x) = -0{,}0941x^2 + 0{,}6842x + 0{,}4099$. Die näherungsweise Berechnung des Funktionswerts z. B. an der Stelle $x_1 = 1{,}3$ ergibt $\sqrt{1{,}3} \approx 1{,}1403$ – der Taschenrechnerwert für $\sqrt{1{,}3}$ ist mit 1,14018 geringfügig kleiner. Bereits für $x_2 = 2$ und mehr noch für den außerhalb des eingangs vorgegebenen „Stützstellenbereichs" liegenden Wert $x_3 = 3$ ist die Differenz zu den Taschenrechnerwerten jedoch schon wesentlich größer (Fig. D 82). Auch Fig. D 83 zeigt, dass die Graphen von f und p etwa für [1; 1,4] gut übereinstimmen, dann aber schnell „auseinanderlaufen".

[1] Von *Interpolation im weiteren Sinne* spricht man, wenn die Näherungsfunktionen, die eine Funktion $f(x)$ möglichst gut approximieren, im Allgemeinen nicht exakt durch die Punkte verlaufen, die durch die bekannten Stützstellen und Stützwerte festgelegt sind.

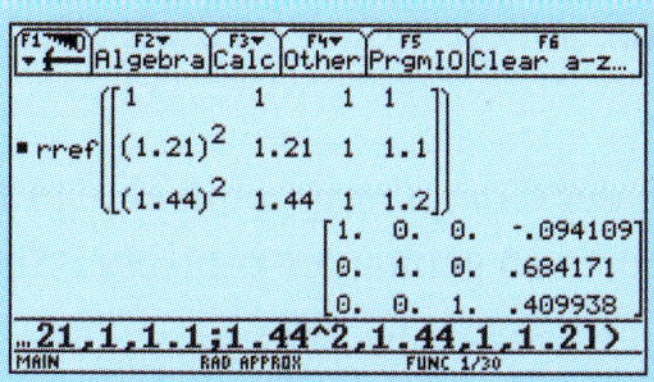

Fig. D 81

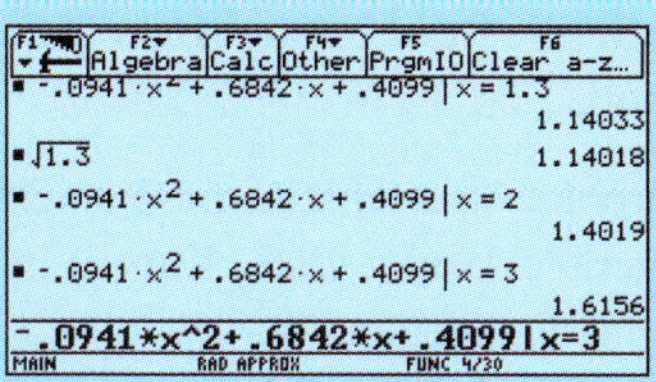

Fig. D 82

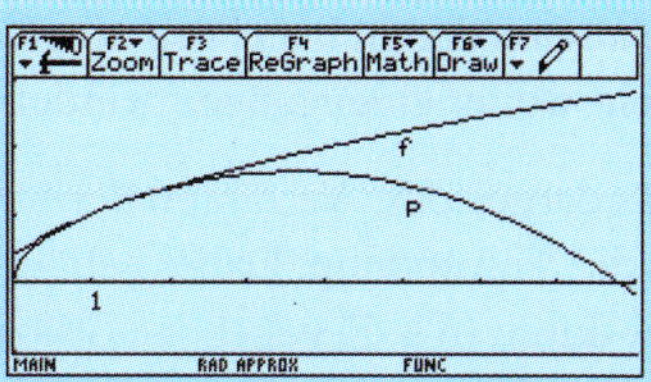

Fig. D 83

T3

Beispiel D 41:

D 41

Die Sinusfunktion f(x) = sin x ist im Intervall $[0; \frac{\pi}{2}]$ durch ein Polynom 5. Grades anzunähern. Die Stützstellen seien 0, $\frac{\pi}{6}$, $\frac{\pi}{4}$ und $\frac{\pi}{2}$.

Da die Sinusfunktion eine ungerade Funktion ist, kann sie nur durch Polynome angenähert werden, die ausschließlich ungerade Potenzen von x enthalten. Wir setzen daher an:

$p(x) = a_5 \cdot x^5 + a_3 \cdot x^3 + a_1 \cdot x.$

Mit $f(0) = 0$, $f(\frac{\pi}{6}) = \frac{1}{2}$, $f(\frac{\pi}{4}) = \frac{1}{2} \cdot \sqrt{2}$ und $f(\frac{\pi}{2}) = 1$ ergeben sich die Gleichungen:

$$\begin{array}{llcl}
\text{(I)} & 0 & = & 0 \cdot a_5 + 0 \cdot a_3 + 0 \cdot a_1 \\
\text{(II)} & \frac{1}{2} & = & (\frac{\pi}{6})^5 \cdot a_5 + (\frac{\pi}{6})^3 \cdot a_3 + (\frac{\pi}{6}) \cdot a_1 \\
\text{(III)} & \frac{1}{2}\sqrt{2} & = & (\frac{\pi}{4})^5 \cdot a_5 + (\frac{\pi}{4})^3 \cdot a_3 + (\frac{\pi}{4}) \cdot a_1 \\
\text{(IV)} & 1 & = & (\frac{\pi}{2})^5 \cdot a_5 + (\frac{\pi}{2})^3 \cdot a_3 + (\frac{\pi}{2}) \cdot a_1
\end{array}$$

Gleichung (I) wird von beliebigen a_5, a_3 und a_1 erfüllt. Das aus den Gleichungen (II) bis (IV) bestehende Gleichungssystem besitzt (gerundet) die Lösung $a_5 = 0{,}0077$, $a_3 = -0{,}1662$ und $a_1 = 0{,}9999$ (Fig. D 84).

T2

Das Näherungspolynom für f(x) = sin x hat also die Gleichung

$p(x) = 0{,}0077x^5 - 0{,}1662x^3 + 0{,}9999x.$

Vergleicht man die mittels p(x) errechneten Funktionswerte z. B. an den Stellen $x_1 = \frac{\pi}{5}$, $x_2 = \frac{\pi}{3}$ und $x_3 = 1{,}3$ mit den entsprechenden Taschenrechnerwerten, so ist in diesem Bereich eine sehr gute Übereinstimmung festzustellen (Fig. D 85, 2. und 4. Zeile), was sich auch im Verlauf der Graphen von f und p ausdrückt (Fig. D 86). Außerhalb des „Stützstellenintervalls" erhöht sich aber auch hier rasch die Differenz.

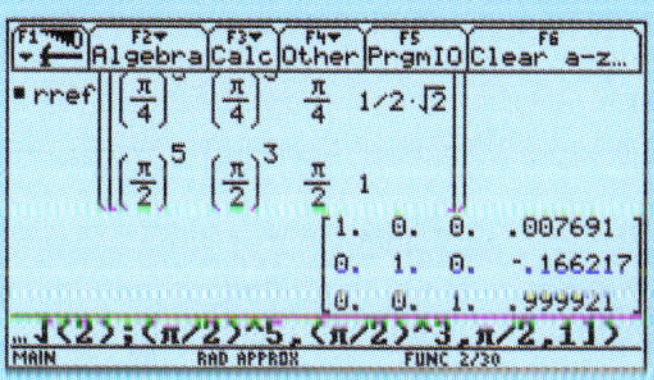

Fig. D 84

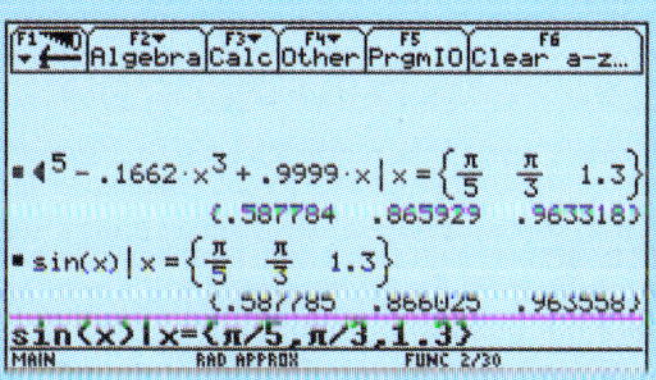

Fig. D 85

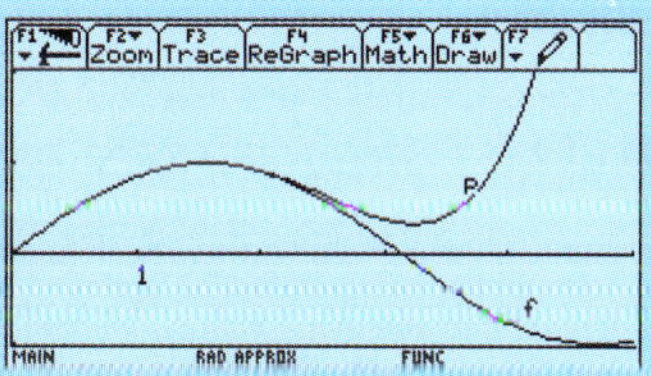

Fig. D 86

T3

Grundsätzlich lässt sich jedes Interpolationsproblem durch den Polynomansatz lösen: Der Ansatz ist relativ einfach, die Bestimmung der Koeffizienten des Interpolationspolynoms zum Teil jedoch mit erheblichem Rechenaufwand verbunden, vor allem, wenn eine größere Zahl von Stützwerten zu berücksichtigen ist. Das Verfahren ist demzufolge nur bei einfachen Zahlen und einer geringen Anzahl von Stützstellen zweckmäßig. Außerdem hat es den Nachteil, dass die Hinzunahme weiterer Punkte eine völlig neue Rechnung erfordert. Aus diesen Gründen haben J.-L. LAGRANGE (1736–1813) und

I. NEWTON (1643–1727) den Ansatz für das Interpolationspolynom etwas anders gewählt und gelangten dadurch zu Formeln, die für die Berechnung einfacher sind, auf die jedoch an dieser Stelle nicht weiter eingegangen werden soll.

Das dargestellte Verfahren der Interpolation erfährt zum Beispiel in der Computergraphik eine praktische Anwendung. Dabei geht es gerade darum, glatte Kurven in Form so genannter *kubischer Splines* durch (n + 1) gegebene Stützpunkte zu legen.

Die obigen Überlegungen zum Ermitteln der Gleichungen von Funktionen können wir nun auch für die Bearbeitung des auf der Kapiteleinstiegsseite (S. 131) dargestellten Problems nutzen.

D 42

T1

Beispiel D 42:
Wir wählen für die mathematische Beschreibung des Sachverhalts von S. 131 beispielsweise ein solches Koordinatensystem, dass sich Turnstedt (T) auf dessen Abszissenachse und 32 (km) vom Ursprung entfernt befindet, also die Koordinaten (–32; 0) besitzt. Dann hat Putkau (P) die Koordinaten P(0; 0,250).

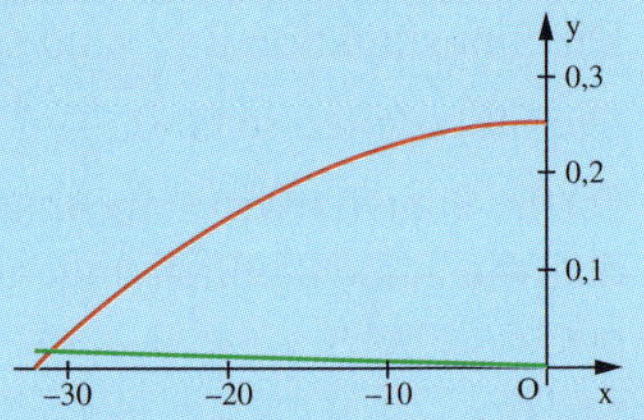

Fig. D 87

Es folgt für $y = f(x) = ax^2 + b$:
$b = 0{,}25$; $\quad 0 = a \cdot (-32)^2 + 0{,}25$,

also $a = -\frac{25}{102400} = -\frac{5}{20480} \approx -0{,}000244$

und damit $y = f(x) = -0{,}000244\,x^2 + 0{,}25$ sowie $f'(x) = -0{,}000488\,x$

Diese Ableitungsfunktion, die den Anstieg von f angibt, ist als lineare Funktion in ihrem gesamten Definitionsbereich (hier) streng monoton fallend. Sie besitzt keine lokalen Extremwerte innerhalb des Intervalls [–32; 0]; die Funktionswerte an den Intervallenden sind zugleich das globale Maximum bzw. Minimum von f'.
Da $f'(-32) = -0{,}000488 \cdot (-32) = 0{,}0156\ldots < 0{,}1$, würde der Anstieg der Trassenführung auch im Anfangsbereich den erlaubten Maximalwert nicht übersteigen[1].
Die Steigung beträgt in Turnstedt rund 1,56 %, in Cecilienhain (mit C(24,38; 0,105) und $f'(24{,}38) \approx 0{,}0119$) rund 1,19 % und in Putkau (entsprechend der Sachverhaltbeschreibung) natürlich 0 %.

Aufgaben

D 212 *(↗ Beispiel D 37, S. 199)*

Nebenstehende Figur zeigt die Flugbahn des Körperschwerpunktes eines Weitspringers.
Finden Sie mithilfe der Angaben in der Zeichnung eine Funktion 2. Grades, die diese Bahn beschreibt (alle Maße in m)!

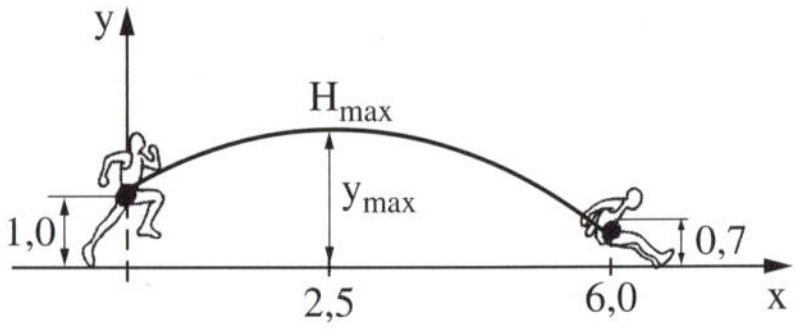

D 213 Wie lautet die Funktionsgleichung einer ganzrationalen Funktion 3. Grades, die an der Stelle $x_e = 2$ eine lokale Extremstelle hat, deren Punkt W(3; 8) Wendepunkt ist und die an der Stelle $x_t = 0$ eine Tangente mit dem Anstieg m = 24 besitzt?

[1] Wir verstehen hier *Steigung* als das Verhältnis von Höhenzuwachs zu horizontaler Entfernung, also als Tangens des zugehörigen Winkels. Bei einer Steigung von 10 % würde die Trasse demzufolge auf 10 m horizontale Entfernung um 1 m ansteigen.

D 214 Wie heißt die Funktionsgleichung einer ganzrationalen Funktion 4. Grades, die an der Stelle $x_s = 0$ einen Sattelpunkt und an der Stelle $x_e = 2$ eine lokale Extremstelle hat? Außerdem hat diese Funktion im Punkt P(1; –0,5) eine Tangente mit dem Anstieg m = –6.

D 215 Ermitteln Sie jeweils die Funktionsgleichung! Überprüfen Sie in jedem Fall die ermittelte Funktionsgleichung durch eine Darstellung des Graphen mittels GTA!

a) Vom Graphen einer ganzrationalen Funktion dritten Grades sind folgende Punkte gegeben: $P_1(0; 1)$, $P_2(1; 0)$, $P_3(-1; -4)$, $P_4(2; -1)$.

b) Vom Graphen einer ganzrationalen Funktion dritten Grades sind folgende Punkte bekannt: $P_1(0; 3)$, $P_2(1; 1)$, $P_3(2; -3)$, $P_4(4; 7)$.

c) Vom Graphen einer ganzrationalen Funktion dritten Grades kennt man den lokalen Maximumpunkt H(1; 5) und den lokalen Minimumpunkt T(–1; 1).

d) Vom Graphen einer ganzrationalen Funktion dritten Grades kennt man den lokalen Maximumpunkt H(1; 6) und den lokalen Minimumpunkt T(3; 2).

e) Der Graph einer ganzrationalen Funktion dritten Grades hat im Koordinatenursprung einen Wendepunkt. Der Anstieg der Wendetangente ist m = –0,9. Gegeben ist außerdem der Punkt P(3; 0) dieser Funktion.

f) Beim Graphen einer ganzrationalen Funktion dritten Grades ist W(0; 3) ein Wendepunkt. Der Anstieg der Tangente im Punkt P(2; 9) ist m = 11.

g) Vom Graphen einer ganzrationalen Funktion dritten Grades sind der Wendepunkt W(3; –10) und der lokale Minimumpunkt T(5; –26) bekannt.

h) Vom Graphen einer ganzrationalen Funktion vierten Grades sind der Punkt P(0; 2) und der lokale Minimumpunkt T(1; 1) bekannt. Außerdem weiß man, dass der Graph achsensymmetrisch zur y-Achse liegt.

i) Der Graph einer ganzrationalen Funktion dritten Grades geht durch P(0; 1) und hat in W(1; –1) einen Wendepunkt; der Anstieg der Wendetangente ist m = 2.

j) Beim Graphen einer ganzrationalen Funktion vierten Grades ist T(–2; –5) lokaler Minimumpunkt, der Punkt S(0; 1) Terrassen- oder Sattelpunkt.

k) Der punktsymmetrisch zum Koordinatenursprung liegende Graph einer ganzrationalen Funktion dritten Grades hat in T(1; –3) einen lokalen Minimumpunkt.

l) Der punktsymmetrisch zum Koordinatenursprung liegende Graph einer ganzrationalen Funktion dritten Grades hat in P(2; 6) einen Tangentenanstieg von m = 19.

m) Eine ganzrationale Funktion f vierten Grades besitzt eine lokale Extremstelle $x_1 = 0$. Der Graph von f hat einen lokalen Minimumpunkt T(1; 0) sowie an der Stelle $x_2 = 2$ eine Tangente mit der Gleichung $y = 24x - 39$.

n) Eine ganzrationale Funktion vierten Grades hat bei $x_1 = -2$ eine lokale Extremstelle, ihr Graph in T(1; 1) einen lokalen Minimumpunkt sowie an der Stelle $x_m = 0$ eine Tangente mit der Gleichung $y = -4x + 5$.

o) Von einer ganzrationalen Funktion vierten Grades ist die Stelle $x_1 = 0$ eine lokale Extremstelle und die Stelle $x_2 = -1$ eine Terrassenpunktstelle. Außerdem besitzt der Graph der Funktion an der Stelle $x_m = -2$ eine Tangente mit der Gleichung $y = -24x - 47$.

D 216 Gesucht ist eine ganzrationale Funktion y = f(x) dritten Grades, die an der Stelle $x_0 = -1$ eine Nullstelle besitzt, an der Stelle $x_W = -2$ eine Wendestelle aufweist und die Gleichung von deren Wendetangente mit $y = 3x + 2{,}5$ beschrieben werden kann.

D 217 Bestimmen Sie jeweils eine Funktion 3. Grades mit folgenden Eigenschaften:

a) $P_E(0; 0)$ ist ein lokaler Extrempunkt und $P_W(-1; -2)$ ist Wendepunkt von f.

b) $x_0 = -2$ ist Nullstelle und $x_W = 0$ ist Wendestelle mit der Wendetangente $y = f_t(x) = \frac{1}{3}x + 2$.

D 218 In nebenstehender Figur ist die Produktionsmenge eines Betriebes in Abhängigkeit vom Arbeitseinsatz (Anzahl der Beschäftigten) dargestellt. Es ist eine ganzrationale Funktion f 3. Grades zu bestimmen, für die folgende Bedingungen bekannt sind:

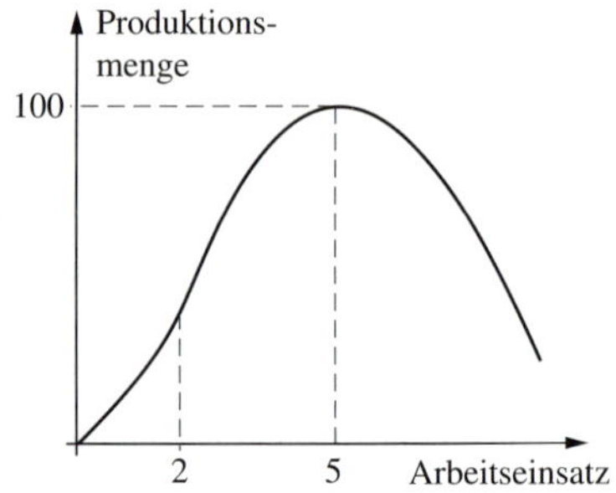

- Der Graph der Funktion verläuft durch den Koordinatenursprung,
- der Punkt (5; 100) gehört ebenfalls zum Graphen der Funktion,
- an der Stelle $x_E = 5$ besitzt die Funktion ein Maximum,
- an der Stelle $x_W = 2$ besitzt f eine Wendestelle.

Interpretieren Sie den Verlauf des Graphen!

D 219 Zeigen Sie, dass eine gegebene ganzrationale Funktion f nicht durch zwei verschiedene Polynome p_1 und p_2 dargestellt werden kann (Eindeutigkeit der Polynomdarstellung)!

D 220 Überprüfen Sie, ob bzw. unter welchen Bedingungen durch die Gleichungen

a) $f(x) = \sqrt{2}\,x^3 + \pi x^2 - \frac{2}{3}x + 4$

b) $g(x) = 2(x^2 - 1)^2 + \pi x^2(x - 1)$

c) $h(x) = x^2 + 1 - (x^2 - 1)\cdot(x + 1)^{-2}$

d) $k(x) = 10^{2\lg(x-2)} + 3e^{-\ln\frac{1}{x}}$ $(x > 2)$

ganzrationale Funktionen beschrieben werden!

D 221 Die Graphen ganzrationaler Funktionen 3. Grades verlaufen jeweils durch die nachfolgend gegebenen drei Punkte.

a) $P_1(1; -21)$; $P_2(-2; 45)$; $P_3(-3; 47)$; $P_4(3; 5)$

b) $P_1(0; 20)$; $P_2(1; -1)$; $P_3(2; 2)$; $P_4(-2; 38)$

c) $P_1(-1; 32)$; $P_2(2; 8)$; $P_3(0; 22)$; $P_4(-5; -48)$

d) $P_1(-2; 0{,}6)$; $P_2(-1; 2{,}7)$; $P_3(0; 1)$; $P_4(2; 5{,}4)$

Es sind die Funktionsgleichungen zu ermitteln. Überprüfen Sie Ihr Resultat mithilfe eines GTA!

D 222 Es ist die Polynomfunktion f vom Grad $n \leq 3$ zu bestimmen, die an den Stellen $x_0 = -2$; $x_1 = -1$; $x_2 = 1$ und $x_3 = 2$ die Werte $f(x_0) = -17$; $f(x_1) = -3$; $f(x_2) = 1$ und $f(x_3) = 3$ annimmt.

D 223 Von einer ganzrationalen Funktion f sind die in der nachfolgenden Tabelle gegebenen Wertepaare bekannt.

x	1	2	3	4	5
y	2	4	8	16	30

Die Gleichung der Funktion f ist zu bestimmen.

D 224 Die Sinusfunktion soll durch eine quadratische Funktion so approximiert werden, dass beide Funktionen an den Stellen $0; \frac{\pi}{6}; \frac{\pi}{2}$ übereinstimmen.

D 225 Die Kosinusfunktion ist durch eine ganzrationale Funktion 4. Grades anzunähern, deren Graph mit dem von $f(x) = \cos x$ die Punkte $P_1(-\frac{\pi}{2}; 0)$; $P_2(-\frac{\pi}{3}; \frac{1}{2})$; $P_3(0; 1)$; $P_4(\frac{\pi}{3}; \frac{1}{2})$ und $P_5(\frac{\pi}{2}; 0)$ gemeinsam hat.

D 226 Die Funktion $f(x) = \sqrt{1 + x}$, $x \geq -1$; ist durch ein Polynom 3. Grades anzunähern, das an den Stellen $x_0 = 0$; $x_1 = 1$; $x_2 = 2$; $x_3 = 3$ mit $f(x_i)$ übereinstimmt.

D 7 Extremwertprobleme

Eines der vielen wichtigen Anwendungsgebiete der Differentialrechnung ist das Lösen von Extremwertaufgaben. Es geht dabei – vereinfacht ausgedrückt – um das Ermitteln *derjenigen* Lösung aus der Menge *aller* Lösungen für ein bestimmtes (praktisches) Problem, die unter Berücksichtigung vorgegebener Bedingungen die *optimale Variante* darstellt.

Die hierfür genutzte Strategie lässt sich folgendermaßen kennzeichnen:

- Um die Hilfsmittel der Extremwertberechnung anwenden zu können, beschreibt man zunächst die den jeweiligen Sachverhalt kennzeichnenden Zusammenhänge mittels einer Funktion (*Zielfunktion*), in der als *abhängige* Variable gerade *diejenige Größe* auftritt, welche einen *Extremwert* annehmen soll.
- Enthält diese Zielfunktion *mehrere unabhängige* Variable, dann versucht man, deren Anzahl durch Verwendung weiterer sich aus der Aufgabe ergebenden Bedingungen (Nebenbedingungen) bis auf *eine Variable* zu reduzieren und bestimmt ein für die Lösung sinnvolles abgeschlossenes Intervall (meist der Definitionsbereich).
- Die Lösung des Ausgangsproblems wird dann durch das *globale Extremum* der Zielfunktion im genannten Intervall angegeben.

Die anschließenden Beispiele verdeutlichen eine zweckmäßige Schrittfolge für die Umsetzung der oben skizzierten Lösungsstrategie. Sie machen überdies deutlich, dass für den mathematischen Modellierungsprozess das Anfertigen einer Skizze in den meisten Fällen einen ersten wichtigen Arbeitsschritt darstellt.

D 43

Beispiel D 43:
Aus einem quadratischen Stück Blech mit der Seitenlänge a = 20,0 cm werden an den Enden Quadrate herausgeschnitten und die verbleibenden Rechteckflächen so nach oben gebogen, dass eine nach oben geöffnete Schachtel entsteht (Fig. D 88).

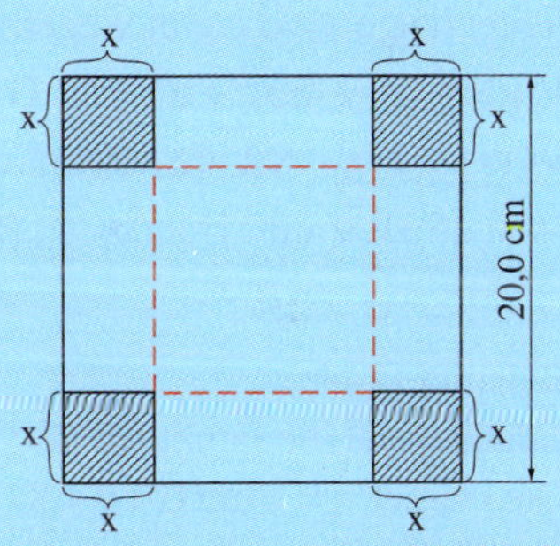

Fig. D 88

Wie ist die Seitenlänge der herauszuschneidenden Quadrate zu wählen, damit auf diese Weise eine Schachtel mit maximalem Volumen hergestellt werden kann?
(Die Blechstärke bleibt unberücksichtigt.)

(1) Analyse der Aufgabe:
Gegeben: Seitenlänge des Quadrates a = 20,0 (cm)
Gesucht: x so, dass das Volumen der Schachtel maximal wird

(2) Aufstellen der Funktion mit Extremalbedingung (Zielfunktion):

$V(x, y) = x \cdot y \cdot y = x \cdot y^2$

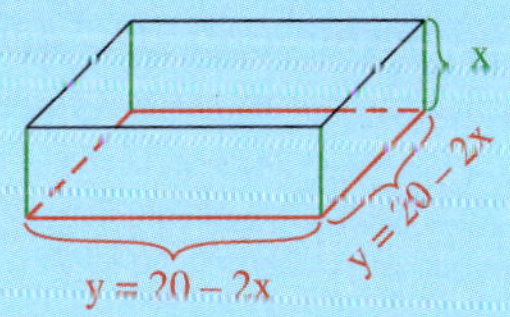

(3) Angabe von Nebenbedingungen:
Anhand der Skizze erkennt man, dass y = 20 – 2x ist.

(4) Einsetzen der Nebenbedingung in die Zielfunktion:

$V(x) = x \cdot (20 - 2x)^2 = x \cdot (400 - 80x + 4x^2)$, also

$V(x) = 4x^3 - 80x^2 + 400x$

TI-92
T11

(5) Festlegen des Definitionsbereiches:
Die Seitenlänge x der Quadrate kann nur zwischen 0 cm und 10 cm liegen. Ein sinnvoller Definitionsbereich (Fig. D 89) ist $D_V =]0;\, 10[$.

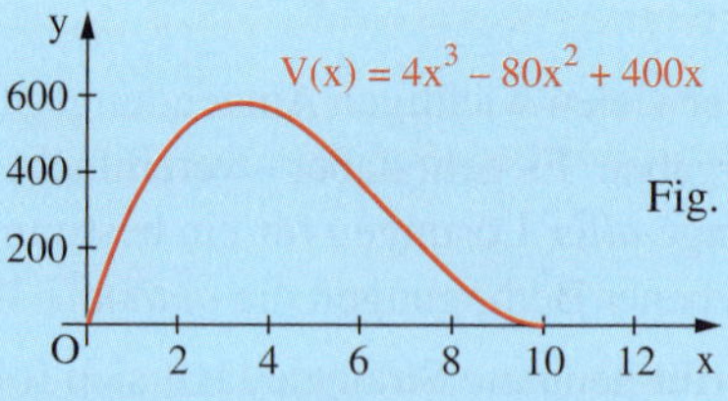

Fig. D 89

(6) Ableitungen der Zielfunktion:
$V'(x) = 12x^2 - 160x + 400$; $V''(x) = 24x - 160$

(7) Bestimmen des lokalen Extremums:
$V'(x) = 0 \Rightarrow 0 = 12x^2 - 160x + 400$, d.h., $x_{E_1} = 3,\bar{3}$. ($x_{E_2} = 10 \notin D_V$)
$V''(3,\bar{3}) = -80 < 0$; d.h., $x = 3,\bar{3}$ ist eine lokale Maximumstelle von V(x).

(8) Ermitteln des globalen Extremums:
Die lokale Extremstelle im Definitionsbereich ist auch die globale Extremstelle im Definitionsbereich, weil die Zielfunktion V(x) dort stetig ist und keine weiteren Extremstellen existieren (Fig. D 89). Erst bei Existenz (mindestens) einer zweiten Extremstelle (hier einer Minimumstelle) innerhalb des Definitionsintervalls könnte es nämlich geschehen, dass die Funktionswerte an den Intervallgrenzen u. U. größer als das ermittelte lokale Maximum sind.

(9) Interpretieren der errechneten Werte:
Für $x = 3,\bar{3}$ (cm) ist das Volumen der nach oben offenen Schachtel maximal.
Die Schachtel hat in der Praxis die Abmessungen: Höhe ≈ 3,3 cm; Breite ≈13,3 cm; Länge ≈ 13,3 cm und damit ein maximales Volumen von ca. 584 cm^3.

Bemerkung: Verallgemeinert man das Problem auf ein quadratisches Stück Blech mit beliebiger Seitenlänge a, so lautet wegen der Nebenbedingung y = a – 2x die Zielfunktion
$V(x) = 4x^3 - 4ax^2 + a^2x$ mit $D_V =]0;\, \frac{a}{2}[$. Die Ableitungen sind dann $V'(x) = 12x^2 - 8ax + a^2$, $V''(x) = 24x - 8a$; die Maximumstelle liegt bei $x_E = \frac{a}{6}$.
Man erhält somit: Höhe = $\frac{a}{6}$; Breite = Länge = $\frac{2}{3}a$; $V_{max} = \frac{2}{27}a^3$

D 44

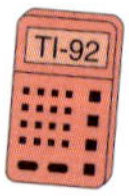

T11

Beispiel D 44:
Gegeben sei die Funktion $f(x) = 2x^3 - 12x^2 + 18x$.
Die Gerade x = u mit 0 < u < 3 ($u \in \mathbb{R}$) schneidet den Graphen von f im Punkt Q und die x-Achse im Punkt P. Man ermittle den Wert von u so, dass der Flächeninhalt des Dreiecks OPQ maximal ist und berechne diesen Inhalt.

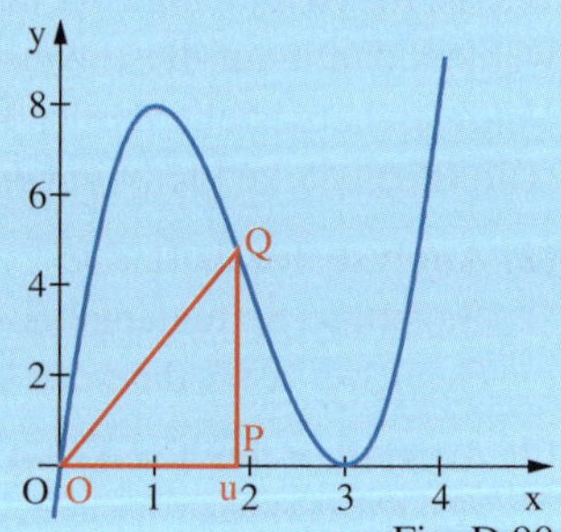

Fig. D 90

(1) Gegeben: $f(x) = 2x^3 - 12x^2 + 18x$ (s. Fig. D 90)
Gesucht: u so, dass der Flächeninhalt des Dreiecks OPQ maximal ist.

(2) $A(u, y) = \frac{1}{2} \cdot u \cdot y = \frac{1}{2} \cdot x \cdot f(x)$

(3) $y = f(u) = 2u^3 - 12u^2 + 18u$

(4) $A(u) = \frac{1}{2} \cdot u(2u^3 - 12u^2 + 18u) = u^4 - 6u^3 + 9u^2$

(5) $D_f = \{u;\, u \in \mathbb{R};\, 0 < u < 3\}$

(6) $A'(u) = 4u^3 - 18u^2 + 18u$; $A''(u) = 12u^2 - 36u + 18$

(7) $A'(u) = 0 \Rightarrow 0 = 4u^3 - 18u^2 + 18u = 4u \cdot (u^2 - 4,5u + 4,5)$
$u_{E_1} = 0 \notin D_f$; $u_{E_2} = 1,5$; $u_{E_3} = 3 \notin D_f$
$A''(1,5) = -9 < 0$, d.h.: u_{E_2} ist eine lokale Maximumstelle von A(u)

(8) $u_{E_2} = 1{,}5$ ist im Intervall (0; 3) auch gleichzeitig das globale Maximum, weil die Zielfunktion A(u) im untersuchten Intervall stetig ist und keine weiteren Extremstellen existieren.

(9) Für u = 1,5 hat das Dreieck OPQ den maximalen Flächeninhalt.
$f(u) = f(1{,}5) = 6{,}75;\ A_{max} = \frac{1}{2}\ u \cdot f(u) = \frac{1}{2} \cdot 1{,}5 \cdot 6{,}75 = 5{,}0625$ (FE).
(Zum gleichen Ergebnis gelangt man, wenn man u = 1,5 in die Zielfunktion A(u) einsetzt.)

Beispiel D 45:

D 45

Gegeben sind die Graphen der Funktionen $f(x) = x \cdot \ln x$ und $g(x) = x - 2$.
Man ermittle die Stelle x > 0, an der der Abstand dieser Graphen minimal wird. (Unter dem Abstand zweier Funktionen verstehen wir $d(x) = |f(x) - g(x)|$.)

(1) Gegeben: $f(x) = x \cdot \ln x$ und $g(x) = x - 2$
Gesucht: x > 0 so, dass der Abstand der Graphen von f und g minimal wird.

(2)/(3)/(4) $d(x) = |f(x) - g(x)| = |x \cdot \ln x - x + 2|$

(5) $x \in \mathbb{R};\ x > 0$

(6)/(7) Für die weitere Rechnung verwenden wir den GTA:
Auf dem Bildschirm sind links die beiden Funktionen dargestellt und rechts die Untersuchung der Zielfunktion.

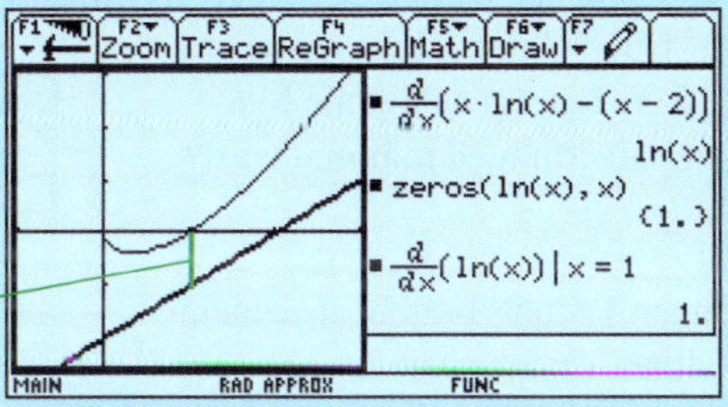

minimale Differenz
$d_{min} = 1$ LE

1. Ableitung der Zielfunktion
Nullstellen der Zielfunktion
Nachweis, dass lokales Minimum vorliegt

Fig. D 91

T11

(8) Da die Zielfunktion $d(x) = x \cdot \ln x - (x - 2)$ für alle x > 0 stetig ist und keine weiteren Extremstellen existieren, ist das lokale Minimum zugleich das globale Minimum.

(9) $d_{min} = |f(1) - g(1)| = |0 - (-1)| = 1$. Die minimale Differenz der Funktionswerte beträgt 1 LE.

Aufgaben

D 227 *(↗ Beispiel D 43, S. 207)*

Vor einer Werkhalle soll ein rechteckiger Lagerplatz mit einer Fläche von 450 m² angelegt werden. Dazu ist der Platz an 3 Seiten zu umzäunen, an der 4. Seite begrenzt ihn die Werkhalle. Die Abmessungen des Lagerplatzes sollen so gewählt werden, dass die Gesamtlänge des Zaunes minimal wird. Berechnen Sie für diesen Fall Länge und Breite des Platzes und die Gesamtlänge des Zaunes!

D 228 Ein Zaun von 40 m Länge soll dazu verwendet werden, eine rechteckige Fläche mit größtmöglichem Inhalt einzuschließen. Man ermittle die Länge a, die Breite b und den maximalen Flächeninhalt dieses Rechtecks.

D 229 Welches Rechteck mit dem Flächeninhalt 64 cm² hat den kleinsten Umfang?

D 230 Welche senkrechte Säule mit quadratischer Grundfläche und dem Rauminhalt von 8 dm^3 hat die kleinste Oberfläche?

D 231 Es sind quaderförmige Behälter mit einem Volumen von 12 m^3 herzustellen, bei denen die Breite halb so groß wie ihre Länge ist.
Welche Maße muss ein solcher Behälter haben, damit zu seiner Herstellung möglichst wenig Material verbraucht wird?

D 232 Ein Kantenmodell eines Quaders soll aus 4,8 dm Eisendraht hergestellt werden. Die Kantenlängen der Bodenfläche sollen sich wie 2 : 3 verhalten.
Berechnen Sie Breite, Höhe und Tiefe des Quaders mit maximalem Volumen!

D 233 Es sollen quaderförmige Transportkisten hergestellt werden, die ein maximales Fassungsvermögen haben und den folgenden zwei Bedingungen genügen:
(1) Die längste Seite der Kiste darf 80 cm nicht überschreiten.
(2) Die Summe aus Länge, Breite und Höhe der Kiste soll nicht mehr als 120 cm betragen.
Ermitteln Sie die Maße der Kiste!

D 234 Es soll eine quaderförmige Gehäusebox für 1 *l* Fassungsvermögen hergestellt werden, bei der sich die Längen der Grundfläche wie 2 : 3 verhalten.
Ermitteln Sie die Maße der Box so, dass der Oberflächeninhalt minimal ist!

D 235 Ein gemauerter Kabelkanal soll aus zwei identischen rechteckigen Röhren mit je 576 cm^2 Querschnittsfläche bestehen. Die Wandstärke des Kanals muss überall 12 cm betragen. Welche Maße muss der Kanal bekommen, damit der Materialverbrauch minimal wird?

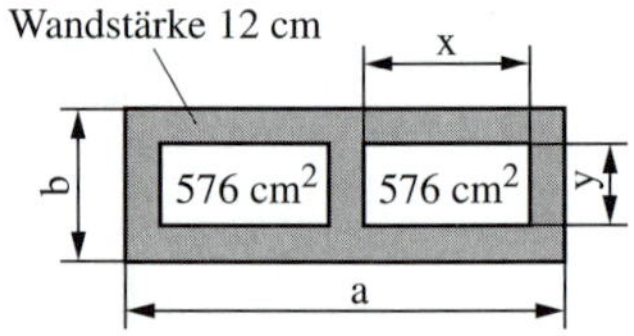

D 236 Der Querschnitt eines 25 m langen Tunnels besteht aus einem Rechteck mit aufgesetztem Halbkreis (siehe Abbildung). Der Umfang der Querschnittsfläche beträgt 18 m.
Wie ist der Radius des Halbkreises zu wählen, damit das Tunnelvolumen möglichst groß ist?

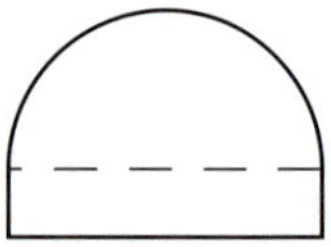

D 237 Ein Kreisausschnitt PQM habe einen Flächeninhalt von A = 100 cm^2.
Bestimmen Sie den Radius r und die Länge des Kreisbogens b für den Fall, dass der Umfang des Kreisbogens minimal wird!

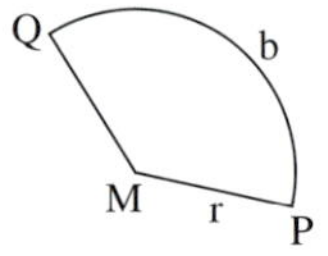

D 238 In einen Halbkreis mit dem Radius r = 10 cm soll ein Rechteck mit den Seiten a und b einbeschrieben werden (siehe Abb.).
Berechnen Sie a und b, so dass der Flächeninhalt des Rechtecks maximal ist! Auf den Nachweis des Maximums kann verzichtet werden.

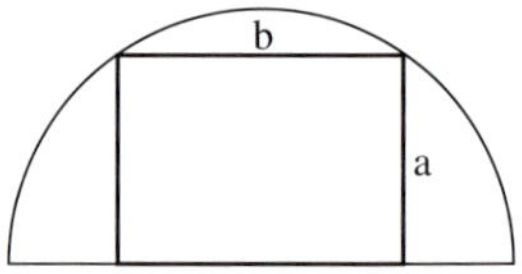

D 239 Der Dachboden eines Hauses soll ausgebaut werden, indem ein Zwischenboden b und zwei Wände der Höhe h eingezogen werden. Der Dachquerschnitt ist ein gleichschenkliges Dreieck mit den angegebenen Maßen.
Ermitteln Sie, wie man die Breite b und die Höhe h des Zimmers wählen soll, damit der Querschnitt möglichst groß ist!

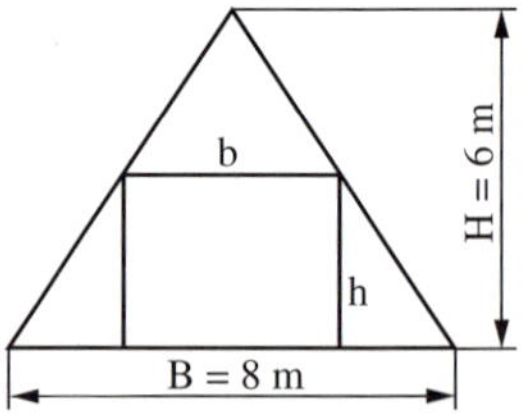

D 240 Aus dem abgebildeten Trapez ABCD soll ein Rechteck AEFG herausgeschnitten werden, das einen maximalen Flächeninhalt besitzt.
Berechnen Sie die Seitenlängen x und y des gesuchten Rechtecks!

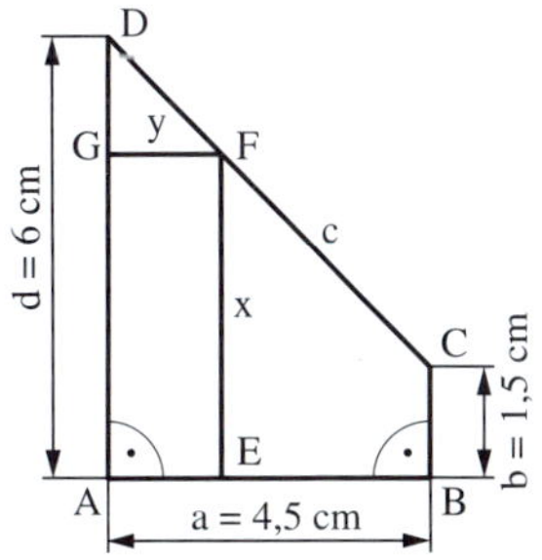

D 241 In ein beliebiges spitzwinkliges Dreieck mit der Grundseite g und der Höhe h soll ein Rechteck so einbeschrieben werden, dass eine Rechteckseite auf der Grundseite liegt und der Flächeninhalt des Rechtecks maximal ist.
Ermitteln Sie die Maße des Rechtecks in Abhängigkeit von g und h und geben Sie den maximalen Flächeninhalt an!

D 242 In das gleichschenklige Dreieck ABC soll ein Rechteck EFGH laut Skizze einbeschrieben werden.
Berechnen Sie die Seitenlängen x und y des Rechtecks mit maximalem Flächeninhalt! Wie groß ist der maximale Flächeninhalt?

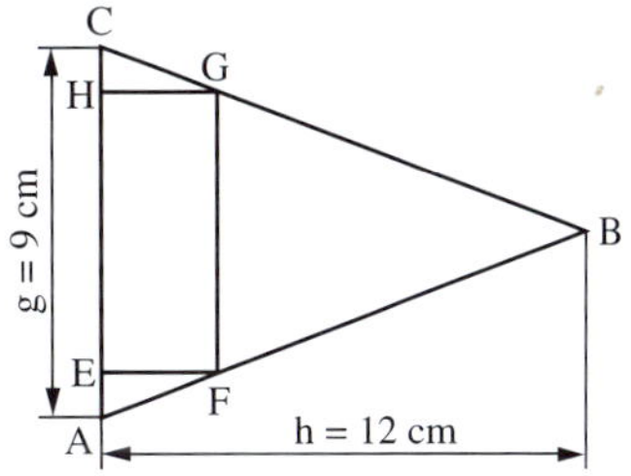

D 243 Aus einem Quadrat der Seitenlänge a wird ein Viereck ABCD herausgeschnitten (s. Abb.).
Wie ist x zu wählen, damit der Flächeninhalt des Rechtecks maximal wird?

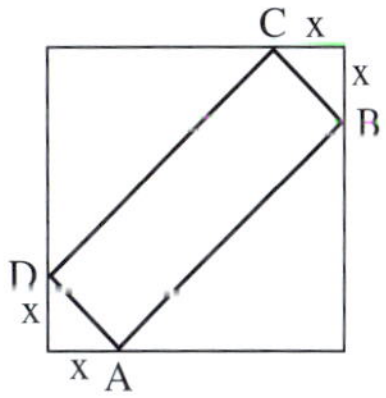

D 244 Gegeben sei ein Zahl x.
Man bilde das Produkt aus dem um 6 vergrößerten 4-fachen der Zahl x und dem um 7 verkleinerten Doppeltem der Zahl x.
Untersuchen Sie, für welche Zahl x dieses Produkt am kleinsten wird!

D 245 Für welche Zahl ist das Produkt aus dem Drittel der Zahl und der um 12 vergrößerten Zahl am kleinsten? Geben Sie das Minimum an!

D 246 Der Achsenquerschnitt eines Zylinders ist ein Rechteck ABCD, das einen festen Umfang von $u = 48$ cm hat.
Berechnen Sie den Radius r und die Höhe h desjenigen Zylinders, der unter diesen Bedingungen das größte Volumen hat!

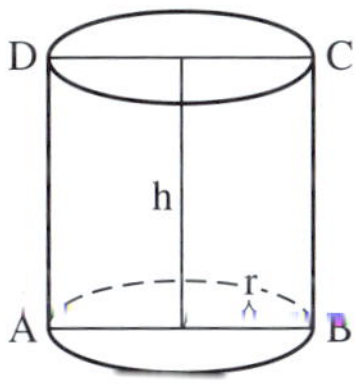

D 247 Eine zylindrische Dose soll aus genau 500 cm^2 Blech bestehen.
Ermitteln Sie, welchen Radius und welche Höhe die Dose haben muss, damit ihr Volumen maximal ist!

D 248 Ein zylinderförmiger Behälter soll 5 *l* Fassungsvermögen haben. Wie müssen Radius und Höhe gewählt werden, damit der Oberflächeninhalt minimal ist?

D 249 Eine zylindrische Werbesäule soll so konstruiert werden, dass sie bei 10 m^2 Werbefläche ein möglichst großes Volumen hat.
Bestimmen Sie den Grundkreisradius und die Höhe der Säule, wenn außer der Mantelfläche auch die Deckfläche bedruckt werden soll!

D 250 Aus einer Halbkugel mit dem Radius R = 6 cm wird ein Kegel herausgeschnitten, dessen Spitze der Mittelpunkt der Grundfläche der Halbkugel ist.
Berechnen Sie den Radius r und die Höhe h des Kegels mit maximalem Volumen!

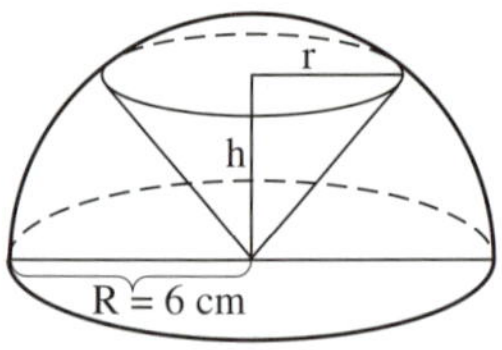

D 251 Eine Firma verkauft monatlich 8000 Paar Turnschuhe zum Preis von 50 €. Eine Marktforschungsanalyse hat ergeben, dass bei einer Preissenkung um 1 € pro Paar jeweils 200 Paar mehr (bei 2 € pro Paar 400 Paar usw.) abgesetzt werden könnten.
Untersuchen Sie, welcher Stückpreis für die Firma am günstigsten ist!

D 252 Einem Rotationsparaboloiden (Körper, der bei Rotation einer Parabel um ihre Achse entsteht) soll ein gerader Kreiszylinder mit maximaler Oberfläche einbeschrieben werden. Die Skizze zeigt den Achsenschnitt des Rotationsparaboloiden – eine quadratische Parabel.
Berechnen Sie die Maße des Zylinders!

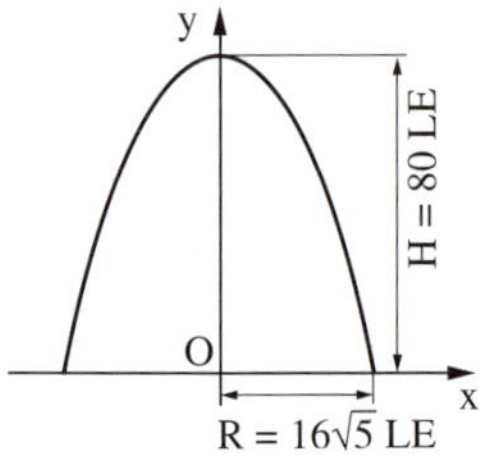

D 253 Pro Jahr benötigt eine Baufirma 1200 Dachplatten, die je Stück 60 € kosten. Die Lieferungen sollen gleichmäßig in k Teilen zu je x Stück erfolgen. Eine Lieferung verursacht Transportkosten in Höhe von 160 €. Die Kosten für die Zwischenlagerung der Platten beträgt 4,8 € pro Stück der Lieferung (d.h. 4,8 € · x). Ermitteln Sie, wie viele Lieferungen die Baufirma organisieren sollte, damit möglichst geringe Gesamtkosten entstehen! Berechnen Sie die Gesamtkosten für diesen Fall!

D 254 Ein Freizeitpark hat bei einem Eintrittspreis von 24 € durchschnittlich 600 Besucher (pro Tag). Würde man den Eintrittspreis um 1, 2, 3, 4, …, x € verringern, so stiege die Besucherzahl um 100, 200, 300, 400, …, 100x Personen.
Untersuchen Sie, bei welchem Eintrittspreis die Tageseinnahmen maximal sind! Wie groß sind die maximalen Einnahmen?

D 255 Ein Hersteller von Spezialglühlampen analysiert seine Produktion und stellt fest, dass sich die Produktionskosten (in €) mithilfe der Funktion $K(x) = \frac{2}{3}x^3 - 10x^2 + 52x + 20$ beschreiben lassen, wobei x eine Einheit von jeweils 100 Glühlampen umfasst. Eine Einheit kann zum Preis von 74 € abgesetzt werden.
Untersuchen Sie, wie viele Einheiten x hergestellt werden sollten, damit der Gewinn maximal wird!

D 256 Gegeben ist die Funktion $f(x) = -\frac{2}{3}x + 6$ und eine Zahl $u > 0$. Die Gerade $x = u$ schneidet den Graphen von f im Punkt Q und die x-Achse im Punkt P.

a) Zeichnen Sie die Funktion und die Gerade $x = 3$ in ein geeignetes Koordinatensystem!
b) Untersuchen Sie, für welche Zahl u der Flächeninhalt des Dreiecks OPQ maximal wird! (O bezeichnet den Koordinatenursprung).
c) Berechnen Sie den maximalen Flächeninhalt des Dreiecks!

D 257 Gegeben ist die Funktion $f(x) = \frac{1}{12}x^3 - \frac{2}{3}x^2 + \frac{4}{3}x$.
Es sei u eine reelle Zahl mit $0 < u < 4$. Die Gerade $x = u$ schneidet den Graphen von f im Punkt K und die x-Achse im Punkt L. Ermitteln Sie, für welchen Wert von u die Fläche des Dreiecks OKL (O – Koordinatenursprung) maximal wird! Berechnen Sie den maximalen Flächeninhalt!

D 258 Für welchen Wert von t hat das einbeschriebene Dreieck ABC (siehe Skizze) einen maximalen Flächeninhalt?

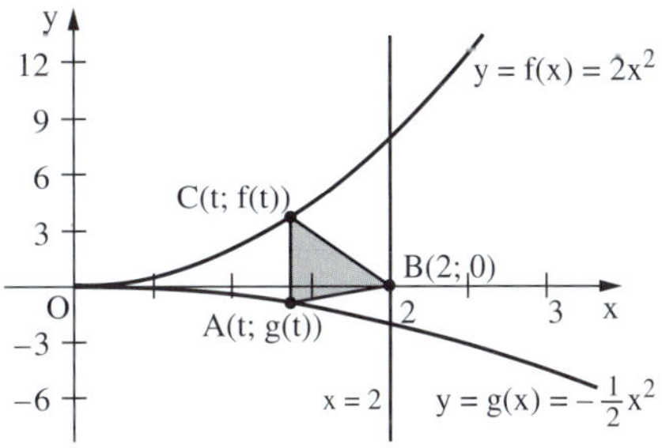

D 259 Gegeben ist die Funktion $f(x) = \frac{x^2 + 9}{2x}$.

Der Punkt O ist der Koordinatenursprung, der Punkt P(x; f(x)) mit $x > 0$ liegt auf dem Graphen von f. Die Parallele zur x-Achse durch den Punkt P schneidet die y-Achse im Punkt R. Die Parallele zur y-Achse durch den Punkt P schneidet die x-Achse im Punkt S.
Untersuchen Sie, für welche x der Umfang des Rechtecks OSPR minimal wird, und berechnen Sie den minimalen Umfang!

D 260 Gegeben ist die Funktion $f(x) = x^2 \cdot e^x$.
Für jede reelle Zahl $-2 < n < 0$ seien die Punkte K(n; 0) und L(n; f(n)) festgelegt.
Untersuchen Sie, für welche Zahl n der Flächeninhalt des Dreiecks KLM (M(−2; 0)) maximal wird, und berechnen Sie den maximalen Flächeninhalt!

D 261 Für jede reelle Zahl n aus einem angegebenen Intervall I seien drei Punkte O(0; 0), P(n; 0) und Q(n; f(n)) gegeben.
Untersuchen Sie für die nachfolgenden Funktionen, wie man n wählen muss, damit der Flächeninhalt des Dreiecks OPQ maximal wird! Berechnen Sie den maximalen Flächeninhalt!

a) $f_1(x) = 3x - x^3$ $\quad I_1(0; \sqrt{3})$

b) $f_2(x) = x \cdot e^{-x}$ $\quad I_2(0; \infty)$

D 262 Gegeben ist die Funktion $f(x) = \frac{x \cdot \ln x + 2}{x}$.

Auf dem Graphen von f liegt der Punkt P(k; f(k)) mit $0{,}2 \le k \le 6$. Die Parallelen zu den Koordinatenachsen durch P und die Koordinatenachsen begrenzen ein Rechteck vollständig.

a) Bestimmen Sie die Koordinaten des Punktes P, so dass der Inhalt dieser Rechteckfläche minimal wird, und berechnen Sie den minimalen Flächeninhalt!

b) Bestimmen Sie die Koordinaten des Punktes P, so dass der Umfang des Rechtecks minimal wird, und berechnen Sie den minimalen Umfang!

D 263 Gegeben sind die Funktionen $f_1(x) = -(x - 5)^2 - 2$ und $f_2(x) = (x - 3)^2 - 6$.
Untersuchen Sie, für welchen Wert n $(3 \le n \le 5)$ die Differenz der Funktionswerte $d(n) = f_1(n) - f_2(n)$ maximal wird, und berechnen Sie die maximale Differenz!

D 264 Untersuchen Sie, an welcher Stelle $x > 0$ die Differenz der Funktionswerte $z(x) = f_i(x) - g_i(x)$ nachfolgender Funktionen minimal wird. Berechnen Sie die minimale Differenz!

a) $f_1(x) = x^2 - 1$
$g_1(x) = x - 2$

b) $f_2(x) = x \cdot \ln x \quad (x > 0)$
$g_2(x) = x - 2$

D 265 Gegeben sind die Funktionen $f(x) = x^3 - 11x^2 + 38x - 38$ und $g(x) = x^2 - 6x + 10$.
Zeigen Sie, dass die Graphen der Funktionen in den Punkten $P_1(2; 2)$, $P_2(4; 2)$ und $P_3(6; 10)$ einander schneiden! Ermitteln Sie, an welcher Stelle n $(2 \le n \le 4)$ der Abstand $d(n) = |f(n) - g(n)|$ maximal ist! Untersuchen Sie, ob es auch im Intervall $4 \le n \le 6$ eine solche Stelle gibt! Berechnen Sie die maximalen Abstände!

D 266 Gegeben sind die Funktionen $f(x) = \frac{x^2 - 2x - 1}{x - 2}$ und $g(x) = \frac{10}{9}x$.
Ermitteln Sie diejenige Stelle x ($x > 2$), für die die Differenz $d(x) = g(x) - f(x)$ minimal wird. Berechnen Sie die minimale Differenz!

D 267 Gegeben sind die Funktionen $f_1(x) = x - \ln x$ $(x > 0)$ und $f_2(x) = -(x-3)^2$.
Untersuchen Sie, an welcher Stelle $x > 0$ der Abstand der beiden Funktionsgraphen voneinander minimal ist, und berechnen Sie den minimalen Abstand!

D 268 Um unterirdisch verlegte Kabelstränge gegen Beschädigungen zu schützen, werden sie mit Formstücken aus Beton so abgedeckt, dass die Kabelstränge in einem Hohlraum liegen (siehe Skizze).
Dieser Hohlraum soll eine rechteckige Querschnittsfläche von 2000 cm^2 Inhalt haben. Wände und Decken sind jeweils 10 cm dick.
Berechnen Sie die Abmessungen b und h der Formteile für den Fall, dass möglichst wenig Beton für ihre Herstellung benötigt wird!

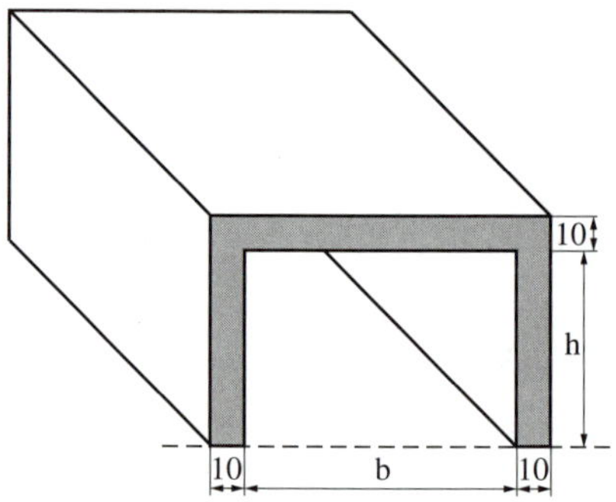

Aufgaben zur Selbstkontrolle

D 269 Überprüfen Sie die folgenden Aussagen auf ihre Richtigkeit und geben Sie bei falschen Aussagen ein geeignetes Gegenbeispiel an!

a) Haben zwei Funktionen f und g die gleiche Ableitungsfunktion, so gilt auch $f = g$.
b) Eine ganzrationale Funktion 3. Grades kann genau dreimal abgeleitet werden.
c) Jede ganzrationale Funktion lässt sich mithilfe der Summen- und Faktorregel ableiten.
d) Gilt für die Ableitung f ' einer Funktion stets $f'(x) < 0$, so muss f eine lineare Funktion sein.

D 270 Bestimmen Sie die Ableitung von folgenden Funktionen:

a) $f(x) = x - \frac{x^2}{2} + \frac{x^3}{3} - \frac{x^4}{4}$ b) $f(x) = \frac{x^4 - 1}{x^2 - 1}$ c) $f(x) = (a + bx)(a - bx)$

d) $f(x) = \frac{a - bx^2}{b - ax^2}$ e) $f(x) = (2x^2 - 4)^3$

D 271 Nennen Sie den Punkt, in dem man eine Tangente zu dem Graphen der Funktion $y = |x - 1|$ nicht zeichnen kann!

D 272

a) Ist jede stetige Funktion diffenzierbar?
b) Ist jede diffenzierbare Funktion stetig?

D 273 Begründen Sie: Ist eine gerade (ungerade) Funktion in ihrem Definitionsbereich differenzierbar, so ist die Ableitung eine ungerade (gerade) Funktion.

D 274 Gibt es Funktionen f, für die zwar $\lim\limits_{x \to +\infty} f'(x)$ existiert, jedoch nicht $\lim\limits_{x \to +\infty} f(x)$?

D 275 Ein Körper bewegt sich nach dem Weg-Zeit-Gesetz $s(t) = at^2 + bt + c$ (s in Meter, t in Sekunden). Für welche Werte von a, b, c ist diese Bewegung

a) gleichförmig b) gleichmäßig beschleunigt c) gleichmäßig verlangsamt?

D 276 Ein Körper bewegt sich nach dem Weg-Zeit-Gesetz $s = s(t)$. Was kann man über diese Bewegung behaupten, wenn

a) $s'(t) = 1$ b) $s'(t) = 2t$ c) $s''(t) = 0$

d) $s''(t) > 0$ e) $s''(t) < 0$?

D 277

a) Für welche Basis a ergibt sich beim Differenzieren von $f(x) = a^x$ bzw. von $g(x) = \log_a x$ ein besonders einfacher Ausdruck?
b) Wie können Sie 10^x als Potenz mit der Basis e darstellen?

D 278

a) Wie muss die Basis a gewählt werden, damit die Graphen von $f(x) = a^x$ und $g(x) = a^{-x}$ einander orthogonal schneiden?
b) Welche Beziehung muss zwischen den Basen a und b der Funktionen $f(x) = a^x$ und $g(x) = b^x$ bestehen, damit die Graphen einander orthogonal schneiden?

D 279 Lösen Sie die Gleichung nach x auf: $(x(x+4)^3)' = 0$

D 280 Gegeben ist eine Funktion $\varphi(x) = 3\sin 3x,\ x \in \mathbb{R}$.
Bestimmen Sie, welche der zwei Zahlen $\varphi'(-\frac{\pi}{3})$, $\varphi'(\frac{\pi}{2})$ größer ist!

D 281 Die Ableitungen der trigonometrischen Funktionen $f(x) = \sin x$ und $f(x) = \cos x$ sind besonders einfach zu bilden.
Bilden Sie jeweils die ersten 4 Ableitungen und stellen Sie eine Regel auf, wie man z.B. die 7. oder 10. Ableitung ohne weitere Rechnung angeben kann!

D 282

a) Erläutern Sie den Zusammenhang zwischen Monotonie und 1. Ableitung am Beispiel der Funktionen $f_1(x) = 3x^2$ und $f_2(x) = -\frac{1}{6}x^3$!
b) Welche Aussagen kann man über die Monotonie der Funktion g(x) treffen, wenn $g'(x) = (x+3)(x-5)$ gilt?
c) Untersuchen Sie die Funktion $h(x) = \frac{1}{9}x^3 - 2x^2 + 9x$ auf Monotonie!
d) Analysieren Sie das Monotonieverhalten der ganzrationalen Funktion k(x), wenn der Graph der 1. Ableitung von k vollständig unterhalb der x-Achse verläuft!

D 283

a) Erläutern Sie am Beispiel der Funktion $f(x) = \frac{2}{9}x^3 - 4x^2 + 18x + 10$ das praktische Vorgehen bei der Bestimmung von lokalen Extrempunkten eines Funktionsgraphen!
b) Gegeben sei eine Funktion f mit einem lokalen Maximum und einem lokalen Minimum. Geben Sie typische Eigenschaften der 1. und 2. Ableitung der Funktion f in der Umgebung der Extremstellen an.

D 284

a) Erläutern Sie am Beispiel der Funktion $f(x) = \frac{4}{9}x^3 - 8x^2 + 36x$ das praktische Vorgehen bei der Bestimmung von Wendepunkten und Wendetangenten!

b) Eine Funktion habe einen Horizontalwendepunkt. Geben Sie typische Eigenschaften der 1., 2. und 3. Ableitung der Funktion an der Wendestelle an!

D 285

a) Untersuchen Sie das Verhalten der folgenden Funktionen im Unendlichen. Geben Sie jeweils die verwendete Regel an!
$f_1(x) = 10x^4 + 3x^2 + 7$ $\quad f_2(x) = -8x^2 + 2x + 1$ $\quad f_3(x) = \frac{1}{2}x^3 + 5x^2$ $\quad f_4(x) = -\frac{1}{10}x^3 + 2x^2 + 9$

b) Ermitteln Sie nach entsprechender Grenzwertbetrachtung die Asymptoten der folgenden Funktionen:
$g_1(x) = \frac{3x^2 + 7x}{4x^3 + 1}$ $\quad g_2(x) = \frac{9x^3 + 2x}{2x^3 + 4}$ $\quad g_3(x) = \frac{x^2 + 4x + 1}{x}$

D 286

a) Definieren Sie den Begriff „Polstelle" einer gebrochenrationalen Funktion!

b) Stellen Sie eine Übersicht über die möglichen Annäherungen des Graphen einer gebrochenrationalen Funktion an eine Polstelle auf!

c) Untersuchen Sie folgende Funktionen auf Polstellen:
$f_1(x) = \frac{4}{x - 3}$ $\quad f_2(x) = \frac{4x}{(x - 2)^2}$ $\quad f_3(x) = \frac{1}{(x + 4)(x - 5)}$

D 287

Erläutern Sie das Vorgehen bei einer Kurvendiskusion am Beispiel der Funktion $f(x) = \frac{8}{9}x^3 - 16x^2 + 72x$!

D 288

Erläutern Sie das Vorgehen beim Lösen von Extremwertaufgaben anhand folgenden Problems: Gegeben ist die Funktion $f(x) = \frac{2}{9}x^3 - 4x^2 + 18x$. Für jede reelle Zahl u mit $0 < u < 9$ bilden die Punkte A(0; 0), B(u; 0), und C(u; f(u)) ein Dreieck.

Untersuchen Sie, für welches u der Flächeninhalt des Dreiecks ABC maximal wird und berechnen Sie A_{max}!

E Grundfragen der Integralrechnung

Anliegen der Differentialrechnung war es, die lokale Änderungsrate einer Größe bzw. den Anstieg eines Funktionsgraphen an einer bestimmten Stelle zu ermitteln, was über den Grenzwert des Differenzenquotienten zum Begriff der Ableitung einer Funktion an dieser Stelle und über einem ganzen Intervall führte. Wir sind also von einer *Gesamt*änderung, von einer *Gesamt*kurve und ihrem Verhalten aus zu der Veränderung in einem bestimmten *Moment*, zu dem Verhalten des Graphen an einer bestimmten Stelle vorgedrungen – gleichsam vom endlich „Großen" zum unendlich „Kleinen".
Wie in dem einleitenden Abschnitt zum Teil *Analysis* dieses Buchs dargestellt, geht die Integralrechnung nun den umgekehrten Weg. Sie ist in diesem Sinne die Umkehrung der Differentialrechnung und macht den Prozess des Differenzierens rückgängig: Die betrachteten Objekte (etwa krummlinig begrenzte Fläche, von gekrümmten Flächen begrenzte Körper, „unregelmäßig" verlaufende Prozesse usw.) denkt man sich zu diesem Zweck *in beliebig („unendlich") viele beliebig kleine berechen- oder beschreibbare Teile* zerlegt, deren Summation mit anschließender Grenzwertbildung eine Aussage über bestimmte Eigenschaften dieser Objekte als *Ganzes* gestattet. Man gelangt also gleichsam vom unendlich „Kleinen" zum endlich „Großen".
Ein wichtiges Anwendungsgebiet der Integralrechnung ist die Berechnung von Flächeninhalten bzw. die Berechnung von Größen, die sich mittels Flächen modellieren lassen. Ein einfaches Beispiel soll dies illustrieren:

Die Stahlbögen der weltweit größten freischwebenden Montagehalle einer im Süden Berlins entstehenden Luftschiffwerft erheben sich über die 8 m hohen Fundamentsockel bis auf 107 m Höhe. Die Halle hat eine Gesamtlänge von 360 m und eine Breite von 210 m. Man berechnet näherungsweise das Volumen der Halle, wenn die sich an den Stirnseiten befindenden gekrümmten Flächen jeweils als Viertelkugel angenommen werden (s. Beispiel E 28).

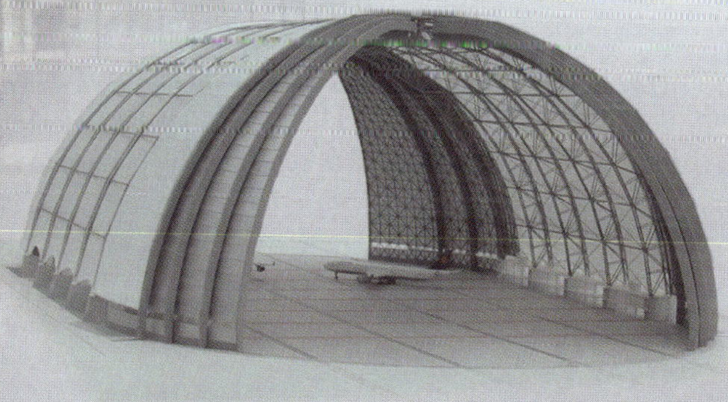

E 1 Das unbestimmte Integral

E 1.1 Die Begriffe *Stammfunktion* und *unbestimmtes Integral*

Im Abschnitt *Differentialrechnung* bestand eine wichtige Aufgabe darin, zu einer gegebenen Funktion f die Ableitungsfunktion f' zu ermitteln. Es soll nun in diesem Kapitel überlegt werden, ob die umgekehrte Aufgabenstellung *„Zu einer gegebenen Funktion f ist eine Funktion F zu bestimmen, deren Ableitung gleich f ist“* gelöst werden kann.

E 1

Beispiel E 1:
Gegeben ist die Funktion f mit f(x) = 2x. Es ist eine Funktion F zu ermitteln, für die F'= f gilt. Wir suchen in der Vielzahl von Funktionen, die wir in der Differentialrechnung abgeleitet haben, nach einer Funktion, deren Ableitung 2x ist. Die Funktion F mit $F(x) = x^2$ hat diese Eigenschaft, denn F'(x) = 2x = f(x).

E 1

Definition E 1:
Besitzen die Funktionen f und F einen gemeinsamen Definitionsbereich D_f und gilt F'= f für alle $x \in D_f$, so heißt F eine **Stammfunktion von f (in D_f).**

Der Vorgang des Aufsuchens einer Stammfunktion zu einer gegebenen Funktion wird als *Integration*[1] bezeichnet.

Also:

Gegeben		Gesucht
(1) Funktion f	Differenzieren →	Ableitungsfunktion f'
(2) Funktion f	Integrieren →	Stammfunktion F mit F' = f

Eine Stammfunktion F zu einer Funktion f lässt sich oft aus den Erfahrungen beim Differenzieren gewinnen, wenn man in der gegebenen Funktion f die Ableitung einer bekannten Funktion F erkennt. Wir kontrollieren das Ergebnis, indem wir F differenzieren und mit f vergleichen.

E 2

Beispiel E 2:
Es sind zu den gegebenen Funktionen f Stammfunktionen F zu bestimmen.

a) f(x) = 6x
Eine Stammfunktion von f ist $F(x) = 3x^2$, denn $F'(x) = 3 \cdot 2x = f(x)$ und $D_f = D_F$.

b) $f(x) = x^2$
Eine Stammfunktion von f ist $F(x) = \frac{1}{3}x^3$, denn $F'(x) = 3 \cdot \frac{1}{3}x^2 = x^2 = f(x)$ und $D_f = D_F$.

c) f(x) = 7
Eine Stammfunktion von f ist F(x) = 7x, denn F'(x) = 7 = f(x) und $D_f = D_F$.[2]

Der Vorgang *Ermitteln einer Stammfunktion F zu einer Funktion f* ist die Umkehrung des Vorgangs *Bilden der Ableitung einer Funktion F.* Solche Zusammenhänge *Operation – Umkehroperation* sind uns im Mathematikunterricht schon häufig begegnet, z. B. *Addition – Subtraktion, Multiplikation – Division, Potenzieren – Radizieren.*

[1] integratio (lat.) – Wiederherstellen eines Ganzen; integrare (lat.) – wiederherstellen

[2] Auf die Übereinstimmung der beiden Definitionsbereiche wird nachfolgend nur noch in Ausnahmefällen speziell hingewiesen.

Beim Bilden der Umkehroperation ist stets die Frage nach der Eindeutigkeit interessant. In unserem Falle die Frage also: Lassen sich für die Funktion $f(x) = 6x$ aus Beispiel E 2 noch weitere Stammfunktionen angeben? Dies trifft zu, denn beispielsweise sind auch $F(x) = 3x^2 + 2$ oder $F(x) = 3x^2 - 4$ Stammfunktionen für $f(x) = 6x$, da die konstanten Summanden beim Differenzieren wegfallen. Also: Wenn es zu einer Funktion f eine Stammfunktion F gibt, so existieren unendlich viele weitere Stammfunktionen, die sich nur um eine additive Konstante unterscheiden.

E 1

Satz E 1: **Stammfunktionen einer Funktion**
Es sei F_1 eine Stammfunktion von f in D. F_2 ist genau dann eine Stammfunktion von f, wenn es eine Zahl C ($C \in \mathbb{R}$) gibt, so dass $F_2(x) = F_1(x) + C$ für alle $x \in D$ gilt.

Beweis:

Weil es sich bei dem vorliegenden Satz um eine Äquivalenzaussage handelt, müssen wir den Beweis „in beiden Richtungen" führen.

a) Es sei $F_2(x) = F_1(x) + C$ (für alle $x \in D$)[1]. Dann ist F_2 differenzierbar und es gilt $F_2'(x) = F_1'(x)$. Da nach Voraussetzung $F_1'(x) = f(x)$, folgt $F_2'(x) = f(x)$, d. h., F_2 ist ebenfalls eine Stammfunktion von f.
b) Es sei F_2 Stammfunktion von f. Dann gilt $F_2'(x) = f(x)$. Da nach Voraussetzung auch $F_1'(x) = f(x)$ ist, folgt $F_2'(x) = F_1'(x)$ bzw. $F_2'(x) - F_1'(x) = 0$.
Das heißt: Die Differenzenfunktion $F_2(x) - F_1(x)$ hat die Ableitung 0. Sie muss daher eine konstante Funktion sein: $F_2(x) - F_1(x) = C$ bzw. $F_2(x) = F_1(x) + C$ w. z. b. w.

E 3

T 12

T 4

Beispiel E 3:
Zu der Funktion $f(x) = x$ sind drei Stammfunktionen anzugeben und grafisch darzustellen. Was kann über die Graphen ausgesagt werden?

Stammfunktionen sind z. B. die Funktionen

$F_1(x) = 0{,}5x^2$, denn $F_1'(x) = x$,
$F_2(x) = 0{,}5x^2 + 2$, denn $F_2'(x) = x$,
$F_3(x) = 0{,}5x^2 - 3$, denn $F_3'(x) = x$.

Als Graphen entsteht eine Schar von Kurven (Parabeln), die auseinander durch Verschiebung in Richtung der Ordinatenachse um C hervorgehen (Fig. E 1).

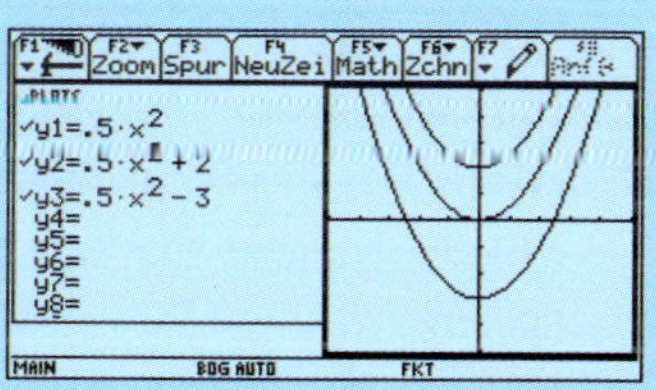

Fig. E 1

Wir haben festgestellt: Existiert zu einer Funktion f *eine* Stammfunktion, so besitzt diese Funktion sofort eine ganze *Schar* von Stammfunktionen. Für die Menge aller Stammfunktionen einer gegebenen Funktion f wird ein neuer Begriff eingeführt.

E 2

Definition E 2:
Die Menge aller Stammfunktionen einer Funktion f heißt **unbestimmtes Integral** von f.
Man schreibt $\int f(x)\,dx = \{F(x) \mid F'(x) = f(x)\}$.

[1] Diese Voraussetzung sei auch für alle weiteren Aussagen erfüllt; es wird darauf nicht mehr gesondert hingewiesen.

Das unbestimmte Integral $\int f(x)\,dx$ einer Funktion f ist also die Menge aller derjenigen Funktionen F, für die $F'(x) = f(x)$ gilt.

Will man die Mengenschreibweise vermeiden, kann man auch nur mit einem Repräsentanten arbeiten:

$$\int f(x)dx = F(x) + C \qquad (F'(x) = f(x),\ C \in \mathbb{R})$$

Dabei bezeichnet man

$f(x)$	als *Integrandenfunktion* – kurz: *Integrand*,	x	als *Integrationsvariable*,
C	als *Integrationskonstante*,	dx	als *Differential*

des unbestimmten Integrals $\int f(x)dx$ – gelesen: *Integral über f von x dx.*

Das neu eingeführte Zeichen $\int$ wird *Integralzeichen* genannt. Es kann nie allein mit einer Funktion stehen. Zu jedem Integralzeichen gehört immer auch die Angabe eines Differentials, das festlegt, „nach welcher Variablen integriert" werden soll.

Das *Integralzeichen* $\int$ wurde 1675 von Gottfried Wilhelm LEIBNIZ (1646–1716) als Symbol für eine Summe eingeführt. Das *Wort Integral* geht auf die Brüder Jakob und Johann BERNOULLI (1654–1705 bzw. 1667–1748) zurück.

E 4

TI-92

T12

Beispiel E 4:
Es sind die nachfolgenden unbestimmten Integrale zu ermitteln.

a) $\int 3x^2 dx =$

Die Funktion $f(x) = 3x^2$ ist der Integrand, x ist die Integrationsvariable, d. h., es soll nach x integriert werden.
Aus der Differentialrechnung wissen wir, dass die Funktion $F(x) = x^3$ die Ableitung $3x^2$ besitzt. $F(x) = x^3$ ist also eine Stammfunktion von $f(x) = 3x^2$. Somit ergibt sich die

Lösung: $\int 3x^2 dx = x^3 + C \quad (C \in \mathbb{R})$

Probe: $F(x) = x^3 + C \Rightarrow F'(x) = 3x^2 = f(x)$

b) $\int 5dv =$

Der Integrand ist 5, die Integrationsvariable ist v. Wir suchen also nach einer Funktion, deren Ableitung nach v die Zahl 5 ergibt.

Lösung: $\int 5dv = 5v + C \quad (C \in \mathbb{R})$

Probe: $F(v) = 5v + C \Rightarrow F'(v) = 5 = f(v)$

c) $\int x\,du =$

Der Integrand ist x, die Integrationsvariable u, d. h., es soll nach u integriert werden. Die Lösung ist daher nicht etwa $F(x) = \frac{1}{2}x^2 + C$, sondern $F(u) = x \cdot u + C \quad (C \in \mathbb{R})$.
x stellt in diesem Fall nur eine konstante Zahl wie im Beispiel b) die 5 dar.

Probe: $F(u) = x \cdot u + C \Rightarrow F'(u) = x = f(u)$

d) $\int ax\,dx = \qquad \int ax\,da = \qquad \int ax\,dv =$

In diesem Beispiel soll der Integrand ax nach verschiedenen Variablen integriert werden. Die Variablen, die nicht im Differential auftreten, sind als Konstanten anzusehen. Also:

$$\int ax\,dx = \frac{a}{2}x^2 + C \qquad \int ax\,da = \frac{x}{2}a^2 + C \qquad \int ax\,dv = ax \cdot v + C \qquad (C \in \mathbb{R})$$

Spezialfall: $\int dx = x + C \quad (C \in \mathbb{R})$

Wir merken uns:

- Zu jedem unbestimmten Integral gehört eine Integrationsvariable, die angibt, „wonach" zu integrieren ist.
- Die Lösung eines unbestimmten Integrals kann durch Differentiation überprüft werden (Probe).

E 1.2 Regeln für das Ermitteln von unbestimmten Integralen

Um Regeln zum Ermitteln von unbestimmten Integralen *(Integrationsregeln)* zu finden, können wir auf die Differentiationsregeln (Regeln zum Bestimmen der Ableitungsfunktion) zurückgreifen.

E 5

Beispiel E 5:
Zu den folgenden Integrandenfunktionen f(x) sind die unbestimmten Integrale zu ermitteln.

Integrand f(x)	Integral $\int f(x)\,dx$	Integrand f(x)	Integral $\int f(x)\,dx$
x	$\frac{1}{2}x^2 + C$ [1)]	$x^n \quad (n \neq -1)$	$\frac{1}{n+1}x^{n+1} + C$
x^2	$\frac{1}{3}x^3 + C$	$\frac{1}{x^2} \quad (x \neq 0)$	$-\frac{1}{x} + C$

Also: Da sich beim Differenzieren einer Potenz deren Exponent (Grad) um 1 erniedrigt, muss beim Integrieren der Exponent (Grad) um 1 erhöht werden. Ein Ausgleich des auftretenden Faktors beim Differenzieren wird durch Verwendung seines Reziproken als Faktor beim Integrieren erreicht.

Hieraus lässt sich die folgende Regel gewinnen:

E 2

Satz E 2: **Potenzregel**

$\int x^n dx = \frac{1}{n+1}x^{n+1} + C$ mit $n \in \mathbb{Z}, n \neq -1$ (und zusätzlich $x \neq 0$, falls $n < -1$), $C \in \mathbb{R}$.

Der Fall $n = -1$ muss gesondert untersucht werden, da wir keine Potenzfunktion kennen, deren Ableitung $\frac{1}{x} = x^{-1}$ ist. Außerdem wäre der Term $\frac{1}{n+1}$ für $n = -1$ nicht erklärt.

Die obige Regel kann auch auf Potenzen mit reellen Exponenten erweitert werden.

E 3

Satz E 3: **Erweiterte Potenzregel**
Für die Potenzfunktion $f(x) = x^q$ mit $q \in \mathbb{R}, q \neq -1$ und $x > 0$ gilt

$\int x^q dx = \frac{1}{q+1}x^{q+1} + C \qquad (C \in \mathbb{R}).$

E 6

Beispiel E 6:

a) $\int x^{\frac{2}{3}} dx = \frac{1}{\frac{2}{3}+1}x^{\frac{2}{3}+1} + C = \frac{3}{5}x^{\frac{5}{3}} + C \quad (x > 0)$

b) $\int \sqrt[7]{x^5}\, dx = \int x^{\frac{5}{7}} dx = \frac{7}{12}x^{\frac{12}{7}} + C = \frac{7}{12}\sqrt[7]{x^{12}} + C = \frac{7}{12}x\sqrt[7]{x^5} + C$

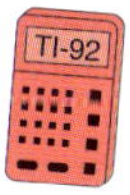

T12

[1)] Da die Integrationskonstante eine beliebig reelle Zahl ist, können wir für sie in jedem Fall C schreiben.

Um weitere Regeln finden zu können, sollen die folgenden Beispiele unter Nutzung der Kenntnisse aus der Differentialrechnung betrachtet werden.

E 7

T12

Beispiel E 7:

a) $\int x^3 dx = \frac{1}{4}x^4 + C \qquad \int 2x^3 dx = \frac{2}{4}x^4 + C \qquad \int a \cdot x^3 dx = \frac{a}{4}x^4 + C \qquad (a, C \in \mathbb{R})$

Eine Stammfunktion zur Funktion $f(x) = a \cdot x^3$ erhält man durch Multiplikation der Stammfunktion von $f(x) = x^3$ mit a. Entsprechendes gilt für die zugehörigen unbestimmten Integrale (wenn man berücksichtigt, dass $a \cdot C$ wieder eine reelle Zahl ist).

b) $\int (2x^2 + 3x - 4)dx =$

Da Summen gliedweise differenziert werden, gehen wir beim Integrieren ebenfalls summandenweise vor.

$\int (2x^2 + 3x - 4)dx = \frac{2}{3}x^3 + \frac{3}{2}x^2 - 4x + C \qquad (C \in \mathbb{R})$

Die Probe durch Differentiation bestätigt das Ergebnis.

Obige Beispiele lassen den folgenden Satz vermuten:

E 4

Satz E 4:

Es seien f und g stetige Funktionen. Dann gilt:

(1) $\int k \cdot f(x)dx = k \cdot \int f(x)dx \qquad (k \in \mathbb{R})$

Konstante Faktoren bleiben beim Integrieren erhalten. **Faktorregel 1**

(2) $\int [f(x) \pm g(x)]dx = \int f(x)dx \pm \int g(x)dx$

Summen und Differenzen können gliedweise integriert werden. **Summenregel 1**

Begründung:

Zu (1):

Es sei F eine Stammfunktion von f, d. h., es gilt $F' = f$ bzw. $\int f(x)dx = F(x) + C$.

Es ist zu zeigen, dass $\int k \cdot f(x)\,dx = k \cdot \int f(x)\,dx$ gilt $(k \in \mathbb{R})$.

- $\int k \cdot f(x)\,dx = k \cdot F(x) + C^*$ (mit $C^* = k \cdot C$)
  (denn nach Differentiationsregeln gilt: $[k \cdot F(x) + C^*]' = k \cdot F'(x) = k \cdot f(x)$)
- $k \cdot F(x) + C^* = k \cdot \int f(x)\,dx$ (nach Voraussetzung)

Damit folgt: $\int k \cdot f(x)\,dx = k \cdot \int f(x)\,dx$

Zu (2):

Der Nachweis kann unter Verwendung der Summenregel der Differentialrechnung geführt werden.

E 8

T12

Beispiel E 8:

Man ermittle das unbestimmte Integral $\int (3x^4 + \frac{1}{2}x^2 - 6x + 9)dx$.

Der Integrand besteht aus einer Summe von Funktionen, die nach der Summenregel gliedweise integriert werden kann, wobei die konstanten Faktoren in jedem Summanden vor das Integral gesetzt werden sollten (*Faktorregel*).

Man erhält:

$\int(3x^4 + \frac{1}{2}x^2 - 6x + 9)dx \; = 3\int x^4 dx + \frac{1}{2}\int x^2 dx - 6\int x\, dx + 9\int dx$

Wir wenden die Potenzregel an und vereinfachen:

$$= 3 \cdot \frac{1}{5}x^5 + \frac{1}{2} \cdot \frac{1}{3}x^3 - 6 \cdot \frac{1}{2}x^2 + 9x + C = \frac{3}{5}x^5 + \frac{1}{6}x^3 - 3x^2 + 9x + C$$

Die Integrationskonstante C ist als Summe der Integrationskonstanten der einzelnen Integrale aufzufassen. Wir schreiben bei Summen eine gemeinsame Integrationskonstante.

Probe durch Differentiation: $[\frac{3}{5}x^5 + \frac{1}{6}x^3 - 3x^2 + 9x + C]' = 3x^4 + \frac{1}{2}x^2 - 6x + 9$

In der folgenden Übersicht sind einige aus den Integrationsregeln oder aus Differentiationsformeln gewonnene Integrale zusammengestellt, die eine Grundlage für das Integrieren komplizierterer Funktionen bilden:

$\int dx = x + C$		$\int x\, dx = \frac{1}{2}x^2 + C$	
$\int \sqrt{x}\, dx = \frac{2}{3}\sqrt{x^3} + C$	$(x \geq 0)$	$\int \frac{1}{x^2}\, dx = -\frac{1}{x} + C$	$(x \neq 0)$
$\int x^n dx = \frac{1}{(n+1)}x^{n+1} + C$	$(n \in \mathbb{R},\, n \neq -1,\, x > 0)$	$\int \frac{1}{\sqrt{x}}\, dx = 2\sqrt{x} + C$	$(x > 0)$

Mithilfe dieser Integrale sowie der Faktor- und der Summenregel sind wir in der Lage, unbestimmte Integrale ganzrationaler Funktionen, einfacher gebrochenrationaler Funktionen und einfacher Wurzelfunktionen zu ermitteln.

Beispiel E 9: **E 9**

T12

a) $\int(3x^7 + \frac{1}{2}x - \frac{2}{x^2} + 4\sqrt{x})dx \; = 3\int x^7 dx + \frac{1}{2}\int x\, dx - 2\int x^{-2} dx + 4\int x^{\frac{1}{2}} dx$

$$= 3 \cdot \frac{1}{8}x^8 + \frac{1}{2} \cdot \frac{1}{2}x^2 - 2(-x^{-1}) + 4 \cdot \frac{2}{3}x^{\frac{3}{2}} + C = \frac{3}{8}x^8 + \frac{1}{4}x^2 + \frac{2}{x} + \frac{8}{3}\sqrt{x^3} + C$$

(Auf die Angabe der Probe durch Differentiation sei hier und nachfolgend verzichtet.)
Dieses Beispiel zeigt: Es ist günstig, vor Beginn der Rechnung Faktoren vor das Integralzeichen zu ziehen sowie ggf. Wurzelausdrücke und Brüche mit Variablen in Potenzschreibweise darzustellen.

b) $\int(t^2 - 3)^2 dt =$

In diesem Beispiel muss der Integrand erst in eine Summe umgeformt werden.

$$= \int(t^4 - 6t^2 + 9)dt = \int t^4 dt - 6\int t^2 dt + 9\int dt = \frac{1}{5}t^5 - 2t^3 + 9t + C$$

c) $\int \frac{(3x-4)}{5x^3}\, dx =$

In der vorliegenden Form des Integranden können wir unsere bekannten Regeln nicht anwenden. Dividieren wir aber die Zählerfunktion gliedweise durch den Nenner, erreichen wir eine bekannte Form:

$$= \int(\frac{3x}{5x^3} - \frac{4}{5x^3})dx = \frac{3}{5}\int \frac{1}{x^2}\, dx - \frac{4}{5}\int \frac{1}{x^3}\, dx$$

$$= \frac{3}{5}\int x^{-2} dx - \frac{4}{5}\int x^{-3} dx = -\frac{3}{5}x^{-1} + \frac{2}{5}x^{-2} + C = -\frac{3}{5x} + \frac{2}{5x^2} + C$$

d) $\int a\,x^2 da =$

Im Integranden dieses Integrals treten die zwei Variablen a und x auf. Nach welcher Variablen integriert werden soll, entnehmen wir dem Differential – hier da. x ist demzufolge als Konstante anzusehen (vgl. Beispiel E 4).

$= x^2 \int a\,da = \frac{1}{2}\,x^2 a^2 + C$

e) Die auszuführenden Umformungen können bei komplizierten Funktionstermen des Integranden teilweise recht aufwändig werden. Hier ist der Einsatz eines GTA eine effektive Hilfe.

- $\int (2x^2 - 1)^3 dx =$
- $\int \frac{3x^3 - 5x^2}{0{,}5x^2}\,dx =$

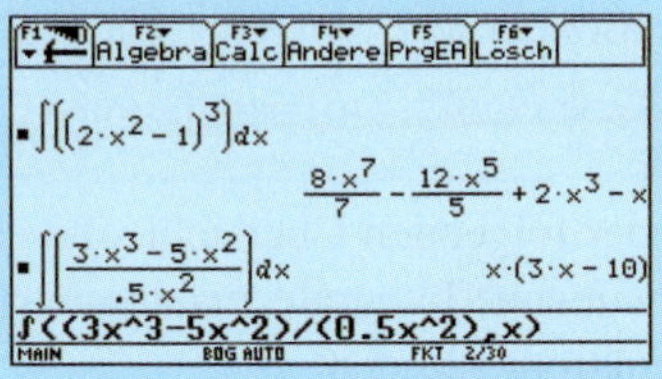

Fig. E 2

Wir geben ein: (2nd) (∫) (() Funktionsterm ()) (,) Integrationsvariable ()) (ENTER)

Auf dem Bildschirm erscheint jeweils eine Stammfunktion.

Diese Beispiele machen deutlich, dass es beim Ermitteln unbestimmter Integrale oft darauf ankommt, den Integranden systematisch so umzuformen, dass Ausdrücke entstehen, die mithilfe der bisher kennen gelernten grundlegenden Integrale und Integrationsregeln integriert werden können. Es wird sich allerdings bald zeigen, dass dieses Vorgehen nur bei wenigen Integralen zum Ziel führt. Deshalb werden in diesem Kapitel noch weitere „Grundintegrale" und weitere Integrationsmethoden betrachtet.

Aufgaben

E 1 *(↗ Beispiel E 2, S. 218)*

Bestimmen Sie je eine Stammfunktion zu den Funktionen mit den folgenden Gleichungen und überprüfen Sie das Ergebnis durch Differentiation:

a) $f(x) = x^4$ b) $f(x) = 3x^2$

E 2 Ermitteln Sie je eine Stammfunktion zu den Funktionen mit den folgenden Gleichungen und überprüfen Sie das Resultat[1]:

a) $f_1(x) = 10x$ b) $f_2(x) = -4x$ c) $f_3(a) = 0{,}4a$

d) $f_4(a) = -5b$ e) $f_5(x) = 4x + 1$ f) $f_6(b) = -3b - 2$

g) $f_7(x) = 4(x + 3)$ h) $f_8(b) = -6(b - 3)$ i) $f_9(x) = (x - 1)(x + 1)$

j) $f_{10}(k) = 3k + x$ k) $f_{11}(x) = \frac{1}{2\sqrt{x}}$ l) $f_{12}(z) = \frac{3}{2\sqrt{z}}$

m) $f_{13}(x) = \frac{1}{3\sqrt[3]{x^2}}$ n) $f_{14}(p) = \frac{4}{3\sqrt[3]{p^2}}$ o) $f_{15}(x) = \frac{x^4 - x^2 - 1}{x^2}$

p) $f_{16}(r) = \frac{ar^2 + a^2 r}{r}$ q) $v(t) = g \cdot t$ r) $a(t) = g$

[1] Wir setzen hier und im Folgenden – wenn nicht anders vermerkt – stets voraus:
- Nenner $\neq 0$
- Basis von Potenzen mit gebrochenen Exponenten > 0

E 3 Die Funktion F mit der nachfolgend angegebenen Gleichung sei jeweils Stammfunktion von Funktion f. Ermitteln Sie f !

a) $F_1(x) = \frac{1}{5}x^5 - 2x - \frac{1}{3x^3}$ b) $F_2(a) = \frac{3}{4}x^4 - ax$ c) $F_3(t) = \frac{5}{2}t^2 + 4t - \frac{1}{t^2}$

d) $F_4(x) = (a + x)\cdot(b + x)$ e) $F_5(s) = (1 - x)\cdot s$

E 4 Überprüfen Sie, ob die nachfolgend angegebene Funktion F_i jeweils eine Stammfunktion von f_i ist:

a) $F_1(x) = \frac{1}{2}x^6 - \frac{1}{3}x^3 + x^2 + 1$ $f_1(x) = x(3x^4 - x + 2)$ b) $F_2(x) = \frac{1}{2}\sqrt{x} + 7x$ $f_2(x) = \frac{1}{4\sqrt{x}} + 7$

c) $F_3(a) = x^5a - 3$ $f_3(a) = 5x^4a$ d) $F_4(t) = \frac{x^2 - 5}{x - 3}t$ $f_4(t) = \frac{x^2 - 5}{x - 3}$

e) $F_5(x) = \frac{1}{3}x^3 - \frac{1}{2}x^2 - 12x + a$ $f_5(x) = (x - 4)(x + 3)$

f) $F_6(d) = 2d^5 - 2d^4 + 3d^2 - 3d$ $f_6(d) = 10d^4 - 8d^3 + 6d$

g) $F_7(x) = \frac{x^2 + 2}{3x}$ $f_7(x) = \frac{x^2 - 2}{3x^2}$ h) $F_8(x) = \frac{x + 2}{3x^2}$ $f_8(x) = \frac{-x - 4}{3x^3}$

E 5 Ergänzen Sie nachfolgende Tabelle:

	Funktion f	Ableitungsfunktion f' von f	Stammfunktion F zu f
a)	$\frac{1}{x^2}$		
b)		$4x$	
c)			$6x^4 - 5x^2 - 4$

	Funktion f	Ableitungsfunktion f' von f	Stammfunktion F zu f
d)			$\sqrt{x}$
e)	$(x - 1)(x + 1)$		

E 6 Geben Sie je drei Stammfunktionen zu den folgenden Funktionen f_i an und skizzieren Sie deren Graphen in jeweils ein gemeinsames Koordinatensystem:

a) $f_1(x) = 2x - 3$ b) $f_2(x) = -3x^2$ c) $f_3(x) = 4$ d) $f_4(x) = 4x^3$

E 7 Untersuchen Sie, ob F_1 und F_2 jeweils Stammfunktionen ein und derselben Funktion f sind! Geben Sie im zutreffenden Falle f an!

a) $F_1(x) = \frac{x}{2x - 1}$; $F_2(x) = \frac{2x}{x - 1}$ b) $F_1(x) = \frac{2x}{1 - 3x}$; $F_2(x) = \frac{2}{3 - 9x}$

c) $F_1(x) = \frac{x^2}{x^2 + 4}$; $F_2(x) = \frac{-4}{x^2 + 4}$ d) $F_1(x) = x + \frac{x - 1}{x^2 - 1}$; $F_2(x) = \frac{x^3 - 1}{x^2 - 1}$

e) $F_1(x) = x^2 - \frac{1}{x^2}$; $F_2(x) = \frac{(x^2 - 1)^2}{x^2}$

E 8 Geben Sie jeweils zwei Stammfunktionen zu den folgenden Funktionen f_i an:

a) $f_1(x) = -2x^3 + \frac{1}{x}\cdot x^3 - 1$ b) $f_2(x) = \frac{-4x^4 + 5x^5}{x^2}$ c) $f_3(x) = \frac{2x - x^6}{x^4}$

d) $f_4(x) = \frac{4}{\sqrt{x}} - \frac{3}{x^2}$ e) $f_5(x) = \frac{x^2 - 1}{x^2}$ f) $f_6(x) = 5x^7 - 9x^{11}$

E 9 Zeigen Sie, dass $F_1(x) = x(\frac{3}{2}x + 4)$ und $F_2(x) = \frac{3}{2}x^2 + 4x - \frac{9}{2}a$ Stammfunktionen von $f(x) = 3x + 4$ sind!

Gilt diese Aussage auch für $F_3(x) = x(x^2 - 9)$ und $F_4(x) = x(x + 3)(x - 3) - 3$ bezüglich $f(x) = 3x^2 - 9$?

E 10 Geben Sie je drei Stammfunktionen zu den Funktionen f_i an und skizzieren Sie deren Graphen jeweils in ein gemeinsames Koordinatensystem! Verwenden Sie gegebenenfalls einen GTA! **GTA**

a) $f_1(x) = 2x^3 + 4x^2 - 1$ b) $f_2(x) = \sqrt{x + 1}$ c) $f_3(x) = \frac{1}{x^2}$ d) $f_4(x) = 2x - \sqrt{x}$

E 11 Ermitteln Sie jeweils die Menge aller Stammfunktionen für die Funktionen mit nachfolgenden Gleichungen:

a) $f(x) = \frac{1}{2} - 3x + 4x^3$ b) $f(a) = a^2x - \frac{a}{x}$ c) $g(t) = t - \frac{1}{\sqrt{t}} - 3$ d) $f(r) = (r + \frac{1}{r})(r - \frac{1}{r})$

e) $f(x) = 4x(x^2 - 5)$ f) $h(s) = ax + as - 3$ g) $f(b) = ab + ax$ h) $f(x) = x^3 - 3x^2 - x$

i) $g(h) = \frac{3}{ch^2}$ j) $f(r) = (r - 1)(r + 1)$ k) $g(t) = \frac{1}{t^2} - \frac{1}{t^3} + t$ l) $f(x) = 2x^{10} - 5x^4$

E 12 Bestimmen Sie folgende unbestimmte Integrale:

a) $\int (x^2 - 1)\,dx$ b) $\int at\,dt$ c) $\int (x^2 + 3x + 1)\,dx$ d) $\int (\sqrt{a} - x\sqrt{b})\,dx$

e) $\int \frac{1}{2}\sqrt{x}\,dx$ f) $\int (x + \frac{1}{x^2} + \frac{1}{x^3})\,dx$ g) $\int \frac{dx}{\sqrt[3]{x^2}}$ h) $\int (\sqrt{x} + \sqrt[3]{x} - \sqrt[4]{x} + 4)\,dx$

i) $\int (\frac{3}{x^4} + \frac{2}{x^3} + \frac{1}{x^2})\,dx$ j) $\int (ab + b^4)\,db$ k) $\int (t - 2)^2\,dt$ l) $\int \frac{12dx}{5x^5}$

E 13 Geben Sie für die folgenden Funktionen f das unbestimmte Integral an! (Vereinfachen Sie zunächst die Funktionsterme!)

a) $f(x) = \frac{9x^2 - 1}{3x + 1}$ b) $f(t) = \frac{4t^2 + 1}{2t^2}$ c) $f(a) = \frac{2a^3 - 6a^2}{a^2}$

d) $f(a) = \frac{a^3 - a^2 - 2a}{a + 1}$ e) $f(x) = \frac{x^4 - 25}{x^2 - 5}$ f) $f(x) = \frac{ax^3 - a}{ax^6}$

GTA **E 14** Ermitteln Sie mit dem GTA die folgenden unbestimmten Integrale:

a) $\int (5x^2 + 2)^4\,dx$ b) $\int \sqrt{x^2 + 2}\,dx$ c) $\int 3x^2 \cdot \sqrt{2x^2 - 1}\,dx$

d) $\int \frac{1}{x^2 - 1}\,dx$ e) $\int k \cdot (k^2 + k)^4\,dk$ f) $\int (\sqrt[3]{x} - (2x + 1)^6)\,dx$

g) $\int (\sqrt{2a} + 2a)^3\,da$ h) $\int (v^2 - \sqrt{v})^4\,dv$ i) $\int (\frac{x^2 + 1}{x^4})^3\,dx$

E 15 Bestimmen Sie den Integranden in folgenden Gleichungen:

a) $\int f_1(x)\,dx = 7x^2 - c$ b) $\int f_2(x)\,dx = \frac{-1}{\sqrt{x}} + b$ c) $\int f_3(x)\,dx = \sqrt{x} + a$

d) $\int f_4(a)\,da = \sqrt{x} + a$ e) $\int f_5(t)\,dt = t^{-5} + 2t^2 - c$ f) $\int f_6(x)\,dx = ax + c$

g) $\int f_7(b)\,db = b^2 + 2b + c$ h) $\int f_8(x)\,dx = \frac{1}{x^4} - \frac{1}{x^2} + c$ i) $\int f_9(x)\,dx = \frac{x}{\pi} - \pi$

j) $\int f_{10}(s)\,ds = 7s^3 - \frac{s^2}{4} + c$ k) $\int f_{11}(x)\,dx = \sqrt{x} + \frac{1}{\sqrt{a}}$ l) $\int f_{12}(x)\,dx = \sqrt{x} + a$

E 16 Beweisen Sie die Summenregel für unbestimmte Integrale (Satz E 4, Teil (2))!

E 17 Stellen Sie die Funktionen $F_1(x) = -x^2$, $F_2(x) = -x^2 + 1$, $F_3(x) = -x^2 - 1$ und $F_4(x) = -x^2 + 3$ grafisch dar! Zeigen Sie, dass die Tangenten in Punkten mit demselben Abszissenwert x bei allen vier Graphen parallel zueinander verlaufen und den Anstieg $f(x) = -2x$ besitzen!

E 18 Ermitteln Sie die Gleichung derjenigen Stammfunktion von $f(x) = 2x - 3$, die an der Stelle -1 den Funktionswert $\frac{9}{2}$ hat!

E 19 Bestimmen Sie jeweils diejenige Stammfunktion F von f, welche die angegebene Bedingung erfüllt:

a) $f(x) = x^2 + 3$ $F(1) = 4$ b) $f(x) = \frac{x}{10}$ $F(0) = 4$

c) $f(x) = (x^2 - 1)(x^2 + 1)$ $F(1) = \frac{3}{5}$

d) $f(x) = \sqrt[4]{x}$ $F(1) = \frac{4}{5}$

e) $f(t) = \frac{\pi}{2}t - \frac{\pi}{3}$ $F(1) = \pi$

f) $f(a) = 0{,}6a^2 - \frac{1}{5}a + 1$ $F(0) = 0$

g) $f(x) = \frac{1}{2\sqrt{x}}$ $F(9) = 2$

h) $f(b) = \frac{1}{b^2}$ $F(7) = \frac{6}{7}$

E 20 Geben Sie zu der Funktion f_i jeweils die Stammfunktionen F_1 und F_2 mit $F_1(0) = 0$ bzw. $F_2(0) = 2$ an:

a) $f_1(x) = -x^2 + 4x$

b) $f_2(x) = 2x$

c) $f_3(x) = x^3 + x^2 - 2x$

d) $f_4(x) = \frac{1}{\sqrt{x}} + 2x$

e) $f_5(x) = x^2 - 2x + 1$

f) $f_6(x) = (x - 1)^2$

E 21 Die Funktion f mit $f(x) = x^3 - 2x^2 + 1$ hat eine Stammfunktion, deren Graph durch den Punkt P(1; 2) verläuft. Ermitteln Sie die Gleichung dieser Stammfunktion!

E 22 Geben Sie Stammfunktionen von f mit $f(x) = -2x + 3$ an, die nur negative Funktionswerte annehmen!

E 23 Gegeben ist die Funktion $f(x) = x^2 - 2x$.

a) Ermitteln Sie die Stammfunktion F_1 von f, die an der Stelle 1 den Funktionswert $\frac{1}{3}$ annimmt!

b) Welchen Anstieg hat F_1 im Punkt $P(1; \frac{1}{3})$?

c) Ermitteln Sie die Stammfunktion F_2 von f, deren Graph auf der Geraden $y = 1$ einen Wendepunkt hat!

E 24 Berechnen Sie den Parameter a ($a \in \mathbb{R}$) so, dass F eine Stammfunktion von f ist!

a) $F(x) = ax^3 + 3x^2 + 7x;$ $f(x) = (x + 3)^2 - 2$

b) $F(x) = \frac{1}{3}ax^3 - ax^2;$ $f(x) = \frac{x^4 - 2x^3}{5x^2}$

E 2 Das bestimmte Integral

E 2.1 Flächeninhalt unter der Normalparabel

Im Planimetrieunterricht wurde der Flächeninhalt verschiedener ebener Figuren bestimmt, z. B. der Flächeninhalt von Rechtecken, Parallelogrammen, Trapezen, Dreiecken, Vielecken und Kreisen. Während sich die Berechnung des Flächeninhalts von geradlinig begrenzten Figuren relativ einfach gestaltete, war die Berechnung der Kreisfläche etwas schwieriger, doch es konnte ebenfalls eine Formel gefunden werden. Dabei war das Verfahren des Ein- bzw. Umbeschreibens der zu berechnenden Kreisfläche durch berechenbare Figuren (Fig. E 3a) oder das Auffüllen der Kreisfläche mit Rechteckflächen hilfreich (Fig. E 3b).

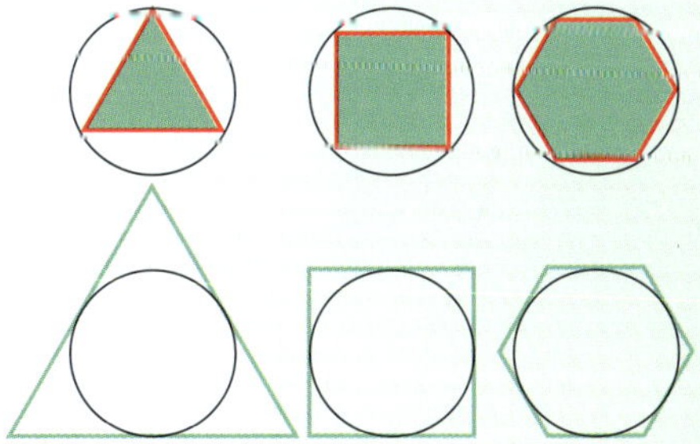

Fig. E 3a

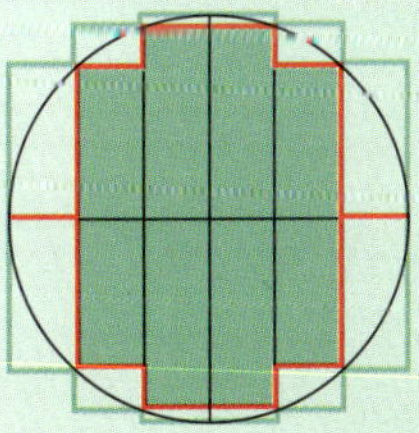

Fig. E 3b

Der Kreis blieb allerdings die einzige krummlinig begrenzte Figur, deren Flächeninhalt wir berechnen können.
Die Bemühungen, den Flächeninhalt krummlinig begrenzter Figuren zu ermitteln, reichen mathematikgeschichtlich sehr weit zurück. Zum einen geschah das aus praktischen Erwägungen, zum anderen reizte jedoch die Kompliziertheit dieses Problems die Mathematiker. Die ersten größeren Erfolge gehen auf den griechischen Gelehrten HIPPOKRATES zurück. Er berechnete etwa 450 v. Chr. verschiedene möndchenartig geformte Flächenstücke (*die Möndchen des HIPPOKRATES*) exakt (Fig. E 4).

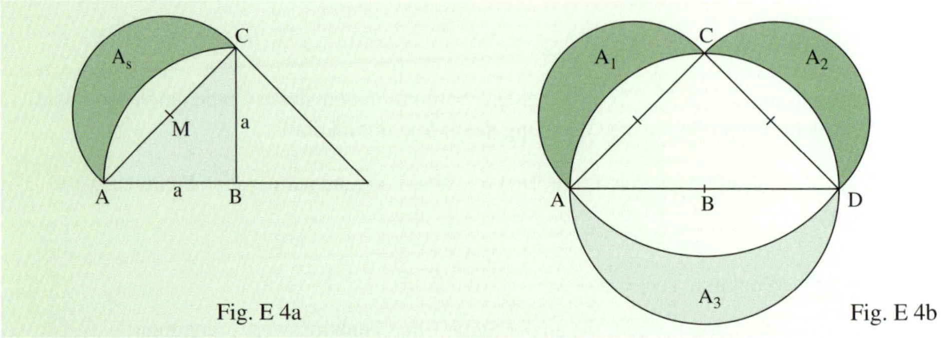

Fig. E 4a Fig. E 4b

HIPPOKRATES ermittelte den Flächeninhalt A_s der „Sichel" in Fig. E 4a und erhielt $A_s = \frac{a^2}{2}$. Diese „Sichel" und das Dreieck ABC in dieser Figur sind somit flächengleich. HIPPOKRATES konnte durch analoge Überlegungen zeigen, dass in Fig. E 4b für die Flächeninhalte der „Sicheln" gilt:
$A_3 = A_1 + A_2$.
In den folgenden 200 Jahren bemühten sich viele Mathematiker um die exakte Berechnung des Flächeninhaltes parabolisch, elliptisch und hyperbolisch begrenzter Flächen. Um 260 v. Chr. gelang es dem griechischen Gelehrten ARCHIMEDES (287–212 v. Chr.), Parabelsegmente zu berechnen. Er entwickelte die so genannte *Exhaustionsmethode*, d.h., er „schöpfte" die unbekannte Fläche durch eine Folge berechenbarer Flächen aus. Auf diese Weise konnte auch die Kreisfläche bestimmt werden.
Dann allerdings dauerte es fast 2000 Jahre, bis ARCHIMEDES auf diesem Gebiet Nachfolger in CAVALIERE (1598–1647), NEWTON (1643–1727) und LEIBNIZ (1646–1716) fand. Diese entwickelten neben anderen Mathematikern Methoden, mit deren Hilfe Flächeninhaltsberechnungen für beliebige Flächen sehr leicht und schnell erfolgen können.
Im Folgenden soll der Inhalt der Fläche berechnet werden, die der Graph der Funktion $f(x) = x^2$, die x-Achse und die Geraden $x = a$ und $x = b$ begrenzen, d.h. den Inhalt der Fläche unter der Normalparabel im Intervall [a; b] (Fig. E 5a). Zunächst wird dabei das Intervall [0; 1] betrachtet (Fig. E 5b).

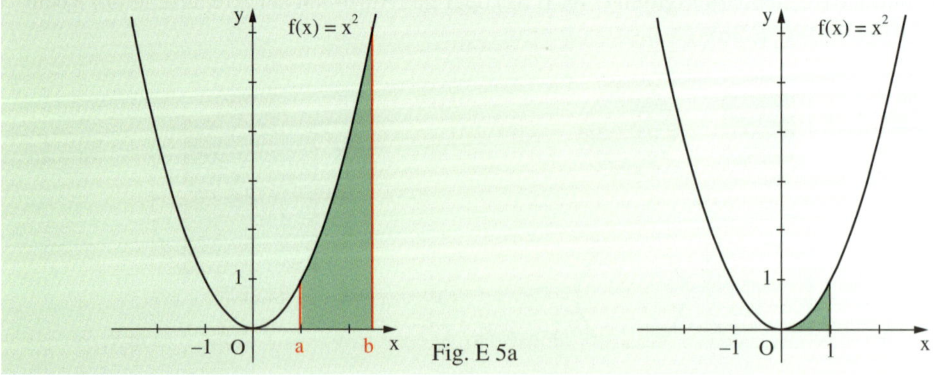

Fig. E 5a Fig. E 5b

Wir nehmen zum Lösen des Problems das von ARCHIMEDES entwickelte Vorgehen zu Hilfe und versuchen, die Fläche unter der Normalparabel im Intervall [0; 1] durch Figuren mit leicht berechenbaren Inhalten auszufüllen. Dazu verwenden wir Rechtecke.
Das „Ausfüllen“ soll wie bei der Kreisberechnung durch „Einbeschreiben“ oder „Umbeschreiben“ der zu berechnenden Fläche geschehen.

einbeschriebene Teilflächen	umbeschriebene Teilflächen	Teilung	Anzahl der Teilintervalle	Länge der Teilintervalle
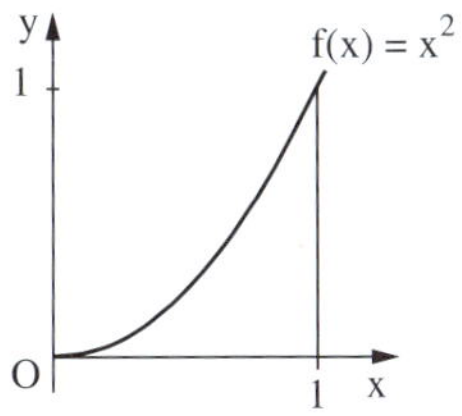	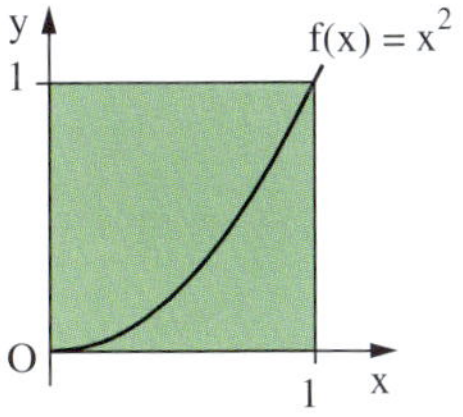	0	1	1
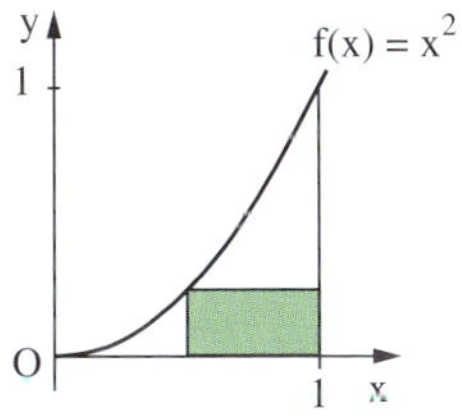	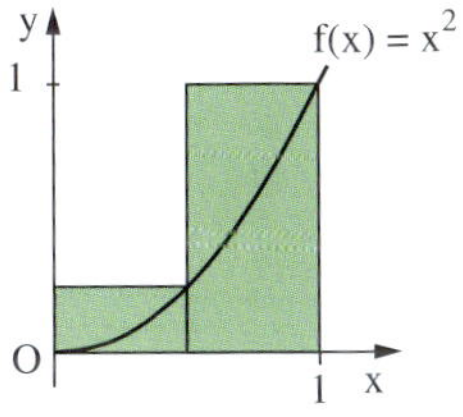	1	2	$\frac{1}{2}$
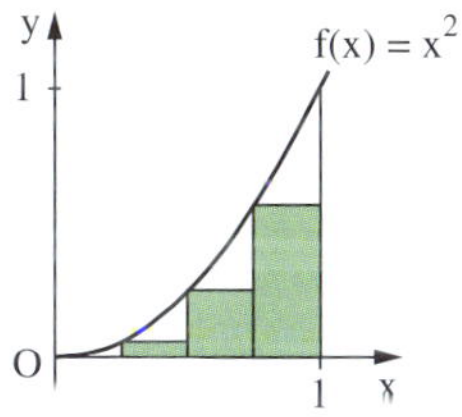	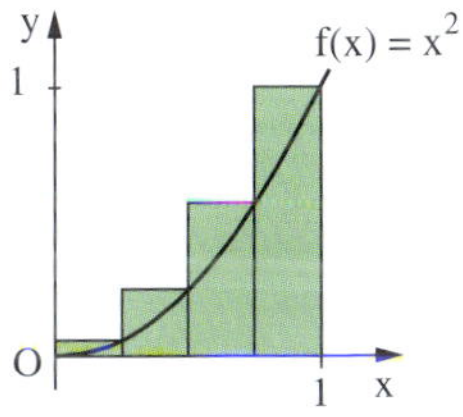	2	4	$\frac{1}{4}$
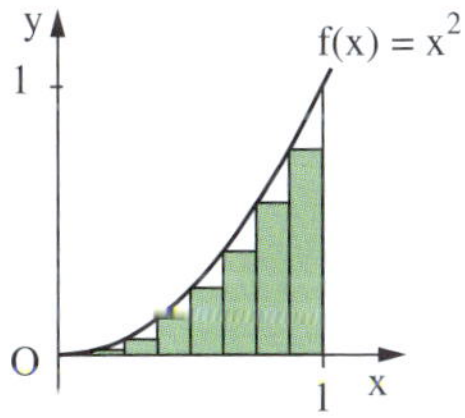	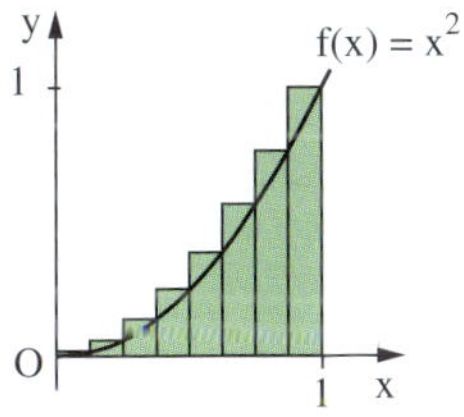	3	8	$\frac{1}{8}$

Fig. E 6

Wir können aus den obigen Darstellungen erkennen:
Der Flächeninhalt der durch Einbeschreiben entstehenden Treppenfigur ist stets kleiner, der Flächeninhalt der durch Umbeschreiben entstehenden Treppenfigur stets größer als der gesuchte Flächeninhalt. Je größer jedoch die Anzahl der verwendeten Rechtecke wird, d.h., je kleiner die verwendete Rechteckbreite gewählt wird, umso mehr nähern sich die „Treppenlinien“ dem Graphen von $f(x) = x^2$ an und desto näher kommt die Summe der Rechteckflächeninhalte dem genauen Inhalt der zu berechnenden Fläche.

Ermitteln wir die jeweiligen Flächeninhalte für f mit $f(x) = x^2$:

n	Einbeschriebene Treppenfigur (Untere Rechtecksumme)	Umbeschriebene Treppenfigur (Obere Rechtecksumme)
0	$s_0 = 1 \cdot f(0) = 1 \cdot 0 = 0$	$S_0 = 1 \cdot f(1) = 1 \cdot 1 = 1$
1	$s_1 = \frac{1}{2} \cdot f(0) + \frac{1}{2} \cdot f(\frac{1}{2}) = \frac{1}{2} \cdot [f(0) + f(\frac{1}{2})]$	$S_1 = \frac{1}{2} \cdot f(\frac{1}{2}) + \frac{1}{2} \cdot f(1) = \frac{1}{2} \cdot [f(\frac{1}{2}) + f(1)]$
	$= \frac{1}{2} \cdot [0 + \frac{1}{4}] = \frac{1}{8} = 0{,}125$	$= \frac{1}{2} \cdot [\frac{1}{4} + 1] = \frac{5}{8} = 0{,}625$
2	$s_2 = \frac{1}{4} \cdot f(0) + \frac{1}{4} \cdot f(\frac{1}{4}) + \frac{1}{4} f(\frac{2}{4}) + \frac{1}{4} \cdot f(\frac{3}{4})$	$S_2 = \frac{1}{4} \cdot f(\frac{1}{4}) + \frac{1}{4} \cdot f(\frac{2}{4}) + \frac{1}{4} \cdot f(\frac{3}{4}) + \frac{1}{4} \cdot f(\frac{4}{4})$
	$= \frac{1}{4} \cdot [f(0) + f(\frac{1}{4}) + f(\frac{2}{4}) + f(\frac{3}{4})]$	$= \frac{1}{4} \cdot [f(\frac{1}{4}) + f(\frac{2}{4}) + f(\frac{3}{4}) + f(\frac{4}{4})]$
	$= \frac{1}{4} \cdot [0 + \frac{1}{16} + \frac{4}{16} + \frac{9}{16}]$	$= \frac{1}{4} \cdot [\frac{1}{16} + \frac{4}{16} + \frac{9}{16} + \frac{16}{16}]$
	$= \frac{14}{64} \approx 0{,}219$	$= \frac{30}{64} \approx 0{,}469$
3	$s_3 = \frac{1}{8} \cdot f(0) + \frac{1}{8} \cdot f(\frac{1}{8}) + \ldots + \frac{1}{8} \cdot f(\frac{7}{8})$	$S_3 = \frac{1}{8} \cdot f(\frac{1}{8}) + \frac{1}{8} \cdot f(\frac{2}{8}) + \frac{1}{8} \cdot f(\frac{3}{8}) + \ldots + \frac{1}{8} \cdot f(\frac{8}{8})$
	$= \frac{1}{8} \cdot [f(0) + f(\frac{1}{8}) + f(\frac{2}{8}) + \ldots + f(\frac{7}{8})]$	$= \frac{1}{8} \cdot [f(\frac{1}{8}) + f(\frac{2}{8}) + f(\frac{3}{8}) + \ldots + f(\frac{8}{8})]$
	$= \frac{1}{8} \cdot [0 + \frac{1}{64} + \frac{4}{64} + \ldots + \frac{49}{64}]$	$= \frac{1}{8} \cdot [\frac{1}{64} + \frac{4}{64} + \frac{9}{64} + \ldots + \frac{64}{64}]$
	$= \frac{140}{512} \approx 0{,}273$	$= \frac{204}{512} \approx 0{,}398$

Bei fortgesetzter Halbierung der Teilintervalle entstehen die beiden Zahlenfolgen

$$(s_n) = \frac{1}{2^n} \cdot \sum_{i=1}^{2^n} \left(\frac{i-1}{2^n}\right)^2 \qquad (S_n) = \frac{1}{2^n} \cdot \sum_{i=1}^{2^n} \left(\frac{i}{2^n}\right)^2.$$

Fassen wir das bisher Erreichte zusammen:

(1) Der gesuchte Flächeninhalt liegt zwischen $0{,}273 < A < 0{,}398$[1)].

(2) Mit wachsendem n nähern sich die Glieder der beiden Zahlenfolgen dem gesuchten Flächeninhalt A immer mehr an. Damit liegt nahe:

(3) Der gesuchte Flächeninhalt kann vielleicht als gemeinsamer Grenzwert der beiden Zahlenfolgen bestimmt werden.

Wir berechnen die beiden Grenzwerte. Dazu formen wir die Summenformeln zunächst um und setzen der Übersichtlichkeit halber $2^n = k$. Es ergibt sich:

$$s_n = \frac{1}{k} \sum_{i=1}^{k} \left(\frac{i-1}{k}\right)^2 \qquad S_n = \frac{1}{k} \sum_{i=1}^{k} \left(\frac{i}{k}\right)^2$$

$$= \frac{1}{k} \sum_{i=1}^{k} \frac{(i-1)^2}{k^2} = \frac{1}{k^3} \sum_{i=1}^{k} (i-1)^2 \qquad = \frac{1}{k} \sum_{i=1}^{k} \frac{i^2}{k^2} = \frac{1}{k^3} \sum_{i=1}^{k} i^2$$

Nach der Summenformel für Quadratzahlen $\sum_{i=1}^{n} i^2 = \frac{n \cdot (n+1) \cdot (2n+1)}{6}$ („Formeln und Tabellen“, S. 41) erhalten wir daraus:

1) Bei Inhaltsberechnungen wird hier und im Folgenden immer nur die Maßzahl angegeben.

$$s_n = \frac{1}{k^3} \cdot \frac{(k-1)k(2k-1)}{6} = \frac{1}{k^3} \cdot \frac{2k^3 - 3k^2 + k}{6} = \frac{1}{3} - \frac{1}{2k} + \frac{1}{6k^2}$$

$$S_n = \frac{1}{k^3} \cdot \frac{k(k+1)\cdot(2k+1)}{6} = \frac{1}{k^3} \cdot \frac{2k^3 + 3k^2 + k}{6} = \frac{1}{3} + \frac{1}{2k} + \frac{1}{6k^2}$$

Wir ersetzen wieder 2^n für k:

$$s_n = \frac{1}{3} - \frac{1}{2 \cdot 2^n} + \frac{1}{6 \cdot 2^{2n}} \qquad S_n = \frac{1}{3} + \frac{1}{2 \cdot 2^n} + \frac{1}{6 \cdot 2^{2n}}$$

Dann ist

$$\lim_{n \to \infty} s_n = \frac{1}{3} \qquad \lim_{n \to \infty} S_n = \frac{1}{3}$$

$$\lim_{n \to \infty} s_n = \lim_{n \to \infty} S_n = \frac{1}{3}.$$

Mit diesem gemeinsamen Grenzwert $\frac{1}{3}$ der Folgen (s_n) und (S_n) wurde ein Wert für den Inhalt der Fläche unter der Normalparabel im Intervall [0; 1] ermittelt: $A = \frac{1}{3}$.

ARCHIMEDES kam vor mehr als 2000 Jahren auch zu diesem Ergebnis, nutzte jedoch eine andere Einteilung des Intervalls. Er teilte das Intervall [0; 1] in n gleiche Teile, verwendete für die Berechnung also Rechtecke der Breite $\frac{1}{n}$. Dadurch ergaben sich für die untere und die obere Rechtecksumme einfachere Ausdrücke:

$$(s_n) = \frac{1}{n} \sum_{i=1}^{n} \left(\frac{i-1}{n}\right)^2 \qquad (S_n) = \frac{1}{n} \sum_{i=1}^{n} \left(\frac{i}{n}\right)^2$$

Durch Anwendung der bereits damals bekannten Formel für die Summe der ersten k Quadratzahlen erhielt ARCHIMEDES bei der Grenzwertbestimmung wie oben den gemeinsamen Grenzwert $\frac{1}{3}$. Ihm war damit die exakte Berechnung des Flächeninhalts eines Parabelsegments gelungen.

Wir wollen nun überlegen, ob sich auf diese Weise auch der Flächeninhalt unter der Normalparabel im Intervall [0; b] mit b > 0 bestimmen lässt (Fig. E 7):

(1) Wir teilen das Intervall [0; b] wie ARCHIMEDES in n gleich lange Teilintervalle. Jedes Teilintervall hat die Länge $\frac{b}{n}$. (Fig. E 8, dort ist n = 7.)

(2) Für jeden Teilpunkt x_i im Intervall bestimmen wir den zugehörigen Funktionswert.

$$f(x_0) = f(0) = 0^2$$
$$f(x_1) = f\left(1 \cdot \frac{b}{n}\right) = \left(1 \cdot \frac{b}{n}\right)^2$$
$$f(x_2) = f\left(2 \cdot \frac{b}{n}\right) = \left(2 \cdot \frac{b}{n}\right)^2$$
$$\vdots$$
$$f(x_n) = f\left(n \cdot \frac{b}{n}\right) = \left(n \cdot \frac{b}{n}\right)^2$$

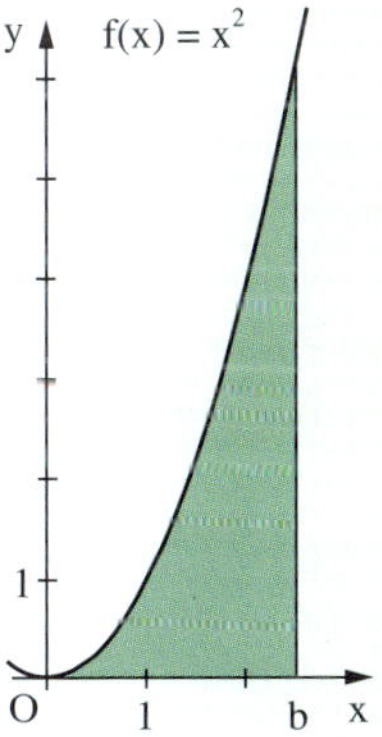

Fig. E 7

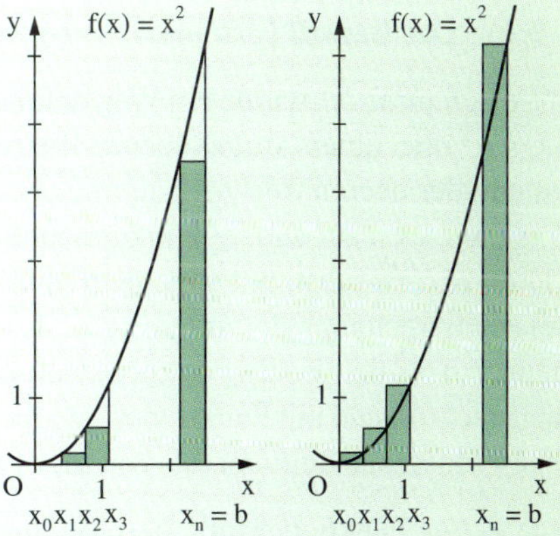

Fig. E 8

(3) Wir berechnen die untere und die obere Rechtecksumme.

Breite der Rechtecke: $\frac{b}{n}$

Länge der Rechtecke: jeweils kleinster bzw. größter Funktionswert im jeweiligen Intervall

$s_n = \frac{b}{n}[f(0) + f(1 \cdot \frac{b}{n}) + \ldots + f((n-1) \cdot \frac{b}{n})]$ $S_n = \frac{b}{n}[f(1 \cdot \frac{b}{n}) + f(2 \cdot \frac{b}{n}) + \ldots + f(n \cdot \frac{b}{n})]$

$s_n = \frac{b}{n} \sum_{i=1}^{n} \left[\frac{(i-1) \cdot b}{n}\right]^2 = \frac{b^3}{n^3} \sum_{i=1}^{n} (i-1)^2$ $S_n = \frac{b}{n} \sum_{i=1}^{n} \left[\frac{i \cdot b}{n}\right]^2 = \frac{b^3}{n^3} \sum_{i=1}^{n} i^2$

(4) Diese beiden Ausdrücke unterscheiden sich von den auf S. 230 f. betrachteten nur durch den Faktor b^3. Berechnen wir auch hier jeweils den Grenzwert für $n \to \infty$, so ergibt sich

$$\lim_{n \to \infty} s_n = \frac{b^3}{3} \qquad \lim_{n \to \infty} S_n = \frac{b^3}{3}.$$

Der Inhalt A der Fläche unter der Normalparabel im Intervall [0; b] beträgt somit $A = \frac{b^3}{3}$.

Wir stellen fest: Anstelle der fortgesetzten Halbierungen kann eine Teilung in n gleiche Intervalle vorgenommen werden. Es ist sogar möglich, ein Teilverfahren zu wählen, wo die Rechtecke in der jeweiligen Treppenfigur unterschiedlich breit sind – es muss nur darauf geachtet werden, dass bei fortgesetzter Teilung die Breite aller Rechtecke gegen 0 strebt. In weiteren Beispielen sollen nur solche Teilungen verwendet werden, bei denen die Rechtecke gleich breit sind.

Um das eingangs gestellte Problem vollständig zu lösen, nutzen wir die bisher bereits erzielten Erkenntnisse. Wir wissen:

(1) Für den Flächeninhalt unter der Normalparabel im Intervall [0; a] gilt $A_1 = \frac{a^3}{3}$.

(2) Für den Flächeninhalt unter der Normalparabel im Intervall [0; b] gilt $A_2 = \frac{b^3}{3}$.

Als Flächeninhalt unter der Normalparabel über dem Intervall [a; b] mit a < b ergibt sich somit

$A = A_2 - A_1 = \frac{b^3}{3} - \frac{a^3}{3}$.

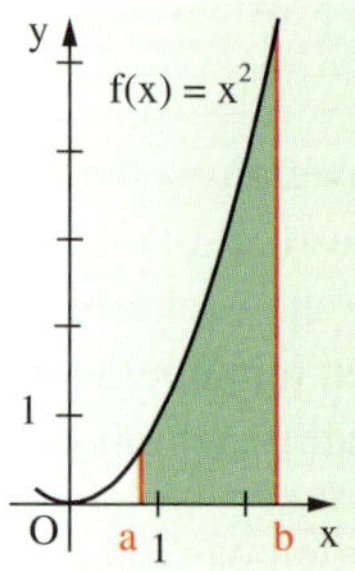

Fig. E 9

E 2.2 Der Begriff *bestimmtes Integral*

Im Abschnitt E 2.1 wurde ein Weg gefunden, den Inhalt der Fläche unter dem Graphen der Funktion $f(x) = x^2$ über einem vorgegebenen Intervall zu bestimmen. Wir haben dazu die Grenzwerte der unteren und der oberen Rechtecksumme ermittelt. Nun wollen wir der Frage nachgehen, ob sich dieses Vorgehen auch auf andere Funktionen übertragen lässt und verallgemeinert werden kann.
Klären wir zunächst, mit welchen Funktionen man dabei arbeiten kann.
Bei der Berechnung der unteren und der oberen Rechtecksumme wurde in jedem Teilintervall der kleinste bzw. der größte Funktionswert als Länge der Rechtecke verwendet. Es liegt deshalb nahe, auch nachfolgend mit Funktionen zu arbeiten, die in einem Intervall [a; b] definiert sind und in jedem abgeschlossenen Teilintervall von [a; b] einen kleinsten und einen größten Funktionswert besitzen.

Jede stetige Funktion erfüllt diese Bedingung (vgl. Fig. E 10a, b). Auch jede nur monotone Funktion hat in jedem abgeschlossenen Teilintervall ihres Definitionsbereiches einen kleinsten und einen größten Funktionswert (Fig. E 10c). Darüber hinaus gibt es auch Funktionen mit dieser Eigenschaft, die weder stetig noch monoton sind (Fig. E 10d).

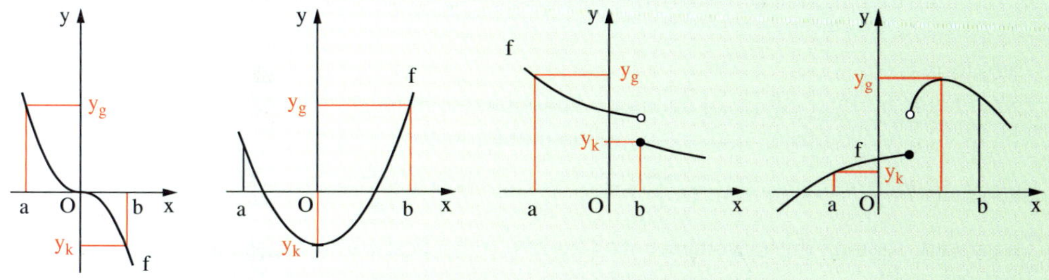

Fig. E 10a Fig. E 10b Fig. E 10c Fig. E 10d

Für die weiteren Betrachtungen sei f eine in einem abgeschlossenen Intervall [a; b] stetige Funktion. f besitzt dann in jedem abgeschlossenen Teilintervall von [a; b] einen kleinsten Funktionswert $f(\underline{x}_i)$ und einen größten Funktionswert $f(\bar{x}_i)$ (Fig. E 11).

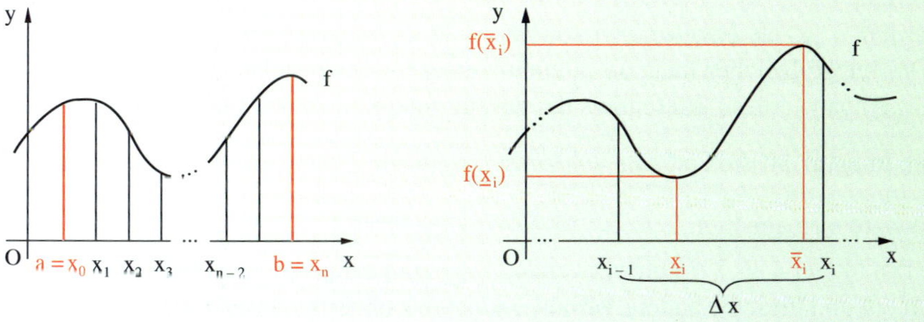

Fig. E 11

(1) Wir wählen eine beliebige natürliche Zahl n, $n \geq 1$, und zerlegen das Intervall [a; b] in n gleich lange Teilintervalle. Die Endpunkte der Teilintervalle seien $a = x_0; x_1; x_2; \ldots; x_{n-1}; x_n = b$.
Jedes Teilintervall hat die Länge $\frac{b-a}{n} = \Delta x$.

(2) Für jedes Teilintervall bilden wir die Produkte $f(\underline{x}_i) \cdot \Delta x$ und $f(\bar{x}_i) \cdot \Delta x$, wobei $f(\underline{x}_i)$ der kleinste und $f(\bar{x}_i)$ der größte Funktionswert im i-ten Teilintervall ist.

(3) Wir bilden die Summen $s_n = \sum_{i=1}^{n} f(\underline{x}_i) \cdot \Delta x$ und $S_n = \sum_{i=1}^{n} f(\bar{x}_i) \cdot \Delta x$.

Auf diese Weise werden jeder natürlichen Zahl n, $n \geq 1$, die zwei Zahlen s_n und S_n zugeordnet, d. h., wir erhalten zwei Zahlenfolgen (s_n) und (S_n).

Diese Folgen besitzen nachstehende Eigenschaften:

a) Weil im Intervall [a; b] stets $f(\underline{x}) \cdot (b-a) \leq s_n < S_n \leq f(\bar{x}) \cdot (b-a)$ gilt, ist (s_n) nach oben beschränkt und (S_n) nach unten beschränkt.

b) Da beim Übergang von der n-ten zur (n + 1)-ten Zerlegung des Intervalls die zugehörige Summe s_{n+1} nicht kleiner sein kann als die Summe s_n bzw. die Summe S_{n+1} nicht größer sein kann als die Summe S_n, folgt:
(s_n) ist monoton wachsend (S_n) ist monoton fallend.

Jede monoton wachsende (fallende) und nach oben (unten) beschränkte Folge konvergiert (wie hier ohne Beweis mitgeteilt sei). Folglich existieren die beiden Grenzwerte $\lim_{n \to \infty} s_n$ und $\lim_{n \to \infty} S_n$.

Dies führt uns zu einem neuen Begriff:

E 3

Definition E 3:
Es sei f eine im Intervall [a; b] definierte Funktion, die in jedem abgeschlossenen Teilintervall von [a; b] einen kleinsten und einen größten Funktionswert besitzt.

Haben die beiden Folgen $(s_n) = (\sum_{i=1}^{n} f(\underline{x}_i) \cdot \Delta x)$ und $(S_n) = (\sum_{i=1}^{n} f(\bar{x}_i) \cdot \Delta x)$ einen gemeinsamen Grenzwert, so heißt dieser gemeinsame Grenzwert das **bestimmte Integral** der Funktion f im Intervall [a; b].

In Kurzform: $\lim\limits_{n \to \infty} s_n = \lim\limits_{n \to \infty} S_n = \int_a^b f(x)\,dx$ (gelesen: *Integral über f(x)dx von a bis b*)

Dabei bezeichnet man a und b als *Integrationsgrenzen* und [a; b] als *Integrationsintervall.*

Wir kennen bereits
f(x) als *Integrand,* x als *Integrationsvariable,* $\int$ als *Integralzeichen*[1)]
und wissen: Das Integralzeichen kann nie allein mit einer Funktion stehen. Zu jedem Integralzeichen gehört auch die Angabe eines Differentials dx, das die Integrationsvariable festlegt.

Das bestimmte Integral $\int_a^b f(x)\,dx$ ist *eine eindeutig festgelegte Zahl*, die nur von der Funktion f und den Integrationsgrenzen abhängt.

Bisher wurde fast immer x als Variable verwendet. Ersetzt man nun das x im Integranden und im Differential durch ein und dieselbe andere Variable, so ist das ohne Bedeutung für das bestimmte Integral. Die durch das bestimmte Integral gegebene Zahl wird dadurch nicht verändert. Es gilt:

$$\int_a^b f(x)\,dx = \int_a^b f(u)\,du = \int_a^b f(t)\,dt$$

E 10

T12

Beispiel E 10:
Es ist das bestimmte Integral $\int_0^3 x^3\,dx$ zu berechnen.

Die Funktion f mit der Gleichung $f(x) = x^3$ ist stetig und hat damit in jedem abgeschlossenen Teilintervall einen kleinsten und einen größten Funktionswert. Wir wenden die obige Definition des bestimmten Integrals an.

(1) Zerlegen des Intervalls [0; 3] in n gleich lange Teilintervalle der Länge Δx mit $\Delta x = \frac{3}{n}$.

(2) Bilden der Summen s_n und S_n; das i-te Teilintervall ist $[x_{i-1}; x_i]$.

$$x_{i-1} = (i-1)\,\Delta x = (i-1)\frac{3}{n} \qquad f(x_{i-1}) = [(i-1)\frac{3}{n}]^3$$

$$x_i = i \cdot \frac{3}{n} \qquad f(x_i) = [i \cdot \frac{3}{n}]^3$$

$$s_n = \sum_{i=1}^{n} f(\underline{x}_i) \cdot \Delta x \qquad S_n = \sum_{i=1}^{n} f(\bar{x}_i) \cdot \Delta x$$

$$s_n = \sum_{i=1}^{n} (i-1)^3 \cdot \frac{3^3}{n^3} \cdot \frac{3}{n} = \frac{3^4}{n^4} \sum_{i=1}^{n} (i-1)^3 \qquad S_n = \sum_{i=1}^{n} i^3 \cdot \frac{3^3}{n^3} \cdot \frac{3}{n} = \frac{3^4}{n^4} \sum_{i=1}^{n} i^3$$

1) Das von Gottfried Wilhelm LEIBNIZ eingeführte Integralzeichen $\int$ erinnert an die Summenbildung. Das Zeichen dx hat seinen Ursprung in dem Δx, der Breite der Teilintervalle.

Für die Summe der ersten k Kubikzahlen gilt („Formeln und Tabellen", S. 41)

$$\sum_{i=1}^{k} i^3 = \frac{k^2(k+1)^2}{4}. \text{ Also:}$$

$$s_n = \frac{3^4}{n^4} \cdot \frac{(n-1)^2 n^2}{4} = \frac{3^4}{4} \cdot \frac{n^2 - 2n + 1}{n^2} = \frac{3^4}{4} \cdot \left(1 - \frac{2}{n} + \frac{1}{n^2}\right)$$

$$S_n = \frac{3^4}{n^4} \cdot \frac{n^2(n+1)^2}{4} = \frac{3^4}{4} \cdot \frac{n^2 + 2n + 1}{n^2} = \frac{3^4}{4} \cdot \left(1 + \frac{2}{n} + \frac{1}{n^2}\right)$$

(3) Berechnen der Grenzwerte

$$\lim_{n \to \infty} s_n = \lim_{n \to \infty} \frac{3^4}{4} \cdot \left(1 - \frac{2}{n} + \frac{1}{n^2}\right) = \lim_{n \to \infty} \frac{3^4}{4} \cdot \lim_{n \to \infty} \left(1 - \frac{2}{n} + \frac{1}{n^2}\right) = \frac{3^4}{4} \cdot 1 = \frac{81}{4}$$

$$\lim_{n \to \infty} S_n = \frac{3^4}{4} \cdot \left(1 + \frac{2}{n} + \frac{1}{n^2}\right) = \lim_{n \to \infty} \frac{3^4}{4} \cdot \lim_{n \to \infty} \left(1 + \frac{2}{n} + \frac{1}{n^2}\right) = \frac{3^4}{4} \cdot 1 = \frac{81}{4}$$

Da $\lim_{n \to \infty} s_n = \lim_{n \to \infty} S_n = \frac{81}{4}$, gilt $\int_0^3 x^3 \, dx = \frac{81}{4}$.

Die Fig. E 12 und E 13 zeigen, wie der GTA zum Berechnen von Unter- und Obersummen einer Funktion f bei Aufteilung des Intervalls [a; b] in n Teilintervalle eingesetzt werden kann. Fig. E 14 gibt ein entsprechendes Programm wieder. In Fig. E 15 sind die den Summanden der Untersumme entsprechenden Rechteckflächen dargestellt.

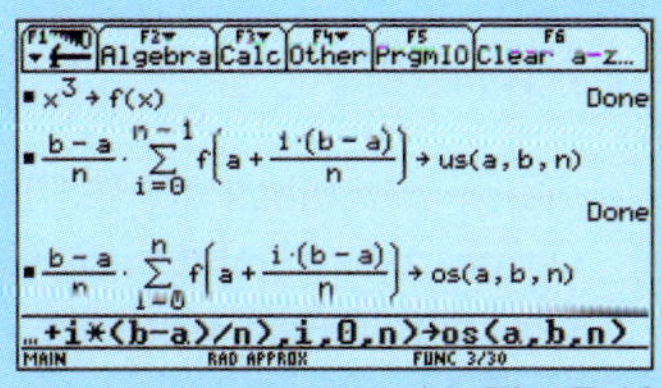

Fig. E 12

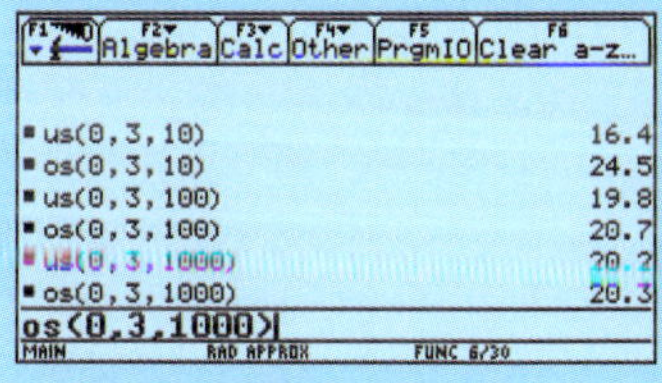

Fig. E 13

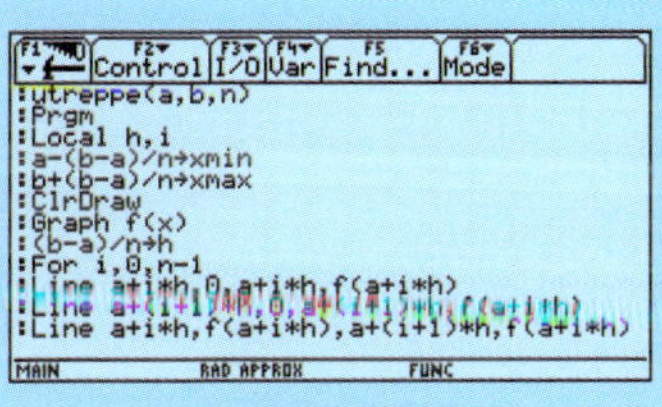

Fig. E 14

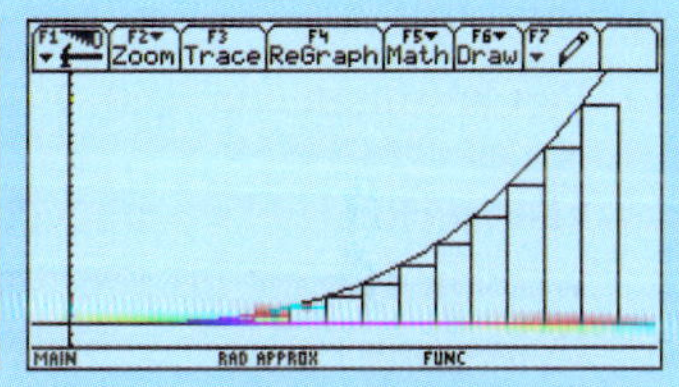

Fig. E 15

Das Bilden des Begriffs *bestimmtes Integral* erfolgte in enger Anlehnung an das Zerlegen einer Fläche in untere und obere Rechtecksummen. Deshalb stellt das bestimmte Integral auch eine Möglichkeit dar, die Eingangsfrage nach dem Flächeninhalt bestimmter Punktmengen zu beantworten.

E 4

Definition E 4:

Es sei f eine im Intervall [a; b] definierte und dort nichtnegative Funktion, die in jedem abgeschlossenen Teilintervall von [a; b] einen kleinsten und einen größten Funktionswert besitzt.

Dann ist das **bestimmte Integral** $\int_a^b f(x)\,dx$ diejenige positive Zahl, die den Inhalt A der Fläche angibt, welche vom Graphen der Funktion f, der x-Achse und den Geraden x = a und x = b begrenzt wird: $A = \int_a^b f(x)\,dx$

Mit dieser Definition haben wir eine *geometrische Deutung des bestimmten Integrals* vorgenommen.

E 11

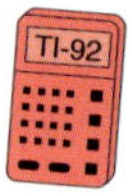

T12

Beispiel E 11:
Es ist zu untersuchen, ob sich die folgenden bestimmten Integrale als Flächeninhalte deuten lassen.

a) $\int_1^3 (2x + 1)\,dx$ b) $\int_{-1}^2 (x^2 + 1)\,dx$ c) $\int_{0,5}^3 (x - 1{,}5)\,dx$

Wir überlegen, ob die gegebenen bestimmten Integrale den Bedingungen in Definition E 4 entsprechen.

a) Das bestimmte Integral $\int_1^3 (2x + 1)\,dx$ lässt sich als Inhalt der Fläche deuten, die vom Graphen der Funktion $f(x) = 2x + 1$, der x-Achse und den Geraden $x = 1$ und $x = 3$ begrenzt wird. Es handelt sich um nebenstehende Trapezfläche.

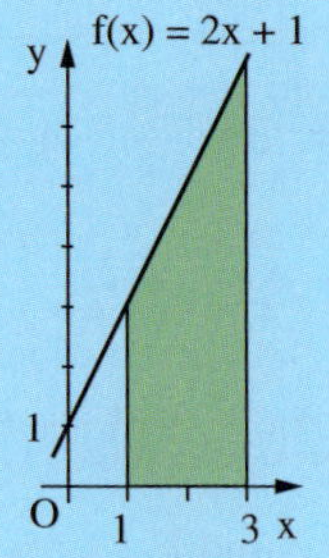

Fig. E 16

b) Das bestimmte Integral $\int_{-1}^2 (x^2 + 1)\,dx$ ist gleich dem Inhalt der Fläche, die vom Graphen der Funktion $f(x) = x^2 + 1$, der x-Achse und den Geraden $x = -1$ und $x = 2$ begrenzt wird.

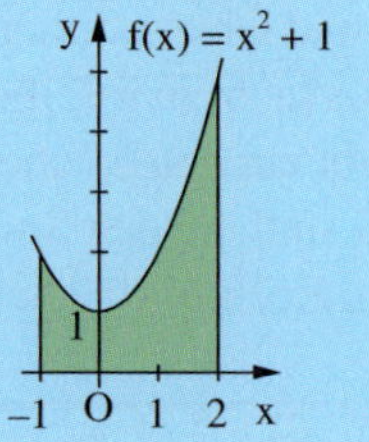

Fig. E 17

c) Das bestimmte Integral $\int_{0,5}^3 (x - 1{,}5)\,dx$ kann nicht als Flächeninhalt gedeutet werden, da nicht für alle $x \in [0{,}5;\,3]$ die Bedingung $f(x) \geq 0$ erfüllt ist.

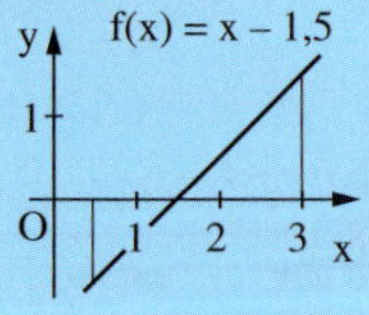

Fig. E 18

E 12

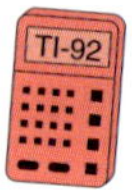

T12

Beispiel E 12:
Die Inhalte der markierten Flächen sind mithilfe bestimmter Integrale anzugeben.

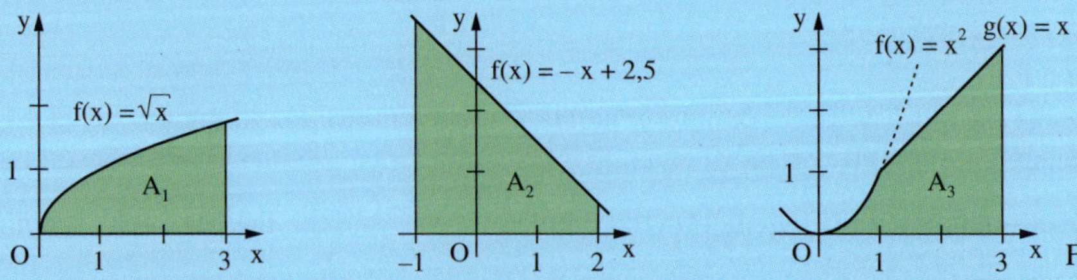

Fig. E 19

Die Funktionen erfüllen die in der Definition geforderten Bedingungen. Also gilt:

$A_1 = \int_0^3 \sqrt{x}\,dx$ $A_2 = \int_{-1}^2 (-x + 2{,}5)\,dx$ $A_3 = \int_0^1 x^2\,dx + \int_1^3 x\,dx$

Das Berechnen des bestimmten Integrals mittels der o.g. Näherungsmethode ist sehr aufwändig. Es soll deshalb ein einfacherer Weg gesucht werden.

E 13

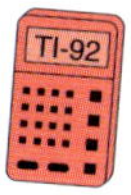

T 12

Beispiel E 13:
Gegeben sei die Funktion f(x) = x. Der Graph der Funktion f, die x-Achse und die Geraden x = 1 und x = 6 begrenzen eine Fläche, deren Inhalt berechnet werden soll.
Wir lösen diese Aufgabe
a) mittels eines bestimmten Integrals,
b) unter Verwendung bekannter Flächeninhaltsformeln,
c) mithilfe eines GTA, wobei zunächst die zu berechnende Fläche dargestellt wird.

Zu a)
Für die Funktion f(x) = x existiert das bestimmte Integral im Intervall [1; 6], da f stetig ist.

Um $\int\limits_1^6 x\,dx$ zu berechnen, wenden wir die Definition E 3 an.

- Zerlegen des Intervalls [0; 6] in n gleich lange Teilintervalle. Die Teilintervalle haben die Länge $\Delta x = \frac{6}{n}$ (Fig. E 20).
- Bilden der Summen s_n und S_n.
  Die untere Intervallgrenze des i-ten Teilintervalls ist
  $\underline{x}_i = (i-1)\cdot\Delta x = (i-1)\cdot\frac{6}{n}$, die obere $\bar{x}_i = i\cdot\frac{6}{n}$.

  Die zugehörigen Funktionswerte sind
  $f(\underline{x}_i) = (i-1)\cdot\frac{6}{n}$ bzw. $f(\bar{x}_i) = i\cdot\frac{6}{n}$.

  Also gilt:

  $$s_n = \sum_{i=1}^{n} f(\underline{x}_i)\Delta x = \sum_{i=1}^{n}(i-1)\cdot\frac{6}{n}\cdot\frac{6}{n} = \frac{6^2}{n^2}\sum_{i=1}^{n}(i-1)$$

  $$S_n = \sum_{i=1}^{n} f(\bar{x}_i)\Delta x = \sum_{i=1}^{n} i\cdot\frac{6}{n}\cdot\frac{6}{n} = \frac{6^2}{n^2}\sum_{i=1}^{n} i$$

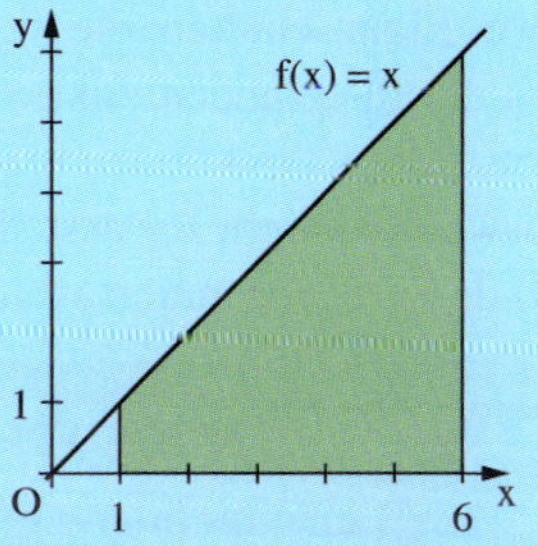

Fig. E 20

  Wegen $\sum\limits_{i=1}^{k} i = \frac{k\cdot(k+1)}{2}$ („Formeln und Tabellen", S. 41) folgt:

  $$s_n = \frac{6^2}{n^2}\cdot\frac{n^2-n}{2} = \frac{6^2}{2}\left(1-\frac{1}{n}\right) \qquad S_n = \frac{6^2}{n^2}\cdot\frac{n^2+n}{2} = \frac{6^2}{2}\left(1+\frac{1}{n}\right)$$

- Grenzwerte bestimmen

  $$\lim_{n\to\infty} s_n = \frac{6^2}{2} = \frac{36}{2} \qquad \lim_{n\to\infty} S_n = \frac{6^2}{2} = \frac{36}{2}$$

  Damit gilt: $\int\limits_0^6 x\,dx = \frac{36}{2} = 18$

  In gleicher Weise ergibt sich $\int\limits_0^1 x\,dx = \frac{1}{2}$. Also: Flächeninhalt $A = \int\limits_0^6 x\,dx - \int\limits_0^1 x\,dx = \frac{35}{2}$ (FE).

Zu b)
Die zu berechnende Figur ist ein Trapez. Die Formel für den Flächeninhalt eines Trapezes lautet $A = \frac{a+c}{2}\cdot h$ (a und c sind dabei die parallelen Seiten und h die zugehörige Höhe).

Also gilt: $A = \frac{6+1}{2} \cdot 5 = \frac{35}{2}$ (FE)

Zu c)

Mit der Eingabe (♦) (W) *(Y =)* (X) (♦) (R) *(GRAPH)* sowie geeigneter WINDOW-Einstellung wird der Graph der Funkton f(x) = x dargestellt.

Wir setzen fort mit (F5) (7) (1) *(Lower Limit)* (ENTER) (6) *(Upper Limit)* (ENTER) und erhalten das nebenstehende Bildschirmbild (Fig. E 21).

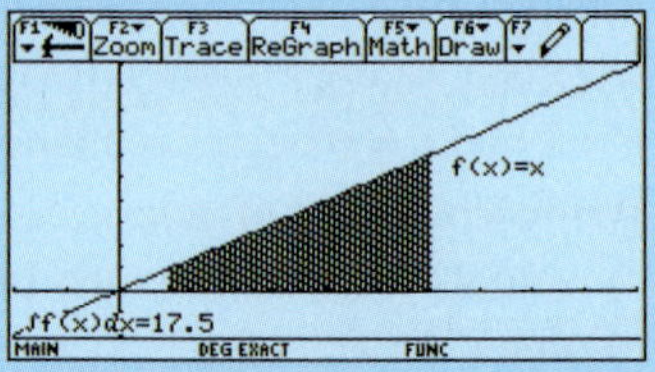

Fig. E 21

Nach der Betrachtung obiger Beispiele wollen wir noch einmal auf die Frage zurückkommen, für welche Funktionen das bestimmte Integral überhaupt existiert.

Nach den Forderungen in Definition E 3 muss die jeweilige Funktion dazu in jedem abgeschlossenen Teilintervall des Integrationsintervalls einen kleinsten und einen größten Funktionswert besitzen. Erfüllt eine Funktion diese Bedingung, müssen des Weiteren die Folgen (s_n) und (S_n) gegen ein und denselben Grenzwert konvergieren.

Zwei Eigenschaften, die die Existenz des bestimmten Integrals sichern, sind *Monotonie* und *Stetigkeit* der Integrandenfunktion im jeweiligen Intervall, denn wir wissen bereits, dass für monotone bzw. stetige Funktionen in jedem abgeschlossenen Teilintervall ein kleinster und ein größter Funktionswert existiert. Es lässt sich außerdem jeweils zeigen, dass $\lim\limits_{n \to \infty} s_n = \lim\limits_{n \to \infty} S_n$ gilt, so dass folgende Sätze formuliert werden können:

E 5

Satz E 5: **Existenz des bestimmten Integrals einer monotonen Funktion**

Wenn f eine im Intervall [a; b] monotone Funktion ist, so existiert $\int\limits_a^b f(x)\,dx$.

E 6

Satz E 6: **Existenz des bestimmten Integrals einer stetigen Funktion**

Wenn f eine im Intervall [a; b] stetige Funktion ist, so existiert $\int\limits_a^b f(x)\,dx$.

Auf die Beweise dieser Sätze soll an dieser Stelle verzichtet werden.

Gibt es zu einer Funktion f das bestimmte Integral über dem Intervall [a; b], so heißt diese Funktion über dem Intervall [a, b] *integrierbar. Monotonie* und *Stetigkeit* sind nach den Sätzen E 5 und E 6 also *hinreichende Bedingungen für die Integrierbarkeit* einer Funktion. Sie sind aber *nicht notwendig*, denn es gibt auch Funktionen, die zwar integrierbar, aber nicht monoton (Fig. E 22b), nicht stetig (Fig. E 22c) oder weder monoton noch stetig sind (Fig. E 22d).

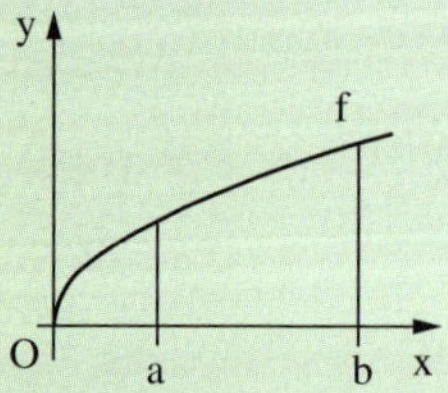

Fig. E 22a

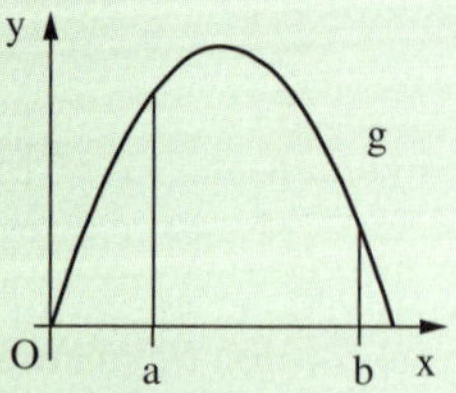

Fig. E 22b

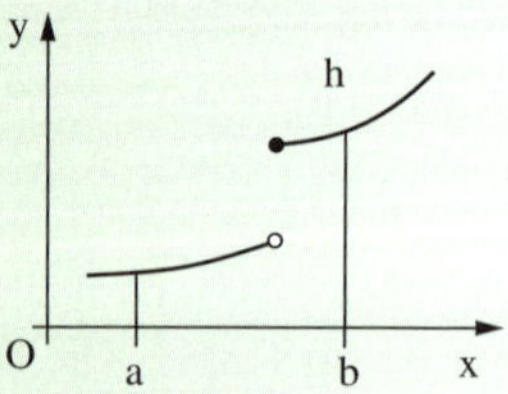

Fig. E 22c

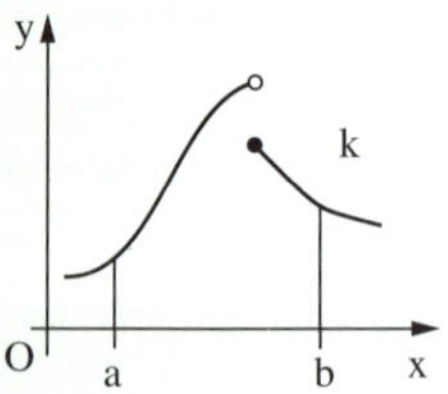

Fig. E 22d

Obige Bedingungen erleichtern die Berechnung des bestimmten Integrals: Liegt eine stetige oder eine monotone Funktion vor, so ist die Existenz des bestimmten Integrals gesichert und es braucht nur der *Grenzwert einer Folge* bestimmt zu werden.

E 2.3 Begriffserweiterung und Eigenschaften bestimmter Integrale

Wir haben bei der Definition des bestimmten Integrals $\int_a^b f(x)\,dx$ vorausgesetzt, dass a < b ist.

Für manche Anwendungen ist es aber notwendig, den Begriff des bestimmten Integrals auch zur Verfügung zu haben, wenn die obere Integrationsgrenze kleiner als die untere ist oder wenn beide Integrationsgrenzen übereinstimmen:

Definition E 5:
Existiert für die Funktion f im Intervall [a; b] das bestimmte Integral $\int_a^b f(x)\,dx$, so wird festgelegt $\int_b^a f(x)\,dx = -\int_a^b f(x)\,dx$.

Definition E 6:
$\int_a^a f(x)\,dx = 0$

E 5

E 6

Beispiel E 14: E 14

a) $\int_3^0 x^3\,dx = -\int_0^3 x^3\,dx = -\frac{81}{4}$ (s. Beispiel E 10) b) $\int_5^5 x\,dx = 0$

Aus der Definition des bestimmten Integrals lässt sich eine Eigenschaft folgern, die bei Anwendungen des bestimmten Integrals oft benötigt wird:

Satz E 7: **Additivität des bestimmten Integrals** E 7
Es sei die Funktion f im Intervall [a; b] integrierbar und c eine beliebige Zahl aus dem Intervall [a; b]. Dann gilt:

$$\int_a^b f(x)\,dx = \int_a^c f(x)\,dx + \int_c^b f(x)\,dx$$

Diese Eigenschaft nennt man Additivität des bestimmten Integrals.

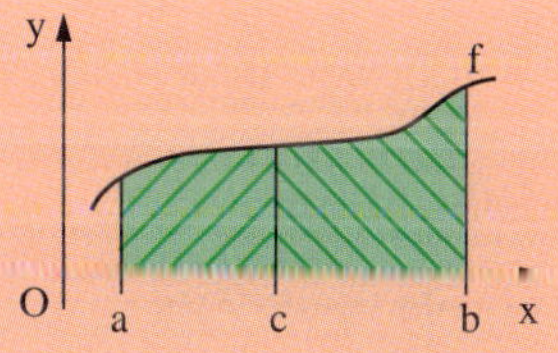

Fig. E 23

Beispiel E 15: E 15

a) $\int_1^3 (5x-1)\,dx + \int_3^7 (5x-1)\,dx + \int_7^1 (5x-1)\,dx = \int_1^7 (5x-1)\,dx - \int_1^7 (5x-1)\,dx = 0$

b) $\int_0^{0,5} x^3\,dx + \int_{0,5}^2 x^3\,dx = \int_0^2 x^3\,dx = \frac{2^4}{4} = 4$

TI-92
T12

Wir wissen aus der geometrischen Deutung des bestimmten Integrals $\int_a^b f(x)\,dx$ für $f(x) \geq 0$ im Intervall [a; b]: Der Inhalt der vom Graphen der Funktion f, der x-Achse und den Geraden x = a und x = b begrenzten Fläche (der dem bestimmten Integral entspricht) liegt *zwischen den Flächeninhalten zweier Rechtecke*. Die eine Seite der beiden Rechtecke hat jeweils die Länge b – a, die andere Seite ist durch die untere bzw. die obere Schranke der Funktion f im Intervall [a; b] bestimmt. Nun entsteht die Frage, ob unter Beibehaltung der gestellten Bedingungen *ein einziges Rechteck* über dem Intervall [a; b] gefunden werden kann, dessen Flächeninhalt gleich dem Integral $\int_a^b f(x)\,dx$ ist.

Es sei f eine stetige Funktion mit $f(x) \geq 0$ im Intervall [a; b].
Die markierte Figur hat den Flächeninhalt $\int_a^b f(x)\,dx$ (Fig. E 24).
Betrachtet man diese Figur, so kann man vermuten: Es lässt sich eine Stelle x_0 so finden, dass das Rechteck über dem Intervall [a; b] und mit der Ordinate $f(x_0)$ als zweiten Seite flächengleich mit der markierten Figur ist.

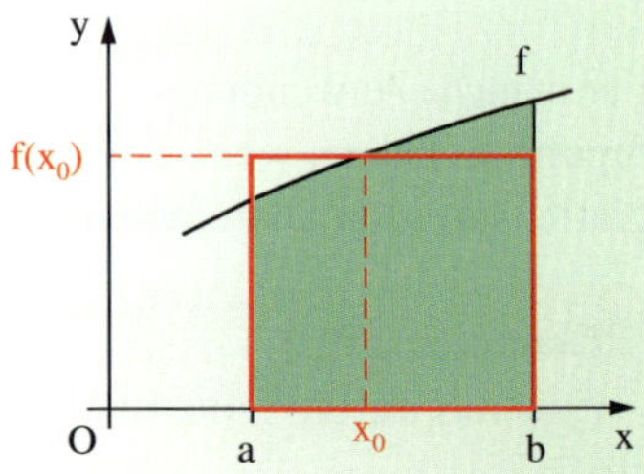

Fig. E 24

Der Flächeninhalt des Rechtecks ist dann $A = f(x_0) \cdot (b - a)$. Die Zahl $f(x_0)$ heißt *Integralmittelwert*. In Fig. E 24 ist dieser Sachverhalt für eine Funktion f dargestellt, die im Intervall [a; b] nur positive Funktionswerte annimmt. Es kann jedoch allgemein formuliert werden:

E 8

Satz E 8: **Mittelwertsatz der Integralrechnung**
Ist f eine im Intervall [a; b] stetige Funktion, dann gibt es mindestens eine Zahl x_0 mit $a < x_0 < b$, für deren Funktionswert $f(x_0)$ gilt $\int_a^b f(x)\,dx = f(x_0) \cdot (b - a)$.

Auf den Beweis dieses Satzes wollen wir verzichten.

E 16

Beispiel E 16:
Gesucht ist die Zahl x_0 aus dem Intervall [a; b], für die $\int_a^b 2x\,dx = f(x_0) \cdot (b - a)$ ist.

Wir berechnen das bestimmte Integral: $\int_a^b 2x\,dx = b^2 - a^2$

Nach dem Mittelwertsatz der Integralrechnung gilt
$b^2 - a^2 = f(x_0) \cdot (b - a)$, woraus $(b - a) \cdot (b + a) = f(x_0) \cdot (b - a)$,
also (da $b \neq a$) $(b + a) = f(x_0)$ folgt.
Wegen $f(x) = 2x$ gilt $f(x_0) = 2x_0$, also $2x_0 = b + a$ und damit
$x_0 = \frac{b + a}{2}$.
Geometrisch gedeutet heißt das: Da $x_0 = \frac{a + b}{2}$ der Mittelwert von a und b ist, stellt $f(x_0)$ die Länge der Mittelparallelen des Trapezes in Fig. E 25 dar.

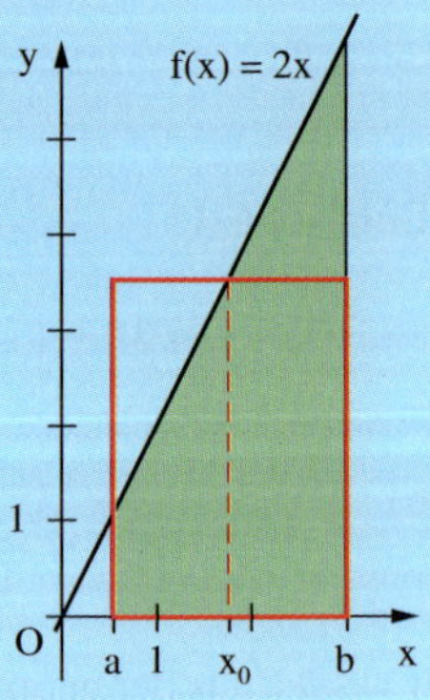

Fig. E 25

Aufgaben

E 25 Berechnen Sie Flächeninhalt und Umfang der markierten Flächen

a) für a = 4 cm b) für a = 12 cm c) allgemein für a !

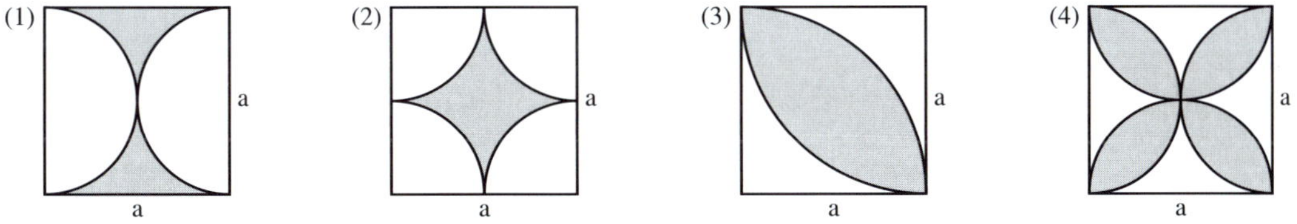

E 26 Berechnen Sie den Flächeninhalt der gegebenen Figuren! (Hinweis: Die gekrümmten Linien sind Teile von Kreisen.) Maßstab: Seitenlänge der Kästchen ≙ 1 cm.

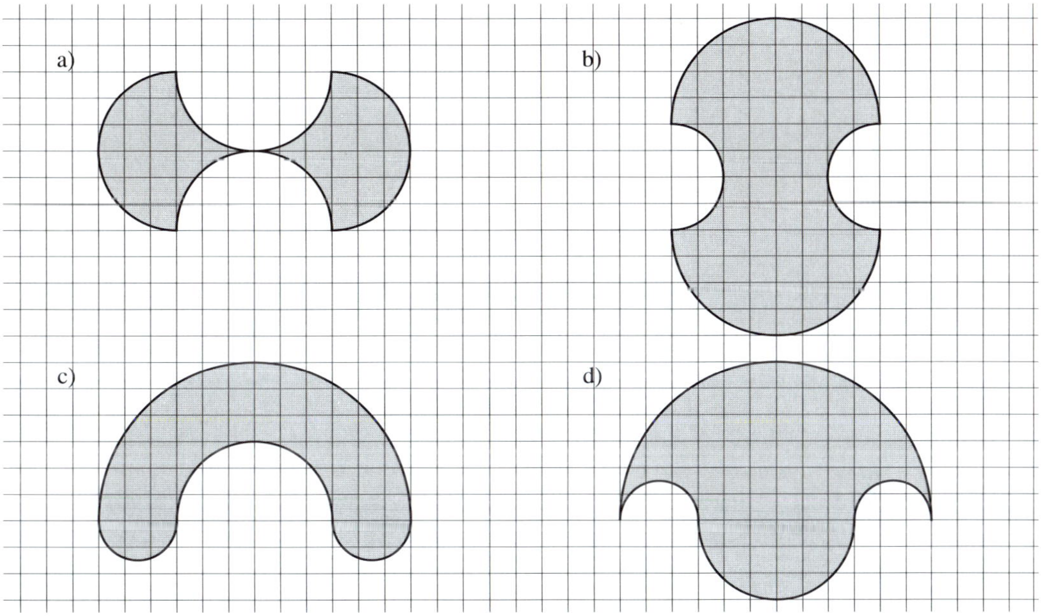

E 27 Bestimmen Sie näherungsweise den Flächeninhalt der folgenden Figuren! (Hinweis: Zerlegen Sie die Figur geeignet!)

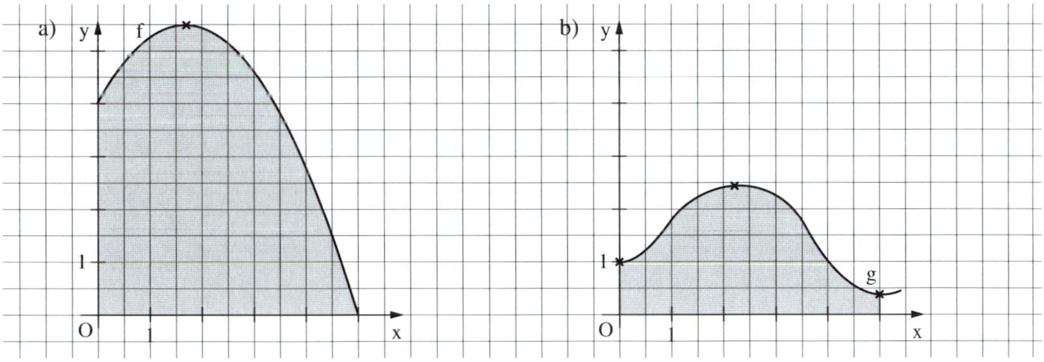

GTA **E 28** *(↗ Beispiel E 10, S. 234)*

Berechnen Sie das bestimmte Integral $\int_{-1}^{2} (x^2 + 2)\,dx$! Verwenden Sie dazu die Definition E 3!

E 29 Berechnen Sie analog zu Aufgabe ***E 28*** die folgenden bestimmten Integrale:

a) $\int_{-2}^{2} (-x^2 + 4)\,dx$ b) $\int_{0}^{2} (2x + 1)\,dx$ c) $\int_{0}^{1} (x^3 + 1)\,dx$ d) $\int_{1}^{3} 4x^2\,dx$

E 30 Berechnen Sie elementargeometrisch den Inhalt der jeweils markierten Fläche:

a)

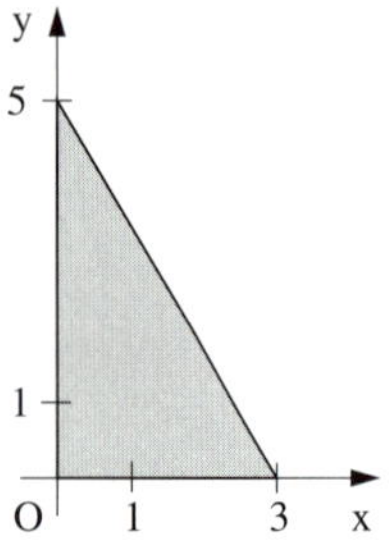

b)

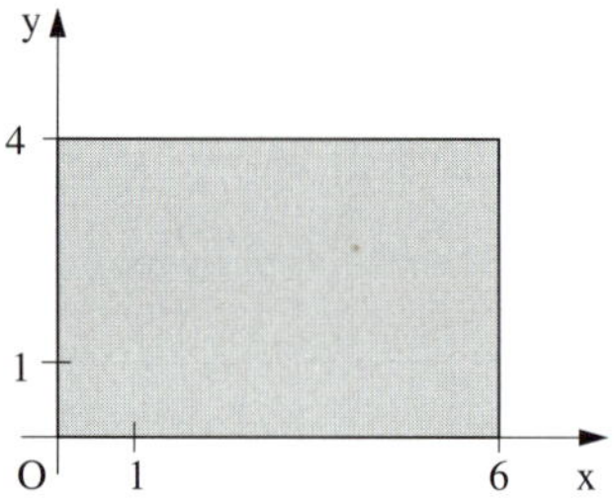

c)

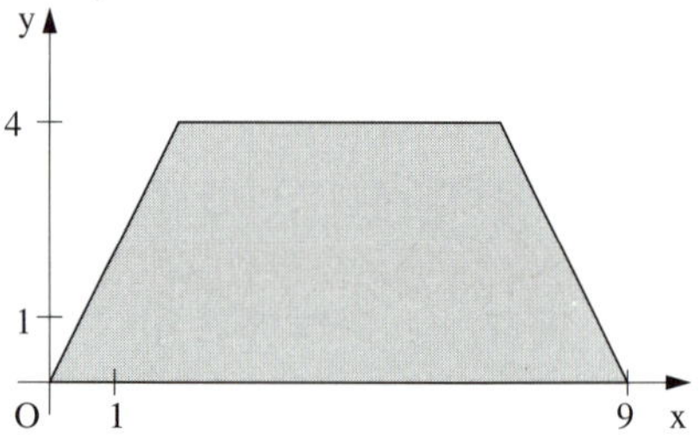

E 31 (↗ S. 232)

Berechnen Sie den Inhalt der Fläche unter der Normalparabel (Graph der Funktion $f(x) = x^2$) in folgenden Intervallen! Verwenden Sie dazu die Formel $A = A_2 - A_1 = \frac{b^3}{3} - \frac{a^3}{3}$!

a) [1; 3] b) [0; 5] c) [–2; 0] d) [–1; 1]

E 32 Berechnen Sie den Inhalt der Fläche unter der Funktion $f(x) = 4 - x^2$ in folgenden Intervallen:

a) [–1; 0] b) [–0,5; 0,5] c) [0; 1] d) [0,5; 1]

E 33 Berechnen Sie unter Verwendung der Formeln für bestimmte Integrale (siehe S. 232, S. 234 f.) die Inhalte der nachstehenden markierten Flächen:

a)

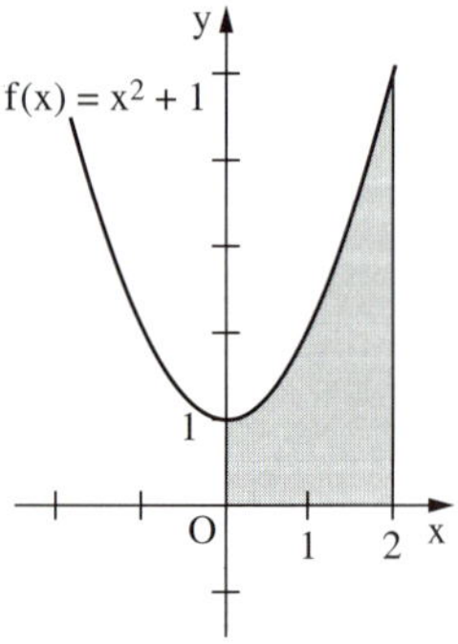

b)

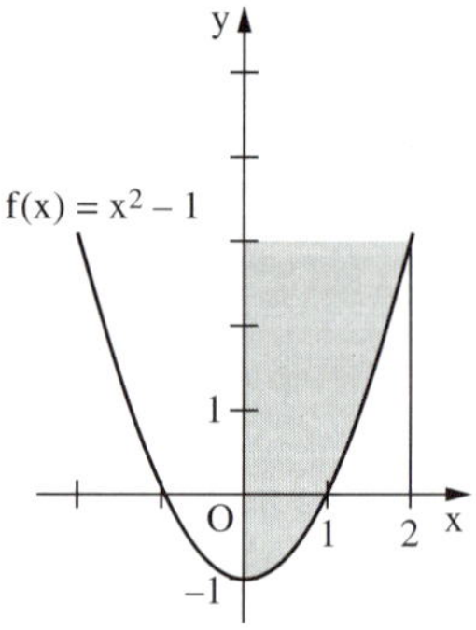

c)

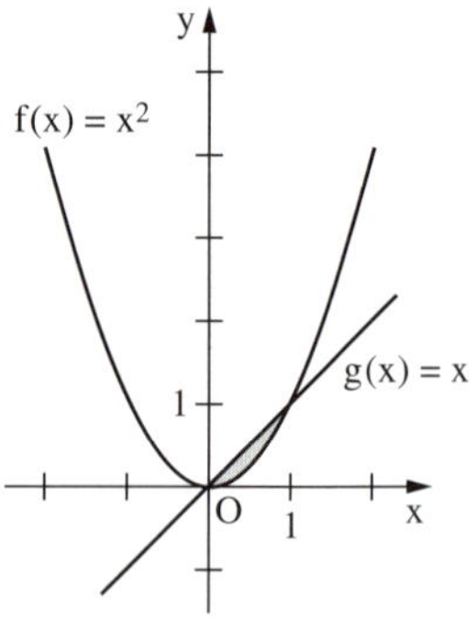

d)

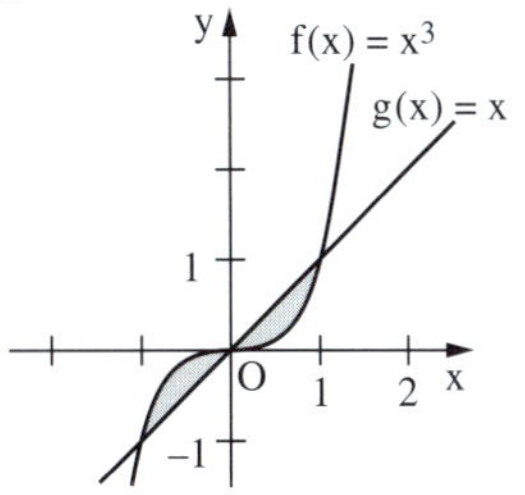

e)

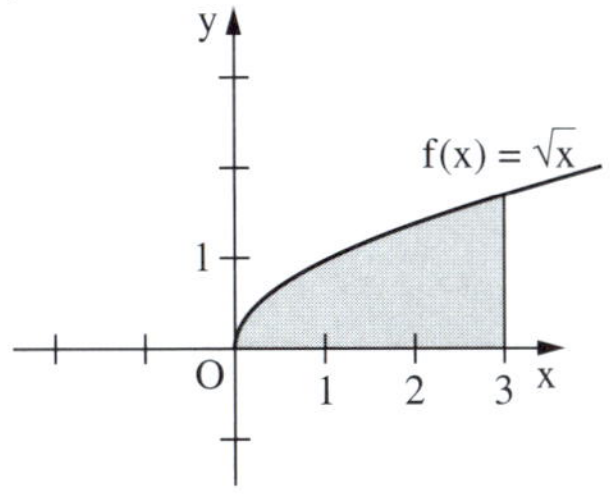

f)

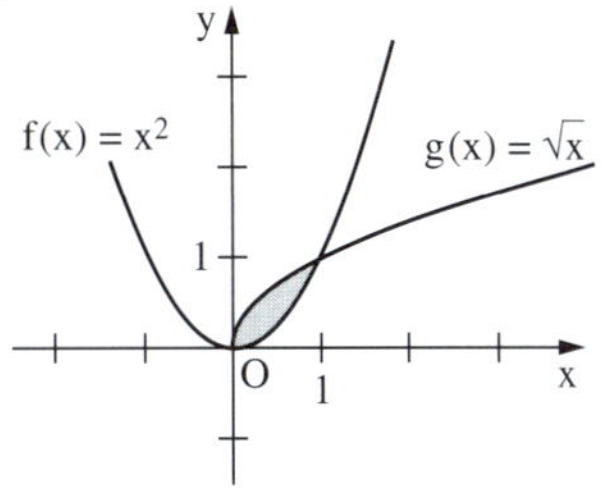

E 34 Berechnen Sie den Inhalt der Fläche zwischen den Funktionen $f(x) = x^3$ und $g(x) = x$ in den folgenden Intervallen:

a) $[0; 1]$

b) $[-\frac{1}{2}; 0]$

E 35 *(↗ Beispiel E 11, S. 236)*

Überprüfen Sie, ob sich die folgenden bestimmten Integrale als Flächeninhalt deuten lassen und begründen Sie knapp Ihre Entscheidung:

a) $\int_1^3 (-3x + 3)\,dx$

b) $\int_1^4 (\frac{1}{2}x - 1)\,dx$

c) $\int_{-2}^1 (x^2 + 2)\,dx$

E 36 *(↗ Beispiel E 12, S. 236)*

Geben Sie den Inhalt der markierten Fläche mithilfe bestimmter Integrale an:

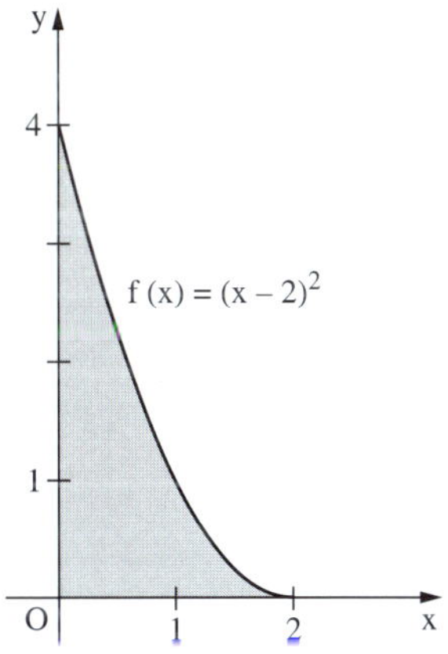

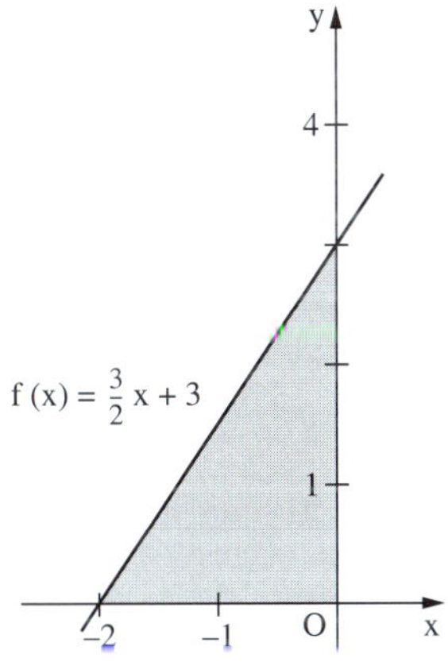

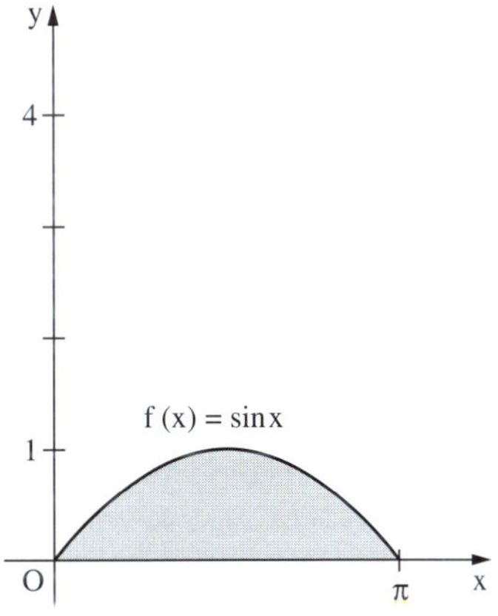

E 37 Geben Sie den Inhalt der markierten Flächen aus Aufgabe ***E 30*** mithilfe bestimmter Integrale an!

E 38 Wie verändert sich der Flächeninhalt unter dem Graphen der Funktion f_i im Intervall $[0; a]$ mit $a > 0$, wenn die Intervalllänge auf $[0; 2a]$ verdoppelt wird?

a) $f_1(x) = x$

b) $f_2(x) = x^2$

c) $f_3(x) = 2x$

d) $f_4(x) = x^3$

E 39 Gegeben ist die Funktion $f(x) = x^2$. Welchen Wert hat b, wenn

a) die Fläche unter dem Graphen der Funktion f im Intervall $[0; b]$ den Inhalt 72 FE besitzt,

b) die Fläche unter dem Graphen der Funktion f im Intervall $[2; b]$ den Inhalt 39 FE hat?

E 40 Überprüfen Sie, ob folgende Gleichungen wahre Aussagen sind, und begründen Sie knapp Ihre Entscheidung!

a) $\int_2^3 x(x^2 - x)\,dx - \int_4^3 \frac{x^5 - x^4}{x^2}\,dx + \int_4^2 x^2(x-1)\,dx = 0$ b) $\int_0^5 (x^2 - 1)\,dx = -\int_5^0 (x+1)(x-1)\,dx$

c) $\int_2^4 \frac{x^4 - x^2}{x^2}\,dx - \int_4^2 x^2(1 - \frac{1}{x^2})\,dx = 0$

E 41 *(↗ Beispiel E 15, S. 239)*

Berechnen Sie unter Anwendung von Definition E 5 und E 6 sowie Satz E 7:

a) $\int_c^d (x-c)^2\,dx + \int_d^c x^2\,dx - c\int_c^d (-2x + c)\,dx$ b) $\int_{-2}^3 (2x+4)\,dx - 2\cdot\int_7^4 (x+2)\,dx - \frac{1}{2}\cdot\int_4^3 (4x+8)\,dx$

E 42 Berechnen Sie – auf möglichst günstige Weise – die folgenden bestimmten Integrale:

a) $\int_1^1 x\,dx$ b) $\int_0^0 t^7\,dt$ c) $\int_\pi^\pi x^2\,dx$ d) $\int_{-3}^{-3} (a^2 + a + 2)\,da$

e) $\int_0^x b\,db$ f) $\int_b^0 x\,dx$ g) $\int_0^b z\,dz$ h) $\int_0^0 (x^4 + 1)\,dx$

i) $\int_1^3 (x^2 + 1)\,dx + \int_3^1 (x^2 + 1)\,dx$ j) $\int_2^5 (\frac{1}{x} + 2)\,dx + \int_5^2 (\frac{1}{x} + 2)\,dx$

k) $\int_1^4 x\,(x^2 + x + 1)\,dx + \int_4^7 (x^3 + x^2 + x)\,dx + \int_7^1 (x^3 + x^2 + x)\,dx$ l) $\int_0^1 x^3\,dx - \int_3^1 x^3\,dx + \int_3^5 x^3\,dx$

GTA **E 43** Berechnen Sie die folgenden bestimmten Integrale mit dem GTA:

a) $\int_{-2\sqrt{2}}^{2\sqrt{2}} x\,dx$ b) $\int_{-3}^1 2x^3\,dx$ c) $\int_2^3 \frac{4}{a^2}\,da$ d) $\int_1^2 5x\sqrt{x}\,dx$

e) $\int_0^2 \sqrt{5}\,x\,dx$ f) $\int_1^8 \frac{4}{x^5}\,dx$ g) $\int_0^a ab\,db$ h) $\int_2^3 \frac{1}{2t^2}\,dt$

i) $\int_1^6 \frac{5}{3}\sqrt[3]{x^2}\,dx$ j) $\int_{-2}^{-1} \frac{4}{s^5}\,ds$

E 3 Beziehung zwischen bestimmtem und unbestimmtem Integral

E 3.1 Das bestimmte Integral als Funktion der oberen Integrationsgrenze

Die Berechnung bestimmter Integrale mithilfe der Folgen (s_n) und (S_n) ist sehr aufwändig, wie wir bereits bei den Beispielen in den Abschnitten E 2.1 und E 2.2 gesehen haben. Wir wollen deshalb in diesem Abschnitt dafür eine wesentlich einfachere und rationellere Möglichkeit kennen lernen.

Bekanntlich hängt der Wert eines bestimmten Integrals nur von den Integrationsgrenzen und der Integrandenfunktion ab (s. S. 234). Untersuchungen am bestimmten Integral könnten sich also auf diese Teile konzentrieren. Wir beschränken uns hier auf die Untersuchung des Einflusses von Veränderungen der Integrationsgrenzen.

Im Abschnitt E 2.1 wurde für $\int_0^b x^2 dx$ der Wert bestimmt. Lässt man nun die untere Grenze 0 fest und verändert die obere Grenze b, so erhält man für jede Zahl b ($b \geq 0$) eine eindeutig bestimmte Zahl $\int_0^b x^2 dx$. Beispielsweise also:

b	0	1	2	4	100	0,5
$\int_0^b x^2 dx$	0	$\frac{1}{3}$	$\frac{8}{3}$	$\frac{64}{3}$	$\frac{10^6}{3}$	$\frac{1}{24}$

Es entsteht eine Menge geordneter Paare $(b; \int_0^b x^2 dx)$, die wegen der Eindeutigkeit von $\int_0^b x^2 dx$ eine Funktion $\Phi(b)$ ist. Man kann also schreiben: $\Phi(b) = \int_0^b x^2 dx = \frac{b^3}{3}$. Das bestimmte Integral ist demnach von der oberen Grenze abhängig – es ist eine *Funktion der oberen Integrationsgrenze*.
Da es üblich ist, das Argument einer Funktion mit x (statt hier mit b) zu bezeichnen, wählen wir für die Integrationsvariable eine andere Bezeichnung, z. B. t (statt x), und erhalten

$$\Phi(x) = \int_0^x t^2 dt = \frac{x^3}{3} \qquad \text{mit } x \geq 0.$$

Definition E 7:
Gegeben sei eine Funktion f. Die Funktion Φ, die jedem x den Wert des Integrals $\int_a^x f(t)dt$ zuordnet, heißt **Integralfunktion** von f mit der unteren Grenze a. Der Definitionsbereich der Integralfunktion ist die Menge aller x, für die das Integral $\int_a^x f(t)dt$ existiert.

E 7

Wir beachten den Unterschied zwischen den Begriffen *Integralfunktion* und *Integrandenfunktion*: $\Phi(x) = \int_a^x f(t)dt$ ist die Integralfunktion, f(t) die Integrandenfunktion (kurz: der Integrand). Betrachten wir im obigen Beispiel Integralfunktion und Integrandenfunktion, so stellen wir fest: Bildet man die Ableitung der Integralfunktion, so erhält man den Integranden. Die Integralfunktion Φ ist also eine Stammfunktion des Integranden f. Dieser Zusammenhang zwischen dem bestimmten Integral und der Stammfunktion gilt für beliebige stetige Funktionen.

Satz E 9:
Für eine im Intervall [a; b] stetige Funktion f ist die Funktion Φ mit $\Phi(x) = \int_a^x f(t)dt$ eine Stammfunktion von f im Intervall [a; b].

E 9

Auf den Beweis des Satzes wird hier verzichtet.

E 3.2 Hauptsatz der Differential- und Integralrechnung

Nach Satz E 9 ist die Funktion Φ mit $\Phi(x) = \int_a^x f(t)\,dt$ eine Stammfunktion von f im Intervall [a; b].

F sei eine beliebige Stammfunktion zu f. Dann gilt nach Satz E 1

$$\Phi(x) = F(x) + C \qquad \text{bzw.} \qquad \int_a^x f(t)\,dt = F(x) + C.$$

Für x = a erhält man aus dieser Gleichung $\int_a^a f(t)\,dt = 0 = F(a) + C$ und somit $C = -F(a)$.

Für x = b folgt $\int_a^b f(t)\,dt = F(b) + C$. Ersetzt man in dieser Gleichung C, dann ergibt sich

$$\int_a^b f(t)\,dt = F(b) - F(a).$$

Bei Umbenennung der Integrationsvariablen erhalten wir schließlich $\int_a^b f(x)\,dx = F(b) - F(a)$.

Mit diesen Überlegungen haben wir den folgenden Satz bewiesen:

E 10

Satz E 10: **Hauptsatz der Differential- und Integralrechnung**

Ist f eine im Intervall [a; b] stetige Funktion und F eine zu f gehörende Stammfunktion, so gilt

$$\int_a^b f(x)\,dx = F(b) - F(a).$$

Dieser Satz, der den Zusammenhang zwischen der Differentialrechnung und der Integralrechnung herstellt, wird in manchen Büchern nach den beiden Begründern der Infinitesimalrechnung auch als Formel nach NEWTON – LEIBNIZ bezeichnet. Das bestimmte Integral $\int_a^b f(x)\,dx$ wurde dabei durch die Grenzwerte gewisser Zahlenfolgen definiert, zum unbestimmten Integral (Aufsuchen von Stammfunktionen) gelangten wir über die Umkehrung der Differentiation. Obiger Hauptsatz verbindet also zwei Sachverhalte miteinander, denen völlig unterschiedliche Probleme zugrunde liegen. Es ist das Verdienst von Isaac NEWTON und Gottfried Wilhelm LEIBNIZ, diesen Zusammenhang erstmals erkannt und angewendet zu haben.

Die beiden Sätze E 9 und E 10 stehen in unmittelbarem Zusammenhang. Während der Satz E 9 die Existenz einer Stammfunktion F zu einer stetigen Funktion f sichert, ermöglicht der Hauptsatz die Berechnung bestimmter Integrale mithilfe der Stammfunktion. Mit ihm haben wir einen Weg gefunden, bestimmte Integrale effektiver zu berechnen.

Aufgaben

E 44 (↗*Abschnitt E 3.1, S. 244)*

Ermitteln Sie jeweils das bestimmte Integral als Funktion der oberen Integrationsgrenze!

a) $\Phi(x) = \int_0^x t\,dt$ b) $\Phi(a) = \int_0^a 3x^2\,dx$

E 45 Ermitteln Sie für nachfolgende Integrale die Integralfunktion:

a) $\int_0^a dx$ b) $\int_0^x (-3)\, da$ c) $\int_0^t (ax^2 + bx + c)\, dx$

d) $\int_0^x (2 + v^3 + v^4 + v^5)\, dv$ e) $\int_0^c k \cdot \frac{1}{x^5}\, dx$ f) $\int_0^a \frac{x^3 - x^2 + 4}{x^2}\, dx$

g) $\int_0^x (a-1)(a+1)\, da$ h) $\int_0^x \left(\frac{2}{z^4} - \frac{3}{z^5} + \frac{1}{z^6}\right) dz$ i) $\int_0^t x \cdot x^{-4}\, dx$

j) $\int_0^a \frac{w^4}{z^2}\, dz$ k) $\int_0^x \frac{t}{10}\, dt$ l) $\int_0^a x^n\, dx$

E 46 Geben Sie drei Funktionen f_1, f_2, f_3 und dazu jeweils drei Intervalle [a; b] so an, dass gilt:

a) $\int_a^b f_1(x)dx > 0$ b) $\int_a^b f_2(x)dx = 0$ c) $\int_a^b f_3(x)dx < 0$

E 47 Berechnen Sie folgende bestimmte Integrale nach dem Hauptsatz der Differential- und Integralrechnung:

a) $\int_a^x t^2\, dt$ b) $\int_2^b (a-2)\, da$

E 48 Berechnen Sie folgende bestimmte Integrale:

a) $\int_a^b \pi\, dx$ b) $\int_r^s (3x - 4)\, dx$ c) $\int_1^x at^2\, dt$ d) $\int_2^a ct \cos\alpha\, dc$

e) $\int_a^5 (x+2)^2\, dx$ f) $\int_0^x (t^2 - 1)(t^2 + 1)\, dt$ g) $\int_1^3 (x^2 + ax)^2\, da$ h) $\int_5^7 \sqrt{a}\, dx$

E 49 Berechnen Sie möglichst rationell:

a) $\int_1^2 (x+2)^2\, dx - \int_1^2 (x-2)^2\, dx$ b) $\int_1^1 (a + bx)\, dx - \int_1^1 (a - bx)\, dx$

c) $\int_0^3 (1 - 3t)\, dt + \int_0^3 (1 + 3t)\, dt$ d) $2 \cdot \int_{-1}^2 (x+2)\, dx - \int_{-1}^2 (2x - 4)\, dx$

e) $\int \left(\frac{1}{3}x^3 - 2x^2 + \frac{1}{6}x + 2\right) dx - \int \left(\frac{1}{3}x^3 + 2x^2 - \frac{1}{6}x + 2\right) dx$ f) $\int \frac{1}{x^4}\, dx + \int \frac{2}{x^4}\, dx$

E 4 Berechnen bestimmter Integrale

Nach dem Hauptsatz der Differential- und Integralrechnung verläuft die Berechnung des bestimmten Integrals $\int_a^b f(x)dx$ in folgenden Schritten:

(1) Wir ermitteln das unbestimmte Integral $\int f(x)dx$, bestimmen also eine Stammfunktion F zu f.

(2) Wir setzen die obere und die untere Integrationsgrenze für x in diese Stammfunktion ein, d. h., wir bilden F(b) und F(a).

(3) Wir berechnen die Differenz F(b) – F(a).

Man schreibt $\int_a^b f(x)\,dx = [F(x)]_a^b = F(b) - F(a).$

E 17

TI-92 T12

Beispiel E 17:

Das bestimmte Integral $\int_1^5 x^3\,dx$ ist zu berechnen.

(1) $\int x^3\,dx = \frac{x^4}{4}$ (Es könnte auch jede beliebige andere Stammfunktion von $f(x) = x^3$ verwendet werden, z. B. $\frac{x^4}{4} + 5$ oder $\frac{x^4}{4} - 1$. Wir wollen jedoch die „einfachste" nutzen.)

(2) $F(b) = F(5) = \frac{5^4}{4} = \frac{625}{4}$; $F(a) = F(1) = \frac{1^4}{4} = \frac{1}{4}$

(3) $F(b) - F(a) = \frac{625}{4} - \frac{1}{4} = 156.$

Wir schreiben den Lösungsweg kürzer

$$\int_1^5 x^3\,dx = \left[\frac{x^4}{4}\right]_1^5 = \frac{625}{4} - \frac{1}{4} = 156.$$

Ein Vergleich mit der Berechnung des bestimmten Integrals $\int_0^3 x^3\,dx$ (vgl. Beispiel E 10) im Abschnitt E 2.2 macht deutlich, dass die Verwendung des Hauptsatzes eine wesentliche Vereinfachung ermöglicht.

Aus dem Hauptsatz der Differential- und Integralrechnung und den Regeln für unbestimmte Integrale (Satz E 4) lassen sich auch für bestimmte Integrale folgende Regeln folgern:

E 11

Satz E 11:

Sind f und g in [a; b] stetige Funktionen, so gilt:

$\int_a^b k \cdot f(x)\,dx = k \cdot \int_a^b f(x)\,dx \quad (k \in \mathbb{R})$ **Faktorregel 2**

$\int_a^b [f(x) \pm g(x)]\,dx = \int_a^b f(x)\,dx \pm \int_a^b g(x)\,dx$ **Summenregel 2**

Der Beweis zu diesem Satz soll hier nicht ausgeführt werden.

Die folgende Übersicht stellt noch einmal die uns bisher bekannten Definitionen und Sätze zusammen, die wir bei der Berechnung bestimmter Integrale anwenden können:
Es seien f und g in [a; b] stetige Funktionen. Dann gilt:

- $\int_a^a f(x)\,dx = 0$ *Übereinstimmung der Integrationsgrenzen*
- $\int_b^a f(x)\,dx = -\int_a^b f(x)\,dx$ *Vertauschung der Integrationsgrenzen*

- $\int_a^c f(x)dx + \int_c^b f(x)dx = \int_a^b f(x)dx$ *Intervalladditivität*
- $\int_a^b k \cdot f(x)dx = k \cdot \int_a^b f(x)dx$ *Faktorregel*
- $\int_a^b [f(x) \pm g(x)]dx = \int_a^b f(x)dx \pm \int_a^b g(x)dx$ *Summenregel*

Unter Verwendung dieser Übersicht und der Zusammenstellung einiger Grundintegrale aus Abschnitt E 1.2 lassen sich weitere bestimmte Integrale berechnen.

E 18

Beispiel E 18:

a) $\int_1^3 (-x^2 + 4x + \sqrt{x})dx = \left[-\frac{x^3}{3} + 2x^2 + \frac{2}{3}\sqrt{x^3}\right]_1^3 = (-\frac{3^3}{3} + 2 \cdot 3^2 + \frac{2}{3}\sqrt{3^3}) - (-\frac{1^3}{3} + 2 \cdot 1^2 + \frac{2}{3}\sqrt{1^3})$

$\approx -9 + 18 + 3{,}46 - (-\frac{1}{3} + 2 + \frac{2}{3}) \approx 12{,}46 - 2{,}33 = 10{,}13$

b) $\int_0^2 (1 - \frac{1}{\sqrt{x}})dx = [x - 2\sqrt{x}]_0^2 = (2 - 2\sqrt{2}) - (0 - 2\sqrt{0}) \approx -0{,}83$

TI-92 T12

E 19

Beispiel E 19:

Durch Einsatz eines GTA ist es möglich, auch kompliziertere bestimmte Integrale (zumindest näherungsweise) zu berechnen:

a) $\int_2^5 (\sqrt{x^3 + 4} - \frac{1}{\sqrt{x + 2}})dx =$ b) $\int_1^4 \frac{(2x - 3) \cdot 4}{\sqrt{4x + 4}} dx =$

c) $\int_1^2 \frac{2x^3 - 4}{5x^2 + 5x} dx =$

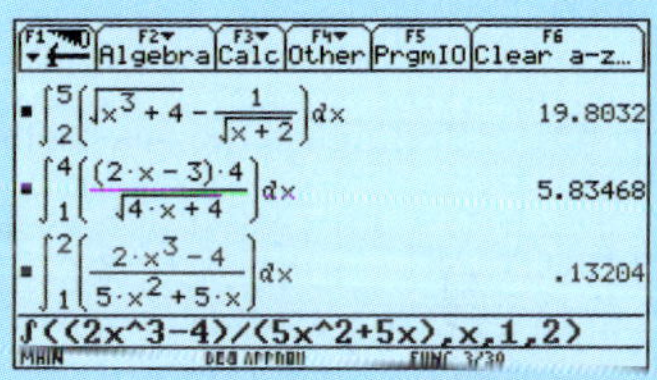

Fig. E 26

TI-92 T12

Aufgaben

E 50 *(↗ Beispiele E 17/18, S. 248 f.)*

Berechnen Sie folgende bestimmte Integrale:

a) $\int_3^5 (x^2 - 3)\,dx$ b) $\int_{-1}^4 t \cdot \sin\alpha\,dt$

E 51 Berechnen Sie die folgenden bestimmten Integrale:

a) $\int_0^2 x\,dx$ b) $\int_0^3 dx$ c) $\int_0^1 \frac{1}{3}x\,dx$ d) $\int_{-1}^0 -2\,da$ e) $\int_{-5}^1 x^2\,dx$

f) $\int_1^2 \frac{3}{x^2}\,dx$ g) $\int_1^3 4t^{-3}\,dt$ h) $\int_0^1 (5a + a)\,da$ i) $\int_0^3 (3x^2 + 4x + 5)\,dx$ j) $\int_1^2 (x^3 - 3x^2 + 3x - 1)\,dx$

E 52 Berechnen Sie die folgenden bestimmten Integrale:

a) $\int_{-2}^{1} (5x^4 - \frac{1}{5}x^2 - 3)\,dx$ b) $\int_{0}^{b} ab\,da$ c) $\int_{1}^{4} \frac{1}{2\sqrt{x}}\,dx$ d) $\int_{1}^{4} (\sqrt{x} + x)\,dx$

e) $\int_{1}^{4} 5\sqrt[4]{x}\,dx$ f) $\int_{0}^{2} \cos\alpha\,dt$ g) $\int_{0}^{1} 2v^{\frac{1}{4}}\,dv$ h) $\int_{-3}^{-1} (5 + b)\,db$

i) $\int_{-1}^{0} (x^3 + x^2)\,dx$ j) $\int_{-1}^{2} (t-2)^2\,dt$ k) $\int_{0}^{a} ab^2\,db$ l) $\int_{0}^{a} ab^2\,dx$

E 53 Vergleichen Sie folgende Integrale:

a) $2\int_{1}^{3} 5x\,dx$ und $\int_{1}^{3} 10x\,dx$ b) $\int_{0}^{2} (x^2 - 4)\,dx$ und $\int_{0}^{2} (x-2)^2\,dx$

c) $\int_{-2}^{2} (a^2 + 2)\,da$ und $2\int_{-2}^{2} (\frac{a^2}{2} + 1)\,da$ d) $\int_{-1}^{1} x^3\,dx$ und $\int_{-1}^{1} x\,dx$

e) $\int_{2}^{3} (x - a)\,dx$ und $a\int_{2}^{3} (x - \frac{1}{a})\,dx$ f) $\int_{1}^{5} 25x\,dx$ und $\int_{1}^{4} 30x\,dx$

E 54 Ermitteln Sie k ($k \in \mathbb{R}$) so, dass gilt:

a) $\int_{1}^{k} (x - 2)\,dx = \frac{3}{2}$ b) $\int_{k}^{1} 2(2x - 1)\,dx = \frac{1}{2}$

E 55 Bestimmen Sie aus nachfolgenden Gleichungen jeweils k ($k \in \mathbb{R}$):

a) $\int_{0}^{k} x\,dx = 8$ b) $\int_{0}^{k} (x + 3)\,dx = 8$ c) $\int_{0}^{k} dx = 3\int_{0}^{1} dx$ d) $\int_{-k}^{0} t^2\,dt = 2$

E 56 Bestimmen Sie aus nachfolgenden Gleichungen jeweils k ($k \in \mathbb{R}$):

a) $\int_{0}^{3} (x^2 + k)\,dx = 15$ b) $\int_{-2}^{0} (x^4 + k)\,dx = \frac{2}{5}$ c) $\int_{0}^{2} 2a\,da = \int_{0}^{k} x^3\,dx$ d) $\int_{1}^{5} kt\,dt = 60$

E 57 Wie groß muss a sein, damit die Integralfunktion $F(x) = \int_{a}^{x} (5t + 3)\,dt$ für $x = 7$ den Wert 3,5 annimmt?

E 58 Ermitteln Sie die Nullstellen der folgenden Funktionen und berechnen Sie das bestimmte Integral dieser Funktionen in dem durch die Nullstellen gegebenen Intervall:

a) $f_1(x) = -2\,[(x-2)^2 - 16]$ b) $f_2(x) = (x^2 + 4)(x^2 - 4)$

c) $f_3(x) = x^3 + 3x^2$ d) $f_4(x) = \frac{1}{2}x^2 - 4x + \frac{15}{2}$

E 59 Welchen Wert muss die Obergrenze $b > 0$ annehmen, damit $\int_{-5}^{b} (\frac{1}{3}x^4 - 5x^2 + 6)\,dx = 30$ ist?

E 60 Beweisen Sie a) die Faktorregel, b) die Summenregel der Integralrechnung (Satz E 11, S. 248)!

E 61 Berechnen Sie die passenden positiven Werte von a für die Gleichung: $\int_0^a (3x^2 + 4x - 5)\,dx = a^3 - 2$

E 62 Lösen Sie die Ungleichung nach a $(a > 0)$ auf: $\int_0^a (2 - 4x + 3x^2)\,dx \leq a$

E 63 Berechnen Sie die folgenden bestimmten Integrale! Verwenden Sie einen GTA! GTA

a) $\int_1^2 \frac{2x-4}{x^3}\,dx$ b) $\int_{0,5}^{2,1} (a^2 + \frac{1}{\sqrt[3]{a^2}})\,da$ c) $\int_{0,9}^{2,2} \frac{5x}{1+x^2}\,dx$ d) $\int_0^1 \frac{t}{\sqrt{4-t^2}}\,dt$

e) $\int_1^{2,9} \frac{7x^2}{\sqrt{x^3+4}}\,dx$ f) $\int_0^{1,8} \frac{da}{1+2a^2}$ g) $\int_{0,5}^{2,5} (x-1)\cdot x\,dx$ h) $\int_{0,7}^{1,7} \frac{5}{1+3x^2}\,dx$

i) $\int_{0,1}^{1,7} \frac{4,1}{0,5+3x^2}\,dx$ j) $\int_{1,3}^{4,6} \frac{5,6x}{\sqrt{x}}\,dx$

E 64 Gegeben sei die Schar von Funktionen f_t mit $f_t(x) = t(x^2 - x)$ $(t \in \mathbb{R};\ t > 0)$.

a) Ermitteln Sie das unbestimmte Integral $\int f_t(x)\,dx$! b) Berechnen Sie das bestimmte Integral $\int_0^2 f_t(x)\,dx$!

c) Für welche Stammfunktionen F_t von f_t gilt $\int_0^1 f_t(x)\,dx = -2$?

d) Ermitteln Sie den Parameter t so, dass $\int_0^1 f_t(x)\,dx = -\frac{1}{12}$ gilt.

E 65 Geben Sie die Funktionsgleichung einer Funktion f zweiten Grades mit folgenden Eigenschaften an:

a) (1) f hat an der Stelle $x = 1$ ein Extremum.
(2) f'' hat an jeder Stelle den Wert -2.
(3) Es gilt $\int_{-1}^{3} f(x)\,dx = 10\frac{2}{3}$.

b) (1) Der Graph von f schneidet die x-Achse in den Punkten $P_1(-3;\ 0)$ und $P_2(3;\ 0)$.
(2) Es gilt $\int_0^3 f(x)\,dx = -9$

E 66 Gegeben ist die Funktionenschar f_a mit $f_a(x) = (x + a)^2 + a$ $(a \in \mathbb{R};\ a \geq 0)$.

a) Zeichnen Sie die Graphen für $a = 0;\ a = 1;\ a = 3$!
b) Die Scheitelpunkte der Graphen liegen auf einer Kurve. Geben Sie die Gleichungen dieser Kurve an!
c) Berechnen Sie $\int_{-1}^{0} f_a(x)\,dx$! d) Für welches a ist $\int_{-2}^{0} f_a(x)\,dx = \frac{20}{3}$?

E 5 Weitere Integrationsmethoden

Der Hauptsatz der Differential- und Integralrechnung ermöglicht, bestimmte Integrale mithilfe unbestimmter Integrale (Stammfunktionen) zu berechnen. Die uns bisher bekannten Grundintegrale und Regeln für die Ermittlung unbestimmter Integrale lassen jedoch nur die Berechnung für einige (wenige) Funktionen zu (so man nicht das Computeralgebrasystem eines GTA oder eines Computers einsetzt). In diesem Abschnitt sollen deshalb zwei Integrationsmethoden betrachtet werden, welche das Berechnen weiterer Arten bestimmter Integrale auch ohne elektronische Hilfsmittel gestatten.

E 5.1 Integration durch lineare Substitution

E 20

T12

Beispiel E 20:

a) $\int_1^2 (x+1)^3 dx =$

Unserem bisherigen Erkenntnisstand entsprechend formen wir die Integrandenfunktion zuerst unter Anwendung der binomischen Formeln in eine Summe um und wenden dann die bekannten Regeln an.

Die hier genutzte Vorgehensweise wäre prinzipiell auch auf ein Integral wie $\int_0^3 (3x-5)^7 dx$ anwendbar, würde aber einen hohen Rechen- und damit Zeitaufwand verlangen. Anders sieht es hingegen mit dem folgenden Beispiel aus:

b) $\int_1^2 \sqrt{2x-1}\, dx =$

In diesem Fall lässt sich der Integrand nicht mehr in eine Summe umwandeln. Wir suchen deshalb nach einem anderen Lösungsweg und greifen dabei auf Sätze und Regeln der Differentialrechnung zurück.

Nach der in Abschnitt E 4 angegebenen Schrittfolge wird zunächst das unbestimmte Integral $\int \sqrt{2x-1}\, dx$ ermittelt. Der Integrand ist hier eine verkettete Funktion (Definition A 13) $f(x) = v(u(x))$ mit $z = u(x) = 2x - 1$ als innere Funktion und $v(z) = \sqrt{z}$ als äußere Funktion. Eine Stammfunktion zu $v(z) = \sqrt{z}$ ist $F(z) = \frac{2}{3}\sqrt{z^3}$. Um zu untersuchen, ob nun aber $F(u(x)) = \frac{2}{3}\sqrt{(2x-1)^3}$ auch eine Stammfunktion von $f(x) = v(u(x))$ ist, differenzieren wir F als verkettete Funktion nach der Kettenregel (s. Satz D 7):

$$\left[\frac{2}{3}(2x-1)^{\frac{3}{2}}\right]' = \frac{2}{3}\cdot\frac{3}{2}(2x-1)^{\frac{1}{2}}\cdot 2 = 2\cdot\sqrt{2x-1}$$

Bis auf den Faktor 2 erhalten wir die gewünschte Integrandenfunktion. Dividiert man durch diesen Faktor, so ergibt sich

$F(x) = \frac{1}{2}\cdot\frac{2}{3}\sqrt{(2x-1)^3}$ als Stammfunktion, d. h., $\int \sqrt{2x-1}\, dx = \frac{1}{3}\sqrt{(2x-1)^3} + C$.

Damit können wir nun auch das angegebene bestimmte Integral berechnen:

$$\int_1^2 \sqrt{2x-1}\, dx = \left[\frac{1}{3}\sqrt{(2x-1)^3}\right]_1^2 = \frac{1}{3}\cdot\sqrt{27} - \frac{1}{3} = \sqrt{3} - \frac{1}{3} \approx 1{,}4$$

c) Auf die gleiche Weise lässt sich beispielsweise nun auch das o. g. Integral $\int_0^3 (3x-5)^7 dx$ schnell berechnen. Mit der Substitution $z = u(x) = 3x - 5$ erhält man hier zunächst für das unbestimmte Integral:

$$\int (3x-5)^7\, dx = \frac{1}{3}\int z^7\, dz = \frac{1}{24} z^8 = \frac{1}{24}(3x-5)^8$$

Dann folgt: $\int_0^3 (3x-5)^7 dx = \left[\frac{1}{24}(3x-5)^8\right]_0^3 = \frac{1}{24}(4^8 - [-5]^8) = \frac{1}{24}(65\,536 - 390\,625) \approx -13\,545{,}4$

Verallgemeinern wir das oben angewandte Vorgehen (beschränkt auf verkettete Funktionen $v(u(x))$, bei denen die innere Funktion u eine lineare Funktion mit $u(x) = mx + n$ ist), so gelangen wir unter Beachtung der o. g. Regel zur Differentiation verketteter Funktionen (Satz D 7) zu folgendem Satz:

E 12

Satz E 12: Integration durch lineare Substitution

Es sei f eine verkettete Funktion mit $f(x) = v(u(x))$ und $z = u(x) = mx + n$ sowie F eine Stammfunktion der äußeren Funktion v. Dann gilt

$$\int f(x)dx = \int v(mx+n)dx = \frac{1}{m}F(mx+n) + C.$$

Durch Differentiation können wir uns sofort von der Richtigkeit dieses Satzes überzeugen:

Es gilt nämlich: $[\frac{1}{m}\cdot F(mx+n) + C]' = \frac{1}{m}\cdot F'(mx+n) = \frac{1}{m}\,v(u(x))\cdot m = f(x).$

Ist der Integrand eine verkettete Funktion, aber die innere Funktion nicht linear, so lässt sich das obige Verfahren der Integration durch lineare Substitution nicht anwenden. In solchen Fällen ist die Verwendung eines GTA mit Computeralgebrasystem sinnvoll.

E 21

T12

Beispiel E 21:

a) $\int\limits_0^2 \sqrt{3x^2+x}\,dx =$ b) $\int\limits_1^6 \sqrt{(4x-1)^3}\,dx =$

Lösung:

Wir verwenden im MATH/Calculus-Menü (zu erreichen über (2nd) (5) (MATH) (A) (*Calculus*)) die Funktion (2) ($\int$ (*integrate*) und geben dahinter den Integranden, die Integrationsvariable, die untere und die obere Grenze (Fig. E 27) ein (Resultatsangabe jeweils mit der MODE-Einstellung EXACT und APPROXIMATE):

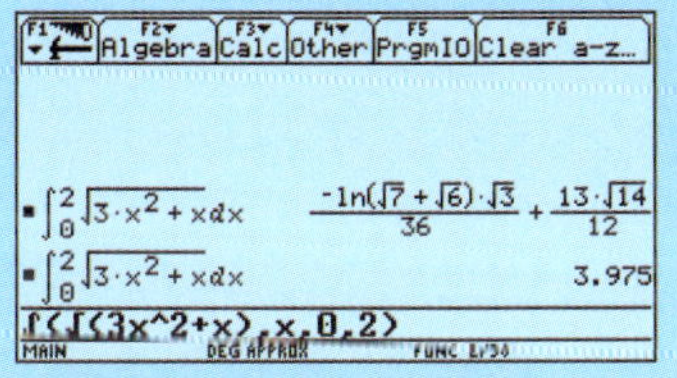

Fig. E 27

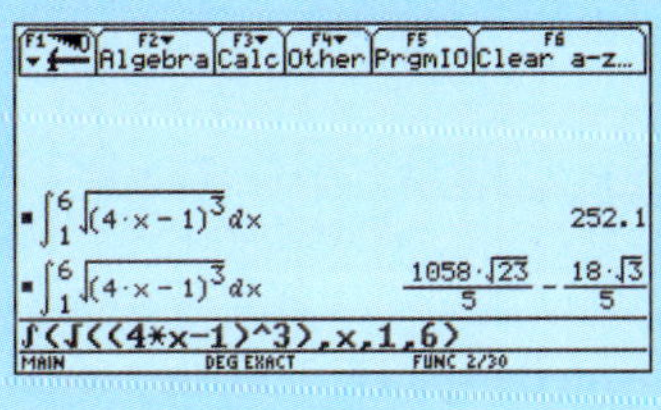

Fig. E 28

E 5.2 Partielle Integration

Während sich die Integration einer Summe von Funktionen relativ einfach gestaltet (siehe Satz E 11), ist die Integration eines Produktes von Funktionen nicht so leicht auszuführen.

Um hierfür ein Verfahren zu finden, greifen wir auf die Produktregel der Differentialrechnung zurück und stellen unsere Überlegungen zunächst wieder für unbestimmte Integrale an.

Für die Ableitung eines Produktes $F(x) = u(x)\cdot v(x)$ von Funktionen u(x) und v(x) gilt bekanntlich (s. Satz D 5) $F'(x) = u(x)\cdot v'(x) + u'(x)\cdot v(x)$. Durch Integration erhält man daraus:

$$\int F'(x)dx = \int u(x)\cdot v'(x)dx + \int u'(x)\cdot v(x)dx$$

Da $\int F'(x)dx = F(x) = u(x)\cdot v(x)$, folgt

$$u(x)\cdot v(x) = \int u(x)\cdot v'(x)dx + \int u'(x)\cdot v(x)dx \quad \text{bzw.} \quad \int u(x)\cdot v'(x)dx = u(x)\cdot v(x) - \int u'(x)\cdot v(x)dx.$$

Somit lässt sich der folgende Satz formulieren:

E 13

Satz E 13: Partielle Integration

Sind u und v im Intervall [a; b] differenzierbare Funktionen sowie u' und v' im Intervall [a; b] stetig, so gilt $\int u(x)\cdot v'(x)dx = u(x)\cdot v(x) - \int u'(x)\cdot v(x)dx.$

Die Anwendung dieses Satzes nennt man „partielle Integration", um anzudeuten, dass ein *Rest*integral bleibt. Man integriert nur teilweise – also *partiell*. Dieses Restintegral ist entweder bereits ein uns bekanntes Grundintegral oder wir müssen es weiter bearbeiten.

E 22

T12

Beispiel E 22:

a) $\int_0^3 (x^2+3)\cdot 2x^3 dx =$

Zur Ermittlung des unbestimmten Integrals setzen wir $u(x) = x^2 + 3$ und $v'(x) = 2x^3$. Dann ist $u'(x) = 2x$ und $v(x) = \frac{1}{2}x^4$. Nach Satz E 13 erhält man nun:

$$\int (x^2+3)\cdot 2x^3 dx = (x^2+3)\cdot\frac{1}{2}x^4 - \int 2x\cdot\frac{1}{2}x^4 dx = \frac{1}{2}x^6 + \frac{3}{2}x^4 - \frac{1}{6}x^6 + C = \frac{1}{3}x^6 + \frac{3}{2}x^4 + C$$

Damit gilt:

$$\int_0^3 (x^2+3)\cdot 2x^3 dx = \left[\frac{1}{3}x^6 + \frac{3}{2}x^4\right]_0^3 = (3^5 + \frac{3}{2}\cdot 3^4) - 0 = \frac{3}{2}\cdot 3^5 = 364{,}5$$

b) $\int_0^2 x\sqrt{2x+3}\, dx =$

Zur Ermittlung des unbestimmten Integrals setzen wir $u(x) = x$ und $v'(x) = \sqrt{2x+3}$. Dann ist $u'(x) = 1$ und $v(x) = \frac{1}{3}\cdot(2x+3)^{\frac{3}{2}}$. Nach Satz E 13 erhält man nun:

$$\int x\sqrt{2x+3}\, dx = \frac{x(2x+3)^{\frac{3}{2}}}{3} - \int \frac{1}{3}(2x+3)^{\frac{3}{2}} dx = \frac{x(2x+3)^{\frac{3}{2}}}{3} - \frac{(2x+3)^{\frac{5}{2}}}{15}\text{, also}$$

$$\int_0^2 x\sqrt{2x+3}\, dx = \left[\frac{x(2x+3)^{\frac{3}{2}}}{3} - \frac{(2x+3)^{\frac{5}{2}}}{15}\right]_0^2 \approx 4{,}743.$$

Während man im Beispiel E 22a) die Methode der partiellen Integration noch durch Ausmultiplizieren der Integrandenfunktionen umgehen könnte gibt es Fälle wie Beispiel E 22b), wo nur dieses Verfahren zum Ziel führt.
Natürlich wäre auch für die in diesem Beispiele zu berechnenden Integrale wieder der Einsatz eines GTA möglich (Fig. E 29):

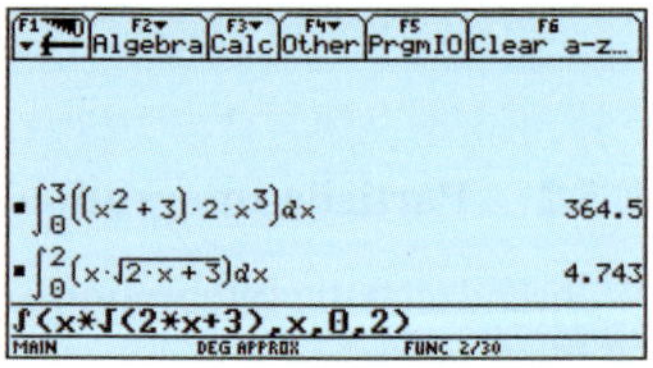

Fig. E 29

Aufgaben

E 67 *(↗ Beispiel E 20, S. 252)*

Ermitteln Sie folgende unbestimmte Integrale (geben Sie zuvor in Kurzform die bei derartigen Integranden verwendbare Regel an!):

a) $\int (2x-1)^{10} dx$ b) $\int \frac{1}{(ax+b)^5} dx$

E 68 Bestimmen Sie:

a) $\int (3x-2)^4 dx$ b) $\int \frac{1}{(2x+1)^2} dx$ c) $\int \sqrt{5a-1}\, da$

d) $\int (1-\frac{1}{5}x)^3 dx$ e) $\int \frac{dt}{(3-2t)^3}$ f) $\int 2\cdot\sqrt[3]{1-x}\, dx$

E 69 Berechnen Sie folgende bestimmte Integrale:

a) $\int_0^2 (2x+1)^2\,dx$ b) $\int_{-1}^0 \frac{1}{(1-x)^2}\,dx$ c) $\int_{-1}^2 (4a+1)^3\,da$ d) $\int_0^1 \sqrt{5x+3}\,dx$

e) $\int_0^3 (\frac{1}{6}x+2)^4\,dx$ f) $\int_{-1}^1 \frac{dt}{(2-t)^3}$ g) $\int_{-1}^1 \sqrt{(2x+5)^3}\,dx$ h) $\int_{-2}^3 (\frac{1}{2}-z)^3\,dz$

i) $\int_1^3 \sqrt[3]{(4x-3)^2}\,dx$ j) $\int_{-3}^2 \frac{dt}{\sqrt{7-3t}}$ k) $\int_{-1,5}^{0,5} (\sqrt{1-2x}+4)\,dx$ l) $\int_0^1 (\frac{1-3a}{2})\,da$

E 70 Berechnen Sie die folgenden Integrale möglichst auf zwei verschiedenen Wegen:

a) $\int_0^1 (x-1)^3\,dx$ b) $\int_0^2 (2x-1)^4\,dx$ c) $\int_1^2 (ax+b)^2\,dx$ d) $\int_2^3 (x+2)^5\,dx$

E 71 Es sei f eine gerade Funktion. Zeigen Sie, dass dann $\int_{-a}^a f(x)\,dx = 2\cdot\int_0^a f(x)\,dx$ gilt.
Veranschaulichen Sie diese Formel anhand geeigneter Beispiele!

E 72 Es sei g eine ungerade Funktion. Zeigen Sie, dass dann $\int_{-a}^a g(x)\,dx = 0$ gilt! Veranschaulichen Sie diese Formel anhand geeigneter Beispiele!

E 73 Überprüfen Sie, ob eine der folgenden beiden Aussagen wahr ist:

a) „Die Integralfunktion einer geraden Funktion ist stets eine gerade Funktion."
b) „Die Integralfunktion einer ungeraden Funktion ist stets eine gerade Funktion."

E 74 Bestimmen Sie k ($k \in \mathbb{R}$), so dass gilt:

a) $\int_k^1 (3x-1)^4\,dx = \frac{32}{15}$ b) $\int_{-2}^k (2t-3t^2)\,dt = -12$ c) $\int_1^2 (k-2x)^3\,dx = 10$

E 75 Berechnen Sie: **GTA**

a) $\int_2^3 6x\sqrt{3x^2-5}\,dx$ b) $\int_0^4 15x^2\sqrt{5x^3}\,dx$ c) $\int_2^5 (2x+1)\sqrt{x^2+x}\,dx$

d) $\int_0^{0,5} \frac{2a}{\sqrt{1-a^2}}\,da$ e) $\int_0^3 10\sqrt{10x+2}\,dx$ f) $\int_0^1 b\sqrt{ax+1}\,dx$

E 76 *(↗ Beispiel E 22, S. 254)*

Bestimmen Sie das folgende unbestimmte Integral mittels partieller Integration:

a) $\int (1-x^3)\cdot 3x^2\,dx$ b) $\int x\sqrt{x+1}\,dx$ c) $\int x^2\sqrt{x-1}\,dx$ d) $\int 2x\sqrt{x-1}\,dx$

E 77 Berechnen Sie mittels partieller Integration:

a) $\int_3^5 (5x^2-2)\cdot 4x\,dx$ b) $\int_1^3 4x^3\cdot(7-\frac{1}{4}x^2)\,dx$ c) $\int_{-2}^1 2a^3\cdot(6a^3-4)\,da$

E 6 Anwendungen der Integralrechnung

E 6.1 Ermitteln von Flächeninhalten

Auf die geometrische Deutung des bestimmten Integrals als Inhalt einer Fläche wurde bereits hingewiesen (s. Definition E 4). Daraus resultiert die erste Anwendung – die Berechnung von Flächeninhalten. Die Vielfalt der möglichen Flächen wollen wir uns systematisch erschließen.

– *Flächen unter Funktionsgraphen, die oberhalb oder unterhalb der x-Achse liegen*

Wir haben bereits festgestellt, dass für eine stetige nichtnegative Funktion f das bestimmte Integral über dem Intervall [a; b] gleich der Maßzahl des Inhalts der Fläche zwischen dem Graphen der Funktion f, der x-Achse sowie den Geraden x = a und x = b (kürzer: zwischen dem Graphen der Funktion f und der x-Achse im Intervall [a; b]) ist: $A = \int_a^b f(x)\,dx$.

E 23

Beispiel E 23:
Es ist der Inhalt der Fläche zu berechnen, den der Graph der Funktion $f(x) = x^3 + 3x^2 - 2x + 3$, die x-Achse und die Geraden x = –3 und x = 1 einschließen.

$$A = \int_{-3}^{1} (x^3 + 3x^2 - 2x + 3)\,dx = \left[\frac{x^4}{4} + x^3 - x^2 + 3x\right]_{-3}^{1}$$

$$= \left(\frac{1}{4} + 1 - 1 + 3\right) - \left(\frac{81}{4} - 27 - 9 - 9\right)$$

$$= 3{,}25 - (-24{,}75) = 28$$

Als Maßeinheit führen wir Flächeneinheiten (FE) ein (A steht hier und im Folgenden also immer nur für die Maßzahl des Flächeninhalts).
Der gesuchte Flächeninhalt beträgt 28 FE.

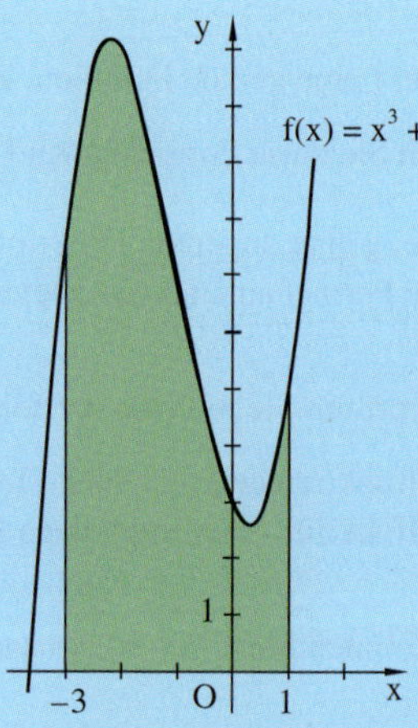

Fig. E 30

Wir wollen nun die Frage klären, wie der Flächeninhalt berechnet werden kann, wenn die Funktion f im Intervall [a; b] nichtpositiv ist, d.h., wenn die zu berechnende Fläche unterhalb der x-Achse liegt.

Also: Es sei f eine stetige nichtpositive Funktion im Intervall [a; b] (s. Fig. E 31). Der Graph dieser Funktion begrenzt ebenfalls zusammen mit der x-Achse sowie den Geraden x = a und x = b eine Fläche. Bilden wir die Funktion –f, so ist diese im Intervall [a; b] positiv.

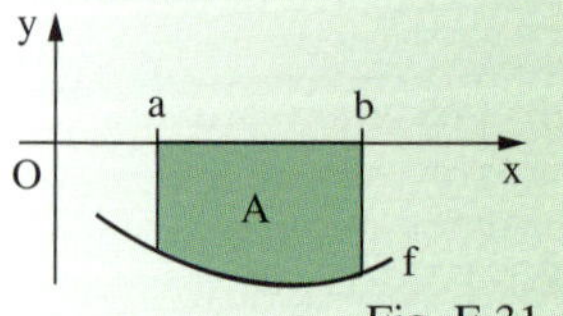

Fig. E 31

Das bestimmte Integral $\int_a^b [-f(x)]\,dx$ stellt dann den Flächeninhalt zwischen dem Graphen der Funktion –f und der x-Achse im Intervall [a; b] dar. Diese Fläche ist flächengleich der in Fig. E 31 dargestellten Fläche – die Flächen liegen symmetrisch zur x-Achse. Nach der Faktorregel für bestimmte Integrale folgt $\int_a^b [-f(x)]\,dx = -\int_a^b f(x)\,dx$, d. h., das bestimmte Integral von f und das bestimmte Integral von –f unterscheiden sich nur durch das Vorzeichen. Um aber stets positive Maßzahlen für den Flächeninhalt zu erhalten, schreiben wir $A = \left|\int_a^b f(x)\,dx\right|$.

E 24

T12

Beispiel E 24:

a) Es ist der Inhalt der Fläche zwischen dem Graphen der Funktion $f(x) = (x-3)^2 - 4$ und der x-Achse im Intervall [2; 4] zu berechnen (Fig. E 32).
Die Fläche liegt unterhalb der x-Achse – wir müssen den Betrag des entsprechenden bestimmten Integrals berechnen.

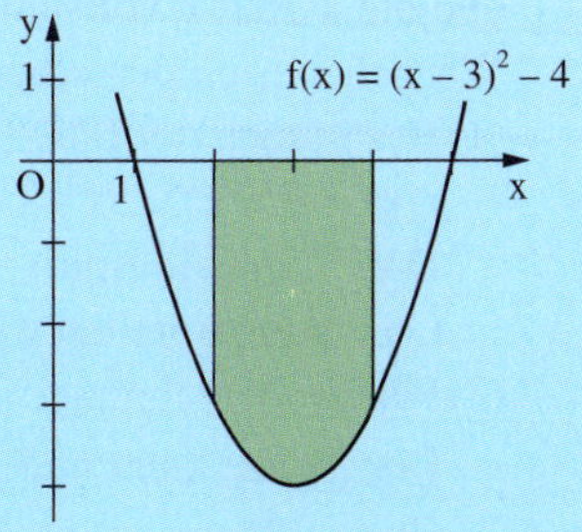

Fig. E 32

$$A = \left|\int_2^4 [(x-3)^2 - 4]\,dx\right| = \left|\int_2^4 (x^2 - 6x + 5)\,dx\right|$$

$$= \left|\left[\frac{x^3}{3} - 3x^2 + 5x\right]_2^4\right|$$

$$= \left|\left(\frac{64}{3} - 48 + 20\right) - \left(\frac{8}{3} - 12 + 10\right)\right| = \left|-\frac{22}{3}\right| \approx 7{,}3$$

Der Flächeninhalt beträgt rund 7,3 FE.

b) Es ist der Inhalt der Fläche zwischen dem Graphen der Funktion $f(x) = x^2 + 2x$ und der x-Achse in den Grenzen –1 und 1 zu berechnen (Fig. E 33).
Die Funktion f hat im Intervall [–1; 1] eine Nullstelle. Der Graph der Funktion f schneidet in diesem Intervall also die x-Achse – die gesuchte Fläche liegt sowohl unterhalb als auch oberhalb der x-Achse. Aus diesem Grunde wäre es hier falsch, über das gesamte Intervall zu integrieren – man erhielte dann nämlich als Resultat die Summe aus einem „positiven" und einem „negativen" Flächeninhalt. Die beiden Teilflächen müssen in einem solchen Fall einzeln berechnet werden.

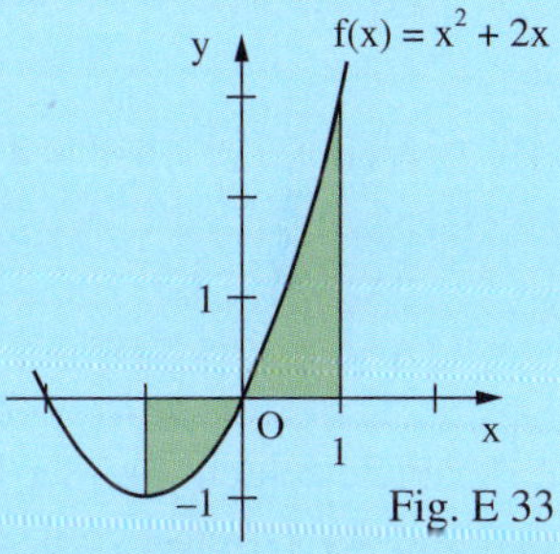

Fig. E 33

$$A = \left|\int_{-1}^0 (x^2 + 2x)\,dx\right| + \int_0^1 (x^2 + 2x)\,dx = \left|\left[\frac{x^3}{3} + x^2\right]_{-1}^0\right| + \left[\frac{x^3}{3} + x^2\right]_0^1$$

$$= \left|-\frac{2}{3}\right| + \frac{4}{3} = 2$$

Der Flächeninhalt beträgt 2 FE.

c) Durch den Graphen der Funktion $f(x) = x^2 - 7x + 10$ und die x-Achse wird eine Fläche vollständig begrenzt. Der Inhalt dieser Fläche ist zu berechnen.

(1) Um die Integrationsgrenzen zu ermitteln, zwischen denen das bestimmte Integral zu berechnen ist, müssen die Nullstellen der Funktion f bestimmt werden.
$f(x) = 0 = x^2 - 7x + 10$
Mittels der Lösungsformel für quadratische Gleichungen (oder in dem vorliegenden einfachen Fall auch nach dem VIETAschen Wurzelsatz) erhalten wir als Nullstellen $x_1 = 5$ und $x_2 = 2$.

(2) Skizze:

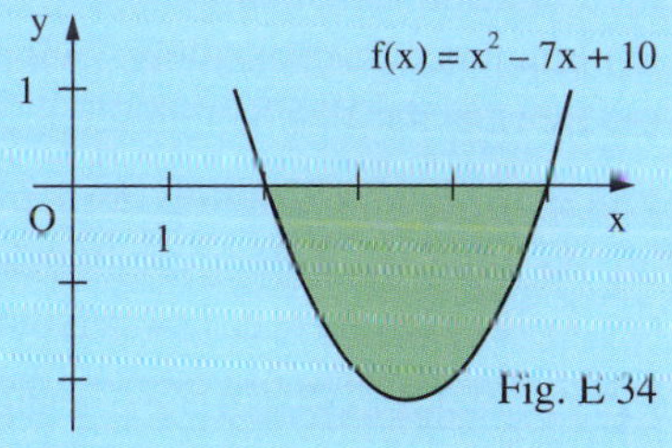

Fig. E 34

(3) Flächenberechnung:

$$A = \left|\int_2^5 (x^2 - 7x + 10)\,dx\right| = \left|\left[\frac{x^3}{3} - \frac{7}{2}x^2 + 10x\right]_2^5\right|$$

$$= \left|\left(\frac{125}{3} - \frac{175}{2} + 50\right) - \left(\frac{8}{3} - \frac{28}{2} + 20\right)\right| = |-4{,}5| = 4{,}5$$

Der Flächeninhalt beträgt 4,5 FE.

d) Es ist der Inhalt der Fläche zu bestimmen, die der Graph der Funktion $f(x) = x^4 - 5x^2 + 4$ und die x-Achse vollständig begrenzen.

Wir gehen nach derselben Schrittfolge wie in c) vor.

(1) Bestimmen der Integrationsgrenzen (Nullstellen):

$f(x) = 0 = x^4 - 5x^2 + 4$

Durch Substitution $x^2 = z$ und Lösen der quadratischen Gleichung erhalten wir $x_{1/2} = \pm 2$ und $x_{3/4} = \pm 1$.

(2) Skizze:

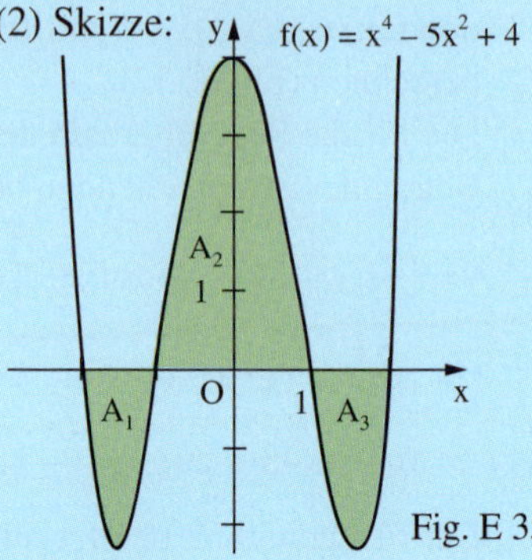

Fig. E 35

(3) Flächenberechnung:

Der Skizze kann man entnehmen, dass sich die Gesamtfläche aus drei Teilflächen zusammensetzt:

$A = A_1 + A_2 + A_3$

Wir berechnen die Teilflächen:

$$A_1 = \left| \int_{-2}^{-1} (x^4 - 5x^2 + 4)\,dx \right| = \left| \left[\frac{x^5}{5} - \frac{5}{3}x^3 + 4x\right]_{-2}^{-1} \right| \approx |-1{,}47| = 1{,}47$$

$$A_2 = \int_{-1}^{1} (x^4 - 5x^2 + 4)\,dx = \left[\frac{x^5}{5} - \frac{5}{3}x^3 + 4x\right]_{-1}^{1} \approx 5{,}07$$

$A_3 = A_1 \approx 1{,}47$ (wegen Symmetrie)

$A \approx 1{,}47 + 5{,}07 + 1{,}47 = 8{,}01$, d.h.: der Flächeninhalt beträgt rund 8 FE.

Die Beispiele zeigen: Bei der Berechnung des Inhalts von Flächen, die von Graphen stetiger Funktionen und der x-Achse vollständig oder in gegebenen Grenzen eingeschlossen werden, sind zunächst die Nullstellen dieser Funktion zu berechnen, um dann entscheiden zu können, welche Lage die Flächen beziehungsweise die Teilflächen bezüglich der x-Achse haben. Liegen Nullstellen im Intervall, so erfolgt ein Lagewechsel der Flächenstücke hinsichtlich der x-Achse und die Gesamtfläche muss „stückweise" berechnet werden.

E 25

T12

Beispiel E 25:

Der Graph der Funktion $f(x) = 0{,}5\,(x^3 - 6x^2 + 9x - 1)$ und die x-Achse begrenzen eine Fläche vollständig. Der Inhalt dieser Fläche ist unter Verwendung eines GTA zu ermitteln.

Zur Berechnung von Flächeninhalten mit dem GTA kann man wie im Beispiel E 24 vorgehen:

(1) Funktion zeichnen
(2) Nullstellen ermitteln
(3) Inhalt der Flächenstücke zwischen je zwei Nullstellen berechnen
(4) Beträge der Flächeninhalte addieren

Fig. E 36 gibt einen mittels der Zero-Funktion ermittelten Näherungswert für die erste Nullstelle an: $x_1 \approx 0{,}1206$. Analog erhält man $x_2 \approx 2{,}3473$ und $x_3 \approx 3{,}5321$. Daraus lassen sich die Inhalte der Teilflächen $A_1 \approx 2{,}114$ (FE) bzw. $A_2 \approx |-0{,}391|$ (FE) und somit $A \approx 2{,}5$ (FE) ermitteln.

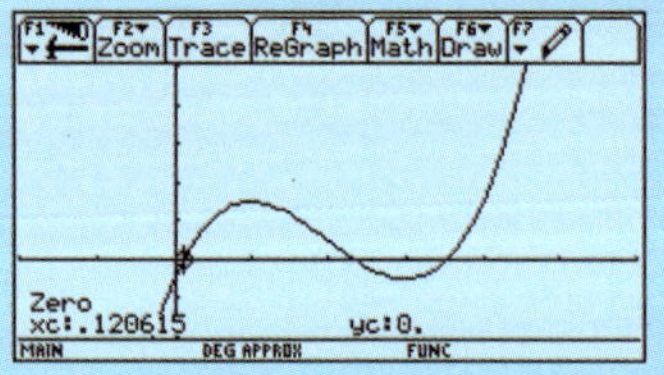

Fig. E 36

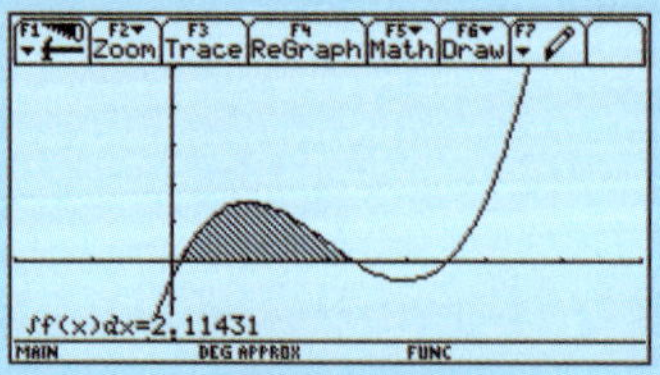

Fig. E 37

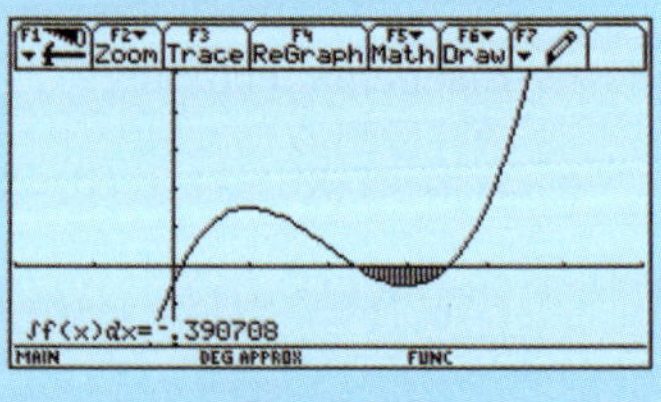

Fig. E 38

Natürlich hätte man auch analog zu Beispiel E 24 d) vorgehen und dazu eingeben können:

$$A \approx \int_{0,1206}^{2,3473} (0,5(x^3 - 6x^2 + 9x - 1))dx + \left| \int_{2,3473}^{3,5321} (0,5(x^3 - 6x^2 + 9\,x - 1))dx \right|$$

Fig. E 39 gibt in der obersten Zeile die Berechnung des ersten Integrals und in der zweite Zeile die des zweiten Integrals (jeweils einschließlich der Gesamtlösung) aus obigem Ausdruck für A an.

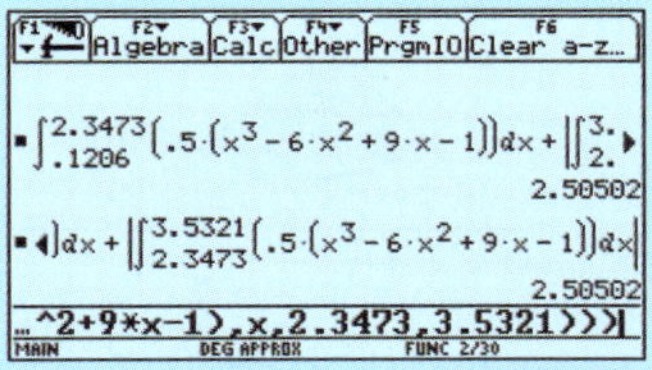

Fig. E 39

Eine weitere Möglichkeit, mit dem GTA den gesuchten Flächeninhalt zu berechnen, ohne die Funktion zu zeichnen, zeigt der nebenstehende (Fig. E 40) Schirmbildausdruck.

Dabei wurde in folgenden Schritten vorgegangen:

(1) Funktion f(x) definiert

(2) Nullstellen dieser Funktion mit *solve* ( ) ermittelt

(3) Inhaltssumme der beiden Flächenstücke unter Verwendung der Funktion *abs* ( ) für den Absolutbetrag berechnet

Die auf den verschiedenen Wegen erzielten Ergebnisse stimmen überein.

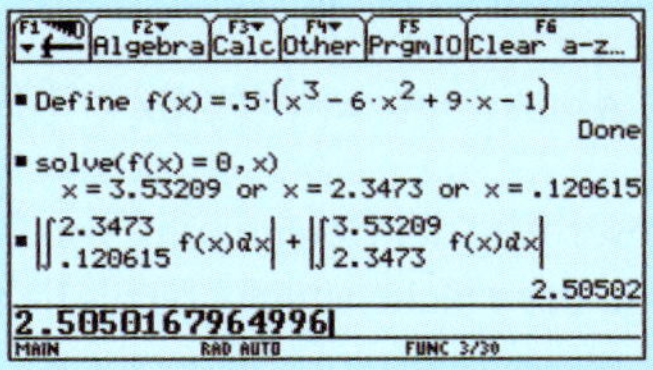

Fig. E 40

– *Flächen, die zwischen zwei Funktionsgraphen liegen*

Beispiel E 26:

E 26

Die Graphen der Funktionen $f(x) = (x-4)^2 + 1$ und $g(x) = x + 7$ schließen ein Flächenstück ein. Der Inhalt dieser Fläche soll ermittelt werden.

T12

(1) Skizze (Fig. E 41):

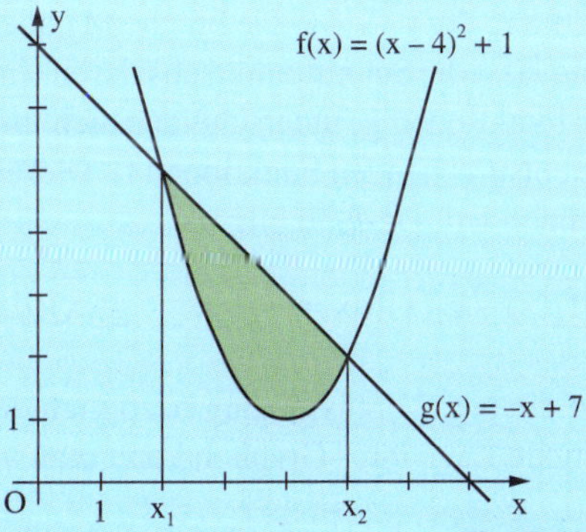

Fig. E 41

(2) Bestimmen der Integrationsgrenzen:

Die Integrationsgrenzen ergeben sich hier aus den Schnittpunkten der Graphen der Funktionen f und g. Die Abszissen der Schnittpunkte sind die Integrationsgrenzen. Wir bestimmen die Abszissen:

$f(x) = g(x)$, also $(x-4)^2 + 1 = -x + 7$.

Daraus folgt:

$x^2 - 8x + 17 = -x + 7$ bzw. $x^2 - 7x + 10 = 0$.

Diese Gleichung hat die Lösungen

$x_1 = 2$ und $x_2 = 5$.

(3) Ermitteln des Flächeninhaltes:

Der Inhalt der Fläche zwischen den Graphen der Funktionen f und g ist die Differenz der Inhalte der Flächen unter den Graphen der Funktion g bzw. f. Also:

$$A = \int_2^5 (-x + 7)dx - \int_2^5 ((x-4)^2 + 1)dx = \int_2^5 [(-x + 7) - ((x-4)^2 + 1)]dx \quad \text{(nach Satz E 11)}$$

und damit:

$$A = \int_2^5 (-x^2 + 7x - 10)dx = \left[-\frac{x^3}{3} + \frac{7}{2}x^2 - 10x\right]_2^5 = \frac{9}{2}$$

Die Fläche zwischen den beiden Graphen hat einen Inhalt von 4,5 FE.

Diese Vorgehensweise zur Berechnung des Inhaltes der Fläche zwischen zwei Funktionsgraphen soll nun verallgemeinert werden:
Es seien f und g zwei stetige und im Intervall $[x_1; x_2]$ nichtnegative Funktionen mit $f(x) > g(x)$ für alle x zwischen x_1 und x_2 sowie $f(x_1) \geq g(x_1)$, $f(x_2) \geq g(x_2)$ (s. Fig. E 42a/b).

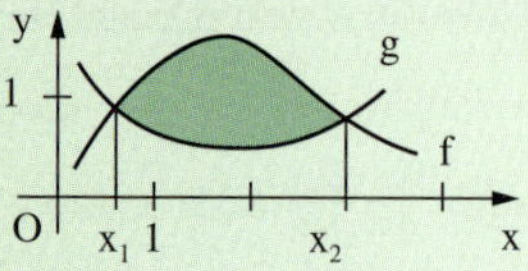

Fig. E 42a

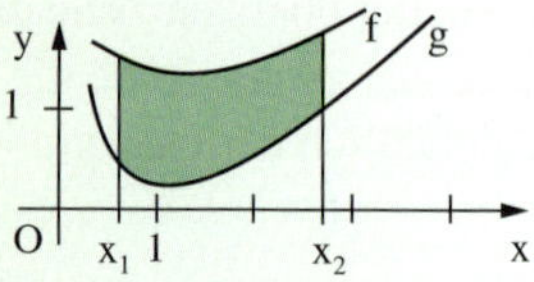

Fig. E 42b

Dann gilt für die Inhaltsmaßzahl der von den Graphen beider Funktionen im Intervall $[x_1; x_2]$ eingeschlossenen Fläche

$$A = A_1 - A_2 = \int_{x_1}^{x_2} f(x)\,dx - \int_{x_1}^{x_2} g(x)\,dx = \int_{x_1}^{x_2} [f(x) - g(x)]\,dx.$$

Dieser Weg der Berechnung von Flächenstücken zwischen Funktionsgraphen ist unabhängig von der Lage der Flächenstücke bezüglich der x-Achse, wie sie in den Fig. E 43a – c dargestellt sind.

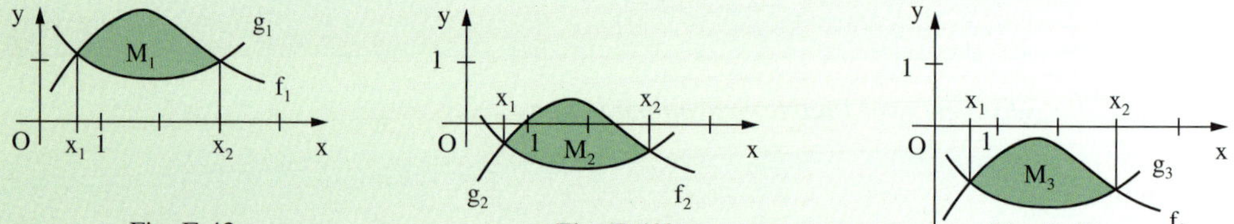

Fig. E 43a Fig. E 43b Fig. E 43c

Liegt die Fläche teilweise oder vollständig unterhalb der x-Achse, kann durch eine Verschiebung in Richtung der y-Achse die Fläche M_2 oder M_3 mit M_1 zur Deckung gebracht werden. Diese Verschiebung lässt die Schnittpunktsabszissen (Integrationsgrenzen) x_1 und x_2 unverändert. Die Gleichungen der Funktionen g_i unterscheiden sich untereinander um denselben konstanten Summanden wie die der entsprechenden Funktionen f_i. Dieser Summand hebt sich dann bei der Differenzbildung im Integranden auf. Deshalb gilt:

$$\int_{x_1}^{x_2} [f_1(x) - g_1(x)]\,dx = \int_{x_1}^{x_2} [f_2(x) - g_2(x)]\,dx = \int_{x_1}^{x_2} [f_3(x) - g_3(x)]\,dx$$

Auf die o. g. Voraussetzung bezüglich der Größe der Funktionswerte von f und g bzw. der gegenseitigen Lage ihrer Graphen kann man verzichten, wenn mit dem Betrag des Differenzintegrals gearbeitet wird: $A = \left| \int_{x_1}^{x_2} [f(x) - g(x)]\,dx \right|$

E 27

Beispiel E 27:
Es ist der Inhalt der Fläche zwischen den Graphen der nachfolgend angegebenen Funktionen f und g zu berechnen.

TI-92
T1

a) $f(x) = 0{,}5x^2 - 1$ und $g(x) = -(x-1)^2 + 2$
(1) Integrationsgrenzen (Abszissen der Graphenschnittpunkte):
$f(x) = g(x)$, also $0{,}5x^2 - 1 = -(x-1)^2 + 2$
Daraus folgt $x^2 - \frac{4}{3}x - \frac{4}{3} = 0$ mit $x_1 = -\frac{2}{3}$, $x_2 = 2$.

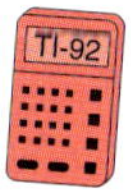
T12

(3) Flächeninhalt:

$$A = \left| \int_{-\frac{2}{3}}^{2} [f(x) - g(x)]\,dx \right|$$

$$A = \left| \int_{-\frac{2}{3}}^{2} [0{,}5x^2 - 1 - (-(x-1)^2 + 2)]\,dx \right|$$

$$= \left| \int_{-\frac{2}{3}}^{2} (\tfrac{3}{2}x^2 - 2x - 2)\,dx \right| = \left| [\tfrac{1}{2}x^3 - x^2 - 2x]_{-\frac{2}{3}}^{2} \right|$$

$$= \left| (4 - 4 - 4) - (-\tfrac{4}{27} - \tfrac{4}{9} + \tfrac{4}{3}) \right| = \tfrac{128}{27}$$

Der Flächeninhalt beträgt rund 4,74 FE.

(2) Skizze:

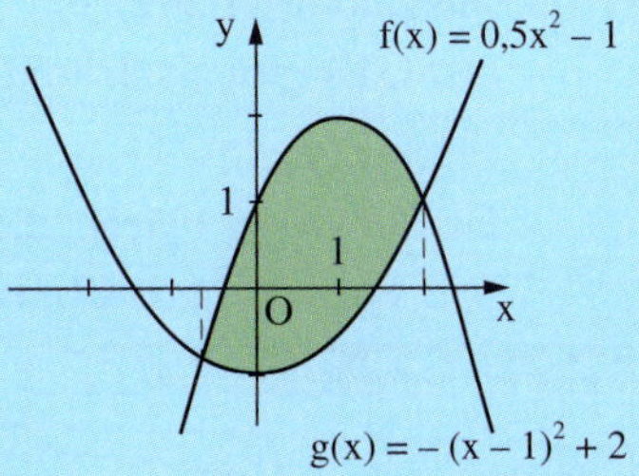

Fig. E 44

b) $f(x) = \frac{1}{3}x^3 - \frac{4}{3}x$ und $g(x) = \frac{1}{3}x^2 + \frac{2}{3}x$

(1) Integrationsgrenzen:

$f(x) = g(x)$, also $\frac{1}{3}x^3 - \frac{4}{3}x = \frac{1}{3}x^2 + \frac{2}{3}x$

Daraus folgt $x^3 - x^2 - 6x = x(x^2 - x - 6) = 0$,

also $x_1 = 0$ oder $x^2 - x - 6 = 0$

$x^2 - x - 6 = 0$ hat die Lösungen $x_2 = -2$ und $x_3 = 3$.

Wir sehen also: Die Graphen der beiden Funktionen schneiden einander in mehreren Punkten. Es entstehen zwischen den Graphen mehrere Teilflächen, die einzeln zu berechnen sind.

(2) Skizze:

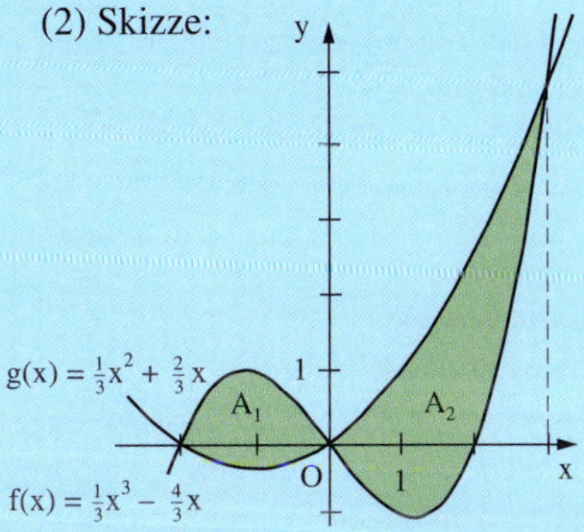

Fig. E 45

(3) Flächeninhalt:

$A = A_1 + A_2$, also

$$A = \int_{-2}^{0} [f(x) - g(x)]\,dx + \left| \int_{0}^{3} [f(x) - g(x)]\,dx \right|$$

$$A_1 = \int_{-2}^{0} (\tfrac{1}{3}x^3 - \tfrac{4}{3}x - \tfrac{1}{3}x^2 - \tfrac{2}{3}x)\,dx \qquad A_2 = \left| \int_{0}^{3} (\tfrac{1}{3}x^3 - \tfrac{4}{3}x - \tfrac{1}{3}x^2 - \tfrac{2}{3}x)\,dx \right|$$

$$A_1 = \int_{-2}^{0} (\tfrac{1}{3}x^3 - \tfrac{1}{3}x^2 - 2x)\,dx \qquad A_2 = \left| \int_{0}^{3} (\tfrac{1}{3}x^3 - \tfrac{1}{3}x^2 - 2x)\,dx \right|$$

$$= [\tfrac{1}{12}x^4 - \tfrac{1}{9}x^3 - x^2]_{-2}^{0} \qquad = \left| [\tfrac{1}{12}x^4 - \tfrac{1}{9}x^3 - x^2]_{0}^{3} \right|$$

$$= (0 - (\tfrac{16}{12} + \tfrac{8}{9} - 4)) = \tfrac{16}{9} \qquad = \left| (\tfrac{81}{12} - \tfrac{27}{9} - 9) - 0 \right| = \left| -\tfrac{21}{4} \right| = \tfrac{21}{4}$$

$$A = \tfrac{16}{9} + \tfrac{21}{4} = \tfrac{253}{36}$$

Der Flächeninhalt beträgt rund 7 FE.

c) $f(x) = \sqrt{2x + 1}$ und $g(x) = x^3 - 2x^2 + 2$

(1) Integrationsgrenzen:

Der GTA gibt als Schnittpunktsabszissen an: $x_1 \approx 0{,}6063$ (Fig. E 46), $x_2 \approx 2{,}062$.

(2) Flächeninhalt:

Der Inhalt der Fläche, die im Grafikbildschirm mittels F5 (*Math*) C (*Shade*) schraffiert wurde (Fig. E 47), beträgt $A \approx 1{,}07$ (FE) (Fig. E 48).

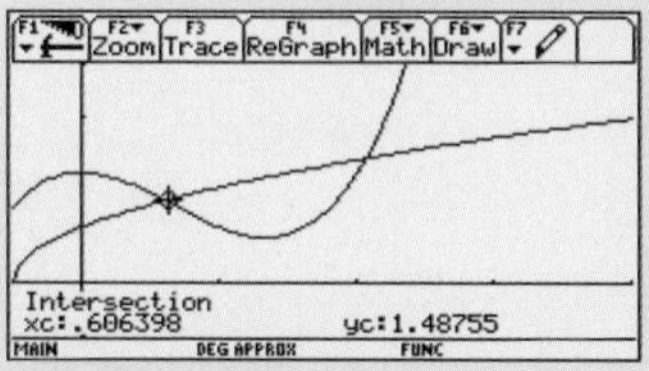

Fig. E 46

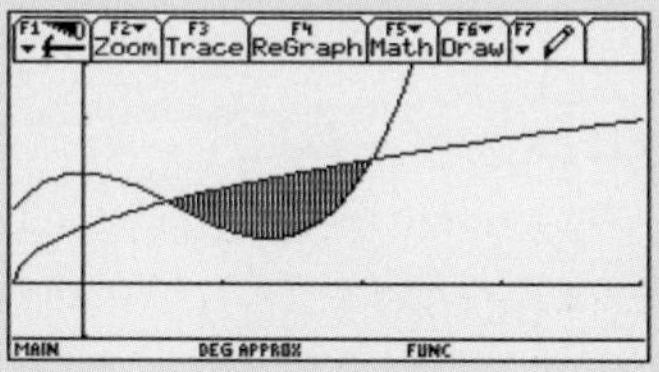

Fig. E 47

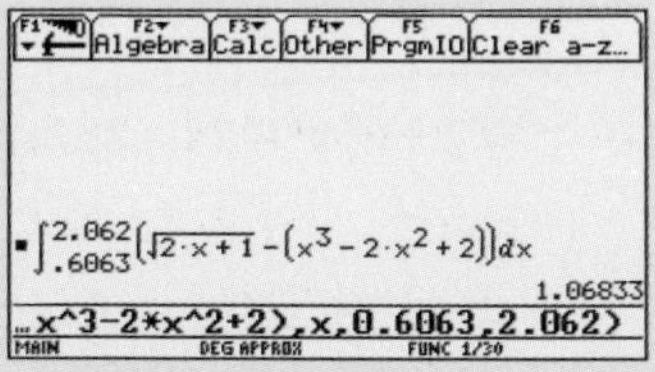

Fig. E 48

Ähnlich wie im Beispiel E 25 kann man auch hier noch einen anderen Berechnungsweg wählen (Fig. E 49):

(1) Funktionen f(x) und g(x) definieren

(2) Schnittpunktsabszissen der Graphen von f und g mit *solve* ( ) ermitteln

(3) Inhalt der eingeschlossenen Fläche berechnen

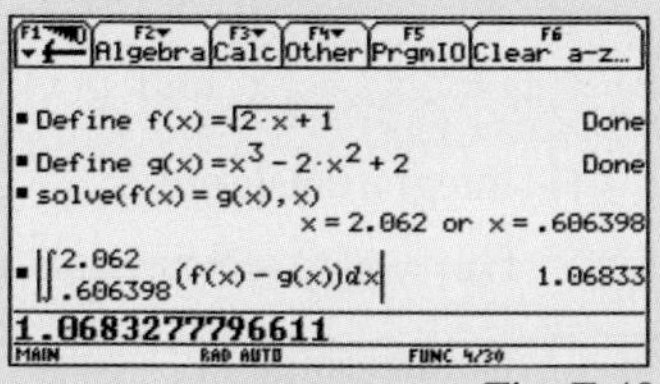

Fig. E 49

E 28

Beispiel E 28:

Die auf S. 217 dargestellte Montagehalle kann als zusammengesetzter Körper aufgefasst werden, der – wie aus nebenstehender Skizze ersichtlich – näherungsweise aus

(1) einem quaderförmigen Sockel (Volumen V_1),

(2) zwei Viertelkugeln an den Stirnseiten (Volumen jeweils V_2) und

(3) dem eigentlichen Hallenkörper (Volumen V_3) besteht.

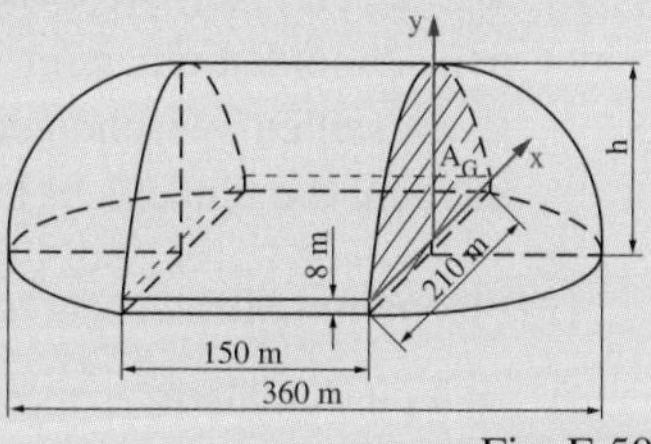

Fig. E 50

Zu (1): Es gilt $V_1 = 8\ \text{m} \cdot 210\ \text{m} \cdot 150\ \text{m} = 252\,000\ \text{m}^3$

Zu (2): Die Annahme, dass es sich bei den Körpern an den Stirnseiten näherungsweise um Viertelkugeln handelt, ist nur wegen $\frac{210\ \text{m}}{2} \approx 107$ m sinnvoll. Wegen $\frac{210\ \text{m}}{2} = 105$ m und der Hallenhöhe von h = 107 m wählen wir als Näherungswert für den Kugelradius $r_1 = 106$ m. Dann gilt: $V_2 = 2 \cdot \frac{1}{3}\,\pi \cdot 106^3\ \text{m}^3 \approx 2\,494\,000\ \text{m}^3$.

Zu (3): Aus dem gleichen Grunde wie unter (2) könnte man den Hallenkörper als Halbzylinder mit einem Radius (107 m – 8 m) = 99 m $< r_2 <$ 105 m, also z. B. $r_2 = 102$ m, und der Höhe H = 150 m auffassen. Dann ergäbe sich: $V_3 = \frac{1}{2} \cdot \pi\ 102^2 \cdot 150\ \text{m}^3 \approx 2\,451\,000\ \text{m}^3$.

Freilich handelt es sich dabei nur um eine sehr grobe Näherung. Günstiger ist es, den Hallenkörper als einen „parabolischen Zylinder" anzusehen, der die Grundfläche A_G und die Höhe H besitzt. Fasst man die begrenzende Kurve von A_G als Parabel auf, so hat diese bei Einordnung in ein Koordinatensystem wie in Fig. E 50 (Scheitelpunkt (0; 99), $P_{1/2}(\pm 105; 0)$) die Gleichung $y = f(x) = -\frac{99}{105^2}\,x^2 + 99$.

Dann gilt (Fig E 51):

$$V_3{}^* = H \cdot A_G = 150 \cdot \int\limits_{-105}^{105} (-\frac{99}{105^2} x^2 + 99)dx \approx 2\,079\,000 \text{ m}^3$$

Damit ergäbe sich als Gesamtvolumen $V \approx 4\,825\,000 \text{ m}^3$.

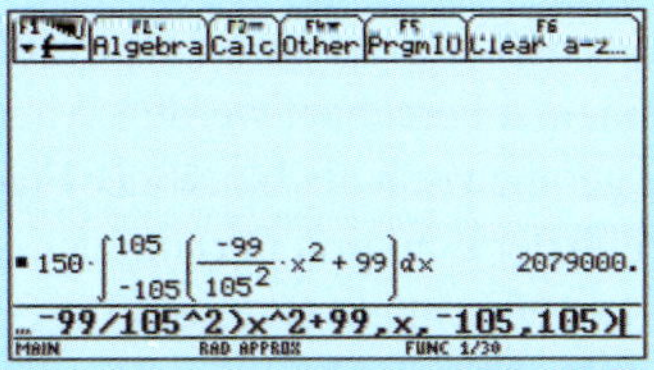

Fig. E 51

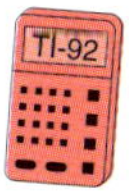

T12

E 6.2 Physikalische Probleme

Die im Abschnitt E 6.1 betrachteten Flächeninhaltsberechnungen können als innermathematische Anwendungen der Integralrechnung aufgefasst werden. Die Integralrechnung findet aber auch in der Physik Anwendung, insbesondere dort, wo sich physikalische Größen als Flächeninhalte deuten lassen.

– *Die physikalische Arbeit*

Aus dem Physikunterricht ist bekannt: Wird ein Körper längs eines Weges s von s_1 nach s_2 (also um das Wegstück Δs) unter Einwirkung einer konstanten Kraft F bewegt, so gilt für die verrichtete Arbeit W

$W = F \cdot \Delta s$, falls Kraft- und Wegrichtung übereinstimmen (denn Kraft und Weg sind bekanntlich gerichtete Größen) (Fig. E 52), und

$W = F \cdot \Delta s \cdot \cos\alpha$, falls die Kraft– und die Wegrichtung den Winkel α einschließen (s. „Formeln und Tabellen", S. 75).

Betrachten wir die Kraft F als Funktion des Weges s, so stellt das Diagramm in Fig. E 53 diesen Zusammenhang dar:

Die Funktion $F(s)$ ist eine konstante Funktion – ihr Graph verläuft demzufolge parallel zur s-Achse.

Fig. E 52

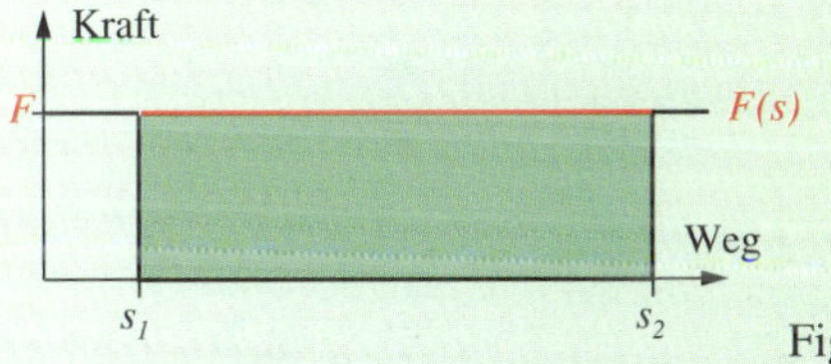

Fig. E 53

Die verrichtete Arbeit kann nun als Inhalt der Fläche unter dem Graphen der Funktion $F(s)$ interpretiert werden, d. h., die Maßzahlen von W und vom Flächeninhalt des gekennzeichneten Rechtecks sind gleich.

Bei vielen physikalischen Vorgängen bleibt die Kraft aber nicht konstant, sondern sie verändert sich sprunghaft oder auch kontinuierlich – letzteres z. B. beim Spannen einer Schraubenfeder. Unser Ziel ist es, für diese Fälle ebenfalls eine Formel zur Berechnung der Arbeit zu finden.

Ändert sich die Kraft, die an dem Körper angreift, „sprunghaft", d. h., ist sie stückweise konstant, so entsteht als Graph des funktionalen Zusammenhanges zwischen Kraft und Weg die nebenstehende Treppenkurve (Fig. E 54): In diesem Fall wäre die Arbeit gleich dem Inhalt der Fläche unter der Treppenkurve im Intervall $[s_1; s_2]$ und sie könnte als Summe der Teilflächen (Streifen) berechnet werden.

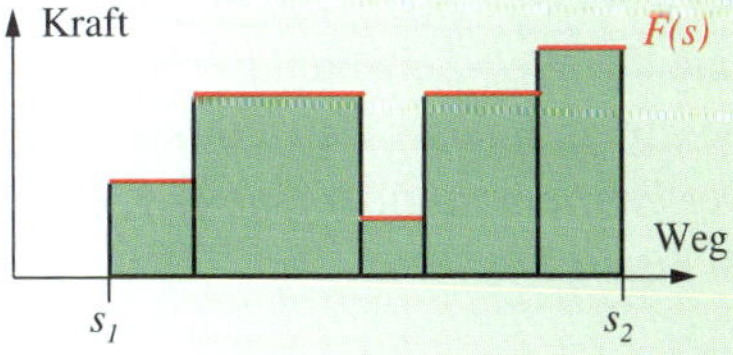

Fig. E 54

Verändert sich die Kraft F längs des Weges s ständig, d. h., ist die Funktion $F(s)$ nicht einmal stückweise konstant, sondern nur stetig, so kann die physikalische Arbeit nicht mehr elementar berechnet werden. Aber auch in diesem Fall wird sie geometrisch als Inhalt der Fläche gedeutet, die der Graph der Funktion $F(s)$ mit der s-Achse in den Grenzen s_1 und s_2 einschließt (Fig. E 55).

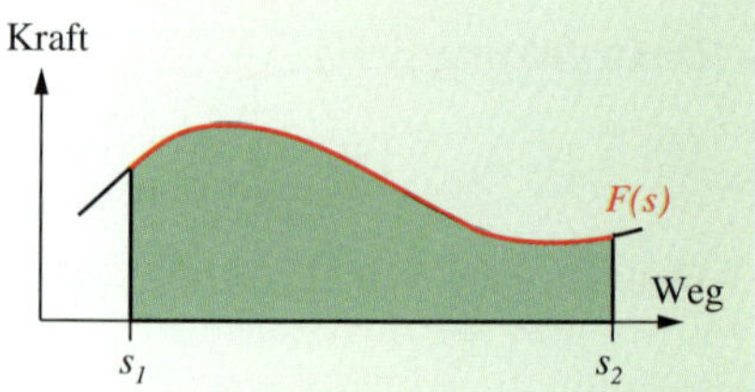

Fig. E 55

Mit den Mitteln der Integralrechnung kann diese Fläche berechnet werden. Es gilt:
Wird ein Körper von einer Kraft F längs des Weges s von s_1 nach s_2 bewegt und stimmen die Kraft- und die Wegrichtung überein, so beträgt die verrichtete physikalische Arbeit

$$W = \int_{s_1}^{s_2} F(s)\,\mathrm{d}s.$$

Das bestimmte Integral gibt dabei nur die Maßzahl der physikalischen Arbeit an – die Einheit ist gesondert zu überlegen.

E 29

Beispiel E 29:
An einer Schraubenfeder sei ein Körper befestigt. Es ist die Arbeit zu berechnen, die verrichtet werden muss, wenn der Körper von s_1 nach s_2 bewegt werden soll (Fig. E 56).
Die Feder wird bei diesem Vorgang gespannt. Die dazu erforderliche Kraft, die der Zugkraft der Feder entgegenwirkt, ist dem zurückgelegten Weg proportional:
$F(s) = D \cdot s$ HOOKEsches Gesetz (Der Proportionalitätsfaktor D heißt hier Federkonstante.)

Die aufzuwendende Arbeit $W = \int_{s_1}^{s_2} F(s)\,\mathrm{d}s$ beträgt für den vorliegenden Fall:

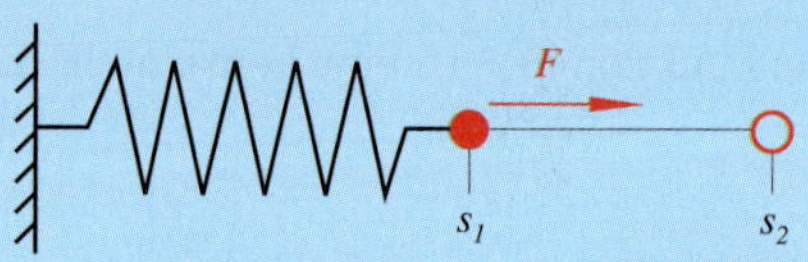

Fig. E 56

$$\mathrm{W} = \int_{s_1}^{s_2} \mathrm{D} \cdot \mathrm{s}\,\mathrm{ds} = \left[\frac{\mathrm{D}}{2}\,\mathrm{s}^2\right]_{s_1}^{s_2} = \frac{\mathrm{D}}{2}\left(\mathrm{s}_2^{\,2} - \mathrm{s}_1^{\,2}\right)$$ [1)]

Für eine Schraubenfeder mit der Federkonstanten $D = 10\ \mathrm{Nm}^{-1}$ und einer Ausdehnung von 0 auf 20 cm gilt dann
$W = \frac{10}{2}\ \mathrm{Nm}^{-1}(0{,}2^2 - 0^2)\ \mathrm{m}^2 = 0{,}2\ \mathrm{Nm}.$
Mit diesen Kenntnissen kann auch die Formel für die Federspannarbeit gewonnen werden.
Es gilt $W = \frac{1}{2} D s^2.$

– *Bewegungsabläufe*

Bei jeder Bewegung (im physikalischen Sinn) ist die Geschwindigkeits-Zeit-Funktion $v(t)$ die Ableitung der Weg-Zeit-Funktion $s(t)$ und die Beschleunigungs-Zeit-Funktion $a(t)$ die Ableitung der Geschwindigkeits-Zeit-Funktion $v(t)$ (vgl. Abschnitt D 1.1).
Der Fahrtenschreiber eines LKW zeichnet das nachfolgende Geschwindigkeits-Zeit-Diagramm auf (s. Fig. E 57).

1) Vereinbart sei, dass beim Auftreten von Größensymbolen innerhalb von Differentiationen oder Integrationen stets nur die jeweiligen Maßzahlen gemeint sind.

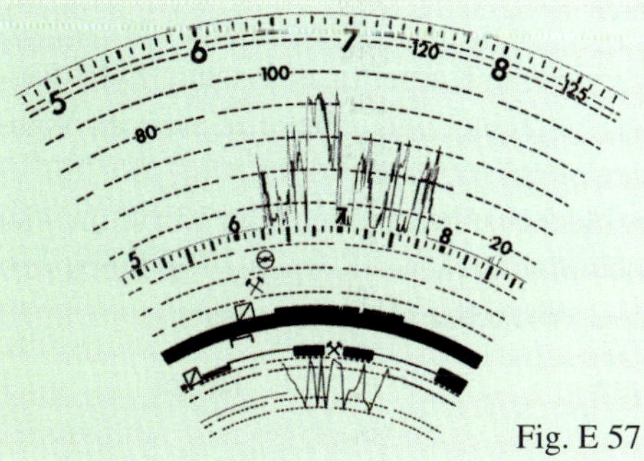

Fig. E 57

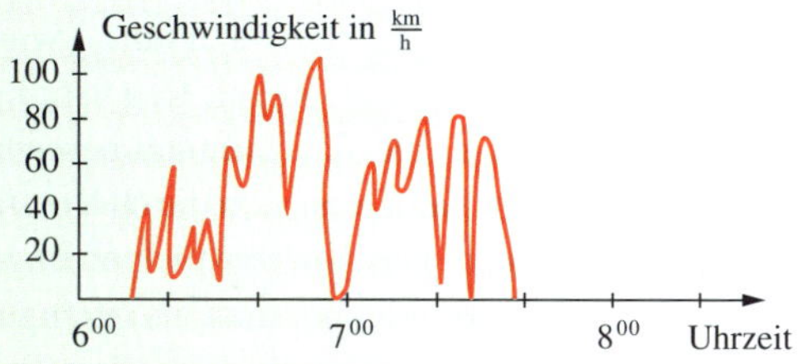

Fig. E 58

Einen Ausschnitt dieses Diagramms stellen wir uns in ein rechtwinkliges Koordinatensystem transformiert vor (Fig. E 58).
Es soll nun die Frage erörtert werden, ob sich aus diesem Diagramm eine Angabe über in bestimmten Zeitintervallen zurückgelegte Wege gewinnen lässt. Wir überlegen dazu:
Ist die Geschwindigkeit v konstant, so gilt für den in der Zeit t zurückgelegten Weg $s = v \cdot t$.
Bei geometrischer Interpretation ist die Maßzahl des Weges also gleich dem Inhalt der Fläche unter dem Graphen der konstanten Funktion $v(t)$ im Intervall $[t_1; t_2]$, d. h., gleich der Fläche des Rechtecks mit den Seiten $t_2 - t_1 = \Delta t$ und $v(t_1) = v(t_2)$ (Fig. E 59).
Verallgemeinern wir dieses Vorgehen auf eine beliebige (stetige) Geschwindigkeits-Zeit-Funktion $v(t)$, so kann festgelegt werden:

$$s = \int_{t_1}^{t_2} v(t)\,\mathrm{d}t$$

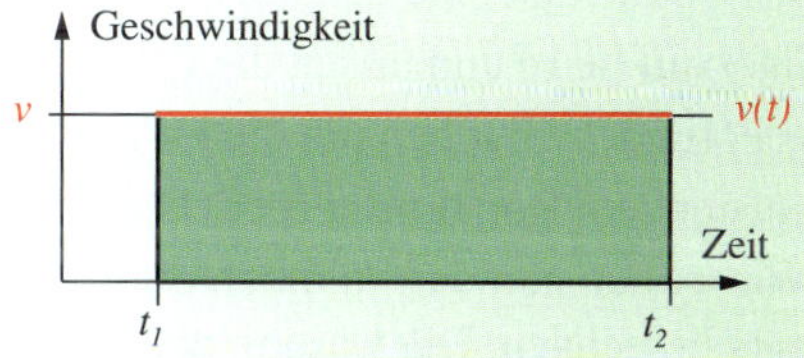

Fig. E 59

Aus dem Fahrtenschreiberdiagramm ließe sich somit durch Bestimmung des Inhalts der Fläche unter dem Graphen der Geschwindigkeits-Zeit-Funktion (z. B. durch Auszählen) der zurückgelegte Weg in einem bestimmten Zeitintervall ermitteln.

Ein analoger Zusammenhang besteht zwischen den Funktionen $a(t)$ und $v(t)$: $v = \int_{t_1}^{t_2} a(t)\,\mathrm{d}t$

Beispiel E 30: E 30

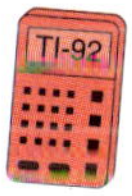

T12

Unter Verwendung der oben genannten Gleichungen für den Weg und die Geschwindigkeit sollen die Formeln für den freien Fall eines Körpers gewonnen werden.
Zum Zeitpunkt $t = 0$ seien die Geschwindigkeit des betrachteten Körpers $v = 0$ und die bislang zurückgelegte Fallstrecke $s = 0$. Beim freien Fall eines Körpers ist die Beschleunigung g konstant – es gilt $a(t) = g$.

Daraus folgt dann für die Geschwindigkeit zum Zeitpunkt t_0 $\quad v = \int_0^{t_0} g\,\mathrm{d}t = [g \cdot t]_0^{t_0} = g \cdot t_0$

und für den in der Zeit t_0 zurückgelegten Fallweg $\quad s = \int_0^{t_0} g \cdot t\,\mathrm{d}t = [\frac{g}{2} \cdot t^2]_0^{t_0} = \frac{g}{2} t_0^2.$

Da diese Aussage für eine beliebige Zeitdauer t gilt, können wir auch $v = g \cdot t$ und $s = \frac{g}{2} t^2$ schreiben. Diese Formeln sind uns aus dem Physikunterricht bekannt.

E 6.3 Berechnen des Volumens von Rotationskörpern

Im Geometrieunterricht der Sekundarstufe I wurden verschiedene Körper (z. B. Prisma, Zylinder, Pyramide, Pyramidenstumpf, Kegel, Kegelstumpf, Kugel) betrachtet und dabei u. a. auch ihr Volumen, ihr Mantel- oder Oberflächeninhalt berechnet.
Einige dieser Körper kann man sich durch Rotation eines Flächenstückes unter einer Kurve um eine Achse erzeugt denken. Das Kurvenstück erzeugt dabei den Mantel dieses Körpers (Fig. E 60a–c). Die jeweilige Kurve bezeichnet man als erzeugende Kurve, die Achse als Rotationsachse.

Körper	Zylinder	Kegel	Kugel
Skizze	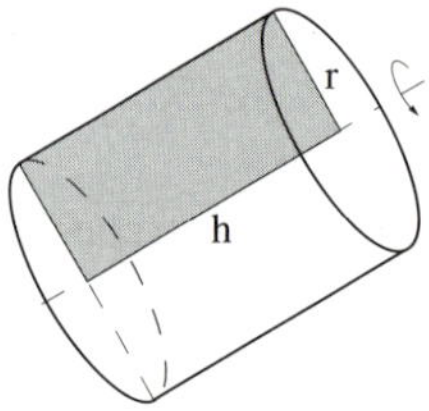	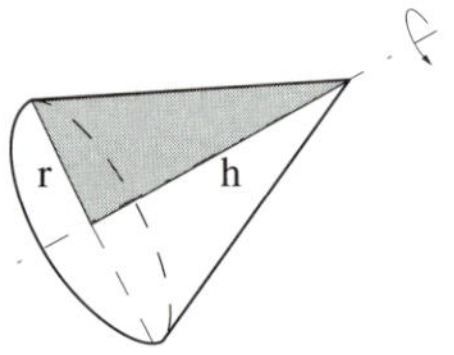	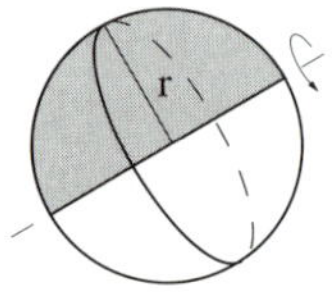
Formel	$V = \pi r^2 h$	$V = \frac{\pi}{3} r^2 h$	$V = \frac{4}{3} \pi r^3$
	Fig. E 60a	Fig. E 60b	Fig. E 60c

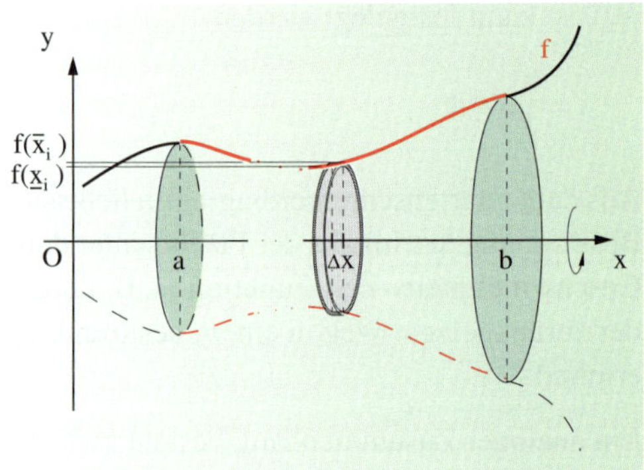

Fig. E 61

Solche Körper werden *Rotationskörper* genannt. Wir betrachten eine beliebige stetige Funktion f im Intervall [a; b] und lassen die Fläche unter dem zu f gehörenden Graphen um die x-Achse rotieren. Es entsteht ein Rotationskörper (Fig. E 61).
Wir wollen nun das Volumen dieses Rotationskörpers berechnen. Die Lösung des Problems liefert uns ebenfalls die Integralrechnung. Dabei kann analog zur Flächeninhaltsberechnung (Abschnitt E 2) vorgegangen werden:
Wir teilen das Intervall [a; b] in n gleich lange Teilintervalle. Jedes Teilintervall hat dann die Länge $\Delta x = \frac{b-a}{n}$. Legt man durch die Intervallendpunkte Schnitte senkrecht zur x-Achse, so wird der Rotationskörper auf diese Weise in „Scheiben" der Höhe Δx zerlegt.
Im k-ten Teilintervall sei $f(\underline{x}_k)$ der kleinste und $f(\bar{x}_k)$ der größte Funktionswert. Jeder der entstandenen „Scheiben" kann dann ein (Kreis-)Zylinder mit der Höhe Δx und dem Grundkreisradius $f(\underline{x}_k)$ (Grundflächeninhalt $\pi[f(\underline{x}_k)]^2$) *ein*beschrieben und ein Zylinder mit der Höhe Δx und dem Grundkreisradius $f(\bar{x}_k)$ (Grundflächeninhalt $\pi[f(\bar{x}_k)]^2$) *um*beschrieben werden. Setzen wir die Zylinder jeweils zusammen, so liegt das Volumen des Rotationskörpers zwischen den Volumina der beiden zusammengesetzten Körper, die sich als Summe der Zylindervolumina ergeben (Untersumme und Obersumme).
Es gilt

$$s_n = \sum_{i=1}^{n} \pi \cdot (f(\underline{x}_i))^2 \cdot \Delta x \quad \text{und} \quad S_n = \sum_{i=1}^{n} \pi \cdot (f(\bar{x}_i))^2 \cdot \Delta x \quad \text{mit} \quad s_n \le V \le S_n.$$

Je feiner man die Zerlegung wählt, je größer also n und je kleiner demzufolge Δx wird, desto besser nähern sich die Summe der Volumina der einbeschriebenen Zylinder und die Summe der Volumina der umbeschriebenen Zylinder dem gesuchten Volumen an.
Ähnlich wie im Abschnitt E 2 kann man zeigen: Die oben gekennzeichneten Folgen (s_n) und (S_n) sind monoton und beschränkt und besitzen somit jeweils einen Grenzwert. Die beiden Grenzwerte stimmen überein. Da die Funktion f stetig ist, ist auch die Funktion $g(x) = \pi \cdot (f(x))^2$ stetig und somit integrierbar.
Nach der Definition des bestimmten Integrals (Definition E 3) gilt dann

$$\lim_{n \to \infty} s_n = \lim_{n \to \infty} S_n = \int_a^b \pi \cdot (f(x))^2 dx.$$

Das gesuchte Volumen ist also $V = \pi \cdot \int_a^b (f(x))^2 dx$.

Wir haben damit eine Formel zur Berechnung des *Volumens eines Rotationskörpers* gefunden.

E 14

Satz E 14:
Es sei f eine über dem Intervall [a; b] stetige Funktion. Dann besitzt der Körper, der durch Rotation der Fläche unter dem Graphen der Funktion f über dem Intervall [a; b] um die x-Achse entsteht, das Volumen

$$V = \pi \cdot \int_a^b (f(x))^2 dx = \pi \cdot \int_a^b y^2 dx.$$

E 31

T12

Beispiel E 31:

a) Die Fläche unter dem Graphen der Funktion f(x) = r rotiere im Intervall [0; h] um die x-Achse. Es ist das Volumen des entstehenden Rotationskörpers zu berechnen.
Wegen f(x) = r, also $f^2(x) = r^2$ gilt

$$V = \pi \cdot \int_0^h r^2 dx = \pi \cdot [r^2 \cdot x]_0^h.$$

Daraus folgt: $V = \pi \cdot r^2 \cdot h$
Das ist die uns bekannte Formel für das Volumen eines Zylinders, den der Rotationskörper in dieser Aufgabe darstellt.

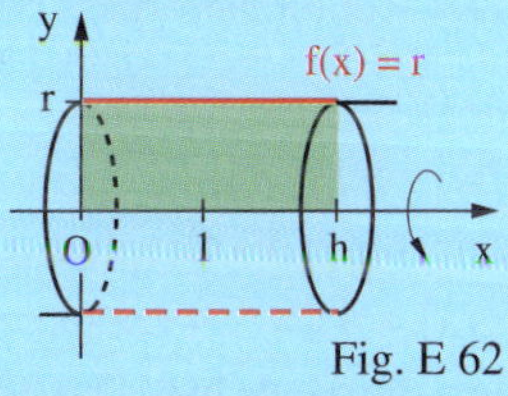

Fig. E 62

b) Die Fläche unter dem Graphen der Funktion $f(x) = \sqrt{x}$ rotiert im Intervall [0; 5] um die x-Achse. Das Volumen des entstehenden Rotationskörpers ist zu berechnen.

$$V = \pi \cdot \int_0^5 (\sqrt{x})^2 dx = \pi \cdot \int_0^5 x\,dx$$

$$= \pi \cdot [\tfrac{x^2}{2}]_0^5 = \pi \cdot \tfrac{25}{2} \approx 39{,}27^{1)}$$

Das Volumen beträgt rund 39,3 VE (Volumeneinheit).

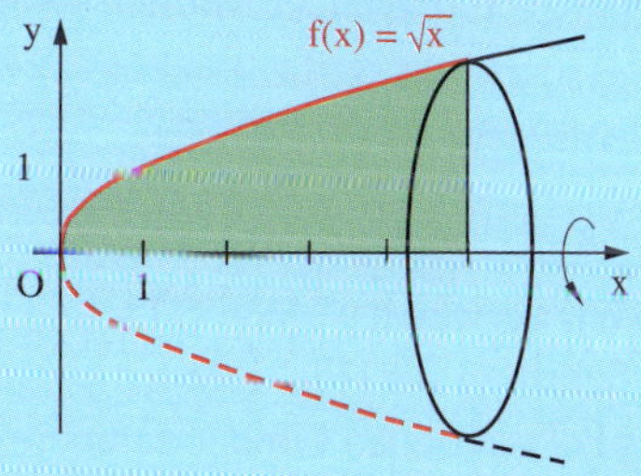

Fig. E 63

Erfolgt die Rotation um die y-Achse, so kann durch analoge Überlegungen die folgende Formel für im Intervall [a; b] eineindeutige Funktionen gewonnen werden:

[1] Bei Volumenberechnung wird hier und im Folgenden für V immer nur die Maßzahl angegeben.

$$V = \pi \cdot \int_c^d x^2 dy \quad \text{mit} \quad c = f(a) \text{ und } d = f(b)$$

Dabei ist $x = g(y)$ die Umkehrfunktion zu $y = f(x)$.

Da in der Formel x^2 benötigt wird, ist es bei Berechnungen häufig einfacher, $y = f(x)$ nach x^2 aufzulösen und nicht nach x.

E 32

T12

Beispiel E 32:

Die Fläche zwischen dem Graphen der Funktion $f(x) = \frac{1}{2}x^2$ und der y-Achse rotiere im Intervall $[f(1); f(4)]$ um die y-Achse. Das Volumen des entstehenden Rotationskörpers ist zu berechnen (Fig. E 64).

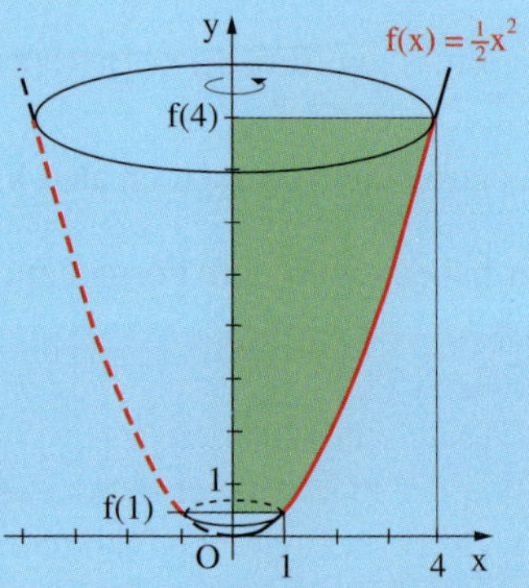

Fig. E 64

Weil $f(x) = \frac{1}{2}x^2$ eine im Intervall [1; 4] eineindeutige Funktion ist, existiert die Umkehrfunktion in diesem Intervall. Sie hat die Gleichung $x = g(y) = \sqrt{2y}$.

Die Integrationsgrenzen für die Berechnung des Rotationskörpers ergeben sich aus

$c = f(1) = \frac{1}{2}$ und $d = f(4) = 8$.

Für das Volumen gilt dann: $V = \pi \cdot \int_{\frac{1}{2}}^{8} 2y\, dy = \pi \cdot [y^2]_{\frac{1}{2}}^{8}$

$= \pi \cdot (64 - \frac{1}{4}) = \pi \cdot \frac{255}{4} \approx 200{,}3$

Der Rotationskörpers besitzt ein Volumen von rund 200 VE.

E 33

Beispiel E 33:

Die durch die Graphen der Funktionen f mit $f(x) = 2\sqrt{x}$ und g mit $g(x) = 4\sqrt{x} - 4$ entsprechend Fig. E 65 begrenzte Fläche rotiere um die x– Achse. Das Volumen des entstehenden Rotationskörpers soll berechnet werden.

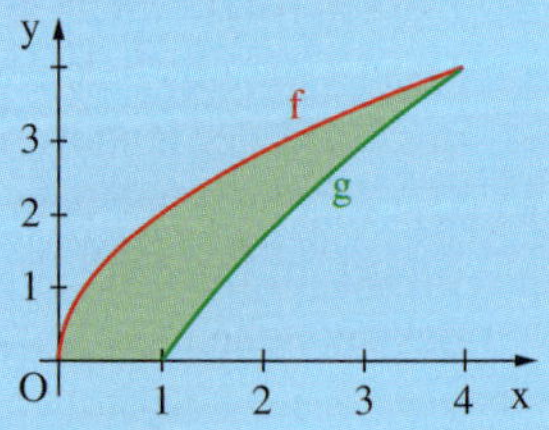

Fig. E 65

T1

T12

Wir verwenden einen GTA und gehen dazu in folgenden Schritten vor (Fig. E 66):

(1) Funktionen f und g definieren

(2) Schnittpunkt der Graphen ermitteln

(3) Gesuchtes Volumen als Differenz der Teilvolumina berechnen

Das gesuchte Volumen beträgt $\frac{40\pi}{3}$ VE.

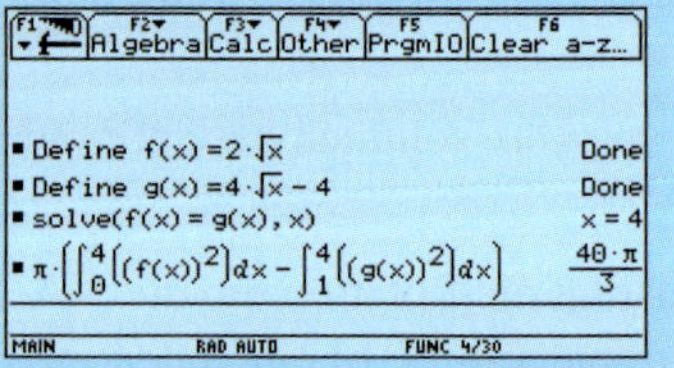

Fig. E 66

Aufgaben

E 78 *(↗ Beispiel E 23, S. 256)*

Berechnen Sie den Inhalt der Fläche zwischen dem Graphen der Funktion f_i und der x-Achse im angegebenen Intervall:

a) $f_1(x) = 4x - \frac{1}{2}x^2$; [1; 6] b) $f_2(x) = \sqrt{x} - 2{,}5$; [1; 5] c) $f_3(x) = -x^3 + 3x^2 + 4x$; [−1; 3]

E 79 Berechnen Sie den Inhalt der Fläche zwischen dem Graphen der Funktion f_i und der x-Achse im angegebenen Intervall:

a) $f_1(x) = 5x + 15$ [−2; −1] b) $f_2(x) = \frac{1}{4}x^2 + x - 3$ [−4; −1]

c) $f_3(x) = 0{,}5x^2 - 2x - 2{,}5$ [1; 7] d) $f_4(x) = x^3 - 9x$ [−2; 2]

e) $f_5(x) = -x^3 + 3x^2 + 4x$ [1; 6] f) $f_6(x) = 3 - \sqrt{x}$ [3; 5]

g) $f_7(x) = \sqrt{x} - 2{,}5$ [1; 5] h) $f_8(x) = \sqrt{x-2} - 1{,}5$ [3; 6]

i) $f_9(x) = \frac{1}{(x+3)^2} - 1$ [0; 5]

E 80 *(↗ Beispiel E 25, S. 258)*

Durch den Graphen der Funktion f_i und die x-Achse wird ein Flächenstück vollständig begrenzt. Berechnen Sie den Inhalt dieser Fläche!

a) $f_1(x) = (\frac{1}{2}x - 1)^2 - \frac{9}{4}$ b) $f_2(x) = 2x^3 - 8x$

E 81 Der Graph der Funktion f_i und die x-Achse begrenzen eine Fläche vollständig. Berechnen Sie den Inhalt dieser Fläche!

a) $f_1(x) = -x^2 + 4$ b) $f_2(x) = -\frac{1}{2}x^2 + 4{,}5$ c) $f_3(x) = -x^2 - 6x - 5$

d) $f_4(x) = 5x^2 - x^3$ e) $f_5(x) = x^4 - 8x^2 + 16$ f) $f_6(x) = x^2 - 4x - 5$

g) $f_7(x) = x^2 - 6x$ h) $f_8(x) = x(x + 4)$ i) $f_9(x) = x^3 - 3x^2$

j) $f_{10}(x) = (x - 4)\sqrt{x}$

E 82 Berechnen Sie den Inhalt der Fläche, die durch den Graphen der Funktion f_i und der x-Achse vollständig begrenzt wird!

a) $f_1(x) = 3x^3 - 12x$ b) $f_2(x) = -x^3 + 6x^2 - 5x$ c) $f_3(x) = x^3 - 8x^2 + 15x$

d) $f_4(x) = x^4 - 10x^2 + 9$ e) $f_5(x) = x^5 + x^3 - 12x$ f) $f_6(x) = x^3 - 9x$

g) $f_7(x) = (\sqrt{5-x})(x - 2)$ h) $f_8(x) = x^5 - 10x^3 + 9x$ i) $f_9(x) = x^3 - 6x^2 + 8x$

j) $f_{10}(x) = x^3 - x^2 - 4x + 4$

E 83 Der Graph der gegebenen Funktion, die x-Achse und die Gerade x = a begrenzen ein Flächenstück vollständig. Berechnen Sie den Inhalt der Fläche!

a) $f(x) = x^2 - 2$ a = −1 b) $g(x) = 0{,}5x^3 + 4$ a = 2

c) $h(x) = \sqrt{x+2}$ a = 4 d) $k(x) = (x^2 - 9)(x + \frac{1}{2})$ a = −1

e) $m(x) = \frac{1}{4}x^4 - 4$ a = 1

E 84 Der Graph der Funktion f_i und die Koordinatenachsen begrenzen ein Flächenstück vollständig. Berechnen Sie den Inhalt dieser Fläche!

a) $f_1(x) = -\frac{1}{2}x + 4$ b) $f_2(x) = \sqrt{2 + x}$ c) $f_3(x) = 3 - \frac{1}{3}x$

d) $f_4(x) = \sqrt[3]{1 - x}$ e) $f_5(x) = x - 3\sqrt{x}$ f) $f_6(x) = (x - 1)(x - 2)(x - 3)$

g) $f_7(x) = 8 - x^3$

E 85 Der Graph der Funktion f_i, die x-Achse und die Gerade $x = a$ begrenzen eine Fläche vollständig. Für welches $a \in \mathbb{R}$, $a < 0$ hat die Fläche den angegebenen Inhalt?

a) $f_1(x) = x^3$; $A = 2\,(FE)$ b) $f_2(x) = -2x + 2$; $A = 9\,(FE)$ c) $f_3(x) = -3x^2 + 12$; $A = 27\,(FE)$

E 86 Bestimmen Sie k ($k \in \mathbb{R}$) so, dass der Graph der Funktion f_i mit der x-Achse eine Fläche mit dem vorgegebenen Inhalt A (in FE) einschließt!

a) $f_1(x) = kx^2 - 4$ $A = \frac{32}{3}$ b) $f_2(x) = x^2 + kx$ $A = 4$

c) $f_3(x) = kx^3 - 4x$ $A = 2$ d) $f_4(x) = k^2 - 4x^2$ $A = 18$

e) $f_5(x) = k(x^2 - 1)$ $A = 12$ f) $f_6(x) = kx^2 + 2x$ $A = \frac{64}{3}$

E 87 Die Fläche, die vom Graphen der Funktion $f(x) = \sqrt{x}$, der x-Achse und der Geraden $x = 4$ eingeschlossen wird, soll durch eine Parallele zur y-Achse in zwei flächengleiche Teilflächen zerlegt werden. In welchem Abstand zur y-Achse ist diese Parallele zu zeichnen?

E 88 Geben Sie die Gleichung der linearen Funktion $f(x) = mx + n$ an, deren Graph die y-Achse im Punkt P(0; 1) schneidet und mit der x-Achse im Intervall [2; 4] eine Fläche von 5 FE einschließt!

E 89 Gegeben sei der Graph einer Funktion f dritten Grades (s. Skizze).

a) Ermitteln Sie die Funktionsgleichung!
b) Berechnen Sie den Inhalt der Fläche, die der Graph der Funktion im 2. Quadranten mit der Abszissenachse einschließt!
c) Welche Funktion g mit $g(x) = x^3 + ax^2 + bx + c$ hat die gleichen Nullstellen wie f?
d) Welchen Inhalt hat die Fläche, die der Graph von g im 4. Quadranten mit der x-Achse einschließt?

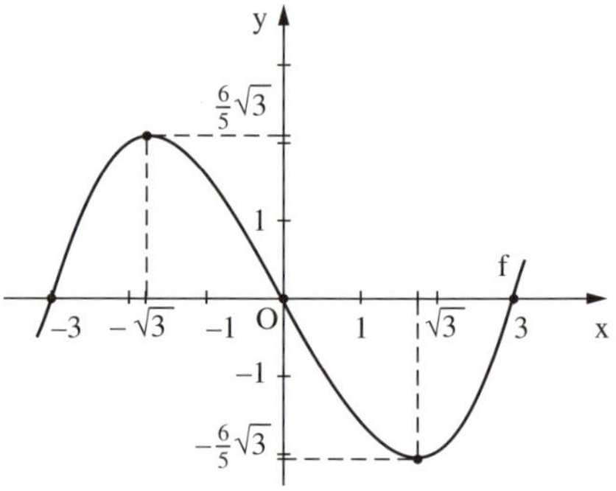

E 90 Berechnen Sie den Inhalt der markierten Flächen!

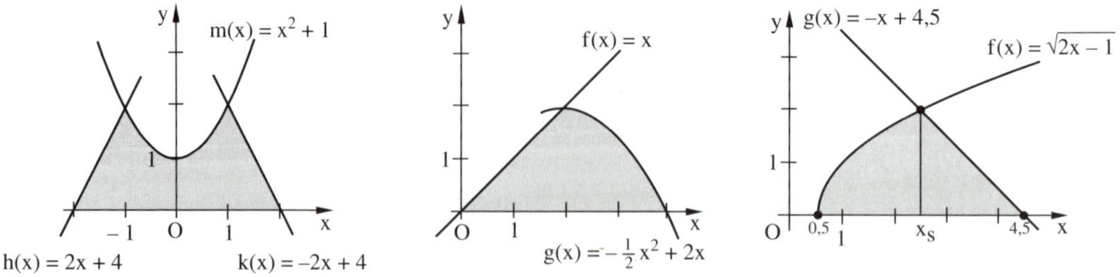

E 91 Der Graph der Funktion $f(x) = -x^2 + 4$ und die x-Achse begrenzen eine Fläche (ein Parabelsegment) vollständig.

a) Berechnen Sie den Inhalt dieser Fläche!

b) Dem Parabelsegment soll ein Quadrat einbeschrieben werden, dessen eine Seite auf der x-Achse liegt. Berechnen Sie die Seitenlänge und den Flächeninhalt dieses Quadrates!

E 92 Berechnen Sie in den nachfolgenden Funktionsgleichungen den Parameter $k \in \mathbb{R}$ so, dass der Graph der Funktion und die x-Achse im angegebenen Intervall eine Fläche mit vorgegebenem Inhalt A einschließen.

a)	$f(x) = kx + 1,$	$[1; 3],$	$A = 14$ (FE),	$k > 0$
b)	$g(x) = kx^2 + 2k,$	$[0; 2],$	$A = \frac{80}{3}$ (FE),	$k > 0$
c)	$f(x) = kx^3,$	$[1; 3],$	$A = 40$ (FE),	$k > 0$

E 93 Eine Potenzfunktion 3. Grades hat ein Minimum bei (1; 0) und einen Wendepunkt bei (0; 1). Stellen Sie die Gleichung dieser Funktion auf und berechnen Sie den Inhalt der Fläche, die der Graph dieser Funktion und die x-Achse einschließen!

E 94 Der Graph einer quadratischen Funktion mit einer Gleichung der Form $f(x) = ax^2 + bx + c$ schneidet die x-Achse in den Punkten (–4; 0) und (3; 0). Er schließt mit der x-Achse zwischen diesen Nullstellen eine Fläche mit dem Inhalt $A = 42\frac{7}{8}$ (FE) ein. Bestimmen Sie die Gleichung dieser Funktion!

E 95 Eine Potenzfunktion 3. Grades hat einen Minimumpunkt bei (1; –2) und einen Wendepunkt bei (0; 0). Bestimmen Sie die Funktionsgleichung und berechnen Sie den Inhalt der Fläche, die der Graph dieser Funktion und die x-Achse einschließen!

E 96 Gegeben sei eine Schar von Funktionen f_k mit der Gleichung $f_k(x) = kx + k$ ($k \in \mathbb{R}$, $k > 0$).

a) Skizzieren Sie für $k_1 = \frac{1}{2}$ und $k_2 = 2$ die Graphen der Funktionen f_k!

b) Berechnen Sie für $k_3 = \frac{3}{2}$ den Inhalt der Fläche zwischen dem Graphen der Funktion f_k und der x-Achse im Intervall [–1; 2]!

c) Für welches k hat die Fläche zwischen dem Graphen der Funktion f_k und der x-Achse im Intervall [–1; 4] einen Inhalt von A = 25 (FE)?

E 97 (*↗ Beispiel E 26, S. 259*)

a) Durch die Graphen der Funktionen f und g wird eine Fläche vollständig begrenzt! Berechnen Sie den Inhalt dieser Fläche!

$f(x) = -x^2 + \frac{3}{2}x + 4$; $g(x) = \frac{1}{2}x^2 + 1$

b) Berechnen Sie den Inhalt der markierten Fläche (nebenstehende Skizze)!

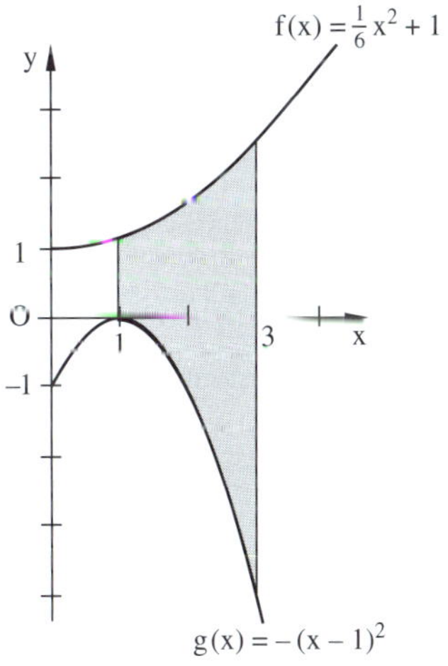

E 98 Die Graphen der Funktionen f_i und g_i mit den angegebenen Gleichungen schließen jeweils eine Fläche oder mehrere Flächenstücke ein. Berechnen Sie deren Inhalt!

a) $f_1(x) = x^2$, $g_1(x) = 5$
b) $f_2(x) = x^3 - 8$, $g_2(x) = 4x - 8$
c) $f_3(x) = 3 - \frac{1}{2}x^4$, $g_3(x) = 3 - 4x$
d) $f_4(x) = \sqrt{4x}$, $g_4(x) = \sqrt{12x - 72}$
e) $f_5(x) = x^2$, $g_5(x) = x + 2$
f) $f_6(x) = x^3 - 6x^2 + 8x$, $g_6(x) = x^2 - 4x$
g) $f_7(x) = x^3 - 2x^2 - 3x$, $g_7(x) = 5x$

E 99 Berechnen Sie den Inhalt der Fläche zwischen dem Graphen der Funktionen f_i und g_i im vorgegebenen Intervall!

a) $f_1(x) = -x^2 + 4x$, $g_1(x) = x - 4$, $[0; 3]$
b) $f_2(x) = \frac{1}{2}x^3 - 2x^2$, $g_2(x) = -x^2 + 6x$, $[1; 3]$
c) $f_3(x) = x^4 - 4x^2 + 4$, $g_3(x) = 0{,}5x^3 - 2{,}5$, $[-1; +1]$
d) $f_4(x) = -x^2 - 6x$, $g_4(x) = \frac{1}{4}x^2 - \frac{5}{2}$, $[-3; 0]$
e) $f_5(x) = \frac{1}{2}x^2 - 4$, $g_5(x) = \sqrt{2 + x}$, $[-1; 2]$

E 100 Gegeben sind die Funktionen $f(x) = -(x + 2)^2 + 2$ und $g(x) = x + 2$. Berechnen Sie den Inhalt der markierten Flächen!

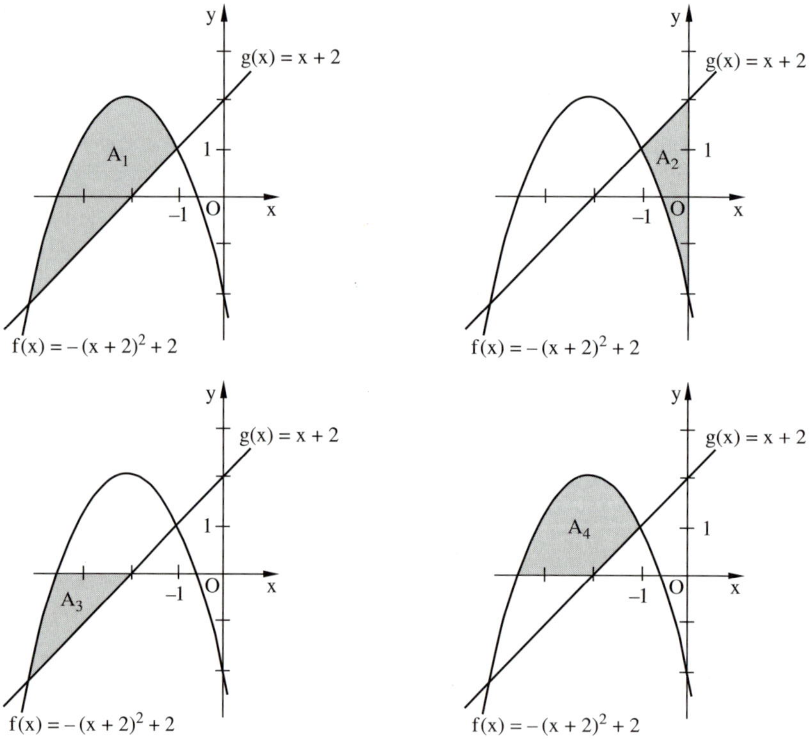

E 101 Bestimmen Sie den Parameter k_i ($k_i \in \mathbb{R}$) in den nachfolgenden Funktionsgleichungen so, dass die von den Graphen der Funktionen f_i und g_i eingeschlossene Fläche den angegebenen Inhalt A hat:

a) $f_1(x) = x^2$ $g_1(x) = k_1x$, $k_1 > 0$ $A_1 = \frac{9}{2}$ FE

b) $f_2(x) = -x^2 + k_2^2$, $g_2(x) = 3x^2$, $k_2 > 0$ $A_2 = \frac{16}{3}$ FE

c) $f_3(x) = k_3^2$ $g_3(x) = -\frac{1}{2}x^2 + 3k_3^2$, $k_3 > 0$ $A_3 = \frac{16}{3}$ FE

E 102 Gegeben sei eine Schar von Funktionen f_a mit der Gleichung $f_a(x) = (1 - a)\,x^2 \quad (a \in \mathbb{R},\ a \neq 1)$.

a) Skizzieren Sie für $a_1 = \frac{1}{2}$ und $a_2 = 3$ die Graphen der Funktionen f_a und berechnen Sie den Inhalt der Fläche zwischen beiden Graphen im Intervall $[-2; 2]$!

b) Für welchen Wert von a hat die Fläche zwischen dem Graphen der Funktion f_a, der x-Achse und der Geraden $x = 3$ den Inhalt $A = 36$ (FE)?

E 103 Berechnen Sie A, B, C für die Funktion $h(x) = Ax^2 + Bx + C$, wenn gilt:

$h'(1) = 8,\ h(2) + h''(3) = 33,\ \int_0^1 h(x)\,dx = \frac{7}{3}$.

E 104 Gegeben sind die Funktionen f und g mit $f(x) = x^2$ und $g(x) = mx \ (m \in \mathbb{R})$. Für welches m schließen die Parabel und die Gerade eine Fläche mit dem Inhalt $A = \frac{4}{3}$ (FE) ein?

E 105 Bestimmen Sie k $(k \in \mathbb{R})$ in den folgenden Funktionstermen so, dass der Graph der Funktion f mit der x-Achse eine Fläche mit dem angegebenen Inhalt einschließt (beachten Sie, dass die Fläche auch unterhalb der x-Achse liegen kann!):

a) $f_k(x) = 4x^2 - k^2$ $\quad A = \frac{2}{3}$ (FE)

b) $f_k(x) = -x^2 + k$ $\quad A = 36$ (FE)

c) $f_k(x) = kx^2 + 1$ $\quad A = 4$ (FE)

d) $f_k(x) = x^2 + kx$ $\quad A = \frac{4}{3}$ (FE)

e) $f_k(x) = -x^2 + k^2$ $\quad A = 36$ (FE)

f) $f_k(x) = kx^3 + 2x^2$ $\quad A = 10\frac{2}{3}$ (FE)

(Verwenden Sie gegebenenfalls zur Kontrolle einen GTA!)

E 106 Bestimmen Sie den Inhalt der Fläche A, die von den Graphen der Funktionen f, g und h auf die nebenstehende Weise eingeschlossen wird.

Es sei $f(x) = (x - 4)^2 - 1$
$g(x) = x^2 - 4x + 5$
$h(x) = x^2 - 12x + 37$.

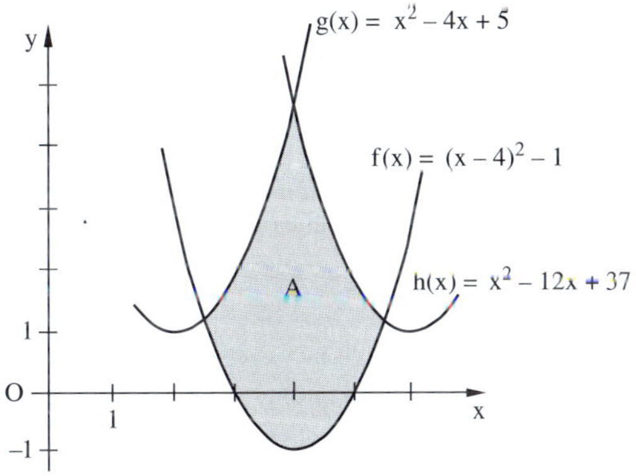

E 107 Für welchen Wert von m sind die beiden markierten Flächen gleich groß?

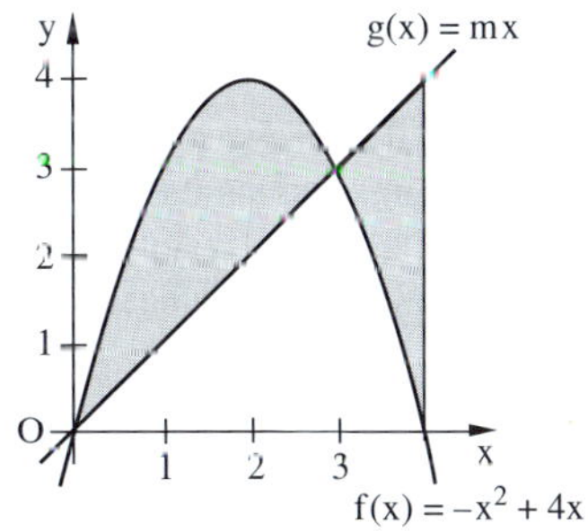

E 108 Der Graph der Funktion $f(x) = \sqrt{4x}$ wird an der Geraden $g(x) = x$ gespiegelt. Wie groß ist der Inhalt der Fläche, die Original- und Bildgraph einschließen? (Fertigen Sie eine Skizze an!)

E 109 Der Graph der Funktion f mit $f(x) = x^3 - 4x^2$ schließt mit der Tangente an den Graphen an der Stelle $x = -0{,}5$ eine Fläche vollständig ein. Berechnen Sie deren Flächeninhalt!

E 110 Gegeben ist die Funktion f mit $f(x) = -\frac{1}{2}x^3 + \frac{1}{3}x^2 + x$. Berechnen Sie den Inhalt der Fläche, die vom Graphen dieser Funktion und der Tangente an den Graphen im Punkt P(1,5; 0,6) eingeschlossen wird!

E 111 Gegeben sei der Graph der Funktion f mit $f(x) = x^2$.

a) Bestimmen Sie die Gleichung einer Parallelen zur x-Achse so, dass der Inhalt der vom Graphen der Funktion f und der Geraden eingeschlossenen Fläche $A = 4\sqrt{3}$ (FE) beträgt!
b) Bestimmen Sie die Gleichung einer Parallelen zur y-Achse so, dass der Inhalt der vom Graphen der Funktion f, der x-Achse und der Geraden eingeschlossenen Fläche $A = \frac{8}{3}$ (FE) beträgt!

E 112

a) Welchen Anstieg m muss eine Gerade durch den Koordinatenursprung haben, damit sie mit dem Graphen der Funktion f mit $f(x) = x^2$ eine Fläche mit dem Flächeninhalt von $A = \frac{9}{2}$ (FE) einschließt?
b) Welchen Anstieg m muss eine Gerade durch den Koordinatenursprung haben, damit sie mit dem Graphen der Funktion f mit $f(x) = x^3$ eine Fläche mit dem Flächeninhalt von A = 8 (FE) einschließt?

E 113 Ermitteln Sie den Anstieg m der Geraden durch den Koordinatenursprung, die den durch die x-Achse und den Graphen der Funktion f mit $f(x) = -x^2 + 4x$ bestimmten Parabelabschnitt in zwei flächengleiche Teilflächen zerlegt! (Verwenden Sie gegebenenfalls einen GTA!)

E 114 Der Graph der Funktion f mit $f(x) = x^2$, die x-Achse und die Gerade $x = 4$ schließen eine Fläche ein. Ermitteln Sie die Gleichung einer Parallelen zur y-Achse, die diese Fläche halbiert!

E 115 An den Graphen der Funktion f mit $f(x) = x^2$ werden in den Punkten A $(x_1; x_1^2)$ und B $(x_2; x_2^2)$ die Tangenten gelegt. Geben Sie den Schnittpunkt C der Tangenten an und berechnen Sie das Verhältnis der Flächeninhalte der Fläche des durch A und B bestimmten Parabelabschnitts und des Dreiecks ABC für

a) $x_1 = 0$ und $x_2 = 3$
b) $x_1 = -1$ und $x_2 = 1$!

E 116 Die Funktion g ist gegeben durch $g(x) = \sqrt{x}$ $(x \geq 0)$.

a) Berechnen Sie den Inhalt der Fläche unter dem Graphen der Funktion g im Intervall [0; 2]!
b) Eine Parallele zur Ordinatenachse halbiert diese Fläche. Geben Sie die Gleichung dieser Geraden an!

E 117 Gegeben sei die Funktion f mit $f(x) = \frac{1}{x^2}$ $(x \neq 0)$.

a) Berechnen Sie den Inhalt der Fläche, die der Graph und die x-Achse im Intervall [1; 2] einschließen!
b) Ermitteln Sie die Gleichung einer Parallelen zur y-Achse, die die berechnete Fläche in zwei flächengleiche Teilflächen zerlegt!
c) Ermitteln Sie die Gleichung einer Parallelen zur x-Achse, die die berechnete Fläche in zwei flächengleiche Teilflächen zerlegt!

E 118 Die Funktion f ist gegeben durch $f(x) = \frac{1}{\sqrt{x}}$ $(x > 0)$.

a) Berechnen Sie den Inhalt der Fläche unter dem Graphen der Funktion f im Intervall [1; 4]!
b) Ermitteln Sie die Gleichung einer Parallelen zur y-Achse, die die berechnete Fläche in zwei flächengleiche Teilflächen zerlegt!

c) Ermitteln Sie die Gleichung einer Parallelen zur x-Achse, die die berechnete Fläche in zwei flächengleiche Teilflächen zerlegt!

E 119 Zeichnen Sie das Rechteck ABCD mit A(0; 0), B(2; 0), C(2; 4) und D(0; 4). In welchem Verhältnis teilt die Normalparabel (Graph der Funktion $f(x) = x^2$) die Fläche des Rechtecks?

E 120 In welchem Verhältnis teilt der Graph der Funktion $f(x) = \frac{1}{4}x^2$ den Flächeninhalt des Quadrates mit den Eckpunkten A(0; 0), B(2; 0), C(2; 2) und D(0; 2)?

E 121 In welchem Verhältnis teilt der Graph der Funktion $f(x) = x + 3$ die von den Graphen der Funktionen $g(x) = -x^2 + 9$ und $h(x) = x^2 - 9$ eingeschlossene Fläche? (Fertigen Sie eine Skizze an!)

E 122 Vom Punkt P (0; –1) werden die Tangenten an den Graphen der Funktion f mit $f(x) = x^2$ gezeichnet. Berechnen Sie den Flächeninhalt der Fläche, die die Tangenten und der Graph miteinander einschließen! (Fertigen Sie eine Skizze an!)

E 123 Durch die Punkte P(–1; f(–1)) und Q(3; f(3)) einer Normalparabel (Graph der Funktion f mit $f(x) = x^2$) wird eine Sehne gezeichnet. Die Parabel und die Sehne schließen eine Fläche ein. Berechnen Sie den Flächeninhalt!

E 124 Gegeben sei die Funktion f mit $f(x) = \frac{1}{2}x^2 - 8$.

a) Ermitteln Sie die Schnittpunkte des Graphen der Funktion mit den Koordinatenachsen!
b) Berechnen Sie die Extrempunkte!
c) Zeichnen Sie den Graphen im Intervall $-5 \le x \le 5$ (1 LE = 0,5 cm)!
d) Berechnen Sie den Inhalt der Fläche, die der Graph der Funktion und die x-Achse einschließen!

E 125 Gegeben sei die Funktion h mit $h(x) = -x^2 + 4x + 5$.

a) Berechnen Sie die Nullstellen dieser Funktion!
b) Untersuchen Sie das Symmetrieverhalten des Graphen der Funktion sowie sein Verhalten im Unendlichen!
c) Die Funktion besitzt eine Extremstelle. Bestimmen Sie diese!
d) Fertigen Sie eine Skizze an und bestimmen Sie den Inhalt der Fläche, die vom Graphen der Funktion und der x-Achse im Intervall [–2; 6] eingeschlossen wird!

E 126 Gegeben sei die Funktion g mit $g(x) = x^3 - 8x^2 + 15x$.

a) Berechnen Sie die Schnittpunkte der Funktionsgraphen mit den Koordinatenachsen!
b) Skizzieren Sie den Graphen der Funktion im Intervall [–1; 6]!
c) Der Graph und die Abszissenachse schließen Flächenstücke ein. Berechnen Sie deren Flächeninhalt!

E 127 Gegeben sei die Funktion f mit $f(x) = x^4 - 8x^2 - 9$.

a) Untersuchen Sie den Graphen der Funktion auf Symmetrie, berechnen Sie die Nullstellen und betrachten Sie sein Verhalten im Unendlichen!
b) Ermitteln Sie Extrem- und Wendepunkte!
c) Der Graph der Funktion f und die x-Achse schließen ein Flächenstück vollständig ein. Berechnen Sie dessen Flächeninhalt!

E 128 Gegeben sei die Funktion g mit $g(x) = 10x - x^5$.

a) Untersuchen Sie das Symmetrieverhalten des Graphen der Funktion g, bestimmen Sie die Nullstellen, die Extremstellen und den Wendepunkt! Geben Sie die Gleichung der dazugehörenden Wendetangente an!

b) Fertigen Sie eine Skizze an!
c) Bestimmen Sie den Inhalt der Fläche, die vom Graphen der Funktion g und der x-Achse eingeschlossen wird!

E 129 Gegeben sind die Funktionen f und g mit $f(x) = x^3 - 3x^2$ und $g(x) = x - 3$.

a) Bestimmen Sie die Nullstellen von f, untersuchen Sie das Symmetrieverhalten des Graphen von f und sein Verhalten im Unendlichen!
b) Untersuchen Sie die Lage und die Art der Extrema von f, berechnen Sie den Wendepunkt und geben Sie die Gleichung der Wendetangente an!
c) Zeichnen Sie die Graphen der Funktionen f und g in ein Koordinatensystem ($-2 \le x \le 4$)!
d) Berechnen Sie Schnittpunkte der Graphen der beiden Funktionen und bestimmen Sie den Inhalt der beiden Flächenstücke, die von den Graphen eingeschlossen werden! In welchem Verhältnis stehen beide Flächeninhalte zueinander?

E 130 Gegeben sei die Funktion g mit $g(x) = \sqrt{x-1}$.

a) Geben Sie den Definitionsbereich und die Nullstellen der Funktion g an!
b) Ermitteln Sie die Gleichung der Tangente an den Graphen der Funktion im Punkt P(2; g(2)).
c) Fertigen Sie eine Skizze vom Graphen der Funktion g und der Tangente an!
d) Ermitteln Sie den Inhalt der Fläche, die vom Graphen der Funktion g, der Tangente und der x-Achse eingeschlossen wird!

E 131 Beim Bau einer Traglufthalle wird eine parabolische Bogenkonstruktion verwendet. Die Maße sind der nebenstehenden Skizze zu entnehmen.

a) Bestimmen Sie die Gleichung dieser Parabel!
b) Berechnen Sie den Inhalt der Querschnittsfläche!
c) Berechnen Sie das Luftvolumen!

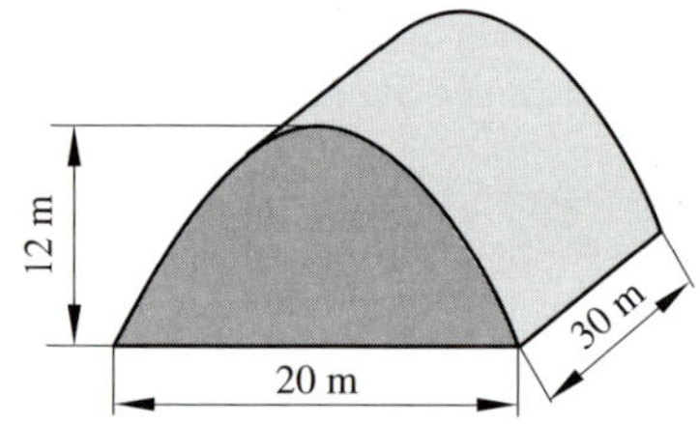

E 132 Der Querschnitt der Tragfläche eines Leichtbauflugzeuges wird durch Graphen der Funktion $f(x) = \frac{1}{8}x^2$ und $g(x) = \sqrt{\frac{x}{8}}$ begrenzt.

Berechnen Sie den Inhalt der Querschnittsfläche!

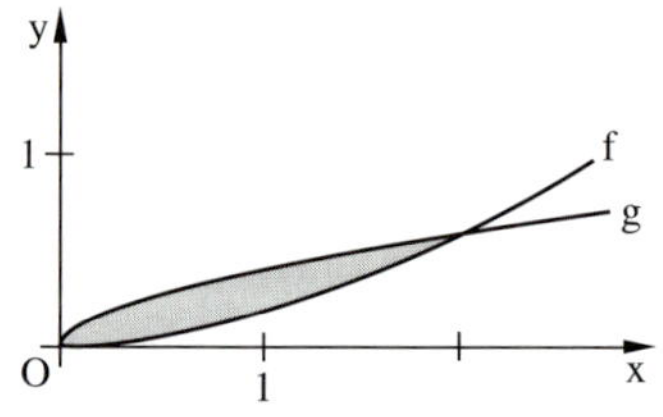

E 133 Berechnen Sie den Inhalt der nebenstehend skizzierten Querschnittsfläche eines Schiffsrumpfes! (Alle Angaben in Meter)

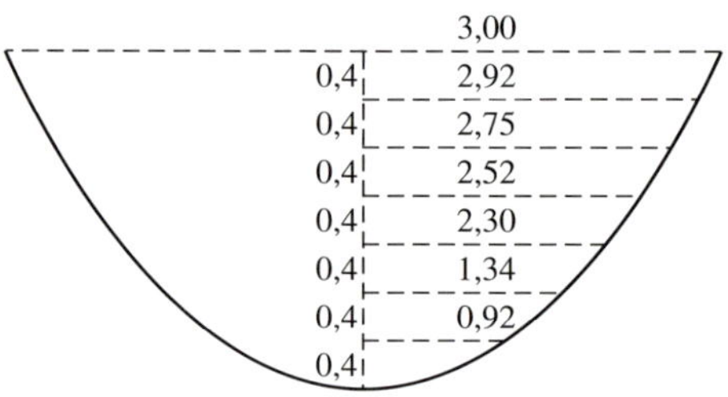

E 134 Der Graph einer quadratischen Funktion hat bei $x_1 = 0$ sein Maximum, bei $x_2 = 3$ eine Nullstelle und schließt mit der x-Achse eine Fläche mit dem Inhalt A = 18 (FE) ein. Ermitteln Sie die Funktionsgleichung!

E 135 Der Graph einer Funktion dritten Grades ist symmetrisch zum Koordinatenursprung, hat bei $x_1 = 2$ ein Minimum und schließt mit der x-Achse Flächen mit dem Flächeninhalt A = 24 (FE) ein. Ermitteln Sie die Funktionsgleichung!

E 136 Es ist die Funktionenschar f_k mit $f_k(x) = kx^2 - x$ mit $k \in \mathbb{R}$ gegeben.

a) Zeichnen Sie die Graphen von f_k für $k_1 = 1$ und $k_2 = 2$!

b) Für welchen Wert von k schließt der Graph von f_k und die x-Achse eine Fläche mit dem Flächeninhalt $A = \frac{3}{2}$ (FE) ein?

E 137 Die Funktionenschar f_a ist gegeben durch $f_a(x) = x^3 - ax^2$ $(a \neq 0)$.
Bestimmen Sie a so, dass der Graph der Funktion f_a und die x-Achse eine Fläche mit dem Flächeninhalt $A = \frac{27}{4}$ (FE) einschließen!

E 138 Ein Graph der Funktionenschar f_a mit $f_a(x) = x^4 - a^2x^2$ schließt mit der x-Achse eine Fläche mit dem Flächeninhalt A = 32,40 (FE) ein.

a) Bestimmen Sie a!

b) Skizzieren Sie den Graphen dieser Funktion!

c) Untersuchen Sie das Symmetrieverhalten und berechnen Sie die Null- und die Extremstellen dieser Funktion!

E 139 Berechnen Sie die Spannarbeit, die beim Spannen einer Schraubenfeder (Federkonstante $D = 0{,}2\ \text{N} \cdot \text{cm}^{-1}$) von folgenden Dehnungen aufgebracht werden muss:

a) von 0 auf 10 cm b) von 5 auf 15 cm c) von 15 auf 30 cm

E 140 Berechnen Sie die Arbeit, die beim Transport eines 10 Tonnen schweren Satelliten in eine 5000 km hohe Bahn verrichtet werden muss!

E 141 Welche Arbeit ist aufzuwenden, um ein Raumschiff mit der Masse $m = 10^4$ kg bis zum Abstand R von der Erdoberfläche zu bringen?

E 142 Welche Arbeit ist erforderlich, um eine 500 kg schwere Sonde von der Mondoberfläche in 100 km Höhe zu bringen?

E 143 Auf einem Weg von 25 m wirkt eine konstante Kraft von 20 N auf einen Körper. Berechnen Sie die verrichtete Arbeit!

E 144 Ein Fahrstuhl fährt über fünf Stockwerke und hält in jedem. Es steigen jeweils Personen ein und aus, wodurch sich die jeweilige Belastung ändert. Der Höhenabstand zwischen zwei Stockwerken sei Δs. Fertigen Sie ein mögliches Kraft-Weg-Diagramm an und berechnen Sie die verrichtete Arbeit!

E 145 Ein Körper, der zur Zeit $t_0 = 0$ die Geschwindigkeit $v_0 = 4\ \text{ms}^{-1}$ besitzt, erfährt 3 s lang eine linear zunehmende Beschleunigung von 0 auf $6\ \text{ms}^{-2}$. Wie ändert sich in dieser Zeit seine Geschwindigkeit und wie weit kommt er?

E 146 Zwei Körper bewegen sich geradlinig mit den Geschwindigkeiten $v_1(t)$ und $v_2(t)$ (s. Skizze).
Vergleichen Sie die zurückgelegten Wege im Zeitintervall $0 \leq t \leq 10$ s!

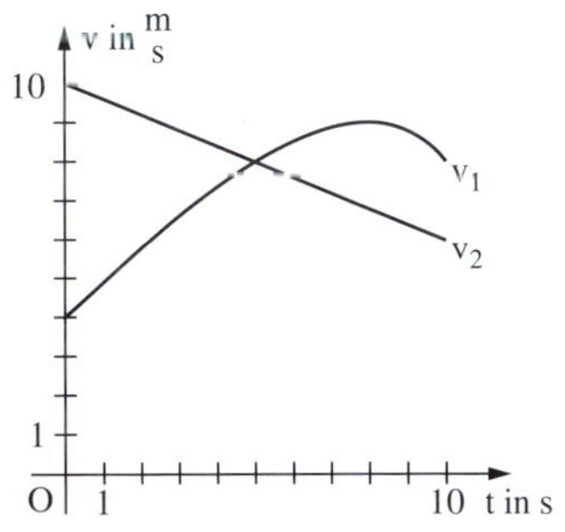

E 147 Auf einer Straße ist bei einer Sichtweite von 50 m ein Auto unterwegs, dessen maximale Bremsverzögerung $a = -6\ \frac{m}{s^2}$ beträgt.

a) Wie schnell darf das Auto höchstens fahren, damit es vor einem unvermittelt auftauchenden Hindernis noch anhalten kann, wenn der Fahrer ohne Reaktionszeit bremst?
b) Wie ist das Ergebnis, wenn die Reaktionszeit zwischen Erfassen des Hindernisses und Bremsbeginn 1 s beträgt?
c) Überprüfen Sie die Faustregel: Abstand vom möglichen Hindernis mindestens halbe Tachometeranzeige in Metern!

E 148 *(↗ Beispiel E 31, S. 267)*

Die Fläche unter dem Graphen der Funktion $f(x) = \sqrt{2x}$ rotiert im Intervall [1; 4] um die x-Achse. Fertigen Sie eine Skizze an und berechnen Sie das Volumen des entstehenden Rotationskörpers!

E 149 Die Fläche unter dem Graphen der Funktion f_i rotiert im angegebenen Intervall um die x-Achse. Berechnen Sie das Volumen des Rotationskörpers! Fertigen Sie jeweils eine Skizze an! Welche der Ihnen bekannten Körper entstehen durch die Rotation?

a) $f_1(x) = 2$	[0; 5]	b) $f_2(x) = \frac{2}{5}x$	[0; 5]
c) $f_3(x) = \sqrt{4 - x^2}$	[–2; 2]	d) $f_4(x) = \frac{2}{3}x + 1$	[2; 6]
e) $f_5(x) = x^2 - 3x$	[0; 3]	f) $f_6(x) = x^2 - 1$	[1; 3]
g) $f_7(x) = \frac{1}{2}x$	[1; 4]	h) $f_8(x) = \sqrt{x}$	[0; 4]
i) $f_9(x) = \sqrt[4]{x - 1}$	[1; 2]	j) $f_{10}(x) = (x - 1)(x + 1)$	[–1; 1]

E 150 Leiten Sie die Formel für das Volumen eines geraden Kreiskegels mit der Höhe h und dem Radius r durch geeignete Integration her!

E 151 *(↗ Beispiel E 32, S. 268)*

Die Fläche zwischen dem Graphen der Funktion $f(x) = \frac{1}{4}x^2$ und der y-Achse rotiere im Intervall [f(2); f(4)] um die y-Achse.
Berechnen Sie das Volumen des Rotationskörpers! (Fertigen Sie zuvor eine Skizze an!)

E 152 Die Fläche zwischen dem Graphen der Funktion f_i und der y-Achse rotiere um die y-Achse. Berechnen Sie das Volumen des Rotationskörpers im auf der x-Achse angegebenen Intervall!

a) $f_1(x) = \frac{5}{3}x$	[0; 3]	b) $f_2(x) = \frac{1}{4}x^2$	[1; 3]
c) $f_3(x) = \sqrt{1 + x^2}$	[1; 2]	d) $f_4(x) = x^3$	[0; 2]

E 153 Leiten Sie die Formel für das Volumen einer Kugel mit dem Radius r mithilfe der Integralrechnung her! (Wählen Sie eine geeignete Lage des Funktionsgraphen im Koordinatensystem!)

E 154 Gegeben ist die Funktion $f(x) = \frac{3}{4}x$.

a) Skizzieren Sie den Graphen der Funktion im Intervall [0; 4]!
b) Bei Rotation um die x-Achse entsteht ein Rotationskörper. Berechnen Sie dessen Volumen!
c) In diesen Rotationskörper wird ein Zylinder einbeschrieben. Wie groß sind dessen Höhe h und der Radius r, damit sein Volumen maximal wird?

E 155 Ein Behälter zur Herstellung von Eis hat ein parabelförmiges Profil mit den nebenstehenden Maßen.

a) Stellen Sie die Gleichung der Parabel auf!

b) Berechnen Sie das Volumen des Behälters!

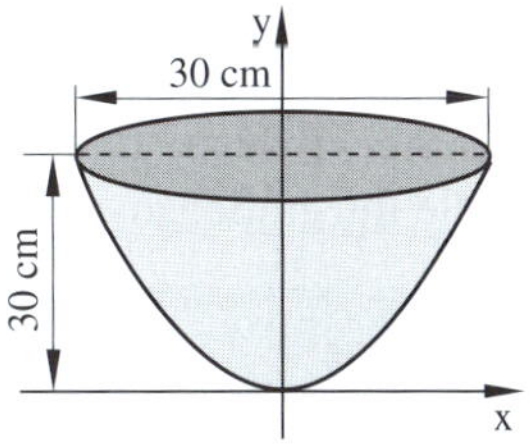

E 156 Ein Kupferkessel entsteht durch Rotation der markierten Fläche um die x-Achse. (Einheit: 1 dm)

a) Berechnen Sie das Fassungsvermögen!

b) Für welchen Wert a ist der Kessel halb gefüllt?

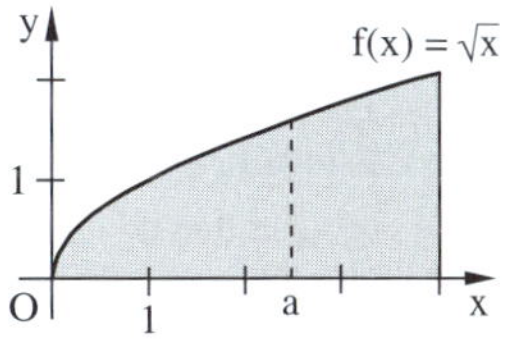

E 157 Gegeben sei die Funktion h mit $h(x) = \frac{x^2-1}{x^2}$.

a) Ermitteln Sie Nullstellen und Polstellen der Funktion h!

b) Untersuchen Sie das Verhalten von h im Unendlichen!

c) Fertigen Sie eine Skizze vom Graphen der Funktion h im Intervall [–5; 5] an!

d) Bestimmen Sie den Inhalt der Fläche, die vom Graphen von h und der Geraden x = 4 eingeschlossen wird!

e) Die Fläche aus Teilaufgabe d) rotiert um die x-Achse. Berechnen Sie das Volumen des Rotationskörpers!

E 7 Integration weiterer Funktionen; Anwendungen

E 7.1 Integration trigonometrischer Funktionen

Der Graph der Funktion $f(x) = \sin x$ schließt im Intervall $[0; \pi]$ mit der x-Achse eine Fläche vollständig ein (Fig. E 67). Es sei die Aufgabe gestellt, den Inhalt dieser Fläche zu berechnen.

Wir wissen bereits, dass für die Maßzahl A des gesuchten Flächeninhalts gilt: $A = \int_0^{\pi} \sin x \, dx$

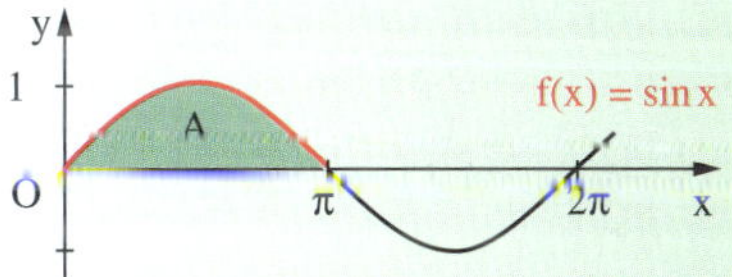

Fig. E 67

Zur Berechnung dieses bestimmten Integrals benötigen wir eine Stammfunktion der Funktion $f(x) = \sin x$. Stammfunktionen zu den trigonometrischen Funktionen $f(x) = \sin x$ und $g(x) = \cos x$ lassen sich unmittelbar aus den Ableitungsfunktionen dieser Funktionen gewinnen (vgl. Abschnitt D 3.3). In den Sätzen D 9 und E 11 formulierten Ergebnissen entnehmen wir:

$F(x) = -\cos x$ ist eine Stammfunktion von $f(x) = \sin x$, denn $D_F = D_f$ und $F' = f$, und

$G(x) = \sin x$ ist eine Stammfunktion von $g(x) = \cos x$, denn $D_G = D_g$ und $G' = g$.

E 15

Satz E 15: Integrale der Sinus- und der Kosinusfunktion

Die Sinusfunktion $f(x) = \sin x$ und die Kosinusfunktion $g(x) = \cos x$ sind für alle $x \in \mathbb{R}$ integrierbar. Es gilt:

$\int \sin x \, dx = -\cos x + C$ und $\int \cos x \, dx = \sin x + C$ $(C \in \mathbb{R})$

Damit ergibt sich für die einleitend genannte Fläche:

$$A = \int_0^{\pi} \sin x \, dx = [-\cos x]_0^{\pi} = -\cos\pi - (-\cos 0) = -(-1) + 1 = 2$$

Der Inhalt der Fläche unter dem Graphen der Sinusfunktion $f(x) = \sin x$ im Intervall $[0; \pi]$ beträgt 2 FE.
Mit den in Satz E 15 genannten Grundintegralen sowie unter Anwendung der Kenntnisse über spezielle Integrationsmethoden (Abschnitt E 5) lassen sich Integrale weiterer Funktionen ermitteln.

E 34

Beispiel E 34:

a) $\int \sin(2x + \frac{\pi}{2})\,dx = -\frac{1}{2}\cos(2x + \frac{\pi}{2}) + C$ nach Satz E 12

b) $\int x \cdot \cos x\,dx =$

Wir führen hier eine partielle Integration (Satz E 13) durch und setzen dafür
$v'(x) = \cos x$ und $u(x) = x$. Daraus folgt: $v(x) = \sin x$ und $u'(x) = 1$

Also gilt: $\int x \cdot \cos x\,dx = x \cdot \sin x - \int \sin x\,dx = x \cdot \sin x - (-\cos x) + C = x \cdot \sin x + \cos x + C$

T12

c) Es ist der Inhalt der in Fig. E 68 markierten Fläche zu berechnen.

$$A = \int_{\frac{\pi}{4}}^{\frac{5\pi}{4}} (\sin x - \cos x)\,dx = [-\cos x - \sin x]_{\frac{\pi}{4}}^{\frac{5\pi}{4}}$$

$$\approx 1{,}41 - (-1{,}41) = 2{,}82$$

Die Fläche hat einen Inhalt von rund 2,8 FE.

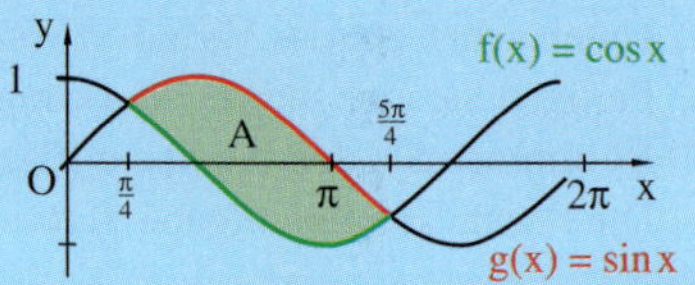

Fig. E 68

d) Der Graph der Funktion $f(x) = 3\cos(x^2 - 1)$ sowie die positive x- und y-Achse begrenzen eine Fläche vollständig. Der Inhalt dieser Fläche ist zu berechnen.
Wir zeichnen den Graphen dieser Funktion auf dem GTA-Bildschirm, ermitteln die erste positive Nullstelle und berechnen dann im Grafikmenü mittels [F5] [7] und Eingabe der Intervallgrenzen den Flächeninhalt der markierten Fläche.

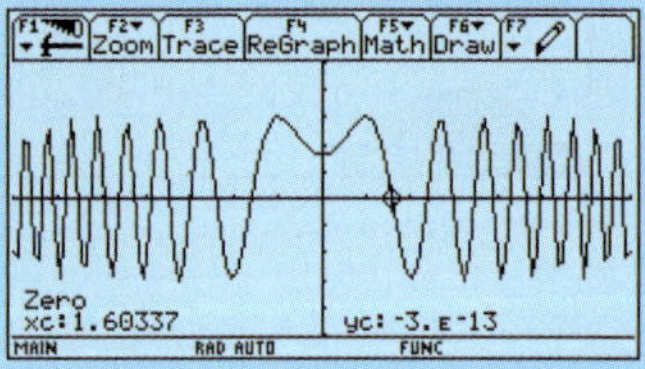

Fig. E 69

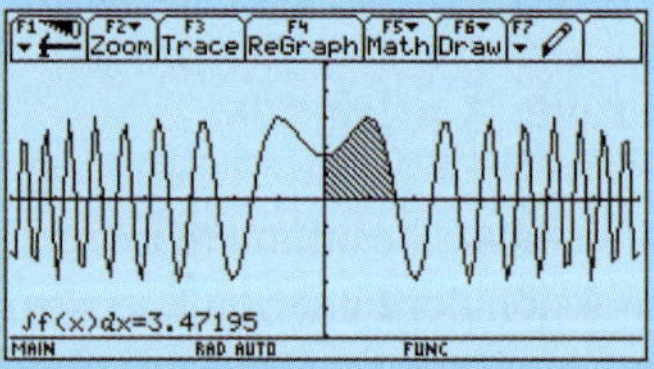

Fig. E 70

Der Flächeneinhalt beträgt rund 3,47 FE.

e) Die Fläche unter dem Graphen der Funktion $f(x) = \sin x$ rotiert in den Grenzen von 0 bis π um die x-Achse. Das Volumen des entstehenden Rotationskörpers (Fig. E 71) sei zu berechnen.

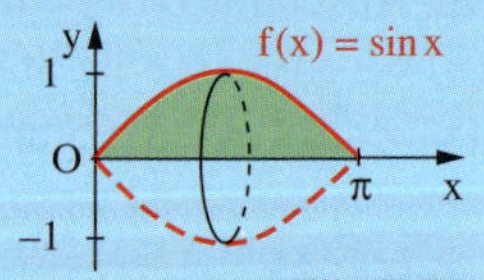

Fig. E 71

$$V = \pi \cdot \int_0^{\pi} (\sin x)^2\,dx \qquad \text{(vgl. Abschnitt E 6.3)}$$

Wir bestimmen das Integral $\int \sin^2 x\,dx$ wiederum durch partielle Integration und setzen
$u(x) = \sin x$ und $v'(x) = \sin x$, also $u'(x) = \cos x$ und $v(x) = -\cos x$.

Nach Satz E 13 folgt dann:

$$\int \sin^2 x\,dx = -\sin x \cdot \cos x - \int (-\cos x) \cdot \cos x\,dx = -\sin x \cdot \cos x + \int \cos^2 x\,dx$$

Wir ersetzen $\cos^2 x$ durch $(1 - \sin^2 x)$ (s. Abschnitt A 2.5):

$\int \sin^2 x\,dx = -\sin x \cdot \cos x + \int dx - \int \sin^2 x\,dx$

Es ergibt sich

$2 \cdot \int \sin^2 x\,dx = -\sin x \cdot \cos x + x$ und damit schließlich

$\int \sin^2 x\,dx = -\frac{1}{2}\sin x \cdot \cos x + \frac{x}{2} + C.$

Für die Maßzahl V des Volumens des o. g. Rotationskörpers gilt also:

$V = \pi[-\frac{1}{2}\sin x \cdot \cos x + \frac{x}{2}]_0^{\pi} \approx \pi(1{,}57 - 0) = 4{,}93$

Das Volumen des Rotationskörpers beträgt rund 4,9 VE.

E 7.2 Integration von Exponential- und Logarithmusfunktionen

Für die Differentiation der Exponential- und Logarithmusfunktionen gilt

Funktion f	Ableitungsfunktion f'	Funktion f	Ableitungsfunktion f′
e^x	e^x	$\ln x \quad (x > 0)$	$\frac{1}{x}$
$a^x \quad (a > 0, a \neq 1)$	$a^x \cdot \ln a$	$\log_a x \quad (a > 0, a \neq 1, x > 0)$	$\frac{1}{x \ln a}$

Aus diesen Ableitungsfunktionen ergeben sich unmittelbar folgende Grundintegrale:

$\int e^x dx = e^x + C$ $\qquad \int a^x dx = \frac{1}{\ln a} a^x + C \qquad (a > 0, a \neq 1)$

$\int \frac{1}{x} dx = \ln|x| + C \quad (x \neq 0)$ $\qquad \int \frac{1}{x \ln a} dx = \log_a x + C \qquad (a > 0, a \neq 1, x > 0)$

Das Integral $\int \frac{1}{x} dx = \ln|x| + C$ schließt die Lücke, die bei der Potenzregel (Satz E 3) für den Exponenten 1 gelassen werden musste.

E 35

Beispiel E 35:

Wir wenden die o. g. Grundintegrale an:

a) $\int_{-1}^{1} e^x dx = [e^x]_{-1}^{1} \approx 2{,}72 - 0{,}37 = 2{,}35$

b) $\int e^{3x} dx =$

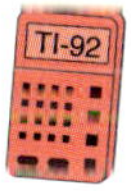

T12

Integration durch lineare Substitution, Satz E 12:

Mit der Substitution $z = 3x$, also $\frac{dz}{dx} = 3$ und $dx = \frac{dz}{3}$ ergibt sich

$\int e^{3x} dx = \frac{1}{3}\int e^z dz = \frac{1}{3} e^z = \frac{1}{3} e^{3x} + C$

c) Der Inhalt der in Fig. E 72 markierten Fläche ist zu berechnen.

$A = \int_{0,5}^{2} (\frac{1}{x} - (-x^2))dx = [\ln x + \frac{x^3}{3}]_{0,5}^{2} \approx 3{,}36 - (-0{,}65) = 4{,}01$

Der Flächeninhalt beträgt rund 4 FE.

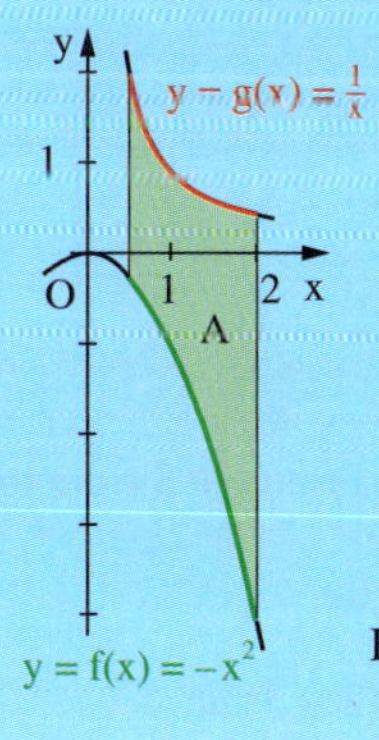

Fig. E 72

d) Bei komplizierteren Integranden erleichtert ein GTA die Arbeit (Fig. E 73).

$$\int_2^4 \ln\left(\frac{x-1}{7-x}\right) dx \approx -1{,}456$$

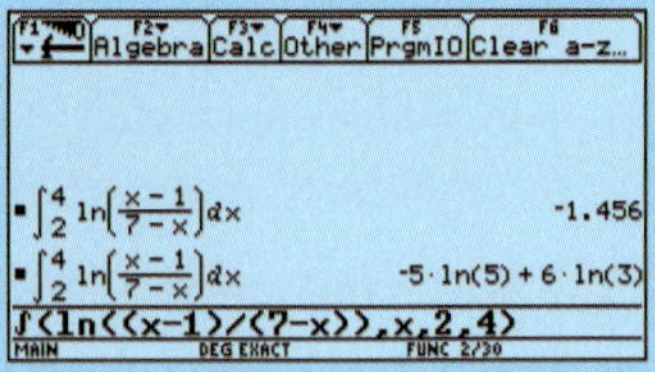

Fig. E 73

e) Die Fläche unter dem Graphen der Funktion $f(x) = e^x$ rotiere im Intervall [0; 1] um die x-Achse (Fig. E 74). Das Volumen des entstehenden Rotationskörpers ist zu berechnen (vgl. Abschnitt E 6.3).

$$V = \pi\int_0^1 (e^x)^2 dx = \pi\int_0^1 e^{2x} dx = \pi\left[\tfrac{1}{2}\cdot e^{2x}\right]_0^1$$

$$\approx \pi(3{,}69 - 0{,}5) = 10{,}04$$

Das Volumen des Rotationskörpers beträgt rund 10 VE.

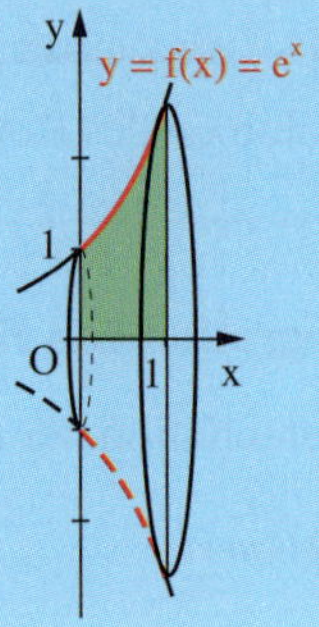

Fig. E 74

Aufgaben

E 158 Bestimmen Sie für die nachfolgend gegebenen Funktionen f_i je eine Stammfunktion:

a) $f_1(x) = 2\sin x + \cos x$
b) $f_2(x) = \cos 3x$
c) $f_3(a) = \sin(a + \frac{\pi}{2})$
d) $f_4(x) = \sin \frac{1}{2}x$
e) $f_5(x) = a\sin(bx + c)$
f) $f_6(x) = 2\sin x - 3\cos\frac{1}{3}x$
g) $f_7(x) = e^{4x}$
h) $f_8(t) = 3e^{3t+2}$
i) $f_9(x) = \frac{1}{2}e^{-x+1}$
j) $f_{10}(x) = x^2 + e^x$
k) $f_{11}(x) = e^x + 2e$
l) $f_{12}(t) = 2e^{-t} + 1$
m) $f_{13}(x) = 2\cdot 3^x$
n) $f_{14}(a) = 2^{a+1}$
o) $f_{15}(x) = (5^{\frac{1}{2}x})^4$

E 159 Ist die Funktion F(x) eine Stammfunktion für f(x) auf [a; b]?

	F(x)	f(x)	[a; b]
a)	$\frac{x^4}{2} + 3x + 1$	$2x^3 + 3$	$[\frac{1}{2}; 2]$
b)	$\cos 5x + x$	$1 - 5\sin 5x$	[–3; 3]
c)	$\frac{1}{x-1}$	$-\frac{1}{(x-1)^2}$	[0; 3]
d)	$\ln(2x-1)$	$\frac{2}{2x-1}$	[0,5; 2]

E 160 Ermitteln Sie die folgenden unbestimmten Integrale:

a) $\int a\cdot e^{-a}\,da$
b) $\int x\cdot\sin 2x\,dx$
c) $\int 2x\cdot\ln x\,dx$
d) $\int t\cdot\cos(2t+1)\,dt$
e) $\int x\cdot e^{5x+2}\,dx$
f) $\int \frac{\ln 2x}{x}\,dx$

E 161 Ermitteln Sie folgende unbestimmte Integrale:

a) $\int 2^x \cdot 3^x\,dx$ b) $\int \frac{24^x - 2^x}{4^x}\,dx$ c) $\int \frac{e^{2x} - 4}{6e^x - 12}\,dx$ d) $\int \left(\frac{2u-1}{3u}\right)^2 du$

e) $\int \frac{\sin^2 x + \cos^2 x}{4\sqrt{x}}\,dx$ f) $\int \frac{\cos 2\Phi}{\cos\Phi - \sin\Phi}\,d\Phi$ g) $\int \frac{\cos^2 t}{1 - \sin t}\,dt$ h) $\int \frac{1}{1 + \cos 2\varphi}\,d\varphi$

E 162 Berechnen Sie folgende bestimmte Integrale:

a) $\int_1^4 \frac{x^2}{2\sqrt{x}}\,dx$ b) $\int_1^2 x \cdot \ln x\,dx$ c) $\int_{-\pi}^0 x \cdot \sin x\,dx$ d) $\int_1^2 x \cdot e^x\,dx$

e) $\int_{0,25}^1 x \cdot \ln 4x\,dx$ f) $\int_{0,5}^1 \frac{2a-1}{e^a}\,da$ g) $\int_1^3 \frac{\ln x}{x^2}\,dx$ h) $\int_{-1}^1 (1+t) \cdot e^t\,dt$

i) $\int_0^2 x\sqrt{2x+1}\,dx$ j) $\int_{\frac{\pi}{2}}^{\frac{3}{2}\pi} x \cdot \cos x\,dx$ k) $\int_0^2 z \cdot e^{2z-1}\,dz$ l) $\int_0^2 x \cdot \sqrt{4-2x}\,dx$

E 163 Berechnen Sie folgende bestimmte Integrale:

a) $\int_0^{\pi} \sin t\,dt$ b) $\int_{\frac{3}{4}\pi}^{\frac{\pi}{2}} (\cos x - \sin x)\,dx$ c) $\int_0^{\frac{\pi}{2}} (1 + \cos a)\,da$

d) $\int_0^1 \sin x\,dx$ e) $\int_{-\frac{3}{2}\pi}^{\frac{\pi}{2}} \cos x\,dx$ f) $\int_0^{\frac{\pi}{2}} \frac{1}{4}(1 + \sin 2x)\,dx$

g) $\int_0^1 (e^x + 1)\,dx$ h) $\int_{-1}^0 \frac{1}{4}(e^x + e^{-x})\,dx$ i) $\int_{-3}^3 \frac{1}{2} e^x\,dx$

j) $\int_{-4}^1 e^{2x}\,dx$ k) $\int_0^2 e^{1-2t}\,dt$ l) $\int_0^1 (e^{-x} + x)\,dx$

E 164 Bestimmen Sie k ($k \in \mathbb{R}$) so, dass das Integral den angegebenen Wert hat!

a) $\int_0^2 ke^x\,dx = e$ b) $\int_0^k e^x\,dx = e$ c) $\int_0^1 (e^x + k)\,dx = 3$ d) $\int_0^3 ke^{kx}\,dx = e - 1$

E 165 Berechnen Sie den Inhalt der Fläche, die der Graph der Funktion f_i und die x-Achse im gegebenen Intervall einschließen:

a) $f_1(x) = \sin x$ $[-\pi; 0]$ b) $f_2(x) = \cos x$ $[-\frac{\pi}{2}; \frac{\pi}{2}]$

c) $f_3(x) = \sin(-x + \frac{\pi}{2})$ $[-\frac{\pi}{2}; \frac{\pi}{2}]$ d) $f_4(x) = \frac{1}{2}\sin(x + \pi) + 0{,}5$ $[-\frac{3}{2}\pi; -\frac{5}{2}\pi]$

E 166 Ermitteln Sie je eine Stammfunktion zu folgenden Funktionen f_i:

a) $f_1(x) = \frac{1}{4x-1}$ b) $f_2(x) = x \cdot \ln 3$ c) $f_3(x) = \frac{1}{ax+b}$

d) $f_4(x) = \frac{1}{3-2x}$ e) $f_5(x) = \frac{2}{5x-1} + 3x$ f) $f_6(x) = \frac{\ln 2}{x}$

E 167 Berechnen Sie die folgenden bestimmten Integrale:

a) $\int_1^e \frac{e}{x}\,dx$ b) $\int_1^e (a + \frac{2}{a})\,da$ c) $\int_1^2 \frac{4}{1+2x}\,dx$

d) $\int_1^2 \sum_{k=1}^{3} x^{-k}\,dx$ e) $\int_{10}^{20} \frac{2}{x \ln 10}\,dx$ f) $\int_1^2 \frac{x+6}{2x}\,dx$

E 168 Berechnen Sie den Inhalt der Fläche, die im vorgegebenen Intervall von den Graphen der Funktionen f_i und g_i eingeschlossen wird!

a) $f_1(x) = e^x$, $g_1(x) = x^2$ [0; 1] b) $f_2(x) = e^x$, $g_2(x) = x^3$ [–1; 1]

c) $f_3(x) = e^{-\frac{1}{2}x}$, $g_3(x) = -\frac{3}{4}x$ [–3; 0] d) $f_4(x) = e^x$, $g_4(x) = e^{-x}$ [0; 2]

e) $f_5(x) = x - e^x$, $g_5(x) = 0$ [–5; –1]

E 169 Berechnen Sie den Inhalt der Fläche zwischen den Graphen der Funktionen $f(x) = \sin x$ und $g(x) = \cos x$ im Intervall $[-\frac{3}{4}\pi;\ \frac{1}{4}\pi]$! Fertigen Sie eine Skizze an!

E 170 Berechnen Sie den Inhalt des Flächenstücks, das von den Graphen der Funktionen $f(x) = \sin x$ und $g(x) = x^2$ im Intervall $[0;\ \frac{\pi}{2}]$ eingeschlossen wird! Fertigen Sie eine Skizze an!

E 171 Gegeben seien die Funktionen $f(x) = e^x$ und $g(x) = (x-4)^2$.

a) Skizzieren Sie die Graphen der Funktionen f und g!

b) Durch die Graphen der Funktionen f und g und die beiden Koordinatenachsen wird ein Flächenstück vollständig begrenzt. Berechnen Sie dessen Flächeninhalt!

E 172 Ermitteln Sie eine Zahl a ($a \in \mathbb{R}$) so, dass das Flächenstück, das vom Graphen der Funktion f_i, der x-Achse und den Geraden x = 0 und x = a begrenzt wird, den Flächeninhalt A = 1 FE hat!

a) $f_1(x) = 2 \sin 2x$ b) $f_2(x) = \frac{1}{2} \cos \frac{1}{2} x$

E 173 Berechnen Sie A und B für die Funktion $f(x) = A \sin \pi x + B$, wenn gilt: $f'(1) = 2$; $\int_0^2 f(x)\,dx = 4$!

E 174 Es seien $M = \int_1^2 \log_{0,1} x\,dx$ und $N = \int_1^2 (0{,}1)^x\,dx$.

Untersuchen Sie, welche der folgenden Aussagen wahr sind:

a) $M < 0$ und $N > 0$; b) $M < 0$ und $N < 0$; c) $M > 0$ und $N < 0$;

d) $M > 0$ und $N > 0$; e) $M \geq 0$ und $N \leq 0$.

Hinweis: Verwenden Sie die geometrische Deutung des bestimmten Integrals als Flächeninhalt!

E 175 Es seien $L = \int_1^2 \lg x\,dx$ und $K = \int_{0,5}^1 \lg x\,dx$.

Untersuchen Sie, welche der folgenden Aussagen wahr sind:

a) $L > 0$ und $K > 0$; b) $L < 0$ und $K > 0$; c) $L < 0$ und $K < 0$;

d) $L \leq 0$ und $K < 0$; e) $L > 0$ und $K < 0$.

Hinweis: Verwenden Sie die geometrische Deutung des bestimmten Integrals als Flächeninhalt!

E 176 Berechnen Sie jeweils den Inhalt der markierten Flächen:

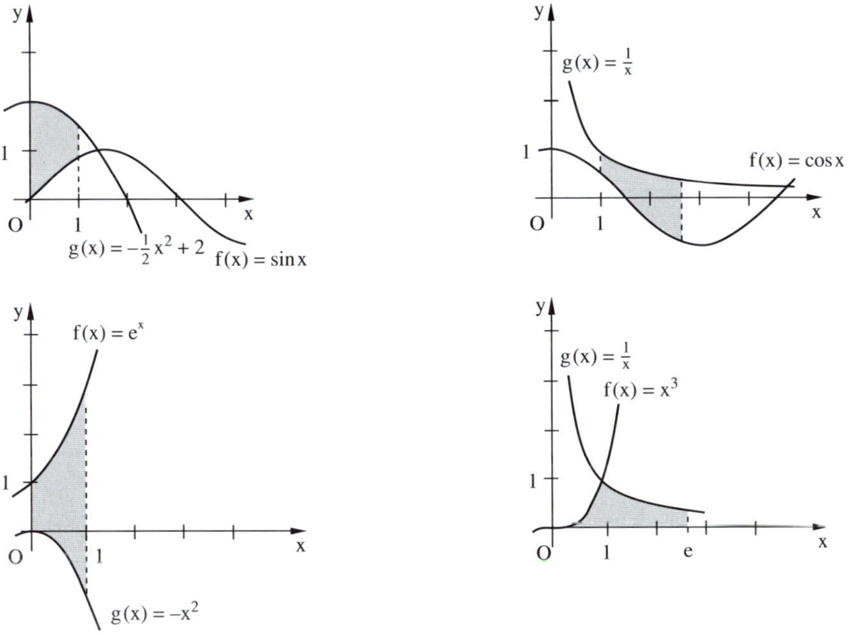

E 177 Die nebenstehende Skizze zeigt die Graphen der Funktionen $f(x) = x^3$ und $g(x) = 2^x$.

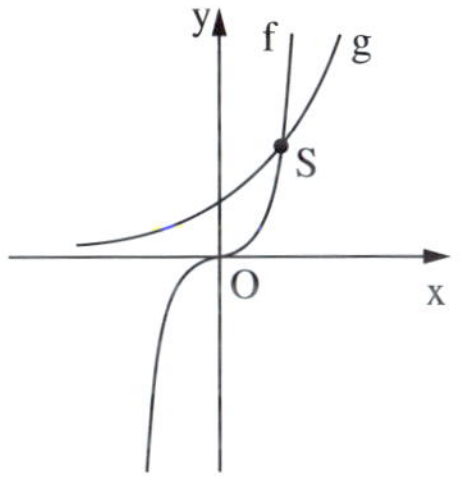

a) Ordnen Sie den Funktionen jeweils den Graphen zu!
b) Ermitteln Sie die Koordinaten des Schnittpunktes S!
c) Berechnen Sie den Inhalt der Fläche, die die beiden Graphen im 1. Quadranten einschließen! **GTA**

E 178 Gegeben ist die Funktion $y = f(x) = e^{\sqrt{x}}$.

a) Skizzieren Sie den Graphen dieser Funktion!
b) Der Graph der Funktion f begrenzt mit der x-Achse im Intervall [0; 2] eine Fläche vollständig. Diese Fläche rotiere um die x-Achse. Berechnen Sie das Volumen des Rotationskörpers!

E 179 Nebenstehend ist der Graph der Funktion $f(x) = e^x$ und eine Parallel zur x-Achse durch den Punkt P (k; f(k)) mit $0 < k < 2$ skizziert.
Bestimmen Sie k so, dass die beiden markierten Flächen gleichen Inhalt haben!

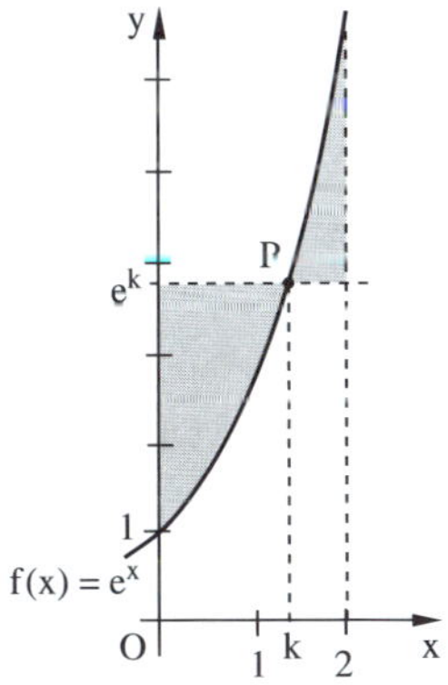

E 180 Gegeben sind die Funktionen f und g mit $f(x) = e^{x+2}$ und $g(x) = 2e - e^{-x}$.

a) Zeigen Sie, dass die Graphen der Funktionen f und g an der Stelle $x_1 = -1$ einander berühren!
b) Zeichnen Sie die Graphen der Funktionen f und g in ein Koordinatensystem!
c) Berechnen Sie den Flächeninhalt der von den beiden Graphen und der y-Achse eingeschlossenen Fläche!

E 181 Gegeben ist die Funktion f mit $f(x) = \frac{1}{x}$ $(x > 0)$.

a) Zeichnen Sie den Graphen der Funktion f!
b) Berechnen Sie Inhalt der Fläche unter dem Graphen der Funktion f im Intervall [1; k] mit $k > 1$!
c) Untersuchen Sie den Flächeninhalt für $k \to \infty$!
d) Die Fläche aus Aufgabe b) rotiert um die x-Achse. Berechnen Sie das Volumen des Rotationskörpers!

E 182 Gegeben sind die Funktionen f und g mit $f(x) = \cos x + x^2$ und $g(x) = \cos x - x^2$.

a) Untersuchen Sie das Symmetrieverhalten der beiden Funktionen!
GTA b) Zeichnen Sie die Graphen der Funktionen!
c) Berechnen Sie den Inhalt der Fläche, die von den beiden Graphen der Funktionen f und g im Intervall [0; 2] eingeschlossen wird!

E 183 Gegeben ist die Funktionenschar f_k mit $f_k(x) = k \cdot \cos x - k \cdot \sin x$.

GTA a) Zeichnen Sie die Graphen der Funktionen f_k für k = 0,5; 1; 1,5; 2 !
b) Zeigen Sie, dass die Null-, Extrem- und Wendestellen von k unabhängig sind! Bestimmen Sie diese im Intervall $[0; 2\pi]$!
c) Berechnen Sie den Inhalt der Fläche, die vom Graphen der Funktion f_k und der x-Achse im Intervall $[\frac{\pi}{4}; \frac{5\pi}{4}]$ eingeschlossen wird!

E 184 Gegeben sind die Funktionenscharen f_t und g_t mit $f_t(x) = t^2 \cdot \sin x$ und $g_t(x) = t^2 \cdot \cos x$ mit $t \neq 0$.

a) Ermitteln Sie für die Funktionen f_t und g_t die Nullstellen und die Extrempunkte!
b) Zeichnen Sie die Graphen der Funktionen f_t und g_t jeweils für t = 0,5; 1; 1,5; 2 !
c) Berechnen Sie den Inhalt der Fläche unter dem Graphen der Funktion f_t im Intervall $[0; \pi]$!

E 185 Es sind die Funktionen f und g mit $f(x) = ex$ und $g(x) = xe^{x^2}$ gegeben.

a) Berechnen Sie die Schnittpunkte der Graphen der beiden Funktionen!
GTA b) Berechnen Sie den Inhalt der von beiden Graphen eingeschlossenen Fläche!
GTA c) Die Fläche unter dem Graphen der Funktion g rotiert im Intervall [0; 1] um die x-Achse. Berechnen Sie das Volumen des Rotationskörpers!

GTA **E 186** Gegeben ist die Funktion f mit $f(x) = \frac{\ln x}{x}$; $x > 0$.

a) Berechnen Sie die Fläche unter dem Graphen der Funktion f zwischen der Null- und der Extremstelle!
b) Bestimmen Sie k mit $0 < k < 1$ so, dass die Fläche zwischen dem Graphen der Funktion f und der x-Achse im Intervall [k; 1] den in Aufgabe a) berechneten Flächeninhalt (betragsmäßig) hat!

E 187 Gegeben sei die Funktion $f(x) = \frac{x}{2} + \frac{2}{x}$.

a) Weisen Sie nach, dass die Funktion keine Nullstellen besitzt! Ermitteln Sie die Polstelle und die Asymptote der Funktion!
b) Berechnen Sie die Koordinaten der Extrempunkte des Funktionsgraphen und untersuchen Sie die Art der Extrema!
c) Fertigen Sie eine Skizze des Graphen im Intervall $0{,}5 \leq x \leq 5$ an!
d) Berechnen Sie den Inhalt der Fläche, die vom Graphen der Funktion, der x-Achse sowie den Geraden $x = 1$ und $x = 4$ vollständig begrenzt wird!

E 188 Gegeben ist die Funktionenschar $f_a(x) = e^{2-ax}$. GTA

a) Geben Sie den Definitionsbereich der Funktionenschar an!
b) Skizzieren Sie die Graphen der Funktionen f_a für $a_1 = 0{,}5$ und $a_2 = 2$!
c) Was können Sie über den Graphen der Funktion f_{-2} aussagen?
d) Bestimmen Sie den Inhalt der Fläche, die der Graph von $f_{0,5}$, die x-Achse sowie die Geraden $x = 1$ und $x = 4$ einschließen!

E 189 Gegeben ist die Funktionenschar $g_k(x) = x(k - \ln x)$ $(x > 0;\ k \neq 0;\ x, k \in \mathbb{R})$.

a) Ermitteln Sie die Nullstellen von g_k!
b) $P(e; k)$ ist ein Punkt des Graphen einer dieser Funktionen. Ermitteln Sie k für den Fall, dass die Tangente in P den Anstieg $m = -e$ hat!
c) Skizzieren Sie für $k = 2{,}5$ den Graphen der Funktion g_k im Intervall $0 < x \leq 6$!
d) Berechnen Sie den Inhalt der Fläche, die vom Graphen der Funktion $g_{2,5}$ und den Geraden $x = 1$ und $x = 5$ eingeschlossen wird!

Aufgaben zur Selbstkontrolle

E 190

a) Geben Sie zu der Funktion f mit $f(x) = 3x^2 + 4x - 3$ eine Stammfunktion und die Menge aller Stammfunktionen an! Beschreiben Sie den Unterschied!
b) Welche Bedeutung hat die Angabe des Differentials im unbestimmten Integral? Bestimmen Sie $\int da =$ bzw. $\int dx =$!
c) Wie untersucht man, ob eine Funktion F Stammfunktion zu einer gegebenen Funktion f ist?
d) Nennen Sie die Regeln, die bei der Bestimmung des folgenden Integrals angewendet werden müssen: $\int (x^3 - 2x + 4)\,dx =$
e) Zu welchen Ihnen bekannten Differentiationsregeln gibt es entsprechende Integrationsregeln und zu welchen nicht?

E 191

a) Zu welchen Funktionen f existiert stets das bestimmte Integral $\int_a^b f(x)\,dx$?
b) Wie lautet der Hauptsatz der Differential- und Integralrechnung und welche Bedeutung hat er?
c) Beschreiben Sie das Vorgehen beim Berechnen eines bestimmten Integrals am Beispiel $\int_1^2 (6x^2 + e^x)\,dx$!
d) Erläutern Sie den Unterschied zwischen dem unbestimmten und dem bestimmten Integral!

E 192

a) Nennen Sie einige Anwendungen der Integralrechnung!
b) Was ist stets bei der Berechnung des Inhalts von Flächen, die von Graphen stetiger Funktionen und der x-Achse vollständig oder in gegebenen Grenzen eingeschlossen werden, zu untersuchen?
c) Was muss stets vor der Berechnung des Inhalts von Flächen zwischen zwei Funktionsgraphen ermittelt werden?
d) Was ist ein Rotationskörper und wie kann sein Volumen mithilfe der Integralrechnung berechnet werden?

Komplexe Aufgaben zu Kapitel D und E

E 193 Der Graph einer ganzrationalen Funktion dritten Grades ist punktsymmetrisch zum Koordinatenursprung. Er besitzt dort eine Tangente mit der Gleichung $y = x$ und schneidet außerdem die x-Achse im Punkt $N(3; 0)$.

a) Ermitteln Sie die Gleichung dieser Funktion!
b) Untersuchen Sie den Graphen dieser Funktion auf Extrempunkte und Wendepunkte! Betrachten Sie das Verhalten im Unendlichen!
c) Fertigen Sie eine Skizze des Graphen im Intervall $[-4; 4]$ an!
d) Berechnen Sie die Gesamtfläche, die vom Graphen der Funktion und der x-Achse eingeschlossen wird!

E 194 Gegeben ist eine Funktion f mit der Gleichung $f(x) = x^4 - 8x^2 - 9 \quad (x \in \mathbb{R})$.

a) Untersuchen Sie den Graphen der Funktion auf Schnittpunkte mit den Koordinatenachsen, lokale Extrempunkte und Symmetrie! Zeichnen Sie den Graphen der Funktion mindestens im Intervall $[-3; 3]$!
b) Die Extrempunkte des Graphen von f bestimmen ein Dreieck. Berechnen Sie den Flächeninhalt und den Umfang des Dreiecks!
c) Berechnen Sie den Inhalt der Fläche, die vom Graphen der Funktion f und der x-Achse vollständig eingeschlossen wird!
d) In den Schnittpunkten des Graphen mit der x-Achse werden Tangenten an den Graphen gelegt.
Bestimmen Sie die Summe der Steigungen aller Tangenten, die wie oben beschrieben an den Graphen gelegt wurden!

E 195 Gegeben sind die Funktionen f_1 und f_2 mit $f_1(x) = \frac{x^2 - 4}{x^2}$ und $f_2(x) = \frac{x^2 + 2}{x}$.

a) Untersuchen Sie f_1 und f_2 auf ihren Definitionsbereich, Schnittpunkte mit den Koordinatenachsen, Symmetrie, Polstellen, lokale Extrempunkte, Wendepunkte und auf das Verhalten im Unendlichen!
b) Skizzieren Sie den Graphen der Funktion mindestens im Intervall $[-8; 8]$!
c) Ermitteln Sie die Gleichung der Tangenten an den Graphen von f im Punkt $P(-1; f(-1))$!
d) Berechnen Sie den Flächeninhalt der Fläche, die vom Graphen der Funktion f, der x-Achse und den Geraden $x_1 = 1$ und $x_2 = 3$ vollständig eingeschlossen wird!

E 196 Gegeben ist die Funktion f durch $y = f(x) = \frac{x^2 + 36}{2x} \quad (x \in \mathbb{R}, x \neq 0)$.

a) Untersuchen Sie die Funktion f bzw. ihren Graphen bezüglich Nullstellen, Polstellen, Koordinaten der lokalen Extrempunkte sowie Art der Extrema, Symmetrie, Verhalten im Unendlichen einschließlich der Gleichung der Asymptoten! Skizzieren Sie den Graphen der Funktion mindestens im Intervall $-8 \leq x \leq 8$!
b) Am Graphen der Funktion f existieren zwei Tangenten, welche parallel zur Winkelhalbierenden des II. und IV. Quadranten verlaufen.
Bestimmen Sie die Stellen x_t, an denen diese Tangenten an den Graphen gezeichnet werden müssen, und ermitteln Sie die Gleichungen der beiden Tangenten!
c) Der Punkt O ist der Koordinatenursprung, der Punkt $P(x; f(x))$ mit $x > 0$ liegt auf dem Graphen der Funktion f. Die Parallele zur x-Achse durch den Punkt P schneidet die y-Achse im Punkt R. Die Parallele zur y-Achse durch den Punkt P schneidet die x-Achse im Punkt S.
Berechnen Sie x so, dass der Umfang des Rechtecks OSPR minimal wird! Wie lang ist der minimale Umfang des Rechtecks?
d) Gegeben ist die Gerade g_1 durch $y = g_1(x) = \frac{x}{2} + 4 \quad (x \in \mathbb{R})$. Die Gerade g_1, der Graph der Funktion f und die Gerade $x = 2$ begrenzen eine Fläche A_1 vollständig. Berechnen Sie den Flächeninhalt von A_1!
e) Durch g_2 mit $y = g_2(x) = \frac{x}{2}$ ist eine weitere Gerade gegeben. Der Graph der Funktion f, die Gerade g_2 und die Geraden $x = 2$ und $x = b$ mit $b > 2$ begrenzen eine Fläche A_2. Für welches a gilt $A_2 = 22{,}5$ Flächeneinheiten?

E 197 Gegeben sind die Funktionen f und g durch $f(x) = e^{-x}$ bzw. $g(x) = x^2e^{-x}$.

a) Berechnen Sie die Schnittpunkte der Funktionsgraphen mit der x-Achse und die Extrempunkte des Graphen von g!
b) Skizzieren Sie die Graphen von f und g in ein Koordinatensystem im Intervall $-1 \leq x \leq 4$!
c) Berechnen Sie die Schnittpunkte der beiden Graphen und den Inhalt der von ihnen eingeschlossenen Fläche!

E 198 Die Funktion f ist gegeben durch die Gleichung $f(x) = \frac{1}{2}x^4 - 3x^2 + \frac{1}{2}$.

a) Führen Sie eine Kurvendiskussion durch und zeichnen Sie den Graphen von f im Intervall [–3; 3]!
b) Durch die Minimumpunkte des Graphen wird eine Gerade g gezeichnet. Berechnen Sie den Inhalt der Fläche, die der Graph der Funktion f und die Gerade g einschließen!
c) Die beiden Wendetangenten und die Verbindungsgerade der Wendepunkte bilden ein Dreieck. In welchem Verhältnis teilt der Graph der Funktion f die Fläche dieses Dreiecks?

E 199 Der Graph einer Funktion zweiten Grades ist symmetrisch zur y-Achse und verläuft durch die Punkte $P_1(-2; 2{,}5)$ und $P_2(1; 1{,}75)$.

a) Geben Sie die Gleichung dieser Funktion an!
b) Berechnen Sie das Volumen des Rotationskörpers, der bei Rotation der Parabel um die x-Achse im Intervall [–3; 3] entsteht!

E 200 Es sind die Funktionen f und g gegeben durch $f(x) = 0{,}5\,x^2$ und $g(x) = 2\sqrt{x}$.

a) Fertigen Sie eine Skizze an! Berechnen Sie den Inhalt der von den beiden Graphen eingeschlossenen Fläche!
b) Diese Fläche rotiert um die x-Achse. Berechnen Sie das Volumen dieses Rotationskörpers!

E 201 Der Graph der Funktion $f(x) = 2 - \sqrt{x + 1}$ schließt mit den Koordinatenachsen eine Fläche ein.

a) Fertigen Sie eine Skizze an!
b) Berechnen Sie den Inhalt dieser Fläche!
c) Berechnen Sie das Volumen des Körpers, der bei Rotation dieser Fläche um die x-Achse entsteht!
d) Berechnen Sie das Volumen des Körpers, der bei Rotation dieser Fläche um die y-Achse entsteht!

E 202 Gegeben sei die Funktion $f(x) = \sqrt{2x + 9}$. **GTA**

a) Bestimmen Sie die Schnittpunkte des Graphen von f der Funktion f mit den Koordinatenachsen! Geben Sie den Definitionsbereich von f an!
b) Weisen Sie nach, dass der Graph der Funktion keine Extrempunkte besitzt!
c) Fertigen Sie eine Skizze an!
d) Der Graph der Funktion und die Koordinatenachsen schließen ein Flächenstück vollständig ein; berechnen Sie dessen Inhalt!
e) Das Flächenstück aus Teilaufgabe d) rotiert um die x-Achse. Bestimmen Sie das Volumen des so entstandenen Rotationskörpers!

E 203 Gegeben ist die Funktion f mit $f(x) = xe^{-x^2}$. **GTA**

a) Führen Sie eine Kurvendiskussion durch!
b) Skizzieren Sie den Graphen der Funktion f im Intervall [–2; 2]!
c) Der Graph der Funktion f, die Tangente im Maximumpunkt und die y-Achse schließen eine Fläche vollständig ein. Berechen Sie deren Flächeninhalt!

d) Der Graph der Funktion f und die x-Achse schließen im Intervall [0; k] mit $k > 0$ eine Fläche ein. Berechnen Sie diesen Flächeninhalt! Welcher Flächeninhalt ergibt sich für $k \to \infty$?

E 204 Gegeben sei die Funktion $g(x) = 5e^{-x}$.

a) Skizzieren Sie den Graphen der Funktion im Intervall $0 \le x \le 4$!
b) P(n; g(n)) sei ein Punkt des Graphen von g mit $0 \le n \le 3$. Fällt man von P die Lote auf die Koordinatenachsen, so entsteht ein Rechteck. Berechnen Sie n für den Fall, dass der Flächeninhalt des Rechtecks maximal wird!
c) Berechnen Sie die Fläche, die vom Graphen der Funktion, der x-Achse sowie den Geraden $x = 1$ und $x = 3$ eingeschlossen wird!

E 205 Gegeben sei die Funktion $h(x) = 1 + \cos(2x - \frac{\pi}{4})$; $(x \in \mathbb{R}; 0 \le x \le \pi)$.

a) Berechnen Sie die Nullstellen der Funktion!
b) Bestimmen Sie die Koordinaten der lokalen Extrempunkte und die Art der Extrema!
c) Skizzieren Sie die Funktion im angegebenen Intervall!
d) Der Graph der Funktion und die Koordinatenachsen begrenzen eine Fläche vollständig; berechnen Sie deren Inhalt!

E 206 Gegeben sind die Funktionen $f(x) = 2 + \cos x$ und $g(x) = \sin^2 x$.

a) Berechnen Sie die Null- und Extremstellen beider Funktionen!
b) Skizzieren Sie die Graphen der Funktionen f und g in ein und dasselbe Koordinatensystem im Intervall $0 \le x \le \pi$!
c) Für jede Parallele zur y-Achse, die die Graphen der Funktionen f und g in je einem Punkt schneidet, stellt $d(x) = f(x) - g(x)$ den Abstand beider Punkte dar. Berechnen Sie x für den Fall, dass dieser Abstand minimal wird!
d) Bestimmen Sie den Inhalt der Fläche, die der Graph der Funkton f, die x-Achse sowie die Gerade $x = \pi$ vollständig einschließen!

E 207 Gegeben sind die Funktionen $f(t) = t + 2\cos t$ und $g(t) = t + 2$ $(t \in \mathbb{R};\ 0 \le t \le 2\pi)$.

a) Berechnen Sie die Koordinaten der lokalen Extrempunkte von f! Weisen Sie die Art der Extrema nach!
b) Die Gerade g und der Graph von f schneiden einander in zwei Punkten. Berechnen Sie deren Koordinaten!
c) Skizzieren Sie die Graphen von f und g in ein und dasselbe Koordinatensystem!
d) Die Graphen f und g begrenzen eine Fläche vollständig. Berechnen Sie dessen Inhalt!

E 208 Gegeben ist die Funktionenschar $f_a(x) = \dfrac{1}{3 - ax}$.

a) Weisen Sie nach, dass die Funktionen der Schar f_a keine Extrempunkte besitzen!
b) Die Graphen aller Funktionen f_a schneiden die y-Achse im Punkt $S_y(0; \frac{1}{3})$. Die Tangente in S_y an genau einen dieser Graphen steht senkrecht auf der Geraden $y = -6x + 1$. Berechnen Sie für diesen Fall a!
c) Skizzieren Sie den Graphen der Funktion f_a für $a = 0{,}5$ im Intervall $0 \le x \le 0{,}5$!
d) Berechnen Sie den Inhalt der Fläche, die vom Graphen von $f_{0,5}$, den Koordinatenachsen und der Geraden $x = 5$ vollständig begrenzt wird!

E 209 Ein Abschnitt der positiven x-Achse und die Graphen der Funktionen $f(x) = \frac{1}{x^2}$ und $g(x) = \frac{1}{8}x$ begrenzen über einem Intervall $I = [a, b]$ der Länge 1 eine Fläche A.

Ermitteln Sie die Intervallgrenzen a und b so, dass der Flächeninhalt von A ein Maximum annimmt! Berechnen Sie A_{max}!

E 210 Gegeben sei die Funktion f durch $f(x) = (\frac{1}{4}x + 2) \cdot e^{-2x}$.

a) Untersuchen Sie den Graphen von f auf Schnittpunkte mit den Koordinatenachsen, lokale Extrempunkte und Wendepunkte! Skizzieren Sie den Graphen von f mindestens im Intervall $-8 \leq x \leq 0$ und geben Sie den Wertebereich der Funktion f an!

b) Untersuchen Sie, ob die Funktion $F(x) = -\frac{1}{8}(x + \frac{17}{2}) \cdot e^{-2x}$ eine Stammfunktion von f ist!

c) Ermitteln Sie die Gleichung der Tangente t an den Graphen von f im Punkt P(–1; f(–1))! Berechnen Sie den Schnittwinkel φ der Tangente t mit der y-Achse!

d) Der Graph der Funktion f, die y-Achse und die Parallele zur x-Achse durch den Maximumpunkt der Funktion begrenzen eine Fläche vollständig. Berechnen Sie den Inhalt dieser Fläche!

e) Eine zur y-Achse parallele Gerade x = a ($-8 < a < 0$) schneidet den Graphen von f im Punkt B(a; f(a)) und die x-Achse im Punkt A. Der Graph von f schneidet die x-Achse im Punkt C.
Berechnen Sie die Koordinaten des Punktes B für den Fall, dass das Dreieck ABC maximalen Inhalt annimmt. (Auf den Nachweis des globalen Maximums wird verzichtet.)

f) Der Koordinatenursprung, der Schnittpunkt des Graphen von f mit der x-Achse und der Punkt P(–4; f(–4)) bilden ein Dreieck.
Bestimmen Sie die Größe der Innenwinkel dieses Dreiecks!

E 211 Gegeben ist die Funktionenschar f_k mit $f_k(x) = \frac{1}{k}x^3 + 2x^2 + kx$ $(k \neq 0)$.

a) Untersuchen Sie f_k auf Schnittpunkte mit der x-Achse!

b) Skizzieren Sie den Graphen der Funktion f_4!

c) Der Graph der Funktion f_4 und die x-Achse schließen ein Flächenstück vollständig ein.
Berechnen Sie dessen Inhalt!

d) Ermitteln Sie k für den Fall, dass der Inhalt dieses Flächenstücks $A = 42\frac{2}{3}$ (FE) beträgt!

E 212 Für k > 0 ist die Funktionenschar f_k gegeben durch $f_k(x) = -\frac{1}{k}x^5 + kx^3$.

a) Berechnen Sie die Null- und die Extremstellen der Funktion f_k!

b) Zeichnen Sie den Graphen von f_k für k = 2.

c) Berechnen Sie den Inhalt der Fläche, die der Graph von f_2 mit der x-Achse einschließt!

d) Bestimmen Sie k so, dass der Inhalt der Fläche zwischen dem Graphen von f_k und der x-Achse im ersten Quadranten $\frac{81}{4}$ (FE) beträgt!

E 213 Für $k \geq 0$ ist die Funktionenschar f_k mit $f_k(x) = \frac{x}{x^2 + k^2}$ gegeben.

a) Berechnen Sie die Extrempunkte des Graphen der Funktion f_k!

b) Zeichnen Sie die Graphen für k = 0,5 und 1! GTA

c) Berechnen Sie den Inhalt der Fläche unter dem Graphen der Funktion f_k zwischen der Null- und der Extremstelle im ersten Quadranten! Formulieren Sie eine Schlussfolgerung!

E 214 Gegeben ist die Funktionenschar $f_a(x) = a\sqrt{x + 2}$ $(a \neq 0)$.

a) Bestimmen Sie den maximalen Definitionsbereich von f_a! Geben Sie die Nullstellen der Scharelemente an und weisen Sie nach, dass die Funktionen f_a keine Extremstellen besitzen!

b) Fertigen Sie eine Skizze des Graphen von f_1 im Intervall [–2; 1] an!

c) Der Graph der Funktion f_1 schließt mit den Koordinatenachsen ein Flächenstück ein. Berechnen Sie dessen Inhalt sowie das Volumen des Körpers, der bei Rotation dieses Flächenstück um die x-Achse entsteht!

Hinweise für die Anwendung des Grafiktaschenrechners TI-92 beim Lösen von Aufgaben aus der Analysis[1)]

T 1 Lösen von Gleichungen

(vgl. Beispiele A 8, S. 23; A 17, S. 50; B 26, S. 95)

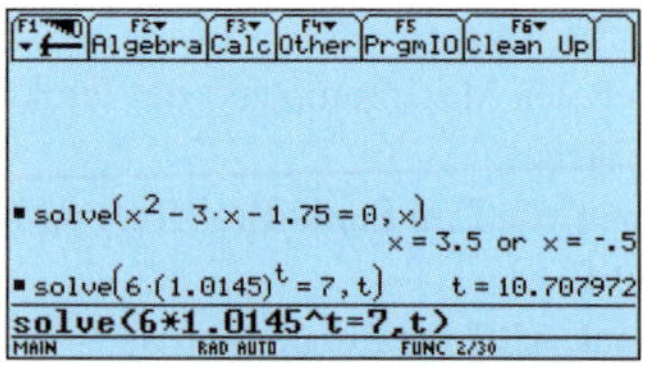

Fig. 1

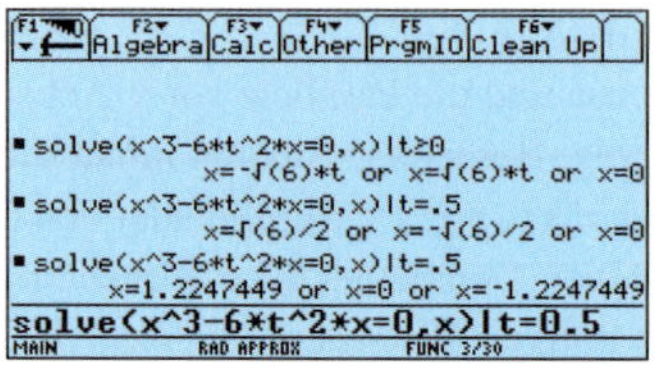

Fig. 2

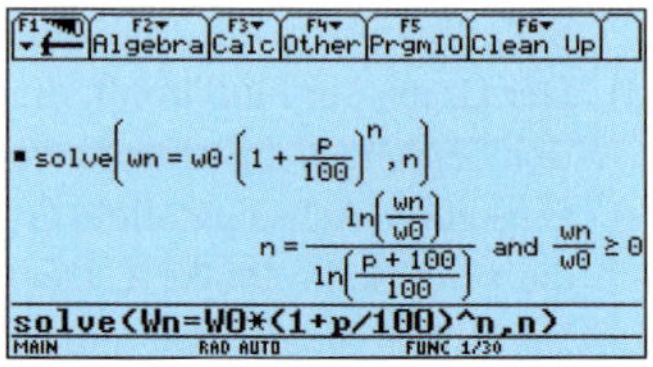

Fig. 3

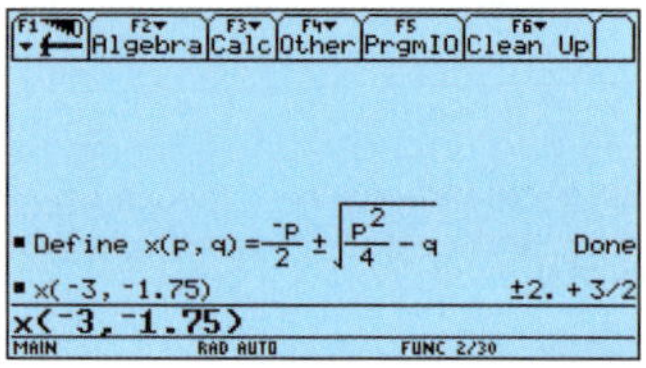

Fig. 4

Fig. 1: Gleichungen (und Ungleichungen) können mit der Funktion *solve(* gelöst werden. Dazu wird *solve* in die Eingabezeile geschrieben oder aber über (F2) (1) (*solve(*) eingegeben. Die Gleichung und – durch Komma getrennt – die aufzulösende Variable sind zu ergänzen und mit (ENTER) abzuschließen.
Zeile 1 zeigt die Berechnung der Nullstellen aus Beispiel A 8, Zeile 2 die Lösung der Exponentialgleichung aus Beispiel A 17.
Damit Brüche, Wurzeln und Exponenten in üblicher Schreibweise dargestellt werden, muss der *Pretty Print-Modus* eingeschaltet sein ((MODE) [*Pretty Print / on*]).

Fig. 2: Mithilfe der *solve*-Funktion werden – als Beispiel für das Lösen einer Parametergleichung – die Nullstellen der Funktionenschar $f_t(x) = x^3 - 6t^2x$ ermittelt *(vgl. T 4 Darstellen von Funktionenscharen).*
Über den *mit*-Operator (|) ((2nd) (K)) werden nach der zu lösenden Gleichung Bedingungen eingegeben:
In der ersten Berechnung $t \geq 0$, in der zweiten und dritten Berechnung der spezielle Wert t = 0,5.
Ist am Rechner der *Approx-Modus* ((MODE) [*Exact / Approxe*] (3) (*approximate*)) eingestellt, so werden die Ergebnisse als Näherungswerte angezeigt (s. letzte Berechnung und Statusanzeige für die letzte Rechnung), im *Exakt-Modus* erhält man die Ergebnisse in symbolischer Form (Berechnungen 1 und 2).

Fig. 3: Hier wird die Funktion *solve(* verwendet, um die Wachstumsformel aus Beispiel B 26 nach n aufzulösen. Die Vorgehensweise ist wie zu Fig. 1 erläutert.

Fig. 4: Soll eine quadratische Gleichung (Beispiel A 8) mithilfe der Lösungsformel gelöst werden, so wird diese als Funktion x(p, q) definiert und mit (ENTER) abgespeichert (Zeile 1). Damit steht die Lösungsformel jederzeit zur Verfügung. So werden mit x(–3, –1.75) die Lösungen für p = –3 und q = –1,75 ermittelt (Zeile 2).

1) Die nachfolgenden Beispiele sollen die Arbeit mit dem TI-92 erleichtern; sie wurden so ausgewählt, dass einerseits typische Aufgabenstellungen der Analysis bearbeitet werden können, andererseits die Anleitung auf ähnliche Aufgabenstellungen anderer Stoffgebiete übertragbar ist. Die aufgezeigten Lösungswege stellen i. d. R. nur *eine* von ggf. *mehreren* Möglichkeiten dar.

T 2 Lösen linearer Gleichungssysteme

Folgendes Gleichungssystem sei zu lösen (vgl. Beispiel D 39, S. 201):

$$\begin{aligned} a_3 + a_2 + a_1 + a_0 &= -17 \\ a_0 &= 3 \\ -a_3 + a_2 - a_1 + a_0 &= 29 \\ 8a_3 + 4a_2 + 2a_1 + a_0 &= -25 \end{aligned}$$

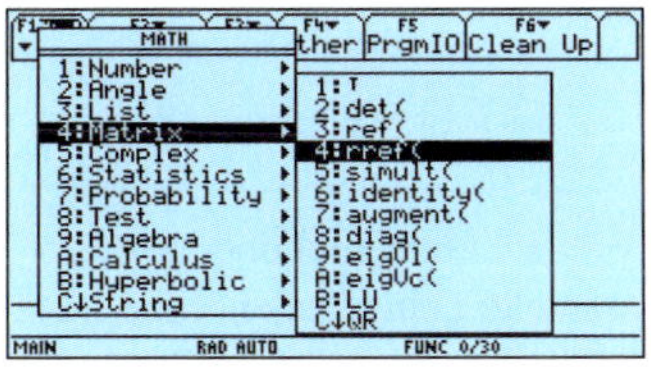

Fig. 5

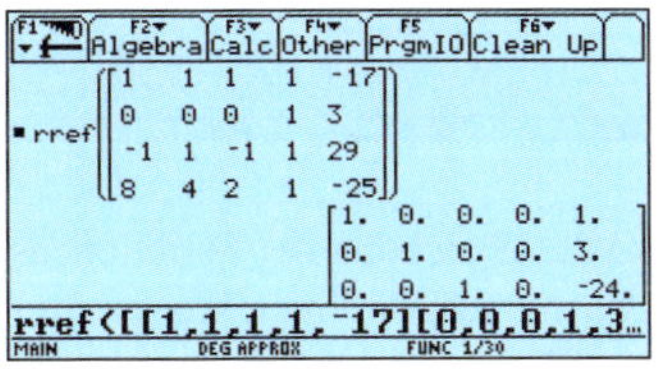

Fig. 6

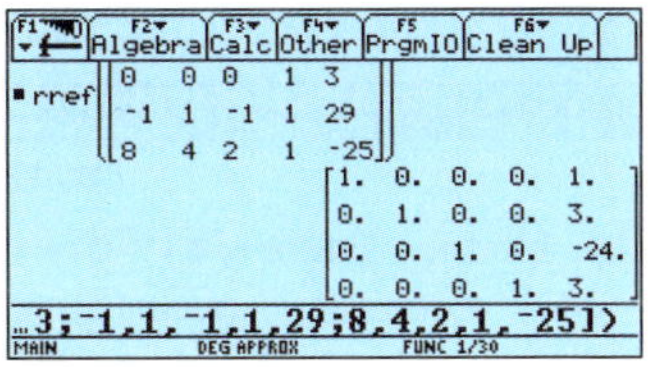

Fig. 7

Fig. 5: Der TI-92 stellt im *MATH/Matrix-Menü* ([2nd] [5]) zwei Befehle zum Lösen linearer Gleichungssysteme zur Verfügung. Da *simult* nur für eindeutig lösbare Gleichungssysteme vom Typ *„n Variable und n Gleichungen"* genutzt werden kann, ist der Operator *rref* allgemeingültiger und wird bevorzugt.

Fig. 6: Die eingegebene Matrix entsteht, indem die Koeffizienten des Gleichungssystems und die Absolutglieder innerhalb der Klammer [ ] zeilenweise eingetragen werden. Die einzelnen Koeffizienten werden durch ein Komma getrennt; ein Semikolon am Zeilenende führt zur nächsten Zeile.

Fig. 7: Durch Abschluss der in Fig. 6 eingegebenen Matrix mit [ENTER] bringt der Operator *rref* das System auf Diagonalform, aus der man die Lösung in der letzten Spalte direkt ablesen kann.

T 3 Grafisches Darstellen von Funktionen

(vgl. Beispiel A 24, S. 59)

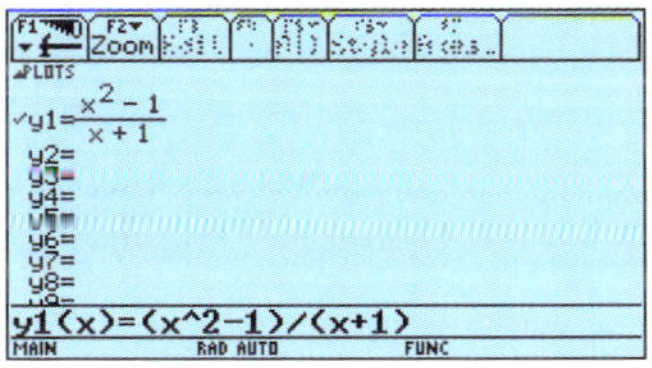

Fig. 8

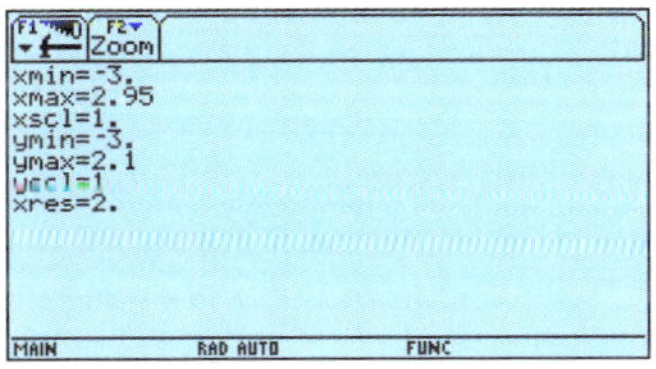

Fig. 9

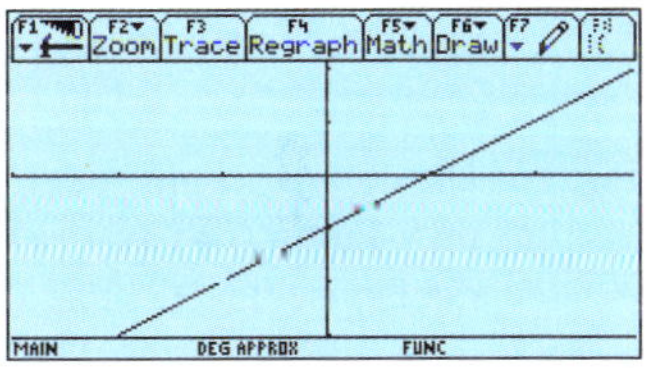

Fig. 10

Fig. 8: Die grafische Darstellung von Funktionen erfolgt beim TI-92 mithilfe des y-Editors. Nach dem Aufrufen des y-Editors mit [♦] [W] (*y=*) wird in der Eingabezeile die Funktionsgleichung eingegeben. Je nach Termstruktur ist dabei die Klammersetzung zu beachten. Wird die Eingabe mit [ENTER] abgeschlossen, wird der Funktionsterm in Zeile 1 angezeigt und der Cursor springt in Zeile 2. Damit ist die Eingabe (und gleichzeitige Darstellung) einer weiteren Funktion möglich.

Fig. 9: Im *Window-Editor* ([♦] [E] (*WINDOW*)) werden Eigenschaften des Grafikbildschirms festgelegt:

- xmin, xmax, ymin und ymax begrenzen die Intervalle auf der x- bzw. auf der y-Achse,
- xscl und yscl legen den Abstand zwischen zwei Teilstrichen der Achsen fest,
- xres bestimmt die Pixel-Auflösung der Graphen (niedrige Werte verbessern die Auflösung, können aber die Darstellungsgeschwindigkeit verringern; Standardeinstellung ist 2).

Fig. 10: Nach Öffnen des Grafikbildschirms ([♦] [R] (*GRAPH*)) erscheint dort der Graph der vorher eingegebenen Funktion. Feinheiten in der Darstellung sind in starkem Maße von den Window-Einstellungen abhängig. So ist das „Loch" im Graphen der hier dargestellten Funktion bei anderen Einstellungen u. U. nicht sichtbar.

T 4 Darstellen von Funktionenscharen

(vgl. Abschnitt A 2.4, S. 31 ff.)

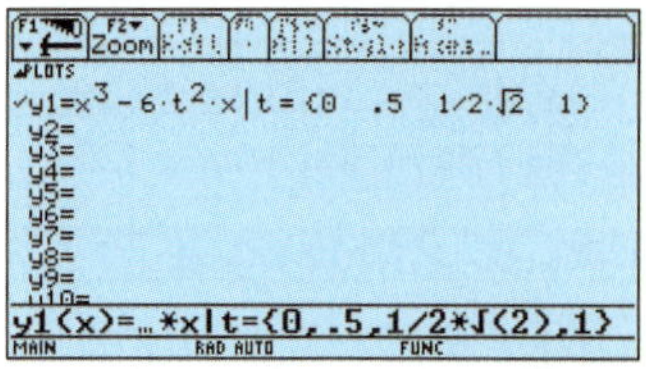

Fig. 11

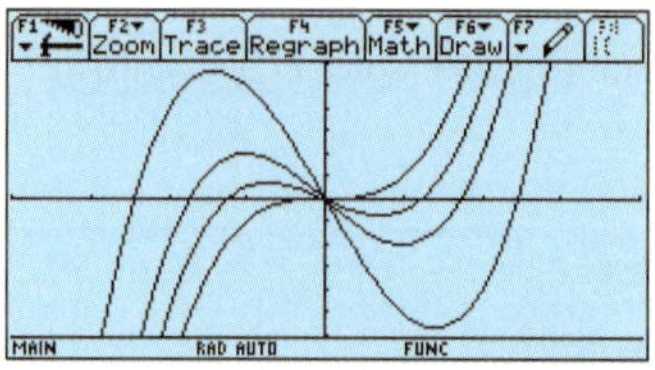

Fig. 12

Fig. 11: Im y-Editor ((◆) (W) (y=)) wird die Gleichung der Funktionenschar $y_1 = x^3 - 6t^2x$ und über den *mit*-Operator (|) ((2nd) (K)) eine Liste mit ausgewählten Werten für den Parameter t eingegeben. Eine Liste wird erstellt, indem die einzelnen Elemente durch Komma getrennt innerhalb geschweifter Klammern geschrieben werden.

Fig. 12: Über (◆) (R) (*GRAPH*) werden die ausgewählten Kurven im Graphikbildschirm dargestellt.

T 5 Abschnittweise definierte Funktionen

(vgl. Abschnitt A 4, S. 68 ff.)

Dargestellt wird die abschnittsweise definierte Funktion f mit $f(x) = \begin{cases} x^2 - 4, & \text{für } x \leq 2 \\ -x^2 + 4, & \text{für } -2 < x < 2 \\ x^2 - 4, & \text{für } x \geq 2 \end{cases}$

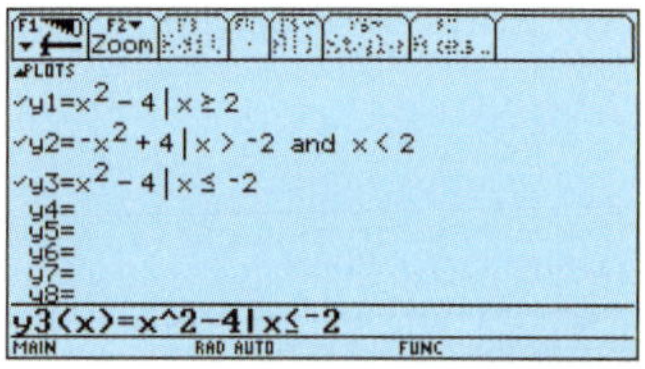

Fig. 13

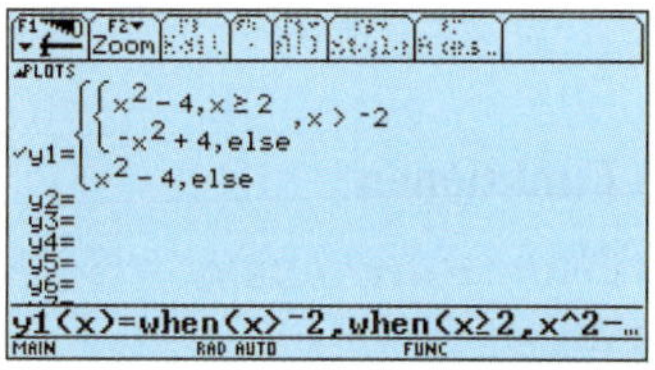

Fig. 14

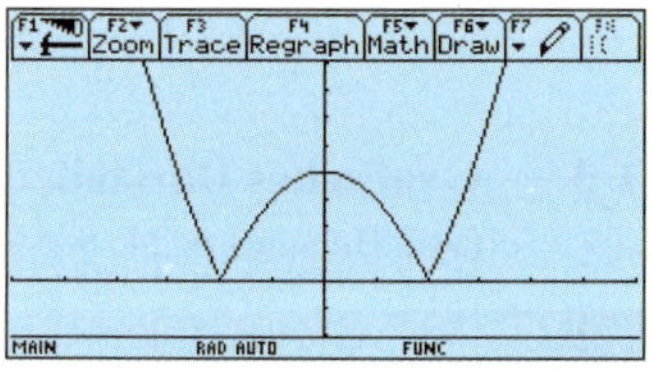

Fig. 15

Fig. 13: Die drei Abschnitte der Funktion f sind als gesonderte Funktionen y1, y2, y3 für das jeweilige Intervall im y-Editor ((◆) (W) (y=)) definiert. Die Intervallgrenzen werden über den *mit*-Operator (|) ((2nd) (K)), die Doppelungleichung (Zeile 2) als Verknüpfung *and* eingegeben.

Fig. 14: Eine andere Variante ist die Eingabe im y-Editor als *when*-Funktion. Allgemein ist dabei einzugeben:
when (Bedingung, wahrer Term, falscher Term)
Da die hier darzustellende Funktion in *drei* Abschnitte unterteilt ist, ist die *when*-Funktion zweimal anzuwenden. Die Eingabe lautet dann:
when (x > −2, when (x ≥ 2, x^2 – 4, – x^2 + 4), x^2 – 4)
Die Relationszeichen ≥, ≤ findet man in (2nd) (+) (*CHAR*) (2) (*MATH*).
Nach Abschluss mit (ENTER) erscheint die Funktionsgleichung in dargestellter Weise.

Fig. 15: Unabhängig von der Art der Eingabe (Fig. 13 oder Fig. 14) wird der Graph der Funktion nach (◆) (R) (*GRAPH*) im Graphikbildschirm dargestellt.
Handelt es sich bei der Funktion wie hier um eine Betragsfunktion ($f(x) = |x^2 - 4|$), so ist im y-Editor einfach der Funktionsterm (*abs(x^2 – 4)*) einzugeben.

T 6 Darstellen von Zahlenfolgen

Dargestellt wird die FIBONACCI-Folge $a_1 = 1$, $a_2 = 1$, $a_n = a_{n-1} + a_{n-2}$ (vgl. Beispiel B 9, S. 79)

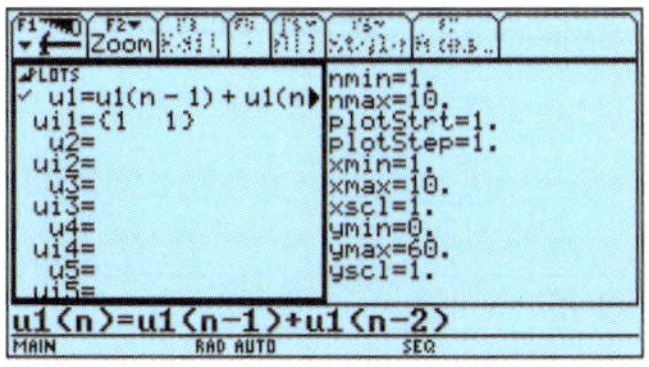

Fig. 16

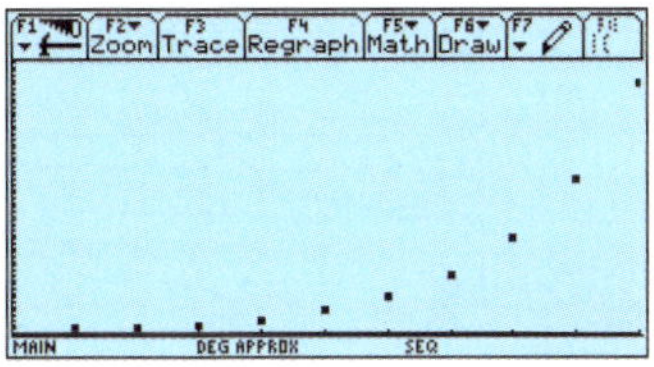

Fig. 17

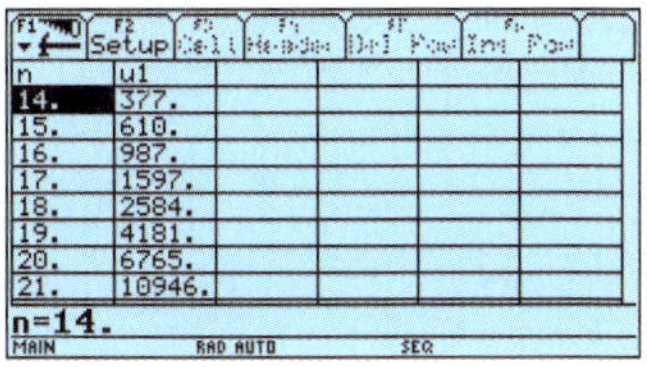

Fig. 18

Fig. 16: Zur Darstellung von Zahlenfolgen ist der Graph-Modus (MODE) [*Graph*] auf *SEQUENZ* einzustellen. Im y-Editor (♦) (W) (*y*=) entsteht dadurch eine Funktionsliste u1, u2, …, in welche die Bildungsvorschrift eingetragen wird. Bei rekursiven Zuordnungsvorschriften ist zu beachten, dass ein Glied a_{n-1} der Zahlenfolge als u1(n – 1), ein Glied a_{n-2} als u1(n – 2) usw. einzugeben ist. Außerdem sind in Zeile 2 (*ui1*) die Startwerte a_1 und a_2 als Liste *{1, 1}* einzutragen.
Im *Window-Editor* (rechte Bildschirmhälfte, (♦) (E) (*WINDOW*)) wird der gewünschte Darstellungsbereich festgelegt. Den hier gewählten geteilten Bildschirm erhält man über (MODE) (F2) [*Split Screen*] [*LEFT-RIGHT*].

Fig. 17: Im Graphikbildschirm ((♦) (R) (*GRAPH*)) wird die Zahlenfolge dargestellt. Dazu wurde vorher der volle Bildschirm wiederhergestellt ((MODE) (F2) [*Split Screen*] [*FULL*]).Benutzt man (F3) (TRACE), so kann man die geplotteten Punkte mit dem Cursor abfahren und die dazugehörigen Zahlenpaare ablesen.

Fig. 18: Die im y-Editor eingegebene Zahlenfolge wird im Tabellenbildschirm (♦) (Y) (*TABLE*) numerisch ausgewiesen. Man erhält eine Tabelle mit den Gliedern der Zahlenfolge. Durch Scrollen gelangt man zum gewünschten Bereich.

T 7 Untersuchen eines Funktionsgraphen mithilfe von ZOOM und TRACE

(am Beispiel der Funktion $f(x) = x^3 - x^2 - 2$)

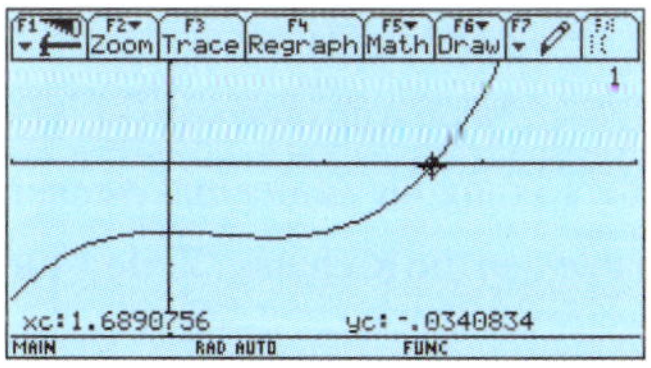

Fig. 19

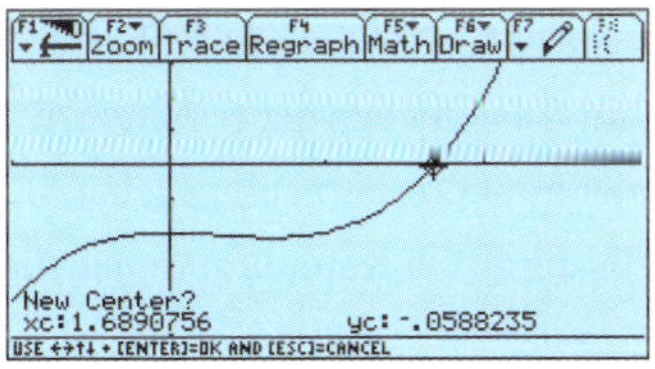

Fig. 20

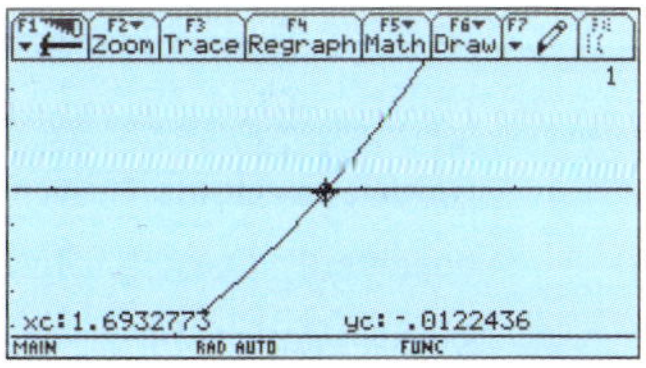

Fig. 21

Fig. 19: Um Koordinaten markanter Punkte des Graphen einer dargestellten Funktion zu ermitteln, kann der Graph mit dem Cursor abgefahren werden. Die Cursorkoordinaten werden im Grafikbildschirm ((♦) (R) (*Graph*)) angezeigt. Neben einem frei beweglichen Cursor (er erscheint bei Bedienen der Cursorfeldtasten) ist vor allem die *Trace*-Funktion ((F3) im Grafikbildschirm) sehr hilfreich. Hier bewegt sich der Cursor entlang den geplotteten Punkten der Funktion. So können beispielsweise Nullstellen einer Funktion oft schon mit hinreichender Genauigkeit ohne zusätzliche Einstellungen abgelesen werden.

Fig. 20: Mithilfe der *ZoomIn*-Funktion ((F2) (2) (*ZoomIn*)) wird ein Ausschnitt der grafischen Darstellung gewählt und anschließend vergrößert dargestellt. Dazu wird mit dem Cursor ein Mittelpunkt (*New Center?*) festgelegt, um den ein Ausschnitt gebildet wird.

Fig. 21: Nach (ENTER) wird ein Ausschnitt um den gewählten Mittelpunkt dargestellt, die Koordinaten des gewünschten Punktes können über *Trace* nun mit höherer Genauigkeit abgelesen werden. Wenn erforderlich, kann dieser Vorgang für eine noch detailreichere Darstellung wiederholt werden.

T 8 Bestimmen der Nullstellen einer Funktion

(am Beispiel der Funktion $f(x) = x^3 - x^2 - 2$)

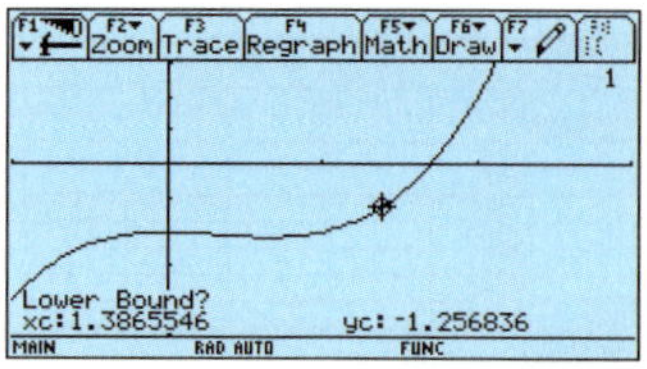

Fig. 22

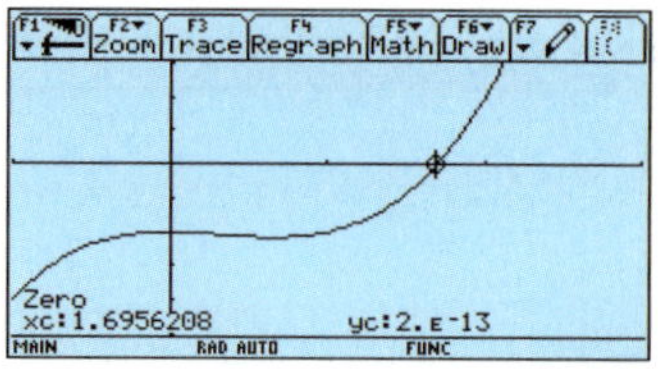

Fig. 23

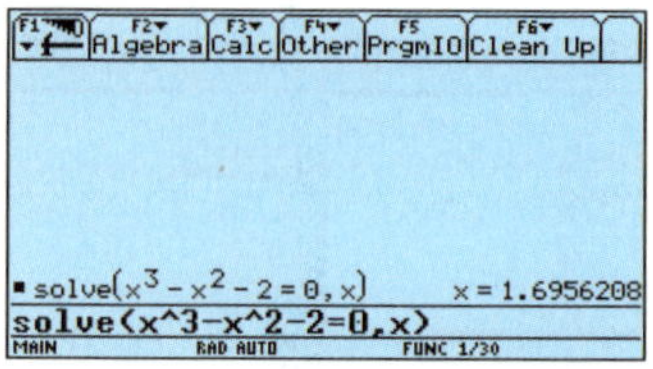

Fig. 24

Fig. 22: Nullstellen einer grafisch dargestellten Funktion können leicht mit (F5) (2) (*Zero*) ermittelt werden. Dazu sind durch Eingabe geeigneter Werte oder mit dem Cursor Grenzen eines Intervalls zu setzen, in dem sich die Nullstelle befindet (*Lower Bound?* (ENTER) *Upper Bound?* (ENTER)).

Fig. 23: Der Cursor zeigt die Nullstelle an und die Koordinaten werden ausgewiesen.

Fig. 24: Ohne grafische Darstellung erhält man die Nullstellen durch Lösen der entsprechenden Gleichung mit dem *Solve*-Operator *(siehe T 1 Lösen von Gleichungen).*

T 9 Verhalten im Unendlichen / Bestimmen von Grenzwerten

(vgl. Beispiel C 10, S. 122)

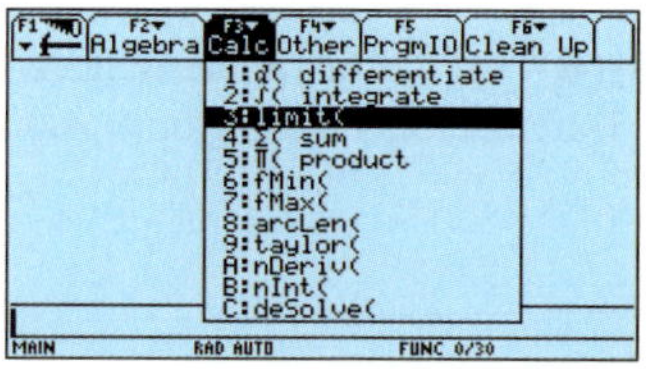

Fig. 25

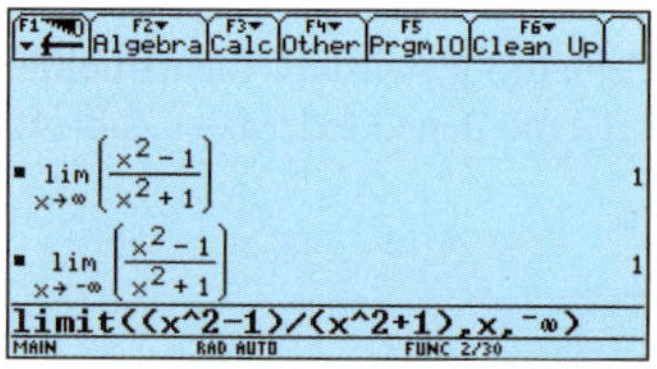

Fig. 26

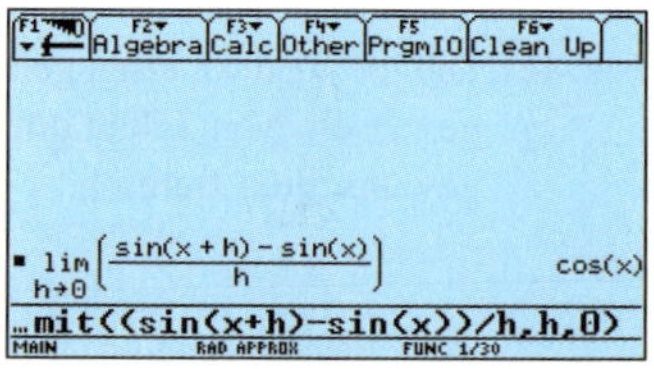

Fig. 27

Fig. 25: Im Menü (F3) (*Calc*) sind wichtige Funktionen zur Differential- und Integralrechnung zu finden, so auch die Funktion *limit* zur Ermittlung von Grenzwerten.

Fig. 26: Untersucht wird das Verhalten im Unendlichen der Funktion $f(x) = \frac{x^2 - 1}{x^2 + 1}$. Nach Aufrufen von (F3) (3) (*limit(*) im Home-Editor wird der Funktionsterm eingegeben (Klammersetzung für Zähler und Nenner beachten!). Danach folgt, jeweils durch ein Komma getrennt, die Variable und die Richtung: Zeile 1 für $x \to \infty$, Zeile 2 für $x \to -\infty$.

Fig. 27: Analog zu Fig. 26 wird der Grenzwert des Differenzenquotienten der Funktion $f(x) = \sin x$ für $h \to 0$ gebildet (vgl. S. 158). Nach *limit(* und Eingabe des Funktionsterms folgt die Variable h und 0 als „Richtung“. Nach Bestätigung mit (ENTER) erhält man als gesuchten Grenzwert cos x.

T 10 Bilden von Ableitungen

Untersucht wird die Funktion $f(x) = x^4 - 5x^3 + 2x^2 - \sqrt{3}\,x + 0{,}3$ (vgl. Beispiel D 20, S. 165).

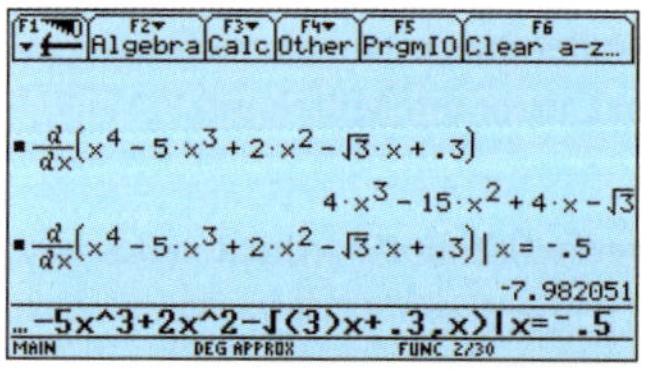

Fig. 28

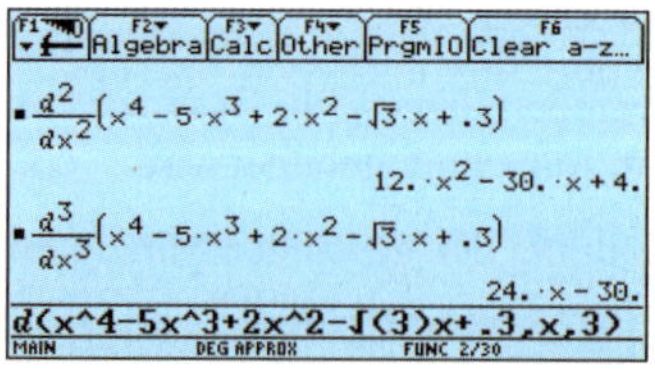

Fig. 29

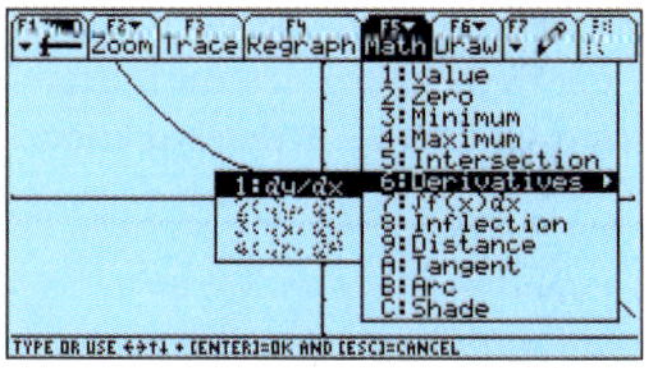

Fig. 30

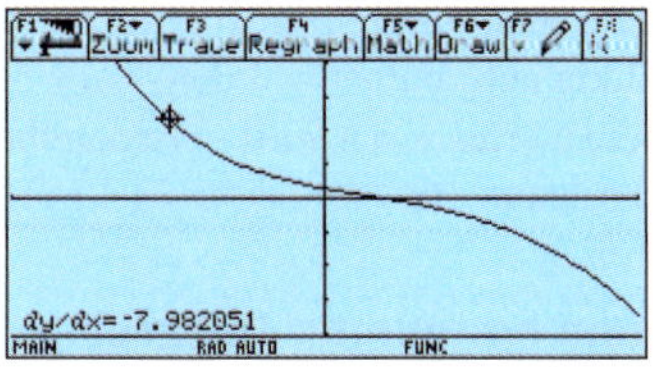

Fig. 31

Fig. 28: Nach Aufrufen von (F3) (1) *(d(differentiate)* (vgl. Fig. 25) oder (2nd) (8) *(d)* wird der Funktionsterm gefolgt von der Differentiationsvariablen x eingegeben (Zeile 1). Nach Schließen der Klammer und (ENTER) wird der Term der Ableitungsfunktion angezeigt (Zeile 2). Um die Ableitung der Funktion an einer Stelle zu ermitteln, wird die bisherige Eingabe über den *mit*-Operator (|) ((2nd) (K)) durch die Stelle (hier x = – 0,5) ergänzt (Zeile 3). Zeile 4 weist das Ergebnis f´(x) = – 7,982051 aus. Vom Rechner wird jedoch nicht die Schreibweise f´(x), sondern $\frac{df(x)}{dx}$ verwendet. Für die Ableitungsfunktion wurde am Rechner der *Exakt-Modus* ((MODE) *[Exact / Approxe]* (3) *(exakt)* eingestellt, für die Berechnung der Ableitung an der Stelle der *Approx-Modus* ((MODE) *[Exact / Approxe]* (3) *(approximate).*

Fig. 29: Hier wurden die 2. und 3. Ableitung der Funktion gebildet. Die Vorgehensweise ist wie zu Fig. 28 erläutert. In der Eingabezeile ist nach der Differentiationsvariablen lediglich der Grad der Ableitung zu ergänzen.

Fig. 30: Die Ableitung einer Funktion an einer Stelle kann auch aus der grafischen Darstellung heraus erfolgen. Dazu wählt man (F5) (6) *(d(differentiate)* *[dy/dx]* und gibt im wieder erscheinenden Grafikbildschirm über die Tastatur oder mit Cursor die Stelle (x = –0,5) aus und bestätigt mit (ENTER).

Fig. 31: Im Grafikbildschirm wird nun durch den Cursor der ausgewählte Punkt angezeigt. Gleichzeitig wird die Ableitung an dieser Stelle ausgewiesen (dy/dx = –7,982051). Es besteht Übereinstimmung zur Berechnung in Fig. 28.

T 11 Ermitteln lokaler Extrempunkte

(vgl. Beispiel D 25, S. 172)

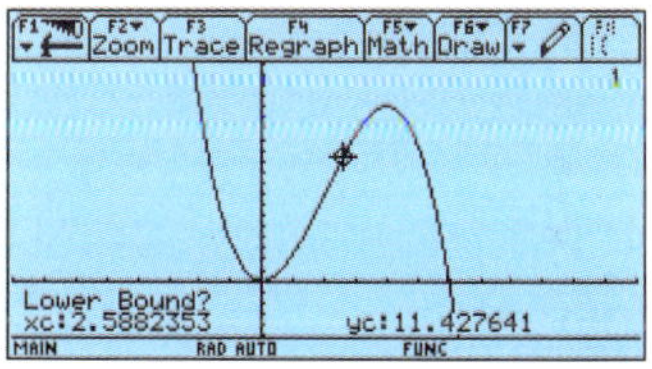

Fig. 32

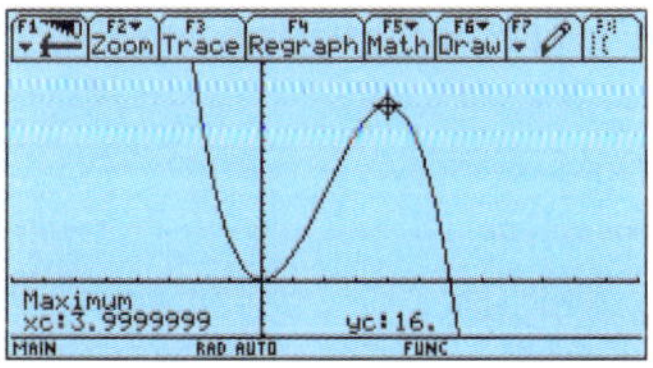

Fig. 33

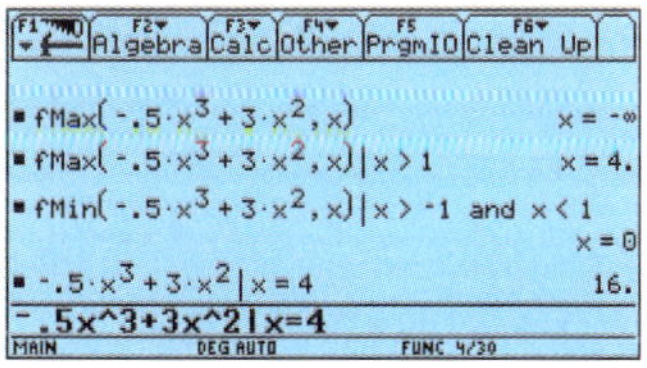

Fig. 34

Fig. 32: Ist die Funktion grafisch dargestellt, können die Koordinaten von Hoch- und Tiefpunkten über die *Trace*-Funktion (F3) näherungsweise bestimmt werden (siehe *7 Untersuchen eines Funktionsgraphen mithilfe von ZOOME und TRACE*). Hier wird allerdings die Funktion (F5) (4) *(Maximum)* zur Ermittlung des Hochpunktes verwendet. Durch Eingabe geeigneter Werte oder mit dem Cursor werden untere Grenze *(Lower Bound?* (ENTER)) und obere Grenze *(Upper Bound?* (ENTER)) eines Intervalls gesetzt, in dem sich die Extremstelle befindet.

Fig. 33. Der Cursor zeigt den Hochpunkt an und die Koordinaten werden ausgewiesen. (In gleicher Weise wird (F5) (3) *(Minimum)* zur Bestimmung des Tiefpunktes benutzt.)

Fig. 34: Ohne grafische Darstellung erhält man die Extremstellen u. A. durch Anwenden der Funktion *fMax* bzw. *fMin* im Menü (F3) *(Calc) (vgl. Fig. 25).* Nach Auswahl von *fMax* bzw. *fMin* werden Funktionsterm und Differentiationsvariable in die Eingabezeile eingetragen. Wie Zeile 1 zeigt, genügt das nicht in jedem Fall, um im Ergebnis eine vorhandene lokale Extremstelle zu erhalten. Der Rechner weist hier mit x = – ∞ eine globale Extremstelle aus. Um die *lokale* Extremstellen zu erhalten, sind über den *mit*-

Operator (|) (2nd K) geeignete Intervallgrenzen vorzugeben (Zeilen 2 und 3). Diese können relativ leicht einer grafischen Darstellung entnommen werden. Zeile 5 zeigt die Berechnung des zur Extremstelle x = 4 gehörenden Funktionswertes. x = 4 wird – wieder über den *mit*-Operator – in den Funktionsterm eingesetzt; der Extremwert lautet 16.

T 12 Ermitteln unbestimmter und bestimmter Integrale

Untersucht wird die Funktion $f(x) = 2x^2 - \frac{1}{2}x + 5$

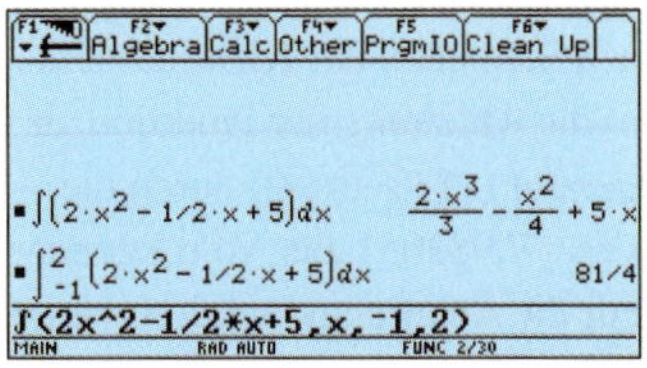

Fig. 35

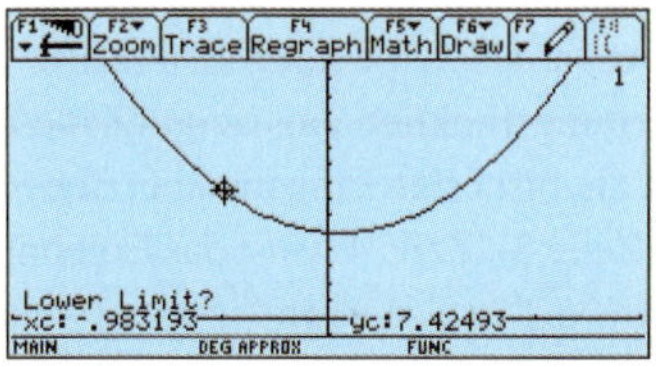

Fig. 36

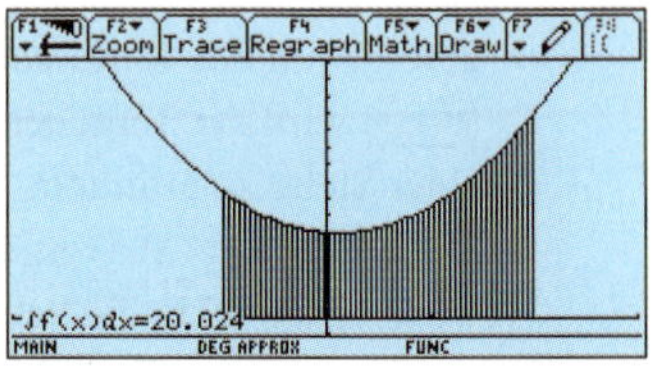

Fig. 37

Fig. 35: Nach Aufrufen von (F3) (2) (∫(*integrate) (vgl. Fig. 25)* oder (2nd) (7) (∫) wird der Funktionsterm eingegeben. Wird, durch Komma getrennt, nun noch die Integrationsvariable x ergänzt, erhält man nach Schließen der Klammer und (ENTER) eine Stammfunktion von f (Zeile 1). (Die Darstellung erfolgt hier im *pretty print-on*-Modus.) werden nach der Variablen – wieder durch Komma getrennt – noch Integrationsgrenzen (hier –1 und 2) hinzugefügt, wird das *bestimmte* Integral in den gegebenen Grenzen berechnet (Zeile 2).

Fig. 36: Ist der Graph der Funktion dargestellt, kann die Berechnung des bestimmten Integrals auch aus dem Grafikbildschirm heraus erfolgen. Nach Aufrufen der Funktion (F5) (7) (∫*f(x)dx*) werden die Intervallgrenzen eingegeben *(Lower Limit?* (ENTER) *Upper Limit?* (ENTER)).

Fig. 37: Das bestimmte Integral wird berechnet (∫f(x)dx = 20,024). Gleichzeitig wird die Fläche unter der Kurve im vorgegebenen Intervall schraffiert dargestellt.

T 13 Arbeiten mit dem Summenzeichen

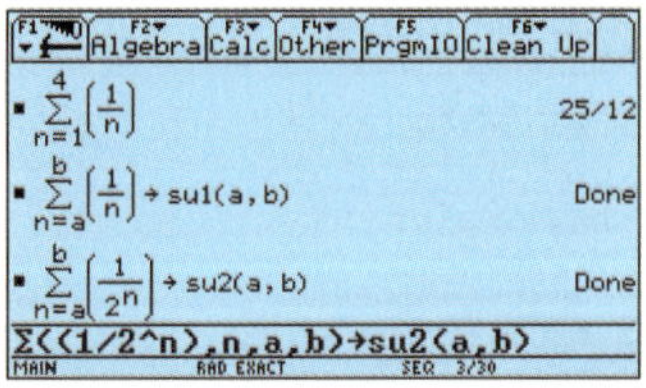

Fig. 38

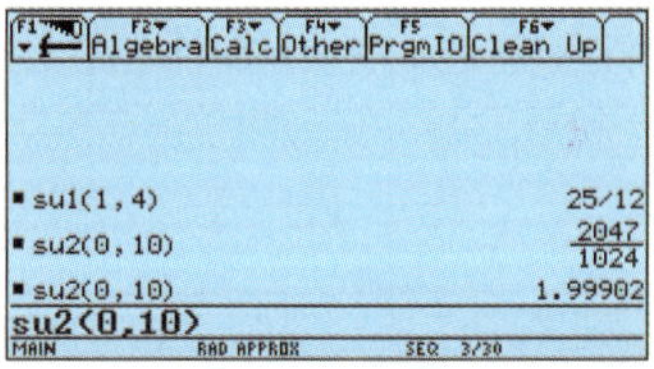

Fig. 39

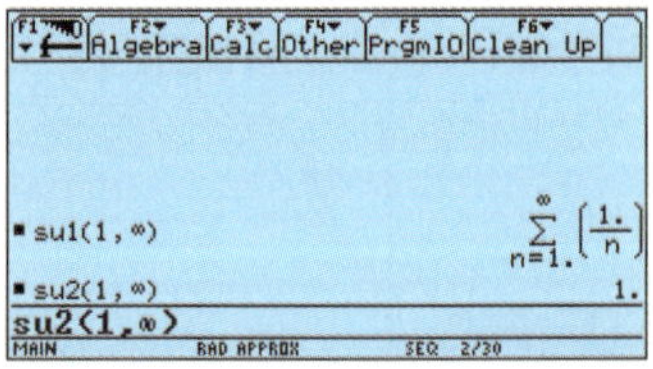

Fig. 40

Fig. 38: Unter Verwendung des Summenzeichens ((2nd) (4)) wird die Summe $\frac{1}{1} + \frac{1}{2} + \frac{1}{3} + \frac{1}{4}$ berechnet.

Das Summenzeichen verlangt vier Argumente: $\sum$(term, var, anf, end), hier also $\sum(\frac{1}{n}$, n, 1, 4).

Je nachdem, ob sich der Rechner im *Exakt*- oder im *Approx-Modus* befindet, wird das Ergebnis als exakter Wert (als Bruch) oder als Näherungswert ausgewiesen. Die Anzahl der Dezimalstellen lässt sich über (MODE) [*Display Digits*] einstellen. In Zeile 2 wird die Summe $\sum_{n=a}^{b}\left(\frac{1}{n}\right)$ als Funktion definiert und mittels (STO▸) unter *su1(a,b)* abgespeichert.

Gleiches erfolgt in Zeile 3 für eine Funktion $su2(a,b) = \sum_{n=a}^{b}\left(\frac{1}{2^n}\right)$.

Fig. 39: Unter Verwendung der vorher definierten Funktionen werden die Summen *su1(1,4)* und *su2(0,10)* berechnet.

Fig. 40: Hier sollen die Summen *su1* und *su2* für $b \to \infty$ berechnet werden. *su1* ist nicht berechenbar; die Folge $\{\frac{1}{n}\}$ ist divergent. *su2* hat den Grenzwert 1.

Lösungen der Aufgaben zur Selbstkontrolle

Kapitel A

A 258

a) $x \in \mathbb{R}$ b) $x \in \mathbb{R},\ |x| \neq 1$ c) $x \in \mathbb{R}$ d) $x \in \mathbb{R},\ x \neq \pm\sqrt{\frac{b}{a}}$

A 259 Ja, alle konstanten Funktionen mit $f(x) = c;\ c \in \mathbb{R}$.

A 260

a) Nein. Es gibt auch gerade Funktionen, die keine Polynome sind, z. B.: $f(x) = \cos x$
b) Nein. Es gibt auch ungerade Funktionen, die keine Polynome sind, z. B.: $f(x) = \sin x$
c) Ja, z. B. $f(x) = 0$ für alle $x \in \mathbb{R}$.

A 261 gerade Funktionen: f_1, f_3

Bemerkung zu f_1: Obwohl im Funktionsterm nur ungerade Exponenten von x vorkommen, gilt $f_1(x) = f_1(-x)$, und damit ist f_1 eine gerade Funktion. Durch die Tatsache, dass die Funktionen $f(x) = x^n$ mit geradem Exponenten gerade Funktionen sind und dass der Begriff „gerade Funktion" dadurch entstanden ist, darf man sich nicht zu falschen Schlussfolgerungen verleiten lassen.

ungerade Funktionen: f_2, f_7 weder gerade noch ungerade: f_4, f_5, f_6

A 262

Graphen ganzrationaler Funktionen können „in einem Zug" gezeichnet werden (sind stetig) und besitzen keine Asymptoten. Für unbeschränkt wachsende oder fallende x gilt: $|f(x)| \to \infty$
Graphen gebrochenrationaler Funktionen können senkrechte Asymptoten haben – der Graph zerfällt dann in mehrere Äste.
Für unbeschränkt wachsende bzw. fallende x kann f(x) gegen 0, gegen eine feste Zahl oder betragsmäßig gegen unendlich gehen; davon abhängig können die Graphen waagerechte oder schiefe Asymptoten besitzen.

A 263

Nullstellen: $x_1 = 1$ führt zu $(x^3 - 3x^2 - x + 3) : (x - 1) = x^2 - 2x - 3$ und damit zu $x_2 = -1;\ x_3 = 3$
Linearfaktorzerlegung: $f(x) = \frac{1}{3}(x-1)\cdot(x+1)\cdot(x-3)$

A 264

a) $f(x) = \frac{x^2 - 1}{x^2 - 4x + 4}$ lässt sich auch darstellen in der Form $f(x) = \frac{(x+1)(x-1)}{(x-2)^2}$.

Daraus ergibt sich: Nullstellen $x_1 = -1;\ x_2 = 1;$ Polstelle $x_3 = 2$

b) Der Graph von x besitzt eine senkrechte Asymptote mit der Gleichung $x = 2$ und eine waagerechte Asymptote mit der Gleichung $y = 1$.

c) Skizze:

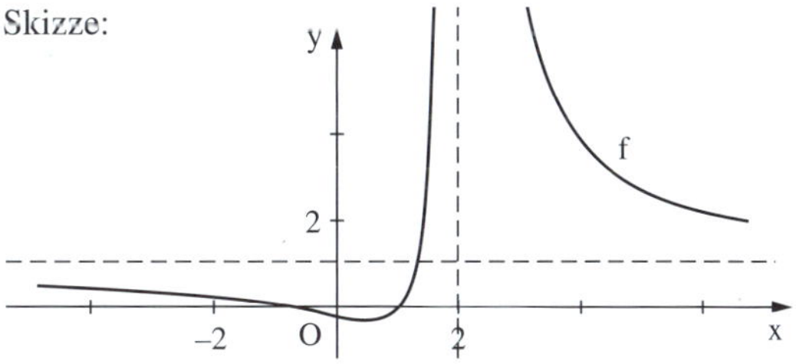

A 265

a) $x_0 = 0$

b) keine Nullstelle

A 266

a) $y = 2x - 4$ auflösen nach x: $x = \frac{1}{2}y + 2$

umbenennen: $y = \frac{1}{2}x + 2$

b) Die zur Umkehrfunktion von $y = 2x - 4$ gehörende Umkehrfunktion fällt mit der Ausgangsfunktion $y = 2x - 4$ zusammen, denn zweimalige Spiegelung an der Winkelhalbierenden des I. und III. Quadranten führt stets zur Ausgangskurve zurück.

A 267

a) Richtig, da $f(x) = f(-x) = a$ bedeutet, dass es zu einem Funktionswert mehrere x-Werte gibt.
b) Richtig, da es wegen $f(x) = -f(-x)$ zu jedem Funktionswert nur einen x-Wert gibt.
c) Falsch, waagerechte Tangente bedeutet Parallele zur x-Achse und wenn diese den Graphen von f höchstens einmal schneidet, dann ist f umkehrbar. Gegenbeispiel: $f(x) = x^3$ (s. auch Abschnitt D 5: Monotonie)

A 268 f: $f(x) = ax + b$ g: $g(x) = cx + d$

$$f \circ g = f(g(x)) = a(cx + d) + b = \underbrace{a \cdot c}_{m}x + \underbrace{a \cdot d + b}_{n} = mx + n$$

$$f \circ g = g(f(x)) = c(ax + b) + d = \underbrace{c \cdot a}_{m}x + \underbrace{c \cdot b + d}_{n} = mx + n$$

A 269

a) falsch; Gegenbeispiel: $g(x) = 2x + 1$; $g(-\frac{1}{2}) = 0$; $f(x) = (1 - x)^2$
$v = f(g(x)) = 4x^2$; für $x_0 = -\frac{1}{2}$ gilt $v(-\frac{1}{2}) = 1$ ($\neq 0$)

b) richtig, wenn die Nullstelle x_0 von f auch Element des Wertebereiches von g ist, weil $D_v = \{x \mid x \in D_g$ und $g(x) \in D_f\}$

A 270 Die natürliche Logarithmusfunktion ist die Umkehrung der Exponentialfunktion mit der Basis e.

A 271 Es muss $f(x) = g(x)$ gelten, d.h.:.

$2x - 1 = 3x + 2, \; -\infty < x \leq 1$ (I)

$6 - 5x = 3x + 2, \quad 1 \leq x < \infty$ (II)

Aus (I) folgt $x = -3, \; -\infty < x \leq 1$ und

aus (II) folgt $x = \frac{1}{2}, \quad 1 \leq x < \infty$

Die Funktionswerte von f und g stimmen nur für $x = -3$ überein.

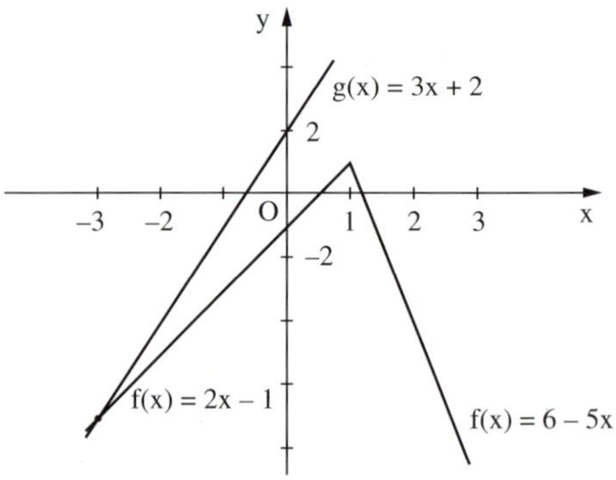

A 272

a) In den folgenden Schirmbildern werden dargestellt

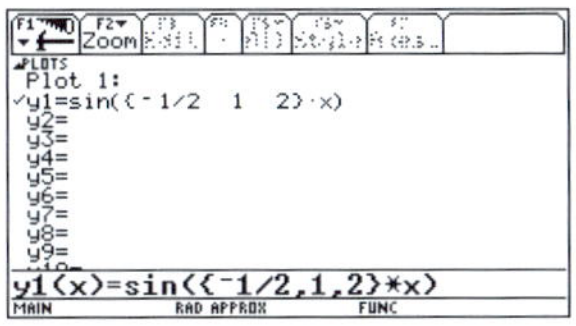

$f_a(x) = \sin ax$ für $a = \{-\frac{1}{2}; 1; 2\}$

$f_b(x) = b \cdot \sin x$ für $b = \{-\frac{1}{2}; 1; 2\}$

$f_c(x) = \sin(x + c)$ für $c = \{-1; 1; 2\}$

$f_d(x) = |d \cdot \cos x|$ für $d = \{-1; 1{,}5; 2\}$

f_a:

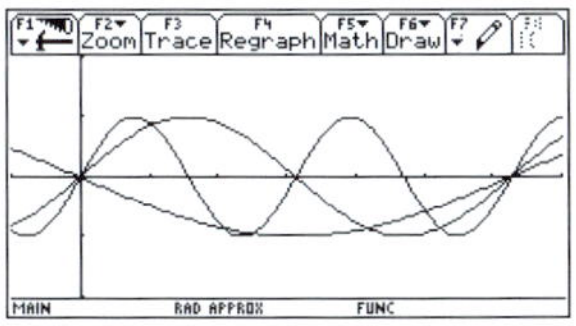

f_b:

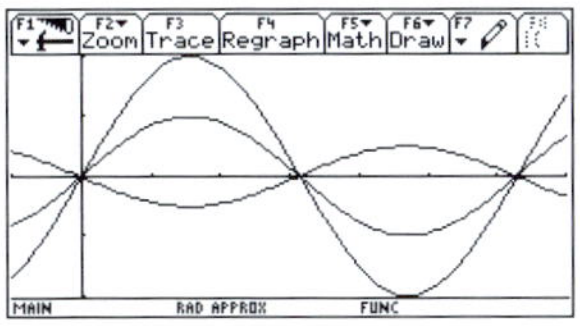

f_c:

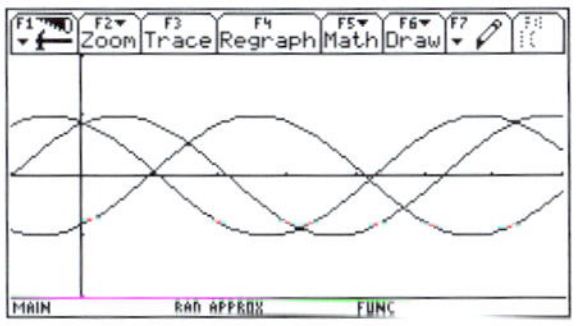

f_d:

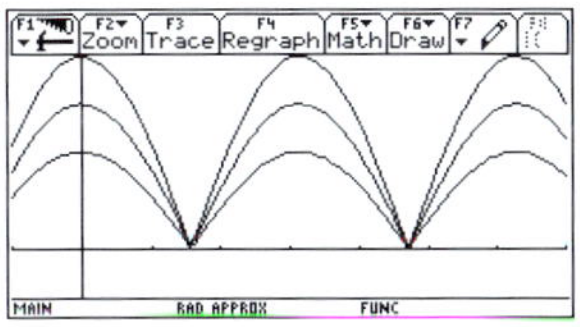

b) f_a: gemeinsamer Punkt: P(0; 0)
weitere gemeinsame Punkte existieren nur für ausgewählte Scharelemente
f_b: gemeinsame Punkte: $P_k(k \cdot \pi; 0)$, $(k \in \mathbb{Z})$
f_c: gemeinsame Punkte existieren nur für ausgewählte Scharelemente
f_d: gemeinsame Punkte: $P_k((2k + 1)\frac{\pi}{2}; 0)$, $(k \in \mathbb{Z})$

c) f_a ist eine Verkettung $f \circ g$ mit $f(x) = \sin x$ und $g(x) = ax$
f_b ist eine Verkettung $f \circ g$ mit $f(x) = bx$ und $g(x) = \sin x$
f_c ist eine Verkettung $f \circ g$ mit $f(x) = \sin x$ und $g(x) = x + c$
f_d ist eine Verkettung $f \circ g$ mit $f(x) = |x|$ und $g(x) = d \cdot \cos x$

Kapitel B

B 78 Eine Zahlenfolge ist eine Funktion, deren Definitionsbereich die Menge der natürlichen Zahlen ist (bzw. eine Teilmenge davon, wenn es sich um eine endliche Zahlenfolge handelt).

B 79

a) $a_1 = 2$; $a_2 = 3\frac{1}{2}$; $a_3 = 2\frac{2}{3}$; $a_4 = 3\frac{1}{4}$; $a_5 = 2\frac{4}{5}$; $a_6 = 3\frac{1}{6}$; $a_7 = 2\frac{6}{7}$; $a_8 = 3\frac{1}{8}$; $a_9 = 2\frac{8}{9}$; $a_{10} = 3\frac{1}{10}$

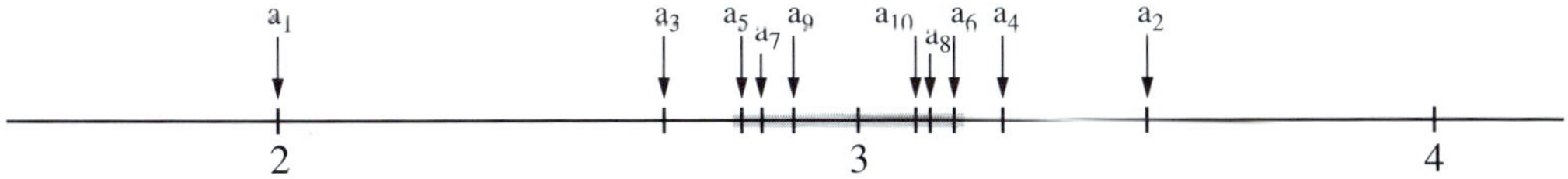

Fast alle Glieder konzentrieren sich um die Zahl 3.

b) $b_1 = 6{,}5$; $b_2 = 6{,}75$; $b_3 = 6{,}875$; $b_4 = 6{,}9375$;
$b_5 = 6{,}96875$; $b_6 = 6{,}984375$; $b_7 = 6{,}99219875$; $b_8 = 6\frac{255}{256} \approx 6{,}9961$;

$b_9 = 6\frac{511}{512} \approx 6{,}9980$; $b_{10} = 6\frac{1023}{1024} \approx 6{,}9990$

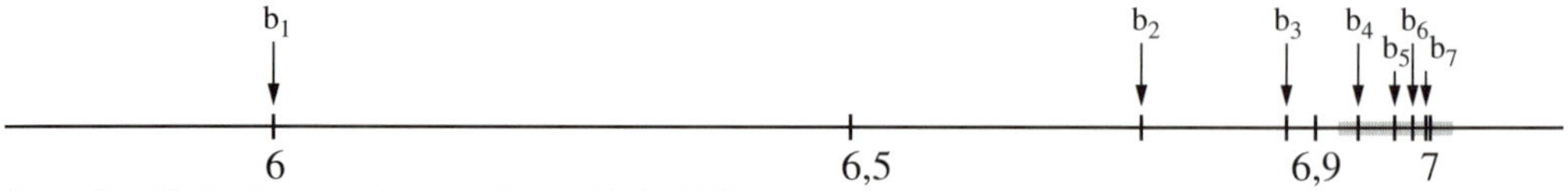

Fast alle Glieder konzentrieren sich um die Zahl 7.

B 80

a) Es handelt sich um ein Polynom vom Grad 20.
$16x^4 + 25x^5 + 36x^6 + 49x^7 + 64x^8 + 81x^9 + 100x^{10} + 121x^{11} + 144x^{12} + 169x^{13} + 196x^{14} + 225x^{15} + 256x^{16} + 289x^{17} + 324x^{18} + 361x^{19} + 400x^{20}$

b) $\sum_{n=1}^{10} n^2$

B 81

a) Wahr; das erste Folgeglied ist die untere Schranke.

b) Falsch; Gegenbeispiel: $a_n = (-1)^n$

c) Falsch; streng monoton wachsend heißt $a_{n+1} > a_n$ für alle n, was ein Widerspruch zu streng monoton fallend ist.

d) Falsch; Gegenbeispiel: $a_n = -(\frac{1}{n})$; obere Schranke z.B. $s_0 = 0$

e) Falsch; Gegenbeispiel: $(a_n) = -1; 1; -1; 1; \ldots$

f) $a_n = a_1 + (n-1)\,d$. Sind a_1 und d gegeben, so kann man jedes Folgenglied berechnen.
Sind a_k und d gegeben, so lässt sich $a_1 = a_k - (k-1)\,d$ bestimmen. Damit ist die Folge eindeutig definiert.
Sind a_k und a_m gegeben, ist das Gleichungssystem $\left| \begin{array}{l} a_k = a_1 + (k-1) \cdot d \\ a_m = a_1 + (m-1) \cdot d \end{array} \right|$ zu lösen. Daraus ergeben sich a_1 und d.

g) $a_n = a_1 \cdot q^{n-1}$. Sind a_1 und q gegeben, so kann man jedes Folgenglied berechnen. Sind a_k und q gegeben, so ist $a_1 = \frac{a_k}{q^{k-1}}$. Damit ist die Folge eindeutig bestimmt.
Sind a_k und a_m gegeben, ist das Gleichungssystem $\left| \begin{array}{l} a_k = a_1 q^{k-1} \\ a_m = a_1 q^{m-1} \end{array} \right|$ zu lösen. Daraus ergeben sich a_1 und q.

B 82

a) $a_n = n^2$; ($a_n = -n^2$; $a_n = n\,(-1)^n$)

b) $a_n = 6n - n^2$ mit oberer Schranke 9 für n = 3; ($a_n = 3^n$ mit unterer Schranke $s_n = 3$; $a_n = \frac{n + (-1)^n}{n}$ mit $s_n = 0$ und $s_0 = 1{,}5$)

c) i) 2; 3,5; 5; 6,5; 8; … d = 1,5 ii) 0,4; 0,7; 1; 1,3; 1,6; … d = 0,3

d) Für die Folgen von Aufgabe c gilt:
i) $a_n = 2 + (n-1) \cdot 1{,}5$ ii) $a_n = 0{,}4 + (n-1) \cdot 0{,}3$

e) Arithmetische Folgen sind spezielle lineare Funktionen mit der Menge der natürlichen Zahlen als Definitionsbereich.

f) Viele Wachstums- und Zerfallsprozesse; Verzinsungen;

g) i) (16; 8; 4; 2; 1; 0,5; …) q = 0,5 ii) (5; 7; 9,8; 13,72; 19,208; 26,8912…) q = 1,4

h) i) $a_n = 16 \cdot 0{,}5^{n-1}$ ii) $a_n = 5 \cdot 1{,}4^{n-1}$

Kapitel C

C 99

a) $a_n = \frac{12n+8}{6n}$ lässt sich vereinfachen zu $a_n = 2 + \frac{4}{3n}$. Hieraus kann man bereits vermuten: $g = 2$

$a_1 = \frac{10}{3},\ a_2 = \frac{8}{3},\ a_3 = \frac{22}{9},\ a_4 = \frac{7}{3},\ a_5 = \frac{34}{15},\ a_6 = \frac{20}{9},\ a_7 = \frac{46}{21},\ a_8 = \frac{13}{6},\ a_9 = \frac{58}{27},\ a_{10} = \frac{32}{15}$

b) Zu zeigen: Für ein beliebiges $\varepsilon > 0$ gilt $|a_n - 2| < \varepsilon$. D.h.: $|2 + \frac{4}{3n} - 2| = |\frac{4}{3n}| < \varepsilon$

Das bedeutet $\frac{4}{3n} < \varepsilon$. Diese Ungleichung ist für alle $n > \frac{4}{3\varepsilon}$ erfüllt. Wählt man z.B. $\varepsilon = 0{,}01$, dann folgt $n > \frac{400}{3} = 133\frac{1}{3}$. Das bedeutet: Alle Folgeglieder ab $n = 134$ liegen in der $U_\varepsilon(2)$.

C 100

a) Falsch. Gegenbeispiel: (a_n) mit $a_n = \frac{1}{n}$.

b) Richtig. Wählt man z.B. $\varepsilon = 0{,}5$, so sind nicht *fast alle* Glieder von der Zahl 0 weniger als ε entfernt.

c) Richtig. Wäre die Zahl $a < 0$ der Grenzwert, dann lässt sich wie bei b) argumentierten. Wenn man z.B. $\varepsilon = a$ wahlt, liegen sogar alle Folgeglieder außerhalb der $U_\varepsilon(a)$.

d) Falsch, denn wenn ein Grenzwert existiert, dann ist er auch eindeutig bestimmt.

e) Richtig. Zum Beispiel (a_n) mit $a_n = (-\frac{1}{n})^n$ ist beschränkt und konvergent, aber nicht monoton. (a_n) ist eine Nullfolge.

f) Falsch. Gegenbeispiel: (a_n) mit $a_n = (-1)^n + 1$ ist eine Folge mit unendlich vielen Nullen für n ungerade. Sie besitzt keinen Grenzwert, da für gerades n auch die 2 unendlich oft auftritt.

C 101

a) $\lim\limits_{n\to\infty} \frac{8n+7}{2n+5} = \lim\limits_{n\to\infty} \frac{8+\frac{7}{n}}{2+\frac{5}{n}} = \frac{\lim\limits_{n\to\infty}\left(8+\frac{7}{n}\right)}{\lim\limits_{n\to\infty}\left(2+\frac{5}{n}\right)} = \frac{8}{2} = 4$

b) $\lim\limits_{n\to\infty} \frac{\left(\frac{1}{2}\right)^n + 7}{\left(\frac{1}{4}\right)^n + 2} = \frac{\lim\limits_{n\to\infty}\left(\left(\frac{1}{2}\right)^n + 7\right)}{\lim\limits_{n\to\infty}\left(\left(\frac{1}{4}\right)^n + 2\right)} = \frac{0+7}{0+2} = 3{,}5$

C 102

a) akzeptabel, so man damit die Folge der Funktionswerte meint

b) f(x) oder f ist konvergent zum Grenzwert g

c) nicht ausreichend

d) falsch

e) akzeptabel, im Sinne der Definition aber besser f statt f(x)

C 103

a) Jede ganzrationale Funktion kann zerlegt werden in eine Summe bzw. Differenz von Produkten konstanter Funktionen und der identischen Funktion. Für diese Funktionen existiert der Grenzwert für jede reelle Zahl.

b) Der Grenzwertsatz für den Quotienten zweier Funktionen ist eingeschränkt auf diejenigen Stellen, an denen die Nennerfunktion nicht den Grenzwert 0 annimmt.

C 104

a) 25

b) 0

c) wegen $\frac{1}{h}\left(\frac{1}{(x+h)^2} - \frac{1}{x^2}\right) = \frac{1}{h} \cdot \frac{x^2 - (x+h)^2}{(x+h)^2 \cdot x^2} = \frac{1}{h} \cdot \frac{-2x \cdot h - h^2}{x^2(x+h)^2} = \frac{-2x-h}{x^2(x+h)^2}$

ist $\lim\limits_{h\to 0} \frac{1}{h}\left(\frac{1}{(x+h)^2} - \frac{1}{x^2}\right) = \lim\limits_{h\to 0} \frac{-2x-h}{x^2(x+h)^2} = -\frac{2}{x^3}$

d) Aus $\frac{x+1}{x^2-1} = \frac{x+1}{(x+1)(x-1)} = \frac{1}{x-1}$, da $x \neq -1$, folgt $\lim\limits_{h \to -1} \frac{x+1}{x^2-1} = \lim\limits_{h \to -1} \frac{1}{x-1} = -\frac{1}{2}$

C 105

a) $\lim\limits_{x \to \infty} \frac{x^2+x+1}{7x^2+2} = \lim\limits_{x \to \infty} \frac{1+\frac{1}{x}+\frac{1}{x^2}}{7+\frac{2}{x^2}} = \frac{1}{7}$

b) $\lim\limits_{x \to \infty} \frac{2+x}{1-x} = \lim\limits_{x \to \infty} \frac{\frac{2}{x}+1}{\frac{1}{x}-1} = -1$

c) $\lim\limits_{x \to \infty} \frac{1}{1+x^2} = \lim\limits_{x \to \infty} \frac{\frac{1}{x^2}}{\frac{1}{x^2}+1} = \frac{0}{0+1} = 0$

d) $\lim\limits_{x \to \infty} (1+\frac{1000}{x})^{1000} = (\lim\limits_{x \to \infty} 1 + \lim\limits_{x \to \infty} \frac{1000}{x})^{1000} = 1$

C 106 Für die Existenz von $\lim\limits_{x \to x_0} f(x)$ ist das Definiertsein von f an der Stelle x_0 weder notwendig noch hinreichend.

Für die Existenz von $\lim\limits_{x \to x_0} f(x)$ ist die Stetigkeit von f an der Stelle x_0 hinreichend, aber nicht notwendig.

Kapitel D

D 269

a) falsch; Gegenbeispiel: $f(x) = 2x + 1$; $f'(x) = 2$; $g(x) = 2x - 4$; $g'(x) = 2$; $f'(x) = g'(x)$, aber $f \neq g$

b) richtig

c) richtig

d) falsch; Gegenbeispiel: $f(x) = \frac{1}{x}$; $f'(x) = -\frac{1}{x^2} < 0$

D 270

a) $f'(x) = 1 - x + x^2 - x^3$

b) $f'(x) = \frac{4x^3(x^2-1) - 2x(x^4-1)}{(x^2-1)^2} = \frac{2x^5 - 4x^3 + 2x}{x^4 - 2x^2 + 1} = 2x$ oder $f(x) = \frac{(x^2+1)(x^2-1)}{(x^2-1)} = x^2 + 1 \quad (|x| \neq 1)$

und damit $f'(x) = 2x$

c) $f'(x) = b(a - bx) + (a + bx)(-b) = -2b^2x$

d) $f'(x) = \frac{-2bx(b-ax^2) - (a-bx^2)(-2ax)}{(b-ax^2)^2} = \frac{2a^2x - 2b^2x}{(b-ax^2)^2} = \frac{2x(a^2-b^2)}{(b-ax^2)^2}$

e) $y = z^3$; $z = 2x^2 - 4$; $\frac{dy}{dz} = 3z^2$; $\frac{dz}{dx} = 4x$; $f'(x) = \frac{dy}{dx} = \frac{dy}{dz} \cdot \frac{dz}{dx} = 3z^2 4x = 12z^2x = 12x(2x^2-4)^2$

D 271

Im Punkt (1; 0) kann man keine Tangente an den Graphen der Funktion $y = |x - 1|$ zeichnen.

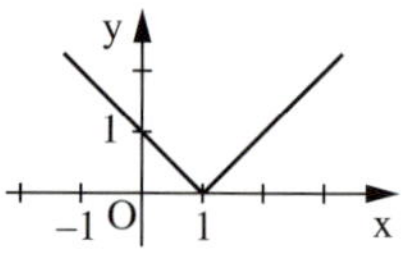

D 272

a) Nein; klassisches Beispiel: $y = |x|$ ist stetig für alle $x \in \mathbb{R}$, aber nicht differenzierbar an der Stelle $x = 0$.

Es gilt: $\lim\limits_{x \to x_0} \frac{|x| - |x_0|}{x - x_0}$ mit $x_0 = 0$, d.h. $\lim\limits_{x \to 0} \frac{|x| - 0}{x - 0} = \lim\limits_{x \to 0} \frac{|x|}{x} = \begin{cases} 1, & \text{falls } x \to 0,\ x > 0 \\ -1, & \text{falls } x \to 0,\ x < 0 \end{cases}$

Also existiert y'(0) nicht.

b) Ja.

Es gilt $\lim\limits_{x \to x_0} \frac{f(x) - f(x_0)}{x - x_0} = f'(x_0) = k \quad (k \in \mathbb{R})$.

Das heißt, für $x \to x_0$ strebt der Differenzenquotient $\frac{f(x) - f(x_0)}{x - x_0}$ gegen k. In einer hinreichend kleinen Umgebung einer beliebigen Stelle x_0 ist demzufolge $\frac{f(x) - f(x_0)}{x - x_0} \approx k$ und $f(x) - f(x_0) \approx k(x - x_0)$.

Daraus folgt: Strebt x gegen x_0 $(x \to x_0)$, dann streben die Funktionswerte $f(x)$ gegen $f(x_0)$. Im Grenzfall $x = x_0$ ist also $f(x) = f(x_0)$.

Da eine derartige Überlegung für jede Stelle des Definitionsbereiches einer differenzierbaren Funktion angestellt werden kann, kann daraus auf deren Stetigkeit geschlossen werden (s. Lehrbuch, S. 120).

D 273

f gerade: Aus $f(x) = f(-x)$ folgt nach der Kettenregel $f'(x) = -f'(-x)$.
f ungerade: Aus $f(x) = -f(-x)$ folgt demzufolge $f'(x) = f'(-x)$.

D 274

Ja, z. B. $f(x) = 2x$. Dann gilt $\lim_{x \to +\infty} f'(x) = \lim_{x \to +\infty} 2 = 2$, während $\lim_{x \to +\infty} f(x)$ nicht existiert. (f ist bestimmt divergent.)

D 275

a) Eine (geradlinige) Bewegung ist gleichförmig, wenn die Geschwindigkeit v konstant (also von t unabhängig) ist: $v = s'(t) = 2at + b$ Der Ausdruck $2at + b$ ist unabhängig von t, wenn $a = 0$. Also ist die gegebene Bewegung für $a = 0$ gleichförmig $(v = b)$. Ist außerdem $b = 0$, dann bewegt sich der Körper nicht.
b) Die Bewegung ist gleichmäßig beschleunigt, wenn die entsprechende Beschleunigung konstant und positiv ist: $s''(t) = (2at + b)' = 2a > 0$. Die Bewegung ist für $a > 0$ gleichmäßig beschleunigt.
c) Die Bewegung ist gleichmäßig verlangsamt (verzögert), wenn die Beschleunigung konstant und negativ ist: $s''(t) = (2at + b)' = 2a < 0$. Die Bewegung ist für $a < 0$ gleichmäßig verlangsamt.

D 276

Vorüberlegung: Für das Weg-Zeit-Gesetz $s = s(t)$ gilt:
$s'(t) = v$ (Momentangeschwindigkeit); $s''(t) = a$ (Beschleunigung)

a) Die Geschwindigkeit ist konstant; die Bewegung ist gleichförmig.
b) Die Geschwindigkeit $(v = 2t)$ ist proportional zur Zeit, die Bewegung ist gleichmäßig beschleunigt.
c) Die Beschleunigung ist null; die Bewegung ist gleichförmig.
d) Die Beschleunigung ist größer null; die Geschwindigkeit vergrößert sich.
e) Die Beschleunigung ist negativ; die Geschwindigkeit verringert sich.

D 277

a) Für $a = e$ gilt: $f(x) = e^x \Rightarrow f'(x) = e^x$; $g(x) = \ln x \Rightarrow g'(x) = \frac{1}{x}$
b) $10^x = e^z$ mit $z = x \cdot \ln 10$

D 278

Vorüberlegung: Für den Schnittpunkt der Graphen gilt $f(x_0) = g(x_0)$ und für die Steigungen der senkrecht aufeinanderstehenden Tangenten in x_0 gilt $f'(x_0) \cdot g'(x_0) = -1$.

a) Es ist $a^x = a^{-x}$ für $x_0 = 0$. Mit $f'(x) = a^x \cdot \ln a$ sowie $g'(x) = -a^{-x} \cdot \ln a$ ergibt sich $(a^{x_0} \cdot \ln a) \cdot (-a^{-x_0} \cdot \ln a) = -1$, also $(\ln a)^2 = 1$ und somit $a = e$ bzw. $a = e^{-1}$.
b) Aus $a^x = b^x$ folgt $x_0 = 0$. Mit $(a^{x_0} \cdot \ln a) \cdot (b^x \cdot \ln b) = -1$ folgt $\ln a \cdot \ln b = -1$.

D 279

Mit $u = x$ und $v = (x + 4)^3$ ergibt sich nach der Produktregel: $1 \cdot (x + 4)^3 + x \cdot 3(x + 4)^2 = 0$

Durch Ausklammern von $(x + 4)^2$ erhält man:
$$(x + 4)^2 \cdot (x + 4 + 3x) = (x + 4)^2 \cdot (4x + 4) = 0$$
$$4(x + 4)^2 \cdot (x + 1) = 0 \quad \Rightarrow \quad x_1 = -4; \; x_2 = -1$$

Lösungsvariante:
Aus $(a + b)^3 = a^3 + 3a^2b + 3ab^2 + b^3$ folgt $x(x + 4)^3 = x(x^3 + 3x^2 \cdot 4 + 3x \cdot 16 + 64) = x^4 + 12x^3 + 48x^2 + 64x$.

Bilden der Ableitung: $(x^4 + 12x^3 + 48x^2 + 64x)' = 4x^3 + 36x^2 + 96x + 64 = 0$
$$x^3 + 9x^2 + 24x + 16 = 0$$
Durch Probieren: $x_1 = -1$
Polynomdivision: $(x^3 + 9x^2 + 24x + 16) : (x + 1) = x^2 + 8x + 16$
Aus $x^2 + 8x + 16 = (x + 4)^2 = 0$ folgt $x_2 = -4$.

D 280

$\varphi'(x) = 3 \cdot 3\cos 3x = 9\cos 3x$

$\varphi'(-\frac{\pi}{3}) = 9\cos(-3 \cdot \frac{\pi}{3}) = 9\cos(-\pi) = 9 \cdot (-1) = -9$

$\varphi'(\frac{\pi}{2}) = 9\cos(3 \cdot \frac{\pi}{2}) = 9 \cdot 0 = 0 \quad \Rightarrow \quad \varphi'(\frac{\pi}{2}) > \varphi'(-\frac{\pi}{3})$

D 281

	$f(x) = \sin x$	$f(x) = \cos x$	
	$f'(x) = \cos x$	$f'(x) = -\sin x$	
	$f''(x) = -\sin x$	$f''(x) = -\cos x$	
	$f'''(x) = -\cos x$	$f'''(x) = \sin x$	
	$f''''(x) = \sin x$	$f''''(x) = \cos x$	Also:
allgemein:	$f^{(4n)}(x) = \sin x$	$f^{(4n)}(x) = \cos x$	$(\sin x)^{(7)} = (\sin x)^{(4+3)} = -\cos x$
	$f^{(4n+1)}(x) = \cos x$	$f^{(4n+1)}(x) = -\sin x$	$(\cos x)^{(7)} = (\cos x)^{(4+3)} = \sin x$
	$f^{(4n+2)}(x) = -\sin x$	$f^{(4n+2)}(x) = -\cos x$	$(\sin x)^{(10)} = (\sin x)^{(4 \cdot 2+2)} = -\sin x$
	$f^{(4n+3)}(x) = -\cos x$	$f^{(4n+3)}(x) = \sin x$	$(\cos x)^{(10)} = (\cos x)^{(4 \cdot 2+2)} = -\cos x$

D 282

a) $f_1'(x) = 6x$ für $x > 0$ gilt $f_1'(x) \geq 0$; d.h., f_1 ist monoton wachsend.
für $x < 0$ gilt $f_1'(x) \leq 0$; d.h., f_1 ist monoton fallend.

$f_2'(x) = -\frac{1}{2}x^2$ $f_2'(x) \leq 0$ für alle $x \in D_f$, d.h., f_2 ist für alle x monoton fallend.

b) g ist monton wachsend für $x \leq -3$ und $x \geq 5$.
g ist monoton fallend für $-3 \leq x \leq 5$.

c) h ist monoton wachsend für $x \leq 3$ und $x \geq 9$.
h ist monoton fallend für $3 \leq x \leq 9$.

d) $k'(x) < 0$ heißt, k(x) ist für alle $x \in D_f$ monton fallend.

D 283

a) 1. Ableitung bilden: $f'(x) = \frac{2}{3}x^2 - 8x + 18$

1. Ableitung gleich null setzen: $0 = \frac{2}{3}x^2 - 8x + 18$

Gleichung lösen: $0 = x^2 - 12x + 27 \Rightarrow$ vermutliche Extremstellen: $x_{E_1} = 9$; $x_{E_2} = 3$

2. Ableitung bilden: $f''(x) = \frac{4}{3}x - 8$

Prüfung der hinreichenden Bedingung $f''(x_E) \neq 0$ und Analyse der Art der Extrema:
$f''(9) = 4 > 0$ lokales Minimum $f''(3) = -4 < 0$ lokales Maximum
Extremstellen in Ausgangsfunktion einsetzen und Extrempunkte angeben: $P_{min}(9; 10)$, $P_{max}(3; 34)$

b) lokales Maximum: $f'(x_E) = 0$; $f''(x_E) < 0$
In der Umgebung von x_E ist f'(x) monoton fallend, d.h. $f''(x) < 0$.
lokales Minimum: $f'(x_E) = 0$; $f''(x_E) > 0$
In der Umgebung von x_E ist f'(x) monoton wachsend, d.h. $f''(x) > 0$.

Anmerkung: Weitergehende Untersuchungen würden zeigen, dass u.U. erst für eine höhere geradzahlige (4., 6., …, (2n).) Ableitung von f $f^{(n)}(x_E) > 0$ bzw. $f^{(n)}(x_E) < 0$ gilt.

D 284

a) 1., 2. und 3. Ableitung bilden: $f'(x) = \frac{4}{3}x^2 - 16x + 36$; $f''(x) = \frac{8}{3}x - 16$; $f'''(x) = \frac{8}{3}$

2. Ableitung gleich null setzen und Gleichung lösen: $0 = \frac{8}{3}x - 16 \Rightarrow x_W = 6$

Vermutliche Wendestelle in 3. Ableitung einsetzen und hinreichendes Kriterium überprüfen: $f'''(6) = \frac{8}{3} \neq 0$
Wendestelle in Ausgangsfunktion einsetzen und Wendepunkt angeben: $P_W(6; 24)$
Wendestelle in 1. Ableitung einsetzen, um Anstieg m der Wendetangente zu erhalten: $f'(6) = -12 = m$
Absolutes Glied n der Wendetangente durch Einsetzen des Wendepunktes und des Anstiegs m aus $y = mx + n$ bzw. $n = y - mx$ ermitteln: $n = 24 - (-12) \cdot 6 = 96$
Gleichung der Wendetangente aufstellen: $y = -12x + 96$

b) $f'(x_W) = 0$; $f''(x_W) = 0$; $f'''(x_W) \neq 0$;
f'(x) wechselt bei x_W die Monotonie bzw. hat dort eine Extremstelle.
Anmerkung: Weitergehende Untersuchungen würden zeigen, dass u. U. erst eine höhere ungeradzahlige Ableitung von f an der Stelle x_W ungleich 0 ist.

D 285

a) $\lim\limits_{x \to \pm\infty} f_1(x) = +\infty$ $\quad\lim\limits_{x \to \pm\infty} f_2(x) = -\infty$ $\quad\lim\limits_{x \to \pm\infty} f_3(x) = \pm\infty$ $\quad\lim\limits_{x \to \pm\infty} f_4(x) = \mp\infty$

b) $\lim\limits_{x \to \pm\infty} g_1(x) = 0$ $\quad\lim\limits_{x \to \pm\infty} g_2(x) = 4{,}5$ $\quad\lim\limits_{x \to \pm\infty} g_3(x) = \pm\infty$

Asymptote $y = 0$ $\quad$ Asymptote $y = 4{,}5$ $\quad$ Asymptote $y = x + 4$

D 286

a) x_P heißt Polstelle der gebrochenrationalen Funktion $f(x) = \frac{u(v)}{v(x)}$, wenn $v(x_P) = 0$ und $u(x_P) \neq 0$ gilt.

b)

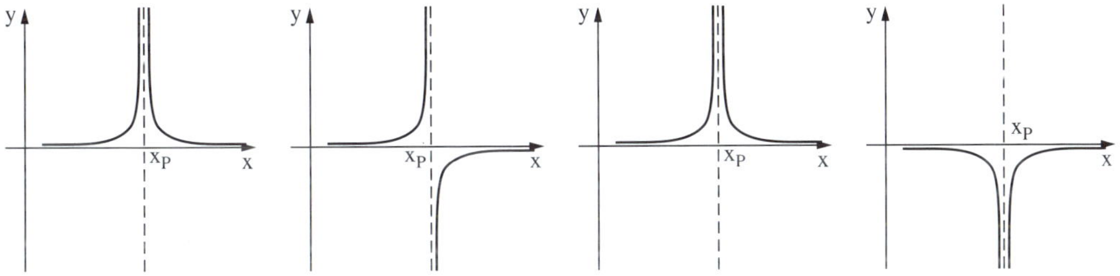

c) $x_{P_1} = 3$; $x_{P_2} = 2$; $x_{P_{31}} = -4$; $x_{P_{32}} = 5$

D 287

(1) $D_f = \mathbb{R}$
(2) $f(x) \neq -f(-x)$; $f(x) \neq f(-x)$; keine Symmetrie
(3) $\lim\limits_{x \to \pm\infty} f(x) = \pm\infty$
(4) keine Definitionslücken
(5) Nullstellen: $x_1 = 0$; $x_2 = 9$
(6) Schnittpunkt mit der y-Achse: $P_y(0, 0)$
(7) Lokale Extremstellen:
$f'(x) = \frac{8}{3}x^2 - 32x + 72$
$f'(x) = 0$ für $x_1 = 3$; $x_2 = 9$
$f''(x) = \frac{16}{3}x - 32$
$f''(3) = -16 < 0$; lokales Maximum $\Rightarrow P_{max}(3; 96)$
$f''(9) = +16 > 0$; lokales Minimum $\Rightarrow P_{min}(9; 0)$
(8) Wendepunkte: $f''(x) = 0$ für $x_W = 6$; $\quad f'''(x) = \frac{16}{3}$; $f'''(6) \neq 0 \Rightarrow P_W(6; 48)$
Wendetangente: $f'(x_W) = m = -24$; $y = -24x + 192$

(9) Graph:

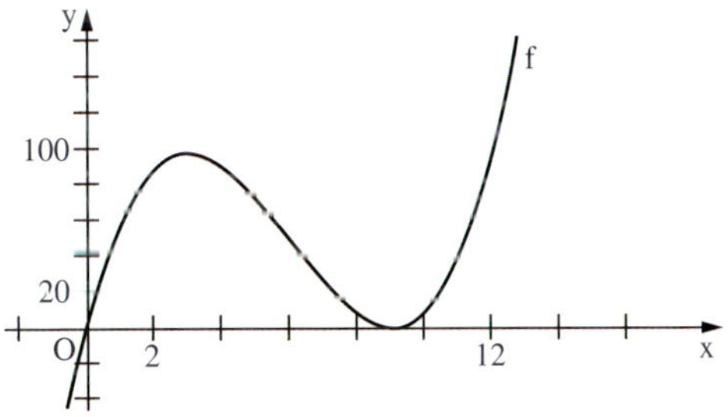

D 288

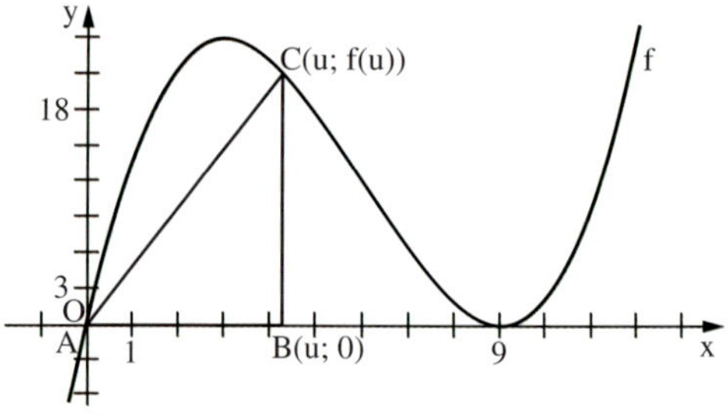

(1) Gegeben: $\triangle ABC$ (siehe Skizze)
Gesucht: u, so dass A maximal wird

(2) Zielfunktion: $A = \frac{xy}{2}$

(3) Nebenbedingungen: $x = u$; $y = f(u) = \frac{2}{9}u^3 - 4u^2 + 18u$

(4) $A(u) = \dfrac{u(\frac{2}{9}u^3 - 4u^2 + 18u)}{2} = \frac{1}{9}u^4 - 2u^3 + 9u^2$

(5) $D_A =]0; 9[$

(6) $A'(u) = \frac{4}{9}u^3 - 6u^2 + 18u$

(7) $A'(u) = 0$ für $0 = \frac{4}{9}u^3 - 6u^2 + 18u$; $u_{E_1} = 0$ entfällt; $u_{E_2} = 4{,}5$; $u_{E_3} = 9$ entfällt
$A''(u) = \frac{4}{3}u^2 - 12u + 18$; $A''(4{,}5) = -9 < 0$; lokales Maximum

(8) Das lokale Maximum ist auch das globale Maximum in D_A, weil die Zielfunktion dort stetig ist und keine weiteren Extremstellen existieren.

(9) Für $u = 4{,}5$ wird der Flächeninhalt maximal, er beträgt $A_{max} \approx 45{,}6$ FE (exakt 45, 5625 FE).

Kapitel E

E 190

a) $f(x) = 3x^2 + 4x - 3$

Stammfunktion: $F(x) = x^3 + 2x^2 - 3x$, denn es gilt $F'(x) = f(x)$ und $D_F = D_f$.

Menge aller Stammfunktionen: $\int (3x^2 + 4x - 3)\,dx = x^3 + 2x^2 - 3x + C$.

Die Stammfunktion F zu einer gegebenen Funktion f ist eine Funktion F, für die im gemeinsamen Definitionsbereich D_f gilt: $F' = f$.
Die Menge aller Stammfunktionen einer Funktion f ist das unbestimmte Integral dieser Funktion f im gemeinsamen Definitionsbereich D_f: $\int f(x)\,dx$.

b) Das Differential im unbestimmten Integral gibt an, nach welcher Variablen integriert werden soll.
$\int da = a + C$, aber $\int dx = x + C$.

c) Wenn untersucht werden soll, ob eine Funktion F Stammfunktion zu einer gegebenen Funktion f ist, so wird die Ableitungsfunktion der Funktion F gebildet und diese mit f verglichen. Gilt $F' = f$ und besitzen F und f einen gemeinsamen Definitionsbereich D_f, dann ist F Stammfunktion zu f.

d)
$$\int (x^3 - 2x + 4)\,dx = \int x^3\,dx - \int 2x\,dx + \int 4\,dx \qquad \text{Summenregel}$$
$$= \frac{x^4}{4} - 2 \cdot \frac{x^2}{2} + 4x + C \qquad \text{Potenz- und Faktorregel}$$
$$= \frac{x^4}{4} - x^2 + 4x + C$$

e) Zu folgenden Differentiationsregeln gibt es entsprechende Integrationsregeln:
Konstantenregel, Faktorregel, Potenzregel, Summenregel.
Aus der Produktregel der Differentialrechnung ergibt sich die Formel für die partielle Integration. Die Kettenregel führt für den Fall, dass die innere Funktion eine lineare Funktion ist, zur Integration durch lineare Substitution. Für die Quotientenregel der Differentialrechnung gibt es keine entsprechende Integrationsregel.

E 191

a) Das bestimmte Integral $\int_a^b f(x)\,dx$ existiert:
– wenn f im Intervall [a; b] monoton ist,
– wenn f im Intervall [a; b] stetig ist.

b) Der Hauptsatz der Differential- und Integralrechnung lautet:
Ist f eine im Intervall [a; b] stetige Funktion und F eine zu f gehörende Stammfunktion,
so gilt $\int_a^b f(x)\,dx = F(b) - F(a)$.

Dieser Satz stellt den Zusammenhang zwischen der Differentialrechnung und der Integralrechnung her. Er ermöglicht die Berechnung bestimmter Integrale mithilfe von Stammfunktionen. Dieser Weg ist kürzer als der Weg über die Grenzwerte von Zahlenfolgen.

c) $\int_1^2 (6x^2 + e^x)\,dx$

Wir ermitteln eine Stammfunktion: $= [2x^3 + e^x]_1^2$

Wir setzen die obere und die untere Integrationsgrenze für x ein und subtrahieren:

$= 2 \cdot 2^3 + e^2 - (2 \cdot 1^3 + e^1)$

$= 14 + e^2 - e$

$\sim 18{,}67$

d) Das unbestimmte Integral ist eine Menge von Funktionen (Stammfunktionen), das bestimmte Integral ist eine reelle Zahl.

E 192

a) Anwendungen der Integralrechnung:
1. Berechnung von Flächeninhalten
   – Inhalt von Flächen unter Funktionsgraphen
   – Inhalt von Flächen zwischen Funktionsgraphen
2. Berechnung des Volumens von Rotationskörpern
3. Berechnung der physikalischen Arbeit
4. Berechnung von Weg und Geschwindigkeit bei Bewegungsabläufen

b) Bei der Berechnung des Inhalts von Flächen, die vom Graphen einer Funktion und der x-Achse vollständig oder in gegebenen Grenzen eingeschlossen werden, sind zunächst die Nullstellen dieser Funktion zu berechnen. Liegen Nullstellen im Intervall, so muss die Gesamtfläche „stückweise" berechnet werden.

c) Ist der Inhalt der Fläche zwischen zwei Funktionsgraphen zu berechnen, so müssen zunächst die x-Koordinaten der Schnittpunkte der Graphen ermittelt werden. Diese bilden jeweils die Integrationsgrenzen.

d) Ein Rotationskörper entsteht, wenn ein Flächenstück unter einer Kurve um eine Achse rotiert.
Rotiert die Fläche unter dem Graphen einer Funktion f über dem Intervall [a; b] um die x-Achse, so berechnet sich das Volumen des Rotationskörpers nach der Formel:

$V = \pi \cdot \int_a^b (f(x))^2\,dx.$

Register

Bildquellenverzeichnis:

CargoLifter AG (Berlin): 6
Corel Photos: 5; 75/1; 105/1
Euro Speedway Lausitz; Betriebs- und Management GmbH: 180/1
Günter Liesenberg (Berlin): 217/2
Hubert Bossek (Dahlwitz-Hoppegarten): 170/1
Ingenieurbüro Köhler + Seitz (Nürnberg): 7/2
Karlheinz Weber (Berlin): 7/1
paetec Gesellschaft für Bildung und Technik mbH: 8/1
Michael Unger (Königs Wusterhausen): 217/1
Transrapid International GmbH & Co. KG: 131/1; 131/2

Titelbildquelle: Eberhard Koch (Geschwenda)

Die CD-ROM

„TCP 2001 Mathematik. Gymnasiale Oberstufe. Grundkurs: Analysis • Analytische Geometrie und lineare Algebra • Stochastik. Lehrbuchtexte und Ergänzungen“ (ISBN 3-89818-116-2)

umfasst Abschnitte mit den folgenden Inhalten:

– *Komplettes Lehrbuch „TCP Mathematik. Gymnasiale Oberstufe. Grundkurs: Analysis • Analytische Geometrie und lineare Algebra • Stochastik“ als PDF-Dateien (Acrobat Reader 4.0)*

Diese Fassung ermöglicht neben dem schnellen Suchen und Nachlesen beliebiger Lehrbuchabschnitte beispielsweise, Lehrbuchtexte auszudrucken oder zu kopieren und dann weiter zu verarbeiten.

– *Ergänzende Stoffgebiete; Ausblicke*

Hierin sind lehrbuchartig gestaltete Aufsätze zu den Themen „Beweisen im Mathematikunterricht“ (Beate Wießer), „Komplexe Zahlen“ (Dr. Georg-Christian Brückner), „Kegelschnitte“ (Dr. habil. Michael Schmitz) sowie „Rechnen mit Matrizen“, „Koordinatensysteme“ und „Grafisches Lösen linearer Optimierungsprobleme“ (Dr. habil. Bernd Wernicke) enthalten.

– *Hinweise für die Anwendung des Grafiktaschenrechners TI-92 beim Lösen von Aufgaben aus der Analysis, der Analytische Geometrie und lineare Algebra sowie der Stochastik* (Dr. Hubert Bossek)

Ausgehend von der o. g. PDF-Fassung des Lehrbuchs gelangt man durch Querverbindungen zu 28 Beispielkomplexen, in denen (bezogen auf Schwerpunktprobleme) detailliert und unterstützt durch rund 100 Schirmbildwiedergaben gezeigt wird, wie mit dem TI-92 gearbeitet werden kann.

– *Hinweise und Empfehlungen zum Nutzen der Grafiktaschenrechner Algebra FX 2.0 und CFX-9850G* (von CASIO) (Dr. Rainer Heinrich) *bzw. TI-83* (von Texas Instruments) (Willi Lichtenberg) *beim Bearbeiten der Lehrbuchbeispiele*

Ausgehend von der PDF-Fassung des o. g. Lehrbuchs sind durch Querverbindungen sofort Hinweise zu Einsatzmöglichkeiten und Besonderheiten beim Arbeiten mit den genannten drei Rechnertypen zugänglich.

– *Hinweise und Empfehlungen zum Nutzen des Computeralgebrasystems Mathcad beim Bearbeiten der Lehrbuchbeispiele* (Dr. Hubert Bossek)

Dieser Abschnitt zeigt, wie die Lehrbuchbeispiele mittels *Mathcad* bearbeitet werden können. Verbunden damit werden generelle Hinweise zum Einsatz von *Mathcad* beim Lösen ausgewählter Aufgaben gegeben.

– *Merkzettel: Wege zum Lösen von Schwerpunktaufgaben*

Diese über 110 *Merkzettel* bieten in *prägnanter, übersichtlicher Form* einen extrem verdichteten Extrakt von solchen Lehrbuchpassagen an, in denen die Vorgehensweise beim Lösen bestimmter Standardprobleme erarbeitet wird. Sie sind also *nicht* als Zusammenfassungen, sondern vielmehr im guten Sinne als „Rezepte“ zu verstehen, die an das im Unterricht (bzw. im Lehrbuch) ausführlich Erarbeitete gleichsam *erinnern*, ohne noch einmal die „Theorie“ zu rekapitulieren, ohne Beispiele zu nennen, ohne (alle) Voraussetzungen oder Nebenbedingungen aufzuführen usw. Die *Merkzettel* liegen im Format PDF sowie als Word-Dokumente vor und können so frei verändert werden. Sie lassen sich ausdrucken und als (auch „physisch“) leicht handhabbare Basis z. B. für die Vorbereitung auf Prüfungen, auf eine Klausur usw. verwenden. Durch Hyperlinks kann dann von einem *Merkzettel* auf einen anderen „umgeschaltet“ werden, wenn dort erforderliche Teilhandlungen fixiert sind.

Autoren und Berater: Armin Baeger (Kap. A, B, C); Wilfried Claessen (Kap. A, B, C, D); Gunter Gerth (Kap. F); Frank Gräf (Kap. D); Irmhild Kantel (Kap. G); Bernhard Karl (Kap. A, B, C, D); Ardito Messner (Kap. H); Dr. Almut Sachs (Kap. F); Dr. Marga Schmidt (Kap. E); Petra Wesely (Kap. G, H), PD Dr. habil. Wolfgang Zillmer (Kap. A, B, C, D).

– *Mathematik und Mathematiker: Historische Bemerkungen und Übersichten*

Der Abschnitt enthält biografische Skizzen zu Leben und Werk von J. Bernoulli, L. Euler, P. de Fermat, D. Hilbert, F. Klein, P. S. Laplace, G. W. Leibniz und B. Taylor, Abrisse zur Geschichte ausgewählter mathematischer Teilgebiete sowie spezielle chronologische Übersichten zur Mathematik und zu ihren Hauptanwendungsgebieten (Autoren: Karlheinz Lehmann, Dr. habil. Karl-Heinz Schlote, Prof. Dr. habil. Peter Schreiber, Dr. habil. Reinhard Stamm, Prof. Dr. habil. Hans Wußing).

Vielseitige Mathematiker

Über Gelehrte, die nicht nur Mathematiker waren

Angesichts der fortgeschrittenen Spezialisierung in den einzelnen wissenschaftlichen und technischen Disziplinen erwartet man von den jeweiligen Fachvertretern meist nur Leistungen auf seinem engeren Arbeitsgebiet. Gewöhnlich werden deshalb insbesondere Leistungen von Mathematikern auf nichtmathematischen Gebieten mit Verwunderung registriert. Man vergisst, dass bis ins 19. Jahrhundert beispielsweise Forschungen zur Physik, Astronomie oder Baukunst durchaus zur Mathematik gehörten und dass die Mathematik im Verlaufe ihrer Entwicklung auch sehr stark von den Impulsen profitierte, die sie durch die Behandlung von naturwissenschaftlichen und technischen Problemen erhielt. Lange Zeit war es außerdem nicht möglich, durch die Beschäftigung mit Mathematik seinen Lebensunterhalt zu verdienen. Bis ins 19. Jahrhundert gehörte die Mathematik an den Universitäten zu den Hilfswissenschaften, die zur Vorbereitung auf das eigentliche Studienfach Theologie, Rechtswissenschaften oder Medizin dienten. Nur ein Studium in diesen drei Disziplinen eröffnete die Chance auf eine berufliche Karriere. Bis auf die wenigen Ausnahmen von begüterten Studenten, die das Studium der Wissenschaften als Hobby betreiben konnten, mussten alle ihre Studien so anlegen, dass sie in einen Beruf einmünden konnten.

Im Folgenden werden einige Gelehrte vorgestellt, die sowohl zur Mathematik als auch zu einem oder mehreren Gebieten außerhalb der Mathematik einen Beitrag geleistet haben. Diese Beispiele sind aus verschiedenen Zeitepochen gewählt und bevorzugen Gelehrte, die aus dem Unterricht bekannt sind und/oder auf einem Gebiet herausragende Leistungen vollbracht haben.

ARCHIMEDES von Syrakus (ca. 287 – 212 v. Chr.) berechnete u. a. den Inhalt und die Oberfläche verschiedener Rotationskörper sowie gute Näherungen von π, er untersuchte die Eigenschaften der nach ihm benannten Spirale und bestimmte erstmals den Inhalt eines Parabelsegments. Ebenso berühmt war er aber auch für die Konstruktion von technischen Geräten, wovon die „archimedische Schnecke" (eine Wasserhebevorrichtung), verschiedene Hebevorrichtungen und Spiegel zeugen. ARCHIMEDES stellte das Hebelgesetz auf, ermittelte den Schwerpunkt verschiedener Körper und entdeckte das Grundgesetz der Hydrostatik.

Geronimo CARDANO (1501 – 1576, geboren in Padua) wurde für seine Beiträge zur Auflösung der Gleichungen dritten und vierten Grades und erste Überlegungen zur Wahrscheinlichkeitsrechnung bekannt. In seinem Hauptwerk „Ars magna" (1545), eines der bedeutendsten mathematischen Werke des 16. Jahrhunderts, präsentierte er die sog. CARDANOsche Formel zur Auflösung einer Gleichung dritten Grades und die Zurückführung einer Gleichung vierten Grades auf eine dritten Grades. Nur den sog. „casus irreducibilis" konnte er nicht lösen, d. h. jenen Fall, bei dem in der CARDANOschen Formel die Wurzel aus einer negativen Zahl zu ziehen war. Seinen Lebensunterhalt verdiente CARDANO jedoch meist als Arzt. 1526 wurde er in Pavia zum Doktor der Medizin promoviert, erlangte 1534 mit Hilfe von Freunden eine Stellung als Arzt in Mailand und wurde 1543 Professor der Medizin in Pavia.

François VIÈTE (auch **VIETA** genannt; 1540 – 1603) war einer der vielen als Jurist tätigen Mathematiker. Nach ihm ist der Zusammenhang zwischen den Wurzeln und den Koeffizienten einer polynomialen Gleichung benannt (Wurzelsatz von VIETA). VIETA studierte in Poitiers Jura, war dann Privatgelehrter, Rechtsanwalt, Angestellter im Staatsdienst und Berater des Königs. Trotz der umfangreichen Tätigkeiten in einer bewegten Zeit der französischen Geschichte fand er immer wieder Gelegenheiten zur Beschäftigung mit Mathematik. In seinen Werken brachte er die algebraische Bezeichnungsweise ein gutes Stück auf dem Weg zur heute benutzten Symbolik voran. Er führte Bezeichnungen für die bekannten und unbekannten Größen einer Gleichung und die Potenzen ein und wandte diese abkürzende Schreibweise erfolgreich bei der Lösung von Gleichungen bzw. geometrischen Problemen an. Weitere Beiträge betrafen die Lösung trigonometrischer Grundaufgaben für Ebene und Kugeloberfläche, die Berechnung der Werte für die sechs trigonometrischen Funktionen, die geometrische Deutung der arithmetischen Grundoperationen u. v. m.

Bernard BOLZANO (1781 – 1848) gehört zu den mit bedeutenden mathematischen Leistungen hervorgetretenen Geistlichen. Seine Anstellung als Professor für Religionswissenschaften an der Prager Universität war jedoch ein Zufall. BOLZANO hatte sich in Prag zugleich auf einen mathematischen Lehrstuhl beworben, den dann aber